北京大學《儒藏》編纂與研究中心 編

《儒藏》精華編選刊

孟子正義（下）

〔清〕焦循 撰

王小婷 校點

北京大學出版社
PEKING UNIVERSITY PRESS

孟子正義卷十六

江都縣鄉貢士焦循譔集

孟子卷第八

離婁章句下凡三十三章。❶

孟子曰：「舜生於諸馮，遷於負夏，卒於鳴條，東夷之人也；注生，始；卒，終。記終始也。諸馮、負夏、鳴條，皆地名，負海也，在東方夷服之地，故曰東夷之人也。疏注「生始」至「始也」○正義曰：《荀子·禮論》篇云：「生，人之始也；死，人之終也。」《爾雅·釋詁》云：「卒，終也。」《禮記·曲禮》云：「大夫曰卒。」孔氏正義云：「大夫是有德之位，仕能至此，亦是畢了平生，故曰卒也。」《檀弓》云：「君子曰終，小人曰死。」注云：「事卒爲終，消盡爲澌。」孔氏正義云：「言但身終，功名尚在。」舜、文王爲天子諸侯，不當稱卒，其稱卒爲「君子曰終」之義，故以「始終」言之也。○注「諸馮負夏」至「人也」○正義曰：諸馮，不可攷。

---

❶ 「凡三十三章」，原作中字，今據經解本改爲小字。

《史記・五帝本紀》云：「舜，冀州之人也。舜耕歷山，漁雷澤，作什器於壽丘，就時於負夏。」《集解》引鄭康成云：「負夏，衛地。」《索隱》云：「就時猶逐時，若言乘時射利也。《尚書大傳》云：『販於頓丘，就時負夏。』孟子曰：『遷於負夏。』是也。」翟氏灝《攷異》云：「司馬遷、伏生之意，似讀《孟子》遷字如《益稷》篇『懋遷』之遷。《書序》云：『伊尹相湯伐桀，升自陑，遂與桀戰於鳴條之野，作《湯誓》。夏師敗績，湯遂從之，遂伐三朡，俘厥寶玉，誼伯、仲伯作《典寶》。』《後漢書・郡國志》『濟陰郡定陶縣有三鬷亭』，三鬷即三朡，由鳴條遂伐三朡，則鳴條當亦不遠，其所在則未詳也。鄭康成以爲『南夷地名』，蓋《檀弓》謂『舜葬於蒼梧之野』，而《孟子》言『卒於鳴條』。又《吕氏春秋・簡選》篇言殷湯『登自鳴條，乃入巢門』。《淮南子・主術訓》：『湯困桀鳴條，擒之焦門。』《修務訓》：『湯整兵鳴條，困夏南巢，譙以其過，放之歷山。』南巢即焦門，在今江南巢縣，均與鳴條皆貫，故鄭意鳴條之在南也。」趙氏佑《温故録》云：「趙注不詳地所在之實而言名，又言『負海』，豈以爲經『負』字釋乎？必無之理也。負海也者，明其地之負海也。夷考負夏，衛地，見《檀弓》注。鳴條，見《書序》。《史記》則曰：『舜，冀州之人也。』古冀州直北位，非東，亦未嘗近海。惟青、徐、揚三州，《禹貢》並言海，而徐、揚之海在東南，惟青居大東，海在其北，故郡稱北海。海在北，如負之者然。趙氏蓋略聞諸馮之地之負海而未得其實，故渾而言之。今青州府有諸城縣，大海環其東北，説者以爲即《春秋》書『城諸』者，其地有所謂馮山、馮村，蓋相傳自古，竊疑近是。凡言人地，以所生爲斷，遷、卒皆在後，孟子亦據舜生而言東也。由此以推，則知歷山、雷澤、河濱與夫負夏、壽丘、頓丘之皆東土，班班可攷。若河東之虞，蓋本舜祖虞幕之封，故《書》稱虞舜，《史》言冀州，猶後人稱祖籍，標郡望耳。然自漢以來皆專主河東，於是諸馮湮，注意隱矣。」按：孔本作「負負海也」，上「負」字衍。**文王生於岐周，卒於畢郢，西夷之人也。**注岐周、畢郢，地名也。岐山下周之舊邑，近畎夷。畎夷在西，故曰西夷之人也。《書》曰：「太子發上祭于畢，下至于盟津。」畢，文王墓，近於酆、鎬也。疏注「岐周」至「鎬也」○正義曰：《漢書·地理志》：「右扶風美陽，《禹貢》岐山在西北。中水鄉，周大王所邑。」又云：「大王徙郊，文王作酆。」顔師古注云：「郊，今岐山縣是。酆，今長安西北界靈臺鄉豐水上是。」文王生時尚未徙豐，岐在豐西而近於畎夷。閻氏若璩《釋地續》云：「畎夷即文王之所事者。《采薇》序：『文王時，西有昆夷之患。』是也。引《書》，在《太誓》篇，云：『惟四月，太子發上祭於畢，下至於孟津之上。』此即後出之《太誓》，合今文二十八篇爲二十九篇者也。趙氏時此篇尚存，故直引爲《書》曰云云。今見於《毛詩·周頌·思文》正義所引。僞孔傳所傳之《太誓》三篇，無此文也。」孔氏廣森《經學卮言》云：「郢與程通，《周書·史記解》曰：『昔有畢程氏，損禄增爵，群臣貌匱，此而戾民，畢程氏以亡。』畢程本商時國，爲周所滅，文王遂居之。《大匡解》曰：『惟周王宅程三年，遭天之大荒。』是也。土地名字，後人多改从阝旁，其實仍當讀程，以別於郢楚之郢。文王既伐于崇，作邑于豐，然其卒也還葬畢程，故成王葬周公於畢，以爲從文王墓。孟子不言卒於豐而言卒於畢郢，就據其葬地言之耳。」劉氏台拱《經傳小記·釋畢郢》云：「自來注《孟子》者不詳郢地所在。《漢書·地理志》右扶風安陵，闞駰以爲本周之程邑。《括地志》云：『安陵故城在雍州咸陽縣東二十一里，周之程邑也。』此邑中之地爲程也。其西有畢陌，一名畢原，皇甫謐所謂『安陵西畢陌』。《元和郡縣志》云：『畢原即咸陽縣所理也。原南北數十里，東西二三百里，亦謂之畢陌。』此邑外之地爲畢也。畢者，程地之大名；程者，畢中之小號也。杜佑云『王季都畢」，通國内言之。《春秋》昭九年《傳》周景王之言曰：「我自夏以后稷，魏、駘、芮、岐、畢，吾西土也。」注言「在夏世以后稷功，受此五國爲西土之長」。是則岐也畢也，皆古之建國也。周者，大王所邑，而岐之小别也，故繫岐而言之曰岐周。程者，王季所邑，而畢之小别也，故繫畢而言之曰畢程。《吕覽·具備》篇云：「武王嘗窮於畢程矣。」畢程即畢郢。《周書·史記解》云「昔有畢程氏」，則畢郢之名之所起遠矣。又按，畢地有二，其一文王墓地也。太史公曰「畢在鎬東南杜中」，《皇覽》云「周文王、武王、周公冢在京兆長安縣鎬聚東杜中」，而《括地志》以爲「在雍州萬年縣西南二十八里畢原上」，則唐亦謂之畢原。是故有咸陽縣之畢原，所謂「文王卒於畢郢」也。有萬年縣之畢原，所謂「文王葬於畢」也。一在渭北，一在渭南，異所同名，往往相亂。杜佑言「畢，初王季都之，後畢公封焉」，此言在渭北者當矣，而以爲文王所葬則失之。《帝王世紀》云：「文武葬於畢，畢在杜南。」《晉書·地道記》亦云：「畢在杜南。」與畢陌别，此則文武所葬不在畢陌明矣。是以裴駰辨之云：「《皇覽》曰：秦武王冢在扶風安陵縣西北畢陌中大冢是也。人以爲周文王冢，非也。周文王冢在杜中。」張守節亦云：「《括地志》云：秦惠文王陵在雍州咸陽縣西北一十四里，秦悼武王陵在雍州咸陽縣西十里，俗名周武王陵，非也。」群書剖析，具有明文。惟顔師古注《漢書·劉向傳》「文王、周公葬於畢」，用畢陌爲釋，而杜亦云然。自兹以降，莫不謬指秦陵誣稱周墓，傳之方志，載之祀典，誤所從來，非一世矣。趙岐注言「畢，文王墓，近於酆、鎬之地」，此言在渭南者當矣，而以訓畢郢則失之。文王始亦宅程，《周書》稱「文王在程，作《程寤》《程典》」。其後作邑於酆，而先君宗廟、故居宫室猶於是乎存，因是往來舊都而末年仍卒乎此。以情事推之，昭然可見。「卒於畢郢」，不言爲葬，而趙以墓地當之。畢地既誤，何郢之可言？闕而不究，其不以此乎？」陸賈《新語·術事》篇云：「文王生於東夷，大禹出於西羌，世殊而地絕，法合而度同。」此本《孟子》。而以文王生東夷者，對西羌言之則岐周之地爲東也。《鹽鐵論·國病》篇賢良曰：「禹出西羌，文王生北夷。」**地之相去也千有餘里，世之相後也千有餘歲，得志行乎中國，若合符節。先聖後聖，其揆一也。」**注 土地相去千有餘里，千里以外也。舜至文王，千二百歲。得志行政於中國，蓋謂王也。如合符節，節，玉節也。《周禮》有六節。揆，度也。言聖人之度量同也。疏 注「土地相」至「外也」〇正義曰：《禮記·王制》云：「自東河至於東海，千里而遥；自東河至於西河，千里而近；自西河至於流沙，千里而遥。」文王所生之岐周在西河之西而未至流沙，舜所生之諸馮在東河之東而未至東海。約在二千里之内，一千里之外，故云千有餘里也。舜生於帝堯四十年内外，壽百有十歲，歷夏十七帝並浞之四十三年，共四百四十二年。文王生於商祖甲時，約五百二三十年。自舜之生至文王之生，約計一千一百年之内。趙氏言舜至文王千二百歲者，蓋自舜生之年數至文王之卒，當商紂時也。《周禮·地官·掌節》：「掌守邦節而辨其用，以輔王命。守邦國者用玉節，守都鄙者用角節。凡邦國之使節，山國用虎節，土國用人節，澤國用龍節，皆金也，以英蕩輔之。❶門關用符節，貨賄用璽節，道路用旌節。」《秋官·小行人》：「達天下之六節：山國用虎節，土國用人節，澤國用龍節，皆以金爲之；道路用旌節，門關用符節，都鄙用管節，皆以竹爲之。」然則「符節」乃六節中之一，而「玉節」亦《掌節》八節中之一。乃孟子言符節而趙氏以玉節釋節

---

❶「蕩」，原作「簜」，今據《周禮》改。

字,又引《周禮》之六節,何也?《説文》卪部云:「卪,瑞信也。守邦國者用玉卪,守都鄙者用角卪,使山邦者用虎卪,土邦者用人卪,澤邦者用龍卪,門關者用符卪,貨賄用璽卪,道路用旌卪。」竹部云:「符,信也。漢制以竹長六寸,分而相合。」蓋符與節爲瑞信之通名。《説文》玉部云:「瑞,以玉爲信也。」《春官·典瑞》:「掌玉瑞玉器之藏。」鄭注《序官》云:「瑞,節瑞也。典瑞,若今符璽郎。」又注其職云:「瑞,符信也。」節爲瑞信之名,則是玉節乃節之本,故掌守邦節。鄭氏注云:「邦節者,珍圭、牙璋、穀圭、琬圭、炎圭也。」此皆玉也,而八節亦首以玉而角金竹附之,故趙氏直以「節」爲「玉節」。又以節之名通於角金竹所爲,故申之云《周禮》有六節也。玩《説文》,則節爲玉節之名,符爲竹節之名。鄭氏注《掌節》云:「以金爲節,鑄象焉,今漢有銅虎符。符節者,如今宫中諸官詔符也。」注《小行人》云:「管節,如今之竹使符也。」然則漢時金竹皆名爲符。《天官·小宰》:「以官府之八成經邦治,四曰聽稱責以傅别。」注云:「故書作『傅辨』,鄭大夫讀爲符别。」則符之名不必專於門關之所用。周氏柄中《辨正》云:「《史記》言黄帝合符釜山,蓋符與節皆信也,故或言節或言符,或並言符節,實一而已。《孟子》所言豈專指八節中之符節哉?」《荀子·儒效》篇云:「張法而度之,則晻然若合符,是大儒者也。」注云:「如合符節,言不差錯也。晻與暗同,符節相合之物也。《周禮》門關用符節,蓋以全竹爲之,剖之爲兩,各執其一,合之以爲驗也。」楊氏以符節爲門關所用,與趙氏義異。乃《荀子》謂「張法而度之」,即《孟子》所謂揆矣。揆者,通變神化之用也。陳組綬《燃犀解》云:「符節言其驗也,揆言其度也,蓋指聖人之所以度量天下者。言事有古今,量度主焉;按圖索駿,膠柱鼓瑟,安有是處?夫孰之不一者爲之一,而至合者在至不合乎?不曰『得位』而曰『得志』,位者,所以抒其志也。」

章指：言聖人殊世而合其道。地雖不比，由通一軌。故可以爲百王法也。

子產聽鄭國之政，以其乘輿濟人於溱、洧。注子產，鄭卿。爲政，聽訟也。溱、洧，水名。見人有冬涉者，仁心不忍，以其乘車度之也。疏注「子產」至「度之也」○正義曰：子產，子國之子公孫僑也。陳氏厚耀《春秋世族譜》云：「襄公八年，代子皮爲政，昭公二十年卒。鄭卿多無謚。《晉語》『鄭簡公使公孫成子來聘』，韋注云：『成子，子產之謚也。』其子子思亦謚桓。❶豈以賢者之故邪？」《淮南子·氾論訓》云「聽天下之政」，高誘注云：「政，治也。」《周禮·地官·鄉師》「各掌其所治鄉之教而聽其治」，注云：「聽謂平察之。」《尚書大傳》云「諸侯不同聽」，鄭氏注云：「聽，議獄也。」趙氏以聽爲平察，故以政指訟獄也。閻氏若璩《釋地》云：「溱、洧，二水名。《說文》引《詩》『溱與洧』作『潧』，曰：『潧水出鄭國，洧水出潁川陽城山東南入潁。』《史記》注引《括地志》以爲『古新鄭城南，洧與溱合』，《水經》亦云。余讀酈道元注，於溱水相鄰者，若丹水、汝水、潁水、潩水、渠水、沙水皆不載有橋梁，獨洧水一則曰：『又東逕陰坂北，水有梁焉。』再則曰：『又屈而南流，其水上有梁，謂之桐門橋。』則洧水之宜置有梁，孟子言殊非無因。竊以諸葛武侯相蜀，好治官府次舍橋梁道路，所至井竈藩溷，皆應繩墨。子產治鄭，何獨不然？此亦不過偶於橋有未修，以車濟人，而孟遂即其事以深論之。」《禮記·仲尼燕居》云：「子產猶衆人之母也，能食之，不能教也。」注云：「子產嘗以其乘

❶ 下「子」字，經解本作「思」。

車濟冬涉者，而車梁不成，是慈仁亦違禮。」《家語・正論解》：「子游問於孔子曰：『夫子之極言子産之惠也，可得聞乎？』孔子曰：『謂在愛民而已矣。』子游曰：『愛民謂之德教，何翅惠哉？』孔子曰：『夫子産者，猶衆人之母也，能食之而不能教也。』子游曰：『其事可言乎？』孔子曰：『子産以所乘之車濟冬涉，是愛而無教也。』」車即輿，鄭氏言乘車，此同之。乘車是所乘之車。《音義》音剩，則讀爲「千乘」「萬乘」之乘，非也。《爾雅・釋言》云：「濟，渡也。」度與渡同。《説苑・政理》篇云：「景差相鄭，鄭人有冬涉水者，出而脛寒，後景差過之，下陪乘而載之，覆以上衽。」此所記與《孟子》異。 **孟子曰：「惠而不知爲政。歲十一月徒杠成，十二月輿梁成，民未病涉也。** 注 以爲子産有惠民之心而不知爲政。當以時修橋梁，民何由病苦涉水乎？ 周十一月，夏九月，可以成步度之功；周十二月，夏十月，可以成輿梁也。 疏「惠而不知爲政」○正義曰：此申明有仁心而民不被澤之義。○注「周十」至「梁也」○正義曰：《國語・周語》單子云：「夫辰角見而雨畢，天根見而水涸，故先王之教曰：『雨畢而除道，水涸而成梁。』故《夏令》曰：『九月除道，十月成梁。』」注云：「天根，氐、亢之間也。 涸，竭也。 謂寒露雨畢之後五日，天根朝見，水潦盡竭也。《月令》：『仲秋，水始涸。』天根見，乃盡竭。 九月雨畢，十月水涸。 《夏令》，夏后氏之令，周所因也。 除道所以便行旅，成梁所以便民，使不涉也。」《禮記・月令》注引《王居明堂禮》云：「季秋除道致梁，以利農也。」孔氏正義曰：「農既收則當運輦，故法地治道，水上爲梁，便利民之轉運。」準此，則季秋致梁即十一月徒杠成，十月成梁即十二月輿梁成。 翟氏灝《攷異》云：「《爾雅・釋宫》注引《孟子》『歲十月徒杠成』，疏曰：『《孟子》十一月，此作十月，脱誤，或所見本異。』今注疏本趙注云：『周十月，夏九月，可以成步度之功；周十一月，夏十月，可以成輿梁也。』與《爾雅》注所引却合。然周正建子，夏正建寅，人人之所熟悉，安可以如是言之？舊本趙氏注，上自爲周十一月，下自爲周十二月，此舊書所以可貴。」阮氏元《挍勘記》云：「『周十月夏九月』，閩、監、毛三本同。廖本、孔本、韓本作『周十一月』，推求文義，趙氏本作『周十月夏八月』『周十一月夏九月』，而經文本作『歲十月徒杠成，十一月輿梁成』，後人亂之。而閩、監、毛本尚存舊迹，廖、孔、韓本則似是而實非也。《周禮》之例，凡夏正皆曰歲，凡曰歲終，曰正歲，曰歲十有二月，皆謂夏時也。凡言正月之吉，不曰歲，謂周正也。説詳《戴震文集》。《孟子》言『歲十月，十一月』，謂夏正；兩言『七八月之間』，則謂周正。正與《周禮》同例。趙注未解其例，今本則經注又皆舛誤矣。《夏令》曰『十月成梁』，《孟子》與《國語》合。」按：趙氏注明作「夏九月」「夏十月」，則其時之本自是十一月徒杠成，十二月輿梁成，《仲尼燕居》正義引《孟子》亦作「歲十一月徒杠成，十二月輿梁成」，則據閩、監、毛三本之「十月」「十一月」而改趙氏爲「夏八月」「夏九月」，恐亦無確證。備録如右，識者參之。段氏玉裁《説文解字注》云：「榷，水上横木，所以渡者。橋，水梁也。梁，水橋也。《釋宫》云：『石杠謂之徛。』《孟子》『歲十月徒杠成』，趙岐釋爲『步渡』，郭釋云『步渡彴』，然則石杠者謂兩頭聚石，以木横架之可行，非石橋也。凡直者曰杠，横者亦曰杠。杠與榷雙聲，《孝武紀》曰『榷酒酤』，韋昭曰：『以木渡水曰榷，謂禁民酤釀，獨官開置，如道路設木爲榷，獨取利也。』水梁者，水中之梁也；梁者，宫室所以關舉南北者也。然其字本從水，則橋梁其本義，而棟梁其假借也。凡獨木曰杠，駢木者曰橋，大而爲陂陀者曰橋。梁之字，用木跨水，則今之橋也。《孟子》『輿梁成』，《夏令》『十月成梁』，《大雅》『造舟爲梁』，皆今之橋制見於經傳者，言梁不言橋也。若《爾雅》『隄謂之梁』，毛傳『石絶水曰梁』，謂所以偃塞取魚者，亦取亘於水中之義謂之梁。凡《毛詩》自『造舟爲梁』外，多言魚梁。」**君子平其政，行辟人可也，焉得人人而濟之？故爲政者每人而悅之，日亦不足矣。」**注君子爲國家平治政事刑法，使無違失。其道辟除人，使卑辟尊，可爲也。安得人人濟渡於水乎？每人而輒欲自加恩以悅其意，則日力不足以足之也。疏注「君子」至「足之也」〇正義曰：《淮南子·時則訓》「平詞訟」，高誘注云：「平，治也。」《禮記·王制》云「齊其政」，注云：「政謂刑禁。」《論語·爲政》篇云「道之以政」，《集解》引孔曰：「政，法教也。」趙氏解「平其政」爲「治政事刑法」，以政即刑禁法教也。橋梁不修，民苦冬涉，則政有違失矣。「其道辟除人」者，「道」字釋「行」字。《説文》辵部云：「道，所行道也。」鄭氏注《禮記·射義》《儀禮·喪服傳》皆云：「道猶行也。」是也。《音義》出「辟人」，云：「丁、張並音闢，亦如字，注『辟除』同。」又出「卑辟」，云：「音避。」《周禮·秋官·條狼氏》「掌鞭以趨辟，王出入則八人夾道」，注云：「趨辟，趨而辟行人。」《秋官·野廬氏》「凡有節者及有爵者至，則爲之辟」，注云：「辟，辟行人。」《小爾雅·廣言》云：「辟，除也。」是「辟人」即「辟除人」，謂屏人使避之。段氏玉裁《説文解字注》云：「僻，辟也。辟者，法也。引申爲辟人之辟。辟人而人避之亦曰辟。若《周禮·閽人》：『凡外内命婦出入，則爲之辟。』《孟子》：『行辟人可也。』《曲禮》：『若主人拜，則客還辟，辟拜。』《郊特牲》：『有由辟焉。』包咸《論語》注：『躩，盤辟皃也。』《投壺》：『主人盤旋曰辟，賓盤旋曰辟。』《大射儀》『賓辟』，注曰：『辟，逡遁不敢當盛。』他書辟人、辟邪、辟寒、辟塵之類，語意大略相似。自屏之者言，則《閽人》《離婁》篇、《郊特牲》是也；自退者言，則《曲禮》《投壺》《論語》注所云是也。」辟之言邊也，屏於一邊也，僻之本義如是。然則「辟除人」與「卑辟尊」字同義亦同。《音義》雖兼存兩音，音兩而義一也。俗以「辟除」之辟作闞，「辟尊」之辟作避，非古義矣。以「每人而悦之」爲「欲自加恩以悦其意」者，《莊子·人間世》「無門無毒」，《釋文》：「毒，崔本作每，云貪也。」《漢書·賈誼傳》《服賦》云「夸者死權，品庶每生」，孟康云：「每，貪也。」《説文》貝部云：「貪，欲物也。」趙氏以每爲貪，以貪爲欲，「每人而悦」是貪於悦人，故云「欲自加恩以悦其意」也。趙氏佑《温故録》云：「此節正辨子産以乘輿濟人之無其事也。『君子』即謂子産。子産有君子之道者也。其爲政使都鄙有章，上下有服，田有封洫，廬井有伍，大夫之忠儉者從而與之，泰侈者因而斃之，蓋能平其政，非務悦人明矣。濟涉細事，本不足爲執政輕重，而當執政經臨，輿衛森嚴，津吏祗候，即有往來喧競，自當静俟軒車，必無辱觀聽而煩左右者。大夫之乘非小人所得假，其人既衆，豈一輿所能用，此必無之理，曾子産而有之？而世徒妄傳失實，是則子産不知爲政也，是子産將不得爲君子也。」

章指：言重民之道，平政爲首。人君由天，天不家撫。是故子産渡人，孟子不取也。

疏「人君由天」○正義曰：《音義》云：「丁云：『由，義當作猶。猶，如也。古字通用。』」

孟子告齊宣王曰：「君之視臣如手足，則臣視君如腹心；君之視臣如犬馬，則臣視君如國人；君之視臣如土芥，則臣視君如寇讎。」注芥，草芥也。臣緣君恩以爲差等，其心所執若是也。

疏注「芥草芥也」○正義曰：《方言》云：「芥，草也。自關而西或曰草，或曰芥。」哀公元年《左傳》逢滑曰：「臣聞國之興也，視民如傷，是其福也；其亡也，以民爲土芥，是其禍也。楚雖無德，亦不艾殺其民，吴日敝於兵，暴骨如莽。」注云：「芥，草也。」又云：「草之生於廣野，莽莽然，故曰草莽。」然則土芥謂視之如土如草，不甚愛惜也。孟子本諸逢滑。○注「臣緣」至「是也」○正義曰：趙氏以「視」爲心相視，非形相視，故曰「心之所執若是」。**王曰：「禮，爲舊君有服，何如斯可爲服矣？」**注宣王問，禮，舊臣爲舊君服喪服。問君恩何如則可爲服？疏注「禮舊臣爲舊君服喪服」○正義曰：《儀禮・喪服》：「爲舊君、君之母妻，傳云：『爲舊君者，孰謂也？仕焉而已者也。何以服齊衰三月也？言與民同也。君之母妻，則小君也。』大夫在外，其妻長子爲舊國君，傳云：『何以服齊衰三月也？妻言與民同也。長子言未去也。』舊君，傳云：『大夫爲舊君，何以服齊衰三月也？大夫去君，歸其宗廟，故服齊衰三月也。言與民同也。何大夫之謂乎？言其以道去君而猶未絶也。』」然則有致仕之舊君，有去國之舊君。致仕則君恩本未絶，故不特爲君服，且爲君之母妻服；若已去國則不服，惟妻子仍居本國者服。雖待放於郊，尚未去國，乃爲舊君服。**曰：「諫行言聽，膏澤下於民；有故而去，則君使人導之出疆，又先於其所往；去三年不反，然後收其田里。此之謂三有禮焉。如此則爲之服矣。**注爲臣之時，諫行言從，德澤加民。若有他故，不得不行，譬如華元奔晉，隨會奔秦，是也。古之賢君遭此，則使人導之出竟，又先至其所到之國，言其賢良。三年不反，乃收其田菜及里居也。此三者有禮，則爲之服矣。疏注「若有」至「秦是也」○正義曰：成公十五年《左傳》云：「秋八月，葬宋共公，於是華元爲右師，蕩澤爲司馬。蕩澤弱公室，殺公子肥，華元曰：『我爲右師。君臣之訓，師所司也。今宮室卑而不能正，吾罪大矣。不能治官，敢賴寵乎？』乃出奔晉。」文公六年《左傳》云：「八月乙亥，晉襄公卒，靈公少，晉人以難故，欲立長君。趙孟曰：『立公子雍。』使先蔑、士會如秦逆公子雍。」七年《左傳》云：「穆嬴日抱太子以啼於朝，出朝則抱以適趙氏。宣子與諸大夫皆患穆嬴，且畏偪，乃背先蔑而立靈公，以禦秦師。戊子，敗秦師于令狐，至于刳首。己丑，先蔑奔秦，士會從之。」十三年《左傳》云：「趙宣子曰：『隨會在秦，賈季在狄，難日至矣，若之何？』郤成子曰：『賈季亂，且罪大，❶不如隨會能賤而有恥，柔而不犯，其知足使也，❷且無罪。』」此「華元奔晉、隨會奔秦」之事也。○注「古之」至「服矣」○正義曰：昭公元年《穀梁傳》云：「疆之爲言猶竟也。」竟與境通，是「出疆」即「出境」也。《廣雅・釋詁》云：「往，至也。」《爾雅・釋詁》云：「到，至也。」是「往」即「到」也。《史記・酈生列傳》云：「沛公麾下騎士，適酈生里中子也。酈生謂之曰：『吾聞沛公慢而易人，多大略，此真吾所願從游，莫爲我先，若見沛公，謂曰：臣里中有酈生，年六十餘，長八尺，人皆謂之狂生，生自謂我非狂生。』」「臣里中」云云，即「爲之先」也。《莊子・秋水》篇云：「莊子釣於濮水，楚王使大夫二人往先焉，曰：『願以竟内累矣。』」《釋文》云：「先焉，先謂宣其言也。」此「又先於其所往」之先與之同，故趙氏云「言其賢良」。蓋先則有所宣之言，如二大夫之於莊子，騎士之於酈生也。阮氏元《挍勘記》云：「『乃收其田里田業也里居也』，閩、監、毛三本同。廖本、韓本作『乃收其田菜及里居也』，孔本、《攷文》古本作『乃收其田里田菜及里居也』，足利本作『乃收其田里田萊及里居』。《音義》亦出『田菜』，菜當作采，大夫采地字古書多或作菜，菜誤爲萊，作業則更誤矣。」「三者有禮」，使人導之出疆，一也；又先於其所往，二也；去三年不反，然後收其田里，三也。**今也爲臣，諫則不行，言則不**

❶「且」，原作「其」，今據《左傳》及經解本改。

❷「足」，原脱，今據《左傳》及經解本補。

聽，膏澤不下於民；有故而去，則君搏執之，又極之於其所往；去之日遂收其田里。此之謂寇讎。寇讎，何服之有？」【注】搏執其族親也。極者，惡而困之也。遇臣若寇讎，何服之有乎。【疏】注「搏執」至「有乎」○正義曰：《音義》云：「搏，音博。」《説文》手部云：「搏，索持也。」宀部云：「索，入家搜也。」《顔氏家訓》引《通俗文》云：「入室求曰搜。」入其家室，搜索而持執之，故知爲「搏執其族親」。族親指其父母妻子兄弟而言，故入其家而索之族親，正釋搏字，其義精矣。《禮記·月令》：「孟秋之月，命有司脩法制，繕囹圄，具桎梏，禁止姦，慎罪邪，務搏執。」鄭氏不注。高誘注《吕氏春秋》云：「慎戒有姦罪者，搏執之也。」亦未詳溯。按：此姦邪蓋指邪説左道之類。罪此邪人，必審慎得其實，既審得其實，則必搜索其家，執而禁之。聖人於惑民致亂之姦邪，不姑息以遺患如此。《孟子》之「搏執」非《月令》之「搏執」，亦明矣。《説文》穴部云：「窮，極也。」《論語·堯曰》篇云「四海困窮」，《集注》引包曰：「困，極也。」極是困窮，「極之於其所往」即困之於其所往也。緣其所以困之之故，則云「惡而困之」也。《尚書·洪範》云「鯀則殛死」，《釋文》云：「殛，本作極。」極鯀於羽山，亦是困之於羽山。《鄭志》答趙商云：「鯀非誅死，鯀放居東裔，至死不得反於朝。」蓋置鯀於東海永不復用，又收管之不許他往，所以困之窮之，使之終死於是，所謂「極」也。此「極之於其所往」蓋既不得如士會之復歸，又不能若賈季之送帑，且如商任之會，禁錮欒盈，使諸侯不得受，則所以困之窮之者至矣。是時臣之心惟恐遭其荼毒，故擬之曰「寇讎」，非真如輿曲沃之甲，轉身爲亂賊也。《禮記·檀弓》云：「穆公問於子思曰：『爲舊君反服，古與？』子思曰：『古之君子進人以禮，退人以禮，故有舊君反服之禮也；今之君子進人若將加諸膝，退人若將隊諸淵，毋爲戎首，不亦善乎？又何反服之禮之有？』」注云：「言放逐之臣不服舊君也。」爲兵主來攻伐曰「戎首」。《孟子》此章正申明子思之義。

章指：言君臣之道，以義爲表，以恩爲裏。表裏相應，猶若影響。舊君之服，蓋有所興。諷諭宣王，勸以仁也。

孟子曰：「無罪而殺士，則大夫可以去；無罪而戮民，則士可以徙。」注 惡傷其類，視其下等，懼次及也。語曰：「鳶鵲蒙害，仁鳥曾逝。」此之謂也。疏 注「惡傷」至「謂也」○正義曰：士大夫爲類而六等，上士一位，下於大夫，士農工商爲四民，是「士」與「民」爲類。士居四民之首，則民下於士，故爲「下等」也。引「語」者，《漢書·梅福傳》云：「成帝委任大將軍王鳳，鳳專執擅朝，而京兆尹王章素忠直，譏刺鳳，爲鳳所誅。福上書曰：『夫鳶鵲遭害，則仁鳥增逝；愚者蒙戮，則知士深退。』」顔師古注云：「鳶，鴟也。音緣。」《禮記·中庸》引《詩》「鳶飛戾天」，《釋文》云：「本又作鳶。」阮氏元《挍勘記》云：「『仁鳥增逝』，閩、監、毛三本同。廖本、孔本、韓本增作曾。作曾是。曾，高也。」

章指：言君子見幾而作。故趙殺鳴犢，孔子臨河而不濟也。疏「君子」至「濟也」○正義曰：《易·繫辭傳》云：「幾者，動之微，吉之先見者也。君子見幾而作，不俟終日。」《史記·孔子世家》云：「孔子將西見趙簡子，至於河，聞竇鳴犢、舜華死，臨河而歎曰：『美哉水，洋洋乎，某之不濟此，命也夫！』子貢趨而進曰：『敢問何謂也？』孔子曰：『竇鳴犢、舜華，國之賢大夫也。某聞之也，刳胎殺夭，則騏驎不至郊；竭澤涸漁，則蛟龍不合陰陽；覆巢毁卵，則鳳凰不翔。何則？君子諱傷其類也。』」

孟子曰：「君仁，莫不仁；君義，莫不義。」注君者，一國所瞻仰以爲法，故必從之。疏「君仁」至「不義」○正義曰：前言人臣格君心之非，明人臣當自脩其身；此言人君自格其心，明人君當自脩其身。

章指：言君以仁義率衆，孰不順焉？上爲下效也。疏「上爲下效也」○正義曰：《白虎通·三教》篇云：「教者，效也。上爲之，下效之。」

孟子曰：「非禮之禮，非義之義，大人弗爲。」注若禮而非禮，陳質娶婦而長，拜之也；若義而非義，藉交報仇是也。此皆大人所不爲也。疏注「若禮」至「之也」○正義曰：若，猶似也。似禮非禮，似義非義，皆似是而非者也。周氏廣業《孟子古注攷》云：「陳質疑是奠贄之義。」董子《繁露·五行相勝》篇云：「營蕩爲齊司寇，太公問治國之要，曰：『在仁義而已。仁者愛人，義者尊老。愛人者有子不食其力，尊老者妻長而夫拜之。』太公曰：『寡人欲以仁義治齊，今子以仁義亂齊。寡人立而誅之，以定齊國。』」此拜妻之證也。阮氏元《校勘記》云：「《音義》本陳質亦作賈。按，孫志祖云：『長讀長幼之長，長字句絶。』」按：古事相傳，名姓往往各異，如虞慶之爲高陽魋，盇胥之爲古乘。此營蕩之爲陳質，亦其類耳。○注「藉交報仇是也」○正義曰：周氏廣業《孟子古注攷》云：「《史記·貨殖傳》云：『閭巷少年，借交報仇，篡逐幽隱，實皆爲財用耳。』《游俠傳》云：『郭解少時陰賊，以軀借交報仇。』《漢書》：『朱雲少時，通輕俠，借交報仇。』師古注：『借，助也。音子夜切。』孫宣公《音義》：『藉，慈夜切。義與借同。』則藉交即借交也。」

章指：言禮義，人之所以折中。履其正者，乃可爲中。是以大人不行疑禮。疏「禮義人之所以折中」❶○正義曰：《禮記・仲尼燕居》云：「夫禮，所以制中也。」《表記》云：「義者，天下之制也。」《文選・羽獵賦》云「不制中以泉臺」，注引韋昭云：「制或爲折。」

孟子曰：「中也養不中，才也養不才。故人樂有賢父兄也。」注中者，履中和之氣所生，謂之賢才者，謂人之有俊才者。有此賢者，當以養育教誨不能，進之以善，故樂父兄之賢以養己也。疏注「中者」至「謂之賢」○正義曰：《白虎通・五行》篇云：「中，和也。中和居六德之首。」《周禮・鄉大夫》「興賢者能者」，注云：「賢者，有德行者。」「履中和之氣所生」則有德行，有德行故「謂之賢」。《説文》貝部云：「賢，多才也。」《老子》云「不尚賢」，王弼注云：「賢猶能也。」然則中、才皆得謂之賢，故下承言「賢父兄」，兼中與才而言也。趙氏以「中」爲「賢」，下亦云「賢者養育教誨不能」，不能即不才，則賢者亦兼指才而言矣。○注「才者謂人之有俊才者」❷○正義曰：《淮南子・氾論訓》云「天下雄俊豪英」，注云：「才過千人爲俊。」《禮記・王制》云：「司徒論選士之秀者而升之學，曰俊士。」《月令》云「命太尉贊傑俊」，注云：「傑俊，能者也。」《天官・太宰》「四曰使能」，注云：「能，多才藝者。」《國語・晉語》云「夫教者，因體能質而利之者也」，注云：「能，才

---

❶「以」，原脱，今據《章指》補。

❷「謂」上，原有「是」字，合於宋十行、閩、監、毛等本，今據本書及阮校所述廖、孔、韓等本注文改。

也。」○注「有此賢者」至「己也」○正義曰：《禮記・文王世子》云「立太傅少傅以養之」，注云：「養猶教也。言養者，積浸成長之。」《説文》𠫓部云：「育，養子使作善也。《虞書》曰：『教育子。』」馬融注《堯典》「教胄子」云：「胄，長也。教長天下之子弟。」《爾雅・釋詁》云：「育，長也。」馬亦讀胄爲育。孟子言「得天下英才而教育之」，「教育」即《堯典》之「教育」，教育連文，育即是教。此「中也養不中，才也養不才」，即是中也教不中，才也教不才也；注云「樂父兄之賢以養己」，即是樂父兄之賢以教己也。故趙氏以「育」釋「養」，又以「教誨」釋「養育」；下言訓導，訓導亦教誨也。《禮記・内則》云「獻其賢者於宗子」，注云：「賢猶善也。」以賢教不賢是以善教不善，則不善者進之以善；賢既得兼才、能而言，則以賢教不賢亦是以能教不能，則不能者亦進之以能。上云「有此賢者」，下云「教誨不能，進之以善」，互發明之也。

如中也棄不中，才也棄不才，則賢不肖之相去，其間不能以寸。」 注 如使賢者棄愚，不養其所當養，則賢亦近愚矣。如此，賢不肖相覺，何能分寸？明不可不相訓導也。

疏 注「不養」至「愚矣」○正義曰：諸本作「不養其所以當養」，廖本無「以」字，是也。子弟之不中不才，父兄所當教也。棄而不教，是未知當教也。以子弟爲父兄所當教而且不知，是亦「近于愚」矣。○注「如此賢」至「分寸」○正義曰：阮氏元《校勘記》云：「孔本覺作較，非。按，《音義》出『相覺』，丁云：『義當作校。』蓋覺即校之假借字，古書往往用覺字。」盧氏文弨《鍾山札記》云：「覺有與校音義並同者，《詩・定之方中》正義引《鄭志》云『今就校人職相覺甚異』，趙岐注《孟子》『中也養不中』章『如此，賢不肖相覺，何能分寸』，又『富歲子弟多賴』章『聖人亦人也，其相覺者以心知耳』，《續漢書・律曆志》中『至元和二年，《太初》失天愈遠，日月宿度相覺浸多』，《晉書・傅玄傳》『古以步百爲畝，今以二百四十步爲畝，所覺過倍』，《宋書・天文志》『斗二十一，井二十五，南北相覺四十八度』，凡此皆以覺爲校也。後人有不得其義而致疑者，更或輒改他字，故爲詳證之。」《説苑・辨物》篇云：「十分爲一寸。」趙氏連言分寸，明此寸謂十分之寸也。

章指：言父兄已賢，子弟既頑，教而不改，乃歸自然。

孟子曰：「人有不爲也，而後可以有爲。」注人不爲苟得，乃能有讓千乘之志。疏「人有」至「有爲」〇正義曰：有不爲，是介然自守，行己有恥。趙氏以「不爲苟得」解之，是也。義可爲乃爲之，義所不可爲則不爲。人能知擇，故有不爲者有爲者。讓千乘，仍是不爲苟得，趙氏以讓千乘爲有爲，故云「義乃可申」。《荀子・不苟》篇云：「君子行不貴苟難，説不貴苟察，名不貴苟傳，唯其當之爲貴。負石而赴河，是行之難爲者也，而申徒狄能之。然而君子不貴者，非禮義之中也。山淵平、天地比，入乎耳出乎口，鉤有須、卵有毛，是説之難持者也，而惠施、鄧析能之。然而君子不貴者，非禮義之中也。盜跖吟口，名聲若日月，與舜禹俱傳而不息。然而君子不貴者，非禮義之中也。」趙氏以「不爲」爲「不爲非義」，蓋本於此。

章指：言貴廉賤恥，乃有不爲。不爲非義，義乃可申。

孟子曰：「言人之不善，當如後患何？」注人之有惡，惡人言之。言之，當如後有患難及己乎！

疏「言人」至「患何」〇正義曰：孟子距楊墨，比之爲禽獸，正所以息其無父無君之患也。若言人之不善而轉貽將來之患，則患不在人之不善而轉在吾之言矣。是當審而慎之。

章指：言好言人惡，殆非君子。故曰：「不忮不求，何用不臧？」

孟子曰：「仲尼，不爲已甚者。」注仲尼彈邪以正，正斯可矣。故不欲爲已甚泰過也。疏「仲尼不爲已甚者」○正義曰：郝敬《孟子説解》云：「孟子不見諸侯，而齊、梁好士，未嘗不往；仕不受禄，而宋、薛之餽，未嘗不受。道不苟合，而不爲小丈夫之悻怒，故去齊三宿；廉不苟取，而不爲陳仲子之矯情，故交際不辭。匡章得罪於父，不以人言而不加禮貌；夷之受學於墨，不以異端而吝其教誨。其告君也，園囿亦可，臺池鳥獸亦可，好貨好色亦可，故曰：『人不足責，政不足間，惟格君心之非而已。』是故以臧倉之謗不遇於魯，而未怨其沮己；以王驩之佞倖出弔於滕，而未嘗不與之朝暮。雖不悦於公行子之家，而從容片辭，嫌疑立解。宛然孔子待陽貨、公伯寮氣象，豈非願學之深，有得於温良恭儉讓之遺範者歟？是故以伯夷爲隘，柳下惠爲不恭，以仲尼爲不爲已甚，其所向慕可知。而世儒猶謂其鋒鋩太露，何歟？」

章指：言《論》曰：「疾之已甚，亂也。」故孟子譏踰牆、距門者也。

孟子曰：「大人者，言不必信，行不必果，惟義所在。」注果，能也。大人杖義，義有不得必信其言，子爲父隱也；有不能得果行其所欲行者，若親在不得以其身許友也。義或重於信，故曰惟義所在。疏注「大人杖義」○正義曰：諸本作「仗」，孔本作「杖」，當爲杖。《説文》木部云：「杖，持也。」《漢書·高帝紀》

云「杖義而西」，注云：「杖亦倚任之義。」○注「義有」至「隱也」○正義曰：《論語·子路》篇云：「父爲子隱，子爲父隱，直在其中矣。」《吕氏春秋·當務》篇云：「楚有直躬者，其父竊羊而謁之上。上執而將誅，直躬者請代，將誅，告吏曰：『父竊羊而謁之，不亦信乎？父誅而代之，不亦孝乎？』荆王乃不誅。孔子曰：『異哉，直躬之爲信也！一父而載取名焉，故直躬之信，不若無信。』」○注「有不」至「友也」○正義曰：趙氏以「能」釋「果」，見《梁惠王》篇。《禮記·中庸》云「果能此道矣」，注云：「果猶決也。」果能二字連文，是果即能。果義爲決，能義亦爲決。《周禮·春官·大卜》「五曰果」，注云：❶「果謂以勇決爲之。」此云「有不能得果行其所欲行者」，疊能、得、果三字，不果行即不得行，不得行即不能行也。《禮記·曲禮》云：「父母存，不許友以死。」注云：「爲忘親也。死爲報仇讎。」孔氏正義云：「親亡則得許友報仇。故《周禮》有主友之讎，視從父兄弟。《白虎通》云：『親友之道不得行者，亦不許友以死耳。』」《論語·子路》篇云：「言必信，行必果，硜硜然小人哉！」《集解》引鄭曰：「行必果，所欲行必敢爲之。」《陽貨》篇云：「好信不好學，其蔽也賊。」《集解》引孔曰：「父子不知相爲隱之輩也。」又云：「惡果敢而窒者。」

章指：言大人之行，行其重者。不信不果，所求合義也。

孟子曰：「大人者，不失其赤子之心者也。」 注 大人謂君。國君視民當如赤子，不失其民心之謂

❶「注」，原作「德」，今從沈校據《周禮》鄭注及全書文例改。

也。一説曰：赤子，嬰兒也。少小之心專一未變化，人能不失其赤子時心，則爲貞正大人也。疏注「大人」至「大人也」○正義曰：前一説是也。嬰兒無知，大人通變，其相異遠矣。趙氏雖存兩説，《章指》則以前一説爲定。程氏瑶田《通藝録·論學小記》云：「孟子曰：『大人者，不失其赤子之心者也。』則誠意莫如赤子。而赤子非能格物以致其知者也，此可以見人性之善。而吾人之學必先於格物以致其知者，何也？蓋以意誠誠矣，意之誠誠如赤子之无妄矣，而卒不得謂之爲明明德者也。明明德者，無所不知之誠；赤子之誠，一無所知之誠也。故赤子之誠雖與聖人之誠通一無二，而赤子之爲赤子則不必其皆爲聖人。然則使赤子中有生而能爲聖人者，亦必不能不格物致知而徒恃其一無所知之誠以造乎其極也。此吾夫子所以終其身於格物致知而至於七十乃自信其從心所欲不踰矩也。此古昔聖人所以緣人情以制禮，而禮儀三百威儀三千所以必待其人而後行者，待此格物以致其知之人，乃能於獨見獨聞之時，慎之又慎，以造其意而誠之，而於是乎能行此禮也。此之謂明明德，而大異乎赤子一無所知之誠矣。」按：程氏主後一説而亦疑赤子之心不可以擬大人，故爲之分别而申言之。《康誥》言「如保赤子」，上承「惟民其畢棄咎」，下接「惟民其康乂」。孟子因墨者夷之引此而解之云：「赤子匍匐將入井，非赤子之罪也。」蓋以愚民無知比赤子無知。《禮記·大學》引此，釋之云：「心誠求之，雖不中，不遠矣。」鄭氏注云：「養子者推心爲之，而中於赤子之嗜欲也。」皆以保之養之言。《説苑·貴德》篇云：「聖人之於天下百姓也，其猶赤子乎？饑者則食之，寒者則衣之，將之養之，育之長之，唯恐其不至於大也。」此正所謂不失赤子之心也。《荀子·臣道》篇云：「若馭樸馬，若養赤子，若食餧人，故因其懼也而改其過，因其憂也而辨其故，因其喜也而入其道，因其怒也而除其怨，曲得所謂焉。」此且以比暴君，未聞赤子之心可以比大人也。孟子方言「不爲已甚」，「惟義所在」，所以發明聖人通變之旨，豈取一「專一未變化」之赤子而擬之哉？《老子》云：「衆人熙熙，如登春臺。我獨泊然其未兆，如嬰兒之未孩。」又云：「知其雄，守其雌，爲天下谿。爲天下谿，常德不離，復歸於嬰兒。」此亦自比愚人之無知，譏聖人之樸散，爲老氏清净之宗，與孟子正相反者。此趙氏又一説之義也。人之爲赤子猶天地有洪荒，伏羲以前無三綱六紀，飲食男女之事與禽獸同。自伏羲定人道，而乃有君臣父子夫婦之倫，人道不定，天下大亂，可推而知也。《莊子·繕性》篇乃云：「古之人在混茫之中，與一世而得淡漠焉。是時也，陰陽和静，鬼神不擾，四時得節，萬物不傷，群生不夭。人雖有知，無所用之。」豈知晦芒憔悴之初，八卦未畫，四時何由而節？漁佃之利未興，弧矢之威未作，人與鳥獸相雜，其靈於鳥獸者凡幾？不知粒食，其疾病疢毒於鳥獸羸蜕之肉者又凡幾？而謂之不傷不夭，不亦妄乎？赤子之無知，故匍匐可以入井，必多方保護之，教誨之，自桑弧蓬矢，方名六甲，就外傅，入小學，以至博學無方，乃能知類通達，❶强立而不反。若失而不教，則終於愚而無知。吾見若而人者，人詐之而莫悟，衆擠之而弗酬，衆共以爲愿，可謂「不失其赤子之心」矣；卒之文字不能通，農商不成就，衣食不能自力，父母不能養，妻子不能保，自轉尸於溝壑。彼老氏之徒乃以爲真樸未散，不亦傎乎？夫老莊之徒非不學者也，學而不能知聖人之道，故爲是詖辭耳。於是受其説者以爲不必博文，不必好古，不必審問而明辨，第静其心，存其心，守其心，則不失乎赤子之心而即爲大人。於是傭人

---

❶ 「達」，原作「遠」，今據《禮記·學記》及經解本改。

匠賈皆可自命爲聖賢，相習成風，其禍於天下，與吃菜事魔者等矣。夫孟子所謂「大人」，即《易》之「利見大人」也。前云「惟大人爲能格君心之非」，故申言其所以爲大人者如是。一則云「非禮之禮，非義之義，大人弗爲」，再則云「大人者，言不必信，行不必果，惟義所在」，此又云「不失其赤子之心」，後又云「正己而物正」，高出乎事君人、安社稷，達可行於天下之人之上，而豈擬以無知之赤子哉？大人以先覺覺後覺，以先知覺後知，不以己之聖而忘人之愚，不以己之明而忘人之闇，如羲農、黄帝、堯舜、文王、周公、孔子是也。惟不失其赤子之心，所以正己而物正。孟子蓋深於《易》，而此其發明之者也。

章指：言人之所愛，莫過赤子。視民則然，民懷之矣。大人之行，不過是也。

孟子曰：「養生者不足以當大事，惟送死可以當大事。」注孝子事親致養，未足以爲大事。送終如禮，則爲能奉大事也。疏「養生」至「大事」〇正義曰：由「養志」而申言之也。《周禮·倉人》「凡國之大事」，注云：「大事謂喪戎。」《禮記·雜記》云「於士既事成踊」，注云：「事謂大小斂之屬。」《少儀》云「喪俟事，不犆弔」，❶注云：「事，朝夕哭時。」❷《説文》史部云：「事，職也。」謂人子之職，惟此爲大。

章指：言養生竭力，人情所勉；哀死送終，行之高者。事不違禮，可謂難矣，故謂之

❶「犆」，原作「植」，今據《禮記》及經解本改。

❷「哭」，原重，今據《禮記》鄭注及經解本删。

「大事」。

孟子曰：「君子深造之以道，欲其自得之也。注造，致也。言君子問學之法，欲深致極竟之以知道意，欲使己得其原本，如性自有之也。疏注「造致」至「有之也」○正義曰：鄭氏注《禮記》《周禮》《儀禮》，皆云：「造，至也。」至即致也。《爾雅·釋詁》云：「極，至也。」《國語·吴語》云「飲食不致味」，注云：「致，極也。」《楚辭·謬諫》云「又何路之能極」，注云：「極，竟也。」趙氏以「致」釋「造」，又以「極」釋「致」，以「竟」釋「極」。下「資之深」解爲「得其根」，則深爲「深淺」之深，異於略觀大意，不求深解以終其學。趙氏以「問學之法」表明之，即下章「博學、詳説」之事也。戴氏震《孟子字義疏證》云：「《論語》曰：『多聞闕疑，慎言其餘；多見闕殆，慎行其餘。』又曰：『多聞，擇其善者而從之，多見而識之，知之次也。』又曰：『我非生而知之者，好古敏以求之者也。』然聞見不可不廣，而務在能明於心，一事豁然使無餘藴，更一事亦如是，久之心知之明進於聖智。《易》曰：『精義入神，以致用也。』又曰：『智周乎萬物而道濟天下，故不過。』孟子曰：『君子深造之以道，欲其自得之也。自得之則居之安，居之安則資之深，資之深則取之左右逢其源。』凡此皆精於道之謂也。」按：《易·繫辭傳》云：「夫易，所以極深而研幾也。唯深也，故能通天下之志；唯幾也，故能成天下之務。」「深造」即「極深」也，「以道」即「研幾」也。「自得」，則「通天下之志」「成天下之務」也。「一陰一陽之謂道」，道者，反復變通者也。博學而不深造則不能精，深造而不以道，則不能變。精且變乃能自得，自得乃能不疾而速，不行而至，爲至神也。非博學無以爲深造之本，非深造無以爲以道之路，非以道無以爲自得之要，非自得無以爲致用之權。讀書好古而能自得之，乃不空疏，不拘滯。而示之以「深造以道」，又申之以「博學、詳説」，兩章牽連互發。趙氏以「問學之法」標之，可謂知言矣。**自得之則居之安，居之安則資之深，資之深則取之左右逢其原。故君子欲其自得之也。」**注居之安，若己所自有也。資，取也。取之深，則得其根也。左右取之，❶在所逢遇，皆知其原本也。故使君子欲自得之也。疏注「居之」至「之也」○正義曰：此節發明「自得」之義。《小爾雅·廣言》云：「資，取也。」《禮記·孔子閒居》云「必達於禮樂之原」，注云：「原，本也。」《爾雅·釋詁》云：「逢，遇也。」雖生知之聖，必讀書好古。既由博學而深造之以道，則能通古聖之道而洞達其本原。而古聖之道與性相融，此自得之，所謂如性自有之也。如性自有之，故居之安。凡「之」字皆指所學而言。未能自得，則道不與性融，不能通其變而協其宜。道與性隔，性與道睽，故居之不安。既自得而居之安，則取於古聖之道即取乎吾之性，非淺襲於口耳之間，非强擬於形似之迹，故「資之深」也。至於資之深，左取而左宜之，右取而右宜之，無不逢其原也。左右者，兩端也。「取之左右逢其原」，即「執其兩端，用其中於民」也。「學而不思則罔」，罔者，不能自得之也；「思而不學則殆」，殆者，空悟而本無所居，則不安也。深造憑於心之虛，以道憑於學之實。得之，得此道也，自得之則學洽於思；居之，居此道也，居之安則思緼於學。舍學而言恃心，舍心而守學，兩失之矣。

章指：言學必根原，如性自得。物來能名，事來不惑。君子好之，朝益暮習，道所以

❶「左」，原作「右」，今據經文及經解本改。

臻也。疏「學必」至「臻也」❶○正義曰：「根原」即根本也。孔本作「根源」，非是。「物來能名」，詳見《公孫丑下》篇。《漢書・雋不疑傳》贊云：「雋不疑學以從政，臨事不惑，遂立名迹，終始可述。」《管子・弟子職》云：「朝益暮習，小心翼翼。一此不解，是謂學則。」

孟子曰：「博學而詳説之，將以反説約也。」注博，廣；詳，悉也。廣學悉其微言而説之者，將以約説其要。意不盡知，則不能要言之也。疏注「博廣」至「言之也」○正義曰：鄭氏注《周禮》《儀禮》，多以廣釋博。《荀子・修身》篇云「多聞曰博」，是也。《説文》心部云：「悉，詳盡也。」言部云：「説，説釋也。」《詩・衛風・氓》篇云「猶可説也」，箋云：「説，解也。」《淮南子・主術訓》「所守甚約」，高誘注云：「約，要也，少也。」廣學則無不學，《大戴記・曾子立身》云：「博學而孱守之，微言而篤行之。」趙氏本此，以「微言」即「詳説」。微有二義：一幽隱，一纖細。言幽隱則輕淺者不易解，言纖細則高簡者不屑解。「悉其微言而説之」，則盡其幽隱纖細之言，而解釋之要即根原也。不博學而徒憑空悟者，非聖賢之學，無論也；博學而不能解説，文士之浮華也。但知其一端，則詖而非要；但知其大略，則淺而非要。故必無所不解而後能知其要。博、詳與約相反，惟博且詳，反能解得其約。舍博且詳而言約，何以能解？《申鑒・時事》篇云：「道雖要也，非博無以通矣。博其方，約其説。」趙氏云「不能盡知，則不能要言之」，得之矣。戴氏震《孟子字義疏

❶「學」上，原衍「注」字，今據全書文例删。

證》云：「約謂得其至當。」阮氏元《曾子注釋》云：「孔門論學，首在於博。孔子曰：『君子博學於文，約之以禮。』達巷黨人以博學深美孔子，孔子又曰：『博學之，審問之。』顏子曰：『夫子循循然善誘人，博我以文，約我以禮。』子夏曰：『博學而篤志。』孟子曰：『博學而詳說之。』故先王遺文有一未學，非博也。」按：孔孟所以重博學者，即堯舜變通神化之本也。人情變動，不可以意測，必博學於古乃能不拘一端。彼徒執一理以爲可以勝天下，吾見其亂矣。

章指：言廣尋道意，詳說其事；要約至義，還反於樸。說之美者也。

孟子曰：「以善服人者，未有能服人者也；以善養人，然後能服天下。天下不心服而王者，未之有也。」注以善服人之道治世，謂以威力服人者也，故人不心服；以善養人，養之以仁恩，然後心服矣，文王治岐是也。天下不心服，何由而王也？疏注「以善」至「心服矣」〇正義曰：趙氏解「善服人」爲「善於服人」，「善養人」爲「善於養人」，故以服爲威力，養爲仁恩也。兩善字皆虛活。近時通解善即指仁義，以仁義求勝於人，即有相形相忌之意，何能服人？

章指：言五伯服人，三王服心。其服一也，功則不同。上論堯舜，其是違乎？疏「五伯服人」〇正義曰：《音義》出「五伯」，云：「如字。丁云：『伯者，長也。言爲諸侯之長。』亦音霸。」諸本俱作「霸」，非趙氏舊矣。

孟子曰：「言無實不祥。不祥之實，蔽賢者當之。」 注 凡言皆有實。孝子之實，養親是也；善之實，仁義是也。祥，善；當，直也。不善之實，何等也？蔽賢之人，直于不善之實也。 疏 注「凡言」至「實也」○正義曰：《說文》言部云：「直言曰言。」《論衡・書說》篇云：「出口爲言。言謂言語，言語中有所謂不祥者，恆言也。」《爾雅・釋詁》云：「祥，善也。」《說文》示部云：「祥，福也。」《禮記・中庸》云：「國家將興，必有禎祥。禍福將至，善必先知之。」祥、善、福三字義相近。《章指》以「蒙顯戮」爲「不祥」，則以「善」釋「祥」，固以「福」爲「善」也。《呂氏春秋・孟夏紀》云「必當其位」，注云：「當，直也。」趙氏以「實不祥」三字連屬，謂人每言不祥，不過空泛言之，無有指實其所以不祥之處。試爲按之，不祥之實，惟蔽賢者與相直也。蔽賢爲不善之實，猶養親爲孝之實、仁義爲善之實也。

章指：言進賢受上賞，蔽賢蒙顯戮，故謂之「不祥」也。 疏「進賢受上賞蔽賢蒙顯戮」○正義曰：《漢書・武帝紀》元朔元年詔云：「且進賢受上賞，蔽賢蒙顯戮，古之道也。」亦見《說苑・談叢》篇。❶《鶡冠子・道端》篇云：「進賢受上賞，則下不相蔽。」《晏子春秋・諫下》篇云：「國有三不祥：有賢而不知，一不祥；知而不用，二不祥；用而不任，三不祥也。」亦見《說苑・君道》篇。

徐子曰：「仲尼亟稱於水曰：『水哉，水哉！』何取於水也？」 注 徐子，徐辟也。問仲尼何取

❶「談叢」，原作「叢說」，今從沈校據《說苑》改。

於水而稱之也？**孟子曰：「原泉混混，不舍晝夜，盈科而後進，放乎四海。有本者如是。是之取爾。**【注】言水不舍晝夜而進。盈，滿；科，坎；放，至也。至於四海者，有原本也。以況於事，有本者皆如是。是之取也。【疏】「原泉混混」○正義曰：阮氏元《校勘記》云：「『源泉混混』，閩、監、毛三本同。宋九經本、岳本、咸淳衢州本、廖本、孔本、韓本源作原。原，正字；源，俗字。上文『取之左右逢其原』不从水，可以證从水之誤矣。」段氏玉裁《説文解字注》云：「混，豐流也。盛滿之流也。《孟子》曰『源泉混混』，古音讀如衮，俗字作『滚』。《山海經》曰『其源渾渾泡泡』，郭云：『水濆涌也。』衮、泡二音。渾渾者，假借渾爲混也。」王氏念孫《廣雅疏證》云：「司馬相如《上林賦》云『汩乎混流』。重言之則曰混混。《荀子·富國》篇云『財貨渾渾如泉源』，渾與混同。《淮南子·原道訓》云：『混混汩汩。』」○注「盈滿科坎」○正義曰：《説文》皿部云：「盈，滿器也。」王氏念孫《廣雅疏證》云：「科，空也。《史記·張儀傳》『虎賁之士，跿跔科頭』，❶《集解》云：『科頭謂不著兜鍪入敵也。』亦空之義也。《説文》：『窠，空也。』《孟子·離婁》篇『盈科而後進』，趙岐注云：『科，坎也。』義並相近。」又云：「《釋水》：『欿、窞、科、臽，坑也。』《説文》：『阬，虚也。』阬與坑同。坑之言康也，《爾雅》：『康，虚也。』康、坑、欿、科、渠，皆空之轉聲也。《孟子·離婁》篇『原泉盈科而後進』，《盡心》篇『流水之爲物也，不盈科不行』，趙岐注並云：『科，坎也。』《太玄·從》『次五，從水之科滿』，科亦坎也。范望注以科爲法，失之。」○注「放至」至「取也」○正義曰：《禮記·祭義》云「推而放諸東海而準」，注云：「放猶至

---

❶「跔」，原作「踻」，今從沈校據《史記》改。

也。」「至於四海」即「注諸海」「入於海」之海。閻氏若璩《釋地又續》云：「胡朏明執《爾雅》『四海』解以解凡云『四海』者，曰：『九夷八狄七戎六蠻謂之四海。古書所稱四海皆以地言，不以水言，故《爾雅》此條繫《釋地》不繫水。』余曾以《書經》質《孟子》『放乎四海』，禹『以四海爲壑』，此得謂不以水言邪？大抵四海之義有二：有宜從《爾雅》解者，『四海遏密八音』是也；有宜從鄭康成《周禮》注『四海猶四方也』解者，如上云『天下慕之』下云『溢乎四海』，上云『中天下而立』下云『定四海之民』，蓋四海即天下字面也。」按：閻氏所云四海之義有二者，當一指水一指地。而指地之中又有此二義：一爲《爾雅》所云，一爲鄭氏《周禮》注所云也。況者，比也，譬也。以水之有原本者比事之有原本者。**苟爲無本，七八月之間雨集，溝澮皆盈；其涸也，可立而待也。**注苟，誠也。誠令無本，若周七八月夏五六月天之大雨，潦水卒集，大溝小澮皆滿。然其涸乾可立待者，以其無本故也。疏注「苟誠」至「故也」○正義曰：《論語·里仁》篇云「苟志於仁矣」，《集解》引孔曰：「苟，誠也。」《禮記·月令》：「季夏之月，水潦盛昌，大雨時行。仲秋之月，水始涸。」是雨集在周八月夏六月也。乃孟秋之月亦備水潦，蓋夏至之後五六月間多大雨者，常也；或秋霖不時而至，亦所當備。孟子奉周朔，舉其常耳。澮大于溝，此言「大溝小澮」，當有誤。程氏瑤田《通藝録·溝洫疆理小記》云：「《遂人職》云：『凡治野，夫間有遂，遂上有徑。十夫有溝，溝上有畛。百夫有洫，洫上有涂。千夫有澮，澮上有道。萬夫有川，川上有路，以達於畿。』鄭氏注：『以南畝圖之，則遂縱溝橫，洫縱澮橫，九澮而川周其外焉。』按，畝，長畝也。一夫之田，析之百甽以爲百畝。南畝者，自北視之，其畝橫陳於南也。南畝故甽橫，甽流於遂，故遂縱，遂在兩夫之間，故謂之夫間。夫間，東西之間也。其南北之間則溝橫連十夫，故曰十夫有溝，不可謂二十夫之間，故變間言夫也。溝經十夫，流入于洫，洫之長如溝，縱承十溝，十溝之水皆入焉，故曰百夫有洫也。洫之水入澮，澮長十倍於洫而横承十洫之分布千夫中者，故曰千夫有澮也。澮十之，横貫萬夫之中，十澮之水並入於川，故曰萬夫有川，澮横川自縱也。鄭氏謂『九澮而川周其外』，恐不然矣。川上有路以達於畿，安得有縱路復有横路邪？其横者則二萬夫間之道也。澮但言九，亦考之不察矣。『匠人爲溝洫，耜廣五寸，二耜爲耦，一耦之伐，廣尺深尺謂之甽，田首倍之。廣二尺深二尺，謂之遂。九夫爲井，井間廣四尺深四尺，謂之溝。方十里爲成，成間廣八尺深八尺，謂之洫。方百里爲同，同間廣二尋深二仞，謂之澮，專達於川，各載其名。凡天下之地勢，兩山之間必有川焉，大川之上必有涂焉。』按，甽在一夫百畝中，物其土宜而爲之南畝，甽横順其畝之首尾，以行水入於遂，故遂在田首。井田夫三爲屋，三夫田首同枕一遂。遂在屋間，非夫間也。謂之屋者，三夫相連綿如屋然，但疆之以别夫而已。不若《遂人》夫爲一遂以受甽水，此所以别夫間而言田首也，而鄭氏猶以『遂者夫間小溝』釋之。遂非不在夫間，而記變其文者，蓋自有義，不宜襲用《遂人》之文矣。遂流井外，溝横承之，井中無溝，溝當兩井之間，故以井間命之。其長連十井，不嫌井間之稱。洫十井之縱者，其縱亦遂之在屋間而受甽水者也。溝十之，含百井爲一成，十溝之水，咸入於洫，洫縱當兩成之間，故曰成間有洫也。洫之長連十成，亦不嫌成間之稱。洫十成之横者，其横亦溝之在井間而受遂水者也。洫十之，含萬井爲一同，十洫之水咸入於澮，澮横當兩同之間，故曰同間有澮也。澮達於川，川在山間，命之曰兩山之間，以例澮在同間、洫在成間、溝在井間，其事相同，厥名斯稱矣。況夫間爲兩夫之間，人所共知，遥相疏證，辨惑析疑，舊聞舛互，咎安辭哉？是故萬井之田一澮，界兩同之間。萬夫之田十澮，納百洫之水，故一同之澮獨著『專達於川』之文，而萬夫有川，但準溝水十遂之目。形體之端緒不同，標録自爾殊致矣。賈公彦云：『井田之法，畎縱遂横，溝縱洫横，澮縱川横。』余謂縱横無定法，視其畝之東南而爲之。如賈説，是東畝法耳。《左傳》晉使齊盡東其畝。以晉伐齊必向東，東畝則川横而川上路乃可東西行，故曰『惟吾子戎車之利』也。此畎縱爲東畝、畎横爲南畝之確證，遂人、匠人二法所同者。賈氏不明匠人於遂不命夫間之故而以爲夫間縱者但分其畛而無遂，又不明遂人夫間之遂亦於田首爲之而以爲田首必在百畝之南，故必易其縱横以通其説。若然，是井田之制必無南畝矣。豈其然乎？而後世解斯記者亦由不明田首之遂不命夫間之故，而以爲與遂人夫間之遂同其實而横爲之，於三夫相連之中因置間字之義勿復深考，而强以屋間之遂當井間之溝，以井間之溝當成間之洫，以成間之洫當同間之澮，而以同間之澮當兩山之間之川，而於是專達於川之一澮，不得不十倍增之而又或以爲九矣。神禹之治水也，濬畎澮以入於川，是故水之行於地中也，小大之形三者而已。故制字以象形，一水爲巜，即畎；二巜爲巜，即澮；衆巜爲川。及其盡力於溝洫也，則以爲非多其廣狹淺深之等不足以盡疏瀹之理而奠萬世農業之安，於是由川而澮，又等而增之而洫而溝而遂，乃以承夫百畝中之畎。夫然後一旦雨集，以大受小，遞相承焉，不崇朝而盡達於川矣。其承畎者名之爲遂，何也？慮其蓄而弗暢也，故遂之。曷爲承之以溝也？一縱一横，乃見交暢之義。溝，冓也，縱横之説也。名之曰溝，所以象其形。象形曰溝，會意曰洫。洫字从血，以洫承溝，謂是血脈之流通也。澮，會也。會上衆水，以達於川。初分終合，所以盡水之性情，而不使有汎溢之害也。鄭氏注《小司徒》云：『溝洫爲除水害。』余亦以爲備潦，非備旱也。歲歲治之，務使水之來也，其涸可立待。若以之備旱，則宜豬之不宜溝之，宜蓄之不宜洩之。今之遞廣而遞深也，是溝之法，非豬之法，是洩之非蓄之也。故使溝洫之制存而不壞，豈惟原田之利？農無水潦之患而天下之川，亦因之而治矣。夫川之淤塞也，有所以淤塞之者也。溝洫不治，則入川之水皆汙濁之渾流，實足以爲川害。然則溝洫不壞，即謂天下之川永無崩決之虞可也。」《爾雅·釋詁》云：「涸，竭也。」《章指》以「不竭」爲「有本」，是以「竭」釋「涸」也。《吕氏春秋·慎大》篇云「商涸旱」，高誘注云：「涸，枯也。」《藝文類聚》引《洪範五行傳》云：「旱之言乾。」《廣雅·釋詁》云：「胋，乾也。」胋即枯。乾枯皆燥，水竭故燥也。**故聲聞過情，君子恥之。」**注人無本行，暴得善聲，令聞過其情，若潦水不能久也，故君子恥之。

章指：言有本不竭，無本則涸。虚聲過實，君子恥諸。是以仲尼在川上曰：「逝者如斯。」疏「虚聲過實」○正義曰：《禮記·大學》云「無情者不得盡其辭」，注云：「情猶實也。」故此以「過實」爲「過情」。○「是以」至「如斯」○正義曰：《論語·子罕》篇云：「子在川上，曰：『逝者如斯夫，不舍晝夜。』」

孟子曰：「人之所以異於禽獸者幾希。庶民去之，君子存之。注幾希，無幾也。知義與不知義之間耳。衆民去義，君子存義也。疏注「幾希無幾也」○正義曰：《告子》篇「其好惡與人相近也者幾希」，注云：「幾，豈也。豈希，言不遠也。」《盡心》篇「其所以異於深山之野人者幾希」，注云：「希，遠也。當此之時，舜與野人相去豈遠？」此兩注互相訓詁。幾通作㡬，㡬與豈通。《爾雅·釋詁》云：「㡬，汔也。」郭璞注云：「謂相摩近。」《方言》云：「希，摩也。」《廣雅》希、剴皆訓磨。磨、摩皆通靡。「幾者動之微」，微、靡義同無。幾、希二字疊韻，幾訓近，希訓少，無幾即甚近甚少之謂。以希爲遠，則幾爲豈；以幾爲近，則以希爲少，二義可互明。又「其妻妾不羞也而不相泣者幾希矣」，注云：「言今苟求富貴，妻妾雖不羞泣者，與此良人妻妾何異也？」何異猶曰幾何，亦豈遠之意。○注「知義與不知義之間耳」○正義曰：飲食男女，人有此性，禽獸亦有此性，未嘗異也。乃人之性善，禽獸之性不善者，人能知義，禽獸不能知義也。因此心之所知而存之，則異於禽獸；心雖能知之而舍而去之，則同於禽獸矣。庶民不能自存，必賴君子教而存之。此孟子道性善之本旨，而趙氏能明之。趙氏不愧通儒也。**舜明於庶物，察於人倫，由仁義行，非行仁義也。」**注倫，序；察，識也。舜明庶物之情，識人事之序，仁義生於內，由其中而行，非彊力行仁義也。故道性善，言必稱堯舜。疏注「倫序」至「堯舜」○正義曰：《説文》人部云：「倫，輩也。一曰道也。」等輩則有類次，故趙氏以「序」釋「倫」。《儀禮・既夕記》云「倫如朝服」，《禮記・中庸》云「毛猶有倫」，注並云：「倫，比也。」顔師古《匡謬正俗》云：「序，比也。」倫、比、序，義亦同也。「一曰道」，則人倫即是人道。《論語・微子》篇云「而亂大倫」，《集解》引包曰：「倫，道理也。」則人倫又即人理。《楚辭・懷沙》云「孰察其撥正」王逸注、《呂氏春秋・功名》篇云「不可不察」高誘注，皆云：「察，知也。」知即識也，庶物即禽獸也。「明於庶物」，知禽獸之性情不可教之使知仁義也。同此飲食男女，人有知則有倫理次序。「察於人倫」，知人可教之使知仁義也。舜，君子也。庶民不能明於庶物，察於人倫，故去之；舜能明於庶物、察於人倫，故存之。性本知有仁義，因而存之，是由本知之仁義行也；若禽獸性本不知有仁義，而彊之行仁行義，則教固必不能行，威亦必不能制。故庶民不知仁義者，君子教之使知，則庶民亦能知仁義；庶民知仁義而行之，亦是由仁義行，非彊之以所本不能知而使之行仁義也。此庶民所以異於庶物也。明庶物、察人倫，始於伏羲氏。其時民全不知有人倫之序，同於禽獸，直可謂之昧，不可謂之去。人道既定，庶民雖愚，皆知有人倫矣，故其不仁義也，非昧也，是去之也。舜明之察之，通變神化，使之由仁義行，由即「民可使由之」之由。是時民皆知有仁義而莫不曰行仁，莫不曰行義，以仁濟其不仁，以義濟其不義。蓋行仁義正所以去仁義也，由仁義行則百姓日用而不知，乃正所以存仁義也。此孟子所以不稱伏羲氏而稱堯舜也。

章指：言人與禽獸，俱含天氣，就利避害，其間不希。衆人皆然，君子則否。聖人超絶，識仁義之生於己也。 疏「人與」至「不希」○正義曰：《白虎通·禮樂》篇云：「人無不含天地之氣，有五常之性者。」《漢書·匈奴傳》孝文後二年遺匈奴書云：「下及魚鼈，上及飛鳥，跂行喙息蠉動之類，莫不就安利避危殆。」

孟子曰：「禹惡旨酒而好善言。 注旨酒，美酒也。儀狄作酒，禹飲而甘之，遂疏儀狄而絶旨酒。《書》曰「禹拜讜言」。疏注「旨酒」至「讜言」○正義曰：《戰國策·魏策》云：「梁王魏嬰觴諸侯於范臺，酒酣，請魯君舉觴，魯君興，避席擇言曰：『昔者帝女令儀狄作酒而美，進之禹，禹飲而甘之，遂疏儀狄，絶旨酒，曰：後世必有以酒亡其國者。』」引《書》詳見《公孫丑》篇。**湯執中，立賢無方。** 注執中正之道，惟賢速立之，不問其從何方來。舉伊尹以爲相也。疏注「執中」至「相也」○正義曰：《禮記·檀弓》云「左右就養無方」，《内則》云「博學無方」，注皆云：「方，常也。」《荀子·臣道》篇云：「應卒遇變，齊給如響，推類接譽，以待無方，曲成制象，是聖臣者也。」注云：「齊，疾也。應事而至謂之給。夫卒變，人所遲疑，今聖臣應之疾速如響之應聲。無方，無常也。待之無常，謂不滯於一隅也。」此以無常爲不滯於一隅，則兼方所之義言之。《論語·八佾》篇云：「父母在，不遠遊，遊必有方。」此方固指方所，而鄭氏亦訓爲「有常」。趙氏以「無方」爲「不問其從何方來」，是以方爲「方所」之方。云「惟賢速立之」，即《荀子》「應卒遇變，齊給如響」之謂，是兼以無方爲無常矣。蓋執中無權猶執一之害道，惟賢則立而無常法，乃申上執中之有權，「無方」當如鄭氏注之爲「無常」也。《史記·殷本紀》云：「伊尹欲干湯而無由，乃爲有莘氏媵臣，負鼎俎以滋味悦湯，致於王道。」趙氏引伊尹，似謂自媵臣保伍中升之，仍無常之謂也。《越絶書·外傳·枕中》篇云：「湯執其中和，舉伊尹，收天下雄儁之士。」此即本孟子此言而衍之。以執中爲「執中和」，以無方爲「收天下雄儁之士」，亦以無方所言，與趙氏同。**文王視民如傷，望道而未之見。**注 視民如傷者，雍容不動擾也。望道而未至，殷録未盡，尚有賢臣，道未得至，故望而不致誅於紂也。疏 注「視民」至「擾也」○正義曰：周氏廣業《孟子章指攷證》云：「《左傳》逢滑曰：『臣聞國之興也，視民如傷，是其福也。』杜注：『如傷，恐驚動。』與趙注『雍容不動擾也』正合。」按：《吕氏春秋·分職》篇云「天寒起役恐傷民」，注云：「傷，病也。」文王視民如有疾病，凡有疾病之人不可動擾，故「如傷」爲「不動擾」，因不動擾，故「雍容」不急迫也。○注「望道」至「紂也」○正義曰：《漢書·司馬相如傳》《子虚賦》云「先生又見客」，顔師古注云：「見猶至也。」《白虎通》歷述帝王之號，自伏羲定人道，祝融屬續三皇之道，顓頊專正天人之道，舜能推信堯道。夏者，大也，明當守持大道；殷者，中也，明當爲中和之道也；周者，至也，密也，道德周密，無所不至也。又云：「王者受命，質家言天命已，使已誅無道。」趙氏之意謂紂無道，誅之所以致道。文王三分天下有其二以服事殷，故望道而未至。道即命也，天命已在文王而不代殷有天下也。近時通解有二：一謂文王以紂在上，望天下有治道而未之見，此仍趙氏義而稍變者也；一讀「而」爲「如」，謂文王愛民無已，未傷如傷，望道心切，見如未見也。**武王不泄邇，不忘遠。**注泄，狎；邇，近也。不泄狎近賢，不遺忘遠善。近謂朝臣，遠謂諸侯也。疏注「泄狎」至「侯也」○正義曰：《方言》云：「媟，狎也。」《說文》女部云：「媟，嬻也。」《荀子·榮辱》篇云：「憍泄者，人之殃也。」注云：「泄與媟同。」泄本發洩之洩，通於媟，故以「狎」釋之也。「邇近」，《爾雅·釋詁》文。《說文》辵部云：「遺，亡也。」心部云：「忘，不識也。」《詩·邶風·綠衣》「曷維其亡」，箋云：「亡之言忘也。」是「忘」即「遺亡」也。武王以太公望爲師，周公旦爲輔，召公、畢公之徒左右王師，脩文王緒業。《說苑》載其問太公，《賈子新書》載其問王子旦，問粥子，《管子》載其問癸度，觀兵孟津，自稱太子發，言奉文王以伐，不敢自專，乃告司馬、司徒、司空諸節齊栗，此皆「不泄邇」之事也。是「邇」謂朝臣也。《牧誓》告「友邦冢君，及庸、蜀、羌、髳、微、盧、彭、濮人」，《大傳》言「牧野既事而退，柴于上帝，祈于社稷，奠于牧室，率天下諸侯執豆籩，駿奔走」，《史記》言「封諸侯，班賜宗彝，作分殷之器物，封先聖王之後，封功臣謀士」，此皆「不忘遠」之事也。是「遠」謂諸侯也。**周公思兼三王以施四事。其有不合者，仰而思之，夜以繼日；幸而得之，坐以待旦。」**注三王，三代之王也；四事，禹湯文武所行事也。不合，已行有不合也。仰而思之，參諸天也。坐以待旦，言欲急施之也。疏「周公」至「待旦」○正義曰：細審此章之指，云「兼三王」，明三王不相沿襲可知也；云「其有不合，仰而思之」，則所以通變神化可知也。禹承堯舜之後，天下乂安，則易生驕泆，故惡旨酒，好善言，以通其變；夏之末，必各執偏意而用人拘以資格，故湯執中，立賢無方，以通其變；商紂之初，民傷已極而天眷未更，故文王但愛民以輔救之，守臣節以帥天下諸侯，則所以通其變於湯之放桀也；武王時，紂益無道，故不泄邇，不忘遠，修己以安天下，則所以通其變於文王之服事也。凡三王之事，皆各有合。至周公相成王，成文武之德，其時又異於禹湯文王之時，則所以合不合者，非思莫得也。三王四事，先王之法也。有不合則思，所爲以道揆也。堯舜以通變神化治天下，爲萬世法。孟子歷述禹湯文武周公以明之，皆法堯舜之變通神化者也。江氏聲《尚書集注音疏》云：「《孟子》『周公思兼三王，以施四事』，伏生《大傳》則云『周公兼思三王之道以施於春秋冬夏』，據此，則《孟子》所言三王謂天地人三統，四事謂四時之事。是則帝王出政必參乎三才，合乎四時。」按：參三才合四時，亦損益通變之義。○注「己行有不合也」○正義曰：阮氏元《校勘記》云：「『己行有不合世』，岳本、廖本、孔本、《攷文》古本同。閩、監、毛三本世作者，韓本作『也』。韓本是也。」○注「仰而思之參諸天也」○正義曰：《易·繫辭傳》云「仰則觀象於天」，《詩·大雅·雲漢》云「瞻仰昊天」，《列子·黄帝》篇云「中道仰天而歎」，故以「仰」爲「參諸天」。按：自下望上爲仰，自後觀前亦爲仰，此仰思蓋即謂仰舉三王之事而思其合也。

章指：言周公能思三王之道以輔成王太平之隆。禮樂之備，蓋由此也。

孟子曰：「王者之迹熄而《詩》亡，《詩》亡然後《春秋》作。注王者，謂聖王也。太平道衰，王迹止熄，頌聲不作，故《詩》亡。《春秋》撥亂，作於衰世也。**疏**「王者」至「秋作」○正義曰：顧氏棟高《春秋大事表・王迹拾遺序》云：「孟子曰：『王者之迹熄而《詩》亡，《詩》亡然後《春秋》作。』東遷以後，政教號令不行於天下，然當春秋初年，聲靈猶未盡泯也。鄭伯、虢公爲王左右卿士，鄭據虎牢之險，虢有桃林之塞，左提右挈，儼然三輔雄封。其時賦車萬乘，諸侯猶得假王號令以征伐與國，故鄭以王師伐邾，秦偕王師伐魏。二邾本附庸也，進爵而爲子；滕、薛、杞本列侯也，降爵而爲子伯。列國之卿猶請命於天子，諸侯之妾猶不敢僭同於夫人。虎牢已兼并於鄭，仍奪之還王朝；曲沃以支子篡宗，赫然興師而致討。衛朔逆命，子突救衛書『王人』；樊皮叛王，虢公奉命誅不服：庶幾得命德討罪、興滅繼絶之義。然鄭以懿親，而且交質矣。曲沃之伐，不惟無功，日後荀賈且爲晉所滅。甚至射王中肩，列國無爲王敵愾者。而僖王之世，命曲沃爲晉侯，貪寵賂，獎篡弑，三綱盡矣。嗣後王室益微，迨至晉滅虢而襄王復以温、原賜晉，舉崤函之險固、河内之殷實，悉舉而畀諸他人，自是王朝不復能出一旅，與初年聲勢大異矣。以文武成康維持鞏固之天下而陵夷衰微至此，豈一朝一夕之故哉？惠、襄以後，世有兄弟之難，子頽、子帶、子朝迭亂王室，數數勤諸侯之師，蓋齊家之道有闕，政本不脩，皇綱陵遲，君子閔焉。獨能憑藉先靈，稱述祖制，折服强暴，若襄王拒請隧，定王詰鞏伯，而王孫滿以片言却强楚於近郊之外，譬之以太阿授人而欲以朽索控踶跐之馬，嗚乎其難哉！」楊氏椿《與顧棟高書》云：「竊嘗論《春秋》家之弊在於賤霸，謂《春秋》專治桓、文之罪。桓、文時天命未改，周室已衰，陵夷至於敬王然後王迹熄者，桓、文之力也，故孔子仁管仲而正齊桓。孟子生戰國，王者之不作已久，生民之憔悴已甚，齊宣有其地有其民而不行王政，僅僅以桓、文爲問，故孟子斥之爲不足道耳。要之，桓、文正未可輕貶者也。孟子曰:『王者之迹熄而《詩》亡,《詩》亡然後《春秋》作,其事則齊桓晉文。』蓋自隱五年王師伐翼伐曲沃至莊六年救衛,未嘗無征伐之事,而是非倒置,喜怒失常,故號令不行,每戰輒敗。莊十四年諸侯伐宋,齊桓請師於周,單伯會之,取成於宋而還。自是大盟會大征伐必皆請王人主之,諸侯亦遂無敢抗者。定四年劉子會召陵而後,成桓公之會侵鄭,單平公之會黄池,皆不復見於經,蓋霸者之事即王者之迹,霸者亡而王迹熄矣。」顧氏鎮《虞東學詩・迹熄詩亡説》云:「《孟子》歷敘群聖之事而以孔子作《春秋》繼之。迹熄《詩》亡,著明所以作《春秋》之義。蓋自鄭康成有『不能復雅』之云,而范甯序《穀梁》遂謂『列《黍離》於《國風》,齊王德於邦君』。然考趙岐注《孟子》,則曰『太平道衰,王迹止熄,頌聲不作,故《詩》亡』。是漢儒原立兩義,後世鄭學盛行,遂遺趙説。李迂仲兼而存之,古義略具。愚竊以爲所欲究者,王迹耳,王者之迹何預於《詩》?《春秋》之作何預於迹?此義不明,則不獨《黍離》降風,支離莫據,即迂仲諸説亦可存而不論。蓋王者之政莫大於巡守述職。巡守則天子采風,述職則諸侯貢俗。太史陳之以考其得失,而慶讓行焉,所謂迹也。夷、厲以來,雖經《板》《蕩》,而《甫田》東狩,舄芾來同,撻伐震於徐方,疆理及乎南海,中興之迹爛然著明,二《雅》之篇可考焉。洎乎東遷而天子不省方,諸侯不入覲,慶讓不行而陳《詩》之典廢,所謂『迹熄而《詩》亡』也。孔子傷之,不得已而托《春秋》以彰衮鉞,所以存王迹于筆削之文,而非進《春秋》於《風》《雅》之後。《詩》者,《風》《雅》《頌》之總名,無容舉彼遺此。若疑《國風》多録東周,《魯頌》亦當僖世,則愚謂《詩》之存亡繫於王迹之熄與不熄,不繫於本書之有與無也。」趙氏佑《温故録》云:「注『太平道衰,王迹止熄,頌聲不作,故《詩》亡』,不用雅亡風降之説,獨爲正大,而向來罕述之者。」**晉之《乘》、楚之《檮杌》、魯之**

《春秋》，一也。其事則齊桓、晉文，其文則史，孔子曰：『其義，則丘竊取之矣。』」**注**此三大國史記之名異。《乘》者，興於田賦乘馬之事，因以爲名。《檮杌》者，嚚凶之類，興於記惡之戒，因以爲名。《春秋》，以二始舉四時，記萬事之名。其事，則五伯所理也。桓、文，五伯之盛者，故舉之。其文，史記之文也。孔子自謂竊取之以爲素王也。孔子人臣，不受君命，私作之，故言竊，亦聖人之謙辭。**疏**「晉之」至「之矣」○正義曰：萬氏斯大《學春秋隨筆》云：「《春秋》書弒君、誅亂賊也，然而趙盾、崔杼之事，時史亦直載其名，安見亂賊之懼獨在《春秋》而不在諸史？曰：孟子言之矣。《春秋》之文則史也，其義則孔子取之。諸史無義而《春秋》有義也。義有變有因。不修《春秋》曰『雨星不及地尺而復』，君子脩之曰『星霣如雨』。諸侯之策曰『孫林父、甯殖出其君』，《春秋》書之曰『衛侯衎出奔』。此以變爲義者也。晉史書曰『趙盾弒其君』，《春秋》亦曰『趙盾弒其君』。齊史書曰『崔杼弒其君』，《春秋》亦曰『崔杼弒其君』。此以因爲義者也。因與變相參，斯有美必著，無惡不顯，三綱以明，人道斯立，《春秋》之義遂與天地同功。彼董狐、南史、左氏傳《春秋》而獲存，晉《乘》、楚《檮杌》，孟子論《春秋》而幸及。當時則書，久則亡焉。懼在《春秋》而不在諸史，有由然也。雖然，以盾、杼之姦惡，齊晉得以名赴，《春秋》得以名書，賴史官之直筆也。使晉、宋、吴、莒之弒逆得董狐、南史其人，則書必以名，赴必以實，鮑與庚輿必不書人書偃，僕、光必不稱國，良史又曷可少哉？」按：昭公十二年《公羊傳》引孔子之言云：「《春秋》之信史也，其序則齊桓、晉文，其會則主會者爲之也，其詞則某有罪焉爾。」此與孟子所述略同。其云「有罪」者，則括「知我罪我」之言。何休注云：「其貶絶譏刺之辭有所失者，是丘之罪。」與趙氏注「罪我」爲「時人見彈貶者」義同。公羊氏以此當「其義」，則義指貶刺撥亂可知。孟子述孔子之言，特指出「義」字。義者，宜也。舜之所察，周公之所思，皆此義。利者，義之和，變而通之以盡利，察於民之故乃能變通，即舜之「察於人倫」也。天下何思何慮？天下同歸而殊途，百致而一慮。精義入神以致用，即周公之「思兼三王」也。舜察之，故由仁義行而不行仁義；周公思之，故知其有不合而兼三王。孔子當迹熄《詩》亡之後，作《春秋》以撥亂反正，亦由察之思之而知其義也。舜以王，周公以相，所變通在行在施；孔子不得位，所變通在言，亦變通趨時之妙也。○注「此三」至「謙辭」❶○正義曰：杜預《春秋序》云：「《春秋》者，魯史記之名也。記事者以事繫日，以日繫月，以月繫時，以時繫年，所以紀遠近、別同異也。故史之所記，必表年以首事，年有四時，故錯舉以爲所記之名也。」孔氏正義云：「昭二年韓起聘魯，稱見魯《春秋》。《外傳·晉語》司馬侯對晉悼公云：『羊舌肸習於《春秋》。』《楚語》申叔時論傅太子之法云：『教之以《春秋》。』《禮·坊記》曰：『《魯春秋》記晉喪曰：殺其君之子奚齊。』又《經解》曰：『屬辭比事，《春秋》教也。』凡此諸文所説皆在孔子之前，則知未脩之前，舊有《春秋》之目。據周世法則，每國有史記，當同名《春秋》。」按：《墨子》書稱「吾見百國《春秋》」，又云「著在周之《春秋》」「著在燕之《春秋》」「著在宋之《春秋》」「著在齊之《春秋》」，則孔氏以爲「同名《春秋》」，似矣。乃孟子於晉楚明舉《乘》《檮杌》兩名，故趙氏以爲「三大國史記之名異」。孔氏《春秋正義》又云：「《春秋》是其大名，晉楚私立別號，魯無別號，故守其本名。」是也。乘是兵車之名，《管子》書亦有《乘馬》《臣乘馬》《乘馬數》《問乘馬》等篇，本以一乘四馬，廣及陰

❶「辭」下，原有「爾」字，合於宋十行、閩、監、毛等本，今據本書及阮校所述廖、孔、韓等本注文改。

陽地里農耕國筴之事。晉史之名《乘》，或亦同之。興于此，謂作于此也。文公十八年《左傳》云：「顓頊有不才子，不可教訓，不知話言，舍之則嚚，傲很明德，以亂天常。天下之民謂之檮杌。」賈逵注云：「檮杌，凶頑無儔匹之貌。」是「檮杌」爲「嚚凶之類」。史記以《檮杌》名，亦鑄鼎象物，使民知神姦之例，故云「興於記惡之戒」。《説文》木部作「檮柮」，云：「斷木也。」引《春秋傳》。《國語・周語》云「商之興也，檮杌次於丕山」，注云：「檮杌，鯀也。」服虔引《神異經》云：「檮杌，狀似虎，毫長二尺，人面虎足猪牙，尾長丈八尺，能鬬不退。」《音義》云：「乘，丁音剩，云『晉名《春秋》爲《乘》者，取其善惡無不載。檮杌，惡獸名也。楚謂《春秋》爲《檮杌》者，在記惡而興善也』。」惡獸本服虔，假獸之惡、人之惡爲戒，其義亦同。惟檮杌皆從木，則爲斷木之定名。《説文》頁部云：「頑，棞頭也。」木部云：「棞，梡木未析也。」「梡，棞木薪也。」「析，破木也。」按：薪有析者有不析者。其未析者名梡，即名棞。縱破爲析，横斷爲檮杌，斷而未析其頭則名頑。是檮杌即頑之名。因其頑，假斷木之名以名之爲檮杌，亦戒惡之意也。孔氏《春秋正義》云：「年有四時，不可徧舉四字以爲書號，故交錯互舉，取春、秋二字以爲所記之名。春先於夏，秋先於冬，舉先可以及後，言春足以見冬，故舉二字以包四時也。四時之内，一切萬物生植孕育盡在其中；《春秋》之書，無物不包，無物不記。賈逵云：『取法陰陽之中，春爲陽中，萬物以生；秋爲陰中，萬物以成。』賀道養云：『春貴陽之始，秋取陰之初。』」趙氏言「二始舉四時」，二始即春爲陽始，秋爲陰始。舉謂包舉，即舉春秋以包冬夏也。「記萬事之名」，即所謂「無物不記」也。董仲舒《對策》云：「孔子作《春秋》，先正王而繫萬事，見素王之文焉。」趙氏名「記萬事之名」「以爲素王」，❶亦本此爲説也。素王詳見《滕文公》篇。《吕氏春秋·知士》篇云「孟嘗君竊以諫静郭君」，高誘注云：「竊，私也。」故以「竊取」爲「私作」。何休以孔子稱有罪爲「聖人德盛尚謙，故自名」。《論語·述而》篇言「竊比於我老彭」，亦自謙之辭。此云「丘竊取之」，既自名又稱竊，故云「亦聖人之謙辭」也。

章指：言《詩》可以言，頌詠太平。時無所詠，《春秋》乃興。假史記之文，孔子正之以匡邪也。 疏「詩可以言頌詠太平」○正義曰：《毛詩序》云：「發言爲詩。」又云：「《維天之命》，太平告文王也。」宣公十五年《公羊傳》云「什一行而頌聲作矣」，注云：「頌聲者，太平歌頌之聲，帝王之高致也。」

孟子曰：「君子之澤，五世而斬；小人之澤，五世而斬。 注澤者，滋潤之澤。大德大凶，流及後世，自高祖至玄孫，善惡之氣乃斷，故曰五世而斬。疏注「澤者」至「而斬」○正義曰：《説文》水部云：「澤，光潤也。」《毛詩·小雅·節南山》「國既卒斬」，傳云：「斬，斷也。」趙氏以君子爲大德，小人爲大凶，其善惡之氣流于後世，猶水之潤澤。近時通解以君子爲聖賢在位者，小人爲聖賢不在位者。**予未得爲孔子徒也，予私淑諸人也。」** 注予，我也。我未得爲孔子門徒也。淑，善也。我私善之於賢人耳。蓋恨其不得學於大聖也。疏注「予我」至「人也」○正義曰：「予，我」「淑，善」，皆《爾雅·釋詁》文。江氏永《群經補

❶ 上「名」字，據文義疑當作「云」或「曰」。

義》云：「孟子言予私淑諸人，人謂子思之徒。是孟子與子思年不相接。《孔叢子》有孟子、子思問答語，不足信。」

章指：言五世一體，上下通流。君子小人，斬各有時。企以高山，跌以陷汙。是以孟子恨不及乎仲尼也。疏「跌以陷汙」○正義曰：《方言》云：「跌，蹷也。」《漢書·晁錯傳》云「跌而不振」，注云：「跌，足失據也。」又《楊雄傳》《解嘲》云「不知一跌將赤吾之族也」，注云：「跌，足失厝也。」

孟子正義卷十七

江都縣鄉貢士焦循譔集

孟子曰：「可以取，可以無取，取傷廉；可以與，可以無與，與傷惠；可以死，可以無死，死傷勇。」注三者皆謂事可出入，不至違義。但傷此名，亦不陷於惡也。疏注「三者」至「惡也」○正義曰：趙氏以「出」解「無取」「無與」「無死」，以「入」解「取」「與」「死」。一事可出可入，謂取可，無取亦可，是事之兩可者也。既可取、可與、可死，故取、與、死亦非惡。但既可以無取，可以無與，可以無死，故取、與、死則傷廉、惠、勇之名。可以取，可以無取，取則傷廉之名，此廉士所知也，亦人所共知也。若可以與，可以無與，則忠厚長者豈不以必與爲惠乎？若可以死，可以無死，則忠臣烈士豈不以必死爲勇乎？而不知其傷惠、傷勇正與傷廉者同。傷廉不得名爲廉也，傷惠、傷勇不得名爲惠、名爲勇也。《説苑・權謀》篇引楊子曰：「事之可以之貧可以之富者，其傷行者也；事之可以之生可以之死者，其傷勇者也。」趙氏之義本此。毛氏奇齡《聖門釋非録》云：「金仁山謂：此必戰國之世，豪俠之習勝，多輕施結客若四豪之類，刺客輕生若荊、聶之類，故孟子爲當時戒耳。」

章指：言廉勇惠，人之高行也。喪此三名，列士病諸。故設斯科以進能者也。疏「列士病諸」〇正義曰：韓本、《攷文》古本作「列」，孔本作「則列」是也。《周髀算經》云：❶「此列士之遇智。」《説苑・臣術》篇云：「列士者，所以參大夫也。」劉向有《列士傳》三卷，見《隋書・經籍志》。

逢蒙學射於羿，盡羿之道，思天下惟羿爲愈己，於是殺羿。注羿，有窮后羿；逢蒙，羿之家衆也。《春秋傳》曰：「羿將歸自田，家衆殺之。」疏注「羿有」至「殺之」〇正義曰：襄公四年《左傳》魏莊子云「夏訓有之曰有窮后羿」，注云：「有窮，國名。后，君也。羿，有窮君之號。」孔氏正義云：「羿居窮石之地，故以窮爲國號，以『有』配之，猶言有周、有夏也。」古司射之官多名羿，故趙氏明此羿爲有窮后羿，非他司射者也。引《春秋傳》即襄公四年《左傳》。《傳》云：「將歸自田，家衆殺而亨之，以食其子。」《楚辭・離騷》云：「羿淫遊以佚田兮，又好射夫封狐。國亂流其鮮終兮，浞又貪夫厥家。」注云：「浞，寒浞，羿相也。言羿因夏衰亂，代之爲政。娱樂田獵，不恤民事，信任寒浞，使爲國相。浞行媚於内，施賂於外，樹之詐慝而專其權勢。羿田將歸，使家臣逢蒙射而殺之。」是《左傳》所云家衆即逢蒙，《左傳》不詳言其姓名。孔氏正義云：「家衆謂羿之家衆人，反羿而從浞，爲浞殺羿也。」《史記・龜筴傳》云「羿名善射，不如雄渠蠭門」，《集解》云：「《淮南子》曰：『射者重以逢蒙門子之巧。』劉歆《七略》有《蠭門射法》。」《荀子・王霸》篇云：「羿、蠭門者，善服射者也。」注云：「蠭門即逢蒙，學射於羿。」《吕氏春秋・具備》篇云：「今有羿、蠭蒙、繁弱於此而無

❶「髀」，原作「裨」，今據原書名改。

弦，則必不能中也。」高誘注云：「羿，夏之諸侯，有窮之君也。善射，百發百中。逢蒙，羿弟子也，亦能百中。」《淮南子·原道訓》云「重之羿、逢蒙子之巧」，高誘注云：「羿，古諸侯有窮之君也。逢蒙，羿弟子。皆攻射而百發百中。」蓋蒙、門一音之轉，蒙即門。裴駰引此作「逢蒙門子」，衍一門字也。《列子·湯問》篇云：「甘蠅，古之善射者，彀弓而獸伏鳥下。弟子名飛衛，學射於甘蠅而巧過其師。紀昌者又學射於飛衛。紀昌既盡衛之術，計天下之敵己者一人而已，乃謀殺飛衛。」《吕氏春秋·聽言》篇云：「逢門始習於甘蠅。」與《孟子》所述事近而異。

孟子曰：「是亦羿有罪焉。」【注】罪羿不擇人也，故以下事喻之。**公明儀曰：「宜若無罪焉。」曰：「薄乎云爾，惡得無罪？鄭人使子濯孺子侵衛，衛使庾公之斯追之。子濯孺子曰：『今日我疾作，不可以執弓。吾死矣夫！』**【注】孺子，鄭大夫；庾公，衛大夫。疾作，瘧疾。

【疏】注「孺子」至「瘧疾」○正義曰：孺子爲鄭人所使，故知是鄭大夫；庾公爲衛人所使，故知爲衛大夫。襄公十四年《左傳》云：「衛公出奔齊，孫氏追之。初，尹公佗學射於庾公差，庾公差學射於公孫丁。二子追公，公孫丁御公。子魚曰：『射爲背師，不射爲戮。射爲禮乎？』射兩軥而還。尹公佗曰：『子爲師，我則遠矣。』公孫丁授公轡而射之，貫臂。」注云：「子魚，庾公差。」孔氏正義云：「《孟子》云云，其姓名與此略同，行義與此正反，不應一人之身有此二行。孟子辨士之説，或當假爲之辭，此傳應是實也。」毛氏奇齡《四書賸言》云：「鄭人使子濯孺子侵衛事，《左傳》是孫林父追衛獻公事，非鄭侵衛而衛使追也。且是尹公佗學射於庾公差，非庾公差學射於尹公佗，其中或射或不射，即此事而不甚合。大抵春秋戰國間，其記事不同多類此。」按此知孟子未見《左傳》，則《左傳》固晚出之書也。趙氏佑《温故録》云：「古説有難盡解者，孺子『今日我疾作』，注何必知是瘧疾？殆以言今則有昨，言作則有止，疾之以日作止者，瘧是也。然疾儘有偶然一作與年月一作、多日不作而作者，安必其獨瘧乎？」按：《書・金縢》：「王有疾弗瘳，史乃祝册曰：惟爾元孫某，遘厲虐疾。」某氏傳云：「虐，暴也。」周氏用錫《尚書證義》云：「厲，作也。虐，古瘧省。《月令》『民多瘧疾』，《月令》在孟秋，注云：『瘧疾，寒熱所爲者。』今《月令》瘧疾爲『厲疫』，蓋瘧疾寒熱暴至，故名瘧。諸凡暴至之疾均可謂之虐，昭公十九年《左傳》『許悼公瘧』，此瘧亦是暴至之疾，與武王之『遘虐疾』正同。」孺子若素有恆疾，則知其期，不當使來侵鄭。突然疾作，知是暴疾，故以「虐疾」明之耳。瘧即虐也。**問其僕曰：『追我者，誰也？』其僕曰：『庾公之斯也。』曰：『吾生矣。』**注僕，御也。孺子曰：吾必生矣。

疏注「僕御也」○正義曰：《毛詩・小雅・出車》「召彼僕夫」，傳云：「僕夫，御夫也。」《文選・思玄賦》云「僕夫儼其正策兮」，舊注云：「僕夫謂御車人也。」**其僕曰：『庾公之斯，衛之善射者也。夫子曰吾生，何謂也？』曰：『庾公之斯學射於尹公之他，尹公之他學射於我。夫尹公之他，端人也，其取友必端矣。』**注端人，用心不邪辟。知我是其道本所出，必不害我也。疏注「知我是其道本所出」○正義曰：《莊子・庚桑楚》云「出無本」，郭象注云：「欻然自生非有本。」❶《釋文》云：「出，生也。本，始也。」董子《對策》云：「道之大原出於天，天不變，道亦不變。是以禹繼舜，舜繼堯，三聖相受而守一道。」原即本也。凡授受相承皆有其始，故斯學於他，他學於孺子，爲其所出之本始也。**庾公之斯至，曰：『夫子何爲不**

---

❶「非有」，原作「無無」，今從沈校據《莊子》郭注改。

執弓？』曰：『今日我疾作，不可以執弓。』曰：『小人學射於尹公之他，尹公之他學射於夫子。我不忍以夫子之道反害夫子。雖然，今日之事，君事也。我不敢廢。』抽矢叩輪，去其金，發乘矢而後反。」注庾公之斯至，竟如孺子之所言。而曰：我不敢廢君事。故叩輪去鏃，使不害人，乃以射孺子。禮，射四發而去。乘，四也。《詩》云：「四矢反兮。」孟子言是以明羿之罪。假使如子濯孺子之得尹公之他而教之，何由有逢蒙之禍？疏注「禮射」至「反兮」○正義曰：《毛詩·齊風·猗嗟》云：「四矢反兮，以禦亂兮。」傳云：「四矢，乘矢。」箋云：「反，復也。禮，射三而止，每射四矢，皆得其故處，此之謂復射。必四矢者，象其能禦四方之亂也。」「發乘矢而後反」，反是還歸，庾斯發四矢而還歸於衛，不追孺子，故趙氏以「去」解之。云「禮射四發而去」，謂既去矢鏃，乃以禮射四發其矢而歸去。引《詩》以證四發爲禮射。至《詩》之「反」，謂反覆其正鵠之故處，與反去不同。趙氏引之，非以《詩》之反即庾公之發四矢而反也。《儀禮·大射儀》云「司馬師坐乘之」，注云：「乘，四四數之。」《聘禮》云「乘皮設」，注云：「物四曰乘。」《禮記·少儀》云「其以乘壺酒」，注云：「乘壺，四壺也。」《方言》云：「四雁曰乘。」凡四皆爲乘，是「乘」爲「四」也。

章指：言求交取友，必得其人。得善以全，善凶獲患。是故子濯濟難，夷羿以殘，可以鑒也。

孟子曰：「西子蒙不潔，則人皆掩鼻而過之。注西子，古之好女西施也。蒙不絜，以不絜汙巾帽而蒙其頭也。面雖好，以蒙不絜，人過之者，皆掩鼻懼聞其臭。**疏**注「西子古之好女西施也」○正義曰：《管子·小稱》篇云：「毛嬙、西施，天下之美人也。盛怨氣於面，不能以爲可好。」西施見《管子》，故趙氏以爲「古之好女」也。周氏柄中《辨正》云：「西子即西施。張邦基《墨莊漫録》云：『管仲在滅吴前二百餘年而其書已云西施，豈越之西施冒古之美人以爲名邪？』按，傅玄謂《管子》書過半是後人好事者所加，其稱引西施或是後人附益。❶然《莊子》『厲與西施』，司馬彪注云：『夏姬。』夫越女名西施，夏姬亦稱西施，則又似古有此美人而後世相因，借以相美，如善射者皆稱羿之類。」○注「蒙不」至「其臭」○正義曰：賈誼《新書·勸學》篇云：「夫以西施之美而蒙不潔，則過之者莫不睨而掩鼻。今以二三子材而蒙愚惑之智，予恐過之有掩鼻之客也。」《淮南子·脩務訓》云：「今夫毛嬙、西施，天下之美人，若使之銜腐鼠，蒙蝟皮，衣豹裘，帶死蛇，則布衣韋帶之人過者莫不左右睥睨而掩鼻。」此本《孟子》而衍之。高誘注云：「雖有美姿，人惡聞其臭，故睥睨掩其鼻。孟子曰：『西子蒙不潔，則人皆掩鼻而過之。』是也。」趙氏言「汙巾帽蒙其頭」，亦本《淮南》爲説。《周禮·夏官·方相氏》「掌蒙熊皮」，注云：「蒙，冒也。」《説文》冃部云：❷「冒，蒙而前也。」《考工記·韗人》「凡冒鼓」，注云：「冒，蒙鼓以革。」劉熙《釋名·釋首飾》云：「帽，冒也。」《漢書·雋不疑傳》「著黄冒」，注云：「冒，所以覆冒其首。」是蒙爲冒，而冒即帽，故以「巾帽」釋「蒙」字也。**雖有惡人，齋戒沐浴，則可**

❶「引」，原作「加」，今據《四書典故辨正》改。
❷「冃」，原作「曰」，今從沈本據《説文》改。

以祀上帝。」【注】惡人，醜類者也。面雖醜，而齋戒沐浴，自治絜浄，可以侍上帝之祀。言人當自治以仁義，乃爲善也。【疏】注「惡人醜類者也」〇正義曰：《書·洪範》六極「五曰惡」，鄭氏注云：「惡，貌不恭之罰。」貌恭則容儀形美而成性以終其命，容毁故致惡也。《莊子·德充符》云「衛有惡人焉曰哀駘它」，郭象注云：「惡，醜也。」《釋文》引李云：「哀駘，醜貌。它，其名。」《吕氏春秋·去尤》篇云：「魯有惡者，其父出而見商咄，反而告其鄰曰：『商咄不若吾子矣。』且其子至惡也，商咄至美也。」高誘注云：「惡，醜也。」昭公二十八年《左傳》云「鬷蔑惡」，又云「昔賈大夫惡」，皆指貌醜。此「惡人」對上「西子」，知爲「醜類者」也。

章指：言貌好行惡，西子冒臭；醜人潔服，供事上帝。明當脩飾，惟義爲常也。【疏】「明當脩飾」〇正義曰：《鹽鐵論》「殊路」章云：「蒙以不潔，鄙人掩鼻；惡人盛飾，可以宗祀上帝。」

孟子曰：「天下之言性也，則故而已矣。故者，以利爲本。【注】言天下萬物之情性，當順其故，則利之也。改戾其性，則失其利矣。若以杞柳爲桮棬，非杞柳之性也。【疏】注「言天」至「之性也」〇正義曰：曲阜孔氏所刻趙氏注如此，其義明白可見。「故」即「苟求其故」之故。推步者求其故則日至可知，言性者順其故則智不鑿。《易·文言傳》云：「利者，義之和也。」《荀子·臣道》篇云：「從命而利君謂之順。」《脩身》篇云：「以善和人者謂之順。」《詩·鄭風》「知子之順之」，箋云：「順謂與己和順。」利之義爲順，故虞翻《易》注謂巽爲利，是「利」爲「順其故」也。《賈子·道術》篇云：「心兼愛人謂之仁，反仁爲戾。」仁爲性，反其仁則乖戾，故失其利也。《湛困静語》云：「莊周有云：『吾生於陵而安於陵故也，長於水而安於水性也。』此適有

「故」與「性」二字，疑戰國時有此語。」毛氏奇齡《四書賸言補》云：「『天下之言性也，則故而已矣。』觀語氣，自指汎言性者，與『人之爲言』『彼所謂道』語同。至『以利爲本』，然後斷以己意。因是時俗尚智計，多用穿鑿，故原有訓智者。《淮南·原道訓》『不設智故』，謂不用機智穿鑿之意，正與全文言智相合。是以孟子言天下言性不過智計耳。顧智亦何害？但當以通利不穿鑿爲主。夫所惡於智，爲穿鑿也。如不穿鑿，則行水治曆，智亦大矣。」按：《孟子》此章自明其「道性善」之恉，與前「異於禽獸」相發明也。《易·雜卦傳》云：「革，去故也。鼎，取新也。」故謂已往之事。當時言性者多據往事爲説，如云「文武興則民好善，幽厲興則民好暴」，「以堯爲君而有象，以瞽瞍爲父而有舜」，及《荀子·性惡》篇所云「曾、騫、孝已，獨厚於孝之實而全於孝之名，秦人不如齊魯之孝具敬父」，皆所謂故也。孟子獨於故中指出利字，利即《周易》「元亨利貞」之利。《繫辭傳》云：「變而通之以盡利。」《彖傳》云：「乾道變化，各正性命，保合太和乃利貞。」利以能變化言。於故事之中審其能變化，則知其性之善。利者義之和，《禮記·表記》云：「道者，義也。」注云：「謂斷以事宜。」《春秋繁露·仁義法》云：「義者謂宜在我者。」其性能知事宜之在我，故能變通。上古之民始不知有父，惟知有母，與禽獸同。伏羲教之嫁娶，定人道，無論賢智愚不肖皆變化而知有夫婦父子。始食鳥獸蠃蜌之肉，飢則食，飽棄餘。神農教之稼穡，無論賢智愚不肖，皆變化而知有火化粒食。是爲利也。於故之中知其利，則人性之善可知矣。《繫辭傳》云「感而遂通天下之故」，又云「是以明於天之道而察於民之故」，又云「又明於憂患與故」。通者，通其故之利也；察者，察其故之利也；明者，明其故之利也。故者，事也。傳云：「通變之謂事。」非利不足以言故，非通變不足以言事。諸言性者據故事而不通其故之利，不察其故之利，不明其故之利，所以言性惡，言性善惡混，或又分氣質之性、義理之性，皆不識「故以利爲本」者也。孟子私淑孔子，述伏羲、神農、文王、周公之道，以故之利而直指性爲善，於此括全《易》之義而以六字盡之云「故者以利爲本」，明人之所以異於禽獸者在此利不利之間。利不利即義不義，義不義即宜不宜。能知宜不宜，則智也；不能知宜不宜，則不智也。智，人也；不智，禽獸也。幾希之間，一利而已矣，即一義而已矣，即一智而已矣。**所惡於智者，爲其鑿也。** **注** 惡人欲用智而妄穿鑿，不順物之性而改道以養之。 **疏** 注「惡人」至「養之」○正義曰：《説文》金部云：「鑿，穿木也。」成公十三年《公羊傳》云「公鑿行也」，注云：「鑿猶更造之意。」故趙氏以「穿」釋「鑿」，又以「改」釋之。改即更造也。趙氏以「養物」言，言當順其情性以養之，不可戾其情性以養之。按：此「智」即人性之「利」也。孔子言「性相近習相遠」，「惟上智與下愚不移」，移謂變通也。禽獸無知，直不能移其性之不善，所以與人異。則人無論賢愚皆能知，即皆能轉移，愚者可以轉而善，智者可以轉而爲不善，此習所以相遠。智者何以轉而爲不善？爲其鑿也。惟其因智而鑿，故惡其智。蓋伏羲以前人苦於不知，則惡其愚；黄帝堯舜以後人不苦於不知，正苦於知而鑿其知，則聖人轉惡其智，故無爲而治，可使由而不可使知也。鑿有二義：其一爲空，《荀子·哀公》篇云「五鑿爲正」是也；其一爲細，《楚辭·離騷》云「精瓊靡以爲粻」，注云：「精，鑿也。凡物精之則細小。」是也。鑿其内則空，鑿其外則細，空虛細小皆非大智。下言「行所無事則智大」，此孟子自明鑿字之意，「行所無事」，「由仁義行」也，然則「行仁義」則爲鑿。夫知其爲仁義，是已智矣，乃假仁以濟其不仁，假義以濟其不義，用忠孝廉直之名以行其巧詐離奇之術，是鑿也，是智小也。知其爲仁爲義，是已智矣，乃無所依據，憑己之空見以爲仁，憑己之空見以爲義，極精微奥妙之論而不本讀書好古之實，是鑿也，是智小也。**如智者若禹之行水也，則無惡於智矣。**注禹之用智，決江疏河，因水之性，因地之宜，引之就下，行其空虛無事之處。**禹之行水也，行其所無事也。**注禹之用智，決江疏河，因水之性，因地之宜，引之就下，行其空虛無事之處。疏注「禹之」至「之處」○正義曰：趙氏謂水性就下，宜行地中，故「決江疏河」，使由地中行，「空虛」謂地中也。水行地上則失水之性，而水不能安於無事矣。胡氏渭《禹貢錐指》云：「賈讓曰：『昔大禹治水，山陵當路者毁之，故鑿龍門，辟伊闕，析底柱，破碣石。』此鑿山之事也。孟子曰：『禹掘地而注之海。』太史公曰：『禹斷二渠以引其河，北載之高地，過洚水，至於大陸。』此穿地之事也。儒者蔽於一己之意見，凡耳目所不曾及皆以爲妄，過泥『禹之行水，行所無事』之言，謂禹絶無所穿鑿。殊不知堯之水災非尋常之水災，禹之行水非尋常之行水。審如所云，則後世築隄置埽，開渠減水之人，皆得與禹功，並垂天壤矣。鯀何以績用弗成？禹何以配天無極哉？」按：禹鑿山穿地，不能無事，正所以使水行所無事。若禹祇憑空論，無有實事，則水轉不能無事矣。聖人明庶物，察人倫，仰而思之，夜以繼日，憂勤極矣，乃所以使民行所無事也。《春秋繁露·王道通三》篇云：「陽常居實位而行於盛，陰常居空位而行於末。故陰夏入居下，不得任歲事；冬出居上，置之空處也。養長之時伏於下，遠去之，弗使得爲陽也；無事之時，起之空處，使之備次陳守閉塞也。」《陰陽終始》篇云：「陰之行固常居虛而不得居實，至於冬而止空虛，太陽乃得北就其類而與水起寒。」此謂寒水之性宜居空虛無事。趙氏之言本此。**如智者亦行其所無事，則智亦大矣。**注如用智者不妄改作，作事循理，若禹行水於無事之處，則爲大智也。疏「如智」至「亦大矣」○正義曰：孟子以禹之行水明大智者之行所無事。「行所無事」即舜之無爲而治也。《禮記·中庸》云：「舜其大智也與？舜好問而好察邇言，隱惡而揚善，執其兩端，用其中於民。」舜之大智即舜之無爲，而舜之無爲本於好問察言，執兩用中。好問察言，執兩用中，則由仁義行，所以無爲而治。孟子恐人以行所無事爲老氏之清浄無爲，故以禹之行水例之。行水，必決河疏江，鑿山穿地，而乃能使水行所無事；無爲而治，必好問察言，執兩用中，而乃能使民由仁義行。《中庸》云：「天命之謂性，率性之謂道，脩道之謂教。」率乎性則行所無事，自以爲智而用其智則非率性而天下亦不能行所無事，此智之大小所由分也。**天之高也，星辰之遠也，苟求其故，千歲之日至可坐而致也。」**注天雖高，星辰雖遠，誠能推求其故常之行，千歲日至之日可坐知也。星辰日月之會。致，至也，知其日至在何日也。疏「天之」至「致也」○正義曰：《禮記·中庸》篇云：「今夫天，斯昭昭之多，及其無窮也，日月星辰繫焉。」《素問》云：「黄帝曰：『地之爲下否乎？』岐伯曰：『地爲人之下，太虚之中也。』曰：『憑乎？』曰：『大氣舉之也。』」蓋地居中，天周其外。而地之去天，《楚辭·天問》雖云「圜則九重」，而其里度實不可知。其高之無窮也，所可測者日月星辰而已。星者，二十八宿也；辰者，十二次也。分天爲十二次，依於星象。天本無度，以星辰爲度；星辰本無度，以日行爲度。故測天者先測星辰，測星辰者先求日至。東方之宿角、亢、氐、房、心、尾、箕爲蒼龍，南方之宿東井、鬼、柳、七星、張、翼、軫爲朱鳥，西方之宿奎、婁、胃、昴、畢、觜、參爲白虎，北方之宿斗、牛、女、虚、危、室、壁爲玄武。蔡邕《月令章句》云：「周天三百六十五度四分度之一，分爲十二次，日月之所躔也。每次三十度三十二分之十四，日至其初爲節，至其中爲中氣。自危十度至壁八度謂之『豕韋之次』，立春、雨水居之。自壁八度至胃一度謂之『降婁之次』，驚蟄、春分居之。自胃一度至畢六度謂之『大梁之次』，清明、穀雨居之。自畢六度至井十度謂之『實沈之次』，立夏、小滿居之。自井十度至柳三度謂之『鶉首之次』，芒種、夏至居之。自柳三度至張十二度謂之『鶉火之次』，小暑、大暑居之。自張十二度至軫六度謂之『鶉尾之次』，立秋、處暑居之。自軫六度至亢八度謂之『壽星之次』，白露、秋分居之。自亢八度至尾四度謂之『大火之次』，寒露、霜降居之。自尾四度至斗六度謂之『析木之次』，立冬、小雪居之。自斗六度至須女二度謂之『星紀之次』，大雪、冬至居之。自須女二度至危十度謂之『玄枵之次』，小寒、大寒居之。」此十二次即爲十二辰。天每日左旋一周，日每日右行一度。天行赤道，日行黄道。黄道斜交於赤道，其交處爲春秋分。自春分交赤道之北，至夏至而極北，距赤道最遠；轉而南行，至秋分交赤道之南，至冬至而極南，距赤道最遠。又轉而北行，至春分復交於赤道，其道斜絡於二十八宿之間，故日之出入南北，皆以星辰爲識。《堯典》「日中星鳥，日永星火，宵中星虚，日短星昴」，《月令》「孟春日在營室，仲春日在奎，季春日在胃，孟夏日在畢，仲夏日在東井，季夏日在柳，孟秋日在翼，仲秋日在角，季秋日在房，孟冬日在尾，仲冬日在斗，季冬日在婺女」，是也。日每歲環行於十二辰二十八宿之間，則此黄道之絡於星辰者，爲日躔之軌迹，即所謂「故」也。「求其故」，求日所行於星辰之度也。日所行之度即其故，而可知其所在，則兩分兩至定矣。日之行極於兩至，故以「日至」言之。張氏爾岐《蒿庵閒話》云：「曆法每十九年爲一章，第一章之初，年月日時俱會於甲子朔旦冬至，是爲『曆元』。以後章首冬至必在朔旦而非甲子日時。四章七十六年爲一蔀，朔旦冬至在夜半子，與第一章同，而日月非甲子。二十蔀爲一紀，凡一千五百二十年，冬至朔旦乃甲子日甲子時而非甲子歲首。三紀共四千五百六十年，至朔同日而年月日時俱會於甲子如初矣。孟子所謂『千歲之日至』，正求此一元之初，年月日時俱會甲子朔旦冬至者也。」梅氏文鼎

《曆學疑問》云：「造法者必有起算之端，是謂『律元』。然律元之法有二：其一遠溯初古，爲七曜齊元之元，自漢《太初》至金重修《大明術》各所用之積年是也；其一爲截算之元，自元《授時》不用積年日法，直以至元辛巳爲元，而今西法亦以崇禎戊辰爲元是也。二者不同，然以是爲起算之端，一而已矣。夫所謂『七曜齊元』者，謂上古之時，歲月日時皆會甲子，而又日月如合璧，五星如聯珠，取以爲造法之根數也。使其果然，雖萬世遵用可矣。乃今二十一史中所載諸家律元無一同者，是其積年之久近，皆非有所受之於前，直以巧算取之而已。然謂其一無所據而出於胸臆，則又非也。當其立法之初，亦皆有所驗於近事，然後本其時之所實測，以旁證於書傳之所傳，約其合者既有數端，遂援之以立術，於是溯而上之，至於數千萬年之遠，庶幾各率可以齊同，積年之法所由立也。然既欲其上合律元，又欲其不違近測，畸零分秒之數必不能齊，勢不能不稍爲整頓以求巧合。其始也，據近測以求積年；其既也，且將因積年而改近測矣，又安得以爲定法乎？《授時術》知其然，故一以實測爲憑而不用積年虛率，上考下求，即以至元十八年辛巳歲前天正冬至爲元，其見卓矣。《孟子》『千歲日至』，趙注只云日至可知其日，疏則直云『千歲以後之日至可坐而定』，初不言立元。」方氏觀承《五禮通攷》云：「《孟子》此章極精，並無律元之說。立元至《太初術》始有之，孟子當時豈知後世將有《太初》之術而預言之？夫律豈無元？然隨代可立，不必追上古十一月甲子朔夜半冬至耳。孟子所謂日至者，亦兼二至在内，非專指冬至也。《周禮》土圭反專重夏至，《堯典》觀象亦兼永短二至，其專以冬至爲元者，亦始自《太初》也。孔子删《書》斷自《堯典》，司馬遷作《史》必欲追至黄帝，而穿鑿附會不少矣。」按：孟子以水之「行所無事」比例率性者之「行所無事」，仍恐其不明也，故又例之以求日至。夫天之行赤道，日之行黄道，其所躔於星辰而爲分爲至，不容小智之鑿者也。談性者可以鑿空，求日至者斷不容鑿空，故孟子舉一必不容鑿空之日至以例言性，所以明性之不容鑿空也。何也？凡治曆者極精微巧妙，必與實測相孚，稍一鑿空，便與天行不合。所以學問之事至於測天，斷不容以小智妄説也。天之行如此，吾測之，吾求其故也，其至可致也；人之性如此，吾察之，吾求其故也，其利可知也。引喻之義全在「求其故」。言性者雖以故爲説，實未嘗求其故，故不知以利爲本；言天者雖以故爲説，實未嘗求其故，故千歲之日至不能坐而致。《禮記·禮器》云「物産之致也精微」，注云：「致，致密也。」《樂記》云「致樂以治心」，注云：「致猶深審也。」然則「可坐而致」即可坐而密，亦即可坐而深審。凡治曆必求其密，密必由於深審，所以必深審而密者，則以天行不測，以變爲常，至於千歲，則不能不通其變。蓋不能離其故而不能拘守其故，所以必求其故。求其故即實測而深審之，斯其術乃可坐而知其密也。梅氏文鼎《曆學疑問》云：「治曆者當順天以求合，不當爲合以驗天。若預爲一定之法而不隨時修改以求無弊，是爲合以驗天乎？吾嘗徵之天道矣：日有朝有禺，有中有昃，有夜有晨，此歷一日而可知者也；月有朔有生明，有弦有望，有生魄，有下弦，有晦，此歷一月而可知者也；時有春夏秋冬，晝夜有永短，中星有推移，此歷一歲而可知者也。乃若熒惑之周天則歷二年，歲星則十二年，土星則二十九年。夫至於十二年、二十九年而一周，已不若前數之易見矣。又其每周之間必有過不及之餘分，所差甚微，非歷多周，豈能灼見？乃若歲差之行，六七十年始差一度，歷二萬五千餘年而始得一周，雖有期頤上壽，所見之差不過一二度，亦安從辨之？迨其歷年既久，差數愈多，然後共見而差法立焉。此非前人之智不若後人也，前人不能預見後來之差數而後人則能盡考前代之度分。理愈久而愈明，法愈脩而愈密，勢則然耳。問者曰：若是則聖人之智有所窮歟？曰：使聖人爲一定之法，則窮矣。惟聖人深知天載之無窮而不爲一定之法，必使隨時脩改以求合天，是則合天下萬世之聰明以爲其耳目，聖人之所以不窮也。」按：自黄帝迎日推策，旼定日星，少皡立司分司至之官，顓頊制曆，由來尚矣。而《堯典》則紀嵎夷、南交、西、朔方之宅，舜又有璇璣玉衡之在，《周禮·地官》用土圭之法以測日景之長短，歷代皆用實測，未有鑿空以言者也。誠以寒暑晝夜有常，而其差則隨時而變，非即其故而時時求測之，不易合也。人性之善亦如寒暑晝夜之有常也。至其智之隨時而變，亦如天行之有歲差也，非即其故而時時察之思之，不易言也。歲而無差，則故不必求，日至不千歲，則差不著見。孟子言日至而曰「千歲」，「千歲」二字即括歲差而言。舍故則日至不可知，泥其故而不能隨時以實測求之則千歲之日至不可致。此孟子言曆之精，即孟子言性之精也。江氏永《冬至權度》云：「履端於始，序則不愆。術家詳求冬至，且求千歲以上冬至，證之史傳，或離或合，其故難言。《元史》有六術冬至，開載魯獻公戊寅至至元庚辰四十九事，紀《大衍》《宣明》《紀元》《统天》，重脩《大明授時》時刻之異同，勿菴梅氏因之作《春秋以來冬至考》，删去獻公一事，各以其術本法詳衍，算術雖明而未有折衷。永因梅氏所考定者用實法推算，有不合者斷其爲術誤史誤，俟知數者考焉。一論『平歲實』。太陽本天有平行，盡黄道一周爲『平歲實』，與月五星周平朔策合率同理。别有本輪均輪最高最卑之行，以視行加減平行。二十四氣時刻多少，歲歲不同，而古今冬至不能以一率齊之，是爲活汎之歲實。猶之月有實會，逐月不同；五星有實合，每周不同也。《授時》《大統》以前，太陽高卑之理未明，雖知一歲之行有盈縮，不悟盈縮之中爲平歲實，但求歲實於活汎之冬至，故一術必更一周率與歲實，然合今則戾古，合古又違今。《統天術》遂立距差躔差之法，暗藏消長以求上下兩合，《授時術》本之，有百年長一消一之説。西法本《回回》，以春分相距測定歲周，小餘五小時三刻三分四十五秒，以萬分通之，爲二四二一八七五，此爲平行之歲實小餘，而各節氣之定氣則以均度加減定之，此不易之法也。欲考往古冬至，當以『平歲實』爲本，算當年平冬至時刻，乃以定冬至較之，知其距最卑之遠近。或與今法有不合，則知其時本輪均輪之有半徑差，有相去之遠者，則知史傳所記非實測。所謂『苟求其故，千歲之日至可坐而致』者，此爲庶幾焉。倘以《授時》之歲實爲歲實而以百年長一消一爲準，則非法矣。一論『最卑行』。太陽本輪最卑點爲縮末盈初之端，歲有推移，與月入轉五星入律皆有盈度同理。平冬至之改爲定冬至也，視此點之前後遠近以加度而減時，減度而加時焉。至元辛巳間，最卑與平冬至同度，自是以前定冬至皆在平冬至前，以後定冬至皆在平冬至後，最卑有行度故也。西法近率，最卑歲行一分一秒十微，以遠年冬至考之，此率似微朒，大約當加二秒，上求古時定冬至，以此爲準焉。一論『輪徑差』。既卑既有行度矣，而太陽之體在均輪，均輪之心在本輪，本輪之心在本天，此兩輪半徑，古今又有不同，則距地遠近兩心有差。西法始定兩輪半徑，併千萬分之三十五萬八千四百一十六，而今又漸減，則古時必多於此半徑，大則加減差亦大，而以均度變時分，加減於平冬至者，視今時必稍贏焉。此差率出於恆差之外，術家亦不能定者也。上考往古，又當以此消息之。」

章指：言能脩性守故，天道可知；妄智改常，必與道乖。性命之指也。疏「修性守故」❶

❶ 「故」，原作「改」，今據《章指》改。

○正義曰：周氏廣業《孟子章指攷證》云：「脩，《文選》注作循。唐人書脩循二字多混淆。」

公行子有子之喪。右師往弔，入門，有進而與右師言者，有就右師之位而與右師言者。

注公行子，齊大夫也。右師，齊貴臣王驩，字子敖。公行之喪，齊卿大夫以君命會，各有位次，故下云「朝廷」也。與言者，皆諂於貴人也。疏「公行子」至「言者」○正義曰：顧氏炎武《日知録》云：「禮，父爲長子斬衰三年，故云公行子有子之喪，而孟子與右師及齊之諸臣皆往弔。」毛氏奇齡《經問》云：「或問公行子有子之喪，說者皆曰公行子喪親而身居子位。名曰『子喪』，謂有人子之喪也。然乎？曰：非也。公行子有子之喪，謂公行子喪其子，非身居子喪也。凡喪必有主。然有君爲臣主者，有父爲子主者，如《小記》云『父主子喪而有杖』，又《奔喪》云『凡喪，父在父爲主』，是子喪父主，明有定禮。當時公行氏喪子，正身爲喪主以受賓弔，一如《檀弓》所云『子夏喪其子而曾子弔之』。禮，凡稱有某喪，皆實指死者言之，謂其人之死喪也。若以指生者，則《檀弓》『曾子有母之喪』，『子路有姊之喪』，不成有人母人姊之喪乎？」錢氏大昕《潛研堂答問》云：「問：公行子有子之喪，何以君命往弔？曰：《儀禮·喪服》篇『父爲長子斬衰三年』，傳曰：『何以三年也？正體於上，又乃將所傳重也。庶子不得爲長子三年，不繼祖也。』鄭氏注云：『此言爲父後者然後爲長子三年，重其當先祖之正體，又以其將代己爲宗廟主也。』公行子當是爲父後者，其子蓋長子也。大夫之嫡長在國謂之國子，入學與世子齒焉者也；在家謂之門子，《春秋傳》『大夫門子皆從鄭伯』是也。故其喪也，父爲之服斬衰三年，君使人弔，卿大夫咸往會焉。《周禮》卿大夫士之喪，職喪以國之喪禮涖其禁令。孟子所稱不歷位、不踰階之禮，即職喪之禁令也。」趙氏佑《温故録》云：「進，前也。此右師甫入門未即位時趨迎揖之者，即所謂『踰階』也。與下就右師之位，皆人之進、人之就。衆人皆往弔，先集而右師獨後至，書法特書『右師往弔』，亦似以右師主其事，孟子蓋不得已從衆也。」○注「公行子齊大夫也」○正義曰：《荀子·大略》篇云「公行子之之燕」，注云：「孟子曰：『公行子有子之喪，右師往弔。』趙岐注云：『齊大夫也。』子之，蓋其先也。」《廣韻》「公」字注云：「《孟子》有公行子著書。《左傳》晉成公以卿之庶子爲公行大夫，其後氏焉。」

孟子不與右師言。右師不悦，曰：「諸君子皆與驩言，孟子獨不與驩言，是簡驩也。」注 右師謂孟子簡其無德，故不與言，是以不悦也。疏「是簡驩也」○正義曰：《吕氏春秋·驕恣》篇云「自驕則簡士」，高誘注云：「簡，傲也。」《説苑·脩文》篇云：「君子思禮以脩身，則怠惰慢易之節不至。」又云：「孔子曰：『可也簡。』簡者，易野也。易野者，無禮文也。」簡則非禮，故孟子以禮言之。

孟子聞之，曰：「禮，朝廷不歷位而相與言，不踰階而相揖也。我欲行禮，子敖以我爲簡，不亦異乎？」注 孟子聞子敖之言，曰：我欲行禮，故不歷位而言。反以我爲簡易也。云以「禮」者，心惡子敖而外順其辭也。疏「禮朝廷」至「揖也」○正義曰：《禮記·曲禮》云：「臨喪不笑，揖人必違其位。」孔氏正義云：「位謂己之位也。於位而見前人己所宜敬者，當離己位而鄉彼遥揖。禮以變爲敬，是以《燕禮》『君降階爾卿大夫』，鄭注云：『爾，近也。』揖而後移近之，明君臣皆須違位而揖也。」陳祥道《禮記講義》云：「此所言乃燕居之禮，孟子所言，朝廷之禮。朝廷尚嚴，燕居尚和。言之不同，所主之禮異也。」○注「反以我爲簡易也」○正義曰：趙氏以「易」釋「簡」也。閩、監、毛三本作「異」，非是。

章指：言循禮而動，不合時人。阿意事貴，脅肩所尊，俗之情也。是以萬物皆流而金石獨止。疏「阿意事貴」〇正義曰：《漢書・劉向傳》武帝詔曰：「周堪不能阿尊事貴。」〇「是以萬物皆流而金石獨止」〇正義曰：《說苑・談叢》篇云：❶「水浮萬物，玉石留止。」

孟子曰：「君子所以異於人者，以其存心也。君子以仁存心，以禮存心。仁者，愛人；有禮者，敬人。愛人者人恒愛之，敬人者人恒敬之。注存，在也。君子之在心者，仁與禮也。愛敬施行於人，人必反之己也。疏注「存在也」〇正義曰：趙氏以「在」釋「存」，蓋以在爲察，在心即省察其心。下文「自反」皆察也。**有人於此，其待我以橫逆，則君子必自反也：我必不仁也，必無禮也。此物奚宜至哉？**注橫逆者，以暴虐之道來加我也。君子反自思省，謂己仁禮不至也。物，事也。推此人何爲以此事來加我。疏注「物事」至「加我」〇正義曰：《毛詩・大雅・烝民》「有物有則」，傳云：「物，事也。」《爾雅・釋詁》云：「宜，事也。」《韓非子・喻老》篇云：「事，爲也。」是「奚宜」即「何爲」也。至之義爲來，故云「來加我」。**其自反而仁矣，自反而有禮矣，其橫逆由是也，君子必自反也：我必不忠。**注君子自謂我必不忠。**自反而忠矣，其橫逆由是也，君子曰：此亦妄人也已矣。如此，則與禽獸**

❶「談」，原作「說」，今從沈校據《說苑》改。

奚擇哉？於禽獸又何難焉？注妄人，妄作之人，無知者。與禽獸何擇異也？無異於禽獸，又何足難也？疏「又何難焉」○正義曰：《周禮・調人》「掌司萬民之難而調和之」，注云：「難，相與爲仇讎。」○注「妄人」至「知者」○正義曰：《禮記・儒行》篇云「今衆人之命儒也妄」，注云：「妄之言無也。」虞翻解《易・无妄》云：「妄，亡也。」亡即無也。不知而作，是爲「妄作」，故妄作即猶禽獸之無知也。○注「與禽獸何擇異也」○正義曰：《吕氏春秋・簡選》篇云「與惡劍無擇」，高誘注云：「擇，別也。」又《離謂》篇云「其與橋言無擇」，高誘注云：「擇猶異也。」**是故『君子有終身之憂，無一朝之患也』。乃若所憂則有之：舜，人也；我，亦人也。舜爲法於天下，可傳於後世；我由未免爲鄉人也，是則可憂也。**注君子之憂，憂不如堯舜也。疏「是故」至「憂也」○正義曰：《禮記・檀弓》云：「子思曰：『喪三日而殯，凡附於身者必誠必信，勿之有悔焉耳矣。三月而葬，凡附於棺者必誠必信，勿之有悔焉耳矣。喪三年以爲極，亡則弗忘之矣。故君子有終身之憂而無一朝之患。』」鄭氏注以「終身之憂」爲「念其親」，「無一朝之患」爲「毀不滅性」，蓋「君子有終身之憂，無一朝之患」，此二語當古有之，子思引以説人子之念親，孟子引之説君子之待横逆，故下申言之。賈誼《新書・勸學》篇云：「謂門人學者：舜，何人也？我，何人也？夫啓耳目，載心意，從立移徙，與我同性，而舜獨有賢聖之名、明君子之實，而我曾無鄰里之聞、寬徇之智者，獨何與？然則舜僶俛而加志，我儃僈而弗省耳。」此即用孟子之言而衍之，故下即言「西子蒙不潔」，亦用孟子語也。**憂之如何？如舜而已矣。**注憂之當如之何乎？如舜而後可，故終身憂也。**若夫君子所患則亡矣。非仁無爲也，非禮無行也。如有一朝之患，則君子不患矣。」**注君子之行，本自不致患。常行仁行禮，如有一朝横來之患，非己愆也。故君子歸天，不以爲患也。疏注「故君子歸天」○正義曰：《後漢書・順帝紀》云「令刺史二千石之選歸任三司」，注云：「歸猶委任也。」此云「歸天」，謂委任於天也。

章指：言君子責己，小人不改。比之禽獸，不足難矣。蹈仁行禮，不患其患，惟不若舜，可以憂也。

禹、稷當平世，三過其門而不入。孔子賢之。顏子當亂世，居於陋巷，一簞食，一瓢飲，人不堪其憂，顏子不改其樂。孔子賢之。孟子曰：「禹、稷、顏回同道。注當平世三過其門者，身爲公卿，憂民急也；當亂世安陋巷者，不用於世，窮而樂道也。孟子以爲憂民之道同，用與不用之宜若是也，故孔子俱賢之。**禹思天下有溺者，由己溺之也；稷思天下有飢者，由己飢之也。是以如是其急也。禹、稷、顏子易地則皆然。**注禹、稷急民之難若是，顏子與之易地，其心亦然。不在其位，勞佚異矣。疏「禹思」至「飢之也」○正義曰：《音義》於上章「我由未免爲鄉人也」云：「丁云：『由與猶義同，後皆放此。』」然則此「由」亦「猶」也。謝少宰墉謂：「由當讀如字。蓋己既爲司空，則天下之溺由於己；己既爲后稷，則天下之飢由於己。讀爲猶尚是譬況，未合。」此深得孟子之恉矣。**今有同室之人鬭者，救之，雖被髮纓冠而救之，可也；鄉鄰有鬭者，被髮纓冠而往救之，則惑也，雖閉户可也。」**注纓冠者，以冠纓貫頭也。鄉鄰，同鄉也。同室相救，是其理也，喻禹稷走赴；鄉鄰非其事，顏子所以闔户而高枕也。

疏注「纓冠者以冠纓貫頭也」○正義曰：《説文》糸部云：「纓，冠系也。」劉熙《釋名·釋首飾》云：「纓，頸也。自上而下繫於頸也。」急於戴冠，不及使纓攝於頸，而與冠並加於頭，是以纓爲冠，故云「纓冠」。趙氏此注精矣。○注「以冠纓貫頭」○廷琥曰：按，劉熙《釋名·釋首飾》云：「冠，貫也。所以貫韜髮也。」《説文》云：「毌，讀若冠。」是冠有貫義。○注「顔子所以闔户而高枕也」❶○正義曰：《楚辭·九辨》云：「堯舜皆有舉任兮，故高枕而自適。」《韓非子·守道》篇云：「戰如賁、育，守如金石，則君人者高枕而守已完矣。」《戰國策·魏策》：「張儀曰：『則大王高枕而卧，國必無憂矣。』」賈誼《新書·益壤》篇、《史記·留侯世家》、楊雄《解嘲》皆云「高枕」。

章指：言上賢之士，得聖一概。顔子之心，有同禹稷。時行則行，時止則止。失其節則惑矣。疏「上賢之士得聖一概」○正義曰：揚子《法言·重黎》篇序云：「仲尼以來，國君將相，卿士名臣，參差不齊，一概諸聖。」○「失其節則惑矣」○正義曰：《易·雜卦傳》云：「節，止也。」「失節」謂不知止。

公都子曰：「匡章，通國皆稱不孝焉。夫子與之遊，又從而禮貌之，敢問何也？」注匡章，齊人也。一國皆稱不孝。問孟子何爲與之遊，又禮之以顔色喜悦之貌也？疏注「又禮」至「貌也」○正義

---

❶「闔」，原作「閉」，合於宋十行、閩、監、毛等本，今據本書及阮校所述廖、孔、韓等本注文改。

曰：《荀子·禮論》篇云「情貌之盡也」，注云：「情，忠誠也。貌，恭敬也。言人所施忠敬無盡於君者。」《説苑·脩文》篇云：「書曰五事，一曰貌，貌若男子之所以恭敬，婦人之所以姣好也。其以入君朝，尊以嚴；其以入宗廟，敬以忠；其以入鄉曲，和以順；其以入州里族黨之中，和以親。」《荀子》言禮貌屬君，則當爲尊嚴；《孟子》之禮貌在匡章，則當爲和親。故以爲「顏色喜悦之貌」也。《楚辭·九章·惜誦》篇云「情與貌其不變」，注云：「志願爲情，顏色爲貌。」**孟子曰：「世俗所謂不孝者五：惰其四支，不顧父母之養，一不孝也；博奕，好飲酒，不顧父母之養，二不孝也；好貨財，私妻子，不顧父母之養，三不孝也；從耳目之欲以爲父母戮，四不孝也；好勇鬭很，以危父母，五不孝也。章子有一於是乎？**注惰懈不作，極耳目之欲以陷罪，戮及父母，凡此五者，人所謂不孝之行，章子豈有一事於是五不孝中也？疏「好勇鬭很」○正義曰：翟氏灝《考異》云：「《説文》彳部：『很，胡懇切，不聽從也。盭也。』犬部：『狠，五還切，吠鬭聲。』兩字截然不同。此『鬭很』字必當如《曲禮》『很毋求勝』之很，而坊本多誤作『狠』。據《廣韻》『很』字下注云：『俗作狠。』蓋以狠代很，唐固嘗有之。然音與義悉大別，縱或俗行，不可施諸經典。」《荀子·榮辱》篇云：「鬭者，忘其身者也，忘其親者也，忘其君者也。行其少頃之怒而喪終身之軀，然且爲之，是忘其身也。室家立殘，親戚不免於刑戮，然且爲之，是忘其親也。」注云：「蓋當時禁鬭殺人之法，戮及親戚。《尸子》曰：『非人君之用兵也，以爲民傷鬭，則以親戚徇一言而不顧之也。』」**夫章子，子父責善而不相遇也。責善，朋友之道也；父子責善，賊恩之大者。**注遇，得也。章子子父親教，相責以善，不能相得，父逐之也。朋友切磋，乃當責善耳；父子相責以善，賊恩之大也。疏注「遇得也」○正義曰：隱公四年夏，公及宋公遇于清。《穀梁傳》云：「遇者，志相得也。」桓公十年秋，公會衛侯于桃丘，弗遇。《穀梁傳》云：「弗遇者，志不相得也。」○注「章子」至「大也」○正義曰：全氏祖望《經史問答》云：「章子之事見於《國策》，姚氏引《春秋後語》證之，所紀略同。吴禮部曰：孟子以爲子父責善而不相遇，恐即此事。然必《國策》所云，何以言責善？況在威王時，頗疑與孟子不相接。答曰：章子見《國策》，最早當威王時。據《國策》，威王使章子將而拒秦，威王念其母爲父所殺，埋於馬棧之下，謂曰：『全軍而還，必更葬將軍之母。』章子對曰：『臣非不能更葬母。臣之母得罪臣之父，未教而死。臣葬母，是欲死父也。故不敢。』軍行，有言章子以兵降秦者三，威王不信。有司請之，王曰：『不欺死父，豈欺生君？』章子大勝秦而返。《國策》所述如此，然則所云『責善』蓋必勸其父以弗爲已甚而父不聽，遂不得近。此自是人倫大變，章子之黜妻屏子，非過也。然而孟子以爲賊恩，則何也？蓋章子自勝秦以前所以處此事者本不可以言遇，然其勝秦而還，則王必葬其母矣而章子之黜妻屏子終身如故，是在章子亦以恫母之至，不僅以一奉君命得葬了事。未嘗非孝，而不知是則似於揚父生前之過，自君子言之，以爲非中庸矣。故孟子亦未嘗竟許之。而究之矜其遇，諒其心，蓋章子自是至性孤行之士，晚近所不可得，雖所行未必盡合，而直不失爲孝子。但章子之事未必在威王之世。威王未嘗與秦交兵，齊秦之鬬在宣王時，而伐燕之役，將兵者正是章子，則恐其誤編於威王《策》中者。即不然，亦是威王末年。」**夫章子豈不欲有夫妻子母之屬哉？爲得罪於父，不得近，出妻屏子，終身不養焉。** 注 夫章子豈不欲身有夫妻之配，子有子母之屬哉？但以身得罪於父，不得近父，故出去其妻，屏遠其子，終身不爲妻子所養也。**其設心以爲不若是，是則罪之大者。是則章子已矣。」** 注 章子張設其心，執持此屏出妻子之意，以爲人得罪於父而不若是以自責罰，是則罪益大矣。是章子之行已矣。何爲不可與言？**疏**注「章子」至「之意」○正義曰：《説文》言部云：「設，施陳也。」弓部云：「張，施弓弦也。」是「設」即「張」也。張則有彊義，昭公十四年《左傳》云「臣欲張公室也」，《國策·西周策》云「破秦以張韓魏」，注皆以張爲彊，是也。以此意張設於心，彊而莫改，故爲「執持此意」也。○注「是章」至「與言」○正義曰：周氏廣業《孟子古注攷》云：「宋本、古本有之，今並闕。」

章指：言匡章得罪，出妻屏子。上不得養，下以責己。衆曰不孝，其實則否。是以孟子禮貌之也。

曾子居武城，有越寇。或曰：「寇至，盍去諸？」注盍，何不也。曾子居武城，有越寇將來。人曰：寇方至，何不去之？**疏**「曾子居武城有越寇」○正義曰：周氏柄中《辨正》云：「《史記·仲尼弟子列傳》：『曾參，南武城人。澹臺滅明，武城人。』後人遂疑魯有兩武城，而謂子羽爲今費縣之武城，曾子則別一武城，在今之嘉祥縣。愚按，嘉祥縣有南武山，上有阿城，亦名南武城，後人因南武山之城，遂附會爲曾子所居，此大謬也。《新序》云：『魯人攻鄪，曾子辭於鄪君。』《戰國策》甘茂亦言『曾子處鄪』，是曾子所居即費縣之武城，非有二地，而《史記》云南武城者，因清河有東武城，在魯之北，故加南以別之，據漢人之稱耳。武城，《漢志》作『南成』，《後漢志》作『南城』，至晉始爲南武城，今故城在費縣西南九十里，屬兖州府。」又云：「《漢志》：『越王句踐嘗治琅琊，起館臺。』攷春秋時琅琊爲今山東沂州府，魯費在沂州府費縣西南七十里，武城在縣西南九十里。哀八年：『吴伐魯，從武城。初，武城人或有因於吴境田焉，拘鄫人之漚菅者，曰：何故使吾水滋？及吴師至，拘者道之以伐武城。』觀此則沂州之地，久已爲吴之錯壤。越滅吴而有其地，且徙治琅琊，則與武城密邇。閻潛丘謂『吴未滅與吴鄰，吴既滅與越鄰』是也。或云越寇季氏，非寇魯。此並無所據。《左傳》哀二十一年，越人始來。二十三年，叔青如越，越諸鞅來報聘。二十四年，公如越。二十五年，公至自越。二十六年，叔孫舒帥師會越人納衛侯。二十七年，越使后庸來聘。是年八月，公如越。越又嘗與魯泗東地方百里。以此觀之，越自滅吴後與魯脩好，未嘗加兵，而哀公嘗欲以越伐魯而去三桓。武城近費，季氏之私邑在焉。説者因謂越寇季氏非寇魯。亦臆度之言耳。」趙氏佑《温故録》云：「《仲尼弟子列傳》：『曾參，南武城人。澹臺滅明，武城人。』同言『武城』而上獨别之以『南』，明是兩地。曾子居武城自即今費縣之武城，爲子游、子羽邑，而非即南武城爲曾子本邑者。若其本邑也，則家室在焉，丘墓在焉，即云爲師，亦黨庠里塾之常，所謂鄉先生是矣。一旦寇難之來，方將效死，徙無出鄉，相守望扶持之義，而徒以舍去鳴高，豈繄人情？嘉祥今於曲阜爲西南，與鉅野縣皆古大野地，曾子祠墓存焉。質諸傳記，或離或合。要於魯有兩武城。武城地險多事，故見經屢，南武城没不見經。而曾子自爲南武城人，非武城人。」**曰：「無寓人於我室，毁傷其薪木。寇退，則曰脩我牆屋，我將反。」**注寓，寄也。曾子欲去，戒其守人曰：無寄人於我室，恐其傷我薪草樹木也。寇退，則曰：治牆室之壞者，我將來反。疏注「寓寄」至「來反」○正義曰：《方言》云：「寓，寄也。齊、衛、宋、魯、陳、晉、汝、潁、荆州、江、淮之間，或曰寓。」孔氏廣森《經學卮言》云：「按，兩『寇退』文複。以前十一字皆曾子屬武城人語，言無毁傷我薪木，假令寇退，則急脩我牆屋，我猶反耳。此曰字，義如『曰爲改歲』之曰，語辭也。」**寇退，曾子反。左右曰：「待先生如此其忠且敬也。寇至則先去以爲民望，寇退則反，殆於不可。」**【注】左右相與非議曾子者，言武城邑大夫敬曾子，武城人爲曾子忠謀，勸使避寇。君臣忠敬如此，而先生寇至則先去，使百姓瞻望而效之，寇退安寧則復來還，殆不可如是。怪曾子何以行之也。【疏】「殆於不可」○正義曰：王氏引之《經傳釋詞》云：「於猶爲也。《禮記·郊特牲》『埽地而祭，於其質也』，又曰『於其質而已矣』，皆謂爲其質不爲其文也。《大戴禮·曾子本孝》篇曰『如此而成於孝子也』，言如此而後成爲孝子也。《孟子》『殆於不可』，言殆爲不可也。於與爲同義。」**沈猶行曰：「是非汝所知也。昔沈猶有負芻之禍，從先生者七十人，未有與焉。」**【注】沈猶行，曾子弟子也。行謂左右之人曰：先生之行，非汝所能知也。先生，曾子也。往者先生嘗從門徒七十人，舍吾沈猶氏。時有作亂者曰負芻，來攻沈猶氏。先生率弟子去之，不與其難。言師賓不與臣同。【疏】注「沈猶行曾子弟子也」○正義曰：《廣韻》二十一侵：「沈，直深切。漢複姓有沈猶氏。」翟氏灝《攷異》云：「《荀子·儒效》篇：『仲尼將爲司寇，沈猶氏不敢朝飲其羊。』沈猶，蓋魯之著氏也。《漢書·楚元王傳》『景帝封其子歲爲沈猶侯』，晉灼注曰：『沈音審。』《王子侯表》屬千乘郡高宛。地與氏，古應相因，地既讀審，氏亦未必他讀，《廣韻》所收，惟備博聞而已。」○注「時有作亂者曰負芻」○正義曰：錢氏大昕《潛研堂答問》云：「《春秋》有曹伯負芻，《史記》有楚王負芻，負芻爲人名審矣。」**子思居於衛，有齊寇。或曰：「寇至，盍去諸？」子思曰：「如伋去，君誰與守？」**【注】伋，子思名也。子思欲助衛君赴難。【疏】注「伋子」至「赴難」○正義曰：

《史記・孔子世家》云：「孔子生鯉，字伯魚。伯魚年五十，先孔子死。伯魚生伋，字子思，年六十二，嘗困於宋。子思作《中庸》。」**孟子曰：「曾子、子思同道。曾子，師也，父兄也；子思，臣也，微也。曾子、子思易地則皆然。」**注孟子以爲二人同道。曾子爲武城人作師，則其父兄，故去留無毁；子思，微小也，又爲臣，委質爲臣當死難，故不去也。子思與曾子易處同然。疏注「故去留無毁」○廷琥按：《説文》土部云：「毁，缺也。」《廣雅・釋言》云：「毁，虧也。」「去留無毁」謂曾子處師位，去留皆可，於道無所虧缺也。

章指：言臣當營君，師有餘裕。二人處義，非殊者也。是故孟子紀之，謂得其同。疏「謂得其同」○正義曰：周氏廣業《孟子章指攷證》云：「同，小字宋本、足利本並作宜。」

儲子曰：「王使人矙夫子，果有以異於人乎？」注儲子，齊人也。矙，視也。果，能也。謂孟子曰：王言賢者身貌必當有異，故使人視夫子能有異於衆人之容乎。疏「王使人矙夫子」○正義曰：阮氏元《校勘記》云：「『王使人瞷夫子』，❶宋九經本、岳本、咸淳衢州本、孔本、韓本、《攷文》古本同。監、毛二本瞷作矙，閩本注作『矙』。按，《音義》出『瞷夫』作『瞷』，蓋此正與《滕文公》篇『陽貨矙孔子』同字，音勘，譌爲瞷而以古莧切之，非也。下章同。」○注「儲子」至「容乎」○正義曰：儲子見《戰國策・燕策》，謂齊宣王破燕者。此亦言儲子爲相，是爲齊人也。王氏念孫《廣雅疏證》云：「覸之言間也，間，覸也。《方言》云：『瞷，眄

❶「瞷」，原作「矙」，今從沈本據阮校改。

也。吳、揚、江、淮之間曰瞯。』《孟子・離婁》篇『王使人瞯夫子』，注云：『瞯，視也。』瞯與覸同。」按：趙氏以視釋瞯，自非瞯字。《荀子・非相》篇云：「相人，古之人無有也，學者不道也。古者有姑布子卿，今之世梁有唐舉，相人之形狀顏色而知其吉凶妖祥，世俗稱之。古之人無有也，學者不道也。故相形不如論心，論心不如擇術。形不勝心，心不勝術。」相即視也。《周禮・大司徒》「以相民宅而知其利害」，注云：「相，占視也。」趙氏蓋以齊王使善相人者相孟子之形狀也。下注言「堯舜之貌與凡人同，所以異乃仁義之道在內」，即荀子「相形不如相心」之説也。**孟子曰：「何以異於人哉？堯舜與人同耳。」**注人生同受法於天地之形，我當何以異於人哉？且堯舜之貌與凡人同耳，其所以異，乃以仁義之道在於內也。

章指：言人以道殊，賢愚體別；頭員足方，善惡如一。儲子之言，齊王之不達也。疏「頭員足方」○正義曰：《大戴記・曾子天員》篇云：「單居離問於曾子曰：『天圓而地方者，誠有之乎？』曾子曰：『天之所生上首，地之所生下首。上首之謂圓，下首之謂方。』」注云：「人首圓足方，因繫之天地。」《漢書・刑法志》云「人宵天地之貌」，注引應劭云：「宵，類也。頭員象天，足方象地。」周氏廣業《孟子章指攷證》云：「應氏説本《孝經援神契》。」

齊人有一妻一妾而處室者，其良人出則必饜酒肉而後反。其妻問所與飲食者，則盡富貴也。注良人，夫也。盡富貴者，夫詐言其姓名也。疏注「良人」至「名也」○正義曰：《儀禮・士昏禮》云「媵御良席在東」，注云：「婦人稱夫曰良。《孟子》曰：『將見良人之所之。』」王氏念孫《廣雅疏證》云：「良，長也。《齊語》云：『四里爲連，連爲之長。十連爲鄉，鄉有良人。』是良與長同義。婦稱夫曰良人，義亦同也。」又云：「郎之言良也。《少儀》『負良綏』，鄭注云：『良綏，君綏也。』良與郎，聲之侈弇耳，猶古者婦稱夫曰良，而今謂之郎也。」當時富貴之人皆有姓名，其夫必悉言之。經渾括其辭云「則盡富貴」，故趙氏明之。

其妻告其妾曰：「良人出則必饜酒肉而後反，問其與飲食者，盡富貴也，而未嘗有顯者來。吾將瞷良人之所之也。」注妻疑其詐，故欲視其所之。疏「吾將瞷良人之所之也」○正義曰：臧氏琳《經義雜記》云：「《祭義》記：『燔燎羶薌，見以蕭光。』又：『薦黍稷，羞肝肺首心，見間以俠甒。』注：『見及見間，皆當爲覸，字之誤也。燔燎馨香，覸以蕭光，取牲祭脂也。覸以俠甒，謂雜之兩甒醴酒也。』正義曰：『覸謂雜也。』據意皆是覸雜之理，觀此可知。《説文》見部無『覸』字，覞部云：『覼，很視也。齊景公之勇臣有成覼者。』今《孟子·滕文公上》『成覸謂齊景公曰』與《離婁下》『覸良人』同字，然則覸即覼之俗。《説文》：『覞，並視也。从二見。』覼从覞，故鄭訓爲雜，與《説文》義合。《孟子》『將覸良人之所之』者，謂齊人妻將雜並衆人之中而視其夫所至也。趙氏祇訓爲視，語意未周。」按：鄭以覸爲雜者，讀覸爲間雜之間也。趙氏本瞷自是瞷，故訓爲視。《釋名·釋姿容》云：「視，是也。察其是非也。」此不過察其是非，不必爲間諜也。

蚤起，施從良人之所之，徧國中無與立談者。卒之東郭墦間，之祭者乞其餘。不足，又顧而之他。此其爲饜足之道也。注施者，邪施而行，不欲使良人覺也。墦間，郭外冢間也。乞其祭者所餘酒肉也。

疏注「施者邪施而行」○正義曰：錢氏大昕《潛研堂答問》云：「施，古斜字。《史記·賈生列傳》『庚子日施兮』，《漢書》作『斜』。邪、斜音義同也。」按：施與迤通。《淮南子·要略訓》云「接徑直施」，注云：「施，衺也。」故趙氏以「邪」釋「施」。程氏瑶田《通藝録・溝洫疆理小記》云：「『東郭墦間』，墦之言墳也。以不墳者間之，則墦間亦猶兩者之間類也。」王氏念孫《廣雅疏證》云：「《釋丘》：『墦，冢也。』《説文》：『冢，高墳也。』墦之言般也。《方言》云：『般，大也。』山有嶓冢之名，義亦同也。」閻氏若璩《釋地》云：「余每讀『東郭墦間之祭者』，趙注：『墦間，郭外冢間也。』以爲此古墓祭之切證。不知何緣至東漢建寧五年，蔡邕從車駕上陵，謂同坐者曰『聞古不墓祭』，魏文帝黄初三年詔曰『古不墓祭』，自作《終制》曰『禮不墓祭』，此言既興，下到今紛紛撰述，皆以墓祭爲非古。余謂《孟子》且勿論，請博徵之。《成陽靈臺碑》：『慶都僊殁，蓋葬於兹，名曰靈臺，上立黄屋，堯所奉祠。』非墓祭之見於集乎？《韓詩外傳》曾子曰：『椎牛而祭墓，不如雞豚逮親存。』非墓祭之見於子乎？《周本紀》『成王上祭於畢』，畢，文王墓地也，非墓祭之見於史乎？《周禮・冢人》『凡祭墓爲尸』，非墓祭之見於經乎？更有可言者，孟子之前，孔子卒，葬魯城北泗水上，魯世世相傳，以歲時奉祠孔子冢，豈有非禮之祭而敢轍上聖人之冢者哉？」曹氏之升《摭餘説》云：「何氏焯《讀書記》云：宋元刊本以『卒之東郭墦間』句，『之祭者乞其餘』句，『不足』句，『又顧而之他』句。上文『瞷良人之所之』，此『卒之』字、『之祭者』字、『之他』字，緊相貫注。按，卒字句，之字屬下『東郭』，東郭之墦冢非一，不必冢間皆有祭者，則其之東郭墦間矣。再瞷之，乃之祭者乞其餘矣。趙氏言乞祭者所餘酒肉，固以『之祭者乞其餘』爲句。」**其妻歸，告其妾，曰：「良人者，所仰望而終身也。今若此！」與其妾訕其良人而相泣於中庭。**

注 妻妾於中庭悲傷其良人，相對泣涕而謗毁之。疏 注「妻妾」至「毁之」○正義曰：《説文》言部云：「訕，謗也。」《一切經音義》引《蒼頡篇》云：「訕，誹毁也。」《容齋二筆》謂：「《孟子》『齊人有一妻一妾』云云反復數十百語，而以『今若此』三字結之。比諸《左傳》『叔孫武叔使郈馬正侯犯殺郈宰』云云，末以『使如之』三字結之。」按：《孟子》敘事，前云：「其良人出，則必饜酒肉而後反，其妻問所與飲食者，則盡富貴也。其妻告其妾曰：良人出，必饜酒肉而後反，問所與飲食者，盡富貴也。」複上文，不嫌煩也。下云：「蚤起，施從良人之所之，徧國中無與立談者，卒之東郭墦間，之祭者乞其餘，不足，又顧而之他，此其爲饜足之道也。其妻歸告其妾。」「蚤起」下四十四字上承「吾將瞯良人之所之也」，下接「其妻歸告其妾」，所瞯於目中者如此，所歸而告於妾者亦如此。用「其妻歸告其妾」六字括上四十四字，❶不須複述也。既告之後，乃復曰：「良人者，所仰望而終身者也。今若此！」此字指上四十四字。已歸而告，故用此字指之。「其妻歸告其妾」六字句，不連曰字也。其下原有訕毁之辭，不復行之於文，故於「今若此」三字下云「與其妾訕其良人」，乃渾括之辭，與「則盡富貴」同。「今若此」三字非結語也。**而良人未之知也，施施從外來，驕其妻妾。**注施施猶扁扁，喜悦之貌。以爲妻妾不知，如故驕之也。疏注「施施猶扁扁喜悦之貌」○正義曰：《音義》云：「施施，丁依字。《詩》曰：『將其來施施。』」按：《毛詩·王風·丘中有麻》傳云：「施施，難進之意。」箋云：「施施，舒行伺間，獨來見己之貌。」趙氏皆不用，以爲「猶扁扁」者，《詩·小雅·巷伯》「緝緝翩翩」，《釋文》云：「翩，字又作扁。」張華《鷦鷯賦》云：「翩翩然有以自樂也。」施之義爲衺，偏之義亦爲衺。施施猶扁扁，即猶偏偏，以轉注爲假借也。《漢書·敘傳》云「魏其翩翩」，顔師古注亦云：「翩翩，自喜之貌。」**由君子觀之，則人之**

❶「歸」，原脱，今從沈本據前後文義及經文補。

所以求富貴利達者，其妻妾不羞也而不相泣者，幾希矣。注由，用也。用君子之道觀今求富貴者，皆以枉曲之道昏夜乞哀而求之，以驕人於白日，由此良人爲妻妾所羞爲、所泣傷也。幾希者，言今苟求富貴，妻妾雖不羞泣者，與此良人妻妾何異也？疏注「由用也」○正義曰：《毛詩·王風》「君子陽陽，右招我由房」，傳云：「由，用也。」此由如字，故訓用。下「由此良人」之由則爲猶之通借字。

章指：言小人苟得，謂不見知。君子觀之，與正道乖。妻妾猶羞，況於國人？著以爲戒，耻之甚焉。

孟子正義卷十八

江都縣鄉貢士焦循譔集

孟子卷第九

萬章章句上凡九章。❶ 注萬章者，萬姓，章名，孟子弟子也。萬章問舜孝猶《論語》顔淵問仁，因以題篇。疏注「萬章」至「子也」○正義曰：《齊乘》云：「萬章，滕州南萬村有墓，齊人，孟子弟子。」趙氏佑《温故録》云：「《萬章》上卷皆以類相從，論次古帝王聖賢遺事。蓋自仲尼没而微言絶，七十子喪而大義乖，《詩》《書》傳記之稱述或失其指歸，帝王聖賢之行事徒便於依託，放恣横議而譌傳悠繆之談以滋。孟子獨得聖人之傳，深窺古人之心，與其徒相發明而是正之。萬子尤孟門高弟，故其辨難獨多。然則孟子誠不在禹下，而萬章之功亦偉矣。」

萬章問曰：「舜往于田，號泣于旻天。何爲，其號泣也？」注問舜往至于田，何爲號泣也？

❶「凡九章」，原作大字，今據經解本改爲小字。

謂耕於歷山之時。疏注「舜往至于田」○正義曰：《禮記・玉藻》云「大夫有所往」，注云：「往，之也。」《吕氏春秋・貴生》篇云「必察其所以之」，高誘注云：「之，至也。」是「往」即「至」也。王氏鳴盛《尚書後案》云：「『往于田』三句見《孟子》，不言是《書》辭。」江氏聲《尚書集注音疏》云：「文似《尚書》，而不稱『《書》曰』。《説文》日部引《虞書》云：『仁覆閔下，則稱旻天。』據許君《五經異義》引古《尚書》説『仁覆閔下，則稱旻天』，則日部所引《虞書》，乃古《尚書》説也。」**孟子曰：「怨慕也。」**注言舜自怨遭父母見惡之厄而思慕也。**萬章曰：「父母愛之，喜而不忘；父母惡之，勞而不怨。然則舜怨乎？」**注言孝法當不怨如是，舜何故怨？疏「父母」至「不怨」○正義曰：《禮記・祭義》云：「曾子曰：父母愛之，喜而弗忘；父母惡之，懼而無怨。」注云：「無怨，無怨於父母之心。」亦見《大戴記・曾子大孝》篇。《尸子・勸學》篇引曾子云：「父母愛之，喜而不忘；父母惡之，懼而無咎。」**曰：「長息問於公明高曰：『舜往于田，則吾既得聞命矣；號泣于旻天，于父母，則吾不知也。』公明高曰：『是非爾所知也。』**注長息，公明高弟子；公明高，曾子弟子。旻天，秋也，憂陰氣也。故訴于旻天。高非息之問不得其義，故曰非爾所知。疏注「旻天」至「旻天」○正義曰：《爾雅・釋天》云：「秋爲旻天。」劉熙《釋名・釋天》云：「秋曰旻天。旻，閔也。物就枯落，可閔傷也。」《禮記・鄉飲酒義》云：「秋之爲言愁也。」《春秋繁露・官制象天》云：「秋者，少陰之選也。」《説文》心部云：「悥，愁也。」「愁，悥也。」憂愁即閔傷，故云「憂」。「陰氣」，閩、監、毛三本作「幽陰」。《爾雅・釋言》云：「號，謼也。」宣公十二年《左傳》「號申叔展」，《國語・晉語》「公號慶鄭」，《顏氏家訓・風操》篇云「禮以哭有言者爲號」，此云「號泣」，則是且言且泣，故云「訴」也。**夫公明高以孝子之心爲不若是恝。**注恝，無愁之貌。孟子以萬章之問難自距之，故爲言高、息之相對如此。夫公明高以爲，孝子不得意於父母，自當怨悲，豈可恝恝然無憂哉？因爲萬章具陳其意。疏注「恝無愁之貌」○正義曰：臧氏琳《經義雜記》云：「《説文》心部無『恝』字，有『忿』字，云：『忽也。从心，介聲。《孟子》曰：「孝子之心不若是忿。」』據此，知古本《孟子》作『忿』，今作『恝』爲俗字。忽忘於心即是『無愁』，與趙氏義合，知本作『忿』也。」段氏玉裁《説文解字注》云：「忿、恝古今字。」**我竭力耕田，共爲子職而已矣。父母之不我愛，於我何哉？**注我共人子之事，而父母不我愛，於我之身獨有何罪哉？自求責於己而悲感焉。疏「我竭」至「何哉」○正義曰：此即代述訴天之言也。我雖竭力耕田，不過共子職而已。此外宜盡者甚多，則得罪於父母處亦甚多，不知父母之不我愛是於何罪也。「何哉」正言罪之多也。一説此申言上「恝」字，若恝然無愁，則以我既竭力耕田共子職矣，尚有何罪而父母不我愛哉？孝子必不若是也。此説與經文不達，宜從趙氏。**帝使其子九男二女，百官牛羊倉廩備，以事舜於畎畝之中。**注帝，堯也。堯使九子事舜以爲師，以二女妻舜，百官致牛羊，倉廩致粟米之餼，備具饋禮，以奉事舜於畎畝之中。由是遂賜舜以倉廩牛羊，使得自有之。《堯典》曰「釐降二女」，不見九男。孟子時《尚書》凡百二十篇，逸《書》有《舜典》之敘，亡失其文。孟子諸所言舜事，皆《堯典》及逸《書》所載。獨丹朱以胤嗣之子臣下以距堯求禪，其餘八庶無事，故不見於《堯典》。猶晉獻公之子九人，五人以事見於《春秋》，其餘四子亦不復見。疏注「帝堯」至「有之」○正義曰：堯舜皆稱帝，此使事舜者堯，知「帝」即「堯」也。二女事舜是妻舜，九男云事舜自是事以爲師。《周禮·秋官·掌客》：「掌四方賓客之牢禮餼獻飲食之等數。」其饋禮，「牽四牢，米百有二十筥」。《掌訝》：「若將有國賓客至，則戒官修委積。」注云：「官謂牛人、羊人、舍人、委人之屬。」賈氏疏云：「以委積有牛羊豕米禾芻薪之等，舍人掌給米稟，委人掌芻薪之委。」是牛羊米粟皆有官掌之，故云「百官致牛羊，倉廩致粟米之餼」，倉廩亦百官所致也。以《周禮》推之，堯時當亦然也。後云「牛羊父母，倉廩父母」，則是爲舜所自有，故趙分別言之。言此牛羊、倉廩爲百官所致者，乃初以賓禮饋舜之餼牽也。其舜得自有之者，則堯所賜也。○注「堯典」至「復見」○正義曰：《虞書·堯典》云：「岳曰：『瞽子，父頑，母嚚，象傲，克諧以孝，烝烝乂，不格姦。』帝曰：『我其試哉！女于時，觀厥型于二女。』釐降二女于嬀汭，嬪于虞。」江氏聲《尚書集注音疏》云：「二女，長曰娥皇，次曰女英。夫婦之際，人道之大倫，故堯欲以此觀舜。《論衡·正説》篇云：『妻以二女，觀其夫婦之法。』是也。」王氏鳴盛《尚書後辨》云：「『愼徽五典』與『帝曰欽哉』緊相承接，本係一篇，直至『陟方乃死』，皆《堯典》也。此伏生本，而孔安國所得真古文與之合。安國於《堯典》之外又有《舜典》，如《論語》『天之歷數』，《孟子》『祗載見瞽瞍』，皆《舜典》文。但逸《書》不列學官，藏在秘府，人不得見。」按：趙氏言「逸《書》有《舜典》之敘，亡失其文」，是趙氏未見古文《舜典》，蓋疑九男事在所亡失之《舜典》中。《史記·五帝本紀》云：「堯乃以二女妻舜以觀其內，使九男與處以觀其外。舜居嬀汭，内行彌謹，堯二女不敢以貴驕事舜親戚，甚有婦道，堯九男皆益篤。」毛氏奇齡《舜典補亡》云：「《尚書》有《堯》《舜》二典出伏生壁中，謂之今文。漢司馬談作《本紀》時采其文，依次抄入《紀》中。相傳亡《舜典》一篇，不知何時而亡。細檢其辭，則《舜典》尚存半篇在《堯典》後，徒以編今文者脱去《書》序，誤與《堯典》連篇，謂但有《堯典》而無《舜典》。而其在古文，則實亡《舜典》前截，未嘗全亡。而不曉《舜典》後截在《堯典》中，以致蕭齊建武間，吴人姚方興得《舜典》

二十八字於大桁頭，妄攙之『釐降二女』之後『慎徽五典』之前，以爲《舜典》不亡。而不知『慎徽五典』以後至『放勳殂落』尚是《堯典》，惟『月正元日』以後始是《舜典》。春秋戰國閒諸書引經凡稱《堯典》者，祇在『慎徽五典』以後『放勳殂落』以前，《史記·五帝本紀》則正載二《典》之全者，雖引掇皆不用原文，然踪跡可見。是自『曰若稽古帝堯』起至『放勳乃殂落』止是《堯紀》，即是《堯典》；自『月正元日』起至『舜生三十徵庸』止是《舜紀》，即是《舜典》；而『月正元日』以前則尚有《舜典》半截在《帝舜紀》中，因即取《帝舜紀》文在『月正元日』以前者補《舜典》之亡。雖其辭與本經不同，然大概可睹也。」毛氏此説，則《史記》言「九男」，即剌取《舜典》之文，正可申明趙氏注義。惠氏棟《古文尚書考》云：「《孟子》趙岐注云云，則可證其未嘗見古文《舜典》矣。蓋古文《舜典》別自有一篇，與今文之《尚書》析《堯典》而爲二者不同，故《孟子》引『二十有八載，放勳乃徂落』爲《堯典》不爲《舜典》，《史記》載『慎徽五典』至『四罪而天下咸服』於《堯本紀》不於《舜本紀》。孟子時典謨完具，篇次未亂，固的然可信；馬遷亦親從安國問古文，其言亦未爲謬也。余嘗意『舜往于田』『祇載見瞽瞍』與『不及貢，以政接於有庳』等語，安知非《舜典》之文？又『父母使舜完廩』一段，文辭古崛，不類《孟子》本文。《史記·舜本紀》亦載其事，其爲《舜典》之文無疑。」惠氏略與毛氏同。段氏玉裁《尚書撰異》云：「趙氏言『皆《堯典》及逸《書》所載』，此《堯典》乃《舜典》之誤，『及』字衍，傳寫之失也。此章及『不告而娶章』及『原原而來』數語，及『祇載見瞽瞍』數語，皆當是《舜典》中語。蓋舜登庸以後事全見於《堯典》，登庸以前及家庭事乃在《舜典》也。此注上文云『逸《書》有《舜典》之敘，亡失其文』，則此正當作『孟子所言諸舜事皆《舜典》逸《書》所載』，謂亡失文中語也。『舜』既譌『堯』，淺人乃又妄沾『及』字。」《吕氏春秋·去私》篇云：

「堯有子十人，不與其子而授舜。」高誘注云：「孟子曰『堯使九男二女事舜』，此曰『十子』，殆丹朱爲胄子，不在數中。」趙氏於丹朱外稱八庶，不依《吕覽》，以丹朱在九子中。《史記索隱》引皇甫謐云：「堯娶散宜氏之女曰女皇，生丹朱，又有庶子九人，皆不肖也。」此依《吕覽》爲説也。孔氏廣森《經學卮言》云：「丹朱之外尚有九庶，高誘亦以意推説耳。若據《莊子》『堯殺長子考監明』，則丹朱本以次長宜嗣。或當事舜之時長子已亡，惟有九男，丹朱仍得在數中，又未可定。」謂「丹朱獨見《堯典》」者，《堯典》云：「帝曰：『疇咨若時登庸。』放齊曰：『胤子朱啓明。』」馬融注云：「羲、和爲卿官，堯之末年皆以老死，庶績多闕，故求賢順四時之職，欲用以代羲、和。」周氏用錫《尚書證義》云：「《釋言》：『若，順也。』《釋詁》：『登，成也。』《周禮・司勳》：『民功曰庸。』『若時登庸』，順天時以成民功也。」《史記》本紀於「命羲、和」之下即承云：「堯曰：誰可順此事？放齊曰：嗣子丹朱開明。」此事指上羲、和而言，馬氏正本此爲注。然則並非求禪，未知趙氏所本。趙氏佑《温故録》云：「天下定於與子，本萬古之常經。自堯始變之，亦以得人如舜而然耳。然且至歷年多，施澤於民久而後定。若當洪水未作，天下方平，堯止應率其常。苟欲息肩，亦惟禪子，朱即不肖，擇在朝賢相以輔之可矣。萬不獲已，擇九男中之賢與之可矣。必無預設成心，急圖改計，求不知誰何之人，草次而爲之，是亂天下也。豈堯之所以爲堯哉？彼以疇咨爲求禪，不可不辨也。」引晉獻公之事者，僖公二十四年《左傳》介之推云：「獻公之子九人，惟君在矣。」君謂重耳。五人以事見於《春秋》者，重耳之外，若申生、夷吾、奚齊、卓子是也。**天下之士多就之者。帝將胥天下而遷之焉，爲不順於父母，如窮人無所歸。** **注** 天下之善士多就舜而悦之。胥，須也。堯須天下悉治，將遷位而禪之。順，愛也。爲不愛於父母，其爲憂愁，若困窮之人無所歸往也。疏注「天下」至「悦之」○正義曰：《史記・五帝本紀》云：「一年而所居成聚，二年成邑，三年成都。」《吕氏春秋・慎人》篇云：「舜耕於歷山，陶於河濱，釣於雷澤，天下悦之，秀士從之。」「善士」即「秀士」也。又云：「其遇時也，登爲天子，賢士歸之，萬民譽之，丈夫女子振振殷殷，無不戴説。」○注「胥須」至「禪之」○正義曰：《漢書・敘傳上》《集注》引應劭云：「胥，須也。」《史記・廉頗藺相如傳》《索隱》云：「胥、須古人通用。」《管子・大匡》云「姑少胥，其自及也」，注云：「胥，待也。」待即須也。「堯待天下悉平」，謂既歷試諸艱，齊七政，類上帝，揖五瑞，作教刑四罪，而天下咸服，然後令舜攝行天子之政也。按：《爾雅・釋詁》云：「胥，相也。」《方言》云：「胥，輔也。吴越曰胥。」「胥天下」即輔相天下，《易》所謂「裁成輔相，以左右民」也。《史記》本紀云：「堯知子丹朱之不肖，不足授天下，於是乃權授舜。授舜則天下得其利而丹朱病，授丹朱則天下病而丹朱得其利。堯曰：『終不以天下之病而利一人。』而卒授舜以天下。」以利天下而授舜，即是輔相天下也。《説文》辵部云：「遷，登也。」登即升也，進也。謂進而升諸君位也。○注「順愛」至「往也」○正義曰：趙氏以「不順於父母」即上云「父母之不我愛」，故以「順」爲「愛」也。《論語・堯曰》篇云：「四海困窮。」《廣雅・釋詁》云：「困，窮也。」「歸，往也。」**天下之士悦之，人之所欲也，**注欲，貪也。疏注「欲貪也」○正義曰：《説文》欠部云：「欲，貪欲也。」《吕氏春秋・大樂》篇云「天使人有欲」，《論威》篇云「人情欲生而惡死」，高誘皆以貪釋欲。**而不足以解憂；好色，人之所欲，妻帝之二女而不足以解憂；富，人之所欲，富有天下而不足以解憂；貴，人之所欲，貴爲天子而不足以解憂。人悦之、好色、富貴，無足以解憂者，惟順於父母可以解憂。**注言爲人所悦，將見禪爲天子，皆不足以解憂。獨見愛於父母爲可以解己之憂。

「人少則慕父母，知好色則慕少艾，有妻子則慕妻子，仕則慕君。不得於君則熱中。」 **注**慕，思慕也。人少，年少也。艾，美好也。不得於君，失意於君也。熱中，心熱恐懼也。是乃人之情。**疏**注「艾，美好也」○正義曰：翟氏灝《考異》云：「程氏《考古篇》曰：『經傳無以艾爲好之文。衢有士子陳其所見云：少當讀爲「少長則習騎射」之少。艾當爲乂，艾即衰減之義。「慕少艾」云者，知好色則慕差減于孺子時也。』按，《典禮》『五十曰艾』，疏謂『髮蒼白色如艾也』。蓋古但訓艾爲白，而白義含有二焉：以髮蒼白言謂之老，以面白晳言則謂之美，同取於艾之色也。《戰國策》魏牟謂趙王曰『王不以予工乃與幼艾』，高誘注云：『艾，美也。』屈子《九歌》『慫長劍兮擁幼艾』，王逸注亦以艾爲美好。《晉語》狐突語申生曰『國君好艾大夫殆』，韋昭注以艾爲嬖臣，乃指男色之美好者。漢張衡《東京賦》『齊騰驤以沛艾』，薛綜注以沛艾爲作姿容貌。程氏謂傳載中無以艾爲好者，豈誠説乎？《説文》祇據《魯頌》《曲禮》訓爲『長老』，遺《孟子》《國語》《國策》等所用一義，不當因以改讀《孟子》。」翟氏説是也。然艾古通乂，亦通刈，《説文》云：「乂，芟艸也。或从刀。」是乂、刈、艾字同。《書·皋陶謨》云「俊乂在官」，馬、鄭注並云：「才德過千人爲俊，百人爲乂。」以美好爲乂，猶以美才爲俊，即猶以美士爲彥。乂爲芟艸，故義亦爲絶。宣公十五年《左傳》云「酆舒有三儁才」，注云：「儁，絶異也。」儁即俊，美好之爲艾，又如稱美色者爲絶色。彼以艾無美好之義者，鄙矣。然亦非取於艾色之白也。○注「熱中心熱恐懼也」○正義曰：《禮記·文王世子》云「禮樂交錯於中」，注云：「中，心也。」故熱中爲心熱。《素問·陰陽應象大論》云：「人有五藏，化五氣，以生喜怒悲憂恐。北方生寒，在變動爲慄，在志爲恐。」《宣明五氣篇》云：「五精所并，精氣并於腎則恐。」王冰注云：「心虛則腎并之，爲恐。」然則恐懼生於寒不生於熱，生於心虛不生於心熱。趙氏以「不得於君」是不爲君所寵用，將被謫斥，故恐懼耳。近時通解以熱中爲躁急，是也。《腹中論》云：「帝曰：『夫子數言熱中消中不可服高粱芳草石藥，石藥發瘨，芳草發狂。夫熱中消中者，皆富貴人也。今禁高粱，是不合其心，禁芳草石藥，是病不愈，願聞其説。』岐伯曰：『夫芳草之氣美，石藥之氣悍，二者其氣急疾堅勁，故非緩心和人，不可以服此二者。』」又云：「熱氣慓悍，藥氣亦然。」此謂熱中之病，心不和緩。心不和緩，是爲焦急。孟子借病之熱中以形容失意于君者也。

大孝終身慕父母。五十而慕者，予於大舜見之矣。」 注 大孝之人終身慕父母，若老萊子七十而慕，衣五采之衣，爲嬰兒匍匐於父母前也。我於大舜見五十而尚慕父母。《書》曰：「舜生三十徵庸，三十在位。」在位時尚慕，故言五十也。 疏 注「若老萊」至「前也」○正義曰：舊疏引《高士傳》云：「老萊子，楚人。少以孝行養親，極甘脆，❶年七十父母猶存，萊子服荆蘭之衣，爲嬰兒戲親前，言不稱老，爲親取食上堂，足跌而偃，因爲嬰兒啼，誠至發中。楚室方亂，乃隱耕於蒙山之陽，著書號《萊子》，莫知所終。」今皇甫謐《高士傳》無此文。馬氏驌《繹史》引《列女傳》云：「老萊子孝養二親，行年七十，作嬰兒自娱，著五采褊襴衣。嘗取漿上堂，跌仆，因卧地爲小兒啼，或弄雛鳥於親側。」今劉向《列女傳》亦無此文。○注「書曰」至「五十也」○正義曰：阮氏元《挍勘記》云：「廖本、孔本、韓本、足利本作『三十在位』，閩、監、毛三本三作『五』，《考文》

❶「脆」，原作「跪」，今從沈本據僞孫奭疏及經解本改。

古本作『二』。段玉裁曰：作五者非也，作三者亦未是，作二者是也。古文《尚書》舜生三十登庸，三十在位，五十載，馬融、王肅、姚方興本之爲舜年百十二歲之説；今文《尚書》舜生三十徵庸，二十在位，五十載，《大戴禮・五帝德》《史記・五帝本紀》、皇甫氏《帝王世紀》皆本之爲舜年百歲之説。王充、趙岐，皆從今文者也。《論衡・氣壽》篇曰：『舜生三十徵用，二十在位，五十載陟方乃死，適百歲矣。』趙注此章『五十而慕』云：『《書》曰舜生三十徵庸，二十在位。在位時尚慕，故言五十也。』合三十二十，正是五十，乃爲『五十而慕』之證。今本作三十在位，何可通邪？今本《論衡》亦改二十在位作三十在位，使下文『適百歲』之語不可接，皆由不知今文、古文之異也。鄭康成注古文，而用今文正古文。正義曰：『鄭玄讀此經云，舜生三十，謂生三十年也；登庸二十，謂歷試二十年；在位五十載陟方乃死，謂攝位至死爲五十年，舜年一百歲也。』此正鄭説三當作二，以今正古，故正義冠之以『鄭玄讀此經云』六字。不則直曰『鄭某云』『鄭云』而已，未嘗有『鄭玄讀此經云』之例。『讀此經』者，明此經之本不如是也。此所以馬、王、姚作三十在位而鄭作二十也。」

章指：言夫孝，百行之本，無物以先之。雖富有天下而不能取悦於其父母，莫有可也。孝道明著，則六合歸仁矣。 疏「夫孝」至「先之」○正義曰：周氏廣業《孟子章指考證》云：「孔、韓本作夫，古本作大。」《白虎通》：「孝道之美，百行之本也。」《漢書》平當上言稱《孝經》曰：「人之行莫大於孝。」鄭康成《論語》注：「孝爲百行之本。人之爲行，莫先於孝。」《漢書・杜欽傳》欽對策白虎殿云：「孝，人行之所先也。」

萬章問曰：「《詩》云：『娶妻如之何？必告父母。』信斯言也，宜莫如舜。舜之不告而娶，何也？」注《詩》，《齊國風·南山》之篇。言娶妻之禮，必告父母。舜合信此詩之言，何爲違禮，不告而娶也？疏注「詩齊」至「娶也」○正義曰：引《詩》在《南山》篇第三章。傳云：「必告父母廟。」箋云：「取妻之禮，議於生者，卜於死者，此之謂告。」蓋詩爲文姜嫁魯桓公而發，時魯惠公及仲子俱殁，桓娶文姜無父母可告，故傳以爲「告廟」，而箋則兼言生死以補之。舜之告則議於生者矣。近時通解「信斯言也，宜莫如舜」謂「誠如詩之所言，則告而娶宜莫如舜」。《詩》在舜後，趙氏謂「舜合信此詩之言」，非其義也。**孟子曰：「告則不得娶。男女居室，人之大倫也。如告，則廢人之大倫以懟父母，是以不告也。」**注舜父頑母嚚，常欲害舜，告則不聽其娶，是廢人之大倫以怨懟於父母也。疏注「舜父」至「母也」○正義曰：「父頑母嚚」，《尚書·堯典》文。《史記·五帝本紀》云：「瞽瞍愛後妻子，常欲殺舜。」後焚廩揜井，亦其事也。《爾雅·釋言》云：「懟，怨也。」**萬章曰：「舜之不告而娶則吾既得聞命矣，帝之妻舜而不告，何也？」**注禮，娶須五禮，父母亢答以辭，是相告也。帝謂堯也。何不告舜父母也？疏注「禮娶」至「告也」○正義曰：五禮者，蓋納采、問名、納吉、納徵、請期，然後親迎也。《儀禮·士昏禮》記納采之辭云：「昏辭曰：『吾子有惠，貺室某也。某有先人之禮，使某也請納采。』對曰：『某之子惷愚，又弗能教。吾子命之，某不敢辭。』致命曰：『敢納采。』」記問名之辭云：「問名曰：『某既受命，將加諸卜，敢請女爲誰氏？』對曰：『吾子有命，且以備數而擇之，某不敢辭。』」記納吉之辭云：「納吉曰：『吾子有貺命，某加諸卜，占曰吉，使某也敢告。』對曰：『某之子不教，唯恐弗堪。子有吉，我與在，某不敢辭。』」記納徵之辭云：「納徵曰：『吾子有嘉命，貺室某也。某有先人之禮，儷皮束帛，使某也請納徵。』致命曰：『某敢納徵。』對曰：『吾子順先典，貺某重禮。某不敢辭，敢不承命？』」記請期之辭云：「請期曰：『吾子有賜命，某既申受命矣。惟是三族之不虞，使某也請吉日。』對曰：『某既前受命矣，唯命是聽。』曰：『某命某聽命於吾子。』對曰：『某固惟命是聽。』使者曰：『某使某受命，吾子不許，某敢不告期？』曰『某日』。對曰：『某敢不須敬？』」凡此皆父母亢答之辭也。《史記・酈生陸賈傳》云「與天子抗衡」，《索隱》引崔浩云：「抗，對也。」抗與亢通，亢答即對答。《漢書・高帝紀》「沛公還軍亢父」，注引鄭氏云：「亢音人相抗答。」是也。**曰：「帝亦知告焉則不得妻也。」**

注 帝堯知舜大孝。父母止之，舜不敢違，則不得妻之。故亦不告。疏 注「帝堯」至「不告」○正義曰：趙氏佑《温故録》云：「此言瞽義不可以違帝而可以禁其子，帝力可以制瞽而不可强舜爲違父也。」析義精審。

萬章曰：「父母使舜完廩，捐階，瞽瞍焚廩。使浚井，出，從而揜之。注 完，治也。廩，倉；階，梯也。使舜登廩屋，而捐去其階，焚燒其廩也。一説捐階，舜即旋從階下，瞽瞍不知其已下，故焚廩也。使舜浚井，舜入而即出，瞽瞍不知其已出，從而蓋其井，以爲死矣。疏 注「完治」至「死矣」○正義曰：《説文》宀部云：「完，全也。古文以爲寛字。」《禮記・祭統》云「不明其義，君人不全」，注云：「全猶具也。」蓋原有此廩屋，有破毀處，使舜登而補葺完全之，亦是「治」也。《説文》云：「亩，穀所振入宗廟粢盛，倉黄亩而取之，故謂之亩。从入回，象屋形中有户牖。」「倉，穀藏也。倉黄取而藏之，故謂之倉。」《吕氏春秋・季春紀》「發倉窌」，高誘注云：「方者曰倉。」《荀子・榮辱》篇云「有困廩」，注云：「方曰廩。」是倉、廩通稱也。劉熙《釋名・

釋宮室》云：「階，梯也。如梯之有等差也。」《禮記・喪大記》云「虞人設階」，注云：「階，所乘以升屋者。」《說文》木部云：「梯，木階也。」蓋階與梯畧有別。此完廩所用以升屋者則是木階，故以「梯」釋之，以別乎東階西階之階也。《說文》手部云：「捐，棄也。」棄即去也，故云「捐去其階」。「一說旋階」者，訓捐爲旋也。《爾雅・釋器》云：「環謂之捐。」《小爾雅・廣言》云：「旋，還也。」環、還字通，捐爲環，是即爲旋也。「捐階」與「出」對言，出是入而即出，故以捐階是「旋從階下」也。《史記・五帝本紀》云：「堯乃賜舜絺衣與琴，爲築倉廩，予牛羊。瞽瞍尚復欲殺之，使舜上塗廩，瞽瞍從下縱火焚廩。舜乃以兩笠自扞而下，去，得不死。後瞽瞍又使舜穿井，舜穿井爲匿空旁出。舜既深入，瞽瞍與象共下土實井，舜從匿空出，去。」《索隱》引《列女傳》云「二女教舜鳥工上廩」是也。《正義》引《通史》云：「瞽叟使舜滌廩，舜告堯二女。女曰：『時其焚汝，鵲汝衣裳鳥工往。』舜既登廩，得免去。舜穿井，又告二女。二女曰：『去汝裳衣龍工往。』入井，瞽叟與象下土實井，舜從他井出，去也。」按：今《列女傳》但言「舜往飛出」，不言鳥工。蓋飛出即所謂旋也。《通史》梁武帝撰，見《隋書・經籍志》。或云使完廩者，父母也；焚廩者，瞽瞍也。只一瞽瞍，此舜所以得免。「出從而揜之」，此句尤明。蓋雖惑於後妻，而父子之恩原不泯斷，到死生之際自有以斡旋之，即謂之慈父可也。《史記集解》引劉熙云：「舜以權謀自免，亦大聖有神人之助也。」**象曰：『謨蓋都君咸我績。** **注**象，舜異母弟。謨，謀；蓋，覆也。都，於也。君，舜也。舜有牛羊倉廩之奉，故謂之君。咸，皆；績，功也。象言謀覆於君而殺之者，皆我之功。欲與父母分舜之有，取其善者，故引其功也。**疏**注「象舜」至「功也」○正義曰：《史記・五帝本紀》云：「舜父瞽叟盲，而舜母死，瞽叟更娶妻而生象。」是象爲舜異母弟也。《爾雅・釋詁》云：「謨，謀也。」《釋言》云：「弇，蓋也。」孫炎注云：「蓋亦覆之意。」襄公十七年《左傳》云「不如蓋之」，服虔注云：「蓋，覆蓋之。」是「蓋」爲揜，即爲「覆」也。《爾雅·釋詁》云：「都，於也。」近時通解謂舜所居三年成都，故謂「都君」。趙氏謂「有倉廩牛羊之奉，故謂之君」。奉即《漢帝紀》「列侯幸得餐錢奉邑」之奉。《廣雅·釋詁》云：「奉，禄也。」既食禄奉，則是尊官。《儀禮·喪服傳》「君至尊也」，注云：「天子諸侯及卿大夫有地者皆曰君。」雖成都，未嘗君之，故解「都」爲「於」。是時未知所處何等，故但以奉知爲君也。「咸，皆也」，「績，功也」，均《爾雅·釋詁》文。阮氏元《釋蓋》云：「《爾雅·釋言》：『蓋，割裂也。』害、曷、盍、末、未，古音皆相近，每加偏旁互相假借，若以爲正字則失之。《書·吕刑》曰『鰥寡無蓋』，蓋即害字之借，言堯時鰥寡無害也。僞傳云：『使鰥寡得所，無有掩蓋。』失之矣。《爾雅釋文》：『蓋，舍人本作害。』《孟子》『謀蓋都君』，此兼井、廩言之，蓋亦當訓爲害也。若專以謀蓋爲蓋井而不兼焚廩，則『咸我績』咸字無所著矣。」**牛羊父母，倉廩父母；**注欲以牛羊倉廩與其父母。**干戈朕，琴朕，弤朕，二嫂使治朕棲。」**注干，楯；戈，戟也。琴，舜所彈五弦琴也。弤，彫弓也。天子曰彫弓。堯禪舜天下，故賜之彫弓也。棲，牀也。二嫂，娥皇、女英。使治牀，欲以爲妻也。疏注「干楯」至「妻也」○正義曰：「干，楯」「戈，戟」，詳見《梁惠王下》。邵氏晉涵《爾雅正義》云：「《通典》引揚雄《清英》云：『舜彈五弦之琴而天下化，堯加二弦以合君臣之恩。』」是舜彈五弦之琴也。《音義》云：「弤，都禮切。丁音彫，云：『義與弴同。』」趙氏讀「弤」爲「彫」，故以爲「彫弓」。《毛詩·大雅·行葦》「敦弓既堅」，傳云：「敦弓，畫弓也。天子敦弓。」《釋文》云：「敦音彫。」孔氏正義云：「敦與彫，古今之異。彫是畫飾之義，故曰：『敦弓，畫弓也。』《冬官》『弓人爲弓』唯言用漆，不言畫，則漆上又畫之。彼不言畫，文不具耳。此述天子擇士，宜是天子之弓，故言『天子敦弓』。其諸侯公卿宜與射者，自當各有其弓，不必畫矣。定四年《公羊傳》何休注云：『天子彫弓，諸侯彤弓，大夫嬰弓，士盧弓。』事不經見，未必然也。」按：氐、周皆訓至。《説文》車部云：「軧，抵也。」鄭氏《士喪禮》注云：「輖，蟄也。」蟄、軧字同。輖之爲抵，猶彫之爲弤矣。乃此時堯不當有禪舜之意，以弤爲天子之弓，於義未協。趙氏佑《温故録》云：「弤或别一弓之名，舜所常用，亦如五弦之琴爲舜自作者耳。」按：《廣韻》引《埤蒼》云：「弤，舜弓名。」趙氏佑《温故録》之説爲得之矣。《廣雅・釋器》云：「棲謂之牀。」《釋詁》云：「棲，攱也。」王氏念孫《廣雅疏證》云：「棲者，人物所棲也。即庋閣之意也。」《藝文類聚》引《尸子》云：「堯聞其賢，徵之草茅之中，與之語禮樂而不逆，與之語政，至簡而易行，與之語道，廣大而不窮，於是妻之以媓，媵之以娥。」《列女傳・母儀傳》云：「有虞二妃者，帝堯之二女也。長娥皇，次女英。」《漢書・古今人表》女英作女匽。《大戴禮記・帝繫》篇云：「舜娶於帝堯之子，謂之女匽。」匽、英一聲之轉也。《荀子・修身》篇云：「少而理曰治。」《吕氏春秋・振亂》篇云「欲民之治也」，高誘注云：「治，整也。」使二嫂整理安息之處，猶云侍寢也。**象往入舜宫，舜在牀琴。象曰：『鬱陶思君爾。』忸怩。**【注】象見舜生在牀鼓琴，愕然反辭曰：我鬱陶思君，故來。爾，辭也。忸怩而慙，是其情也。【疏】注「象見」至「情也」○正義曰：《説文》土部云：「在，存也。」存亡猶死生也，故以「生」釋「在」。《史記・五帝本紀》云：「象乃止舜宫居，鼓其琴。舜往見之，象愕不懌曰：『我思舜正鬱陶。』舜曰：『然，爾其庶矣。』」此與《孟子》略不同。按：《孟子》之文，舜已出井而象乃揜蓋。是舜先已在宫，象揜畢而後來，未見舜，先已聞琴，故愕然反。愕與遻同，《説文》辵部云：「遻，相遇驚也。」《漢書・張良傳》云

「良愕然，欲歐之」，注云：「愕，驚貌也。」《淮南子・氾論訓》云「紂居於宣室而不反其過」，高誘注云：「反，悔也。」《列子・仲尼》篇云「回能仁而不能反」，注云：「反，變也。」謂悔其不當來而變易其初心也。《史記》以瞽瞍與象實土後舜乃從匿空旁出，故以爲象先居舜宮，鼓其琴，舜後入宮見之。若此，則象先不知舜未死，既居舜宮，必已彰其跋扈之迹，則鬱陶思舜之言何能自揜？《史記》非也。惟舜先從井出，潛自入宮，知象將來，故鼓琴以示之。既示其未死，且感以和，此象所以愕然而悔也。《説苑・建本》篇云：「曾子芸瓜而誤斬其根，曾晳怒，援大杖擊之。曾子仆地，有頃，蘇，蹷然而起，退屏鼓琴而歌，欲令曾晳聽其歌聲，令知其平也。孔子聞之，告門人曰：『參來勿内也。』汝聞瞽瞍有子名曰舜。舜之事父也，索而使之，未嘗不在。側求而殺之，未嘗可得。小箠則待，大箠則走，以逃暴怒也。』」然則舜之牀琴，非漫然矣。王氏念孫《廣雅疏證》云：「《方言》：『鬱悠，思也。晉、宋、衛、魯之間謂之鬱悠。』鬱猶鬱鬱也，悠猶悠悠也。《楚辭・九辨》云『馮鬱鬱其何極』，《鄭風・子衿》篇云『悠悠我思』，合言之則曰鬱悠。《方言》注云：『鬱悠猶鬱陶也。』凡經傳言『鬱陶』者皆當讀如『臯陶』之陶。鬱陶、鬱悠古同聲。舊讀陶如『陶冶』之陶，失之矣。閻氏若璩《尚書古文疏證》云：『《爾雅・釋詁》篇：「鬱陶、繇，喜也。」郭璞注引《孟子》「鬱陶思君」。《禮記》曰：「人喜則斯陶。」邢昺疏引《孟子》趙注云：「象見舜正在牀鼓琴，愕然反辭曰：我鬱陶思君，故來。爾，辭也。忸怩而慚，是其情也。」又引下《檀弓》鄭注云：「陶，鬱陶也。」據此則象曰「鬱陶思君爾」乃喜而思見之辭，故舜亦從而喜曰：「惟兹臣庶，女其于予治。」孟子固已明言「象喜亦喜」，蓋統括上二段情事，其先言「象憂亦憂」，特以引起下文，非真有象憂之事也。』因悉數諸書以鬱陶爲憂思之誤。念孫按，象曰『鬱陶思君爾』，則鬱陶乃思之意，非喜之意，言我鬱陶思君，是以來見，非喜而思見之辭也。孟子言『象喜亦喜』者，象見舜而僞喜，自述其鬱陶思舜之意，故舜亦誠信而喜之，非謂鬱陶爲喜也。凡人相見而喜，必自道其相思之切，豈得即道其相思之切爲喜乎？趙注云：『我鬱陶思君，故來。』是趙意亦不以鬱陶爲喜。《史記·五帝紀》述象之言，亦云『我思舜正鬱陶』，《楚辭·九辯》云『豈不鬱陶而思君兮』，則鬱陶爲思，其義甚明，與《爾雅》之訓爲喜者不同。郭璞以《孟子》證《爾雅》，誤也。閻氏必欲解鬱陶爲喜，『喜而思君爾』，甚爲不辭。既不達於經義，且以《史記》及各傳注爲非，傎矣。又按，《爾雅》：『悠傷，憂思也。』悠、憂、思三字同義，故鬱悠既訓爲思又訓爲憂。《管子·内業》篇云『憂鬱生疾』，是鬱爲憂也。《説文》：『悠，憂也。』《小雅·十月之交》篇『悠悠我里』，毛傳云：『悠悠，憂也。』是悠爲憂也。悠與陶古聲同。《小雅·鼓鐘》篇『憂心且妯』，《衆經音義》引《韓詩》作『憂心且陶』，是陶爲憂也。故《廣雅·釋言》云：『陶，憂也。』合而言之則曰鬱陶。《九辯》『鬱陶而思君』，王逸注云：『憤念蓄積盈胷臆也。』魏文帝《燕歌行》云『憂來思君不敢忘』，又云『鬱陶思君未敢言』，皆以鬱陶爲憂。凡一字兩訓而反覆旁通者，若亂之爲治，故之爲今，擾之爲安，臭之爲香，不可悉數。《爾雅》云：『鬱陶、繇，喜也。』又云：『繇，憂也。』則繇字即有憂、喜二義，鬱陶亦猶是也。是故喜意未暢謂之鬱陶，《檀弓》正義引何氏《隱義》云：『鬱陶，懷喜未暢意。』是也。憂思憤盈亦謂之鬱陶，《孟子》《楚辭》《史記》所云是也。暑氣蘊隆亦謂之鬱陶，摯虞《思游賦》云：『戚溽暑之鬱陶兮，余安能乎留斯？』夏侯湛《大暑賦》云：『何太陽之赫曦，乃鬱陶以興熱。』是也。事雖不同而同爲鬱積之義，故命名亦同。閻氏謂『憂喜不同名，《廣雅》誤訓陶爲憂』，亦非也。」「爾」爲「辭」者，《禮記·檀弓》「爾毋從從爾」，注云：「爾，語助。」是也。《方言》云：「忸怩，慙歰也。楚郢江淮之間謂之忸怩，或謂之晵咨。」戴氏震《方言疏證》云：「《晉語》『君忸怩顔』，韋昭注云：『忸怩，慙貌。』趙岐注《孟子》云：『忸怩而慙。』《廣雅》：『忸怩，晵咨也。』忸怩、晵咨並雙聲。」《廣雅疏證》云：❶「忸與恧同。恧字从心，衄聲。忸怩、晵咨皆局縮不伸之貌也。《釋言》云：『衄，縮也。』縮與慙義相近，縮謂之衄，又謂之蹴，猶慙謂之忸怩，又謂之晵咨也。」

舜曰：『惟茲臣庶，汝其于予治。』注茲，此也。象素憎舜，不至其宮也。故舜見來而喜曰：惟念此臣衆，汝故助我治事。疏注「茲此」至「治事」○正義曰：《爾雅・釋詁》云：「茲，此也。」「惟，思也。」「庶，衆也。」《詩・周頌・維天之命》序《釋文》引《韓詩》云：「惟，念也。」「汝其于予治」解爲「汝故助我治事」者，《白虎通・五行》篇云：「姑者，故也。」《毛詩・周南・卷耳》「我姑酌彼金罍」，傳云：「姑，且也。」「汝其于予治」謂汝姑且于予治也。于與於通。《爾雅・釋詁》云：「於，代也。」代予治即是助我治也。王氏引之《經傳釋詞》云：「于，爲也。爲，助也。趙注『女故助我治事』是也。」閻氏若璩《釋地又續》云：「《孟子或問》著於淳熙丁酉後，其辭曰：『林氏謂司馬公以爲是時堯將以天下禪舜，瞽、象雖愚，亦豈不利其子與兄之爲天子而欲殺之乎？借使殺之，堯必誅己，宜亦有所不敢矣。蘇氏以爲舜之側微，已能使瞽、象之不格姦矣，豈至此而猶欲害之哉？以此皆疑《孟子》之誤。程子以爲此非孟子之言，乃萬章傳聞之誤，而孟子有不暇辨耳。是數説者，恐其皆未安也。蓋天下之事有不可以常情測度者，使瞽、象而猶知利害之所在，則亦未爲甚頑且傲，而舜之所處亦未足爲天下之至難矣。不格姦者，但能使之

---

❶「廣」上，據本書文例當有「王氏念孫」四字。

不陷於刑戮。且聖賢於世俗傳聞之事，有非實者，必辯而明之，以曉天下後世，豈有知其不然而不暇辯者哉？』余謂世誣舜以瞽瞍朝己，孟子則辯其必無。誣舜以放象，則辯其未嘗有。凡於傳譌之迹，未有不辯而明之以曉天下後世者。豈有知其不然而故設言其理？若金氏謂『祇在發明聖人處變之心，苟得其心，則事迹有無都不必辯』，殆幾於戲矣。人固習而不察耳。」**不識舜不知象之將殺己與？」**注萬章言我不知舜不知象之將殺之與？何爲好言順辭以答象也？**曰：「奚而不知也？象憂亦憂，象喜亦喜。」**注奚，何也。孟子曰：舜何爲不知象惡己也？仁人愛其弟，憂喜隨之。象方言思君，故以順辭答之。

曰：「然則舜僞喜者與？」注僞，詐也。萬章言如是則爲舜行至誠，而詐喜以悦人矣。疏注「僞詐也」○正義曰：《淮南子・本經訓》云「其心愉而不僞」，高誘注云：「僞，虚詐也。」**曰：「否。昔者有饋生魚於鄭子產，子產使校人畜之池。校人烹之，反命曰：『始舍之，圉圉焉，少則洋洋焉，攸然而逝。』子產曰：『得其所哉！得其所哉！』**注孟子言否，云舜不詐喜也，因爲説子產以喻之。子產，鄭子國之子公孫僑，大賢人也。校人，主池沼小吏也。圉圉，魚在水羸劣之貌；洋洋，舒緩摇尾之貌。攸然迅走水趣深處也。❶故曰「得其所哉」。重言之，嘉得魚之志也。疏注「孟子言否云舜不詐喜也」○正義曰：段氏玉裁《説文解字注》云：「否，不也。不者，事之不然也；否者，説事之不然也。故音義皆同。《孟子》『萬章曰然則舜僞喜者與，孟子曰否』，注：『孟子言舜不詐喜也。』又『咸丘蒙問舜南面而立，瞽瞍亦北面

❶「趣」，原作「趨」，今據廖本及疏文改。

而朝之，孟子曰否』，注：『言不然也。』又『萬章曰堯以天下與舜有諸，孟子曰否』，注：『堯不與之。』又『萬章問曰人有言，伊尹以割烹要湯，孟子曰否然也』，萬章又問『孔子於衛主癰疽，孟子曰否然也』，萬章又問『百里奚自鬻於秦養牲者，孟子曰否然』，注皆曰：『否，不也。不如是也。』注以不如是釋否然，今本正文皆誤作『否不然』，語贅而注不可通矣。否字引申之義訓爲不通，如《易》之『泰否』，《堯典》之『否德』，❶《小雅》之『否難知也』，《論語》之『予所否者』，皆殊其音，讀符鄙切。」○注「校人主池沼小吏也」○正義曰：校人見《周禮·夏官》，掌馬政。鄭康成以爲「主馬者必仍校視之」，賈氏疏以爲「讀從《曲禮》與《少儀》『效馬效羊』，取效見義」。此於畜魚之校人無涉。《漢書·司馬相如傳·上林賦》云「天子校獵」，顏師古注云：「校獵者，以木相貫穿，總爲闌校，遮止禽獸而獵取之。」説者或以爲《周官》校人掌田獵之馬，因云校獵，亦失其義。養馬稱校人者，謂以爲闌校以養馬耳，故呼爲閑也。」按：師古解校人是也。《廣雅·釋木》云：「校，欄柴也。」哀公四年《公羊傳》云：「亡國之社蓋掩之，掩其上而柴其下。」《地官·媒氏》注云：「亡國之社，奄其上而棧其下。」是柴即棧，亦校即棧也。《管子·内業》篇云：「傅馬棧者最難，先傅曲木，曲木又求曲木，曲木已傅，直木無所施矣；先傅直木，直木又求直木，直木已傅，曲木亦無所施矣。」《淮南子·道應訓》云「柴箕子之門」，注云：「箕子亡之朝鮮，舊居空，故柴護之。」蓋編木圍其四面，用之於亡國之社，則爲柴其下；用之以護箕子之居，則爲柴箕子之門；用於車上爲車箱，則爲棧車，亦爲柴車；用以畜馬，則爲馬棧，亦即爲校爲閑；用以

❶「典」，原脱，今據《説文解字注》補。

畜魚，則爲積柴爲槮，即亦爲校。《爾雅·釋器》云：「槮謂之涔。」《毛詩正義》引孫炎云：「積柴養魚曰涔。」《說文》木部云：「栫，以柴木雝也。」郭璞《江賦》云：「栫澱爲涔。」編木爲棧以養馬，因而主馬者稱校人；編木爲涔以養魚，因而主魚者稱校人。此校人所以爲主池沼小吏也。《春秋左傳》：「吴囚邾子於樓臺，栫之以棘。」謂以棘柴其下也。《說文》木部云：「校，木囚也。」以編木囚繫人，與以編木繫馬畜魚同。《禮記·禮運》云：「鳳凰麒麟，皆在郊棷，龜龍在宫沼。」此郊棷蓋即校棷，即所謂以木相貫穿爲闌校以遮禽獸也。○注「圉圉」至「志也」○正義曰：《爾雅·釋言》云：「圉，禁也。」圉與圄通，宣公四年《左傳》云「圄伯嬴」，注云：「圄，囚也。」《說文》囗部云：「圉，囹圄，所以拘辠人。」囹圉即囹圄也。下「洋洋」爲「舒緩摇尾」，此時尚未改幽閉囚禁之狀，故爲圉圉。《國語·晉語》優施歌曰：「暇豫之吾吾不如鳥烏。人皆集於苑，己獨集於枯。」注云：「吾吾，不敢自親之貌。苑，茂木貌。」施謂鳥烏集於茂木則暇豫，里克不暇豫而集於枯，則吾吾不如鳥烏。吾吾爲集枯之狀，不能暇豫，故先云暇豫之欲其不吾吾也。此吾吾即圄圄，不敢自親之貌即在水羸劣之貌也。《毛詩·大雅》「牧野洋洋」，傳云：「洋洋，廣也。」《陳風》「泌之洋洋」，傳云：「洋洋，廣大也。」廣大則不局促，不局促故舒緩。哀十七年《左傳》云「如魚竀尾，衡流而方羊」，孔氏正義云：「鄭衆以爲魚肥則尾赤。方羊，遊戲。」洋洋猶言方羊，魚遊尾動，故以摇尾狀其舒緩遊戲之情也。攸與悠同，《爾雅·釋詁》云：「悠，遠也。」舍人注云：「行之遠也。」遠與深義同。逝如《論語》「逝者如斯夫」之逝。《陽貨》篇「日月逝矣」，皇侃疏云：「逝，速也。」「走水趣深處」解「攸然」，「迅」字解「逝」字。閩、監、毛三本「水趣」二字倒，嘉誤作「喜」。**校人出，曰：『孰謂子産智？予既烹而食之，曰得其所哉，得其所哉。』故君子**

可欺以其方，難罔以非其道。彼以愛兄之道來，故誠信而喜之，奚僞焉？」注方，類也。君子可以事類欺，故子産不知校人之食其魚。象以其愛兄之言來向舜，是亦其類也。故誠信之而喜，何爲僞喜也？疏注「方類」至「類欺」○正義曰：《淮南子·精神訓》云「以萬物爲一方」，高誘注云：「方，類也。」方之義爲比，類之義亦爲比。凡事之荒誕非理者則無所比類。校人之言有倫有脊，實有此圉圉洋洋攸然而逝之情而比類之也，故不虞其欺耳。

章指：言仁聖所存者大。舍小從大，達權之義也。不告而娶，守正道也。

萬章問曰：「象日以殺舜爲事，立爲天子則放之，何也？」注怪舜放之何故。疏注「怪舜放之何故」○正義曰：翟氏灝《考異》云：「韓非有云：『瞽瞍爲舜父而舜放之，象爲舜弟而舜殺之。放父殺弟，不可爲仁。』則云象欲殺舜，猶其繆之小焉者矣。萬章知無放瞍殺象之事而不能無疑於放象之説，孟子力辨其并無之，則其餘邪説悉不待辨而息已。」孟子曰：「封之也。或曰放焉。」注舜封象於有庳，或有人以爲放之。

萬章曰：「舜流共工于幽州，放驩兜于崇山，殺三苗于三危，殛鯀于羽山。四罪而天下咸服，誅不仁也。象至不仁，封之有庳，有庳之人奚罪焉？仁人固如是乎？在他人則誅之，在弟則封之。」注舜誅四佞，以其惡也。象惡亦甚而封之，仁人用心當如是乎？罪在他人當誅之，在弟則封之。**疏**「舜流」至「咸服」○正義曰：此《虞書·堯典》文也。段氏玉裁《說文解字注》云：「𡨄，塞也。讀若《虞書》『竄三苗』之竄。二竄本皆作『𡨄』，妄人所改也。」「竄三苗于三危」，與言流、言放、言極一例，謂放之令自匿。故《孟子》作「殺三苗」即《左傳》「𥼶蔡叔」之𥼶。𥼶爲正字，竄、殺爲同音假借，殛鯀爲極之假借。《左傳》曰：「流四凶族，投諸四裔。」劉向曰：「舜有四放之罰。」屈原曰「永遏在羽山，夫何三年不施」，王注：「言堯長放鯀於羽山，絶在不毛之地，三年不舍其罪也。」《周禮》「廢以馭其罪」，注：「廢猶放也。舜極鯀于羽山是也。」此條《釋文》宋本「極紀力反」可證。《洪範》「鯀則殛死」，《釋文》：「本又作極。」《多方》「我乃其大罰殛之」，《釋文》：「本又作極。」《左傳》昭七年「昔堯殛鯀於羽山」，《釋文》：「本又作極。」《魯頌》「致天之届，于牧之野」，箋云：「届，極也。」引《書》「鯀則極死」。又云「天所以罰極紂于商郊牧野」，正義云：「『届，極』，『虞，度』，《釋言》文。《釋言》又云：『極，誅也。』武王致天所罰，誅紂於牧野。定本、《集注》皆云『殛紂於牧野』。殛是殺，非也。」《小雅》「後子極焉」，毛曰：「極，至也。」鄭曰：「極，誅也。」正義曰：「『極，至』，《釋詁》文。『極，誅』，《釋言》文。」合《魯頌》《小雅》兩箋兩正義觀之，則《釋言》之爲「極誅」甚明。❶今《爾雅》作「殛誅也」，蓋誤以《洪範》《多方》殛字鄭作「極」例之。則知《周禮》注引「極鯀於羽山」，鄭所見《尚書》自是「極」，不作「殛」也。假殛爲極，亦如《孟子》假殺爲竄。鯀因極而死於東裔。韋昭注《晉語》云：「殛，放而殺也。」此當作「放而死也」。高注《吕覽》云「先殛後死」，此當作「先極後死」。若《吕覽》「副之以吴刀」，《山海

❶「極」，原作「殛」，今據上下文義改。

經》「殺鯀於羽郊」，則言之不從，不可信矣。然則馬注《尚書》，趙注《孟子》，韋注《國語》，皆云「殛，誅也」，何也？曰：此皆用《釋言》「極誅也」之文，❶謂正文殛當作「極」也。江氏聲《尚書集注音疏》云：「《史記》云：『請流共工于幽陵以變北狄，放讙吺于崇山以變南蠻，遷三苗于三危以變西戎，殛鯀于羽山以變東夷。』竄，塞也。謂塞之使不得通中國。《周禮·大司馬》職云『犯令陵政則杜之』，鄭注云：『杜之者，杜塞使不得與鄰國交通。』亦此義也。殛誅，誅謂責遣之，非殺之也。」按：萬章以舜放象爲問，故舉四罪之放以例之。○「封之有庳」○正義曰：顧氏炎武《日知録》云：「《水經注》王隱曰：『應陽縣本泉陵之北部，東五里有鼻墟，象所封也。山下有象廟。』《後漢·東平王蒼傳》注：『有鼻，國名，在今永州營道縣北。』《袁譚傳》注：『今猶謂之鼻亭。』舜都蒲版而封象於道州鼻亭，在三苗以南荒服之地，誠爲可疑。如孟子所論，親之欲其貴，愛之欲其富，又且欲其源源而來，何以不在中原近畿之地而置之三千餘里之外邪？蓋上古諸侯之封萬國，其時中原之地必無閒土可以封故也。」閻氏若璩《釋地續》云：「有庳之在今永州府零陵縣，已成千古定所。經文：『欲常常而見之，故源源而來。』不及待一年之貢期、五年之朝期以伸吾親愛情，豈有兄居蒲版，❷弟居零陵，陸阻太行，水絶洞庭，較諸驩兜放處尤遠千里之理？且果零陵之國比歲一至，則往反幾將萬里，其勞已甚，數歲而數至，勢必日奔走於道路風霜之中而不少寧息，親愛弟者固如是乎？蓋有庳之封必近在帝都，

❶「言」，原作「文」，今據文義改。
❷「豈」，原作「者」，今據《四書釋地》改。

而今不可考。或曰：然則今零陵曷爲傳有是名也？《括地志》云：『鼻亭神在營道縣北六十里，故老傳言舜葬九疑，象來至此，後人立祠，名爲鼻亭神。』此爲得之。」翟氏灝《考異》云：「《漢書·鄒陽傳》作『封之於有界』，服虔注曰：『界，音界予之界。』師古注曰：『音鼻。』又《武五子傳》『舜封象於有鼻』，師古注曰：『有鼻在零陵，今鼻亭是也。』《後漢·東平王蒼傳》：『昔象封有鼻。』《三國志·樂陵王茂傳》亦曰：『昔象之爲虐，至甚而大，舜猶侯之有鼻。』庳與鼻皆從畀與之畀，音皆讀爲庇，故其字得通借。」○注「舜誅四佞」○正義曰：《書》言「四罪」，趙氏謂之「四佞」者，明其罪在佞也。《論衡·答佞》篇云：「富貴皆人所欲也。雖有君子之行，猶有飢渴之情。君子則以禮防情，以義制欲，故得循道，循道則無禍。小人縱貪利之欲，踰禮犯義，故進得苟佞，苟佞則有罪。夫賢人，君子也；佞人，小人也。佞人問曰：行合九德則賢，不合則佞。世人操行者可盡謂佞乎？曰：諸非皆惡，惡中之逆者謂之無道，惡中之巧者謂之佞人。聖人刑憲，佞在惡中；聖王賞勸，賢在善中。純潔之賢，善中殊高，賢中之聖也；善中大佞，惡中之雄也。」○注「仁人用心當如是乎」○正義曰：當與嘗通。《萬章上》篇「是時孔子當阨」，《説苑》引作「是孔子嘗阨」。《荀子·君子》篇「先祖當賢」，注云：「當或爲嘗。」是也。《禮記·少儀》「馬不常秣」，《釋文》云：「常，本亦作嘗。」是當、嘗、常三字通。《國語·周語》「固有之乎」，注云：「固猶嘗也。」《禮記·曲禮》「求毋固」，注云：「固，常也。」固之義爲常、嘗，即亦爲當，故趙氏以「當」釋之。王引之《經傳釋詞》云：「固猶乃也。」

曰：「仁人之於弟也，不藏怒焉，不宿怨焉，親愛之而已矣。親之，欲其貴也；愛之，欲其富也。封之有庳，富貴之也。身爲天子，弟爲匹夫，可謂親愛之乎？」

注 孟子言仁人於弟，不問善惡，親愛之而已。封之，欲使富貴耳。

身爲天子，弟雖不仁，豈可使爲匹夫也？

「敢問或曰放者，何謂也？」注萬章問放之意。**曰：「象不得有爲於其國。天子使吏治其國而納其貢税焉，故謂之放。豈得暴彼民哉？**注象不得施教於其國。天子使吏代其治而納貢賦與之，比諸見放也。有庳雖不得賢君，象亦不侵其民也。疏「象不」至「民哉」○正義曰：趙氏佑《温故録》云：「象不得有爲，非舜禁之使不得也，乃或之見爲如是耳。蓋天子使吏治其國，即大國三卿皆命於天子，使其大夫爲三監，監於方伯之國，國三人事，古封建之本如是，後世始擅命自爲。然漢制諸侯王猶爲置傅相，蓋循古意。舜固以之休逸象，優其賦入以奉養象。或者不察，遂妄意舜之禁象，使不得有爲，故謂之『放』。就令如此，象亦豈有暴民之事哉？是皆孟子推『或言』之意，又正答『有庳之人何罪』一語意也，故下復有『雖然』一轉。此時象久被舜烝乂之教，亦自不至於暴民，然舜之爲是，正不慮象之暴民，第欲其常常來見。唯使治國有人，賦入無缺，故象得輕身，時來歡聚，與他人必及朝貢之期者不同。又時以政事相接，使象得觀己所行以益進於善。『此之謂也』與上『故謂之』相比照，論舜之待象當如此不當如彼也。蓋孟子所以發明仁人親愛之心，委婉詳盡如此。」**雖然，欲常常而見之，故源源而來。『不及貢，以政接于有庳』，**注雖不使象得豫政事，舜以兄弟之恩，欲常常見之無已，故源源而來，如流水之與源通。不及貢者，不待朝貢諸侯常禮乃來也。其間歲歲自至京師，謂若天子以政事接見有庳之君者，實親親之恩也。疏注「欲常常見之無已」○正義曰：《詩·大雅·文王》箋云：「長猶常也。」《説文》云：「長，久遠也。」長而又長，故爲無已。○注「故源源而來如流水之與源通」○正義曰：《説文》言部云：「謜，徐語也。从言，原聲。《孟子》

曰：『故謜謜而來。』」段氏玉裁《説文解字注》云：「趙注『如流水之與源通』，據此謜本作『源』，源古作『原』，蓋許引《孟》『原原而來』證從原會意之恉。」○注「不及」至「恩也」○正義曰：《虞書・堯典》云：「五載一巡守，群后四朝。」鄭康成注云：「四朝，四季朝京師也。巡守之年諸侯見於方岳之下，其間四年四方諸侯分來朝於京師也。」王氏鳴盛《尚書後案》云：「鄭意謂每天子巡守之明年，東方諸侯春季來朝京師；其又明年，南方諸侯夏季來朝；又明年，西方諸侯秋季來朝；又明年，北方諸侯冬季來朝；又明年，則天子復巡守矣。《孝經》鄭注云：『諸侯五年一朝天子，天子亦五年一巡守。』熊氏以爲虞夏制法，諸侯之朝分爲四部，四年乃徧。總是五年一朝，天子乃巡守。《孝經》注先儒疑非鄭注。然此條則是熊氏推衍，亦得鄭意。」按：此所謂常禮也。常禮五年一朝，此不待朝貢常禮，故歲歲自至京師也。「謂若天子以政事接見有庳之君」者，《詩・鄭風・緇衣》序云：「父子並爲周司徒，善於其職。」孔氏正義云：「武公既爲鄭國之君，又復入作司徒。」《衛風・淇澳》序云：「淇澳，美武公之德也。以禮自防，故能入相于周。」孔氏正義云：「武公將兵佐周平戎，甚有功，平王命爲公。」卒章傳云：「卿士者，卿爲典事，公其兼官。」在《尚書》如蘇公爲司寇，齊侯呂伋爲天子虎賁氏，皆以諸侯兼理京師之政事。推之於虞，當亦有然。有庳之君不依朝貢常期而歲歲自至，故若兼治京師政事，而天子以政事接見之也。經文直云「以政接於有庳」，則是實有政事，原非空至。觀上云「汝其于子治」，則象以諸侯兼治王朝政事可知。封象於有庳而兼掌朝政，所以不得有爲於其國也。人見其不得有爲於國，故謂之「放」，不知所以不得有爲於其國者，正有爲於天子之朝也，其非放也明矣。趙氏增「若」字，則以本非有政事矣。**此之謂也。」** **注** 此「常常」以下，皆《尚書》逸篇之辭。孟子以告萬章，言此乃象之謂也。**疏**注「此常」至「謂也」○正義曰：趙氏蓋亦以此文在《舜典》中也。江氏聲《尚書集注音疏》云：「據云『此之謂也』，則『有庳』以上自是古書成文，當是《尚書》文矣。其『欲常常』句承『雖然』之下，『雖然』云者，承上轉下之詞，則『欲常常』二句乃孟子之言，非古書成文矣。斷自『不及貢』始以爲《尚書》逸文，庶幾近之。」

章指：言懇誠於內者則外發於事，仁人之心也。象爲無道極矣，友于之性，忘其悖逆，況其仁賢乎？

疏「友于之性」○正義曰：《後漢書·袁紹傳》云：「友于之性，生於自然。」

咸丘蒙問曰：「語云：『盛德之士，君不得而臣，父不得而子。舜南面而立，堯帥諸侯北面而朝之，瞽瞍亦北面而朝之。舜見瞽瞍，其容有蹙。孔子曰：於斯時也，天下殆哉，岌岌乎！』不識此語誠然乎哉？」

注咸丘蒙，孟子弟子。語者，諺語也。言盛德之士，君不敢臣，父不敢子。堯與瞽瞍皆臣事舜，其容有蹙踖不自安也。孔子以爲君父爲臣，岌岌乎，不安貌也。故曰「殆哉」。不知此語實然乎？

疏注「咸丘蒙孟子弟子」○正義曰：《廣韻》「丘」字注云：「漢複姓四十四氏，《孟子》有咸丘蒙隱居。」閻氏若璩《釋地續》云：「古人以所居之地得姓氏，不必定常於其地。如咸丘魯地而蒙則齊人，是。咸丘二字，見《爾雅》『左高曰咸丘』，見《春秋》桓公七年『焚咸丘』，杜注：『咸丘，魯地，高平國鉅野縣南有咸亭。』咸丘複氏自以此。」○注「其容」至「實然乎」○正義曰：趙氏連云「蹙踖」，蓋讀蹙爲「曾西蹵然」之蹵，即「踧踖」也。《楚辭·離騷》云「高余冠之岌岌兮」，注云：「岌岌，高也。」高則危而不安。《漢書·韋賢傳》云

「岌岌其國」，注引應劭云：「岌岌，欲毀壞也。」翟氏灝《考異》云：「『舜見瞽瞍其容有蹙』五句，《墨子·非儒》篇：『孔某與其門弟子閒坐，曰：夫舜見瞽瞍蹴然，此時天下圾乎！』《韓非子·忠孝》篇引記曰：『舜見瞽瞍，其容造焉。孔子曰：當是時也，危哉，天下岌岌！有道者，父固不得而子，君固不得而臣也。』《文選·諷諫詩》注引《孟子》曰：『天下大哉岌岌乎！』按，《韓非》所引之記即咸丘蒙所引之語，蓋當時早有以此等説筆之於書者矣。蹙、造二字古通，《韓詩外傳》：『史魚死，不於正堂治喪，衛君問知其故，造然召蘧伯玉貴之，而退彌子瑕。』《淮南子·道應訓》：❶『孔子觀宥卮，造然革容曰：善哉持盈者乎。』並以造代蹙。『殆哉岌乎』乃時人恒語。《莊子·天地》篇述許由之言亦云『殆哉，圾乎天下』，《音義》曰：『圾，本又作岌。』《管子·小問》篇：『桓公言欲勝民，管仲曰：危哉，君之國岌乎！』」**孟子曰：「否，****注**言不然也。**此非君子之言，齊東野人之語也。****注**東野，東作田野之人所言耳。咸丘蒙，齊人也，故聞齊野人之言。《書》曰「平秩東作」，謂治農事也。**疏**注「東野」至「事也」○正義曰：趙氏以東爲東作治農事，故引《書·堯典》以證之，非東爲「東方」之東也。閻氏若璩《釋地續》云：「趙氏注此章，於『東』字妙有體會。不然，何不云齊之西或北野人乎？至今濟南府齊東縣，則置於元憲宗三年，以鎮而名，於《孟子》無涉。」**堯老而舜攝也。《堯典》曰：『二十有八載，放勳乃徂落。百姓如喪考妣，三年，四海遏密八音。』****注**孟子言舜攝行事耳，未爲天子也。放勳，堯名；徂落，死也。如喪考妣，思之如父母也。遏，止也；密，無聲也。八音不作，哀

❶「子」，原脱，今據經解本及全書文例補。

思甚也。**疏**「堯典曰」○正義曰：毛氏奇齡《四書賸言》云：「《孟子》『堯典曰二十有八載』至『四海遏密八音』，今所行《尚書》在《舜典》中。按，伏生《尚書》原只《堯典》一篇，無『粤若稽古帝舜』二十八字，以舊別有《舜典》而其時已亡，故東晉梅賾獻《尚書》孔傳亦無《舜典》。至齊建武年，吴興姚方興於大航頭得孔氏傳古文，始分《堯典》爲二，以『慎徽五典』至末謂之《舜典》而加二十八字於其中，此僞書也。故漢光武時張純奏『宜遵唐堯之典，二月巡狩』，至章帝時陳寵奏『言唐堯著典，眚災肆赦』，皆是《舜典》文而皆冠以《堯典》之名。即《前漢・王莽傳》所引十有二州，皆稱《堯典》。後西晉武帝初，幽州秀才張髦上疏，引『肆類上帝』諸文，亦稱《堯典》。自僞書一出而群然改從，則是古書一篇而今誤分之，非古書二篇而今誤合之也。」今《尚書》作「帝乃殂落，百姓如喪考妣三載」。臧氏琳《經義雜記》云：「《孟子・萬章上》：『《堯典》曰：二十有八載，放勳乃徂落，百姓如喪考妣，三年，四海遏密八音。』《春秋繁露・煖燠孰多》篇：『《尚書》曰：二十有八載，放勳乃殂落，百姓如喪考妣，四海之内閼密八音三年。』《説文》歺部：『殂，往死也。《虞書》曰：放勛乃殂落。』此可證《尚書》本作『放勳』。《釋文》引馬融注以放勳爲堯名。《孟子・滕文公上》『放勳日勞之來之』，注：『放勳，堯號也。』此古義也。」王氏鳴盛《尚書後案》云：「《史記》：『堯立七十年得舜，二十年而老，令舜攝行天子之政，薦之於天。堯辟位，凡二十八年而崩。』徐廣曰：『堯在位凡九十八年。』按，上文堯欲巽位，自言『朕在位七十載』，合二十八載凡九十八年，《史記》與經合。」段氏玉裁《説文解字注》云：「殂，往死也。从歺，且聲。《虞書》曰：『勛乃殂。』二徐本皆如是，宋本《説文》及洪邁所引皆可證。至《集韻》《類篇》乃增『放』字，至李仁甫乃增之曰『放勛乃殂落』，或用改大徐本。『堯典曰二十有八載，放勳乃殂落』見《孟子》，

《春秋繁露》、皇甫謐《帝王世紀》所引皆如是。此作『勛乃殂』，據力部勳者小篆，勛者古文勳，則許所稱真壁中文也，而無『放』『落』二字。蓋孟子、董子所稱者皆今文《尚書》也，許所稱者古文《尚書》也。孟子何以稱今文《尚書》？伏生本與孔安國本皆出周時。放勛何以但稱勛？或言放勛或言勛，一也。蓋當時臣民所稱不一也。殂落何以但言殂？云殂則已足矣，不必言殂落也。《釋詁》：『崩、薨、無祿、卒、殂落、殪，死也。』《白虎通》曰：『《書》言殂落，死者各自見義。堯見惨痛之，舜見終，各一也。』此其所據皆今文《尚書》，且《爾雅》無妨『殂』『落』二字各爲一句也。師古注《王莽傳》，引《虞書》『放勳乃殂』，則唐初《尚書》尚有無落字者。」閻氏若璩《釋地又續》云：「百姓義二：有指百官言者，《書》百姓與黎民對，《禮·大傳》百姓與庶民對是也；有指小民言者，不必夏代，亦始自唐虞之時，『百姓不親，五品不遜』是也。四《書》中百姓凡二十五見，惟『百姓如喪考妣三年』指百官，蓋有爵土者爲天子服斬衰三年，禮也。《孟子》已明注曰『舜帥諸侯以爲堯三年喪』，喪並平聲。持服曰喪，『如喪考妣三年』即《檀弓》『方喪三年』耳。」江氏聲《尚書集注音疏》云：「《孟子》所引，上言『二十有八載』，下云『三年』，則《堯典》之文可『載』『年』皆有。僞孔氏因《爾雅》『唐虞曰載』之文改年爲載，且三年是喪考妣之期，當屬上爲句，不可改載而下屬也。此經下文别言『四海』，乃謂民間，則百姓自是群臣矣。」○注「放勳堯名」○正義曰：名號通稱，詳見《滕文公》篇。○注「如喪」至「甚也」○正義曰：趙氏言「思之如父母」，猶云親其君如父母也。蓋謂「百姓」即下「四海之民」，惟「如喪考妣」，所以「遏密八音」也，故云「八音不作，哀思甚也」。兩思字相貫爲一事也。「遏，止也」，《爾雅·釋詁》文。《説文》言部云：「謐，静語也。一曰無聲也。」《詩·周頌》「夙夜基命宥密」，《禮記·孔子閒居》引此《詩》，注云：

「密，静也。」《賈子新書・禮容》篇引《詩》作「宥謐」。趙氏讀「密」爲「謐」，故云「無聲」也。孔子曰：『天無二日，民無二王。』舜既爲天子矣，又帥天下諸侯以爲堯三年喪，是二天子矣。」注日一王一，言不得並也。疏「孔子曰」至「二王」〇正義曰：《禮記・曾子問》篇云：「孔子曰：天無二日，土無二王，嘗禘郊社，尊無二上。」《坊記》云：「子云：天無二日，土無二王，家無二主，尊無二上。」《喪服四制》云：「天無二日，土無二王，國無二君，家無二尊。」《大戴禮記・本命》篇云：「天無二日，國無二君，家無二尊。」

咸丘蒙曰：「舜之不臣堯，則吾既得聞命矣。注不以堯爲臣也。《詩》云：『普天之下，莫非王土；率土之濱，莫非王臣。』而舜既爲天子矣，敢問瞽瞍之非臣如何？」注《詩》，《小雅・北山》之篇。普，徧；率，循也。徧天下，循土之濱，無有非王者之臣，而曰「瞽瞍非臣」，如何也？疏注「詩小雅」至「之臣」〇正義曰：《詩》在《小雅・北山》第二章。毛傳云：「溥，大；率，循；濱，涯也。」《説文》日部云：「普，日無色也。」水部云：「溥，大也。」《孟子》作「普」，是假借字。《詩》作「溥」，正字也。《儀禮・士虞禮記》云「普淖」，注云：「普，大也。」《詩・大雅・召旻》「溥斯害矣」，箋云：「溥，徧也。」周徧即大也。「率，循也」，《爾雅・釋詁》文。孔氏《詩正義》云：「《説文》云：『浦，水濱。』《廣雅》云：『浦，涯。』然則滸、濱、涯、浦皆水畔之地，同物而異名也。詩意言民之所居，民居不盡近水而以濱爲言者，古先聖人謂中國爲九州，以水中可居曰洲，言民居之外皆在水也。」鄒子曰：「中國名赤縣，赤縣内自有九州，禹之序九州是也。其有瀛海環之。」是地之四畔皆至水也。濱是四畔近水之處，言「率土之濱」，舉其四方所至之内，見其廣也。曰：「是詩也，非是之謂也。勞於王事而不得養父母也。曰：此莫非王事，我獨賢勞也。注孟子言此詩非舜臣父之謂也。詩言皆王臣也，何爲獨使我以賢才而勞苦，不得養父母乎？是以怨也。疏「此莫」至「勞也」○正義曰：王氏念孫《廣雅疏證》云：「賢，勞也。《小雅·北山》篇『我從事獨賢』，《孟子·萬章》篇引此詩而釋之曰：『此莫非王事，我獨賢勞也。』賢亦勞也。賢勞猶言劬勞，故毛傳云：『賢，勞也。』《鹽鐵論·地廣》篇亦云：『《詩》云莫非王事而我獨勞，刺不均也。』鄭箋、趙注並以賢爲賢才，失其義也。」段氏玉裁《説文解字注》云：「賢，多財也。賢本多財之稱，引伸之凡多皆曰賢。人稱賢能，因習其引伸之義而廢其本義矣。《小雅》『大夫不均，我從事獨賢』，傳曰：『賢，勞也。』謂事多而勞也。故孟子説之曰『我獨賢勞』。戴先生曰：『《投壺》「某賢於某若干純」，賢，多也。』」按：《吕氏春秋·慎人》篇云：「舜自爲詩曰：『普天之下，莫非王土；率土之濱，莫非王臣。』所以見盡有之也。」蓋當時相傳此詩爲舜作，故咸丘蒙引見爲問。孟子直據《北山》之詩解之，則詩非舜作明矣。六經之學至戰國疏陋已極，孟子不獨論舜，兼以明《詩》。**故説詩者不以文害辭，不以辭害志。以意逆志，是爲得之。如以辭而已矣，《雲漢》之詩曰：『周餘黎民，靡有孑遺。』信斯言也，是周無遺民也。**注文，詩之文章，所引以興事也；辭，詩人所歌詠之辭；志，詩人志所欲之事；意，學者之心意也。孟子言説詩者當本之志，不可以文害其辭，文不顯乃反顯也，不可以辭害其志。辭曰「周餘黎民，靡有孑遺」，志在憂旱，災民無孑然遺脱不遭旱災者，非無民也。人情不遠，以己之意逆詩人之志，是爲得其實矣。王者有所不臣。不可謂「皆爲王臣」，謂舜臣其父也。疏「故説詩」至「得之」○正義曰：《説文》文部云：「文，錯畫也。」序云：「倉頡之初作書，蓋依類象形，故謂之文。」宣公十五年《左傳》云：「故文反正爲乏。」《國語·晉語》云：「夫文蟲皿爲蠱。」是文即字也。段氏玉裁

《説文解字注》云："詈，意内而言外也。从司言。有是意於内，因有是言於外，謂之詈。意者，文字之義也；言者，文字之聲也；詈者，文字形聲之合也。詈與辛部之辭，其意迥别。辭者，説也。从𤔔辛。𤔔辛猶理辜，謂文辭足以排難解紛也。然則辭謂篇章也。詈者，意内而言外，从司言。此謂摹繪物狀及發聲助語之文字也。積文字而爲篇章，積詈而爲辭。孟子曰『不以文害辭』，不以詈害辭也。孔子曰『言以足志』，詈之謂也；『文以足言』，辭之謂也。《大行人》『故書計詈命』，鄭司農云：『詈當爲辭。』此二篆之不可混也。"顧氏鎮《虞東學詩·以意逆志説》云："《書》曰：『詩言志，歌永言。』而孟子之詔咸丘蒙曰：『以意逆志，是爲得之。』後儒因謂吟哦上下便使人有得，又謂少間推來推去，自然推出道理。此論讀書窮理之義則可耳，《詩》則當知其事實而後志可見，志見而後得失可判也。説者又引子貢之『知來』，子夏之『起予』，以爲聖門之可與言《詩》者如是，而後世必求其人，鑿其事，此孟子所謂『固哉高叟』者，而非聖賢相與言《詩》之法也。不知學者引申觸類，六通四闢，無所不可，而考其本旨，義各有歸。如『切磋』本言學問之事，則凡言學問者無不可推，而謂《詩》論貧富可乎？『素絢』本有先後之序，則凡有先後者無不可推，而論《詩》論『禮後』可乎？斷章取義，當用之論理論事，不可用以釋《詩》也。然則所謂『逆志』者何？他日謂萬章曰：『頌其《詩》，讀其《書》，不知其人，可乎？是以論其世也。』正惟有世可論，有人可求，故吾之意有所措，而彼之志有可通。今不問其世爲何世，人爲何人，而徒吟哦上下，去來推之，則其所逆乃在文辭而非志也。此正孟子所謂『害志』者，而烏乎逆之？而又烏乎得之？孟子之論《北山》也，惟知爲行役者之刺王，故逆之而得其嘆賢勞之志；其論《凱風》也，惟知七子之母未嘗去其室，故逆之而得其過小不怨之志。不然，則『普天』『率土』特悉主悉臣之恆談耳，『凱風自南，吹彼棘心』亦『蓼蓼者莪，匪莪伊蒿』之同類耳。何由於去古茫茫之後，核事考情而得其所指哉？夫不論其世，欲知其人，不得也；不知其人，欲逆其志，亦不得也。孟子若預憂後世將秕糠一切而自以其察言也，特著其說以防之，故必論世知人而後逆志之說可用之。」○注「文詩」至「之辭」○正義曰：《說文》彡部云：「彣，䬑也。」有部云：「䬑，有彣彰也。」然則「文章」之文本作「彣」，省而作「文」，與「文字」之文義別。趙氏以文章釋文，是讀文爲彣也。《淮南子・本經訓》云「發動而成於文」，高誘注云：「文，文章也。」《禮記・仲尼燕居》云「文爲在禮」，注云：「文章所爲。」皆以文爲彣，與趙氏同。「辭」則孟子已明指「周餘黎民，靡有孑遺」爲辭，即「普天之下」四句爲辭，此是「詩人所歌詠之辭」已成篇章者也。○注「文不顯乃反顯也」○正義曰：趙氏以文爲文章，是「所引以興事」，即篇章上之文采。如「我獨賢勞」，辭之志也；「莫非王臣」，則辭之文也。說《詩》當以辭之志爲本而顯之，若不以意逆志，則志宜顯而反不顯，「文不顯而反顯」矣。文字於說《詩》非所取，故解爲「詩之文章」，詩之文章即辭之文采也。○注「辭曰」至「父也」○正義曰：《雲漢》詩在《大雅》。序言宣王「遇災而懼」，每章首言旱既太甚，知詩人之志在憂旱災也。毛傳云：「孑然遺失也。」箋云：「黎，衆也。周之衆民多有死亡者矣，幸其餘無有孑遺者，言又餓病也。」孔氏正義云：「孑然，孤獨之貌。言靡有孑遺，謂無有孑然得遺漏。」按：遺，失。失即佚，遺佚即遺漏。無有遺漏，是皆不免於死亡。下云「昊天上帝，則不我遺。胡不相畏，先祖于摧」，箋云：「天將遂旱餓殺我與？先祖何不助我恐懼，使天雨也？」然則「靡有孑遺」乃虛設之辭，謂旱災如此，先祖若不助我恐懼，使天雨，則昊天上帝既不欲使我民有遺留，周餘黎民必將飢饉餓病，無有孑遺也。不逆「胡不相畏」之志，則周真無遺民；不逆

「我從事獨賢」之志，則溥天之下真莫非王臣。趙氏言「民無孑然遺脱不遭旱災者」，與毛、鄭義異。《白虎通》有《王者不臣》篇，言王者所不臣者三，謂「二王之後、妻之父母、夷狄」也，是「王者有所不臣」也。妻之父母且不臣，而轉臣父乎？　**孝子之至，莫大乎尊親；尊親之至，莫大乎以天下養。爲天子父，尊之至也；以天下養，養之至也。**注 尊之至，瞽瞍爲天子父；養之至，舜以天下之富奉養其親。至，極也。**《詩》曰：『永言孝思，孝思惟則。』此之謂也。**注《詩》，《大雅·下武》之篇。周武王所以長言孝道，欲以爲天下法則，此舜之謂也。疏 注「詩大」至「謂也」○正義曰：《詩》在《大雅·下武》篇第三章。毛傳云：「則其先人也。」箋云：「長我孝心之所思。所思者，其維則三后之所行。子孫以順祖考爲孝。」義與趙氏異。趙氏以「孝思」爲「孝道」者，《説文》人部云：「侖，思也。」段氏玉裁《説文解字注》云：「侖下云：『侖，理也。』《大雅》毛傳云：『論，思也。』論者侖之假借。思與理義同也。」《吕氏春秋·察傳》篇云「必驗之以理」，高誘注云：「理，道理也。」《淮南子·本經訓》云「喜怒剛柔，不離其理」，高誘注云：「理，道也。」是思亦道也。大王、王季、文王皆明哲可法，故毛以則爲「則其先人」；舜之父頑，未可法則，故趙氏不從毛義而云「爲天下則法」也。❶ 箋解「永言配命」以爲武王言，趙氏以此「永言」爲「周武王所以長言孝道」，則與鄭同。**《書》曰：『祗載見瞽瞍，夔夔齋栗，瞽瞍亦允。』若是爲父不得而子也。」**注《書》，《尚書》逸篇。祗，敬；載，事也。夔夔齋栗，敬慎戰懼貌。舜既爲天子，敬事嚴父，戰栗以見瞽瞍。瞍亦信知舜之大孝。若是爲父

❶「則法」，據注文當作「法則」。

不得而子也。以是解咸丘蒙之疑。疏注「書尚」至「之疑」○正義曰：此引《書》不見二十八篇之中，故爲逸篇，蓋亦《舜典》文也。「祇，敬也」，《爾雅·釋詁》文。《周書·謚法解》云：「載，事也。」《國語·楚語》云「爲齊敬也」，《禮記·內則》云「進退周旋慎齊」，是齊爲「敬慎」也。《論語·八佾》篇云「使民戰栗」，《毛詩·秦風·黄鳥》「惴惴其慄」，傳云：「慄慄，懼也。」栗通慄，是爲「戰懼」也。趙氏以「夔夔」爲「齊栗」之貌，故云「敬慎戰懼貌」也。閻氏若璩《釋地又續》云：「《炳燭齋隨筆》曰：『夔，一足之物也。凡人之立，常時則兩足舒布，有所畏則兩足緊並，有若一足之物，故曰夔夔也。《史記》使天下之士重足而立，亦此意。』按，《酷吏·義縱傳》：『南陽吏民，重足一迹。』語尤顯白。」《爾雅·釋詁》云：「允，信也。」趙氏以「瞽瞍亦信知舜之大孝」釋「瞽瞍亦允」，是讀允字句，若字屬下，爲孟子說《書》之辭。近讀允若爲句，從晚出古文《大禹謨》也。江氏聲《尚書集注音疏》云：「孟子既引此經，遂言曰『是爲父不得而子也』。趙氏讀允字絶句，若字屬下入孟子語中，似不合孟子語意，故聲裁節之而别爲之解。允，誠也。若，善也。舜敬事瞽瞍，見之必敬慎戰栗，瞽瞍化之，亦誠實而善。所謂『烝烝乂，不格姦』也。」

章指：言孝莫大於嚴父而尊之矣，行莫過於蒸蒸執子之政也。此聖人之軌道，無有加焉。疏「孝莫大於嚴父」○正義曰：見《孝經》「聖治」章第九。「執子之敬」，一本作「執子之政」。

孟子正義卷十九

江都縣鄉貢士焦循譔集

萬章曰：「堯以天下與舜，有諸？」 注 欲知堯實以天下與舜否。**孟子曰：「否，** 注 堯不與之。**天子不能以天下與人。」** 注 當與天意合之。非天命者，天子不能違天命也。「堯曰咨爾舜，天之歷數在爾躬」，是也。疏 注「堯曰」至「是也」。○正義曰：文見《論語·堯曰》篇。**「然則舜有天下也，孰與之？」** 注 萬章言誰與之也？**曰：「天與之。」** 注 孟子言天與之。**「天與之者，諄諄然命之乎？」** 注 萬章言天有聲音命與之乎？疏 注「萬章」至「之乎」○正義曰：《説文》言部云：「諄，告曉之孰也。从言，𦎫聲。讀若庉。」段氏玉裁《説文解字注》云：「《大雅》：『誨爾諄諄。』《左傳》：『年未盈五十而諄諄如八九十者。』《孟子》：『諄諄然命之乎？』《大雅》『諄諄』，鄭注《中庸》引作『忳忳』，云：『忳忳，懇誠貌也。』其中懇誠，其外乃曉告之孰，義相足也。」按：告曉之孰則有聲音，故云「天有聲音」也。《爾雅·釋詁》云：「命，告也。」命之即是告曉之，諄諄然命之，則懇誠而孰告之也。**曰：「否，天不言，以行與事示之而已矣。」** 注 孟子曰：天不言語，但以其人之所行善惡，又以其事，從而示天下也。**曰：「以行與事示之者，如之**

何？」注萬章欲知示之之意。曰：「天子能薦人於天，不能使天與之天下；諸侯能薦人於天子，不能使天子與之諸侯；大夫能薦人於諸侯，不能使諸侯與之大夫。昔者堯薦舜於天而天受之，暴之於民而民受之，故曰：天不言，以行與事示之而已矣。」注孟子言下能薦人於上，不能令上必用之。舜，天人所受，故得天下也。

曰：「敢問薦之於天而天受之，暴之於民而民受之，如何？」注萬章言天人受之，其事云何？曰：「使之主祭而百神享之，是天受之；使之主事而事治，百姓安之，是民受之也。天與之，人與之，故曰：天子不能以天下與人。注百神享之，祭祀得福也；百姓安之，民皆謳歌其德也。舜相堯二十有八載，非人之所能爲也，天也。注二十八年之久，非人爲也，天與之也。堯崩，三年之喪畢，舜避堯之子於南河之南。天下諸侯朝覲者不之堯之子而之舜，訟獄者不之堯之子而之舜，謳歌者不謳歌堯之子而謳歌舜，故曰天也。夫然後之中國，踐天子位焉。而居堯之宫，逼堯之子，是篡也，非天與也。注南河之南，遠地，南夷也。故言「然後之中國」。堯子，胤子丹朱。訟獄，獄不決其罪，故訟之；謳歌，謳歌舜德也。疏「三年之喪畢」○正義曰：趙氏佑《温故録》云：「程氏《逸箋》言《後漢·李固傳》：『昔堯殂之後，舜仰慕三年，坐則見堯於牆，食則見堯於羹。』此舜居堯喪之實事。」○「而居堯之宫」○正義曰：王氏引之《經傳釋詞》云：「而猶如也。《易·明夷》《象傳》『君子以莅衆，用晦而明』，虞注云：『而，如也。』《詩·君子偕老》曰『胡然而天也，胡然而帝也』，毛傳云：『尊之如天，審諦如帝。』

《都人士》曰『垂帶而厲』，箋曰：『而厲，如鞶厲也。』《孟子·萬章》篇『而居堯之宫，逼堯之子』，而字並與如字同義，故二字可以互用。《詩·都人士》曰：『彼都人士，垂帶而厲。彼君子女，卷髮如蠆。』《大戴記·衛將軍文子》篇曰：『漏而不滿實如虚，過之如不及。』《孟子·離婁》篇曰：『文王視民如傷，望道而未之見。』」○注「南河」至「中國」○正義曰：《史記集解》引劉熙云：「南河，九河之最在南者。」又云：「天子之位不可曠年，於是遂反格於文祖而當帝位。帝王所都爲中，故曰中國。」張守節《史記正義》云：「《括地志》：『故堯城在濮州鄄城縣東北十五里。❶又有偃朱故城，在縣西北十五里。』濮北臨漯，大川也。河在堯都之南，故曰『南河』。《禹貢》『至于南河』是也。其偃朱城所居即舜讓避丹朱於南河之南處也。」按：《禹貢》「浮于江、沱、潛、漢，逾于洛，至于南河」，指豫州北之河。濮在豫河之東南，固可謂之南河之南。九河在兖州，濮亦適當其南，故劉熙以爲「九河之最南者」。所解「南河」不同，而其指濮則一也。曹、濮之間，春秋時尚戎狄雜處，則以爲南夷似亦可。乃趙氏稱「遠地南夷」，則不同熙説矣。蓋遠在豫河之南，戎狄之地也。濮去冀州固非遠地矣。閻氏若璩《釋地續》云：「古帝王之都皆在冀州。堯治平陽，舜治蒲坂，禹治安邑。安邑在今夏縣西北十五里，三都相去各二百餘里，在大河之北。其河之南則豫州地，非帝畿矣。舜避堯之子於此，得毋亦如左氏所云『越竟乃免』乎？禹避於陽城，益避於箕山之陰，皆此意。」《文選》陸機《答賈長淵詩》云「獄訟違魏，謳歌適晉」，注引《孟子·萬章》作「天下朝覲獄訟者」，又云：「舜曰天也，夫然後歸中國，踐天子之

❶ 「州」，原作「瘠」，今從沈本據《史記正義》及經解本改。

位焉。」《史記·五帝本紀》云：「獄訟者不之丹朱而之舜，謳歌者不謳歌丹朱而謳歌舜。舜曰天也。」與《文選》注所引同。劉熙言「於是遂反」，則熙所據之本正作「歸中國」，故以反釋歸。然則趙本作「之中國」，與劉異。《周禮·地官·大司徒》云「凡民之不服教而有獄訟者」，注云：「争罪曰獄，争財曰訟。」賈氏疏云：「《秋官·大司寇》：『以兩造禁民訟，以兩劑禁民獄。』獄訟相對，故獄爲争罪，訟爲争財，若獄訟不相對，則争財亦爲獄。其義具在《秋官》。」按：《秋官·大司寇》言「諸侯之獄訟」「卿大夫之獄訟」「庶民之獄訟」，《小司徒》「聽萬民之獄訟」「命夫命婦不躬坐獄訟」「以五聲聽獄訟」「以三刺斷庶民獄訟之中」，《士師》「察獄訟之辭」，《鄉士》《遂士》「聽其獄訟」「辨其獄訟」，《禮記·月令》「孟秋決獄訟」，《淮南子·氾論訓》云「有獄訟者搖鞀」，皆稱「獄訟」。《文選》注所引正與之同。趙氏本作訟獄，故解云「獄不決其罪故訟之」，是以「訟獄」爲「訟此獄」。劉熙《釋名·釋宫室》云：「獄，确也。言實确人情僞也。」獄不決其罪則不能确人情僞，故争訟之也。蓋主獄訟自有其官，惟主獄者不能決，乃上就舜而訟之，如後世叩閽擊登聞鼓，此趙氏之義也。**《泰誓》曰：『天視自我民視，天聽自我民聽。』此之謂也。」**注《泰誓》，《尚書》篇名。自，從也。言天之視聽從人所欲也。疏注「泰誓」至「欲也」○正義曰：《泰誓》，詳見前。此二語，今文《尚書》無之。阮氏元《校勘記》云：「宋九經本、咸淳衢州本泰作大，廖本、孔本、韓本作太，注同。泰、太皆俗，古衹作大。」

章指：言德合於天，則天爵歸之；行歸於仁，則天下與之。天命不常，此之謂也。

萬章問曰：「人有言至於禹而德衰，不傳於賢而傳於子。有諸？」注問禹之德衰，不傳於賢而自傳於子，有之否乎？疏「人有言」至「於子」○正義曰：翟氏灝《考異》云：「《新序·節士》篇禹問伯成子高曰：『昔者堯治天下，吾子立爲諸侯。堯授舜，吾子猶存焉。及吾在位，子辭諸侯而耕，何故？』子高曰：『昔堯之治天下，舉天下而傳之他人，至無欲也；擇賢而與之，至公也。舜亦猶然。今君之所懷者私也，百姓知之，貪争之端自此始矣。德自此衰，刑自此繁矣。吾不忍見，以是野處也。』《韓非子·外儲説》潘壽對燕王曰：『禹愛益而任天下於益，已而以啓人爲吏，及老而以啓爲不足任天下，故傳天下於益，而勢重盡在啓也。已而啓以友黨攻益而奪之天下。是禹名傳天下於益，而實令啓自取之也。此禹之不及堯舜明矣。』萬章所謂人言，蓋此等言也。故孟子姑援别典之説，明益方避啓而未嘗貪其位，啓順人心即位而未嘗奪於益，以絶其尤甚之謬妄，而禹德盛衰不暇更置辨也。」孟子曰：「否，不然也。注否，不也。不如人所言。疏注「否不也不如人所言」○正義曰：阮氏元《校勘記》云：「岳本、廖本、孔本、韓本、《考文》古本、足利本並有注『否不也不如人所言』八字，注疏本無之。有者是也。因此可正今本經文之誤。經文本作『孟子曰否然也』三字一句，無不字，故注之云『否，不也。不如人所言』。《孟子》之否然，即今人之不然也。他否字皆不注，獨此注者，恐人之誤斷其句於『否』字句絶，則『然也』不可通矣。」天與賢則與賢，天與子則與子。注言隨天也。昔者舜薦禹於天，十有七年。舜崩，三年之喪畢，禹避舜之子於陽城。天下之民從之，若堯崩之後不從堯之子而從舜也。禹薦益於天，七年。禹崩，三年之喪畢，益避禹之子於箕山之陰。朝覲訟獄者不之益而之啓，曰：『吾君之子也。』謳歌者不謳歌益而謳歌啓，曰：『吾君之子也。』

「丹朱之不肖，舜之子亦不肖。舜之相堯、禹之相舜也，歷年多，施澤於民久。啓賢，能敬承繼禹之道。益之相禹也，歷年少，施澤於民未久。【注】舜薦禹，禹薦益，同也。以啓之賢，故天下歸之，益又未久故也。陽城，箕山之陰，皆嵩山下深谷之中以藏處也。【疏】「丹朱」至「亦不肖」○正義曰：閻氏若璩《釋地續》云：「《漢・曆志》引《帝系》曰：『陶唐氏讓天下於虞，使子朱處於丹淵爲諸侯。』丹淵雖有范汪《荆州記》、魏王泰《括地志》各言所在，恐未可據信，蓋世遠也。因思堯在位七十年，放齊曰『胤子朱啓明』，止曰朱，未有國也。及後三載，薦舜於天，朱始出封丹，故有丹朱之號。其避堯之子，則以朱奔父喪在平陽耳。丹朱貍姓，在周爲傅氏，見《國語》。」《燃犀解》引徐自淇云：「二子不肖但不似父之神聖耳，使果大不肖，則且起而與舜禹争天下，安能成父之志？昔人稱丹朱自托於傲以成禪讓，真無愧爲堯之子。」○注「陽城」至「處也」○正義曰：《史記・夏本紀》云：「舜薦禹於天爲嗣，十七年而帝舜崩。三年喪畢，禹辭避舜之子商均於陽城。」《集解》引劉熙云：「今潁川陽城是也。」《本紀》又云：「帝禹東巡狩，至於會稽而崩，以天下授益。三年之喪畢，益讓帝禹之子啓而辟居箕山之陽。」《集解》云：「《孟子》陽字作陰。劉熙曰：『崇高之北。』」閻氏若璩《釋地》云：「陽城，山名。漢潁州有陽城縣，以山得名，洧水所出。唐武后改曰告成，後又曰陽邑。五代周省入登封，故此山在今登封縣北三十八里，去嵩山幾隔三十里，安得即云『嵩山下之深谷』與？箕山爲嵩高之北，而張守節云：『箕山一名許由山，在洛州陽城縣南十三里。』《括地志》遂云：『陽城縣在箕山北十三里。』守節又云：『陽城縣在嵩山南二十三里。』《括地志》遂云：『嵩山一名外方山，在洛州陽城縣西北二十三里。』足互相證明，斷斷其非一山也。酈道元注先敘太室山，次五渡水，並屬崇高縣；又敘禹避商均於此，及周公測日景處，次箕山及上有許由家，並屬陽城縣。雖同見穎水條内，而山固區以別矣。趙氏所以誤者，注書在藏於複壁時，想無多書册可討尋，又無交遊以質問。虚理或可意會，實跡豈容臆度？地理多謬，正坐此爾。」周氏柄中《辨正》云：「箕山之陰，《史記》作『箕山之陽』。山北曰陰，陽城在箕山之北，故張守節云『陰即陽城也』。《史記》作陽，則爲箕山之南，與《孟子》不合，故張守節疑《史記》箕字是嵩字之謬。蓋陽城在嵩山南二十三里，則爲嵩山之陽也。趙注：『陽城，箕山之陰，皆嵩山下深谷中可藏處。』閻百詩非之，其説良然。但謂箕山爲嵩高之北，此本劉熙語。愚謂北字疑謬。《括地志》：『陽城縣在箕山北十三里，嵩山在陽城縣西北二十三里。』則陽城在嵩山之南，箕山又在陽城之南，非北也。」**舜、禹、益相去久遠，其子之賢不肖，皆天也，非人之所能爲也。莫之爲而爲者，天也；莫之致而至者，命也。**【注】莫，無也。人無所欲爲而横爲之者，天使爲也；人無欲致此事而此事自至者，是其命禄也。【疏】注「莫無」至「禄也」○正義曰：《毛詩·大雅·抑》篇「莫捫朕舌」，傳云：「莫，無也。」《荀子·致士》篇云：「凡流言、流説、流事、流謀、流譽、流愬，不官而衡至者，君子慎之。」注云：「流者，無根源之謂。不官，謂無主首也。」衡讀爲横，横至，横逆而至也。此言「横爲之」，猶《荀子》言「衡至」。從爲順，横爲逆。從所欲爲而爲，順也；無所欲爲而爲，故爲横也。「是其命禄也」，閩、監、毛三本作「是其命而已矣故曰命也」。

「匹夫而有天下者，德必若舜禹而又有天子薦之者，故仲尼不有天下；繼世以有天下。

【注】仲尼無天子之薦，故不得有天下；繼世之君雖無仲尼之德，襲父之位，非匹夫，故得有天下也。【疏】「繼世以有天下」○正義曰：趙氏屬上，近時通解屬下。**天之所廢，必若桀紂者也，故益、伊尹、周公不有**

天下。注益值啓之賢，伊尹值太甲能改過，周公值成王有德，不遭桀、紂，故以匹夫而不有天下。伊尹相湯以王於天下。湯崩，大丁未立，外丙二年，仲壬四年。大甲顛覆湯之典刑，伊尹放之於桐。三年，大甲悔過，自怨自艾，於桐處仁遷義，三年，以聽伊尹之訓己也，復歸于亳。注大丁，湯之大子，未立而薨。外丙立二年，仲壬立四年，皆大丁之弟也。大甲，大丁子也。伊尹以其顛覆典刑，放之於桐邑。處，居也；遷，徙也。居仁徙義，自怨其惡行。艾，治也。治而改過，以聽伊尹之教訓己，故復得歸之於亳，反天子位也。疏注「大丁」至「子也」〇正義曰：《史記·殷本紀》云：「湯崩，太子太丁未立而卒，於是迺立太丁之弟外丙，是爲帝外丙。帝外丙即位三年崩，立外丙之弟中壬，是爲帝中壬。帝中壬即位四年崩，伊尹迺立太丁之子太甲。太甲，成湯適長孫也，是爲帝太甲。」趙氏所本也。《書序》云：「成湯既没，太甲元年，伊尹作《伊訓》《肆命》《徂后》。」江氏聲《尚書集注音疏》云：「成湯之殁久矣，于此言『成湯既殁』者，蓋三篇皆稱述成湯，故推本之耳。《孟子·萬章》篇云：『湯崩，太丁未立，外丙二年，仲壬四年，太甲顛覆湯之典型。』則成湯之殁距太甲元年，中隔兩君，歷有年所，非湯殁之後即爲太甲元年也。」〇注「伊尹」至「位也」〇正義曰：《史記·殷本紀》云：「帝太甲既立三年，不明，暴虐，不遵湯法，亂德，於是伊尹放之於桐宫。三年，伊尹攝行政當國以朝諸侯。帝太甲居桐宫三年，悔過自責反善，於是伊尹迺迎帝太甲而授之政。」《書序》云：「太甲既立，不明，伊尹放諸桐，三年，復歸於亳，思庸，伊尹作《太甲》三篇。」周氏柄中《辨正》云：「當以《書序》爲正。蓋居桐在諒陰時。自《史記》以放桐在既立三年後，於是霍光將廢昌邑，田延年遂以伊尹廢太甲以安社稷爲辭。」王氏鳴盛《尚書後案》云：「鄭康成所傳真古文原有《伊訓》，其書雖亡，猶見於《漢書・律曆志》所引，曰：『惟太甲元年十有二月乙丑朔，伊尹祀於先王，誕資有牧方明。』蓋劉向、歆父子領校秘書，親見古文，歆撰《三統曆》載《伊訓》，故班固采入《律曆志》，的確可信。孟子言湯崩，太丁未立先卒，外丙立二年崩，仲壬立四年崩，乃立太甲。趙岐注甚明，《史記・殷本紀》及《律曆志》説並同。真《伊訓》所云太甲元年，乃仲壬崩之明年。《書序》『成湯既歿，太甲元年』，既者，追溯之辭，不可泥。商人以丑月爲正月，則十二月是子月，據劉歆以《三統曆》推是年爲太甲元年十二月乙丑朔旦冬至，至朔同日，曆家以爲曆元。伊尹祀於先王者，以冬至配上帝故也。《律曆志》既引此文而解之云：『言雖有成湯、太丁、外丙之服，以冬至越茀祀先王於方明，以配上帝。』是朔旦冬至之歲也。且無論太甲繼仲壬不繼湯，即爲繼湯，湯必以去年崩。至踰年正月太甲改稱元年，至此十二月朔乃行郊祀之禮。十二月是元年末，非元年初也。乃僞作者并朔字去之，改爲即位陳訓，遂掩却『至朔同日』之事，以改祀先王爲奠殯告即位，并謂此時湯崩方踰月。果如此，則崩年即改稱元年矣。崩年改元，亂世之事，曾謂伊尹爲之乎？」又云：「如僞《書》則是自湯崩太甲立，不率教即被放，後改悔，復迎歸復位，其事皆在二十六月之内，悖謬極矣。放君大變之事，伊尹豈輕有是舉？不明則訓之，冀其改悔；不改則又誡之，至再至三猶不改，然後不得已而放之。計始立至被放，必不在一二年之内。即放後亦必令其動心忍性，徐徐熟察，實見其能改，方始迎歸。必不乍放乍迎，如置棊然也。《史記・殷本紀》首三年字指初即位後，下三年字指被放後，蓋前後共六年，最爲明白。《書序》云：『太甲既立，不明，伊尹放諸桐，三年，復歸於亳。』既之爲言，可該久遠，不必在一二年内。古文簡略，省首三年字耳，與《史記》不乖剌也。《孟子》：『太甲顛覆湯之典型，伊尹放之於桐。三年，太甲悔過，自怨自艾，於桐處仁遷義，三年，以聽伊尹之訓己也，復歸於亳。』據文似在桐有六年之久。《孟子》行文取便，要其爲六年則同。奈何作僞者竟謂太甲即位未久即被放廢，放後未幾，又即復位。伊尹之無人臣禮，一至於此，傷教害義，不可不辨。」閻氏若璩《釋地又續》云：「鄭康成《書序》注：『桐，地名也。有王離宫焉。』初不指爲湯葬地。余以《後漢書》『梁國虞縣有桐亭，太甲所放處』，應即在於此。虞今歸德虞城縣，距湯都南亳僅七十里，方可伊尹既攝國政，復時時往訓太甲三年。不然，如人言湯亳爲偃師，去虞城八百餘里，尹豈有縮地之法，分身以應乎？湯都仍屬穀熟鎮爲是。」周氏柄中《辨正》云：「湯都實在偃師，《史記正義》引晉《太康地記》云：『尸鄉南有亳坂，東有城，太甲所放處也。』尸鄉在洛州偃師縣西南五里。』據此，則太甲放處密邇湯都。閻氏指桐亭爲放處而移湯都於穀熟以就之，非也。」《尚書後案》云：「趙岐注桐爲邑，亦不云葬地。緣孔傳欲傅會太甲居近先王，致生此説。後儒見有『居憂』字，並謂桐宫乃諒陰三年之制，非關放廢。顯悖《孟子》，尤爲怪矣。」《毛詩·召南·殷其靁》「莫敢遑處」，《小雅·四牡》「不遑啓處」，❶傳皆云：「處，居也。」「遷，徙也」，「乂，治也」，並《爾雅·釋詁》文。艾乂字通。**周公之不有天下，猶益之於夏，伊尹之於殷也。孔子曰：『唐、虞禪，夏后、殷、周繼，其義一也。』」** 注 周公與益、伊尹雖有聖賢之德，不遭者時，然孔子言禪、繼其義一也。疏「孔子」至「一也」○正義曰：義者，宜也。孟子私淑孔子，全得其通變神化之學，故於此明之。

❶「牡」，原作「壯」，今從沈校據《毛詩》改。

章指：言篤志於仁則四海宅心，守正不足則聖位莫繼：丹朱、商均是也。是以聖人孜孜於仁德也。

萬章問曰：「人有言伊尹以割烹要湯，有諸？」注人言伊尹負鼎俎而干湯，有之否？疏注「人言」至「之否」○正義曰：翟氏灝《考異》云：「《墨子·尚賢》篇：『昔伊尹爲莘氏女師僕，親爲庖人，湯得而舉之。』《莊子·庚桑楚》：『湯以胞人籠伊尹，秦穆公以五羊之皮籠百里奚。』《史記·殷紀》：『阿衡欲干湯而無由，乃爲有莘氏媵臣，負鼎俎，以滋味悦湯。』吕不韋書有《本味》一篇，言有侁氏得嬰兒於空桑之中，令烰人養之，是爲伊尹。湯請有侁爲婚，有侁以伊尹爲媵送女。尹説湯以至味，極論水火調劑之事，周舉天下魚肉之美，菜果之美，和之美，飯之美，水之美者，而云非爲天子不得具。『割烹要湯』之説，無如此篇之詳盡者。其文若果之美者，箕山之東有盧橘，應劭《史記》注引之。飯之美者，玄山之禾，南海之秏，許慎《説文》引之。所稱書目俱不曰《吕覽》，曰《伊尹》。考班固《藝文志》有《伊尹》二十七篇，列於小説家。蓋吕氏聚斂群書爲書，所謂《本味》篇乃剟自《伊尹》説中，故漢人之及見原書者猶標著其原目如此。夫小説之怪誕猥鄙，何足挂脣？而其時枉己辱身之徒援以自衛，津津樂道，至輾轉傳聞於孟子之門，又烏可不辨論哉？馬遷自命良史，《殷紀》中雜陳二説，且次《孟子》正説於後。又作《孟子傳》而云牛鼎之意。近世學者不復料前古有小説，而但奉遷《史》爲信書，則雖經孟子明辨，猶其惑未盡袪也。愚故追索其根株，以實抉之曰：是説也，但本《伊尹》説也，《伊尹》説乃怪誕猥鄙之小説也。」**孟子曰：「否，不然。**注否，不是也。疏「否不然」○正義曰：阮氏元《挍勘記》云：「不字衍文，説見上注。『否不是也』，當同前後章作『否不也不如是也』，奪三字。」**伊尹耕於有莘之野而樂堯舜之道焉。非其義也，非其道也，禄之以天下，弗顧也；繫馬千駟，弗視也。非其義也，非其道也，一介不以與人，一介不以取諸人。** **注** 有莘，國名。伊尹初隱之時，耕於有莘之國，樂仁義之道。非仁義之道者，雖以天下之禄加之，不一顧而覗也。千駟，四千匹也。雖多，不一眄視也。一介草不以與人，亦不以取於人也。 **疏** 注「有莘國名」〇正義曰：《大戴記・帝繫》篇：「鯀娶於有莘氏之女，謂之女志氏。」《漢書・古今人表》：「女志，鯀妃，有㜪氏女。」此唐虞以前之有莘未知所在。《列女傳》：「湯妃有㜪者，有㜪氏之女也。」又：「大姒者，武王之母，禹後有㜪姒氏之女。」於大姒别之曰禹後姒氏，而湯妃則曰有㜪氏。《史記・殷本紀》云：「阿衡欲干湯而無由，乃爲有莘氏媵臣。」《正義》引《括地志》云：「古莘國在汴州陳留縣東五里，故莘城是也。」《吕氏春秋・本味》篇：「有侁氏採得嬰兒於空桑，後居伊水，命曰伊尹。」《元和郡縣志》：「汴州陳留縣故莘城，在縣東北三十五里，古莘國地。湯伐桀，桀與韋顧之君拒湯於莘之墟，此即湯妃所生之國，伊尹耕於是野者也。」閻氏若璩《釋地》云：「汴州陳留縣，古莘國地，計其去湯都南亳不過四百里，所以湯使可三往聘。若大姒所産之莘國，則在今西安府郃陽縣南二十里，道遥遠矣。」〇注「雖以」至「人也」〇正義曰：「禄之以天下」謂爲天子也，故曰「以天下之禄加之」。《説文》頁部云：「顧，還視也。」《書・多方》云「開厥顧天」，鄭氏注云：「顧，由視念也。」「還視」謂回首而視，心念之不能舍也。《説文》見部云：「覗，欲也。」欲與念義同，故以「覗」釋「顧」也。《詩・鄭風・清人》「駟介旁旁」，箋云：「駟，四馬也。」千駟，是爲四千匹。《禮記・曲禮》云「毋淫視」，注云：「淫視，睇眄也。」以「眄」

釋「視」，謂欣慕此千駟而淫視之也。《方言》云：「芥，草也。自關而西或曰草，或曰芥。」趙氏讀「介」爲「芥」，故以草釋之也。

湯使人以幣聘之，囂囂然曰：『我何以湯之聘幣爲哉？我豈若處畎畝之中，由是以樂堯舜之道哉？』 注 湯聞其賢，以玄纁之幣帛往聘之。囂囂然，自得之志，無欲之貌也。曰：豈若居畎畝之中而無憂哉？樂我堯舜仁義之道。 疏 注「囂囂」至「貌也」○正義曰：《爾雅·釋言》云：「囂，閑也。」注云：「囂然閑暇貌。」《淮南子·本經訓》云「閑静而不躁」，高誘注云：「閑静言無欲也。」

湯三使往聘之，既而幡然改曰：『與我處畎畝之中，由是以樂堯舜之道，吾豈若使是君爲堯舜之君哉？吾豈若使是民爲堯舜之民哉？吾豈若於吾身親見之哉？ 注 幡，反也。三聘既至，而後幡然改本之計，欲就湯聘以行其道，使君爲堯舜之君，使民爲堯舜之民。 疏 注「幡反也」○正義曰：《音義》云：「幡，張云：『與翻同。』」《荀子·彊國》篇云「反然舉惡桀紂而貴湯武」，注云：「反音翻。翻然，改變貌。」幡然即翻然，翻然即反然也。

天之生此民也，使先知覺後知，使先覺覺後覺也。予，天民之先覺者也。予將以斯道覺斯民也，非予覺之而誰也？』 注 覺，悟也。天欲使先知之人悟後知之人。我，先悟覺者也。我欲以此仁義之道覺悟未知之民，非我悟之，將誰教乎？ 疏 注「覺悟也」○正義曰：《説文》見部云：「覺，寤也。」寤、悟字通。

思天下之民匹夫匹婦有不被堯舜之澤者，若己推而内之溝中。其自任以天下之重如此，故就湯而説之以伐夏救民。 注 伊尹思念不以仁義之道化民者，如己推排内之溝壑中也。自任其重如此，故就湯，説之，伐夏桀，救民之厄也。

「吾未聞枉己而正人者也，況辱己以正天下者乎？ 注 枉己者尚不能以正人，況於辱己之身而有正天下者乎。**聖人之行不同也，或遠或近，或去或不去，歸絜其身而已矣。** 注 不同謂所由不同。大要當同歸，但殊塗耳。或遠者，處身遠也；或近者，仕者近君也。或去者，不屑就也；或不去者，云「焉能浼我」也。歸於絜身不污己而已。疏「聖人」至「而已矣」○正義曰：程氏瑶田《通藝録·論學小記》云：「孔子之棲棲皇皇，爲天下也，然而爲己而已。道至於贊化育，參天地，始完得盡己之性也。沮、溺、丈人、晨門、荷蕢、儀封人諸人，考其言論，察其舉止，豈石隱者流哉？其爲己也，亦豈絶不爲人謀乎？故曰：『聖人之行不同也，或遠或近，或去或不去，歸潔其身而已矣。』潔身者，豈獨善其身而不兼善天下之謂哉？窮則獨善，沮、溺、丈人之行也；達則兼善，大聖人之志也。是志也，蓋隱居之所求而行義以達之者也，故曰：『君子之仕也，行其義也。道之不行，已知之矣。』明乎此而君子爲己之學與爲仁由己不由人之義，不昭然若揭乎？」**吾聞其以堯舜之道要湯，未聞以割烹也。** 注 我聞伊尹以仁義干湯，致湯爲王，不聞以割烹牛羊爲道。**《伊訓》曰：『天誅造攻自牧宮，朕載自亳。』」** 注《伊訓》，《尚書》逸篇名。牧宮，桀宮。朕，我也。謂湯也。載，始也。亳，殷都也。言意欲誅伐桀，造作可攻討之罪者，從牧宮桀起。自取之也。湯曰：我始與伊尹謀之於亳，遂順天而誅也。疏 注「伊訓」至「誅也」○正義曰：伏生今文二十九篇無《伊訓》，孔安國古文五十八篇有《伊訓》，次《咸有一德》《典寶》之後，爲今文所無，故爲「逸篇」。惠氏棟《古文尚書考》云：「鄭康成注《書序·典寶》引《伊訓》云『載孚于亳』，又云『征是三朡』，則此篇漢末猶存。崔實《政論》曰：『皋陶陳謨而唐虞以興，伊箕作訓而殷周用隆。』則《伊訓》之篇，子真曾見之矣。」江氏聲《尚書集注音疏》云：「牧宮桀宮者，言『天誅之所自』，則自是桀宮。下又別言『自亳』，亳是殷都則牧宮是桀宮矣。『朕，我』，《釋詁》文。云『謂湯也』，則未然也。《詩・周頌》序云：『載見諸侯，始見乎武王廟也。』故云『載，始也』。《書序》云：『湯始居亳，從先王居。』故云『亳，殷都也』。此篇是伊尹訓太甲之文，『朕載自亳』之語，無以見是述湯言。古人朕字上下通稱，安見伊尹不稱朕乎？聲謂伊尹自謂也。」按：趙氏以「作」釋「造」，謂桀自「造作可攻討之罪」，故天誅之。「自」之訓「由」，由通猶，猶即猷。《爾雅・釋詁》云：「猷，謀也。」故趙氏以「謀之於亳」釋「自亳」，兩自字義別也。晚出古文《伊訓》作「造攻自鳴條」，某氏傳訓造爲始。趙氏不訓造爲始者，湯始征自葛載，其後又伐韋伐顧伐昆吾而後乃伐桀，牧宮既爲桀宮，不得爲始攻自桀也。若鳴條，尤不可言始矣。所與謀者，順天救民之事，非割烹也。湯謀之於亳，非伊尹以割烹要之，此孟子引《書》之意；謂伊尹攻桀自亳，與孟子引《書》不合矣。

章指：言賢達之理世務也，推正以濟時物。守己直行，不枉道而取容，期於益治而已矣。疏「不枉道而取容」○正義曰：《史記・白起王翦傳》贊：「偷合取容。」❶《朱建傳》云：「行不苟合，義不取容。」

萬章問曰：「或謂孔子於衛主癰疽，於齊主侍人瘠環，有諸乎？」注有人以孔子爲然。癰

❶「合」下，原重一「合」字，今據《史記》及經解本删。

疽，癰疽之醫也。瘠，姓；環，名。侍人也。衛君、齊君之所近狎人。疏注「有人」至「狎人」○正義曰：孟子對云「不然」，故注言「或以孔子爲然」也。《戰國策·衛策》云「衛靈公近癰疽」，高誘注云：「《孟子》有其人，蓋醫之幸者。」翟氏灝《考異》云：「《説苑·至公》篇述此章文，『孔子』上無『或謂』二字，癰疽作『雍睢』，『侍』作寺，『瘠』作脊。《史記·孔子世家》『雍渠爲驂乘』，《韓非子》作『雍鉏』。輾轉相推，雍鉏、雍睢爲一人，而癰疽亦即雍渠，均以聲同通借字耳。」閻氏若璩《釋地又續》云：「《周禮·瘍醫》：『掌腫瘍、潰瘍之祝藥。』腫瘍，氣聚而不散者；潰瘍，血溢而將破者。雖癰淺於疽，而二瘍皆有之。《戰國策》：『衛靈公時，癰疽彌子瑕專君之勢以蔽左右。』蓋亦下士之職云。」錢氏大昕《潛研堂答問》云：「《孔子世家》：『衛靈公與夫人同車，宦者雍渠驂乘，出，使孔子爲次乘。』又《報任安書》云：『衛靈公與雍渠同載，孔子適陳。』雍渠即《孟子》所稱癰疽，趙氏以爲癰疽之醫者，似是臆説。」**孟子曰：「否，不然也。好事者爲之也。**注否，不也。不如是也。好事毀人德行者爲之辭也。疏「否不然也」○正義曰：阮氏元《挍勘記》云：「不字，衍文。」**於衛主顏讎由。彌子之妻與子路之妻，兄弟也。彌子謂子路曰：『孔子主我，衛卿可得也。』子路以告。孔子曰：『有命。』孔子進以禮，退以義，得之不得曰『有命』。而主癰疽與侍人瘠環，是無義無命也。**注顏讎由，衛賢大夫，孔子以爲主。彌子，彌子瑕也，因子路欲爲孔子主。孔子知彌子幸於靈公不以正道，故不納之而歸於命。孔子進以禮，退以義，必曰「有天命也」，若主此二人，是爲無義無命也。

疏「孔子進」至「有命」○正義曰：張氏爾岐《蒿菴閒話》云：「人道之當然而不可違者，義也；天道之本然而不可争者，命也。貧富貴賤、得失死生之有所制而不可强也，君子與小人一也。命不可知，君子當以義知命矣。凡義所不可，即以爲命所不有也。故進而不得於命者，退而猶不失吾義也。小人嘗以智力知命矣，力不能争則智邀之，知力無可施而後謂之命也。君子以義安命，故其心常泰；小人以智力争命，故其心多怨。衆人之於命，亦有安之矣。大約皆知其無可奈何而後安之者也；聖人之於命，安之矣，實不以命爲準也而以義爲準。故雖力有可争，勢有可圖，而退然處之，曰義之所不可也。義所不可，斯曰命矣。故孔子之於公伯寮未嘗無景伯之可恃也，於衛卿未嘗無彌子瑕之可緣也，孟子之於臧倉未嘗無樂正子之可力爲辯而重爲請也，亦曰：義所不在耳。義所不在，斯命所不有矣。故聖賢之於命，一於義者也，安義斯安命矣；衆人之於命，不必一於義也，而命皆有以制之，制之至無可奈何而後安之。故聖賢之與衆人，安命同也，而安之者不同也。」○注「顔讎由」至「孔子主」○正義曰：全氏祖望《經史問答》云：「《漢書·古今人表》以顔濁鄒爲顔涿聚。濁鄒，子路妻兄，見《史記·孔子世家》。《索隱》疑其與《孟子》不合，其實無所爲不合也。《孔叢子》言讎由善事親，其後有非罪之執，子路裒金以贖之。或疑其私於所昵，而孔子白其不然。則於妻兄有證，是讎由即濁鄒也。孔子在衛主伯玉，亦主讎由，則讎由之賢亞於伯玉，因東道之誼而列於門牆，固其宜也。至涿聚，則齊人也。《吕覽》言其少爲梁父大盜而卒受業於孔子，得爲名士。亦見《莊子》。然則於衛之讎由無豫矣。涿聚死事於齊，見《左傳》犂丘之役。然則顔涿聚者，顔庚也，非濁鄒也。張守節附會於字音，更不足信。」閻氏若璩《釋地又續》云：「顔讎由，子路妻兄，則亦彌子瑕妻兄。彌子瑕見主其妻兄之家，遂謂主我衛卿可得，語亦非無因云。」翟氏灝《考異》云：「彌子欲借重於孔子，孔子拒之，此文甚明。《吕氏·慎大覽》乃云：『孔子道彌子瑕見釐夫人因也。』《淮南·泰族訓》亦云：『孔子欲行王道，七十説而無所偶，故因衛夫人、彌子瑕而欲通其道。』當時謗孔子者且不僅造爲癰疽、瘠環言矣。」按：癰疽與彌子瑕同幸於衛君，二人專君之勢以蔽於左右。《韓非子·説難》云：「昔者彌子瑕有寵於衛君。衛國之法，竊駕君車者罪刖。彌子瑕母病，人間往夜告彌子，彌子矯駕君車以出。君聞而賢之，曰：『孝哉！爲母之故，忘其刖罪。』異日，與君遊於果園，食桃而甘，不盡，以其半啗君。君曰：『愛我哉！忘其口味，以啗寡人。』」然則彌子之寵甚於癰疽。彌子有子路之親且自求結交於孔子，孔子且以義命拒之，則主癰疽必無之事矣。蓋因參乘之事而傅會之耳。

「孔子不悦於魯衛，遭宋桓司馬將要而殺之，微服而過宋。是時孔子當阸，主司城貞子，爲陳侯周臣。【注】孔子以道不合，不見悦魯衛之君而去。適諸侯，遭宋桓魋之故，乃變更微服而過宋。司城貞子，宋卿也。雖非大賢，亦無諂惡之罪，故謚爲貞子。陳侯周，陳懷公子也。爲楚所滅，故無謚，但曰「陳侯周」。是時孔子遭阸難，不暇擇大賢臣而主貞子，爲陳侯周臣。於衛齊無阸難，何爲主癰疽、瘠環也？

【疏】注「孔子」至「過宋」○正義曰：不爲苟合取容，故不悦。趙氏以「道不合」明之，是也。《史記·孔子世家》云：「定公十四年，孔子年五十六，由大司寇行攝相事。齊人聞而懼，於是選齊國中女子好者八十人，皆衣文衣而舞《康》樂，文馬三十駟，遺魯君。季桓子微服往觀再三，將受，乃語魯君爲周道游，往觀終日，怠於政事。孔子遂行，宿乎屯，歌曰：『彼婦之口，可以出走。彼婦之謁，可以死敗。蓋優哉游哉，維以卒歲。』桓子喟然嘆曰：『夫子罪我以群婢故也夫！』孔子遂適衛，主于子路妻兄顔濁鄒家。」此「不悦於魯」之事也。又云：「衛靈公致粟六萬。居十月，去衛，將適陳，過匡，月餘反乎衛，主蘧伯玉家。居衛月餘，靈公與夫人同車，宦者雍渠參乘，出，使孔子爲次乘，招摇市過之，於是醜之，去衛適曹。是歲魯定公卒，孔子去曹適宋。」此「不悦於衛」之事也。又云：「與弟子習禮大樹下，宋司馬桓魋欲殺孔子，拔其樹，孔子去。弟子曰：『可以速矣。』孔子曰：『天生德於予，桓魋其如予何？』」此「微服過宋」之事也。○注「司城」至「臣也」○正義曰：趙氏此注甚詳明。上言「宋桓司馬」已標國名，司城貞子蒙上「宋」字爲宋臣，爲孔子在宋時所主也。過宋則不在宋而適陳，故下明標「陳侯周」，言孔子適陳，爲陳侯周之臣也。惟《史記》以司城貞子爲孔子適陳所主，是貞子爲陳卿，非宋卿。孔氏廣森《經學卮言》云：「趙氏云『司城貞子，宋卿也』，下又云『是時孔子遭阨難，不暇擇大賢臣而主貞子，爲陳侯周臣也』，則司城仍似陳卿。蓋順經意，明是陳人，特膠於司城當爲宋官，故依違兩説之。愚謂陳之司寇可效楚官名司敗，安見其司空不可效宋官，亦名司城邪？若以《左傳》『子展入陳，司空致地』之文爲疑，則服注以三司爲『陳官』者，固不若劉炫謂爲『鄭官』之説善也。且司城亦不定是貞子之官，《檀弓》有司寇惠子、司徒敬子，鄭注云：『司徒，官氏也。』惠子雖官司寇，至其子虎，則亦以『司寇』爲氏，見於《世本》。宋華、向之族奔陳者非一，而司城師之後仲佗，即宋人之在陳者，安知非有以先世宋官爲其族氏者乎？宋大夫皆遵殷之制，以字爲謚，通《左傳》《世本》，❶未有稱子而配謚者。今據稱『貞子』，即決非宋卿。愚故獨信《史記世家》曰『孔子遂至陳，主於司城貞子家』，爲讀《孟子》不誤也。近儒有謂夫子在陳，不得謂之『爲臣』者，此尊聖而過耳。羈旅之臣，是亦臣也。還以孟子之言證之。『孔子三月無君，則

❶「左」，原作「在」，今據《經學卮言》改。

皇皇如也。』若所至之國皆不爲臣，不且終歲無君乎？但《世家》載『至陳歲餘，吴王夫差伐陳，取三邑而去。楚圍蔡，蔡遷於吴』，此魯哀公二年之事。而又云：『居陳三歲，陳常被寇，於是孔子去陳。過蒲，會公叔氏以蒲畔，蒲人止孔子曰：苟毋適衛，吾出子。與之盟，出孔子東門，孔子遂適衛。衛靈公聞孔子來，喜，郊迎。』校其年歲，靈公殁已久矣。考先聖生平，嘗再至陳。《十二諸侯年表》『陳湣公六年』下云『孔子來』，是初如陳也；主司城貞子者，再如陳也。過蒲要盟則初至陳而去陳時事，太史公誤著之於此耳。先聖年譜率多附會失實，唯當以《世家》近古，爲最可據，然頗復錯亂。觀其敘歸與之歎，主蘧伯玉之事，及蔡之請遷於吴，皆前後兩見，非稍爲整比，條理棼然。謹按，《世家》先聖自三十五歲以前皆居魯，嘗爲乘田，爲委吏。昭公二十五年，三家攻昭公，魯亂，始適齊。聞《韶》，學之三月，是其時事。故昭公二十七年，吴公子札聘於上國，而《檀弓》記先聖在齊，嘗觀季札葬子於嬴博之間，此可證者也。顧《世家》既誤以孟僖子不能相禮之歲就爲其死歲，故併南宫敬叔之隨子適周，亦舉而置諸適齊之前。考《左傳》孟僖子實卒於昭二十四年，將死，乃命敬叔來學，比敬叔服闋，魯已無君矣。知所謂『言於魯君與之一車兩馬』者，必定公，非昭公也。子在周時，《家語》有劉文公論聖人之語。定公四年，文公即卒，元二兩年，未没昭公之喪，訪樂萇宏，又非攸宜，前後推校，則適周其在定之三年歟？《世家》云：『定公九年，以孔子爲中都宰，一年，四方皆則之。由中都爲司空，由司空爲大司寇。』定公十年，會於夾谷，攝相事。十三年，墮三都。十四年，與聞國政。三月，季桓子受齊女樂，孔子遂行。此並與《左傳》合。且定十四年，《春秋經》不書冬，《公羊》師説亦以爲齊人歸女樂之歲也。《世家》云：『孔子遂適衛，主於子路妻兄顔濁鄒家。居頃之，去衛，將適陳，過匡，匡人止孔子。去即過蒲，月餘，反乎衛。』按，此『過蒲』之下即當以後文『會公叔氏以蒲畔』云云至『作爲《陬操》以哀之』六百六十四字移置其間。蓋過匡至陳，去陳過蒲，自蒲如衛，去衛如晉，臨河而返，乃復至衛，主蘧伯玉家。尋以醜南子之行，會靈公禮貌衰，又復去衛。《世家》『他日靈公問兵陳，孔子曰：俎豆之事則嘗聞之，軍旅之事未之學也。明日，與孔子語，見蜚鴻，仰視之，色不在孔子，孔子遂行』四十七字，則又當移於『於是醜之』之下，『去衛過曹，是歲魯定公卒』之上。檢子國注《論語》問陳章即云：『孔子去衛過曹，如曹，曹不容，又之宋。』與《世家》云去衛過曹，去曹適宋，桓魋欲殺孔子，去適鄭，遂至陳者正合。其所以在陳絶糧者，或如子國所言，吴伐陳，陳亂乏食之故，抑或就以微服避難，倉卒喪其所賫，皆未可知。要與異日在蔡被圍之事不可混合爲一也。既至陳，主司城貞子家，於是有對肅慎矢之語，有桓僖廟災之語，最後有歸與歸與之語，實哀公之三年而陳侯周之十年也。《世家》又云：『明年，孔子自陳遷於蔡三歲，楚使人聘孔子，陳蔡大夫圍孔子於野，楚昭王興師迎孔子，然後得免。其秋，楚昭王卒，於是孔子自楚返乎衛。』由是推之，定十四年以前，仕魯時也；哀元年以迄六年，居陳蔡時也。自六年返衛，以迄《左傳》所載魯人以幣召夫子之歲，則恆在於衛，孟子所謂於衛孝公公養之仕者也。子之去魯，所謂大夫以道去君者，非有君命召則終不可復歸。夫豈出入自如而好爲旅人哉？其見衛靈公，主顔讎由，畏于匡，畏于蒲，歷曹、鄭、杞、宋，遭宋桓司馬之難，則皆在定末哀初一二年間也。是爲先聖出處大端，敬徵審而備識之。」云「陳侯周陳懷公子」者，《史記·陳世家》云：「惠公卒，子懷公柳立，卒吴，陳乃立懷公之子越，是爲湣公。湣公六年，孔子適陳。二十四年，楚惠王復國，以兵北伐，殺陳湣公，遂滅陳而有之。是歲，孔子卒。」然則陳侯周有謚矣，又名越，與《孟子》異。阨，古厄字。《詩・谷風》箋云：「厄難，勤苦之事也。」是阨即難也。**吾聞觀近臣以其所爲主，觀遠臣以其所主。若孔子主癰疽與侍人瘠環，何以爲孔子？」**注 近臣當爲遠方來賢者爲主，遠臣自遠而至，當主於在朝之臣賢者。若孔子主於卑幸之臣，是爲凡人耳，何謂孔子得見稱爲聖人？

章指：言君子大居正，以禮進退。屈伸達節，不違貞信。故孟子辯之，正其大義也。

疏「君子大居正」○正義曰：隱公三年《公羊傳》文。

萬章問曰：「或曰：百里奚自鬻於秦養牲者五羊之皮，食牛，以要秦繆公。信乎？」注 人言百里奚自賣五羖羊皮，爲人養牛，以是而要秦繆公之相，實然否？疏注「人言」至「然否」❶○正義曰：毛氏奇齡《四書賸言》云：「《孟子》百里奚事趙岐注謂『奚自賣五羖羊皮，爲人養牛』。賣己物以養人牛，貧而不吝，可以爲要譽之具。此依文度事，其解不過如此。實則百里五羊，有必不可解者。奚舊稱五羖大夫，其人全以此得名，是必有一五羊實事流傳人間。乃言人人殊。如《扊扅之歌》曰『百里奚新娶我兮五羊皮』，是聘物也；又曰『西入秦，五羊皮』，則攜作客貲者也。《史記》『百里奚亡秦走宛，楚鄙人執之，繆公以五羊之皮贖之歸秦』，是又贖奚物也。其不可憑如此。若謂得五羊之皮爲之食牛，從來無此說，且此亦何足要譽？趙氏去古未遠，或有師承。」趙氏佑《温故録》云：「百里奚有五羖大夫之稱，孟子亦言其舉於市，則養

---

❶「至」，原無，今據疏例補。

牛之言非無據。但謂以要秦繆公，非耳。注『人言百里奚自賣五羖羊皮爲人養牛』，當讀賣字爲句，『賣』下『五』上脱一『得』字。遂似奚自有羊賣之，反爲人牧，理所必無，毛西河不審而妄争。」周氏柄中《辨正》云：「朱竹垞《五羖辨》言趙注『人言百里奚自賣五羖羊皮，爲人養牛』，蓋言衣此食牛也。《扊扅之歌》云『百里奚初娶我時五羊皮』，又曰『西入秦，五羖皮』，然則奚蓋服五羊之皮入秦者。紉五羊爲裘，毛之最豐而賤者所服也。范處義《詩補傳》釋《羔羊》之詩云：『素絲必以五言，蓋合五羊之皮爲一裘，循其合處，以素絲爲英飾也。百里奚衣五羊之皮，爲秦養牲，蓋仿古制。古之羔裘，其製甚精，養牲者被五羊之皮，蓋賤者之服，而《召南》在位之君子亦服之，非節儉而何？』其説竟與余合。《史記》百里奚亡秦走宛，楚鄙人執之，繆公聞百里奚賢，欲重贖之，請以五羖羊皮贖之，楚遂許與之。蓋百里奚在秦，五羖其素所被服。繆公慮楚不信，故以奚所衣之服與之。不然，五羖微物，楚人豈貪之乎？按，《扊扅歌》乃漢詞賦家所爲，本不足據。其以《史記》贖奚事爲證，亦非是。《史記》言欲重贖之，恐楚人不與者，此即齊欲請管仲於魯而桓公謂『知吾將用之，必不與我矣』之意。故其謂楚人曰『吾媵臣』，微之也；請贖以五羖羊皮，示其無足重輕也，所以杜楚人之疑而使之不忌也。若謂以此取信於楚，則奚之素所被服，楚人烏得知之？《史記·商鞅傳》又載趙良之言曰：『五羖大夫，荆之鄙人也。自鬻於秦客，被褐食牛，期年，繆公知之，舉之牛口之下而加之百姓之上。』史遷所傳已自相矛盾，則并贖奚之事，亦屬傳疑，不足信也。至所引范處義釋《詩》之説，則尤爲不根。夫五紽、五緎、五總，絲數，非縫數也。戴侗《六書故》曰：『紽、緎、總俱以五言，皆絲之量數。』更證之《西京雜記》云：『五絲爲䋈，倍䋈爲升，倍升爲緎。』是緎爲絲數，益無可疑。范氏謂合五羊爲一裘，則羔羊，兒羊也，豈有兒羊而五皮而可以成裘者哉？嘗考《韓詩外傳》云：『百里奚，齊之乞者也。逐於齊，自賣五羊皮，爲一軛車入秦。』《戰國策》：『百里奚，虞之乞人。傳賣以五羊之皮。』《説苑》：『百里奚自賣，取五羊皮伯氏養牛。』又《臣術》篇云：『賈人買百里奚以五羖羊皮，使將鹽車之秦。』又《善説》篇云：『百里奚自賣五羊之皮，爲秦人虜，繆公得之。』諸説並以五羊皮爲自鬻之直。竹垞所云，則昔人未有作此解者。惟《莊子·庚桑楚》篇云：『湯以庖人籠伊尹，秦繆公以五羊之皮籠百里奚。』陸德明《音義》既引《史記》贖奚事，又曰：『或云：百里奚好五色皮裘。』此頗合於竹垞之解而又不能引據，徒割截趙注以就其説。」閻氏若璩《釋地又續》云：「百里奚此事，當孟子時已無所據。夫曰『虞人也』，址貫見矣；『不諫之秦』行踪見矣；『年已七十』，齒已見矣；又曰『舉於市』，仕宦見矣。獨秦之號爲『五羖大夫』，傳至孝公時猶嘖嘖於趙良之口，則當以《秦本紀》補之。蓋其由虞之秦，不知又何故亡秦走宛。宛今南陽府南陽縣，秦繆公時地屬楚，楚鄙人執之，繆公聞百里奚賢，欲重贖之，恐楚人不與，乃使人謂楚曰：『吾媵臣百里奚在焉，請以五羖羊皮贖之。』楚人遂許與之。繆公釋其囚，授之國政，故有五羖大夫之號。其云『吾媵臣』，亦繫託詞以誑楚。❶《左氏》媵秦穆姬者，乃虞大夫井伯非百里奚也。《漢表》以次之於各等矣。或問：謂之舉於市者，何故？余曰：《論語》『市脯』，注云：『市，買也。』《説文》云：『買，市也。』孟子蓋謂百里奚從買得來耳。細讀《孟子》合《左傳》，奚之去虞，當於僖二年宫之奇諫不聽之日，不待僖五年宫之奇復諫，以其族行之日，故曰『先去』。安得有如《史記》奚爲晉虜，

❶ 「託」，原作「記」，今據《四書釋地》及經解本改。

以媵於秦之妄說？」孟子曰：「否，不然。好事者爲之也。注好事毀敗人之德行者爲之設此言。疏「否不然」○正義曰：阮氏元《挍勘記》云：「不字，衍文。」百里奚，虞人也。晉人以垂棘之璧與屈産之乘假道於虞以伐虢，宫之奇諫，注垂棘，美玉所出地名；屈，産地，良馬所生。乘，四馬也。皆晉國之所寶。宫之奇，虞之賢臣。諫之不欲令虞公受璧馬，假晉道。疏「晉人」至「奇諫」○正義曰：事見僖公二年「虞師晉師滅下陽」《左傳》及五年冬「晉人執虞公」《左傳》。閻氏若璩《釋地》云：「杜注『虞國，在河東大陽縣』，余謂山西之平陸縣也；『虢，西虢國，宏農陝縣東南有虢城』，余謂河南之陝州也。名雖二省而界相連。裴駰引賈逵注云：『虞在晉南，虢在虞南。』一言之下而形勢瞭然。爾時爲晉獻公十九年，正都於絳，絳在太平縣之南。絳州之北，土人至今呼故晉城，遺址宛然。」○注「垂棘」至「所生」○正義曰：僖公二年《公羊傳》「白璧」，注云：「屈産，出名馬之地。乘，備駟也。垂棘，出美玉之地。玉以尚白爲美。」徐氏疏云：「謂屈産爲地名，不似服氏謂産爲産生也。」閻氏若璩《釋地》云：「《通典》：『慈州文城郡，理吉昌縣，春秋時晉之屈邑，獻公子夷吾所居。漢河東北屈縣。《左傳》云晉有屈産之乘，此有駿馬。』與劉昭注《後漢志》同。余謂今山西吉州是。欒史、傳會爲石樓縣，但石樓乃漢西河土軍縣，非北屈地，自非垂棘。又見成五年，杜但注云晉地。」百里奚不諫。知虞公之不可諫而去之秦，年已七十矣，曾不知以食牛干秦繆公之爲汙也，可謂智乎？不可諫而不諫，可謂不智乎？知虞公之將亡而先去之，不可謂不智也。時舉於秦，知繆公之可與有行也而相之，可謂不智乎？相秦而顯其君於天下，可傳於後世，不賢而能之乎？注百里奚知虞公之不可諫而去之秦，年七十，而不知食牛干人君之爲汙，是爲不智也？欲言其不智，下有三智，知食牛干秦爲不然也。卒相秦，顯其君，不賢之人豈能如是？言其實賢也。**自鬻以成其君，鄉黨自好者不爲，而謂賢者爲之乎？」**【注】人自鬻於汙辱而以傅相成立其君，鄉黨邑里自喜好名者，尚不肯爲也，況賢人肯辱身而爲之乎？【疏】「百里奚」至「爲之乎」○正義曰：趙氏以「百里奚不諫」冠此兩節之首，蓋謂奚所以不諫者，知虞公之不可諫也。下「不可諫而不諫，可謂不智乎」即申此二句之義。知即智矣，於其間反入「不智」一層，此孟子屬文之法，故用而字轉捩，若曰：百里奚不諫乃是知其不可諫也，知其不可諫而即不諫，是其智也，而去之秦年已七十，曾不知以食牛干秦穆爲汙，可謂智乎？錯綜言之也。又因其一智推而爲三智：知虞公之不可諫而不諫，一智也；知虞公之將亡而先去之，二智也；知繆公之可與有行而相之，三智也。三智從三知字而出，「智」屬「知」，「賢」屬「能」。但知而不能，不可爲賢，故又實能相其君以顯於天下，是非獨智，而且賢矣。前以「知」斷其不知之非，後以「能」斷其不爲之是也。一説晉時强大，可與晉敵者莫如秦，奚故去虞入秦，三置晉君，正是爲虞報仇，所以不諫而去之秦者以此。翟氏灝《考異》云：「戰國時處士横議，蔑人倫，廢禮義，以爲親可怨，弟可放，夫婦可苟合也；竊威福之柄，萌篡逆之心，以爲君臣無定分，禪繼無定命也；枉己辱身，營營富貴利達之途，以爲苟賤可甘，近倖可援也。爰是造爲事端，託諸舜、禹、伊、孔，謂聖人且有然者，欲假以濟其私而掩其醜。孟子懼焉，故特設爲門弟子疑難問答，著諸簡編，以徹抉其樊籬。『好辨』章所謂『正人心，息邪説，距詖行，放淫辭』者，正於此篇詳盡見之。《風俗通》言孟子退與萬章之徒作書，而舉『好辨』章文爲旨，萬章之徒，非就此篇實據之歟？故此篇雖若泛論往事，而實爲《孟子》一書之領要。觀孟子論百里奚已無所據，惟以事理反覆推之，則列國之信史，若輩惡其害己，並早滅於秦火前矣。觀馬遷爲《史》，凡孟子所既辨斥，仍多取爲實録，則時之邪説惑人深，幾於杯水車薪之不可熄矣。使非此篇之傳，雖舜、禹、伊、孔且無以見白於今日，其他是非之顛倒者，可勝言乎？」

章指：言君子時行則行，時舍則舍，故能顯君明道，不爲苟合而違正也。 疏「不爲苟合」〇正義曰：《史記·封禪書》云：「阿諛苟合之徒。」

孟子正義卷二十

江都縣鄉貢士焦循譔集

孟子卷第十❶

萬章章句下凡九章。❷

孟子曰："伯夷目不視惡色，耳不聽惡聲。非其君不事，非其民不使。治則進，亂則退。橫政之所出，橫民之所止，不忍居也。思與鄉人處，如以朝衣朝冠坐於塗炭也。當紂之時，居北海之濱以待天下之清也。故聞伯夷之風者，頑夫廉，懦夫有立志。注孟子反覆差伯夷、伊尹、柳下惠之德以爲足以配於聖人，故數章陳之，猶詩人有所誦述，至於數四，蓋其留意者也。義見上篇矣。此復言不視惡色，謂行不正而有美色者，若夏姬之比也；耳不聽惡聲，謂鄭聲也。後世聞其風者，頑貪之夫

❶ "第"，原脱，今據全書體例補。

❷ "凡九章"，原作大字，今據經解本改。

更思廉絜,懦弱之人更思有立義之志也。疏「伯夷」至「立志」○正義曰:趙氏佑《温故録》云:「伯夷、叔齊,《論語》每言之,必兼二人,而孟子則獨舉伯夷。《史記》之言伯夷,以讓國,以恥周也,而孟子則言其辟紂,且屢言之。此章與前『伯夷隘』章極言其惡惡,非君不事,不立惡人之朝,猶是辟紂意。於恥周有可通,於讓國則絶無與也。若以史傳爲不實,則非讓國,何爲子貢援以問衛事?《論語》言『餓於首陽』,言『逸民』,明是恥粟採薇事,史即可爲經注也。孟子何獨有異?竊以伯夷當紂之時,親稔其暴,至於脯醢無罪諸侯,爲從古所未有;廉來之助惡,皆非可以力争。而自以遠國疎臣,欲諫正之不得,徒苟奉職貢而以爲恥,固久有欲辟之心矣而不忍言,因生事之既終,有遺命之可托,遂以不顧而逃。叔齊與兄同志者也,亦以有託而逃。叔齊特從兄也,孟子故不及之,爲其舉兄可以見弟也。其事從讓國起,而其心實從辟惡起。史傳據事書之,孟子原心論之也。然而曰待天下之清,則夷惟辟紂之惡,未嘗不待紂之改。辟之已耳,其於君臣之大義,未嘗有他志也。故以諫武王,武誅紂,遂以恥周粟,而孔子特表之曰『不念舊惡』。是則伯夷之所以爲伯夷者,其行事甚委曲,其用心甚平直,第求無污於己,而非必有苛於人,故得爲聖之清。」○注「若夏姬之比也」○正義曰:《列女傳·孽嬖》篇云:「陳女夏姬者,大夫夏徵舒之母也。其狀美好無匹,内挾伎術,蓋老而復壯者。三爲王后,七爲夫人,公侯争之,莫不迷惑失意。頌曰:『夏姬好美,滅國破陳。走二大夫,殺子之身。殆誤楚莊,敗亂巫臣,子反悔懼,申公族分。』」○注「頑貪之夫更思廉絜」❶○正義曰:毛氏奇齡《四書賸言》云:

❶「絜」,原作「潔」,據本書注文改。

「《孟子》『頑夫廉』，頑字古皆是貪字。《漢・王吉傳》：『孟子云：聞伯夷之風者，貪夫廉，懦夫有立志。』《晉書・羊祜傳》亦曰：『貪夫反廉，懦夫立志。雖夷、惠之操，無以尚也。』《南史》稱『任昉能使貪夫不取，懦夫有立志』。」臧氏琳《經義雜記》云：「《韓詩外傳》云：『伯夷目不視惡色，耳不聽惡聲。非其君不事，非其民不使。横政之所出，横民之所止，弗忍居也。思與鄉人居，若朝衣朝冠坐於塗炭也。故聞伯夷之風者，貪夫廉，懦夫有立志。』又《漢書・王貢兩龔鮑傳》序引《孟子》云：『聞伯夷之風者，貪夫廉，懦夫有立志。奮乎百世之上，行乎百世之下，莫不興起。非賢人而能若是乎？』又《後漢書・王龔傳》云：『聞伯夷之風者，貪夫廉，懦夫有立志。』《丁鴻傳》論曰：『孟子曰：聞伯夷之風者，貪夫廉，懦夫有立志。』《列女傳》：『曹世叔妻云：昔夷齊去國，天下服其廉。』高、李注引《孟子》曰：『聞伯夷之風者，貪夫廉，懦夫有立志。』又《藝文類聚・隱逸下》引魏王粲《弔夷齊文》曰：❶『厲清風於貪士，立果志於懦夫。』當亦用《孟子》。《孟子・萬章》《盡心》皆作『頑夫廉』，趙氏於《萬章》下注云『頑貪之夫更思廉潔』，於《盡心》下注云『頑，貪』，是趙本作『頑』矣。據下文『懦夫有立志』，『鄙夫寬，薄夫敦』，皆以相反者言之，則作『貪』爲是。趙氏以頑訓貪，未詳其所出。而兩漢及唐人皆引作『貪』，知必非無本矣。《孟子》漢有劉熙注，梁有綦毋邃注，作『貪』者或見於二家之本與？」王氏念孫《廣雅疏證》云：「頑，鈍也。如淳注《漢書・陳平傳》云：『頑頓謂無廉隅也。』頓與鈍同。《孟子・萬章》篇云：『頑夫廉。』」按：王氏説是也。頑之義爲鈍，廉之義爲棱，棱則有隅角，鈍則無鋒鍔，二

---

❶「類聚」，原作「志」，今據《經義雜記》及《藝文類聚》改。

者正相對。《吕氏春秋・慎大》篇云「暴戾頑貪」，是頑亦貪也。諸書引作「貪」，亦頑訓貪之證。《國語・晉語》「少懦於諸侯」，注云：「懦，弱也。」《説文》心部「懦，駑弱者也」。故以「懦」爲「弱」。

伊尹曰：『何事非君？何使非民？治亦進，亂亦進。曰：天之生斯民也，使先知覺後知，使先覺覺後覺。予，天民之先覺者也，予將以此道覺此民也。』思天下之民匹夫匹婦有不與被堯舜之澤者，如己推而内之溝中。其自任以天下之重也。注説與上同。

柳下惠不羞汙君，不辭小官。進不隱賢，必以其道；遺佚而不怨，阨窮而不憫。與鄉人處，由由然不忍去也。『爾爲爾，我爲我。雖袒裼裸裎於我側，爾焉能浼我哉？』故聞柳下惠之風者，鄙夫寬，薄夫敦。注鄙狹者更寬優，薄淺者更深厚。

疏注「鄙狹」至「深厚」○正義曰：《周禮・地官・遂人》：「掌邦之野，以土地之圖經田野。五家爲鄰，五鄰爲里，五里爲酇，五酇爲鄙，五鄙爲縣。」劉熙《釋名・釋州國》云：「鄙，否也。小邑不能遠通也。」《吕氏春秋・尊師》篇云「子張，魯之鄙家也」，《愛類》篇云：「墨子見荆王曰：『臣，北方之鄙人也』」，高誘注皆云：「鄙，小也。」又《君守》篇云「魯鄙人遺宋元王閉」，高誘注云：「鄙人，小人也。」小即狹也，對下「寬」言之，故不訓小而訓「狹」也。《賈子・道術》篇云：「優賢不逮謂之寬。」《詩・大雅・瞻卬》「維其優矣」，箋云：「優，寬也。」是「寬」即「優」也。《淮南子・齊俗訓》云「煩挐澆淺」，高誘注云：「淺，薄也。」是「薄」即「淺」也。《毛詩・邶風・北門》「王事敦我」，傳云：「敦，厚也。」薄既是淺，則厚即是深，故云「深厚」。

孔子之去齊，接淅而行。去魯，曰：『遲遲吾行也，去父母國之道也。』可以速而速，可以久而

久；可以處而處，可以仕而仕：孔子也。」【注】淅，漬米也。不及炊，避惡亟也。魯，父母之國，遲遲不忍去也，是其道也。孔子聖人，故能量時宜，動中權也。【疏】注「淅漬米也」至「亟也」〇正義曰：《說文》水部云：「滰，浚乾漬米也。《孟子》曰：『孔子去齊，滰淅而行。』」「淅，汏米也。」段氏玉裁《說文解字注》云：「《毛詩》傳曰：『釋，淅米也。』《爾雅》：『溞溞，淅也。』《孟子》注：『淅，漬米也。』凡釋米、淅米、漬米、汏米、灡米、淘米、洮米、漉米，異稱而同事。淅箕謂之籅，自其方漚未淘言之曰漬米，不及淘抒而起之曰滰。《萬章》篇今滰作接，當是字之誤。」王氏念孫《廣雅疏證》云：「浚滰，盝也。《說文》：『湑，莤酒也。一曰浚也。』鄭興注《周官·甸師》云：『莤讀爲縮，束茅立之祭前，沃酒其上，酒滲下去，若神飲之，故謂之縮。縮，浚也。』《說文》：『滰，浚乾漬米也。』引《孟子》『孔子去齊，滰淅而行』。今本滰作接，所見本異也。滰之言竟，謂漉乾之也。今俗語猶謂漉乾漬米爲『滰乾』矣。」《西溪叢語》云：❶「《異聞集》引李吉甫《南銘》曰『孟子去齊而滰淅』，唐本作滰字。」

孟子曰：「伯夷，聖之清者也；伊尹，聖之任者也；柳下惠，聖之和者也；孔子，聖之時者也。孔子之謂『集大成』。集大成也者，金聲而玉振之也。金聲也者，始條理也；玉振之也者，終條理也。【注】伯夷清，伊尹任，柳下惠和，皆得聖人之道也。孔子時行則行，時止則止。孔子，集先聖之大道以成己之聖德者也，故能金聲而玉振之。振，揚也。故如金音之有殺，振揚玉音，終始如一也。

❶「溪」，原作「漢」，今據原書名改。

始條理者，金從革，可治之使條理；終條理者，玉終其聲而不細也。合三德而不撓也。疏注「振揚」至「不撓也」○正義曰：《説文》手部云：「振，舉救也。一曰奮也。」「揚，飛舉也。」《吕氏春秋・必己》篇云「盡揚播入於河」，高誘注云：「揚，動也。」《淮南子・本經訓》云「共工振滔洪水」，高誘注云：「振，動也。」是「振」與「揚」同義也。程大昌《演蕃露》云：「《管子》曰：『玉有九德。叩之其音清專徹遠，純而不殺亂也。』此諸家之言孔子玉振者。曰：其謂終條理者，爲其叩之，其聲首尾如一，不比金之始洪終殺，是爲終條理。」按：「始條理」，《音義》云：「本亦作『治條理』，下同。」玩趙氏言「金從革可治之使條理」，則趙氏本正作「治條理」也。下文「始條理者智之事也」，注云：「智者知理物。」理物即治物，以理字解治字，正作「治條理者智之事也」。玉終其聲之聲指金聲，金聲有殺，以玉振揚之，所謂「治之使條理」也。殺則細，振以終之，則其聲不細矣。「金音」，音字解聲字。近時通解謂：金，鎛鐘也，聲以宣之於先；玉，特磬也，振以收之於後。條理是節奏次弟。金以始此條理，玉以終此條理，所爲集大成也。王氏念孫《廣雅疏證》云：「《中庸》『振河海而不洩』，鄭注云：『振猶收也。』《孟子・萬章》篇云：『金聲而玉振之也。』《周官・職幣》：『掌式法以斂官府都鄙與凡用邦財者之幣，振掌事者之餘財。』斂、振皆收也。故鄭注云：『振猶抍也，檢也。』《廣雅》卷三云：『抍，收也。』《孟子・梁惠王》篇注云：『檢，斂也。』賈疏云：『以財與之謂之抍，知其足剩謂之檢。』皆失之。《秦風・小戎》篇『小戎俴收』，毛傳云：『收，軫也。』正義曰：『軫，所以收斂所載，故名收焉。』軫與振亦聲近義同。」**始條理者，智之事也；終條理者，聖之事也。**注智者知理物，聖人終始同。疏「始條」至「事也」○正義曰：戴氏震《孟子字義疏證》云：「理者，察之而幾微，必區以別之名也。是故謂之分理。在物之質曰肌理，曰腠理，曰文理。得其分，則有條而不紊，謂之條理。孟子稱『孔子之謂集大成』曰：『始條理者，智之事也；終條理者，聖之事也。』聖、智至孔子而極其盛，不過舉條理以言之而已矣。《易》曰『易簡而天下之理得』，自乾坤言，故不曰仁智而曰易簡。『以易知』，知一於仁愛平恕也；『以簡能』，能一於行所無事也。『易則易知，易知則有親，有親則可久，可久則賢人之德。』若是者，仁也。『簡則易從，易從則有功，有功則可大，可大則賢人之業。』若是者，智也。天下事情條分縷晰，以仁且智當之，豈或爽失幾微哉？《中庸》曰：『文理密察，足以有別也。』《樂記》曰：『樂者，通倫理者也。』鄭康成注云：『理，分也。』許叔重《説文解字序》曰：『知分理之可相别異也。』古人所謂理，未有如後儒之所謂理者矣。」**智，譬則巧也；聖，譬則力也。由射於百步之外也：其至，爾力也；其中，非爾力也。」**注以智，譬由人之有技巧也，可學而益之；以聖，譬由力之有多少，自有極限，不可強增。聖人受天性，可庶幾而不可及也。夫射遠而至，爾努力也；其中的者，爾之巧也。思改其手，用巧意，乃能中也。疏注「以智」至「中也」○正義曰：《説文》工部云：「巧，技也。」故以「技」釋「巧」也。《章指》云：「言聖人猶力，力有常也；賢者由巧，巧可增也。」與此注相發明。趙氏以巧比三子，以力比孔子。三子可學，孔子不可及也。然則兩「爾」字宜皆指三子。「其至」，如清、任、和爲三子之力所可至；「其中」，如孔子聖之時爲三子之力所不可至。至、中俱承上力字。至爲三子之力，中爲孔子之力。乃注云「其中的者，爾之巧也」，意殊矛盾，不可詳知。又云「改其手，用巧意，乃能中」，似謂孔子之時，三子力不能及，故改而用巧爲清、任、和，則中字轉屬三子之清、任、和矣；又似謂孔子以時爲中的，三子各以清、任、和爲中的，三子自知不能爲孔子之中的，因思改而用巧爲三子之中的，故各用清、任、和也。是孔子以力中的，三子不以力而以巧中的也；以力則但能至，不能中也。趙氏本義未知何如，姑擬之以質知者。近時通解：智巧即靈明不測妙乎神也，聖力即造詣獨到因乎應也。聖知兼備，而唯智乃神；巧力並用，而惟巧乃中。此孔子所以獨爲聖之時。或云：巧力之喻是孟子自擬作聖之功。由射於百步之外，望道之比也。孔子之聖非力可擬，力則人，巧則天也。

章指：言聖人由力，力有常也；賢者由巧，巧可增也。仲尼天高，故不可階；他人丘陵，丘陵由可踰。所謂小同而大異者也。

北宮錡問曰：「周室班爵禄也，如之何？」注北宮錡，衛人。班，列也。問：周家班列爵禄，等差謂何？疏注「班列也」○正義曰：《方言》云：「班、徹，列也。北燕曰班，東齊曰徹。」戴氏震《方言疏證》云：「趙岐《孟子注》『《孟子》班爵禄』云：『班，列也。』《春秋》昭公二年《左傳》『送從逆班』，杜預注云：『班，列也。』任昉《奏彈曹景宗》曰『榮高列侯』，李善注引《方言》：『列，班也。』所引即此文。《詩·大雅》『王命召伯，徹申伯土田』，毛傳：『徹，治也。』鄭箋云：『治者，正其井牧，定其賦稅。』亦於班列之義爲近。《廣雅》：『列、班，布也。』」**孟子曰：「其詳不可得聞也，諸侯惡其害己也而皆去其籍。然而軻也嘗聞其略也。**注詳，悉也。不可得備知也。諸侯欲恣行，憎惡其法度妨害己之所爲，故滅去典籍。今《周禮》司禄之官無其職，是則諸侯皆去之，故使不復存也。軻，孟子名；略，麤也。言嘗聞其大綱如此。今考之《禮記·王制》則合也。疏注「詳悉」至「存也」○正義曰：「詳，悉」，見《離婁下》。《荀子·非相》篇云「詳則舉小」，注云：「詳，周備也。」故又以「備」釋「詳」也。《周禮·地官》：「司禄，中士四人，下士八人，府二人，史四人，徒四十人。」注云：「主班禄。」賈氏疏云：「在此者，其職既闕，未知所掌云何，但班禄者用粟與之，司禄職次倉人，明是班多少之官，故鄭云主班禄。」○注「今考之禮記王制則合也」○正義曰：《禮記正義》云：「鄭《目録》云：『名曰《王制》者，以其記先王班爵授禄、祭祀養老之法度，此於《别録》屬制度。《王制》之作，蓋在秦漢之際。』鄭答臨碩云：『孟子當赧王之際，《王制》之作復在其後。』盧植云：『漢孝文皇帝令博士諸生作此《王制》之書。』」《周禮·春官·内史》「王制禄則贊爲之，以方出之」。鄭司農、鄭康成皆引《王制》以注之。趙氏佑《温故録》云：「自當以《孟子》爲正，不必與《周禮》規規求合也。與《孟子》合者惟《王制》，猶不免有不合者，由其又在孟子後雜采遺文所致，即孟子亦第言『聞其略』也。鄭康成於《王制》與《周禮》不合處輒謂之夏殷制，皆求其説而不得，從而爲之辭而已。即如百里、七十里、五十里，孟子明言『周室』，得謂之夏殷然歟？于是又以開方法兩圓之。然子二百里、男百里，又何法？又豈所謂同一位者歟？唯其不必求合而必求合也。然則奚其不合？蓋注以《周禮》司禄官無其職爲諸侯去籍證。《周禮》本不完之書，司禄之亡猶他官之闕，未必去籍獨去此；即去，亦其中一端。就《孟子》《王制》所言之與《周禮》不合初非獨此班爵禄事矣，是不足以定也。若謂盡去其合而獨存其不合，則是《周禮》一書已自有不能盡合之失，更不足以定也。彼其放恣横議之習已久，秦至敢於燔燒三代之書。諸侯皆秦也，何嫌於竄易一朝之制？去者既全去之，其姑存者争以意增損之，上下相蒙，若爲故然，蓋所必至，不待劉歆之徒也。恐劉歆亦定負此枉於千古也。然則宜其不合之多矣。文景時去古尤近，諸儒纂輯《王制》，何不就其所据書名人代，明白標舉？而一概渾同，使後學至莫别其由然，斯則前儒之過歟？」翟氏灝《考異》云：「《周禮》司禄之官今無其職，趙氏據此爲戰國諸侯去籍之證。孟子於典籍既亡之後側聞其略，自不能纇若畫一。且有嫌於時君之争并無厭也，故於所聞異詞中，寧信其數之少而不肯失之多。若《王制》，乃漢文帝敕令博士諸生採集傳記，斟酌損益以成其篇，『制禄爵』節明屬採自《孟子》。時《周禮》未顯於世，諸博士猶不及見之，故惟以《孟子》一書爲本，其所以微有異同，正博士之所斟酌損益，何可轉據之議《孟子》乎？」**天子一位，公一位，侯一位，伯一位，子男同一位，凡五等也。**

注公謂上公九命及二王後也。自天子以下，列尊卑之位凡五等。

疏「天子」至「等也」○正義曰：《禮記・王制》云：「王者之制禄爵：公、侯、伯、子、男，凡五等。」彼言「王者之制」，故不數天子，與此異。《白虎通・爵》篇云：「天子者，爵稱也。爵所以稱天子者何？王者父天母地，爲天之子也。所以名之爲公侯者何？公者，通也，公正無私之意也。侯者，候也，候逆順也。伯者，白也。子者，孳也，孳孳無已也。男者，任也。」顧氏炎武《日知録》云：「爲民而立之君，故班爵之意，天子與公侯伯子男一也，而非絶世之貴；代耕而賦之禄，故班禄之意，君卿大夫士與庶人在官一也，而非無事之食。是故知『天子一位』之意，則不敢肆於民上以自尊；知『禄以代耕』之義，則不敢厚取於民以自奉。不明乎此，而侮奪人之君常多於三代以下矣。」○注「公謂」至「後也」○正義曰：《周禮・春官・典命》：「掌諸侯之五儀，諸臣之五等之命：上公九命爲伯，其國家、宫室、車旗、衣服、禮儀，皆以九爲節；侯伯七命，其國家、宫室、車旗、衣服、禮儀，皆以七爲節；子男五命，其國家、宫室、車旗、衣服、禮儀，皆以五爲節。」又云「王之三公八命」，注云：「上公謂王之三公有德者，加命爲二伯。二王之後亦爲上公。」賈氏疏云：「三公八命，出封皆加一等，謂若周公、太公有德，封於齊魯，身雖在王朝，使其子就國，亦是出封加命爲上公九命者。」《白虎通·爵》篇云：「《春秋傳》曰：『天子三公，稱公，王者之後亦稱公，其餘大國稱侯，小國稱伯子男也。』」**君一位，卿一位，大夫一位，上士一位，中士一位，下士一位，凡六等。** 注 諸侯法天子，臣名亦有此六等，從君下至於士也。

疏「君一」至「六等」○正義曰：《王制》云：「諸侯之上大夫卿，下大夫，上士，中士，下士，凡五等。」諸侯即君也。《王制》五等不連諸侯，《孟子》六等連君。不連君猶不連天子也。《白虎通·爵》篇云：「卿之爲言章也，章善明理也。大夫之爲言大扶，扶進人者也。故傳曰『進賢達能，謂之卿大夫』，《王制》云『上大夫卿』也。士者，事也，任事之稱也。故傳曰：『通古今，辯然不，謂之士。』諸侯所以無公爵者，下天子也。故《王制》曰：『上大夫，下大夫，上士，中士，下士，凡五等。』此謂諸侯臣也。大夫但有上下，士有上中下何？明卑者多也。爵皆一字，大夫獨兩字何？《春秋傳》曰：『大夫無遂事。』以爲大夫職在之適四方，受君之法，施之於民，故獨兩字言之。或曰：大夫，爵之下者也。稱大夫，明從大夫以上受下施，皆大自著也。天子之士獨稱元士何？士賤，不得體君之尊，故加元以别於諸侯之士也。《禮經》曰『士見於大夫』，諸侯之士也。《王制》曰：『王者八十一元士。』」沈氏彤《周官田禄考》云：「周天子具六官，官之爵六等：曰公，曰孤卿，曰中大夫，下大夫，曰上士，曰中士，曰下士，庶人在官者屬焉。凡天子之官之爵，其有常數可周知而見本經及注者：公三人，孤三人，卿五官官一人，又地官鄉大夫每鄉卿一人，六鄉則六人，凡十一人。中大夫：天官四人，地官五人，又州長每州一人，三十州則三十人，遂大夫每遂一人，六遂則六人，春官五人，夏官十四人，秋官四人，凡六十八人。下大夫：天官十二人，地官十五人，又黨正每黨一人，百五十黨則百五十人，縣正每縣一人，三十縣則三十人，春官二十四人，夏官三十人，秋官八人，凡二百六十九人。上士：天官四十六人，地官四十八人，又族師每族一人，七百五十族則七百五十人，鄙師每鄙一人，百五十鄙則百五十人，春官五十三人，夏官六十七人，又僕夫十人，秋官二十人，又象胥每翟一人，六翟則六人，凡千一百五十人。中士：天官百一十八人，地官百四十八人，又閭胥每閭一人，三千閭則三千人，鄰長每鄰一人，七百五十鄰則七百五十人，春官百五十八人，夏官百五十八人，秋官百五十二人，又象胥每翟二人，六翟則十二人，凡四千四百九十六人。下士：天官百七十九人，又寺人五人，地官二百七十二人，又比長五家一人，萬五千比則萬五千人，里宰每里一人，三千里則三千人，司門每門二人，王城十二門則二十四人，司關每關二人，王畿十二關則二十四人，場人每場二人，九穀九場則十八人，春官二百七十五人，夏官二百四十三人，又馭夫二人，趣馬百九十二人，庾人每閑二人，天子十二閑則二十四人，秋官百九十三人，又條狼氏八人，象胥每翟八人，六翟則四十八人，凡萬九千五百有七人。其不見經注而數皆可推者：上士爲郊之縣正，十一縣則十一人。中士爲郊之鄙師，野之縣正，郊五十五鄙，野九百五十三縣，人各如縣鄙之數，凡千有八人。下士爲郊之鄰長，野之鄙師，郊二百七十四鄰，野四千七百六十五鄙，人各如鄙鄰之數，凡五千有三十九人。通計三萬一千五百六十五人。若内諸侯之官之爵，由經注及他傳記所見推之，則在公四等，自卿而下；在孤卿三等，自大夫而下；在大夫二等，自上士而下。其數，公之卿二人，下大夫五人，上下士各若干人。孤卿之大夫二人，上士五人，下士若干人。大夫之上士二人，下士五人。其縣鄙之士，皆上士爲縣正，下士爲鄙師。公七縣三十三鄙，孤卿二縣八鄙，大夫二鄙，上下士各皆如縣鄙之數。通計爵數之可知者，在公四十七人，在孤卿十七人，在大夫九人。若外諸侯之官之爵，則在上公六等，自孤而下；在侯伯五等，在子男四等，皆自卿而下。其數，公之孤一人，卿三人，下大夫五人，上士二十七人，中下士各若干人。侯伯之卿大夫士如之。子男之卿大夫亦如之，士則上二十七人，下若干人，無中。此皆見於經注及他傳記。其無所見而可推知者，上公爲大國，三鄉三遂。卿，鄉大夫三人；下大夫，州長十五人，遂大夫三人，凡十八人；上士，黨正七十五人，縣正十五人，凡九十人；中士，族師三百七十五人，鄙師七十五人，凡四百五十人；下士，閭胥千五百人，酇長三百七十五人，凡千八百七十五人。其野，二百二十六縣，千一百三十鄙，中士爲縣正，下士爲鄙師，皆各如縣鄙之數。侯伯爲次國，二鄉二遂。卿，鄉大夫二人，下大夫，州長十人，遂大夫二人，凡十二人；上士，黨正五十人，縣正十人，凡六十人；中士，族師二百五十人，鄙師五十人，凡三百人；下士，閭胥千人，酇長二百五十人，凡千二百五十人。其野，侯百四十四縣，七百一十九鄙，伯七十二縣，三百六十一鄙，皆中士爲縣正，下士爲鄙師，各如其縣鄙之數。子男爲小國，一鄉一遂。卿，鄉大夫一人；下大夫，州長五人，遂大夫一人，凡六人；上士，黨正二十五人，縣正五人，凡三十人；下士，族師百二十五人，鄙師二十五人，凡百五十人。其野，子三十一縣，百五十五鄙，上士爲縣正，下士爲鄙師，皆各如縣鄙之數。男一鄙，下士爲鄙師，如其數。通計爵數之可知者，在上公三千八百二十八人，在侯二千五百二十二人，在伯二千有九十二人，在子四百有八人，在男二百二十三人。《周官》之爵，曰公，曰孤，曰卿，曰中大夫，曰下大夫，曰上士，曰中士，曰下士，凡八等，而合孤卿爲一等，中下大夫爲一等，何也？曰：《典命》『王之三公八命，其卿六命』，不别言三孤命數，則并孤於卿矣。云『其大夫四命』，則大夫不以中下殊矣。爵與命之等常相因，故二者皆合爲一等也。且《考工記》稱『九卿』，鄭康成以『六卿三孤』注之，則孤亦名卿而爲一等。《孟子》、《王制》序大夫皆止一等，是又不分二等之明證也。經何以無上大夫？曰：上大夫即孤、卿也。《大戴記·盛德》篇云：『三少，皆上大夫也。三少謂三孤。』《王制》云『諸侯之上大夫卿』，天子亦然。凡内外諸侯之官，其爵等人數，何以定之？曰：《大宰》云：『乃施典於邦國而建其牧，立其監，設其參，傳其伍，陳其殷，置其輔。』注云：『監謂公侯伯子男各監一國。參謂卿三人。伍謂大夫五人。殷謂衆士，《王制》諸侯上士二十七人。輔，府史，庶人在官者。』此外諸侯官爵等人數之大略也。何以知上公之一孤也？曰：《典命》『公之孤四命』，注以爲『九命上公，得置孤卿一人』也。何以知子男之無中士也？曰：襄十一年《公羊傳》云『古者上士下士』，明中士非《周官》初制也。若子男而有中士，則田禄不皆以四爲差，而國亦不足於用矣。《公羊》所云乃通指諸侯，今獨歸之子男，何也？曰：惟子男不當有中士耳。謂公侯伯而亦無中士，傳之誤也。」

「天子之制，地方千里，公侯皆方百里，伯七十里，子男五十里，凡四等。不能五十里不達於天子，附於諸侯曰附庸。注凡此四等，土地之等差也。天子封畿千里，諸侯方百里，象雷震也。小者不能特達於天子，因大國以名通，曰附庸也。疏「天子」至「附庸」○正義曰：《王制》云：「天子之田方千里，公侯田方百里，伯七十里，子男五十里。不能五十里者不合於天子，附於諸侯曰附庸。」注云：「不合謂不朝會也。小城曰附庸。附庸者，以國事附於大國，未能以其名通也。此地，殷所因夏爵三等之制也。殷有鬼侯、梅伯。❶

❶「有」，原作「者」，今據《禮記》鄭注改。

春秋變周之文，從殷之質，合伯子男以爲一，則殷爵三等者，公、侯、伯也。異畿内謂之子。周武王初定天下，更立五等之爵，增以子男，而猶因殷之地，以九州之界尚狹也。周公攝政致太平，斥大九州之界，制禮成武王之意，封王者之後爲公，及有功之諸侯，大者地方五百里，其次侯四百里，其次伯三百里，其次子二百里，其次男百里，所因殷之諸侯，亦以功黜陟之。其不合者，皆益之地爲百里焉。是以周世有爵尊而國小，爵卑而國大者。」閻氏若璩《釋地又續》云：「《孟子》一則公侯皆方百里，再則大國地方百里。證以周公太公，其封齊魯不過方百里耳。而孟子時魯地且五倍之，以爲有王者作，魯必在所削，安得有成王封周公於曲阜，地方七百里之説哉？爲此説者乃《明堂位》篇中多誣，不可勝舉。余嘗上稽《周易》『雷聞百里』，公侯國制，厥象取此；下徵《魯頌》『革車千乘』，惟百里國數適相應。子産曰：『昔天子之地一圻，列國一同。』同方百里也。今晉地多數圻矣，❶皆侵小故。管仲曰：『昔賜我先君履，南至於穆陵，北至於無棣。』穆陵，山名，今在沂水縣；無棣，溝名，今爲海豐、慶雲兩縣。南北相距七百里，亦應是後來侵小所至。」周氏柄中《辨正》云：「封國之制，《孟子》言『公侯百里，伯七十里，子男五十里』，與《王制》同；《周官·大司徒》則謂『公五百里，侯四百里，伯三百里，子二百里，男百里』，與《孟子》異。鄭康成謂《孟子》所言周初制，周公斥大九州之地，始皆益之。此説最謬。後儒陸農師、易山齋、金仁山輩，並言周之幅員不廣於虞夏，安得加封若此？且武王封之，周公大之，其勢必有所并，有所并必有所徙，一公之封而子男之國爲之徙者二十餘，封數大國，

❶「圻」，原作「坼」，今據《四書釋地》及經解本改。

天下盡擾，此必不然之事。唐仲友謂：『古之封國，有軍有賦。自軍言之則方百里而具三軍，方七十里而具二軍，方五十里而具一軍；自賦言之則公之國方二百一十里而具千乘，伯之國方一百四十里而具六百乘，男之國方百里而具三百乘。子下同於男，侯上同於公。自是而外，則山川土田附庸皆在封疆之内，然皆非出車制賦之壤。《孟子》言百里、七十里、五十里者，獨舉軍制而言也；《周官》於諸公言五百里，諸侯言四百里，伯言三百里，子言二百里者，包山川土田附庸於封疆内也。於諸男言百里者，獨舉其出軍賦之封疆也。凡此皆省文而互見，詳而考之，未有不合者。』按，唐氏此説極爲支離。即以《周禮》觀之，自諸公至諸男，封疆之數遞爲降殺，各以百里爲等差。今忽分二解，於公侯伯子則以爲兼虚封，於諸男則以爲舉實封，此在《周禮》先不可通，而以牽合《孟子》之説，其誰信之？陳氏《禮書》謂：『《孟子》三等之地，正封也；《周官》五百里四百里云云者，則所統之附庸。』葉少藴又謂兼山林川澤而言。汪武曹駁之云：『方五百里者，爲方百里者二十五也。豈公之正封止得方百里者一，而附庸反得方百里者二十四乎？方四百里者，爲方百里者十六也。豈侯之正封止得方百里者一，而附庸反得方百里者十五乎？即合山林川澤言之，亦不應如此之多。』則其説又難通矣。惠氏據《尚書大傳》謂：『諸侯受封必有采地。封五百里與四百里者，其采百里；封三百里者，其采七十里；封二百里與百里者，其采五十里。采則全入於其君，而封爲天子之土，故天子得而食之。《王制》言采，《周官》言封，二者必合而相備。』按，《大傳》言『百里諸侯之國以五十里爲采，七十里諸侯以二十里爲采，五十里諸侯以十里爲采』，此説合於《孟子》而異於《周禮》。惠氏假借傅會以調和其説，巧則巧矣，而非其實也。李剛主謂：『百里專言土田山川附庸，則量功而錫，不在百里内。《孟子》曰天子巡狩有慶，慶以地，是初封百里而其後慶地何算？故《周禮》約其數曰：公不過五百里，侯不過四百里，伯子男不過三百里二百里。』此説亦本之唐仲友。按，《周禮》明言『凡建邦國，以土圭土其地而制其域』，則五百里四百里乃其疆域，於建國之初已定之，豈有豫約慶地之數而爲之制其域者？果如其説，本文何以不云『公之地無過五百里，侯之地無過四百里』邪？任釣臺又疑《大司徒》文誤，當是『方百里五，方百里四』，此亦不然。《職方氏》明言千里之地『以方五百里封公則四公，以方四百里封侯則六侯』。若止方百里五則千里當封二十公，方百里四則千里當封二十五侯。《職方》之制合於《大司徒》，其非誤文可知矣。然則《孟子》與《周禮》決不可合，自當以《孟子》爲正。或反據《周禮》以疑《孟》，不亦謬哉？」○注「諸侯方百里象雷震也」○正義曰：《白虎通·爵》篇云：「人皆千乘，象雷震百里所潤同。」盧氏文弨校云：「《御覽》載《援神契》曰：『二王之後稱公，大國稱侯，皆千乘，象雷震百里所潤雲雨同。』梁云：『《周禮·小司徒》注：「十終爲同，同方百里。」疏云：「謂之爲同者，取象雷震百里所聞同。」《易·震》正義：「雷之發聲，聞乎百里。古帝王制國，公侯地方百里，故以象焉。」』」○注「小者」至「庸也」○正義曰：《白虎通·爵》篇云：「人皆五十里差次功德，小者不滿爲附庸。附庸者，附大國以名通也。」隱公元年《公羊傳》疏引《春秋説》云：「庸者，通也。」此趙氏所本也。孔氏廣森《經學卮言》云：「不達於天子者，《春秋》所謂未能以其名通也。《繁露》曰：『附庸，字者方三十里，名者方二十里，人氏者方十五里。』《書大傳》曰：『古者諸侯始受封則有采地。百里諸侯以三十里，七十里諸侯以二十里，五十里諸侯以十五里。其後子孫雖有罪黜，其采地不黜，使其子孫賢者守之，世世以祠其始受封之人，此之謂「興滅國，繼絶世」。昔齊人滅紀，紀季以酅爲齊附庸。酅者，紀之采也。然則附庸多亡國之後，先世有功德者，故追録之，使世食其采，以臣屬於大國。三十里者，其先公侯也；二十里者，其先伯也；十五里者，其先子男也。』董仲舒説正與《書傳》相合。」**天子之卿受地視侯，大夫受地視伯，元士受地視子男。**

注 視，比也。天子之卿大夫士所受采地之制也。

疏「天子」至「子男」○正義曰：周氏柄中《辨正》云：「《王制》：『天子三公之田視公侯，天子之卿視伯，天子之大夫視子男，天子之元士視附庸。』與《孟子》不合。當以《孟子》爲正。蓋古者三公不必備，常以六卿兼之。卿兼公孤，亦止食卿之禄，公孤之爵不爲位，故無禄，則受地當自卿始。此《孟子》是而《王制》非也。内臣之命降於外諸侯而禄必視乎外，故以六命之卿視九命之公侯，四命之大夫視七命之伯，三命之元士視五命之子男，皆卑其命而崇其禄者。元士之命不下於附庸而受地視附庸，則非卑其命而崇其禄之義，與卿大夫不一例矣。此又《孟子》是而《王制》非者也。吴氏《禮記纂言》反謂『孟子當諸侯去籍之時，但以意言其大略，不若《王制》所記爲得之』，顛倒甚矣。」沈氏彤《周官禄田考》云：❶「上公之地方五百里，侯方四百里，伯方三百里，子方二百里，男方一百里，見《大司徒》之經，而《孟子》云：『公侯皆方百里，伯七十里，子男五十里。』大都之地方八十里，加爲百里；小都方四十里，加爲五十里；家邑方二十里，加爲二十五里，本《載師》及《小司徒》之經注，而《孟子》云：『天子之卿受地視侯，大夫受地視伯，元士受地視子男。』其説並殊於《周官》，何也？曰：孟子因籍去而僅聞其略，此所云並周所沿夏商之制耳。考諸《周官》，畿内外皆無七十里之國。《王制》有七十里之

❶「禄田」，原誤倒，今據原書名乙正。

國，注疏以爲夏商之制，而湯國七十里即見《孟子》書。由是以觀，而其他之沿於夏商亦明矣。《王制》謂『天子之三公之田視公侯，卿視伯，大夫視子男，元士視附庸』，與孟子之説又殊，何也？曰：《王制》蓋别有所據，然要非周所定制也。其曰『田』者，即《孟子》之『地』。篇末云『方百里者爲田九十億畝』，則未去三之一而已稱田矣。或以爲皆實田，誤也。周公於畿内外之國既各别差其里數，而尚存夏殷之制，何也？曰：周制初定，豈得盡行？苟前代諸國無故而增減其地，勢必煩擾不安，故且因之。周公别差諸國之里數，畿内視夏商則減，畿外則大增，何也？曰：畿外諸國，夏商以來漸相吞併，廓地已大，周公因更定其制以安其無辜者，而又以待封大功德之臣，俾錯處其間以藩衛王室，故大增；若畿内諸國，本無權力，又象賢而世守者少，周公因稍更焉以就井田，以四上下之差，❶故減也。然則《孟子》於畿外諸國謂齊魯俱封百里，而以今魯方百里者五爲當損，何也？曰：此孟子即所傳聞以論當時之地域，意在風止其戰伐耳。若論封疆之實，則必如《晏子春秋·内篇》謂太公受地五百里，《史記·漢興以來諸侯年表》謂伯禽、康叔各四百里者，乃與《周官》之制合也。❷後人好以《孟子》駁《周官》，否則强傅會之，皆未及深考者也。」胡氏匡衷《儀禮釋官》云：「諸侯孤卿大夫之采地無明文可證，唯《雜記》疏引熊氏云『公大都采地方百里，侯伯大都方五十里，子男大都方二十五里』，中都無文，『小都一成之地方十里』。今按，公之采地當三等，侯伯子男采地當二等。公之

❶「四」，陳立《公羊義疏》引沈書作「爲」。

❷「官」，原作「公」，今據《周官禄田考》及經解本改。

孤方百里，卿方五十里，大夫方十里。侯伯之卿大夫亦如之。子男之卿方二十五里，大夫方十里。據《周禮》大國有孤，如天子三公。天子之公采地與卿異，則大國之孤亦當與卿異。侯伯子男無孤，惟有卿大夫，故采地當但分二等，不必有中都也。侯伯之卿采地與公之卿俱方五十里者，以其命數同也。子男之卿異於公侯伯者，以子男國小地狹，故卿降而爲方二十五里。大夫仍方十里不降者，據孟子言班禄之制，大小國大夫之禄不殊而卿以上各異，則知侯國之大夫采地皆一成也。」

「大國地方百里，君十卿禄，卿禄四大夫，大夫倍上士，上士倍中士，中士倍下士，下士與庶人在官者同禄，禄足以代其耕也；【注】公侯之國爲大國。卿禄居於君禄十分之一也，大夫禄居於卿禄四分之一也，上士之禄居大夫禄二分之一也，中士下士轉相倍。庶人在官者，未命爲士者也。其禄比上農夫。士不得耕，以禄代耕也。【疏】注「庶人」至「士者也」○正義曰：胡氏匡衷《儀禮釋官》云：「《燕禮》云：❶『尊士旅食于門西兩圜壺』，注云：『旅，衆也。士衆食，謂未得正禄者，所謂庶人在官者也。』按，士旅食謂未得爵命之士；疏以爲府史胥徒，非也。《王制》云：『大樂正論造士之秀者以告於王而升諸司馬，曰進士。司馬辨論官材，論進士之賢者以告於王而定其論。論定然後官之，任官然後爵之，位定然後禄之。』蓋上士中士下士，此正爵也；下士食九人以上，此正禄也。學校之士升於司馬，隸於司士，論定後官；而未得正爵正禄者則群食於公，謂之旅食。《檀弓》所謂『仕而未有禄者』，《司士職》所謂『以久奠食』，即此。但未

❶「胡氏」至「燕禮云」，原無，今從沈校據全書文例及《儀禮釋官》補。

得正爵，故謂之庶人在官者。趙岐注《孟子》亦云：『庶人在官，未命爲士者。』非謂府史胥徒也。若府史胥徒，官長所除，不命於國君，當爲燕之所不及，安得與諸臣相獻酬乎？」又云：「古者有未得爵命之士謂之士，旅食其禄，與庶人在官者等，亦謂之『庶人在官者』。《周禮・序官》『若地官鄰長』，賈公彦云：『鄰長是不命之士爲之。』是也。孟子云『上士一位，中士一位，下士一位』，此正爵也，謂之命士；若學校之士，升於司馬，隸於司士而未有命者，則先試之以官，俟其任官，然後以正爵命之。所試之官則如鄰長之類。諸侯之官降天子一等，凡天子下士之官，諸侯當使不命之士爲之，但無正爵，則亦未得九人以上之正禄，故比諸府史以下。庶人在官者，兼不命之士，方爲賅備。大夫以上有采地者，其禄取於采地，無則以公田所入之税禄之；士無采地，其禄一受於公，故《周禮》有司禄主班禄。《禮運》云：『大夫有采以處其子孫。』《國語》云：『大夫食邑，士食田。』韋注云：『受公田也。』此足證諸侯之士無地矣。」**次國地方七十里，君十卿禄，卿禄三大夫，大夫倍上士，上士倍中士，中士倍下士，下士與庶人在官者同禄，禄足以代其耕也；**注伯爲次國。大夫禄居卿禄三分之一也。**小國地方五十里，君十卿禄，卿禄二大夫，大夫倍上士，上士倍中士，中士倍下士，下士與庶人在官者同禄，禄足以代其耕也。**注子男爲小國。大夫禄居卿禄二分之一也。疏「大國」至「耕也」○正義曰：《王制》云：「諸侯之下士視上農夫，禄足以代其耕也。中士倍下士，上士倍中士，下大夫倍上士，卿四大夫禄，君十卿禄。次國之卿三大夫禄，小國之卿倍大夫禄，君十卿禄。諸侯之下士，禄食九人，中士食十八人，上士食三十六人，下大夫食七十二人，卿食二百八十八人，君食二千八百八十人。次國之卿食二百一十六人，君食二千一百六十人。小國之卿食百四十四人，君食千四百四十人。」周氏柄中《辨正》云：「安溪李文貞公曰：『諸侯之卿不命於天子者，其禄秩與大夫等。命於天子者，不論大小國，其禄皆當四大夫也。但大國三卿皆命於天子，故視大夫四倍；次國三卿，二卿命於天子，其一與大夫同禄，則以三卿與三大夫總較，惟三倍耳；小國三卿，一卿命于天子，其二與大夫同禄，則以三卿與三大夫相較，惟二倍耳。故曰次國之上卿，位當大國之中卿，中當其下，下當其上大夫；小國之上卿，位當大國之下卿，中當其上大夫，下當其下大夫。當大夫者，皆非命卿也。秩既相當，禄亦相等明矣。』考《王制》言：『大國之卿四大夫禄，食二百八十八人；次國之卿三大夫禄，食二百一十六人；小國之卿倍大夫禄，食百四十四人。』孔疏：『卿禄重，故隨國之大小爲節。』則謂『命於天子者，其禄皆當四大夫』非也。《王制》又云：『次國之卿，命於其君者如小國之卿。』孔疏：『次國三卿，二卿命於天子者，禄各食二百一十六人；而卿命于其君者爲賤，禄不可等天子命者，故視小國卿食一百四十四人。』則謂『不命於天子者與大夫同禄』亦非。況諸侯有大夫五人，但以三大夫與三卿相較，尤不合。」

「耕者之所穫，一夫百畝。百畝之糞，上農夫食九人，上次食八人，中食七人，中次食六人，下食五人。庶人在官者，其禄以是爲差。」【注】穫，得也。一夫一婦佃田百畝。百畝之田，加之以糞，是爲上農夫。其所得穀足以食九口。庶人在官者食禄之等差，由農夫有上中下之次，亦有此五等，若今之斗食、佐史、除吏也。【疏】「耕者」至「爲差」〇正義曰：《王制》云：「制農田百畝，百畝之分，上農夫食九人，其次食八人，其次食七人，其次六人，下農夫食五人。庶人在官者，其禄以是爲差也。」注云：「農夫皆受田於公。田肥墽者有五等，收入不同也。庶人在官，謂府史之屬，官長所除，不命於天子國君者。分或爲糞。」

翟氏灝《考異》云：「《孟子》自君卿順序，《王制》自農夫倒序，文有緐省，義未有鉏鋙也。惟一云『下士與庶人在官者同禄』，一云『下士視下農夫』，小異。蓋庶人在官，有府史胥徒四等，其禄以農之五等爲差，則爲府者當視上農，而史暨胥徒以次視中下矣。下士與爲府者同。故雖兩説之而義仍一。《周禮·小司徒》：『上地家七人，中地家六人，下地家五人。』《禮記講義》云：『《周禮》農夫之差，三等而已，《孟子》則五等者，先王之於民，養之欲其富，保之欲其庶，故家七人者必授以九人之上地，家六人者必授以七人之中地，而下地則以地稱人而已。』《管子·揆度》篇：『上農挾五，中農挾四，下農挾三。』《吕覽·士容論》：『上田夫食九人，下田夫食五人，可以益，不可以損，一人治之，十人食之，六畜皆在其中矣。』」周氏柄中《辨正》云：「周家授田之制，如《大司徒》《遂人》之説，則田肥者少授之，田瘠者多授之；如《小司徒》之説，則口衆者授之肥田，口少者授之瘠田；如《孟子》《王制》之説，則一夫定以百畝爲率，而良農食多，惰農食少。愚按，三説本同，當以《孟子》《王制》爲主而參觀《周禮》之説。蓋田有不易、一易、再易之殊，《左氏異義》：『自衍沃之地九夫爲井而外，又有二而當一，以至九而當一者。此大司徒、遂人授田所以有多寡之差也。』《孟子》《王制》言『一夫百畝』，則《周禮》『不易之地』，《左傳》『衍沃之地』，舉其最上者以定賦也。至《小司徒》之法，亦具於《遂人》中。《遂人》云：『以歲時稽其人民而授之田野。』蓋人有生耗即田有予取，故稽而授之。或以《小司徒》之説爲疑者，未考《遂人》『歲時稽授』之法也。」○注「獲得」至「吏也」○正義曰：《史記·春申君傳》《集解》引《韓嬰章句》云：「獲，得也。」《毛詩·齊風》「無田甫田」，《釋文》云：「無田，音佃。」孔氏正義云：「上田謂墾耕，下田謂土地。猶《多方》云：『宅爾宅，田爾田。』今人謂佃食，古之遺語也。」按：《説文》人部：「佃，中也。」攴部:「畂,平田也。」《多方》正作「畂」,此注云「佃」,乃畂之假借,而通作田也。《周禮·地官·遂人》「上地夫一廛,田百畮」,注云:「鄭司農云:户計一夫一婦而賦之田。」趙氏本此爲説也。按:夫之名從人起,亦從田起。六尺爲步,步百爲畝,畝百爲夫,此夫指地而言;緣一夫授田百畝,故百畝之地即以「一夫」名之。此上言「耕者所獲」,下言「上農夫食九人」,則以人言也。同受此百畝之田,而其所得穀或足以食九口,或足以食八口,或足以食七口,以至僅能食六口五口,所以多寡不一者,以糞種培溉之有殊也。《地官·草人》:「掌土化之法,以物地相其宜而爲之種。❶凡糞種,騂剛用牛,赤緹用羊,墳壤用麋,渴澤用鹿,鹹潟用貆,勃壤用狐,埴壚用豕,彊檃用蕡,輕爂用犬。」❷《秋官·薙氏》:「掌殺草,若欲其化也,則以水火變之。」注云:「謂以火燒其所芟萌之草,已而水之,則其土亦和美矣。」《月令》:「季夏燒薙行水,利以殺草,如以熱湯。」是其一時著之,此皆糞饒之事也。《漢書·百官公卿表》云:「縣令長皆秦官,掌治其縣。萬户以上爲令,秩千石至六百石;減萬户爲長,秩五百石至三百石。皆有丞尉,秩四百石至二百石,是爲長吏;百石以下,有斗食佐史之秩,是爲少吏。大率十里一亭,亭有長。十亭一鄉,鄉有三老,有秩、嗇夫、游徼。三老掌教化,嗇夫職聽訟收賦税,游徼徼循禁賊盜。」顔師古引《漢官名秩簿》云:「斗食月奉十一斛,佐史月奉八斛。一説:斗食者,歲奉不滿百石,計日而食一斗二升,故云斗食也。」《後漢·百官志》:「斗食奉月十一斛,佐史奉月

❶「其」,原作「與」,今從沈校據《周禮》改。

❷「爂」,原作「檃」,今從沈校據《周禮》改。

八斛。」與《名秩簿》同。劉昭引《漢書音義》云：「斗食，禄日以斗爲計。」此師古所引或一説也。趙氏舉其時奉禄有斗食、佐史兩目，用以除吏，吏即有秩、三老、嗇夫、游徼、亭長五者也。

章指：言聖人制禄，上下差敘。貴有常尊，賤有等威。諸侯僭越，滅籍從私。孟子略記，言其大綱，以答北宫子之問。疏「貴有常尊賤有等威」〇正義曰：宣公十二年《左傳》隨會之言也。〇「諸侯僭越滅籍從私」〇正義曰：《漢書·藝文志》云：「及周之衰，諸侯將踰法度，惡其害己，皆滅去其籍，自孔子時而不具。」

萬章問曰：「敢問友。」注問朋友之道也。**孟子曰：「不挾長，不挾貴，不挾兄弟而友。友也者，友其德也，不可以有挾也。**注長，年長；貴，貴勢；兄弟，兄弟有富貴者。不挾是乃爲友，謂相友以德也。疏注「兄弟兄弟有富貴者」〇正義曰：趙氏以「挾貴」爲挾在己身之富貴，「挾兄弟」爲挾兄弟之富貴，「兄弟」即包上「貴」字而言。江氏永《群經補義》云：「古人以昏姻爲兄弟，如張子之於二程，程允夫之於朱子，皆有中表之親。既爲友則有師道，不可謂我與彼爲婣親，有疑不肯下問也。『挾兄弟而問』，與挾故而問相似。俗解謂不挾兄弟多人而友，兄弟多人有何可挾乎？須辨别之。」趙氏佑《温故録》云：「兄弟，等夷之稱。必其人之與己等夷而後友之，則不肯與勝己處，不能不恥下問矣。兄弟有富貴者，則仍挾貴意耳。」**孟獻子，百乘之家也，有友五人焉：樂正裘、牧仲，其三人則予忘之矣。獻子之與此五人者友也，無獻子之家者也；此五人者亦有獻子之家，則不與之友矣。**注獻子，魯卿，孟氏也。

有百乘之賦。樂正裘、牧仲其五人者，皆賢人無位者也。此五人者自有獻子之家，富貴而復有德，不肯與獻子友也。獻子以其富貴下此五人，五人屈禮而就之也。【疏】注「獻子」至「而就之也」○正義曰：陳氏厚耀《春秋世族譜》云：「孟孫、叔孫、季孫俱出桓公，謂之三桓。公子慶父生公孫敖，公孫敖生文伯，《魯語》稱孟文子。文子生孟獻子仲孫蔑，文十五見，襄十九卒。《國語・晉語》趙簡子曰『魯孟獻子有鬭臣五人』，注云：『鬭臣，扞難之士。』未知即此五人否。《漢書・古今人表》孟獻子、樂正裘、牧中並居第四等，是以其德同也。」《禮記・坊記》云：「家富不過百乘。」胡氏匡衷《儀禮釋官》云：「《左傳》『唯卿備百邑』，《鄭志》以爲『邑方二里』，據《小司徒》『四井爲邑』言之，其說自確。百邑即方二十里之縣，小國之卿采地也。此免餘主辭邑，故據卿禄之少者言之。自卿以上乃有百邑，則大夫不得備百邑，故惟一成方十里也。《周禮・司勳》：『掌賞地之政令，凡賞無常，輕重眡功。』又云：『惟加田無國正。』諸凡云『百乘』者，當據采地之外有加賜者言之。如《左傳》魯賜季友汶陽之田及費，晉賞桓子狄臣千室，亦賞士伯以瓜衍之縣是也。杜預解『百邑』以爲一乘之邑，百邑即百乘，説無所據。」趙氏以無獻子之家爲賢人無位，有獻子之家爲富貴而復有德。舊疏云：「此五人如亦有獻子之家富貴則不與獻子爲友，無他，以其兩貴不能以相下故也。獻子與之爲友，則以貴下賤故也。」近時通解：「無獻子之家」謂視之若無，不歆羡之也；「有獻子之家」謂有之爲重也。五人知有獻子之家則知有貴，知有貴則獻子不與之友。知有獻子之貴，則獻子不與友，獻子之不挾貴可知。**非惟百乘之家爲然也，雖小國之君亦有之。費惠公曰：『吾於子思則師之矣，吾於顏般則友之矣，王順、長息則事我者也。』**【注】小國之君，若費惠公者也。王順、長息德不能見師友，故曰「事我者」也。

疏注「小國之君若費惠公者也」○正義曰：顧氏炎武《日知録》云：「春秋時有兩費：其一見《左傳》成公十三年，『晉侯使吕相絶秦曰「殄滅我費滑」』，注：『滑國都於費，今河南緱氏縣。』襄公十八年『楚蔿子馮、公子格率鋭師侵費滑』，蓋本一地，秦滅之而後屬晉耳。其一僖公元年『公賜季友汶陽之田及費』，《齊乘》：『費城在費縣西北二十里，魯季氏邑。』在子思時，滑國之費，其亡久矣，疑即李氏之後而僭稱公者。《魯連子》稱陸子謂齊湣王曰：『魯費之衆臣，甲舍於襄賁。』而楚人對頃襄王有『鄒、費、郯、邳』，殆所謂泗上十二諸侯者邪？仁山金氏曰：『費本魯季氏之私邑，而《孟子》稱「小國之君」，《曾子》書亦有費君、費子之稱，蓋季氏專魯，而自春秋以後，計必自據其邑，如附庸之國矣。』大夫之爲諸侯，不待三晉而始然，其來亦漸矣。」閻氏若璩《釋地續》云：「余更博考之：《吕氏春秋》言『以滕、費則勞，以鄒、魯則逸』。劉向《説苑》言『魯人攻鄪，曾子辭於鄪君，鄪君曰：寡人之於先生也』。《魯世家》言『悼公時，三桓勝，魯如小侯，卑於三桓之家』。《六國表》並同。則爲季氏之疆僭，以私邑爲國號，殆無復疑。」毛氏奇齡《經問》云：「或問《孟子》有費惠公，且曰『小國之君』。按，戰國並無費國，有謂費在春秋係魯都，或是魯君。則魯此時爲魯繆公，並無惠公，且魯有惠公，未有子孫與祖宗可同謚者。有謂費本季氏嚴邑，或即季氏子孫世居費者，遂於此僭稱公歟？曰：俱不然。魯國無恙，固無有降而稱費國之理，即季氏子孫世爲魯卿，亦斷無有出居於費者。大夫有采邑，但收其賦税而不居其地，故孟孫之郕、叔孫之郈、季孫之費皆他人居之。《春秋》公斂處父居郕，侯犯居郈，南蒯公、山弗狃、陽虎皆居費是也。季氏宗卿，焉得居費？若謂魯惠、費惠不當同謚，則衛有兩莊公，燕有三桓公，祖宗謚法何曾禁同？而以此立説，則又誤矣。大抵春秋戰國間凡都邑之長，皆與有地之君相比，原有邑宰、都君之稱，以長於其地也。此所稱國，猶顓臾、郜、極各爲君臣，因亦得以公名之。此不特楚僭稱王始有申公、葉公之稱，即以齊言之，在春秋有棠公，在戰國有薛公，其稱邑以公，皆是也。況魯在戰國，方五百里，則費或稍寬，其得以都君而僭國君，容有然耳。」惠氏士奇《春秋説》云：「虞、虢、焦、滑、霍、揚、韓、魏，皆姬姓也。滑國都於費，謂之費滑。《水經注》：『緱氏縣故滑費，春秋滑國都。』莊公十六年同盟於幽，滑伯與焉。滑一名費，猶宋一名商。《孟子》所謂費惠公者，滑伯之後也。自秦人滅滑而滑或屬周，或屬晉，或屬鄭。屬周者曰馮滑，見定公六年《傳》；屬晉者曰虚滑，見成公十七年《傳》；屬鄭者曰費滑，見襄公八年《傳》。蓋滑介於周、鄭之間，仍爲附庸於晉、鄭，故至戰國而郯、邳、鄒、費猶號小國之君。説者不如春秋有費滑，遂謂戰國無費，而以魯之費當之，誤矣。」按：《漢書·古今人表》費惠公、顔敢、王慎、長息，同列第四等。敢、般形近而譌，順、慎字通。**非惟小國之君爲然也，雖大國之君亦有之。晉平公之於亥唐也，入云則入，坐云則坐，食云則食。雖蔬食菜羹，未嘗不飽，蓋不敢不飽也。然終於此而已矣，**注大國之君，如晉平公者也。亥唐，晉賢人也，隱居陋巷者。平公嘗往造之，亥唐言入，平公乃入，言坐乃坐，言食乃食也。蔬食，糲食也。不敢不飽，敬賢也。終於此，平公但以此禮下之而已。疏注「大國」至「而已」○正義曰：《太平御覽》引皇甫士安《高士傳》云：「亥唐者，晉人也。晉平公時，朝多賢臣，祁奚、趙武、師曠、叔向皆爲卿大夫，名顯諸侯。唐獨不官，隱於窮巷。平公聞其賢，致禮與相見而請事焉。平公待於門，唐曰入公乃入，唐曰坐公乃坐，唐曰食公乃食。唐之食公也，雖蔬食菜羹，公不敢不飽。」《史記·晉世家》云：「悼公卒，子平公彪立。」《抱朴子·欽士》篇云：「晉文接亥唐，脚痺而坐，不敢正。」此「文」爲「平」之譌。其《逸民》篇云：「晉平非不能吏亥唐也，然尊而肆之，貴而重之，誠以百行殊尚，默默難齊，樂尊賢之美稱，恥賊善之醜迹。」「亥唐」一作「期唐」，亥之爲期猶箕之爲荄也。惠氏棟《左傳補注》云：「史趙以亥字推算其年者，蓋以亥爲絳縣人之名，即《孟子》之亥唐。《韓非子》言『晉平公於唐亥』云云，或《孟子》傳寫倒其名氏也。」《詩・大雅・召旻》「彼疏斯粺」，箋云：「疏，麤也。謂糲米也。」蔬與疏通。趙氏佑《温故録》云：「晉平承悼公復伯之烈而不能繼興。悼之末年，已不免弛，平益替焉。溴梁盟而大夫張，平丘盟而諸侯散，自是天下變亟，六卿禍成，方且違叔向，築虒祁，其不知求賢輔國亦甚矣。區區禮一亥唐，不過取快佚遊，苟圖虛譽，非有『示我周行』之誠。唐復無可表見，即使不終於此而與共職位，豈遂能破相疑之勢，樹疏逖之勳哉？孟子持以爲友道證，未暇深論晉本末也。」**弗與共天位也，弗與治天職也，弗與食天禄也。士之尊賢者也，非王公之尊賢也。**注位、職、禄，皆天之所以授賢者，而平公不與亥唐共之而但卑身下之，是乃匹夫尊賢之禮耳。王公尊賢，當與共天職也。**舜尚見帝，帝館甥於貳室，亦饗舜，迭爲賓主。是天子而友匹夫也。**注尚，上也。舜在畎畝之時，堯友禮之。舜上見堯，堯舍之於貳室。貳室，副宮也。堯亦就饗舜之所設，更迭爲賓主。禮謂妻父曰「外舅」，謂我「舅」者吾謂之「甥」。堯以女妻舜，故謂舜「甥」。卒與之天位。是天子之友匹夫也。疏注「尚上」至「夫也」○正義曰：尚與上通。《論衡・須頌》篇引《尚書》或説云：「尚者，上也。」《儀禮・覲禮》云「尚左」，注云：「古文尚作上。」是也。《説文》貝部云：「貳，副益也。」《爾雅・釋宮》云：「宮謂之室。」是「貳室」即「副宮」也。趙氏以堯館舜於貳室則舜饗堯之所設，堯亦就往舜宮饗舜之所設，❶是爲「更迭爲賓主」也。《詩・小雅・彤弓》「一朝饗之」，箋云：「大飲賓曰饗。」《周禮・秋官・大行人》「饗禮九獻」，注云：「饗，設盛禮以飲賓也。」是以酒食待賓客爲饗。趙氏以「饗舜」爲「堯就饗舜之所設」，則謂舜設盛禮饗堯而堯就饗其所饗。此饗當解作受。哀公十五年《左傳》云「其使終饗之」，注云：「饗，受也。」是也。《小爾雅・廣詁》云：「迭，更也。」故以「更」釋「迭」。一説「亦饗舜」是以禄養舜，即上「共天禄」意。以君臣之禮更爲賓主之禮，謂略上下而交際往來，非堯爲主則舜爲賓，舜爲主則堯爲賓也。《爾雅・釋親》云「妻之父爲外舅」，又云「謂我舅者吾謂之甥也」，郭氏注云：「謂我舅者吾謂之甥，然則亦宜呼壻爲甥。《孟子》曰『帝館甥於貳室』是也。」**用下敬上，謂之貴貴；用上敬下，謂之尊賢。貴貴尊賢，其義一也。」**注下敬上，臣恭於君也；上敬下，君禮於臣也。皆禮所尚，故云「其義一」也。

章指：言匹夫友賢，下之以德；王公友賢，授之以爵。大聖之行，千載爲法者也。疏「大聖之行千載爲法」○正義曰：襄公三十一年《左傳》云：「文王之行，至今爲法。」

❶「饗」，原作「嚮」，今據經解本改。

孟子正義卷二十一

江都縣鄉貢士焦循譔集

萬章曰：「敢問交際何心也？」注際，接也。問交接道當執何心爲可者？疏注「際接也」〇正義曰：《爾雅·釋詁》云：「際，捷也。」捷與接通。《説文》手部云：「接，交也。」是際亦交也。執，持也，操也。謂諸侯以禮儀幣帛與士相交接，其道當操持何心。**孟子曰：「恭也。」**注當執恭敬爲心。**曰：「『卻之卻之爲不恭』，何哉？」**注萬章問卻不受尊者禮謂之不恭，何然也？疏注「卻不受尊者禮謂之不恭」〇正義曰：《音義》出「却之」，云：「正體卻字，下皆同。或作郤，誤。」此謂當从卩作卻不當從邑作郤也。《文選·東京賦》云「卻走馬以糞車」，薛綜注云：「卻，退也。」《呂氏春秋·知接》篇云「無由接固卻其忠言」，高誘注云：「卻，不用。」退其所交接之禮物而不用，即「不受」也。疊言「卻之卻之」者，卻之至再，堅不受也。萬章以不受亦是廉以律己，何以爲不恭？一説「卻之」是萬章問，「卻之爲不恭」是孟子答，「何哉」又是萬章問。**曰：「尊者賜之，曰：『其所取之者義乎？不義乎？』而後受之。以是爲不恭，故弗卻也。」**注孟子曰：今尊者賜己，己問其所取此物，寧以義乎，得無不義？乃後受之。以是爲不恭，故不當問尊者不義而卻之也。疏注「今尊」至「卻之也」○正義曰：「己問」解「曰」字，趙氏以曰是問之之詞。問此所賜之物義不義，彼必以義對，故受之也；若不義，則卻之矣。尊者賜而問其義不義，是輕慢之也。輕慢故不恭，故不問其義不義而不卻也。**曰：「請無以辭卻之，以心卻之，曰：『其取諸民之不義也。』而以他辭無受，不可乎？」**注萬章曰：請無正以不義之辭卻也，心知其不義，以他辭讓無受之，不可邪？**曰：「其交也以道，其接也以禮，斯孔子受之矣。」**注孟子言其來求交己以道理，其接待己有禮者，若斯，孔子受之矣。言可受也。疏「其交」至「之矣」○正義曰：「以道」謂所賜有名，如餽贐聞戒；「以禮」謂儀及其物。云「受之矣」，不問其義也。

萬章曰：「今有禦人於國門之外者，其交也以道，其餽也以禮，斯可受禦與？」注禦人，以兵禦人而奪之貨。如是而以禮道來交接己，斯可受乎？疏注「禦人」至「之貨」○正義曰：《尚書・牧誓》「弗禦克奔」，鄭注云：「禦，彊禦，謂彊暴也。克，殺也。不得暴殺紂師之奔走者。」然則「禦人於國門之外」即暴人於國門之外也。王氏鳴盛《尚書後案》云：「《詩・大雅・蕩》云『曾是彊禦』，毛傳：『彊禦，彊梁禦善也。』《崧高》『不畏彊禦』，疏亦云：『彊梁禦善之人。』趙岐注『禦人以兵』，古者扞人以兵曰禦，以兵傷人亦曰禦也。」「受禦」謂受此所禦得之貨。**曰：「不可。《康誥》曰：『殺越人于貨，閔不畏死，凡民罔不譈。』是不待教而誅者也。殷受夏，周受殷，所不辭也。於今爲烈，如之何其受之？」**注孟子曰：不可受也。《康誥》，《尚書》篇名。周公戒成王封康叔。越、于，皆於也。殺於人，取於貨，閔然不知畏死者。譈，殺也。凡民無不得殺之者也。若此之惡，不待君之教命，遭人則討之。三代相傳以此法，不須辭問也。於今爲烈烈明法，如之何受其餽也？ 疏注「康誥尚」至「康叔」○正義曰：《書序》云：「成王既伐管叔、蔡叔，以殷餘民封康叔，作《康誥》。」趙氏以爲「周公戒成王封康叔」者，《康誥》云：「王若曰：孟侯，朕其弟，小子封。」鄭注云：「依《略説》，太子十八爲孟侯，而呼成王。」王氏鳴盛《尚書後案》云：「成王即位年十三，至是六年，十八矣。十八爲孟侯。此伏生《書傳略説》義也。彼文云：『天子太子十八曰孟侯。孟侯者，四方諸侯來朝，迎於郊。』見《周禮·秋官·大行人》疏。伏生《書傳》，秦火以前先師遺義，故鄭用之。《文王世子》篇：『仲尼曰：昔周公攝政，踐阼而治，抗世子法於伯禽，所以善成王也。』又云：『成王幼，不能踐阼，故抗世子法於伯禽，使與成王居，欲令成王知父子君臣長幼之義。』是周公居攝，以世子禮教成王，呼成王爲孟侯，不足異也。趙岐注《孟子》以《康誥》爲周公戒成王及康叔封而作，是亦以孟侯爲成王可知。」江氏聲《尚書集注音疏》云：「鄭康成注伏生《大傳》云：『孟，迎也。孟侯，呼成王也。』」○注「越于」至「之者也」○正義曰：《尚書·康誥》云：「凡民自得罪，寇攘姦宄，殺越人于貨，暋不畏死，罔弗譈。」趙氏以「越」「于」皆「於」者，《爾雅·釋詁》云：「粤、于，於也。」《史記·宋世家》《集解》引馬融云：「越，於也。」越、粤通也。江氏聲《尚書集注音疏》云：「越，于也。于猶取也。凡民所由得罪，以寇攘姦宄，殺人取貨也。殺于人，取其貨，冒冒然不畏死刑，凡民無不怨之，此言不待教而誅者也。《七月》詩云『一之日于貉』，毛傳云：『于貉，謂取狐狸皮也。』故于猶取也。《孟子·萬章》篇引『殺越人』，趙氏以爲『殺于人』，據其解越爲于，則越乃假借字，當以粤爲正。孟子説此經云『是不待教而誅者也』。上文『義刑義殺，勿庸以即』，言當先教後罰；❶此言『殺人取貨』，則彊暴之人不可教訓者，明不在先教之列。」《説文》攴部云：「敃，冒也。《周書》曰：『敃不畏死。』」段氏玉裁《説文解字注》云：「今本《爾雅》：『昬、敃，强也。』《盤庚》『不昬作勞』，鄭注：『昬讀爲敃，勉也。』似鄭所據《爾雅》與今本不同。《康誥》『敃不畏死』，《孟子》作『閔』。《立政》『其在受德敃』，心部作『忞』。」王氏鳴盛《後案》云：「冒昧爲惡，自强爲惡，義亦同。」按：趙氏以「不知畏死」解「閔然」，則謂其冒昧無知。顧殺人取貨，罪犯不赦，豈有不知者？惟知之而故犯之，乃爲自彊。閔爲敃之假借，知其不當爲而强爲之也。王氏念孫《廣雅疏證》云：「憝，惡也。《説文》：『憝，怨也。』《康誥》『罔不憝』，傳云：『人無不惡之者。』《孟子·萬章》篇引《書》作『譈』。《荀子·議兵》篇云『百姓莫不敦惡』，《法言·重黎》篇『楚憞群策而自屈其力』，李軌注云：『憞，惡也。』譈、憞、敦並與憝同。凡人凶惡亦謂之憝，《康誥》云『元惡大憝』，《逸周書·銓法解》云『近憝自惡』，是也。《方言》：『諄，憎所疾也。宋魯凡相疾苦謂之諄憎，若秦晉言可惡矣。』諄與憝聲亦相近。」按：趙氏訓「譈」爲「殺」，以爲「凡民無不得殺之」，與訓怨訓惡不同。譈字《説文》所無。《莊子·逍遥遊》云「越人斷髮文身」，《釋文》云：「司馬本作敦，云：『敦，斷也。』」又《説劍》篇云「試使士敦劍」，《釋文》引司馬注云：「敦，斷也。」《説文》斤部云：「斷，截也。」《釋名·釋言語》云：「絶，截也。如割截也。」然則敦有割截斬斷之義。趙氏讀譈爲敦，故以爲殺也。《禮記·樂記》云「故樂者天地之命」，注云：「命，教也。」是「教」亦「命」也。《説文》辵部云：「遭，遇也。」言部云：「誅，討也。」趙氏以「不待教

❶「罰」，原作「殺」，今從沈校據《尚書集注音疏》改。

而誅」爲《孟子》解説「凡民罔不譈」之義，既凡民無不得殺之，則「不待教」即是「不待君之教命」，遭遇此殺人取貨之人，人即得而誅討之。不待教命而誅，故「不須辭問」。《國語・魯語》云「魯大夫辭而復之」，注云：「辭，請也。」不須請問，極言其當討也。《國語・晉語》云「君有烈名」，注云：「烈，明也。」《管子・心術》篇云：「殺戮禁誅謂之法。」《鹽鐵論・刑德》篇云：「法者，所以督姦也。」「於今爲烈」，趙氏以爲「烈烈明法」，謂此不待教而誅之法，三代傳之，至今猶明顯也。遭遇此等之人方且誅討之，奈何受其餽？以「烈烈」解「烈」字，又以「明」字解「烈烈」，猶《毛詩》傳以「洸洸潰潰」解「洸潰」，《樂記》以「肅肅雍雍」解「肅雍」也。**曰：**

「今之諸侯取之於民也猶禦也。苟善其禮際矣，斯君子受之，敢問何説也？」注萬章曰：今諸侯賦税於民，不由其道。履畝彊求，猶禦人也。苟善其禮以接君子，君子且受，受之何説也？君子謂孟子。

疏注「萬章」至「人也」○正義曰：《春秋》宣公十五年「初税畝」，《穀梁傳》云：「古者什一，藉而不税。初税畝者，非公之去公田，而履畝十取一也。」楊氏疏引徐邈以爲「除去公田之外，又税私田之什一」。私田本不當税，今履而税之，是爲「强求」。孟子時諸侯横斂，有不止於税畝者矣。趙氏第舉此一端以爲例耳。**曰：**

「子以爲有王者作，將比今之諸侯而誅之乎？其教之不改而後誅之乎？夫謂非其有而取之者盜也，充類至，義之盡也。孔子之仕於魯也，魯人獵較，孔子亦獵較。獵較猶可，而況受其賜乎？」注孟子謂萬章曰：子以爲後如有聖人興作，將比地盡誅今之諸侯乎？將教之其不改者乃誅之乎？言必教之，誅其不改者也。殷之衰亦猶周之末，武王不盡誅殷之諸侯，滅國五十而已。知後王者亦不盡誅也。謂非其有而竊取之者爲「盜」。充，滿；至，甚也。滿其類大過至者，但義盡耳，未爲盜也。諸侯本當税民之類者。今大盡耳，亦不可比於禦。孔子隨魯人之獵較。獵較者，田獵相較奪禽獸，得之以祭。時俗所尚，以爲吉祥。孔子不違而從之，所以小同於世也。獵較尚猶可爲，況受其賜而不可也？**疏**注「將比地盡誅今之諸侯乎」○正義曰：《音義》出「將比」，云：「丁毗失切，云：『比地而誅，猶言比屋而誅也。』亦毗志切。」《禮記・樂記》云「比於慢矣」，注云：「比猶同也。」《後漢書・鄭康成傳》注云：「比牒猶連牒也。」「比而誅之」即同而誅之，「比地而誅之」即連地而誅之也。○注「謂非」至「比於禦」○正義曰：《呂氏春秋・重己》篇云「味衆珍則胃充」，高誘注云：「充，滿也。」《楚辭・離騷》云「蘇糞壤以充幃兮」，注云：「充猶滿也。」《呂氏春秋・求人》篇云「至勞也」，高誘注云：「至，大也。」《詩・小雅・巧言》「昊天泰憮」，箋云：「泰言甚也。」泰與大同，是「至」即「甚」也。故趙氏以「甚」釋「至」，又以「大過」釋「至」。《禮記・緇衣》云「行無類也」，注云：「類謂比式。」《方言》云：「類，法也。」什一而税，此法式也；「充類」，謂已盈滿其法式，乃於法式之外又多取之，則是充類而又大甚，是爲「充類至」。「充類至」則是爲「義之盡」。義者，宜也。盡亦至也。「諸侯本當税民之類者」，「當」字解「義」字。取税於民，本爲義類，但於所當取之法式爲太甚，故爲「義之盡」。趙氏以「大」釋「盡」，明盡與「至」其義一也。與盜爲非類，故不可比於禦。《湛困靜語》云「『充類至』一句，『義之盡也』一句」是也。近時通解，夫謂非其有而取之即爲盜者，乃充不取之類，至於義之至極而後爲然也。○注「獵較者」至「世也」○正義曰：張氏爾岐《蒿菴閒話》云：「古人田獵既畢，擇取三等中殺者，每等得十，以充君庖。其餘則與士衆習射於射宮，射而中，田不得禽則得禽，田得禽而射不中，則不得禽。蓋田時各奮武勇，及既獲，則公之，辭讓而後取也。若夫獵較者，不復習射，唯以所獲之多少爲所取之多少，當其獵時，自互相攫奪。此亦古法變壞之一端，然皆用以祭其祖先，殊無大過。」周氏柄中《辨正》云：「王罕皆謂『較奪禽獸以祭』正與下正祭器相應，趙義爲長。愚謂不特此也。《周禮》獲禽者取左耳，及弊田，植虞旗，致禽而珥焉。言致禽於旗下，取耳以較所獲之多少。則獵而較獲，正禮之所有，不得爲弊俗，故趙説爲長。楊文采曰：『《還》與《盧令》，齊俗也。猶但以便捷輕利相稱譽。魯俗重禮教，君戾泮宫，而無小無大，從公于邁，猶有先王之遺風焉。何至公行攘奪，曾齊俗之不若乎？其意蓋在貴四方之異物，所得之多且異者則於獻禽時誇耀於衆，謂人莫己若耳。非獨較多寡，亦較珍異也。』楊氏此説亦自近理，然孟子引此正以較奪禽獸與取非其有一例，故舉以相形。若作比較解，則與取民猶禦豪無干涉，下文不當云『獵較猶可，況受其賜』矣。嘗推求獵較之故，大抵出於魯之三家，非田獵之百姓相較奪也。襄三十年《傳》：『鄭豐卷將祭，請田，子産弗許，曰：惟君用鮮，衆給而已。』是因祭而獵，惟諸侯得行之，而大夫不與焉。魯自三家僭竊，禮則儗於君，祀則豐於昵，務以多品異物爲觀美，於是有田獵較奪之事。若謂魯人之習俗如是，則孔子爲政能使市不飾賈，塗不拾遺，而獨不能變此陋習乎？且庶民有何祭器，庶民之祭，豈得用四方之食而煩孔子之簿正邪？知此則無疑於趙氏較奪之説矣。」孔氏廣森《經學巵言》云：「言魯人獵較，孔子爲政亦聽之而不禁耳，非亦從而身爲之也。」焦氏袁熹《此木軒四書説》云：「此魯人皆士大夫奉祭祀者也。習俗已然，本非禮所得用，而孔子不違，以小同於俗，不汲汲於更張也。」

曰：「然則孔子之仕也，非事道與？」【注】萬章問：孔子之仕，非欲事行其道與？【疏】注「非欲事行其道與」○正義曰：《韓非子·喻老》篇云：「事，爲也。」《禮記·樂記》云「事蚤濟也」，注云：「事猶爲也。」

《檀弓》云「不仁而不可爲也」，注云：「爲，猶行也。」《吕氏春秋·愛類》篇云「無不行也」，高誘注云：「行，爲也。」行、事、爲三字義同，故以「行」釋「事」，「事道」即行道也。曰：「**事道也。**」注孟子曰：孔子所仕者，欲事行其道。「**事道，奚獵較也？**」注萬章曰：孔子欲事道，如何可獵較也？曰：「**孔子先簿正祭器，不以四方之食供簿正。**」注孟子曰：孔子仕於衰世，不可卒暴改戾，故以漸正之。先爲簿書以正其宗廟祭祀之器，即其舊禮，取備於國中，不以四方珍食供其所簿正之器度。珍食難常有，乏絶則爲不敬，故獵較以祭也。疏注「孔子」至「祭也」○正義曰：趙氏以孔子仕衰世，不可遽然矯戾改變其俗，先此宗廟祭祀之器且有不正者，不獨獵較也。若一時既正其祭器，又禁其獵較，則卒暴難行，故正之以漸，先簿正其祭器，不即禁其獵較也。《音義》出「簿正」，云：「丁步古切，本多作薄。」錢氏大昕《養新録》云：「經典無簿字，惟《孟子》有『先簿正祭器』一語。孫奭《音義》云『本或作薄』，則北宋本猶不盡作『簿』也。唐《美原神泉詩碑》篆書主簿字从艸，是唐人尚識字。」按：簿書之簿即帷薄之薄，劉熙《釋名·釋書契》云：「笏，忽也。君有教命及所啓白，則書其上，備忽忘也。或曰簿，言可以簿疏物也。」畢氏沅《釋名疏證》云：「簿，俗字也。據漢《夏承碑》『爲主薄督郵』，《韓勑碑》『主薄魯薛陶』，《武榮碑》『郡曹史主薄』，古薄字皆从艸明矣。竹，如籍、藉之類，亦互相通。古用笏，漢魏以來謂之簿，即手板也。《蜀志》稱『秦宓以簿擊頰』，即此是已。」書之於簿謂之簿，故先爲簿而書之，「以正其宗廟祭祀之器」也。獵較皆取國中所備，若不獵於國中而取珍食於四方，四方遠在魯國之外者也，則恐難常有而不免有時乏絶，轉爲不敬，孔子所以不禁其獵較也。近時通解則以「簿正祭器，不以四方之食供簿正」即是陰止其獵較之術。張氏爾岐《蒿菴閒話》云：「夫子欲革其俗，故先簿正祭器，使上下尊卑祭有常器，器有常品。用三鼎五鼎者乃有獸腊，庶人只用特牲，則所獲兔麋之屬皆不得用，而人將漸知顧禮，覺其較奪之非。」此則「四方」指魯國中之四方，若是則孔子簿正祭器正是禁止其獵較，不得云「亦獵較」矣。惟正祭器是一事，禁獵較又是一事，二者相度則祭器不可不正，故先正之。不以四方難得之食供簿正，恐其乏絶不敬，則獵較尚不爲無説，故姑容之。此聖人權衡之當而先正漸正之宜也。所以對「奚獵較」之義，謂因此所以亦獵較也。**曰：「奚不去也？」**注萬章曰：孔子不得行道，何爲不去？**曰：「爲之兆也。兆足以行矣而不行，而後去，是以未嘗有所終三年淹也。」**注兆，始也。孔子每仕，常爲之正本造始，欲以次治之。而不見用，占其事始而退。足以行之矣而君不行也，然後則孔子去矣。終者，竟也。孔子未嘗得竟事一國也，三年淹留而不去者也。疏注「兆始」至「治之」○正義曰：哀公元年《左傳》云：「有田一成，有衆一旅，能布其德而兆其謀。」注云：「兆，始也。」「兆其謀」承上始有「一成」「一旅」而言，是「兆」之「義」爲始也。《廣雅·釋詁》造、本皆訓始，故以「始」釋「兆」，又以「正本造始」申言之。始亦先也，先簿正祭器，「爲之正本造始」也。以漸止其獵較，是「欲以次治之」也。○注「而不」至「而退」○正義曰：此二句解「而不行而後去」。「不見用」是「不行」也。《儀禮·士冠禮》《鄉飲酒禮》注皆云：「退，去也。」是「去」即「退」也。謂雖不見用，亦示以可行之兆而去，如吉雖未形於事而龜筮先見其兆。《周禮·春官·占人》注云：「占蓍龜之卦兆吉凶。」經言「兆」，故趙氏以「占」言之。○注「足以」至「去矣」○正義曰：此順解「足以行矣而不行而後去」也。「而後去」，不遽去也。雖不行，必爲之兆而後去，故不遽也。孔子亦獵較，已是道不行，而必先簿正祭器以爲之兆，而後乃退去。「爲之兆」原在「不行」之後，經先言「爲之兆」，故趙氏屈曲申明之，此趙氏解經之妙也。萬章問云「道不行，奚爲不去」，曰：不行而不去者，爲之兆也；所以爲之兆者，以示兆足以行。兆足以行而君不行，所以爲之兆而後去也。不行在爲之兆之前已然，非爲之兆而君不行也。經文奥折，趙氏得之。○注「終者」至「去者也」○正義曰：《詩·大雅·瞻卬》「譖始竟背」，箋云：「竟猶終也。」《説文》音部云：「樂曲盡爲竟。」《爾雅·釋詁》云：「淹，久也。」宣公十二年《左傳》云「二三子無淹久」，注云：「淹，留也。」故以「三年淹」爲「留而不去」。淹留至於終竟三年，則得竟事一國；未嘗終竟三年之留，是「未嘗得竟事一國」也。謂爲之兆而後乃去，雖不遽去，而亦未嘗久留終於三年。

孔子有見行可之仕，有際可之仕，有公養之仕。於季桓子，見行可之仕也；於衛靈公，際可之仕也；於衛孝公，公養之仕也。」注 行可，冀可行道也。魯卿季桓子秉國之政，孔子仕之，冀可得因之行道也。際，接也。衛靈公接遇孔子以禮，故見之也。衛孝公以國君養賢者之禮養孔子，故宿留以答之矣。疏 注「行可」至「道也」○正義曰：《史記·孔子世家》云：「定公十四年，孔子年五十六，由大司寇行攝相事，誅魯大夫亂政者少正卯。與聞國政三月，粥羔豚者弗飾賈，男女行者別於塗，塗不拾遺，四方之客至乎邑者不求有司，皆予之以歸。」是所爲「行可之仕」也。桓子以定公五年秉國政，嘗穿井得土缶，中若羊，以問孔子。孔子爲司寇，溝昭公墓而合之。《家語》：「謂季桓子曰：『貶君以彰己罪，非禮也。今合之，所以掩夫子之不臣。』」然則是時季桓子實能聽用孔子之言。定公十年《公羊傳》云：「孔子行乎季孫，三月不違。」注云：「孔子仕魯，政事行乎季孫，三月之中不見違過。是違之也。不言政行乎定公者，政在季氏之家。」十二年《公羊傳》云：「孔子行乎季孫，三月不違。曰家不藏甲，邑無百雉之城，於是帥師墮郈，帥師墮費。」《孔子世家》云：「齊人聞而懼曰：『孔子爲政必霸，霸則吾地近焉。我之爲先并矣。』於是送齊國中女子好者八十人，皆衣文衣而舞《康》樂，文馬三十駟，遺魯君。陳女樂文馬於魯城南高門外，季桓子微服往觀再三，將受乃語魯君爲周道遊，往觀終日，怠於政事。桓子卒受齊女樂，三日不聽政，郊又不致膰俎於大夫。孔子遂行，宿乎屯，而師己送曰：『夫子則非罪。』孔子曰：『吾歌可夫。』歌曰：『彼婦之口，可以出走。彼婦之謁，可以死敗。蓋優哉游哉，維以卒歲。』師己反，桓子曰：『孔子亦何言？』師己以實告。桓子喟然嘆曰：『夫子罪我以群婢故也。』」然則孔子之仕魯，以季桓子不違；去魯，以季桓子之受女樂。故云「於季桓子見行可之仕」也。○注「際接」至「見之也」○正義曰：周氏柄中《辨正》云：「《史記》：『孔子在衛，衛靈公致粟六萬。』此固公養之實據。然以其接遇有禮，不徒能養，故曰際可之仕，則非公養之仕矣。」○注「衛孝公」至「答之矣」○正義曰：毛氏奇齡《四書賸言》云：「《春秋》《史記》並無孝公，惟夫子於衛靈死後，在哀七年當出公輒時亦曾至衛。但出公並不謚孝。然舍此又别無他公往來。疏謂仍是靈公。《史記·春秋年表》：『衛靈三十八年，孔子來，禄之如魯。』又《孔子世家》：『衛靈問孔子居魯得禄幾何，對曰奉粟六萬。衛人亦致粟六萬。』此正公養之實據。然明明有孝公字，豈可不信《孟子》而反信《史記》？惟趙岐注：『衛孝公以國君養賢之禮養孔子，故孔子爲宿留以答之。』其曰『養賢之禮』，曰『宿留』，似古原有成文而邠卿引之者。漢去古未遠，必有師承，未可以今世所見疑古人也。」翟氏灝《考異》云：「衛輒使石曼姑率師距蒯聵於戚，《公羊傳》云：『固可以距之也。』輒以王父命辭父命，是父之行乎子也。以家事辭王事，是上之行乎下也。故《檀弓》正義謂『衛輒拒父』而《公羊》以爲『孝子』，後儒之論且然，則當時臣下之謚以掩非，想自有之矣。若其一人兩謚，更無足怪。蒯聵謚莊公，《漢書・人表》謂之簡公，則亦嘗有兩謚。」趙氏佑《温故録》云：「《謚法解》無出，衛孝公之即出公輒無疑。出公者，特當其出奔在外之稱，及後返國稱後元年，二十一年卒，而謚爲孝，史不備耳。經每有可以正史者。」周氏柄中《辨正》云：「蓋出公繼立時孔子又嘗過衛，大約其致粟仍襲靈公之舊，而禮遇不深，故第爲公養之仕耳。」宿留，詳見《公孫丑》篇。

章指：言聖人憂民，樂行其道。苟善辭命，不忍逆距；不合則去，亦不淹久。蓋仲尼行止之節也。

孟子曰：「仕非爲貧也而有時乎爲貧，娶妻非爲養也而有時乎爲養。注仕本爲行道濟民也，而有以居貧親老而仕者；娶妻本爲繼嗣也，而有以親執釜竈，不擇妻而娶者。疏注「仕本」至「娶者」○正義曰：《韓詩外傳》云：「曾子仕於莒，得粟三秉。方是之時，曾子重其禄而輕其身。親没之後，齊迎以相，楚迎以令尹，晉迎以上卿。方是之時，曾子重其身而輕其禄。懷其寶而迷其國者，不可與語仁；窘其身而約其親者，不可與語孝。任重道遠者不擇地而息，家貧親老者不擇官而仕。」《列女傳・賢明》篇：「周南之妻云：家貧親老，不擇官而仕；親操井臼，不擇妻而娶。」**爲貧者，辭尊居卑，辭富居貧。**注爲貧之仕，當讓高顯之位，無求重禄。**辭尊居卑，辭富居貧，惡乎宜乎？抱關擊柝。**注辭尊富者安所宜乎？宜居抱關擊柝監門之職也。柝，門關之木也。擊，椎之也。或曰：柝，行夜所擊木也。《傳》曰：「魯擊柝聞於邾。」疏注「監門之職也」○正義曰：《周禮・地官・司門》「祭祀之牛牲繫焉，監門養之」，注云：「監門，門徒。」《荀子・榮辱》篇云「或監門御旅，抱關擊柝，而不自以爲寡」，楊氏注云：「監門，主門也。抱關，門卒也。擊柝，擊木所以警夜者。」《史記・信陵君列傳》云：「魏有隱士曰侯嬴，年七十，家貧，爲大梁夷門監者。」既云「終不以監門困故而受公子財」，又云「嬴乃夷門抱關者也」，故趙氏以監門爲「抱關擊柝」者。〇注「柝門」至「於邾」〇正義曰：《説文》門部云：「關，以木横持門户也。」趙氏解柝有二：一爲門關之木，謂即此横持門户者也；一爲行夜所擊木，《周禮・天官・宫正》「夕擊柝以比之」，鄭司農云：「柝，戒守者所擊也。」《秋官・挈壺氏》「縣壺以序聚欜」，❶《野廬氏》「若有賓客，則令守涂地之人聚欜之」，《修閭氏》「掌比國中宿互欜者」，鄭司農云：「擊欜，兩木相敲行夜時也。」❷引「《傳》云魯擊柝聞於邾」，哀公七年《左傳》文。「行夜」即巡夜。阮氏元《挍勘記》云：「行字如《月令》『出行田原』之行，《經典釋文》皆下孟反。」《秋官・司寤氏》「掌夜時以星分夜，以詔夜士夜禁」，注云：「夜士，主行夜徼候者。」賈氏疏云：「行夜徼候者，若《宫伯》『掌受八次八舍』，注云：『於徼候便也。』則行夜往來周旋謂徼候者也。」按：趙氏以「抱關擊柝」爲「監門之職」，則柝即是關；若以柝爲行夜所擊，則是抱關爲一職，擊柝又爲一職。柝、欜字通也。爲門關之木，則擊爲椎之使固；爲行夜之木，則擊爲敲之使有聲。義亦别矣。**孔子嘗爲委吏矣，曰：『會計當而已矣。』嘗爲乘田矣，曰：『牛羊茁壯長而已矣。』位卑而言高，罪也；立乎人之本朝而道不行，恥也。」**注

❶「秋」，按挈壺氏屬夏官，下野廬氏、修閭氏始屬秋官，參沈校。

❷「修閭氏」至「時也」，沈校：按此爲鄭玄注《天官・宫正》文。鄭司農此注作「欜謂行夜擊欜」。

孔子嘗以貧而禄仕。委吏，主委積倉庾之吏也。不失會計，當直其多少而已。乘田，苑囿之吏也，主六畜之芻牧者也。牛羊茁壯肥好長大而已。茁，生長貌也。《詩》云：「彼茁者葭。」位卑不得高言豫朝事，故但稱職而已。立本朝，大道當行。不行，爲己之恥。是以君子禄仕者不處大位。疏注「委吏」至「少而已」○正義曰：《周禮·地官》「遺人，中士二人，下士四人」，「掌邦之委積」，注云：「委積者，廩人、倉人計九穀之數足國用，以其餘共之，所謂餘法用也。少曰委，多曰積。」又「委人，中士二人，下士四人」，「軍旅共其委積薪芻」，注云：「主斂甸稍芻薪之賦以共委積。」「倉人，中士四人，下士八人」，「掌粟入之藏，辨九穀之物，以待邦用。若穀不足則止餘法用，有餘則藏之」，注云：「止猶殺也。殺餘法用謂道路之委積。」然則委積爲遺人、委人、倉人所共掌，故以委吏爲主委積倉庾之吏也。《説文》入部云：❶「會，合也。」言部云：「計，會也，算也。」《天官·小宰》「聽出入以要會」，注云：「謂計最之簿書。月計曰要，歲計曰會。」《宰夫》「乘其財用之出入」，注云：「乘猶計也。」賈氏疏云：「計者，算法乘除之名出於此也。」《大宰》「歲終則令百官府各正其治，受其會，三歲則大計群吏之治而誅賞之」，注云：「會，大計也。」然則零星算之爲計，總合算之爲會。《説文》田部云：「當，田相值也。」《吕氏春秋·孟夏紀》云「必當其位」，高誘注云：「當，直也。」直、值同。直其多少無差，故不失也。孫氏星衍《平津館文稿·委吏解》云：「《史記·孔子世家》云：『孔子嘗爲季氏史，料量平。』《史記》所言正足證《孟子》。《周禮》遺人掌邦及鄉里、門關、郊里、野鄙、縣都之委積，地官司徒之屬，是其事也。

❶ 案：《説文解字》中「會」字屬「會部」，非「入部」。

司會則逆群吏之治而聽其會計，冢宰之屬。孔子正爲遺人之官。稱季氏史者，時季氏秉國政，得專司徒之事，孔子爲其屬，故季氏史亦魯臣，非仕於私家也。會計是司會之事。所云『當』者讀如『奏當』之當，謂料量委積，上之司會，適當國家會計之數，不爲季氏求贏餘也。故《史記》則云料量平，《說文》料字解量也。料量猶言概量，以概平斗斛，無浮入也。此正對求也爲季氏聚斂附益言之，不獨辭尊居卑，亦辭富居貧之一端。若止以供職爲當，則人人能之，且國家亦不容有不供職之吏也。」○注「乘田」至「者葭」○正義曰：《周禮·地官》：「囿人中士四人，下士八人。」注云：「囿，今之苑。」趙氏「苑囿之吏」似指此。周氏柄中《辨正》云：「毛大可曰：『苑囿，囿人所掌，祇游觀鳥獸之事，並無牛羊，亦並不芻牧。考《周禮·牛人》有職人，主芻豢者。職通作樴，杙也，所以繫牛。凡牧人掌牧六牲，牛人掌養國之公牛，必授職人芻豢之。《史記》謂之司職吏，其又名乘田者，以公牛芻豢皆甸田中事也。』愚按，古乘與甸通，毛說良是。」引《詩》者，《毛詩·召南·騶虞》篇文。傳云：「茁，出也。」《說文》艸部云：「茁，艸初生出地貌。《詩》曰：『彼茁者葭。』」《爾雅·釋詁》云：「壯，大也。」茁爲草木生出之名，借以形容牛羊，故以「肥好」解之，然後引《詩》以明其本義。《音義》云：「長，張丈切。」《呂氏春秋·諭大》篇、《任數》篇，高誘注皆云：「長，大也。」故以「大」釋「長」。長是生長，茁是生長之貌。「茁壯」言其貌之「肥好」而以「長」字承之，猶言其生長則茁壯肥好也。

章指：言國有道則能者取卿相，國無道則聖人居乘田。量時安卑，不受言責，獨善其身之道也。

萬章曰：「士之不託諸侯，何也？」注託，寄也。謂若寄公，食禄於所託之國也。疏注「託寄」至「國也」〇正義曰：《方言》云：「託，寄也。」凡寄爲託。❶《儀禮·喪服傳》齊衰三月章「寄公爲所寓」，傳曰：「寄公者何也？失地之君也。」《毛詩·邶風·式微》序云：「《式微》黎侯寓于衛，其臣勸以歸也。」箋云：「寓，寄也。黎侯爲狄人所逐，棄其國而寄於衛。」孔氏正義云：「此被狄所逐而云寄者，若《春秋》出奔之君所在亦曰寄，故《左傳》曰：『齊以郲寄衛侯。』是也。《喪服傳》『失地之君』謂削地盡者，與此别。」**孟子曰：「不敢也。諸侯失國而後託於諸侯，禮也；士之託於諸侯，非禮也。」**注謂士位輕，本非諸侯敵體，故不敢比失國諸侯，得爲寄公也。疏注「士位輕」〇正義曰：周氏廣業《孟子出處時地考》云：「古之上士、中士、下士者，皆有職之人也；其未仕而讀書譚道者，通謂之儒。《周禮》『儒以道得民』，《魯論》『女爲君子儒』，是也。間亦稱士，如《管子》士農工商爲四民，《曾子》『士不可以不宏毅』之類。《春秋》而後，有游士、處士，則皆無位而客游人國者矣。《孟子》所言士亦有二：萬章之『不託諸侯』，彭更之『無事而食』及王子墊所問，此無位者也；答北宫錡及『士以旂，大夫以旃』『前以士，後以大夫』，則並指有位者也。」**萬章曰：「君餽之粟，則受之乎？」**注士窮而無禄，君餽之粟，則可受之乎？**曰：「受之。」**注孟子曰：受之也。**「受之何義也？」**注萬章曰：受粟何意也？**曰：「君之於氓也，固周之。」**注氓，民也。孟子曰：君之

❶「凡」，據全書文例，疑當作「故」。

於民，固當周其窮乏，況於士乎？疏注「氓民也」○正義曰：詳見《公孫丑》篇。不言「君之於民」而言「氓」者，氓是自他國至此國之民，與寄之義合。

曰：**「周之則受，賜之則不受，何也？」**注萬章言士窮，君周之則受，賜之則不受，何也？周者，謂周急，稟貧民之常科也；賜者，謂禮賜橫加也。疏注「周者」至「科也」○正義曰：周與賙通，《周禮・地官・鄉師》：「以歲時巡國及野而賙萬民之囏阨，以王命施惠。」注云：「囏阨，飢乏也。鄭司農云：『賙讀爲周急之周。』」賈氏疏云：「讀從《論語》『周急不繼富』之周。」又《司稼》「掌均萬民之食而賙其急」，注云：「賙，稟其艱阨。」《說文》禾部云：❶「稟，賜穀也。」《廣雅・釋詁》云：「稟，予也。」「稟貧民之常科」謂因民貧乏，以穀給予之，此常法也。《禮記・月令》「季春之月，天子布德行惠，開府庫，出幣帛，周天下」，注云：「周謂給不足也。」《呂氏春秋・季春紀》高誘注則云：「周，賜也。」蓋周與賜義亦通，而並舉則各別也。○注「賜者謂禮賜橫加也」○正義曰：「橫加」謂不當賜而賜也。

曰：**「不敢也。」**注孟子曰士不敢受賜。

曰：**「敢問其不敢，何也？」**注萬章問何爲不敢？

曰：**「抱關擊柝者皆有常職以食於上。無常職而賜於上者，以爲不恭也。」**注孟子曰：有職事者可食於上祿。士不仕，自以不任職事而空受賜爲不恭，故不受也。疏注「有職」至「受也」○正義曰：《周禮・天官・大宰》「祿位以馭其士」，注云：「祿，若今月奉也。自卿大夫以至庶人，在官皆有祿。」《呂氏春秋・懷寵》篇云「皆益其祿」，高誘注云：「祿，食也。」《禮記・王制》云「王者之制祿爵」，注云：「祿，所受食。」故以「祿」解「食於上」之食

❶ 案，《說文解字》中「稟」字屬「㐭部」，非「禾部」。

也。既不仕即不當食其禄。不仕而受其賜，即是受其禄也。不仕而受其禄，即是以士而託於諸侯。不恭即非禮也。

曰：「君餽之則受之，不識可常繼乎？」 注 萬章曰：君禮餽賢臣，賢臣受之。不知可繼續而常來致之乎？將當輒更以君命將之也。疏「曰君」至「繼乎」○正義曰：前章言餽也以禮則孔子受之，是君餽之則受之，不待復問矣，故直以「可常繼」爲問耳。前云「爲貧而仕，惡乎宜乎，抱關擊柝」，謂仕有常職以受禄也。蓋賜爲餽與禄之通稱。前云「尊者賜之」，賜即餽也，賜之可受者也；此云「君餽之粟則受之」，又云「無常職而賜於上，以爲不恭」，賜非餽也，賜之不可受者也。蓋仕有常職則可受其禄，不仕無常職則可受其餽，不可受其禄。君餽之以惠及氓則爲周，以禮下賢則爲交際，皆可受者也。合上二章，其義備矣。**曰：「繆公之於子思也，亟問，亟餽鼎肉。子思不悦。於卒也，摽使者出諸大門之外，北面稽首再拜而不受，曰：『今而後知君之犬馬畜伋。』蓋自是臺無餽也。** 注 孟子曰：魯繆公時，尊禮子思，數問，數餽鼎肉。子思以君命煩，故不悦也。於卒者，末後復來時也。摽，麾也。麾使者出大門之外，再拜叩頭不受，曰：今而後知君犬馬畜伋。伋，子思名也。責君之不優以不煩，而但數與之食物，若養犬馬。臺，賤官主使令者。《傳》曰：「僕臣臺。」從是之後，臺不持餽來，繆公愠也。愠，恨也。疏「鼎肉」○正義曰：《禮記·少儀》云「其以鼎肉則執以將命」，注云：「鼎肉謂牲體已解，可升於鼎。」○注「於卒者末後復來時也」○正義曰：《爾雅·釋詁》云：「卒，終也。」《儀禮·燕禮》云「卒受者以虚觶降奠於篚」，注云：「卒猶後也。」故以「末後」解之。據「自是臺無餽」，則此爲末後也；據「亟餽」，則此爲復來也。○注「摽麾」至「不受」

〇正義曰：《音義》云：「摽，音杓，又音拋。」莊十三年《公羊傳》云：「已盟，曹子摽劍而去之。」注云：「摽，辟也。時曹子端劍守桓公，已盟，乃摽劍置地，與桓公相去離。」《釋文》云：「摽劍，普交反，辟也。辟劍置地。劉兆云：『辟，捐也。』」此音與《孟子》同。《毛詩・邶風・栢舟》「寤辟有摽」，傳云：「辟，拊心也。摽，拊心貌。」《釋文》云：「摽，符小反。」與《公羊傳》音異。而摽、辟同爲拊心，則摽正即是辟，與《公羊》注同矣。《毛詩・召南》「摽有梅」，傳云：「摽，落也。」此摽乃芆字之假借，因思曹沫摽劍，此摽亦芆，謂墜落其劍於地也。哀公十三年《左傳》云：「長木之斃，無不摽也。」此摽亦芆也。木之長者既枯斃，久之，枝格必墜落。杜氏注摽爲擊，失其義矣。《説文》手部：「擘，撝也。」「撝，裂也。一曰手指撝也。」「麾，旌旗所以指麾也。」麾即俗摩字，摩通撝，撝訓擘，擘即「寤辟有摽」之辟。摽訓麾，猶訓辟也。《禮記・禮運》云「捭豚」，《釋文》云：「捭又作擘。」孔氏正義云：「捭拆豚肉，拆即分裂之義。」《説文》手部又云：「拊，揗也。」「揗，摩也。」則拊心是以手撫摩其心；云擘云摽，則當是以兩手分摩，蓋怨憤挹鬱之極，用手開解之。辟亦闢也，闢亦開也。蓋自上分而落於下爲摽，自近分而屏於遠亦爲摽，其義可引申而見。「摽使者出諸大門之外」，自近分而屏於遠也，是可推而通矣。閻氏若璩《釋地又續》云：「《周禮》『吉拜』是拜而後稽顙，『凶拜』是稽顙而後拜，則凡先稽首後再拜，凶拜之類也。先再拜後稽首，吉拜之類也。吉拜，拜之常，故主于受；凶拜，拜之異，故主不受。」《説文》手部云：「𢷎，首至手也。古文从二手。揚雄説从兩手下。」首部云：「䭫，䭫首也。」頁部云：「頓，下首也。」段氏玉裁《釋拜》云：「拜者，何也？頭至手也。頭至手，故經謂之拜手。凡經或言拜手，或單言拜，一也。《周禮・大祝》謂之空首，鄭曰：『空首，拜頭至手，所謂拜手也。』何休注《公羊》宣六年《傳》：『頭至手曰拜手。』某氏注《尚書·召誥》曰：『拜手，首至手。』皆其證也。何以謂之頭至手也？《説文解字》曰：『跪者，所以拜也。』既跪而拱手，而頭俯至于手，與心平，是之謂頭至手，《荀卿子》曰『平衡曰拜』是也。頭不至于地，是以《周禮》謂之空首。曰空首者，對稽首、頓首之頭箸地言也。拜本專爲空首之稱，引申之則稽首、頓首、肅拜皆曰拜。」「稽，《説文》作䭬。稽首者何也？拜頭至地也。既拜手，而拱手下至於地，而頭亦下至于地，《荀卿子》曰『下衡曰稽首』是也。《白虎通·姓名》篇、鄭注《周禮·大祝》、何注《公羊》宣六年、某氏注《尚書·召誥》，皆曰『拜頭至地曰稽首』。拜重手，故字從手；䭬重首，故字從首也。頓首者，何也？頭叩地也。叩者何，敂也。敂者何？擊也。既拜手而拱手下至於地，而頭不徒下至地，且敂觸之，是之謂頓首。稽首者，言乎首舒遲至於地也；頓首者，言乎首急遽至於地也。是稽、頓之别也。《周禮》言頓首不言稽顙，《禮經》十七篇、《禮記》、群經言稽顙不言頓首，稽顙與頓首有二歟？曰無二也。何以知其無二也？鄭注《周禮》『頓首』曰：『頭叩地也。』注《士喪禮》曰：『稽顙，頭觸地也。』又《檀弓》注云：『稽顙者，觸地無容。』叩地、觸地之非有二可知矣。至地者以首不以顙，敂地者必以顙，故謂之稽顙，亦謂之顙。《公羊》昭二十五年『再拜顙』，何曰：『顙猶今叩頭矣。』亦謂之頓顙。《吴語》諸稽郢行成於吴，曰『頓顙於邊』。何言乎稽顙？稽之言至也，其至地與稽首同，其以顙與稽首異也。《荀卿子》曰『平衡曰拜，下衡曰稽首，至地曰稽顙』，是即鄭君之『頭至手曰空首，❶頭至地曰稽首，頭叩地曰頓首』也。」「《周禮·大祝》『九拜，一曰稽首，二曰頓

❶「首」，原作「手」，今據《經韻樓集》改。

首』，三曰空首』，此三者蓋拜之經歟？『四曰振動，五曰吉拜，六曰凶拜，七曰奇拜，八曰褒拜，九曰肅拜』，此六者其舉前三者，權其吉凶輕重之宜而用之歟？他經曰拜手曰拜無曰空首者，故知空首即拜手也。拜者，拜手之省文也。《禮經》十七篇、《禮記》曰稽顙無言頓首者，故知《周禮》之頓首即稽顙也。凡言『拜手稽首』，言『拜稽首』，言『再拜稽首』，皆先空首而後稽首也。言拜而後稽顙者，先空首而後頓首也。言『稽顙而後拜』者，先頓首而後空首也；言『稽顙不拜』者，頓首而不空首也。拜者，常禮；稽首者，敬之至也；稽顙者，哀之至也。」「凡祭必稽首。諸侯於天子稽首，大夫於國君稽首，於鄰國之君稽首，于君夫人、鄰國君夫人稽首。禮有非祭非君而稽首者，《特牲饋食禮》：『宿尸，尸許諾，主人再拜稽首。』《少牢饋食禮》：『宿尸，祝擯主人再拜稽首，尸拜許諾，主人又再拜稽首。』此皆未入廟之尸也而再拜稽首者，鄭重之至，以定其爲尸也。《士昏禮》：『賓升北面奠雁，再拜稽首。』妻之父，非君也，以逆女之事至重，稽首主爲授女，故主人不答拜。《聘禮》：『郊勞，賓用束錦儐勞者，勞者再拜稽首受。』注云：『尊國賓也。』又『受饔餼，儐大夫，大夫北面當楣再拜稽首受幣』，注云：『尊君客也。』下文皆云『賓再拜稽首送幣』，又下文『大夫餼賓，賓再拜稽首受』。是亦猶上文尊國賓尊君客之再拜稽首也。❶凡行禮必拜手。凡敵者拜手，卿大夫互相於，一也。凡諸侯相於拜手。凡臣於君、君於臣皆拜手。凡喪必稽顙以拜賓，即頓首也。」「何以謂之振動也？鄭曰：『戰栗變動之拜也。』有不必拜手而拜手者，有不必稽首而稽首者，有不必頓首而頓首者，如文三年晉侯享公，公降

❶「賓尊」，原倒，今據《經韻樓集》乙正。

拜，襄四年穆叔如晉，歌《鹿鳴》之三，三拜，如《雒誥》成王拜手稽首於周公，襄九年魯襄公稽首於晉君，如昭二十五年季孫意如稽顙於叔孫昭子，昭八年陳無宇稽顙於欒施，《公羊》昭二十五年昭公、子家羈再拜顙於齊侯，是皆謂之振動。振動者，言非常也，因事制宜之謂也。吉拜者何也？謂拜之常也。當拜而拜，當稽首而稽首，是吉拜也。吉拜對凶之辭也，凡稽首未有用於凶者也。凶拜者何也？拜而後稽顙，稽顙而後拜，皆凶拜也。凡頓首未有不用于凶者也。奇拜者何也？謂一拜也。奇者，不耦也。凡《禮經》言拜不言再者，皆謂一拜也。經有明言一拜者，❶《士相見禮》曰君答一拜，《聘禮》曰公一拜送几，又賓不降一拜。稽首頓首，則經未嘗有言再者。褒拜者，何也？謂再拜已上也。褒者大也。有所多大之辭也。凡《禮經·聘禮》《少牢饋食禮》《特牲饋食禮》言三拜，及僖十五年《左傳》言三拜稽首，襄四年言三拜，定四年言九頓首，以及婦人之俠拜，皆是也。肅拜者，何謂也？舉首下手之拜也，婦人之拜也。《少儀》曰：『婦人雖有君賜，肅拜。』是則肅拜爲婦人之常，猶拜手爲男子之常也。婦人以肅拜當男子之空首，以手拜當男子之稽首，以稽顙當男子之頓首。」○注「臺賤」至「恨也」○正義曰：臺即儓也。《方言》云：「儓、甿，農夫之醜稱也。南楚凡罵庸賤謂之田儓，或謂之甿。」臺爲賤稱，故官之賤者名臺。引《傳》者，昭公七年《左傳》芋尹無宇曰：「人有十等，下所以事上，上所以共神也。故王臣公，公臣大夫，大夫臣士，士臣皁，皁臣輿，輿臣隸，隸臣僚，僚臣僕，僕臣臺。」服虔云：「臺，給臺下微名也。」臺次輿、隸、僚、僕之下，是賤官主使令者，故引此以證也。

❶「有」，原作「者」，今據《經韻樓集》改。

《論語·學而》篇云「人不知而不愠」，鄭氏注云：「愠，怨也。」《説文》心部云：「恨，怨也。」「怨，恚也。」《毛詩·大雅·綿》「肆不殄厥愠」，傳云：「愠，恚也。」是愠、恨、怨、恚四字義同。趙氏以「臺無餽」爲繆公心不平子思之言而不使之餽，故以爲愠，又以恨明之。阮氏元《挍勘記》云：「『愠恨也』，玩此三字，似經文有奪，抑注文作『繆公愠恨也』五字，今本衍二字耳。」**悦賢不能舉，又不能養也，可謂悦賢乎？」**注孟子譏繆公之雖欲有悦賢之意，而不能舉用，使行其道，又不能優養終竟之，豈可謂能悦賢也？疏注「又不能優養終竟之」○正義曰：趙氏以繆公愠恨子思之言，不使臺餽食，爲不能「優養終竟之」。近時通説，繆公因子思不悦，自愧，故臺無餽。此「不能養」指上「亟問亟餽」事，非指「臺無餽」也。

曰：「敢問國君欲養君子，如何斯可謂養矣？」注萬章問國君養賢之法也。疏「敢問」至「養矣」○正義曰：此因孟子言不能養而問也。**曰：「以君命將之，再拜稽首而受。其後廩人繼粟，庖人繼肉，不以君命將之。子思以爲，鼎肉使己僕僕爾亟拜也，非養君子之道也。**注將者，行也。孟子曰：始以君命行，禮拜受之。其後倉廩之吏繼其粟，將盡復送，廚宰之人日送其肉。不復以君命者，欲使賢者不答以敬，所以優之也。子思所以非繆公者，以爲鼎肉使己數拜故也。僕僕，煩猥貌。謂其不得養君子之道也。疏注「將者」至「道也」○正義曰：《毛詩》傳以行釋將，不一而足，趙氏所本也。《爾雅·釋言》云：「將，送也。」孫炎注云：「行之送也。」是將有行送二義。「以君命將之」即亦是以君命送之，故繼粟、繼肉皆以「送」字明之。廩人繼粟，廩人送之，不以君命送之也；庖人繼肉，庖人送之，不以君命送之也。《周禮·地官·廩人》：「掌九穀之數以待國之匪頒、賙賜、稍食。」《天官·庖人》：「共賓客之禽獻。」胡氏匡衷《侯國官制考》云：「《周禮》廩人下大夫二人，據少牢大夫有廩人，則諸侯當亦有之。《國語》云：『敵國賓至，廩人獻餼。』是諸侯有廩人也。《禮記·祭統》云：『夫祭有畀煇胞翟閽者，惠下之道也。唯有德之君爲能行此。胞者，肉吏之賤者也。』《詩·簡兮》疏云：『胞即《周禮》庖人。』《漢書·百官公卿表》有胞人，師古曰：『胞人，主掌宰割者。』胞與庖同。天子庖人中士，諸侯當下士爲之。凡諸侯之官，降天子一等。」趙氏兼言「倉廩之吏者」，粟藏于倉，倉人主之。廩人之粟亦取之自倉，故兼言倉廩之吏也。桓公四年《公羊傳》云「三曰充君之庖」，注云：「庖，廚也。」《淮南子·説林訓》云「治祭者庖」，注云：「庖，宰也。」是「庖人」爲「廚宰之人」也。《説文》二部云：「亟，敏疾也。」段氏玉裁《説文解字注》云：「今人亟分入聲去聲。入之訓急也，去之訓數也。古無是分別，數亦急也，非有二義。」趙氏以「亟拜」爲「數拜」，又云「欲使賢者不答以敬，所以優之也」。《毛詩·大雅·瞻卬》「維其優矣」，箋云：「優，寬也。」《國語·魯語》云「獨恭不優」，注云：「優，裕也。」優裕是不急數，使之亟拜，非所以優裕之矣。《説文》菐部云：❶「菐，瀆菐也。」段氏玉裁《説文解字注》云：「瀆、菐疊韻字。瀆，煩瀆也。菐如《孟子》書之僕僕。」「煩猥」猶煩瀆也。《廣雅·釋詁》云：「煩，勞也。」《釋言》云：「猥，頓也。」

堯之於舜也，使其子九男事之，二女女焉，百官牛羊倉廩備，以養舜於畎畝之中，後舉而加諸上位。故曰『王公之尊賢者』也。」注 堯之於舜如是，是王公尊賢之道也。九男以下，已説於上篇。上位，尊帝位也。疏「堯之」至「者也」〇正義曰：此因養以及舉也。雖能養，仍必舉之，

❶「菐」，原作「丵」，今從沈校據《説文》改。

乃爲尊賢。「百官」即廩人庖人之屬。「牛羊倉廩備」，則繼肉繼粟，不煩瀆矣。「加之上位」謂慎徽五典，納于百揆，賓于四門，納于大録，極而至于登庸攝政也。

章指：言知賢之道，舉之爲上，養之爲次。不舉不養，賢惡肯歸？是以孟子上陳堯舜之大法，下刺繆公之不宏。 疏「下刺繆公之不宏」○正義曰：廷琥按：孔本宏作閎。

萬章曰：「敢問不見諸侯，何義也？」 注問諸侯聘請而夫子不見之，於義何取？**孟子曰：「在國曰市井之臣，在野曰草莽之臣，皆謂庶人。庶人不傳質爲臣，不敢見於諸侯，禮也。」** 注在國謂都邑。民會於市，故曰「市井之臣」。在野，野居之人。莽，亦草也。庶，衆也。衆庶之人未得爲臣。傳，執也。見君之質，執雉之屬也。未爲臣則不敢見之，禮也。疏注「在國」至「之屬也」○正義曰：《儀禮·士相見禮》云：「宅者，在邦則曰市井之臣，在野則曰草茅之臣；庶人則曰刺草之臣。」注云：「宅者謂致仕者，去官而居宅，或在國中，或在野。」此宅者指已仕而罷官之人，與《孟子》言「庶人」未仕之人有别。按：宅者謂士之家居而未仕者也，可以《孟子》之言證《禮》所云，若去官致仕，終不可爲庶人矣。閻氏若璩《釋地續》云：「《後漢·劉寵傳》：『拜會稽太守，山民愿朴，乃有白首不入市井者。父老自稱山谷鄙生，未嘗識郡朝。』郡朝，太守之廳事也。此可證市井貼在國都言。張守節曰：『古人未有市及井，若朝聚井汲水，便將貨物於井邊貨賣，故言市井。』」《淮南子·本經訓》云「野莽白素」，《泰族訓》云「食莽飲水」，注皆云：「莽，草也。」「草莽」猶「草茅」也。「庶，衆也」，《爾雅·釋詁》文。《釋名·釋書契》云：「傳，轉也。轉移所在，執以爲信也。」是傳有執義。《音義》云：「質，丁讀如贄。」《士相見》之禮「冬用雉，夏用腒」，執贄請見，❶必由將命者傳之，故謂之「傳贄」。《禮》云：「見於君，執摯至下，容彌蹙。庶人見於君，不爲容，進退走。」賈氏疏云：「此不言民而言庶人，則是庶人在官，即府史胥徒是也。」然則自卿大夫士以至庶人在官，皆得執摯見君而爲臣。孟子所謂庶人，未在官者也。庶人之摯用鶩，趙氏概舉見君之摯，故云「執雉之屬」，括執羔、執鴈、執鶩而言之也。**萬章曰：「庶人召之役則往役。君欲見之，召之則不往見之。何也？」**注庶人召使給役事則往供事。君召之見，不肯往見。何也？**曰：「往役，義也；往見，不義也。且君之欲見之也，何爲也哉？」**注孟子曰：庶人法當給役，故往役，義也；庶人非臣也，不當見君，故往見，不義也。且君何爲欲見之而召之也？疏注「庶人法當給役」○正義曰：《禮記·王制》云：「用民之力，歲不過三日。」注云：「治宮室、城郭、道渠。」《周禮·地官·鄉大夫》：「以歲時登其夫家之衆寡，辨其可任者，國中自七尺以及六十，野自六尺以及六十有五，皆征之。」賈氏疏云：「謂築作、挽引、道渠之役。若田獵，五十則免，是以《祭義》云『五十不爲甸徒』。若征伐，六十乃免，是以《王制》云『六十不與服戎』。」此皆「法當給役」之事也。言分則爲庶人，言德則爲士。往役爲庶人之分，往見則失士之節，故有義不義之分也。君以庶人待之，即召之役，義所當往；君而欲見之，則是待之以士，乃不師之友之而召之，此士所以不往也。

曰：「爲其多聞也，爲其賢也。」注萬章曰：君以是欲見之也。**曰：「爲其多聞也，則天子不**

❶「贄」，原作「雉」，今據經解本改。

召師，而況諸侯乎？爲其賢也，則吾未聞欲見賢而召之也。**注**孟子曰：安有召師召賢之禮而可往見也？繆公亟見於子思，曰：『古千乘之國以友士，何如？』子思不悦，曰：『古之人有言曰事之云乎，豈曰友之云乎？』子思之不悦也。豈不曰：『以位，則子君也，我臣也，何敢與君友也？以德，則子事我者也，奚可以與我友？千乘之君求與之友而不可得也，而況可召與？**注**魯繆公欲友子思，子思不悦而稱曰：古人曰見賢人當事之，豈云友之邪？孟子云：子思所以不悦者，豈不謂臣不可友君，弟子不可友師也？若子思之意，亦不可友，況乎可召之？**疏**「古之人」至「云乎」○正義曰：閻氏若璩《釋地三續》云：「『事之云乎，豈曰友之云乎』，此外惟《公羊》莊公二十四年《傳》『然則曷用，棗栗云乎，腶脩云乎』，何休注曰：『云乎，辭也。』按，云乎是辭，則但云『古之人有言曰事之，豈曰友之』，語意自了。」齊景公田，招虞人以旌，不至，將殺之。志士不忘在溝壑，勇士不忘喪其元。孔子奚取焉？取非其招不往也。」**注**已説於上篇。

曰：「敢問招虞人何以？」**注**萬章問招虞人當何用也？曰：「以皮冠。庶人以旜，士以旂，大夫以旌。**注**孟子曰招禮若是。皮冠，弁也；旜，通帛也，因章曰旜；旂，旌有鈴者；旌，注旄竿首者。**疏**注「皮冠弁也」○正義曰：周氏柄中《辨正》云：「《周禮·司服》『凡甸冠弁服』，鄭注：『冠弁，委貌，此田獵之冠也。』薛氏《禮圖》以冠弁即皮弁，又以皮弁即皮冠，此説非是。襄十四年《傳》：『衛獻公射鴻於囿，孫、甯二子從之。不釋皮冠而與之言，二子怒。』孔疏謂『敬大臣宜去皮冠』。若皮冠即弁，則衛獻之不釋皮冠，正自應爾，孫、甯二子何爲而怒乎？然則冠弁者，❶禮服之冠，皮冠蓋加于禮冠之上，田獵則以禦塵，亦以禦雨雪。楚靈狩於州來，去皮冠而與子革語，必非科頭也。可見去皮冠而仍有禮冠矣。以其爲田獵所有事，故招虞人以之，而禮冠中不數也。或云天子田獵服委貌，諸侯服皮冠，亦是臆説。」○注「旃通」至「首者」○正義曰：《周禮·春官·司常》云：「交龍爲旂，通帛爲旜，析羽爲旌。」《爾雅·釋天》云：「注旄首曰旌，有鈴曰旂，因章曰旃。」鄭氏注《司常》云：「通帛謂大赤，從周正色，無飾。」郭氏注《爾雅》云：「以帛練爲旒，因其文章，不復畫之。」趙氏解「旃」既云「通帛」，又云「因章」，兼《周禮》《爾雅》言之也。郭氏注「旂」云：「縣鈴於竿頭，畫蛟龍於旒。」是兼《司常》「交龍」言之。鄭氏注「旌」云：「全羽析羽皆五采，繫之於旞旌之上，所謂注旄於竿首也。」是合《爾雅》「注旄首」言之。趙氏言「注旄干首爲旌」，於《爾雅》增「干」字；言「旌有鈴爲旂」，於《爾雅》增「旌」字。蓋旌則注旄於干，旂則繫鈴於干，以旌明旂，謂旂繫鈴於干猶旌注旄於干，非謂既析旄又繫鈴也。周氏柄中《辨正》云：「毛大可曰：『此爲《孟子》解，當據《司常》「大閲」文。凡大閲治徒役，必有諸侯卿大夫士及州里庶人。顧士未有位，惟諸侯得召之，而侯車載旂，故即以旂招士。孤卿可招庶人，而孤卿載旃，故即以旃招庶人。』愚按，斿車載旌，斿車者，五路中之木路，田獵乘之，《巾車》云『木路以田』是也。王正田獵則建大麾，小田獵則建旌，故即以旌招大夫，此正所謂以所招之人之物，與旂招士、旃招庶人一例也。陳氏《禮書》曰：『孤卿建旃，庶人，孤卿之所治者也，故招以旃。諸侯建旂，士，君之所禮也，故招

❶「冠」，原作「皮」，今據《四書典故辨正》改。

以旂。旍車載旌，大夫，從旍燕之樂者也，故招以旌。』以此解《孟子》，何不可焉？」閻氏若璩《釋地三續》云：「余既篤信《左傳》，亦間以《孟子》較之，則以《孟子》爲據。如昭二十年齊侯田於沛是也。《傳》言『招虞人以弓』，不合《孟子》者一；『旃以招大夫，弓以招士』，不合《孟子》者二；不引『志士不忘在溝壑』二語而撰『守道不如守官』爲仲尼曰，爲柳子厚之所駁，不合《孟子》者三。此三者既不可信，則言昔我先君田，各招大夫士以其物，又豈可信哉？皮冠者，諸侯田獵之冠，故即以皮冠招掌田獵之人。虞人既至，先示以期日，即告以田於某所，庶幾虞人芟除其草萊，爲可陣之地，招之須及早。若庶人士大夫，皆『從公于狩』之人。《周禮·大司馬》至期立熊虎之旗，于期所以集衆，故曰以旗致民。又曰：『質明弊旗，誅後至者。』此豈待招而後至者哉？孟子緣答虞人以皮冠，遂連類而及庶人士大夫平日之招，以明各有等威。據《左傳》而謂四招者皆田制，拘矣。」廷琥按：趙注「旃竿首者」，❶孔本竿作「干」。**以大夫之招招虞人，虞人死不敢往；以士之招招庶人，庶人豈敢往哉？況乎以不賢人之招招賢人乎？**注以貴者之招招賤人，賤人尚不敢往，況以不賢人之招招賢人乎？不賢之招，不以禮也。**欲見賢人而不以其道，猶欲其入而閉之門也。夫義，路也；禮，門也。惟君子能由是路，出入是門也。**注欲人之入而閉其門，可得而入乎？閉門猶閉禮也。**《詩》云：『周道如厎，其直如矢。君子所履，小人所視。』」**注《詩》，《小雅·大東》之篇。厎，平；矢，直；視，比也。周道平直，君子履直道。小人比而則之。以喻虞人能效君子守

❶「注」，經解本作「氏」。

死善道也。疏注「詩小」至「道也」○正義曰：《詩》在《小雅・大東》第一章。厎，《詩》作砥。孔氏正義云：「砥謂礪之石。《禹貢》曰『礪砥砮丹』，以砥石能磨物使平。矢則榦必直。砥言周道則其直亦周道也，如矢言其直則如砥言其平，互相通也。」翟氏灝《考異》云：「《説文》厂部：『厎，柔石也。』重文作砥，並職雉切。广部：『底，山居也，下也。都禮切。』厎實砥之本字，故《禹貢》『厎柱析城』，《漢書》『厎礪其節』『厎礪名號』，皆以厎爲砥。今坊刻經文多上加點，與底下字無别，讀者遂誤音如邸。並《詩》之砥字或亦誤爲邸音。」按：厎、底並從氐聲，義異而音則通。《禮記・王制》云「天子三公之田視公侯」，《雜記》云「妻視叔父母姑姊妹」，注並云：「視猶比也。」《廣雅・釋詁》云：「視，效也。」效即法，法即則，故既以「比」釋「視」，又以「則」「效」解之。「守死善道」，《論語・述而》篇文。趙氏以引《詩》「君子所履」證君子之由是路，「小人所視」證虞人之非其招不往。按：《毛詩》本意，「周道」謂周家貢賦賞罰之道，「如砥」言其均平，「如矢」言其不偏。「君子所履」謂君子效法而履行之，「小人所視」謂小人視其平直而供承之。所履所視皆謂周道，非謂小人比效君子。然則孟子引《詩》以「周道如厎，其直如矢」證義之爲路，禮之爲門，禮義即道也。不獨君子履此道，小人亦視此道。小人視此道，故以大夫之招招虞人，虞人死不敢往也；君子履此道，故君子由是路，出入是門也。抑君子履之，故召之則不往見之也；小人視之，故庶人不傳質爲臣，不敢見諸侯也。

萬章曰：「孔子君命召，不俟駕而行。然則孔子非與？」注俟，待也。孔子不待駕而應君命也。孔子爲之，非與？**曰：「孔子當仕，有官職，而以其官召之也。」**注孟子曰：孔子所以不待駕者，孔子當仕位，有官職之事，君以其官名召之，豈得不顛倒？《詩》云：「顛之倒之，自公召之。」不謂賢人無位而君欲召見也。疏注「孔子」

至「見也」〇正義曰：仕於朝則有爵次之位，《周禮・天官・大宰》「禄位以馭其士」是也。《禮記・樂記》云「樂之官也」，注云：「官猶事也。」《淮南子・俶真訓》云「大夫安其職」，高誘注云：「職，事也。」官、職義皆爲事，故云「位有官職之事」。事以位別，名以事起，司某事則以某官爲名，故「君以官名召之」也。引《詩》者，《齊風・東方未明》之篇。箋云：「群臣促遽，顛倒衣裳。」趙氏引此，謂孔子不俟駕而朝，猶齊臣顛倒衣裳而朝，其促遽以應召一也。無位則無官職之事，故不可召見之。趙氏佑《温故録》云：「此言亦孟子權以答問，而於孔子事君之正，固未盡發。何也？孟子之不見諸侯，皆君非其君，孟子又仕而不受禄，可以不應其召。若孔子仕魯，乃本國之君，即不當仕有官職，本有可召之義。所惡乎往見者，爲其無因而妄干耳。是以庶人不傳贄爲臣，所以循其爲庶人；若君欲見之而召之，方勤丘園之賁，豈效汶上之辭？吾知孔子必不爲已甚也，即孟子亦不爲已甚也。」

章指：言君子之志，志於行道，不得其禮，亦不苟往。於禮之可，伊尹三聘而後就湯；道之未洽，沮、溺耦耕，接輿佯狂。豈可見乎？疏「接輿佯狂」〇正義曰：《楚辭・九章・涉江》云「接輿髡首兮桑扈臝行」，注云：「接輿，楚狂接輿也。髡，剔也。首，頭也。自刑身體，避世佯狂也。」《史記・范雎傳》云：「箕子、接輿，漆身爲厲，被髮爲狂。」東方朔《非有先生論》云：「接輿避世，箕子被髮佯狂。」《論語・微子》篇云「楚狂接輿歌而過孔子」，《集解》引孔曰：「接輿，楚人也。佯狂而來歌。」

孟子謂萬章曰：「一鄉之善士斯友一鄉之善士，一國之善士斯友一國之善士，天下之善

士斯友天下之善士。注鄉，一鄉之善者；國，國中之善者；天下，四海之内也。各以大小來相友，自爲疇匹也。疏注「鄉一」至「匹也」○正義曰：趙氏以一國之善士爲國中之善者，而以「國中」解「國」字，閩、監、毛三本則作「國一國之善者」，此誤「國中」爲「一國」也。推之「鄉一鄉之善者」亦是「鄉鄉中之善者」，以「鄉中」解「鄉」字，猶以「國中」解「國」字也。鄉爲鄉中，國爲國中，故「天下」爲「四海之内」。蓋取善無窮，在一鄉則友一鄉，在一國則友一國，在天下則友天下。趙氏謂「各以大小來相友，自爲疇匹」，謂一鄉之善士與一鄉之善士友，一國之善士與一國之善士友，天下之善士與天下之善士友。**以友天下之善士爲未足，又尚論古之人。頌其《詩》，讀其《書》，不知其人可乎？是以論其世也。是尚友也。」**注好善者以天下之善士爲未足極其善道。尚，上也。乃復上論古之人。頌其《詩》，《詩》歌頌之，故曰頌。讀其《書》，猶恐未知古人高下，故論其世以别之也。在三皇之世爲上，在五帝之世爲次，在三王之世爲下。是爲好上友之人也。疏注「好善」至「人也」○正義曰：「以友天下之善士爲未足」，因而上友古人，此互明友一鄉未足則進而友一國，友一國未足則進而友天下，友天下猶未足，則進而友古人也。惟一鄉斯友一鄉，惟一國斯友一國，惟天下斯友天下，何也？同在一鄉，乃知此一鄉之善士也；同在一國，乃知此一國之善士也；同在今世之天下，乃知今世天下之善士也。若生今世而上友古人，則不同世何以知其人之善？故必頌其《詩》、讀其《書》而論其世。惟頌其《詩》、讀其《書》而論其世，乃可以今世而知古人之善也。上下兩節互明如此。《周禮·春官·大師》注云：「頌之言誦也。」「頌其詩」即「誦其詩」。段氏玉裁《説文解字注》云：「諷，誦也。誦，諷也。讀，籒書也。《大司樂》『以樂語教國子，興道諷誦言語』，注：『倍文曰諷，以聲節之曰誦。』倍同背,謂不開讀也;誦則非直背文,又爲吟咏以聲節之。《周禮》經注析言之,諷、誦是二;許統言之,諷、誦是一也。竹部:「籀,讀書也。」《庸風》傳曰:「讀,抽也。」《方言》曰:「抽,讀也。」蓋籀、抽古通用。《史記》「紬史記石室金匱之書」,字亦作紬,❶抽繹其義蘊至於無窮,是之謂讀。故卜筮之辭曰籀,謂抽繹《易》義而爲之也。尉律學僮十七已上始試,諷籀書九千字乃得爲吏。諷謂背其文,籀謂能繹其義。太史公作《史記》,曰「余讀高祖侯功臣」,曰「太史公讀列封,❷至便侯」,曰「太史公讀秦楚之際」,❸曰「余讀《諜記》」,曰「太史公讀《春秋曆譜諜》」,❹曰「太史公讀《秦記》」,皆謂紬繹其事以作表也。漢儒注經斷其章句爲讀,如《周禮》注「鄭司農讀火絶之」,《儀禮》注「舊讀昆弟在下」,「舊讀合大夫之妾爲君之庶子女子子嫁者未嫁者」,是也。擬其音曰讀,凡言「讀如」「讀若」皆是也。易其字以釋其義曰讀,凡言「讀爲」「讀曰」「當爲」,皆是也。人所誦習曰讀,如《禮記》注云「周田觀文王之德,博士讀爲厥亂勸寧王之德」,是也。諷誦亦爲讀,如《禮》言「讀賵」「讀書」,《左傳》「公讀其書」,皆是也。諷誦亦可云讀而讀之義不止于諷誦。諷誦止得其文詞,讀乃得其義蘊。《孟子》云『誦其詩,讀其書』,則互文見義也。」趙氏佑《温故録》云:「『三皇之世爲上,五帝之世爲次,三王之世爲下』三語當有成文,其即上古、中古、下古之謂邪? 然經言《詩》《書》,固不必遠追書契以前。」

❶「紬」,據上下文義及《史記索隱》引如淳語,疑當作「抽」。

❷「封」,原作「侯」,今從沈校據《説文解字注》及《史記》改。

❸「曰」,原無,今從沈校據《説文解字注》補。

❹「曆」,原脱,今從沈校據《説文解字注》及《史記》補。

按：古人各生一時，則其言各有所當。惟論其世，乃不執泥其言，亦不鄙棄其言，斯爲能上友古人。孟子學孔子之時，得堯舜通變神化之用，故示人以論古之法也。趙氏先解「頌其《詩》」而以論世屬之「讀其《書》」，似頌《詩》不必論世。《大戴記》衛將軍文子問於子貢曰：「吾聞夫子之施教也，先以《詩》世。」孔氏廣森《補注》云：「《詩》世者，誦其《詩》，論其世也。《周禮》曰：『諷誦《詩》，世奠繫。』」然則《詩》《書》俱宜論世。趙氏蓋亦以論世兼承「頌其《詩》」「讀其《書》」，而先解頌字，繫「頌《詩》」下耳。

章指：言好高慕遠，君子之道。雖各有倫，樂其崇茂。是以仲尼曰：「毋友不如己者。」高山仰止，景行行止。

齊宣王問卿。孟子曰：「王何卿之問也？」注王問何卿也？王曰：「卿不同乎？」曰：「不同。有貴戚之卿，有異姓之卿。」注孟子曰：卿不同。貴戚之卿，謂内外親族也；異姓之卿，謂有德，命爲三卿也。疏注「貴戚」至「卿也」○正義曰：貴戚之卿以親而任，故云「内外親族」也；異姓之卿以賢而任，故云「有德，命爲三卿」也。王曰：「請問貴戚之卿。」注問貴戚之卿如何？曰：「君有大過則諫，反覆之而不聽，則易位。」注孟子曰：貴戚之卿，反覆諫君，君不聽，則易君之位，更立親戚之賢者。疏「君有大過則諫」○正義曰：貴戚必待大過方諫，餘則有異姓卿在也。○注「更立親戚之賢者」○正義曰：孔本作「立親戚之貴者」，非。王勃然變乎色。注王聞此言，愠怒而驚懼，故勃然變色。曰：「王勿

異也。王問臣，臣不敢不以正對。」注孟子曰：王勿怪也。王問臣，臣不敢不以其正義對。**王色定，然後請問異姓之卿。**注王意解，顏色定，復問異姓之卿如之何也。**曰：「君有過則諫，反覆之而不聽，則去。」**注孟子言異姓之卿，諫君不從，去而待放，遂不聽之，則去而之他國也。疏注「諫君」至「國也」

○正義曰：周氏廣業《孟子古注考》云：「《公羊》宣元年『晉放其大夫胥甲父于衛』，《傳》云：『放之者何？猶云無去是云爾。古者大夫已去，三年待放。君放之，非也；大夫待放，正也。』《白虎通·諫諍》篇：『《援神契》曰：三諫待放，復三年，盡惓惓也。言放者，臣爲君諱，若言有罪放之也。所諫事已行者，遂去不留。凡待放，冀君用其言耳。事已行，菑咎將至，無爲留之也。臣待放於郊，君不絕其禄者，示不欲其去也。』鄭康成《詩·檜風·羔裘》箋：『三諫不從，待放而去。』與此趙注俱用此事。」按：《儀禮·喪服》「舊君」，注云：「以道去君，謂三諫不從，待放於郊未絕者。」賈氏疏云：「此以道去君，據三諫不從，在境待放，得環則還，得玦則去。」《禮記·曲禮》云：「爲人臣之禮不顯諫，三諫而不聽則逃之。」注云：「逃，去也。君臣有義則合，無義則離。」又云：「大夫士去國，踰竟爲壇位。」孔氏正義云：「此大夫士三諫而不從，出在境上。大夫則待放三年，聽於君命，若與環則還，與玦便去。《隱義》云：『去國當待放也，若士不待放。』」又云：「所以待放必三年者，三年一閏，天道一變，因天道變，望君自改也。」然在竟未去，聽君環玦，不謂「待歸」而謂「待放」者，既已在竟，不敢必還，言惟待君見放乃去也。此云「遂不聽之」者，謂賜玦也，故「去而之他國」。《荀子·大略》篇云：「召人以瑗，絕人以玦，反絕以環。」注云：「古者臣有罪，待放于境，三年不敢去。與之環則還，與之玦則絕，皆所以見意也。」

章指：言國須賢臣，必擇忠良；親近貴戚，或遭殃禍。伊發有莘，爲殷興道。故云「成湯立賢無方」也。疏「或遭殃禍」○正義曰：周氏廣業《孟子章句疏證》云：❶「《正義》作『禍殃』，與韻協。」○「伊發有莘爲殷興道」○正義曰：《音義》云：「丁云：『言伊尹有莘之媵臣，發起于草萊，爲殷湯興其王道也。』」周氏廣業《孟子章指疏證》云：❷「《越絶書》：『殷湯臣伊尹，伐夏放桀而王道興蹤。』《史記》：『伊尹爲有莘氏媵臣，以滋味説湯，致于王道。』按，趙氏之意謂以貴戚爲卿，致于易位，是爲禍殃；不若任賢以異姓爲卿，三諫而去，無易位之禍也。引伊尹者，言異姓出自草萊，有益於國，良于親近貴戚也。」

❶「句疏」，據全書他章引文，當作「指考」。
❷「疏」，據全書他章引文，當作「考」。

孟子正義卷二十二

江都縣鄉貢士焦循譔集

孟子卷第十一

告子章句上凡二十章。

注告子者，告，姓也；子，男子之通稱也。名不害，兼治儒墨之道者。嘗學於孟子，而不能純徹性命之理。《論語》曰「子罕言命」，謂性命之難言也。以告子能執弟子之問，故以題篇。**疏**注「告子」至「題篇」○正義曰：趙氏以告子名不害，蓋以爲即浩生不害也。閻氏若璩《釋地又續》云：「浩生，複氏；不害，其名。與見《公孫丑》之告子及以《告子》題篇者自各一人。趙氏偶於《告子》篇誤注曰名不害，且臆度其嘗學於孟子執弟子問者。」毛氏奇齡亦以趙氏爲錯。胡氏煦《篝燈約旨》云：「告子，孟子之弟子也。後來荀楊如性惡、禮僞、善惡混之說，皆各執一見，終身不易。而告子則往復辨論，不憚煩瑣，又且由淺入深，屢易其辭，安知最後無復有言？不既曉然於性善之旨乎？今人謂《告子》諸章皆告子之言，其言固屢易其説矣，安有自謂知性，曾無定論，猶向他人屢易其説者也？屢易其説，則請益之辭也。今觀其立言之敘：其始杞柳之喻，疑性善爲矯揉，此即性僞之説也。得戕賊之喻，知非矯揉矣，則性中有善可知矣。然又疑性中兼有善惡，而爲湍水之喻，此即善惡混之説也。得搏激之説，知性本無惡矣。則又疑『生之謂性』，此即佛氏之見也。得犬牛之喻，知性本善矣。則又疑『仁内而義外』。及得耆炙之喻，然後知性中之善，如是其確而切、美且備也。今知讀書窮理，以文章取功名止耳，求寢食不忘，諄諄性學如告子者，幾無人矣。告子之未可量也，顧乃以孟子爲闢告子，何邪？」翟氏灝《考異》云：「《管子·戒》篇：『仁從中出，義由外作。』《墨子·經下》篇：『仁義之爲内外也，愛利不相爲内外，所愛利亦不相爲内外。其爲仁内也義外也，舉愛與所利也。』告子『仁内義外』之言遠本管子而近受自墨子。《墨子·公孟》篇：『二三子曰：告子言義而行甚惡，請棄之。墨子曰：不可。告子言談甚辨，言仁義而不吾毀。』又告子受教於墨之實驗。趙氏云『告子兼治儒墨』，非僅泛度爲言。」

告子曰：「性猶杞柳也，義猶桮棬也。以人性爲仁義，猶以杞柳爲桮棬。」注告子以爲人性爲才幹，義爲成器，猶以杞柳之木爲桮棬也。杞柳，柜柳也；一曰：杞，木名也。《詩》云：「北山有杞。」❶桮棬，桮素也。疏注「告子」至「素也」〇正義曰：杞柳，植物，有枝幹，故趙氏以「人性爲才幹」；桮棬是器，故

❶「北」，沈校：《毛詩·小雅·南山有臺》作「南」。

趙氏以「義爲成器」。杞柳本非桮棬，其爲桮棬也，有人力以之也；以喻人性本非仁義，其爲仁義也，有人力以之也。非人力則杞柳不可以爲桮棬，非人力則人性不可以爲仁義。《爾雅・釋木》云：「楥，柜柳。」郭氏注云：「未詳。或曰：柳當爲柳，柜柳以柳，皮可煮作飲。」陶隱居《本草别録》云：「欅樹削取裏皮，去上甲，煎服之，夏日作飲，去熱。」此欅樹即柜柳，柜即欅也。寇宗奭《本草衍義》云：「欅木，今人呼爲欅柳。葉謂柳非柳，謂槐非槐。本最大者高五六十尺，合二三人抱。湖南北甚多，然亦不材也，不堪爲器，用嫩枝取以緣栲栳與箕唇。」緣栲栳箕唇即爲桮棬之類，故趙氏以杞柳爲柜柳也。《毛詩・鄭風》「無折我樹杞」，傳云：「杞，木名也。」陸璣《毛詩草木疏》云：「杞，柳屬也。生水旁，樹如柳，葉粗而白色，木理微赤，故今人以爲車轂。」是杞柳亦是木名，毛傳以「樹杞」之杞爲木名，正指杞柳。趙氏言「一曰木名」，引《詩》以證之者。詩在《小雅・南山有臺》第三章。傳不釋何物，即指樹杞也，而《釋文》引《草木疏》則云：「其樹如樗，一名狗骨。」陳氏大章《詩名物集覽》云：「狗骨即今絲棉樹。」按：絲棉樹與柜柳固殊，此趙氏所以分别之與？桮素者，《爾雅・釋木》「樓落」，郭氏注亦云：「可以爲桮器素。」《詩正義》引某氏云：「可作桮圈。」圈即棬。邢氏疏云：「素謂樸也。」段氏玉裁《說文解字注》云：「樸，木素也。素猶質也。以木爲質，未彫飾，如瓦器之坯然。《士喪禮》《周禮・槀人》皆云『獻素獻成』，注云：『形法定爲素，飾治畢爲成。』是也。」蓋桮醆之類，飾以彫漆，華以金玉。未飾未彫之先，以杞柳等木爲之質，故爲素也。《禮記・玉藻》云「母殁而桮圈不能飲焉」，注云：「圈，屈木所爲，謂巵匜之屬。」已可用爲飲，則非未成之樸矣。《方言》云：「桮其通語也。」《大戴記・曾子事父母》篇盧辯注云：「杯，盤盎盆盞之總名也。」蓋桮爲總名，其未彫未飾時名其質爲棬，因而桮器之不彫不飾者即通名爲棬也。翟氏灝《考異》云：「趙氏訓桮棬爲桮素，孫氏音桮爲柸，蓋素與壞，柸與坯，惟以木作土爲别，字體、音義則並同也。《説文繫傳》曰：『杅即《孟子》所謂桮棬也。』以柸作杯，殊失趙氏訓素本意。」又云：「《荀子·性惡》篇：『工人斲木而成器，器生於工人之僞，非故生於木之性也。聖人積思慮，習僞故，以生禮義而起法度。然則禮義法度者是生於聖人之僞，非故生於人之性也。』又曰：『檃栝之生於枸木也，繩墨之起於不直也。立君上，明禮義，爲性惡也。』皆與告子此説正同。」**孟子曰：「子能順杞柳之性而以爲桮棬乎？將戕賊杞柳而後以爲桮棬也？**注戕猶殘也。《春秋傳》曰：「戕舟發梁。」子能順完杞柳，不傷其性而成桮棬乎？將斧斤殘賊之，乃可以爲桮棬乎？言必殘賊也。疏注「戕猶」至「賊也」○正義曰：宣十八年「邾人戕繒子于繒」，《穀梁傳》云：「戕猶殘也。」趙氏引《春秋傳》者，襄二十八年《左傳》云「陳無宇濟水而戕舟發梁」是也。彼注亦云：「戕，殘落也。」《易·豐》卦傳云「自藏也」，《釋文》引鄭氏注作戕，云：「戕，傷也。」故又以「傷」明之。傷殘則不能完全，故以「順」爲「完」。《説文》宀部云：「完，全也。」《吕氏春秋·本生》篇「以全天爲故者也」，高誘注云：「全猶順也。」是「完」即「順」也。賊，害也。義與傷同。**如將戕賊杞柳而以爲桮棬，則亦將戕賊人以爲仁義與？**注孟子言以人身爲仁義，豈可復殘傷其形體乃成仁義邪？明不可比桮棬也。**率天下之人而禍仁義者，必子之言夫！」**注以告子轉性以爲仁義若轉木以成器，必殘賊之。故言率人以禍仁義者，必子之言。夫，歎辭也。疏注「以告」至「之言」○正義曰：《金匱·婦人雜病》篇云：「轉胞不得溺，以胞系了戾，故致此病。」嵇康《與山巨源絶交書》云「令胞中略轉」，略轉猶了戾。《方言》云：「軫，戾也。」郭璞注云：「相了戾也。」《廣雅》以轉戾釋軫軳，是轉即軫，義皆爲戾。了與戾一聲，軫與轉一聲。「轉木」謂矯戾其木，「轉性」謂矯戾其性矣。《吕氏春秋・孟春紀》「無變天之道」，高誘注云：「變猶戾也。」故《章指》云「殘木爲器，變而後成」，變亦謂矯戾，與轉同義，非變通轉運之謂。蓋人性所以有仁義者，正以其能變通，異乎物之性也。以己之心通乎人之心，則仁也；知其不宜，變而之乎宜，則義也。仁義由於能變通。人能變通，故性善；物不能變通，故性不善，豈可以草木之性比人之性？杞柳之性必戕賊之以爲桮棬，人之性但順之即爲仁義。故不曰「戕賊性以爲仁義」而曰「戕賊人以爲仁義」也。比人性於草木之性，草木之性不善，將人之性亦不善矣。此所以禍仁義而孟子所以辨也。杞柳之性可戕賊之以爲桮棬，不可順之爲仁義，何也？無所知也。人有所知，異於草木，且人有所知而能變通，異乎禽獸，故順其能變通者而變通之，即能仁義也。杞柳爲桮棬，在形體不在性，性不可變也；人爲仁義，在性不在形體，性能變也。以人力轉戾杞柳爲桮棬，杞柳不知也；以教化順人性爲仁義，仍其人自知之，自悟之，非他人力所能轉戾也。劉熙《釋名・釋言語》云：「順，循也。循其理也。」《爾雅・釋詁》云：「率，循也。」故《周書・大匡》云「州諸侯咸率」，孔晁注云：「率，奉順也。」《孟子》所謂「順性」即《中庸》所云「率性」。胡氏煦《篝燈約旨》云：「性相近云者，第如云不遠云爾。後説上智下愚，不説賢不肖，原指天資明昧而言。蓋賢不肖皆有爲立事之後所分别之品行，而智愚則據性之所發而言也。人初生便解飲乳，便解視聽，此良知也。然壯年知識便與孩提較進矣，老年知識便與壯年較進矣。同焉此人，一讀書，一不讀書，其知識明昧又大相懸絶矣；同焉受業，一用心，一不用心，其知識多寡又大相懸絶矣。則明之與昧，因習而殊，亦較然矣。聖人言此，所以指明學者達天，徑路端在學習，有以變化之耳；又以見習染之汙，溺而不知返者，非其本性然也。」○注「夫歎辭也」○正義曰：句末用夫字，與《論語》「有是夫」「善夫」等句同，故知爲歎辭。

章指：言養性長義，順夫自然；殘木爲器，變而後成。告子道偏，見有不純，內仁外義，違人之端。孟子拂之，不假以言也。疏「順夫自然」○正義曰：孔本作「順天」。

告子曰：「性猶湍水也，決諸東方則東流，決諸西方則西流。人性之無分於善不善也，猶水之無分於東西也。」注湍者，圜也。謂湍湍瀠水也。告子以喻人性若是水也，善惡隨物而化，無本善不善之性也。疏注「湍者」至「性也」○正義曰：《説文》水部云：「湍，急瀨也。」急則有所分，告子以喻人性之無分善不善，則不取其急，故趙氏以「圜」訓之。《廣雅》圜、圌皆訓圓。圌通作篅。《説文》竹部云：「篅以判竹，圜以盛穀也。」劉熙《釋名·釋宮室》云：「圌以草作之，團團然也。」《淮南子·精神訓》高誘注云：「篅讀顓頊之顓。」《漢書·賈捐之傳》云「顓顓獨居一海之中」，顏師古注云：「顓與專同。專專，圓貌也。」趙氏讀「湍」爲「圌」，「湍湍」猶「顓顓」也。惟水流回旋，故無分東西，此以無上下者而言，趙氏體告子之意以爲訓，精矣。《毛詩·周南》「葛藟縈之」，傳云：「縈，旋也。」《音義》云：「瀠，字書作濴，❶余傾切，波勢回貌。」按：瀠即縈也。「隨物而化」謂習於善則善，習於惡則惡也。乃人性有上智下愚之不移，則不得謂隨物而化

❶「濴」，原作「瀠」，今據文義及《廣韻》改。

也。孟子曰：「水信無分於東西，無分於上下乎？人性之善也，猶水之就下也。人無有不善，水無有不下。今夫水，搏而躍之，可使過顙；激而行之，可使在山。是豈水之性哉？其勢則然也。人之可使爲不善，其性亦猶是也。」注孟子曰：水誠無分於東西，故決之而往也；水豈無分於上下乎？水性但欲下耳。人性生而有善，猶水欲下也。所以知人皆有善性，似水無有不下者也。躍，跳；顙，額也。人以手跳水，可使過顙；激之，可令上山。皆迫於勢耳，非水之性也。人之可使爲不善，非順其性也，亦妄爲利欲之勢所誘迫耳，猶是水也。言其本性非不善也。疏注「躍跳」至「善也」〇正義曰：《説文》足部云：「跳，蹶也。一曰躍也。」是「躍」爲「跳」也。《方言》云：「中夏謂之頟，東齊謂之顙。」是「顙」即「頟」也。趙氏言「人以手跳水」，「手」字釋「搏」字。《音義》云：「搏，張補各切，云：『以手擊水。』丁作『摶』，音團。」《通俗文》云：「摶黍爲手團。」蓋掬其掌以超騰其水，義亦可通。以杞柳爲桮棬比以人性爲仁義，是以人之善由戕賊而成也，不順也。孟子則明示以順其性爲善。以水無分於東西比人性無分於善不善，是以人之善不善皆由決而成也，皆順也。孟子則明示以不順其性乃爲不善。兩章互相發明。搏而躍之使過顙，激而行之使在山，猶戕賊杞柳爲桮棬也，不順也。順其性則善，不順其性則可使爲不善，而人性之善明矣。且水之東西無分優劣，而人之善不善則判若天淵。決東決西本不足以比人性之善不善。決東則東流，東必下，決西則西流，西必下，此但可喻人性之善，故云「人無有不善，水無有不下」。告子始以不順其性爲善，既知順其性爲善矣，又並以順其性爲不善，云杞柳云湍水，皆儗不於倫也。

章指：言人之欲善，猶水好下；迫勢激躍，失其素真。是以守正性者爲君子，隨曲拂

者爲小人也。疏「失其」至「人也」○正義曰：《莊子・刻意》篇云：「能體純素，謂之真人。」《淮南子・精神訓》云：「所謂真人者，性合於道也。」趙氏言「素真」，郭象所謂「不假於物而自然者」也。「真」之義同於「正」，故上言「素真」，下言「正性」。《詩・皇矣》篇「四方以無拂」，箋云：「拂猶佹也。言無復佹戾文王者。」曲，邪也。邪則不正，佹戾則非自然。搏躍過顙，非水之自然，故爲「曲拂」也。

告子曰：「生之謂性。」注凡物生同類者皆同性。疏「生之謂性」○正義曰：《荀子・正名》篇云：「生之所以然者，謂之性。」《春秋繁露・深察名號》篇云：「如其生之自然之資，謂之性。」《白虎通・性情》篇云：「性者，生也。」《論衡・初稟》篇云：「性，生而然者也。」《説文》心部云：「性，人之陽氣，性善者也。从心，生聲。」性從生，故「生之謂性」也。○注「凡物」至「同性」○正義曰：「物生同類者」謂人與人同類，物與物同類；物之中則犬與犬同類，牛與牛同類。人與物不同類，則人與物之性不同。趙氏蓋探孟子之指而言之，非告子意也。

孟子曰：「生之謂性也，猶白之謂白與？」注猶見白物皆謂之同白，無異性也？**曰：「然。」**注告子曰：然。**「白羽之白也，猶白雪之白，白雪之白猶白玉之白與？」**注孟子以爲羽性輕，雪性消，玉性堅。雖俱白，其性不同。問告子，子以三白之性同邪？疏注「孟子」至「同邪」○正義曰：《文選・雪賦》注引劉熙注云：「孟子以爲白羽之性輕，白雪之性消，白玉之性堅。雖俱白，其性不同。問告子，告子以爲三白之性同。」與趙氏此注同。告子但言「生之謂性」，未見其非，若如趙氏説，凡同類者性同，則不同類者性不同，是性之不同亦如三白之不同也。故孟子先詰之，得其瑕而後辨。**曰：「然。」**注告子曰：然。誠以爲同也。**「然則犬之性猶牛之性，牛之性猶人之性與？」**注孟子言犬之性豈與牛同所欲，牛之性豈與人同所欲乎？疏注「孟子」至「欲乎」○正義曰：孟子此章明辨人物之性不同。人之性善，物之性不善。蓋渾人物而言則性有善有不善，專以人言則無不善，故首章不曰「戕賊性以爲仁義」，必明之曰「戕賊人以爲仁義」，次章不曰「性無有不善」而曰「人無有不善」。惟告子亦云「人性之無分於善不善」，性上明標以人，故孟子必辨之曰：「人性之善也，猶水之就下也。」「性」上亦必明標以「人」，人性之異乎物已無待言，此章則明辨之也。《禮記·樂記》云：「人生而靜，天之性也；感於物而動，性之欲也。物至知知，然後好惡形焉。」人欲即人情，與世相通，全是此情。「己所不欲，勿施於人」，「己欲立而立人，己欲達而達人」，正以所欲所不欲爲仁恕之本。「人生而靜」，首出人字，明其異乎禽獸。靜者，未感於物也。性已賦之，是天賦之也。感於物而有好惡，此欲也，即出於性。欲即好惡也。「物至知知」二句，申上感物而爲欲也。「知知」者，人能知而又知。禽獸知聲不能知音，一知不能又知。故非不知色，不知好妍而惡醜也；非不知食，不知好精而惡疏也。非不知臭，不知好香而惡腐也；非不知聲，不知好清而惡濁也。惟人知知，故人之欲異於禽獸之欲，即人之性異於禽獸之性。趙氏以「欲」明「性」，深能知性者矣。葉紹翁《四朝聞見録》云：「劉巘，字季文，號静春，其自爲論云：『惟人受天地之中以生，故謂之性，豈物之所得而擬哉？凡混人物而爲一者，必非識性者也。孟子道性善，亦第謂人而已。假如或兼人物而言，則犬之性猶牛之性，牛之性猶人之性，當如告子之言。』」李氏光地《榕村藏稿·自記》云：「孟子所謂性善者，人性也。故既言人性異於犬牛，又言犬馬與我不同類，又言違禽獸不遠，可見所謂性善者，惟指人性爲説。人性所以善，以其陰陽之交，五行之秀氣，孔子所謂『天地之性人爲貴』也。夫以其稟陰陽五行之全而謂之善，則孟子論性已兼氣質矣。謂孟子專以天命言性，遺却氣質，與孔子言『相近』者異，豈其然乎？」戴氏震《孟子字義疏證》云：「性者，分於陰陽五行以爲血氣、心知，品物區以别焉。舉凡既生以後所有之事，所具之能，所全之德，咸以是爲其本，故《易》曰『成之者性也』。氣化生人生物以後，各以類滋生久矣，然類之區别，千古如是也，循其故而已矣。在氣化曰陰陽，曰五行，而陰陽五行之成化也雜糅萬變，是以及其流形，不特品物不同，雖一類之中又復不同。凡分形氣於父母，即爲分於陰陽五行，人物以類滋生，皆氣化之自然。《中庸》曰：『天命之謂性。』以生而限於天，故曰『天命』。《大戴禮記》曰：『分於道之謂命，形於一之謂性。』分於道者，分於陰陽五行也；一言乎分，則其限之於始，有偏全、厚薄、清濁、昏明之不齊，各隨所分而形於一，各成其性也。然性雖不同，大致以類爲之區别，故《論語》曰『性相近也』，此就人與人近言之也。孟子曰：『凡同類者舉相似也，何獨至於人而疑之？聖人與我同類者。』言同類之相似，則異類之不相似明矣。故詰告子『生之謂性』曰：『然則犬之性猶牛之性，牛之性猶人之性與？』明乎其不可混同言之也。凡有生，即不隔於天地之氣化。陰陽五行之運而不已，天地之氣化也。人物之生生本乎是，由其分而有之不齊，是以成性各殊。是以本之以生，見乎知覺運動也亦殊。氣之自然潛運，飛潛動植皆同，此生生之機肖乎天地者也。而其本受之氣與所資以養之氣則不同。所資以養之氣雖由外而入，大致以本受之氣召之。五行有生克，遇其克之者則傷，甚則死，此可知性之各殊矣。氣運而形不動者，卉木是也；凡有血氣者，皆形能動者也。由其成性各殊，故形質各殊，則其形質之動而爲百體之用者，利用不利用亦殊。知覺云者，如寐而寤曰覺，心之所通曰知。百體皆能覺，而心之知覺爲大。凡相忘於習則不覺，見異焉乃覺。魚相忘於水，其非生於水者不能相忘於水也，則覺不覺亦有殊致矣。聞蟲鳥以爲候，聞雞鳴以爲辰，彼之感而覺，覺而聲應之，又覺之殊致有然矣，無非性使然也。若夫烏之反哺，雎鳩之有别，蜂蟻之知君臣，豺之祭獸，獺之祭魚，合於人之所謂仁義者矣，而各由性成；人則能擴充其知至於神明，仁義禮智無不全也。仁義禮智非他，心之明之所止也，知之極其量也。知覺運動者，人物之生；知覺運動之所以異者，人物之殊其性。孟子言『人無有不善』，以人之心知異於禽獸，能不惑乎所行之爲善。且其所謂善也初非無等差之善，即孔子所云『相近』，孟子所謂『苟得其養，無物不長；苟失其養，無物不消』，所謂『求則得之，舍則失之』。或相倍徙而無算者，不能盡其才者也』，即孔子所云『習』至於『相遠』。『不能盡其才』，言不擴充其心知而長惡遂非也。彼悖乎禮義者亦自知其失也，是人無有不善，以長惡遂非，故性雖善，不乏小人。孟子所謂『梏之反覆』『違禽獸不遠』即孔子所云『下愚之不移』。孟子曰：『如使口之於味也，其性與人殊，若犬馬之與我不同類也，則天下何耆皆從易牙之於味也。』又言『動心忍性』，是孟子矢口言之，無非血氣心知之性。孟子言性，曷嘗岐而二哉？問：凡血氣之屬皆有精爽，而人之精爽可進於神明。《論語》稱『上智與下愚不移』，此不待習而相遠者，雖習不足以移之，豈下愚之精爽與物等與？曰：生而下愚，其人難與言禮義，由自絶於學，是以不移。然苟畏威懷惠，一旦觸於所畏所懷之人，啓其心而憬然覺悟，往往有之。苟悔而從善，則非下愚矣；加之以學，則日進於智矣。以不移定爲下愚，又往往在知善而不爲、知不善而爲之者，故曰不移，不曰不可移。雖古今不乏下愚，而其精爽幾與物等者亦究異於物，無不可移也。」程氏瑶田《通藝録·論學小記》云：「有天地然後有天地之性，有人然後有人之性，有物然後有物之性。有天地人物，則必有其質，有其形，有其氣矣。有質有形有氣斯有是性，是性從其質其形其氣而有者也。是故天地位矣則必有元亨利貞之德，是天地之性善也；人生矣則必有仁義禮智之德，是人之性善也。若夫物則不能全其仁義禮智之德，故物之性不能如人性之善也。使以性爲超乎質、形、氣之上，則未有天地之先先有此性，是性生天地，天地又具此性以生人物。如是則不但人之性善，即物之性亦安得不善？惟指其質、形、氣而言，故物之性斷乎不能如人性之善。雖虎狼有父子，蜂蟻有君臣，而終不能謂其性之善也。何也？其質形氣，物也，非人也。物與物雖異，均之不能全乎仁義禮智之德也。人之質形氣，莫不有仁義禮智之德，故人之性斷乎其無不善也。然則人之所以異於物者，異於其質、形、氣而已矣。自不知性者見夫質、形、氣之下愚不移，遂以性爲不能無惡，而不知質、形、氣之成於人者無不善之性也。後世惑於釋氏之説，遂欲超乎質、形、氣以言性，而不知惟質、形、氣之成於人者始無不善之性也。然則人之生也，有五官百骸之形以成人，有清濁、厚薄之氣質不能不與物異者以成人品之高下，即有仁義禮智之德具於質、形、氣之中以成性，性一而已，有善而已矣。如必分言之，則具於質、形、氣者爲有善有惡之性，超乎質、形、氣者爲至善之性。夫人之生也，烏得有二性哉？氣質之性，古未有是名，必區而別之曰此氣質之性也，蓋無解於氣質之有善惡，恐其有累於性善之旨，因别之曰有氣質之性，有理義之性也。雖然，安得謂氣質中有一性，氣質外復有一性哉？且無氣質則無人，無人則無心。性具於心，無心安得有性之善？故溯人性於未生之前，此天地之性，乃天道也。天道亦有於其形其氣，有天之形與氣然後有天之道。主於其氣之流行不息者而言之，故曰『一陰一陽之謂道』也。道在於天，生生不窮，因物付物，乃謂之命，故曰『維天之命，於穆不已』也。若夫天人賦稟之際，賦乃謂之命，稟乃謂之性，所賦所稟，並據氣質而言。性具氣質中，故曰『天命之謂性』，豈塊然賦之以氣質而必先諄然命之以性乎？若以賦稟之前而言性，則是人物同之，犬之性猶牛之性，牛之性猶人之性，何獨至於人而始善也？故以賦稟之前而言性，釋氏之言性也，所謂『如何是父母未生前本來面目』也。是故性善斷以氣質言，主實有者而言之。人之氣有清濁，故有智愚；然人之智固不同於犬牛之智，人之愚亦不同於犬牛之愚。犬牛之愚無仁義禮智之端，人之愚未嘗無仁義禮智之端。是故智者知正其衣冠矣，愚者亦未嘗不欲正其衣冠也；其有不然者，則野人之習於鄉俗者也。然野人亦自有智愚。其智者亦知當正其衣冠，而習而安焉，此習於惡則惡之事也；其愚者，見君子之正其衣冠也，亦有所不安於其心，及欲往見君子，必將正其衣冠焉，此習於善則善之事也。」

章指：言物雖有性，性各殊異；惟人之性，與善俱生。赤子入井，以發其誠。告子一之，知其麤矣。孟子精之，是在其中。

告子曰：「食色，性也。仁，內也，非外也；義，外也，非內也。」注人之甘食悅色者，人之性也。仁由內出，義在外也，不從己身出也。疏「食色」至「內也」○正義曰：飲食男女，人之大欲存焉。欲在是，性即在是。人之性如是，物之性亦如是。惟物但知飲食男女而不能得其宜，此禽獸之性所以不善也；人知飲食男女，聖人教之則知有耕鑿之宜，嫁娶之宜，此人之性所以無不善也。人性之善所以異於禽獸者，全在於義。義外非内，是人性中本無義矣；性本無義，將人物之性同。告子始以仁義同比桮棬，則仁亦在性外，此分仁義言之。《管子・戒》篇云：「仁從中出，義從外作。」朱長春云：「仁内義外昉於此。」告子亦有本之言。**孟子曰：「何以謂仁内義外也？」**注孟子怪告子是言也。疏「何以」至「外也」○正義曰：《易・文言傳》云：「義以方外。」告子所云「義外」或同此意，故詰之。**曰：「彼長而我長之，非有長於我也，猶彼白而我白之，從其白於外也，故謂之外也。」**注告子言見彼人年長大，故我長敬之。長大者，非在於我也，猶白色見於外也。疏注「告子」至「外也」○正義曰：《吕氏春秋・論大》篇云「萬夫之長」，高誘注云：「長，大也。」《禮記・祭義》云：「立敬自長始。」「彼長」之長指彼人之年長，故以「大」釋之。「我長」之長指我因其長而敬之，故以「敬」明之。長大之年在彼不在我，故云「非有長於我」。彼在我之外，是長大之年在彼，即是外也。「非有長於我」即是從其長於外。「從其白於外」即是非有白於我，互文相例也。近解非有長於我，謂非我先預有長之心。**曰：「異。於白馬之白也，無以異於白人之白也；不識長馬之長也，無以異於長人之長與？且謂長者義乎？長之者義乎？」**注孟子曰：長異於白。白馬白人，同謂之白可也；不知敬老馬無異於敬老人邪？且謂老者爲有義乎？將謂敬老者爲有義乎？敬老者，己也，何以爲外也？疏注「長異」至「外也」○正義曰：孔氏廣森《經學卮言》云：「趙氏讀『異於白』爲句。此答告子『猶彼白而我白之』語意，言長之説異於白之説，不相猶也。古人文字，不必拘拘定以白馬與白人相偶。若必謂『白』字當屬『馬』上，或絶『異』字爲一句，下乃言人之『於白馬之白，無以異於白人之白』，文義亦通。先斷之曰『異』，而後申其所以異之處，正同他章每先曰否，而次詳其所以否之實也。」按：孔氏説是也。「異」字斷句，即趙氏長異於白之謂也。「於白馬之白也，無以異於白人之白也」，所謂「白馬白人，同以爲白可也」。白無異於白，長則有異於長，此長之所以異於白也。《儀禮·鄉飲酒禮》云「衆賓之長升」，注云：「長，其老者。」《國語·晉語》云「齊侯長矣」，韋昭注云：「長，老也。」是「長」即「老」也。告子以「長」爲義而不知以「長之」爲義，故先以白馬、白人不異別出長馬、長人不同，言長人之長必用我心長之，分明權在長之者而不在長者。長之既在我心，則權度悉由中出，安得以義爲外乎？長之權全在我，安得云非有長於我也？

曰：「吾弟則愛之，秦人之弟則不愛也，是以我爲悦者也，故謂之内；長楚人之長，亦長吾之長，是以長爲悦者也，故謂之外也。」注 告子曰：愛從己，則己心悦，故謂之内；所悦喜老者在外，故曰外。疏「吾弟」至「外也」〇正義曰：此告子再申「義外」之説也。孟子詰之以長者義、長之者義，告子固不得云長者義也，故又以弟與長分别言之。義雖屬長之者，乃長之者因長者而生，故仍以爲外耳。弟同而愛與不愛異，是愛之權在我，長同則長之無不同，是長之權在彼。理本不足，難以豁然。

曰：「耆秦人之炙無以異於耆吾炙，夫物則亦有然者也。然則耆炙亦有外與？」注 孟子曰：耆炙同等，情出於中。敬楚人之老與敬己之老亦同己情往敬之。雖非己炙，同美，故曰「物則有然者」也。如耆炙之意，豈在外邪？言楚秦，喻遠也。疏 注「耆炙」至「遠也」〇正義曰：耆猶愛也。告子以愛不同明長同，孟子則以嗜之同明長同。愛不同，權固由我；耆炙同，情亦出中。嗜同則情出於中，豈長同而情在於外乎？愛之長之，皆是以我爲悦。秦人之弟非吾弟，以其親不同，故不同愛；楚人之長非吾長，以其長同，故同長；秦人之炙非吾炙，以其美同，故同嗜。「物亦有然」，謂炙之同美猶長之同長也。知吾所以嗜之者由心辨其美，則知吾所以長之者由心識其長。若謂義之同長爲外，則食之同美亦可謂之外乎？告子既知甘食爲性，故孟子以嗜炙明之。孟子、告子居齊，故以秦楚爲遠。《音義》云：「耆，本亦作嗜。」

章指：言事雖在外，行其事者皆發於中。明仁義由内，所以曉告子之惑也。

孟季子問公都子曰：「何以謂義内也？」 注 季子亦以爲義外也。疏「孟季子」○正義曰：翟氏灝《考異》云：「趙注未有『孟』字，而疏直以季任當之，知當時所據經文實亦未有『孟』字。蓋此與任人『食色』之問同在一時，觀兩章文勢畫一，可見也。竊嘗疑季子爲孟子弟，有所疑問，何不親詣孟子？孟子亦何不詔之面命而必輾轉於公都子？又疑宋政和五年詔以樂正子享孟子廟，孟仲子封新泰伯，與公孫丑、萬章等十七人皆從祀，雖季孫、子叔之在疑似間者未嘗缺失，而何獨無孟季子？今乃知《孟子》書中本不云『孟季子』也。」趙氏佑《温故録》云：「孟仲子爲孟子從昆弟而學於孟子，則孟季子當亦其倫，何至執告子之言，重相駁難，全背孟子？殆别一人，故注無文與？」**曰：「行吾敬，故謂之内也。」** 注 公都子曰：以敬在心而行之，故言内。**曰：「鄉人長於伯兄一歲，則誰敬？」** 注 季子曰敬誰也？**曰：「敬兄。」** 注 公都子曰：當敬兄也。**「酌則誰先？」** 注 季子曰：酌酒則先酌誰？**曰：「先酌鄉人。」** 注 公都子曰：當先鄉人。**「所敬在此，所長在彼，果在外，非由内也。」** 注 季子曰：所敬者，兄也；所酌者，鄉人也。如此，義果在外不由内也。果猶竟也。疏 注「果猶竟也」○正義曰：《國語·晉語》「果喪其田」，韋昭注云：「果猶竟也。」《吕氏春秋·忠廉》篇云「果伏劍而死」，高誘注云：「果，終也。」終與竟義同。「果在外非由内」謂終竟是義外非内也。

公都子不能答，以告孟子。注公都子無以答季子之問。**孟子曰：「敬叔父乎？敬弟乎？彼將曰：敬叔父。曰：弟爲尸則誰敬？彼將曰：敬弟。子曰：惡在，其敬叔父也？彼將曰：在位故也。子亦曰：在位故也。庸敬在兄，斯須之敬在鄉人。」**注孟子使公都子答季子如此。言弟以在尸位，故敬之；鄉人在賓位，故先酌之耳。庸，常也。常敬在兄，斯須之敬在鄉人也。疏注「言弟」至「人也」○正義曰：孟子教公都子折破季子「先酌鄉人」之説，倣其説以難之也。弟不在尸位，則叔父之敬無時可易；鄉人不在賓位，則伯兄之敬無時可易。庸敬、斯須之敬，因事轉移，隨時通變，吾心確有權衡，此真義内也。「庸，常」，《爾雅·釋詁》文。趙氏佑《温故録》云：「古禮之緐可議，莫如祭必用尸。孫爲王父尸，所使爲尸者於祭者爲子行也而北面事之，則父且敬子，何況兄弟？此不言『子』獨言『弟』，特取與『敬兄』對文。蓋舉《儀禮》嗣舉奠之禮，祭自君夫人、賓三獻既行，則有上嗣舉奠以獻尸，而後行酬。《既醉》之『朋友』謂衆賓，『君子有孝子』謂主祭者長嗣也。則尸用衆子或從子，是其弟矣。」顧氏炎武《日知録》云：「先王治天下之具，五典五禮五服五刑，其出乎身加乎民者，莫不本之於心以爲之裁制。親親之殺，尊賢之等，禮所生也；酌鄉人、敬尸二事皆禮之用也，而莫非義之所宜。自此道不明，而二氏空虚之教至於搥提仁義、絶滅禮樂，從此起矣。自宋以下，一二賢智之徒病漢人訓詁之學得其粗迹，務矯之以歸於内，而達道達德、九經三重之事置之不論，此真所謂告子未嘗知義者也。董子曰：『宜在我而後可以稱義，故言義者合我與宜以爲一言。以此操之，義之言我也。』此與孟子之言相發。」**季子聞之，曰：「敬叔父則敬，敬弟則敬，果在外，非由内也。」**注隨敬所在而敬之，果在外。疏注「隨敬」至「在外」○正義曰：季子謂敬因人轉移而中無所主，則前言所辨終竟不易也。**公都子曰：「冬日則飲湯，夏日則飲水，然則飲食亦在外也？」**注湯、水雖異名，其得寒温者，中心也。雖隨敬之所在，亦中心敬之。猶飲食從人所欲，豈可復謂之外也？疏注「湯水」至「外也」○正義曰：湯水之異猶叔父與弟之異。冬則欲其温，夏則欲其寒，是飲食從人所欲，非人隨飲食爲轉移也。故飲湯飲水，外也；酌其時宜而飲者，中心也。敬叔父敬弟，外也；酌其所在而敬者，中心也。孟子言位，公都子言時，義之變通，時與位而已矣。孟子學孔子之時而闡發乎通變神化之道，全以隨在轉移爲用，所謂「集義」也；而告子造「義外」之説不隨人爲轉移，故以「勿求於氣」「勿求於心」爲「不動心」，與孟子之道適相反。「義外」之説破，則通變神化之用明矣。毛氏奇齡《四書賸言》云：「嗜食在内與敬長在外正别，此何足辨？亦何足以服告子？『冬日則飲湯，夏日則飲水』與『嗜秦人之炙』二句相反，使難者曰『冬則飲湯，夏則飲水，果在外，非由内也』，何以解之？嘗以二者問先仲氏。先仲氏一曰：敬長無人我，以長在人耳。今嗜炙亦無人我，此非人也，物也。且其無人我而必長人者，以長在外耳；今嗜炙主愛而亦無人我而惟外是愛，此非長在外，即愛亦在外也。上言長馬之長異乎長人之長，則人物有别矣。此緊承『長楚人之長』二句，愛在外與嗜炙在内大别，此借仁内以駁義外也。一曰：以在位而易其敬，猶之以在時而易其飲也。夫嗜食甘飲者，愛也。愛亦在外矣。嗜炙是同嗜，此是異飲，嗜炙以仁内駁義外，此以義外駁仁内，不同。」

章指：言凡人隨形，不本其原；賢者達情，知所以然。季子信之，猶若告子；公都受命，然後乃理。

公都子曰：「告子曰：『性無善無不善也。』注公都子道告子以爲人性在化，無本善不善也。疏注「人性在化」○正義曰：化，變化也。或曰：『性可以爲善，可以爲不善。是故文武興則民好善，幽厲興則民好暴。』注公都子曰：或人以爲可教以善不善，亦由告子之意也。故文武聖化之起，民皆喜爲善；幽厲虐政之起，民皆好暴亂。或曰：『有性善，有性不善。是故以堯爲君而有象，以瞽瞍爲父而有舜；以紂爲兄之子且以爲君，而有微子啓、王子比干。』注公都子曰：或人以爲人各有性，善惡不可化移。堯爲君，象爲臣，不能使之爲善；瞽瞍爲父，不能化舜爲惡。紂爲君，又與微子、比干有兄弟之親，亦不能使此二子爲不仁。是亦各有性也。疏「或曰性可」至「比干」○正義曰：孔氏廣森《經學卮言》云：「王充《論衡·本性》篇云：『周人世碩以爲人性有善有惡。舉人之善性養而致之，則善長；惡性養而致之，則惡長。故世子作《養書》一篇。宓子賤、漆雕開、公孫尼子之徒亦論性情，與世子相出入。』按，公都子此問即其説也。《漢·藝文志》《世子》二十一篇，名碩，陳人，七十子之弟子。《韓非子》八儒有漆雕氏之儒，世子或其徒與？蓋或人二説皆原於聖門而各得其一偏。可以爲善可以爲不善，所謂『性相近，習相遠』也；有性善有性不善，所謂『上智與下愚不移』者也。《古論語傳》曰：『辟如堯舜，禹、稷、契與之爲善則行，鯀、驩兜欲與爲惡則誅，可與爲善，不可與爲惡，是謂上智；桀紂，龍逢、比干欲與爲善則誅，于莘、崇侯與之爲惡則行，可與爲惡，不可與爲善，是謂下愚。」詳見《漢書・古今人表》，與或人舜象之喻略同。」〇注「紂爲君」至「不仁」〇正義曰：顧氏炎武《日知録》云：「以紂爲弟且以爲君，而有微子啓。以紂爲兄之子且以爲君，而有王子比干。並言之，則於文有所不便，故舉此以該彼，此古人文章之善。」翟氏灝《考異》云：「《陸象山集・與周元忠書》曰：『以紂爲兄之子，此是公都子引當時人言。《史記》微子是紂庶兄，皆帝乙之子也；比干則但云紂之親戚，太史公亦莫知爲誰子也。今據公都所引文義，則是以微子、比干爲帝乙之弟而紂於二人爲兄之子也。此是《孟子》所載，與《史記》不同處。』按，《史記》以微子爲紂庶兄，溯其所原，乃屬《吕氏春秋》。吕氏言宜難深信。殷王兄終弟及者十四，其後之轉及兄子惟沃甲一人，則凡前王子未嗣立者，其孫曾中之嫡系詎不得當元子稱邪？箕子稱微子曰王子，《孟子》書兩稱王子比干，二人稱謂同，或其行輩亦同，故趙氏謂『紂與微、比皆有兄弟之親』，若言於紂父皆兄弟也。此《孟子》所載，與《史記》不同處。象山言最爲超卓。孟門所聞必當實於《史記》，讀《孟子》者似不必因《史記》生疑也。」**今曰性善，然則彼皆非與？」**注公都子曰：告子之徒其論如此，今孟子曰人性盡善，然則彼之所言皆非邪？疏「今曰」至「非與」〇正義曰：戴氏震《孟子字義疏證》云：「問：告子言『生之謂性』，言『性無善無不善』，言『食色性也，仁内義外』，朱子以爲同於釋氏；其『杞柳』『湍水』之喻，又以爲同於荀揚。然則荀揚亦與釋氏同與？曰：否。荀揚所謂性者，古今同謂之性，即後儒稱爲氣質之性者也。但不當遺理義而以爲惡耳。在孟子時，則公都子引或曰『性可以爲善，可以爲不善』、或曰『有性善，有性不善』，言不同而所指之性同。荀子見於聖人生而神明者，不可概之人人，其下皆學而後善，順其自然則流於惡，故以惡加之。論似偏，與『有性不善』合，然謂禮義爲聖心，是聖人之性獨善，實兼公都子兩引或曰之説。揚子見於長善則爲善人，長惡則爲惡人，故曰『人之性也善惡混』，又曰『學則正，否則邪』，與荀子論斷似參差而匪異。韓子言『性之品有上中下三，上焉者善焉而已矣，中焉者可導而上下也，下焉者惡焉而已矣』，此即公都子兩引或曰之説會通爲一。朱子云：『氣質之性固有美惡不同矣，然以其初而言，皆不甚相遠，但習於善則善，習於惡則惡，於是始相遠耳。』『人之氣質，相近之中又有美惡，一定，而非習之所能移也。』直會通公都子兩引或曰之説解《論語》矣。程子云：『有自幼而善，有自幼而惡，是氣稟有然也。善固性也，然惡亦不可不謂之性也。』此與『有性善，有性不善』合，而於『性可以爲善，可以爲不善』亦未嘗不兼，特彼仍其性之名，此别之曰氣稟耳。程子又云：『「人生而静」以上不容説，纔説性時便已不是性也。』朱子釋之云：『「人生而静」以上是人物未生時，止可謂之理，未可名爲性。所謂「在天曰命」也。纔説性時便是人生以後，此理已墮形氣中，不全是性之本體矣。所謂「在人曰性」也。』據《樂記》『人生而静』與『感於物而動』對言之，謂方其未感，非謂人物未生也。《中庸》『天命之謂性』謂氣稟之不齊各限於生初，非以理爲在天在人異其名也。况如其説，是孟子乃追遡人物未生、未可名性之時而曰性善；若就名性之時，已是人生以後，已墮在形氣中，安得斷之曰善？由是言之，將天下古今惟上聖之性不失其性之本體，自上聖而下，語人之性皆失其性之本體。人之爲人，舍氣稟氣質將以何者謂之人哉？是孟子言人無有不善者，程子、朱子言人無有不惡，其視理儼如有物。以善歸理，雖顯遵孟子性善之云，究之孟子就人言之者，程、朱乃離人而空論夫理，故謂孟子『論性不論氣不備』。若不視理如有物，而其見於氣質不善，卒難通於孟子之直斷曰善。立説似同於孟子而實異，似異於荀子而實同也。孟子不曰『性無有不善』而曰『人無有不善』。性者，飛潛動植之通名；❶性善者，論人之性也。如飛潛動植，舉凡品物之性，皆就其氣類别之。人物分於陰陽五行以成性，舍氣類更無性之名。醫家用藥在精辨其氣類之殊，不别其性則能殺人。使曰此氣類之殊者已不是性，良醫信之乎？凡植禾稼卉木，畜鳥獸蟲魚，皆務知其性。知其性者，知其氣類之殊乃能使之碩大蕃滋也。何獨至於人而指夫分於陰陽五行以成性者曰此已不是性也，豈其然哉？自古及今，統人與百物之性以爲言，氣類各殊是也。專言乎血氣之倫，不獨氣類各殊，而知覺亦殊。人以有禮義，異於禽獸，實人之知覺大遠乎物則然，此孟子所謂性善。而荀子視禮義爲常人心知所不及，故别而歸之聖人。程子、朱子見於生知安行者罕覯，謂氣質不得概之曰善，荀揚之言固如是也。特以如是則悖於孟子，故截氣質爲一性，言君子不謂之性；截理義爲一性别而歸之天，以附合孟子。其歸之天不歸之聖人者，以理爲人與我，是理者，我之所無也；以理爲天與我，庶幾湊泊附著，可融爲一。是借天爲説，聞者不復疑於本無，遂信天與之得爲本有耳。彼荀子見學之不可以已，非本無何待於學；而程子、朱子亦見學之不可以已，其本有者何以又待於學？故謂『爲氣質所汙壞』，以便於言本有者之轉而如本無也。於是性之名移而加之理，❷而氣化生人生物適以病性。性譬水之清，因地而汙濁，不過從老莊、釋

❶「動」，原作「種」，今據《孟子字義疏證》改。

❷「加」，原脱，今從沈校據《孟子字義疏證》補。

氏所謂真宰真空者之受形以後昏昧於欲而改變其説。特彼以真宰真空爲我，形體爲非我，此仍以氣質爲我，難言性爲非我，則惟歸之天與我而後可謂之我有，亦惟歸之天與我而後可爲完全自足之物，斷之爲善。惟使之截然别於我而後雖天與我完全自足，可以咎我之壞之而待學以復之，以水之清喻性，以受汙而濁喻性墮於形氣中汙壞，以澄之而清喻學。水静則能清，老莊、釋氏之主於無欲，主於寂静是也。因改變其説爲主敬，爲存理，依然釋氏教人認本來面目，教人常惺惺之法。若夫古聖賢之由博學、審問、慎思、明辨、篤行以擴而充之者，豈徒澄清已哉？程子、朱子於老莊、釋氏既入其室，操其矛矣，然改變其言以爲六經、孔孟如是，按諸荀子差近之，而非六經、孔孟也。」謹按：《禮記・樂記》云：「好惡無節於内，知誘於外，不能反躬，天理滅矣。」注云：「理猶性也。」以性爲理，自鄭氏已言之，非起於宋儒也。理之言分也。《大戴記・本命》篇云：「分於道之謂命。」性由於命即分於道，性之猶理，亦猶其分也。惟其分，故有不同；亦惟其分，故性即指氣質而言。性不妨歸諸理，而理則非真宰真空耳。

孟子曰：「乃若其情，則可以爲善矣，乃所謂善也；若夫爲不善，非才之罪也。」 注 若，順也。性與情相爲表裏，性善勝情，情則從之。《孝經》曰：「此哀戚之情。」情從性也，能順此情使之善者，真所謂善也；若隨人而强作善者，非善者之善也。若爲不善者，非所受天才之罪，物動之故也。 疏「乃若」至「罪也」〇正義曰：程氏瑶田《通藝録・論學小記》云：「孟子以情驗性，總就下愚不移者指出其情以曉人。如言惻隱、羞惡、辭讓、是非之情爲仁義禮智之端，謂『人皆有之』者，下愚不移者亦有也。故乍見孺子入井皆有怵惕惻隱之心，正謂下愚不移者皆如是也。故曰：『乃若其情，則可以爲善。』『乃若』者，轉語也，即從下文『若夫』字生根。『其情』者，下愚不移者之情，即下文『爲不善者』之情也。曰『可以爲善』者，可不可未可知之辭，然而未嘗不可以爲善也。若夫爲不善，乃其後之變態，非其情動之初，本然之才便如此也。性善之義，至孟子言之，乃真透根之論。即今日人人可自驗，人人可自信其性之無不善也。孔子曰：『性相近也，習相遠也。』此專論習也。習與性對言，性自性，習自習。習相遠，愈見性之相近也。習之相遠也，遠於智愚之相移也；性之相近也，愚者之性未嘗遠於智者也。蓋氣稟受質而成人之形，其心即具人之性。人與物異，故性無不善也；而不能無智愚之殊者，以氣質不能不分高下厚薄，因而知覺不能不分差等。其上焉者，智也；等而漸下，則不智而愚矣。愚非無其智也，鬱其智而不達則愚。智愚雖分，性未始不相近。『相近』云者，弗無其善之云也。然知覺既有智愚之殊，而薰習復有邪正之異，於是智者習於善則愈遠於愚，即愚者習於善亦可遠於本然之愚；若智者習於惡則可遠於其本然之智，而愚者習於惡則愈遠於智。智有等差，習而移之，下達者可至於下愚。移而智者，性達而性之善見；移而愚者，性不達而性之善不見。夫豈性有不善哉？不見其善而已矣。然則相遠者，因習而移其智愚，非移其相近之性也。智愚每因於習之所移，見人不可不謹所習，而不得以此罪性也。惟夫生而上智之人，知覺獨異，雖與不善者相習，不能移而轉之乎愚。其本非上智而移而至於上智者亦若是則已矣。而生而下愚之人，知覺極庸，雖與善者相習亦不能移而轉之乎智。其本非下愚，而移而至於下愚者亦若是則已矣。其不移者，非其性之善本有加於人、本有損於人也；其移焉者，非其性之善忽有加於人、忽有損於人也。夫性未有不相近者也。何以知其然也？仁義禮智之性，其端見於惻隱、羞惡、辭讓、是非之情者，雖下愚之人未嘗不皆有也。由是言之，孟子『性善』之説，以情驗性之指，正孔子『性相近』之義疏矣。情，其善之自然而發者也；才，其能求本然之善而無不得者也。性善，故情善而才亦善也。誠意之功在毋自欺，而毋自欺之事曰慎獨。意非私意之謂，乃真好真惡之情發於性者。此真好真惡之情，人皆有之，孟子所謂『乃若其情，可以爲善』者也。」戴氏震《孟子字義疏證》云：「問：公都子問性，列三説之與孟子言性善異者，乃舍性而論情，偏舉善之端爲證。彼荀子之言性惡也，曰：『今人之性，生而有好利焉，順是，故争奪生而辭讓亡焉；生而有疾惡焉，順是，故殘賊生而忠信亡焉；生而有耳目之欲，有好聲色焉，順是，故淫亂生而禮義文理亡焉。然則從人之性，順人之情，必出於争奪，合於犯分亂理而歸於暴；故必將有師法之化，禮義之導，然後出於辭讓，合於文理而歸於治。用此觀之，然則人之性惡明矣。』是荀子證『性惡』，所舉者亦情也。安見孟子之得而荀子之失與？曰：人生而後有情有欲有知，三者血氣心知之自然也。給於欲者，聲色臭味也，而因有愛畏；發乎情者，喜怒哀樂也，而因有慘舒；辨於知者，美醜是非也，而因有好惡。聲色臭味之欲資以養其生，喜怒哀樂之情感而接於物，美醜是非之知極而通於天地鬼神。聲色臭味之愛畏以分，五行生克爲之也；喜怒哀樂之慘舒以分，時遇順逆爲之也；美醜是非之好惡以分，志慮從違爲之也。是皆成性然也。有是身，故有聲色臭味之欲；有是身，而君臣父子夫婦昆弟朋友之倫具，故有喜怒哀樂之情。惟有欲有情而又有知，然後欲得遂也，情得達也。天下之事，使欲之得遂，情之得達，斯已矣。惟人之知，小之能盡美醜之極致，大之能盡是非之極致。然後遂己之欲者，廣之能遂人之欲；達己之情者，廣之能達人之情。道德之盛，使人之欲無不遂，人之情無不達，斯已矣。欲之失爲私，私則貪邪隨之矣；情之失爲偏，偏則乖戾隨之矣；知之失爲蔽，蔽則差謬隨之矣。不私，則其欲皆仁也，皆禮義也；不偏，則其情必和易而平恕也；不蔽，則其知乃所謂聰明聖知也。孟子舉惻隱、羞惡、辭讓、是非之心，謂之『心』，不謂之『情』。首云『乃若其情』，非性情之情也。孟子不又云乎：『人見其禽獸也，而以爲未嘗有才焉，是豈人之情也哉？』情猶素也，實也。孟子於性，本以爲善，而此云『則可以爲善矣』。可之爲言，因性之等差而斷其善，則未見不可也。下云『乃所謂善也』對上『今曰性善』之文。繼之云『若夫爲不善，非才之罪也』。爲猶成也。卒之成爲不善者，陷溺其心，放其良心，至於梏亡之盡，違禽獸不遠者也。言才則性見，言性則才見，才於性無所增損故也。人之性善，故才亦美，其往往不美，❶未有非陷溺其心使然，故曰『非天之降才爾殊也』。才可以始美而終於不美，由才失其才也，不可謂性始善而終於不善。性以本始言，才以體質言也。體質戕壞，究非體質之罪，又安可究其本始哉？」謹按：孟子「性善」之説全本於孔子之贊《易》。伏羲畫卦觀象以通神明之德，以類萬物之情，俾天下萬世無論上智下愚，人人知有君臣父子夫婦，此「性善」之指也。孔子贊之，則云：「利貞者，性情也。六爻發揮，旁通情也。」禽獸之情不能旁通，即不能利貞，故不可以爲善。情不可以爲善，此性所以不善。人之情則能旁通，即能利貞，故可以爲善。情可以爲善，此性所以善。禽獸之情何以不可爲善？以其無神明之德也。人之情何以可以爲善？以其有神明之德也。神明之德在性，則情可旁通；情可旁通，則情可以爲善。於情之可以爲善，知其性之神明；性之神明，性之善也。孟子於此明揭「性善」之指在「其情則可以爲善」，此融會乎伏羲、神農、黄帝、堯、舜、

❶「往往」，原不重，今從沈校據《孟子字義疏證》補。

文王、周公、孔子之言而得其要者也。《説文》心部云：「性，人之陽氣，性善者也。」「情，人之陰氣，有欲者。」情陰而有欲，故貪淫争奪，端由此起，荀子謂「從人之性，順人之情，必出於争奪，合於犯分亂理而歸於暴」，是也；情欲之爲不善，「有師法之化，禮義之道，即能出於辭讓，合於文理而歸於治」，此孟子所謂「可以爲善」也。荀子據以爲「性惡」，荀子但知《禮》而不通《易》者也；孟子據以爲「性善」，孟子深通於《易》而知乎《禮》之原也。孔子以旁通言情，以利貞言性。情利者，變而通之也。以己之情通乎人之情，以己之欲通乎人之欲。己欲立而立人，己欲達而達人。己所不欲，勿施於人。因己之好貨而使居者有積倉，行者有裹糧；因己之好色而使内無怨女，外無曠夫。如是則情通，情通則情之陰已受治於性之陽，是性之神明有以運旋乎情欲而使之善，此情之可以爲善也。故以情之可以爲善而决其性之神明也。乃性之神明能運旋其情欲，使之可以爲善者，才也。孔子贊《易》云：「立天之道曰陰與陽，立地之道曰柔與剛，立人之道曰仁與義。」是爲三才。有此才乃能迭用柔剛，旁通情以立一陰一陽之道。才以用言。旁通者情，所以能旁通而窮理盡性以至於命者，才也。通其情可以爲善者，才也；不通情而爲不善者，無才也。云「非才之罪」猶云「無才之罪」也。蓋人同具此神明，有能運旋乎情，使之可以爲善；有不能運旋乎情，使之可以爲善。此視乎才與不才，才不才，則智愚之别也。智則才，愚則不才。下愚不移，不才之至，不能以性之神明運旋情欲也。惟其才不能自達，聖人乃立教以達之。其先民不知夫婦之宜别、上下尊卑之宜有等，此才不能自達也。伏羲教之，無論智愚皆知夫婦之别，皆知上下尊卑之等，所謂通其神明之德也。使性中本無神明，豈教之所能通？民之不知有父但知有母，與禽獸同。聖人教民，民皆知人道之宜定而各爲夫婦，各爲父子；以此教禽獸，仍不知也。人之性可因教而明，人之情可因教而通；禽獸之性雖教之不明，禽獸之情雖教之不通。孔子曰：「五十學《易》，可以無大過矣。」可以無大過，即是可以爲善。性之善全在情可以爲善，情可以爲善謂其能由不善改而爲善。孟子以人能改過爲善，決其爲性善。伏羲之前，人同禽獸，其貪淫争奪，思之可見，而伏羲能使之均歸於倫常之中。瞽瞍之頑，象之傲，亦近乎下愚矣，而舜能使之底豫。信乎，無不可以爲善之情也！「可以爲善」原不謂順其情即善，「乃若」，宜如程氏瑶田之説；趙氏以「順」釋「若」，非其義矣。○注「若順」至「性也」○正義曰：「若，順」，《爾雅·釋言》文。情發於外，性藏於内，故相表裏。性之善不爲情欲所亂，性能運情，情乃從性，則情可爲善。引《孝經》者，《喪親》章弟十八，云：「孝子之喪親也，哭不偯，禮無容，言不文，服美不安，聞樂不樂，食旨不甘，此哀戚之情也。」趙氏謂孝子仁於其親，由於天性，而情即從其性之仁爲哀戚，是「性善勝情，情則從之」之證也。趙氏以「若其情」爲「順其情」，故反言不順其情是「隨人而强作善者」，則情非從性矣。**惻隱之心，人皆有之；羞惡之心，人皆有之；恭敬之心，人皆有之；是非之心，人皆有之。惻隱之心，仁也；羞惡之心，義也；恭敬之心，禮也；是非之心，智也。仁義禮智非由外鑠我也，我固有之也，弗思耳矣。故曰：『求則得之，舍則失之。』或相倍蓰而無算者，不能盡其才者也。**注仁義禮智，人皆有其端懷之於内，非從外消鑠我也。求存之，則可得而用之；舍縱之，則亡失之矣。故人之善惡或相倍蓰，或至於無算者，不得相與計多少，言其絶遠也。所以惡乃至是者，不能自盡其才性也。故使有惡人，非天獨與此人惡性；其有下愚不移者，譬如被疾不成之人，所謂童昏也。疏注「仁義」至「我也」○正義曰：前以情之可以爲善明性善，此又以心之有惻隱、羞惡、恭敬、是非明性善也。惟性有神明之德，所以心有是非；心有是非，則有惻隱、羞惡、恭敬矣。戴氏震《孟子字義疏證》云：「問：孟子言性舉仁義禮智四端，與孔子之舉智愚有異乎？曰：人之相去，遠近明昧，其大較也，學則就其昧焉者牖之明而已。人雖有智有愚，大致相近，而智愚之甚遠者蓋鮮。智愚者，遠近差等殊科而非相反，善惡則相反之名，非遠近之名。知人之成性其不齊在智愚，亦可知任其愚而不學不思乃流爲惡。愚非惡也，人無有不善明矣。舉智而不及仁禮義者，智於天地、人物、事爲咸足以知其不易之則；仁有不至，禮義有不盡，可謂不易之則哉？發明孔子之道者，孟子也，無異也。」《説文》金部云：「鑠，銷金也。」《國語・周語》云「衆口鑠金」，《史記索隱》引賈逵云：「鑠，消也。」「消鑠我」猶云戕賊人。以仁義禮智爲由外鑠我，當時蓋有此言，如莊子言「純樸不殘孰爲仁」，故孟子直斥其非而以爲我固有之也。孔氏廣森《經學卮言》云：「《爾雅・釋詁》云：『鑠，美也。』仁義禮智得之則美，失之則醜。然美在其中，非由外飾成我美者也。所以不願人之文繡也。」○注「譬如」至「昏也」○正義曰：《國語・晉語》「胥臣曰僮昏不可使謀」，韋昭注云：「僮，無知；昏，闇亂也。」此與籧篨、戚施、僬僥、侏儒、矇瞍、嚚瘖、聾聵同爲八疾。❶又云：「質將善而賢良贊之，則濟可竢也。若有違質，教將不入，其何善之爲？」此言僮昏之人不可教之以善，故趙氏引以證下愚不移也。《周禮・秋官・司刺》「三赦曰惷愚」，注云：「惷愚，生而癡騃童昏者。」《禮記・禮器》云：「體不備，君子謂之不成人。」生而癡騃童昏既列於八疾，則與體不備同，故爲「被疾不成之人」。趙氏以

---

❶「聾聵」，原脱，今從沈校據《國語》補。

下愚爲此癡騃童昏之人，則是不移由有疾所以不移也，無此疾者固無不可移者矣。尤與「性善」之指合。「譬如」者，趙氏自謙未定。**《詩》曰：『天生蒸民，有物有則。民之秉夷，好是懿德。』孔子曰：『爲此詩者，其知道乎！故有物必有則，民之秉夷也，故好是懿德。』」**注《詩》，《大雅·蒸民》之篇。言天生衆民，有物則有所法則。人法天也，民之秉夷，夷，常也。常好美德。孔子謂之知道。故曰人皆有善也。疏注「詩大」至「善也」○正義曰：《詩》在《大雅·烝民》篇弟一章。蒸，《詩》作烝；夷，《詩》作彝。傳云：「烝，衆；物，事；則，法；彝，常；懿，美也。」箋云：「秉，執也。天之生衆民，其性有物象，謂五行仁義禮智信也；其情有所法，謂喜怒哀樂好惡也。然而民所執持有常道，莫不好有美德之人。」趙氏義與毛同。不釋「秉」義，當亦同箋訓執持也。趙氏既以「法」釋「則」，又以「有物有則」爲「人法天」，是以有物指天，有則指人之法天，蓋亦如箋「物象」之説。性爲天所命，性之有仁義禮智信，即象天之木金火土水，故以性屬天。以六情從五性，是以人之情法天之性，即前「性善勝情，情則從之」之義也。程氏瑶田《通藝録·論學小記》云：「天分以與人而限之於天者謂之命，人受天之所命而成之於己者謂之性。此限於天而成於己者，及其見於事爲，又有無過無不及之分以爲之則。是則也，以德之極地言之，謂之中庸；以聖人本諸人之四德之性，緣於人情而制以與人遵守者言之，謂之威儀之禮。蓋即其限於天成於己者之所不待學而可知，不待習而可能者也；亦即其限於天成於己者之所學焉而愈知，習焉而愈能者也，是之謂性善。」孔子釋《詩》增必字、也字、故字，而性善之義見矣。

章指：言天之生人，皆有善性；引而趨之，善惡異衢。高下相懸，賢愚舛殊，尋其本

者，乃能一諸！疏「善惡異衢」○正義曰：《荀子·勸學》篇云「行衢道者不至」，❶楊倞注云：「衢道，兩道也。今秦俗猶以兩爲衢，古之遺言與？」

孟子曰：「富歲，子弟多賴；凶歲，子弟多暴。非天之降才爾殊也，其所以陷溺其心者然也。注富歲，豐年也；凶歲，飢饉也。子弟，凡人之子弟也。賴，善；暴，惡也。非天降下才性與之異，以飢寒之阨陷溺其心。使爲惡者也。疏注「富歲豐年也」○正義曰：《論語·顏淵》篇「富哉言乎」，《集解》引孔安國云：「富，盛也。」《呂氏春秋·當染》篇「弟子彌豐」，高誘注云：「豐，盛也。」是富即豐也。故「富歲」爲「豐年」。○注「賴善」○正義曰：《呂氏春秋·離俗》篇「苟可得已，則必不之賴」，高誘注云：「賴，利也。一曰善也。」段氏玉裁《說文解字注》云：「贏，賈有餘利也。賴，贏也。《高帝紀》『始大人常以臣無賴』，應劭曰：『賴者，恃也。』晉灼曰：『許慎曰：賴，利也。無利入於家也。或曰：江淮之間謂小兒多詐狡獪爲亡賴。』按，今人云無賴者，謂其無衣食致然耳。《方言》云：『賴，讎也。南楚之外曰賴。賴，取也。』」王氏念孫《廣雅疏證》云：「《衛策》云：『爲魏則善，爲秦則不賴矣。』《小雅·采菽》篇『亦是戾矣』，毛傳云：『戾，至也。』正義云：『明王之德能如此，亦是至美矣。』鄭注《粊誓》云：『至猶善也。』是戾與善同義。又鄭注《大學》云：『戾之言利也。』利與善義亦相近，故利謂之戾，亦謂之賴；善謂之賴，亦謂之戾。戾、賴語之轉耳。」阮氏

❶「道」，原作「路」，今從沈校據《荀子》改。

元云：「『富歲子弟多賴』，賴即嬾。按，《説文》女部云：『嬾，懈也。從女，賴聲。一曰臥也。』貝部云：『賴，贏也。從貝，剌聲。』《禮記·月令》云『不可以贏』，注云：『贏猶解也。』解即懈。贏、賴、解同義。然則『富歲子弟多賴』謂其粒米狼戾，民多懈怠。《月令》『不可以贏』即是不可以嬾，而『子弟多賴』即是子弟多懈也。賴與暴俱是陷溺其心。若謂豐年多善，凶年多惡，未聞温飽之家皆由禮者矣。」阮氏説是也。○注「非天」至「惡者也」○正義曰：戴氏震《孟子字義疏證》云：「才者，人與百物各如其性以爲形質而知能遂區以别焉，孟子所謂『天之降才』是也。氣化生人生物，據其限於所分而言謂之命，據其爲人物之本始而言謂之性，據其體質而言謂之才。由成性各殊，故才質亦殊。才質者，性之所呈也。舍才質，安覩所謂性哉？以人物譬之器，❶才則其器之質也。分於陰陽五行而成性各殊，則才質因之而殊。猶金錫之在冶，冶金以爲器，則其器金也；冶錫以爲器，則其器錫也。品物之不同如是矣。從而察之，金錫之精良與否，其器之爲質，一如乎所冶之金錫。一類之中又復不同如是矣。爲金爲錫，及其金錫之精良與否，性之喻也；其分於五金之中，而器之所以爲器即於是乎限，命之喻也；就器而别之，孰金孰錫，孰精良與孰否，才之喻也。故才之美惡於性無所增，亦無所損。夫金錫之爲器，一成而不變者也。人又進乎是。自聖人而下，其等差凡幾？或疑人之才非盡精良矣，而不然也。猶金之五品，而黄金爲貴，雖其不美者，❷莫與之比貴也，況乎人皆可以爲賢爲

❶「人」，原脱，今從沈校據《孟子字義疏證》補。

❷「者」，原作「也」，今從沈校據《孟子字義疏證》補。

聖也。後儒以不善歸氣稟。孟子所謂性，所謂才，皆言乎氣稟而已矣。其稟受之全，則性也；其體質之全，則才也。稟受之全無可據以爲言，如桃杏之性全於核中之白，形色臭味無一弗具而無可見，及萌芽甲坼，根幹枝葉，桃與杏各殊，由是爲華爲實，形色臭味無不區以别者。雖性則然，皆據才見之耳。成是性，斯爲是才。别而言之，曰命，曰性，曰才；合而言之，是謂天性。故孟子曰：『形色，天性也。惟聖人然後可以踐形。』人物成性不同，故形色各殊。人之形，官器利用大遠乎物，然而於人之道不能無失，是不踐此形也；猶言之而形不逮，是不踐此言也。踐形之與盡性、盡其才，其義一也。」趙氏以「與之異」釋「爾殊」，蓋以「爾」字爲助詞，「與之異」但釋「殊」字也。王氏引之《經傳釋詞》云：「爾猶如此也。『非天之降才爾殊也』，言非天之降才如此其異也。凡後人言『不爾』『乃爾』『果爾』『聊復爾耳』者，並與此同義。」**今夫麰麥，播種而耰之，其地同，樹之時又同，浡然而生，至於日至之時，皆熟矣。雖有不同，則地有肥磽，雨露之養、人事之不齊也。** **注** 麰麥，大麥也。《詩》云：「貽我來麰。」言人性之同，如此麰麥；其不同者，人事雨澤有不足，地之有肥磽耳。磽，薄也。 **疏** 「播種而耰之」○正義曰：《説文》木部云：「櫌，摩田器也。从木，憂聲。《論語》曰：『櫌而不輟。』」段氏玉裁《説文解字注》云：「《五經文字》曰：『經典及《釋文》皆作耰。』鄭曰：耰，覆種也。與許合。許以物言，鄭以人用物言。」《齊語》『深耕而疾耰之，以待時雨』，韋曰：『耰，摩平也。』《齊民要術》曰：『耕荒畢，以鐵齒鍽鍯再偏杷之。漫擲黍穄，勞亦再偏。』即鄭所謂『覆種也』。許云摩田，當兼此二者。賈又曰：『春耕尋手勞，秋耕待白背。』勞，古曰耰，今曰勞。勞，郎到切，《集韻》作橯。」謹按：橯，今俗所謂抄也。土初耕，尚粗成塊，以鐵齒杷之則細，屢杷則愈細，所謂抄也。先杷其土令細，是摩平也；既布種又耙之，是覆種也。摩平、覆種二事，而皆用此耰。覆種亦是摩田，而摩田不皆覆種也。此「播種而耰」，當是覆種。《論語》「耰而不輟」，方在耦耕之後，蓋始摩平其粗塊，不必即覆種矣。《音義》引丁云：「音憂，壅苗根也。」時方播種，尚未生苗。種已生苗，詎容摩平？丁説非是。○「至於日至之時皆熟矣」○正義曰：孔氏廣森《經學巵言》云：「日至之時謂仲夏日至。《管子·輕重乙》曰：『九月種麥，日至而穫。』《輕重己》曰：『以春日至始，數九十二日，謂之夏至而麥熟。』」趙氏佑《温故録》云：「孟子兩言日至：『千歲之日至』，冬日至也；『至於日至之時』，夏日至也。割麥無過夏至，《月令》『孟夏之月，麥秋至』，乃大概言之。然有先四月熟者，有後四月熟者，要及夏至則無不熟，故言『皆熟』。乃舉最遲者以盡其餘，而下別言不同。此時有不熟，則無可復待，有盡去爲晚禾地矣。」○注「麰麥」至「來麰」○正義曰：程氏瑶田《通藝録·九穀考》云：「來，小麥也。麰，大麥也。王禎《農書》載《雜陰陽書》曰：『大麥生於杏，二百日秀，秀後五十日成。小麥生於桃，二百一十日秀，秀後六十日成。』生於杏、生於桃，並指秀時也。《農桑輯要》載崔寔曰：『凡種大小麥，得白露節可種薄田，秋分種中田，後十日種美田。』二書言大小麥，皆宿麥也。《漢書·武帝紀》注師古曰：『秋冬種之，經歲乃成，故云宿麥。』《吕氏春秋》：『孟夏之昔，殺三葉而穫大麥。』高誘注：『大麥，旋麥也。』按，旋之言疾也，與宿麥對言，是謂大麥爲春麥。《玉篇》：『麰，春麥也。』蓋同之矣。余居北方，見種春麥者多矣，然皆小麥也。崔寔曰：『正月可種春麥，盡二月止。』亦不分大小麥。《廣志》：『旋麥，三月種，八月熟，出西方。』似亦言小麥而非高氏注之旋麥。《玉篇》：『麷，大麥也。』今考崔寔言種大小麥並以白露節爲始，惟麷麥早晚無常。是大小麥之外復有麷麥。説者以麷爲大麥類，然則麷爲大麥之別種，非謂大麥盡名麰也。」王氏念孫《廣雅疏證》云：「《釋草》：『大麥，麰也。』《周頌・思文》云『貽我來牟』，傳云：『牟，麥也。』箋云：『武王渡孟津後五日，火流爲烏，五至以穀俱來，此謂貽我來牟。』又《臣工》『於皇來牟』，箋云：『於美乎赤烏，以牟麥俱來。』是不以來爲麥也。《漢書・劉向傳》引《詩》作『釐麰』，而釋之云：『釐麰，麥也。始自天降。』則來、牟俱是麥，於文義爲允也。《説文》云：『來，周所受瑞麥。來麰，一來二縫，象芒刺之形。天所來也，故爲行來之來。』引《詩》云：『詒我來麰。』又云：『齊人謂麥爲𥝢。』𥝢與來通。又云：『麰，來麰，麥也。』則亦以來麰爲麥，與劉向同，但不言大小耳。李善注《典引》，引《韓詩》薛君《章句》云：『𪎊，大麥也。』𪎊與麰同。來麰對文，麰爲大則來爲小矣。古者大爲牟，《御覽》引《淮南子》注云：『牟，大也。』大麥故稱牟也。」○注「磽薄也」○正義曰：《説文》石部云：「磬，堅也。」「确，磬也。」「磽，磬也。」《毛詩・王風》「丘中有麻」，傳云：「丘中墝埆之處。」墝埆即磽确也。《一切經音義》引《孟子注》云：「磽确，薄瘠地也。」又引《通俗文》云：「物堅硬謂之磽确。」蓋地土肥則和柔，堅硬則五穀不生，故薄也。**故凡同類者舉相似也，何獨至於人而疑之？聖人，與我同類者。**注聖人亦人也，其相覺者，以心知耳。蓋體類與人同，故舉相似也。**故龍子曰：『不知足而爲屨，我知其不爲蕢也。』屨之相似，天下之足同也。**注龍子，古賢者也。雖不知足大小，作屨者猶不更作蕢。蕢，草器也。以屨相似，天下之足略同故也。疏注「蕢草器也」○正義曰：《禮記・曲禮》云：「天子之六工，曰土工、金工、石工、木工、獸工、草工，典制六材。」注云：「惟草工職亡。」蓋謂作萑葦之器。蕢爲草器，蓋即草工所職，凡葦竹所編者是也。《論語・憲問》篇有「荷蕢」，《太平御覽》引鄭氏注云：「簣，草器也。」《説文》艸部云：「蕢，艸器也。臾，古文蕢，象形。《論語》

曰：『有荷臾而過孔氏之門。』」又《子罕》篇云「譬如爲山，未成一簣」，《集解》引包曰：「簣，土籠也。」簣與蕢通。草器蓋即盛土之籠，於臾之象形可知其狀矣。《晉書音義》云：「蕢，本作『蒯』。」蕢本與蒯通，《檀弓》「杜蕢」，《左傳》作「屠蒯」是也。今俗呼竹籃之小者爲「蒯子」，猶古之遺稱也。**口之於味，有同耆也。易牙，先得我口之所耆者也。如使口之於味也，其性與人殊若犬馬之與我不同類也，則天下何耆皆從易牙之於味也？至於味，天下期於易牙，是天下之口相似也。**注人口之所耆者相似，故皆以易牙爲知味，言口之同也。疏「口之」至「似也」○正義曰：僖十七年《左傳》云：「雍巫有寵於衛共姬，因寺人貂以薦羞於公。」注云：「雍巫，雍人名巫，即易牙。」孔氏正義云：「此人爲雍，宜名巫而字易牙也。」《戰國策·魏策》云：「齊桓公夜半不嗛，易牙乃煎熬燔炙，和調五味而進之，桓公食之而飽，至旦不覺，曰：『後世必有以味亡其國者。』」此易牙知味之事也。孟子此章特於口味指出性字，可知性即在飲食男女。曰「其性與人殊」，可知人性不同於犬馬。同一飲食而人能嗜味，鳥獸不知嗜味；推之，同一男女，人能好色，鳥獸不知好色。惟人心最靈，乃知嗜味好色；知嗜味好色，即知孝弟忠信禮義廉恥。理義之悦心猶芻豢之悦口，悦心是性善，悦口亦是性善。**惟耳亦然。至於聲，天下期於師曠，是天下之耳相似也。**注耳亦猶口也。天下皆以師曠爲知聲之微妙也。**惟目亦然。至於子都，天下莫不知其姣也。不知子都之姣者，無目者也。**注目亦猶耳也。子都，古之姣好者也。《詩》云：「不見子都，乃見狂且。」儻無目者，乃不知子都好耳。言目之同也。疏注「子都」至「狂且」○正義曰：引《詩》在《鄭風·山有扶蘇》。

毛傳云：「子都，世之美好者也。」孔氏正義云：「都謂美好而閑習於禮法。」然則孔氏不以子都爲人名。乃孟子深於《詩》，其稱子都正本於《詩》，而與易牙、師曠並舉，則子都實有其人矣。趙氏引《詩》以證是也。閻氏若璩《釋地續》云：「子都，古之美人也。亦未詳爲男爲女。杜氏注《左》有之，於隱十一年《傳》云：『子都，鄭大夫公孫閼。』故《鄭風》當昭公時，遂以爲國中美男之通稱，曰『不見子都』。」《荀子・非相》篇云：「古者桀紂，長巨姣美，天下之傑也。」姣與美連文，是姣即美。又《成相》篇云「君子由之佼以好」，佼亦姣也。《衛風・碩人》箋云：「長麗佼好。」《齊風・還》篇「子之昌兮」，毛傳云：「昌，佼好貌。」《釋文》皆云：「佼，本作姣。」是「姣」即「好」也。《吕氏春秋・達鬱》篇云「侍者曰公姣且麗」，高誘注云：「姣、麗，皆好貌也。」《韓詩外傳》云：「以爲姣好邪，則太公年七十二，齳然而齒墮矣。」《鹽鐵論・殊路》篇云：「毛嬙，天下之姣人也。」

故曰：口之於味也，有同耆焉；耳之於聲也，有同聽焉；目之於色也，有同美焉。至於心，獨無所同然乎？ 注 言人之心性皆同也。 疏「至於心獨無所同然乎」○正義曰：毛氏奇齡《賸言補》云：「至於心獨無所同然，承上『同耆』『同聽』言，謂同如是耳。與前『惟耳亦然』諸然字相應。」**心之所同然者，何也？謂理也，義也。聖人先得我心之所同然耳。故理義之悦我心，猶芻豢之悦我口。」** 注 心所同耆者，義理也。理者，得道之理。聖人先得理義之要耳。理義之悦心，猶芻豢之悦口，誰不同也？草食曰芻，穀食曰豢。 疏「心之」至「我口」○正義曰：戴氏震《孟子字義疏證》云：「當孟子時，天下不知理義之爲性，害道之言紛出以亂先王之法，是以孟子起而明之。人物之生，類至殊也。類也者，性之大別也。孟子曰：『凡同類者舉相似也，何獨至於人而疑之？聖人，與我同類者。』詰告子『生之謂性』，則曰：『大之性猶牛之性，牛之性猶人之性與？」』蓋孟子道性善，非言性於同也；人之性相近，胥善也。明理義之爲性，所以正不知理義之爲性者也。是故理義，性也。由孟子而後，求其説而不得，則舉性之名而曰理也，是又不可。耳之於聲也，天下之聲，耳若其符節也；目之於色也，天下之色，目若其符節也；鼻之於臭也，天下之臭，鼻若其符節也；口之於味也，天下之味，口若其符節也。耳目鼻口之官，接於物，而心通其則。心之於理義也，天下之理義，心若其符節也。是皆不可謂之外也，性也。耳能辨天下之聲，目能辨天下之色，鼻能辨天下之臭，口能辨天下之味，心能通天下之理義。❶人之才質得於天，若是其全也。孟子曰：『非天之降才爾殊也。』曰：『乃若其情，則可以爲善矣，乃所謂善也。若夫爲不善，非才之罪也。』惟據才質而言，始確然可以斷人之性善。人之於聖人也，其才非如物之與人異。物不足以知天地之中正，是故無節於内，各遂其自然，斯已矣；人有天德之知，能踐乎中正，其自然則協天地之順，其必然則協天地之常。莫非自然也，物之自然不足語於此。孟子道性善，察乎人之才質所自然有節於内之謂善也。告子謂『性無善無不善』，不辨人之大遠乎物，概之以自然也。告子所謂無善無不善也者，静而自然，其神沖虚，以是爲至道；及其動而之善之不善，咸目爲失於至道，故其言曰『生之謂性』。及孟子詰之，非豁然於孟子之言而後語塞也，亦窮於人與物之靈蠢殊絶，犬牛類又相絶，遂不得漫以爲同耳。主才質而遺理義，荀子、告子是也。荀子以血氣心知之性必教之理義，逆而變之，故謂『性惡』而進其勸學修身之説。告子以上焉者無欲而静，全其無善無不

❶「通」，原作「動」，今據《原善》改。

善，是爲至矣；下焉者理義以梏之，使不爲不善。荀子二理義於性之事能，儒者之未聞道也；告子貴性而外理義，異説之害道者也。凡遠乎《易》《論語》《孟子》之書者，性之説大致有三：以耳目百體之欲爲説，謂理義從而治之者也；以心之有覺爲説，謂其神獨先，沖虚自然，理欲皆後也；以理爲説，謂有欲有覺，人之私也。三者之於性也，非其所去，貴其所取。彼自貴其神，以爲先形而立者，是不見於精氣爲物，秀發乎神也。以有形體則有欲，而外形體、一死生、去情欲以安其神，冥是非、絶思慮以苟語自然。不知歸於必然，是爲自然之極致。動静胥得，神自安也。自孟子時，以欲爲説，以覺爲説，紛如矣。孟子正其遺理義而已矣。心得其常，耳目百體得其順，純懿中正，如是謂之理義。故理義非他，心之所同然也。何以同然？心之明之所止，於事情區以别焉無幾微爽失，則理義以名。專以性屬之理而謂壞於形氣，是不見於理之所由名也。」❶「問：孟子云：『心之所同然者謂理也，義也。聖人，先得我心之所同然耳。』是理又以心言，何也？曰：心之所同然始謂之理謂之義，則未至於同然，存乎其人之意見，非理也，非義也。凡一人以爲然，天下萬世皆曰是不可易也，此之謂同然。舉理以見心能區分，舉義以見心能裁斷。分之各有其不易之則，名曰理；如斯而宜，名曰義。是故明理者，明其區分也；精義者，精其裁斷也。不明，往往界於疑似而生惑；不精，往往雜於偏私而害道。求理義而智不足者也，故不可謂之理義。自非聖人，鮮能無蔽。有蔽之深，有蔽之淺者。人莫患乎蔽而自智，任其意見，執之爲理義。吾懼求理義者以意見當之，孰知民受其禍之無所終極也哉！」

❶ 此條引文實出戴震《原善》。

「六經、孔孟之言以及傳記群籍，理字不多見。今雖至愚之人，悖戾恣睢其處斷一事，責詰一人，莫不輒曰理者，自宋以來始相習成俗，則以理爲如有物焉，❶得於天而具於心，因以心之意見當之也。於是負其氣，挾其勢位，加以口給者理伸；力弱氣慴，口不能道辭者理屈。嗚乎！其孰謂以此制事，以此制人之非理哉？即其人廉深自持，心無私慝，而至於處斷一事，責詰一人，憑在己之意見，是其所是而非其所非，方自信嚴氣正性，嫉惡如讎，而不知事情之難得，是非之易失於偏，往往人受其禍，已且終身不寤，或事後乃明，悔已無及。天下智者少而愚者多。以其心知明於衆人，則共推之爲智，其去聖人甚遠也。以衆人與其所共推爲智者較其得理，則衆人之蔽必多；以衆所共推爲智者與聖人較其得理，則聖人然後無蔽。凡事至而心應之，其斷於心，輒曰理如是，古聖賢未嘗以爲理也。不惟古聖賢未嘗以爲理，昔之人異於今人之一啓口而曰理，其亦不以爲理也。昔人知在己之意見不可以理名，而今人輕言之。夫以理爲如有物焉，得於天而具於心，未有不以意見當之者也。今使人任其意見則謬，使人自求其情則得。子貢問曰：『有一言而可以終身行之者乎？』子曰：『其恕乎？己所不欲，勿施於人。』《大學》言治國平天下，不過曰『所惡於上，毋以使下；所惡於下，毋以事上』，以位之卑尊言也。『所惡於前，毋以先後；所惡於後，毋以從前』，以長於我與我長言也。『所惡於右，毋以交於左；所惡於左，毋以交於右』，以等於我言也。曰『所不欲』，❷曰『所惡』，不過人之常

❶「則以」，原作「然則」，今從沈校據《孟子字義疏證》改。
❷「不」，原脱，今從沈校據《孟子字義疏證》補。

情，不言理而理盡於此。惟以情絜情，故其於事也，非心出一意見以處之；苟舍情求理，其所謂理，無非意見也。未有任其意見而不禍斯民者。」「問：以意見爲理，自宋以來莫敢致斥者，謂理在人心故也。今曰理在事情，於心之所同然，洵無可疑矣。孟子舉以見人性之善，其説可得聞與？曰：孟子言『口之於味也有同耆焉，耳之於聲也有同聽焉，目之於色也有同美焉。至於心，獨無所同然乎』，明理義之悦心，猶味之悦口、聲之悦耳、色之悦目之爲性。味也、聲也、色也在物，接於我之血氣；理義在事，而接於我之心知。血氣心知有自具之能：口能辨味，耳能辨聲，目能辨色，心能辨理義。味與聲色，在物不在我，接於我之血氣，能辨之而悦之，其悦者必其尤美者也；理義在事情之條分縷析，接於我之心知，能辨之而悦之，其悦者必其至是者也。子産言『人生始化曰魄，既生魄，陽曰魂』，曾子言『陽之精氣曰神，陰之精氣曰靈。神靈者，品物之本也』。蓋耳之能聽，目之能視，鼻之能臭，口之知味，魄之爲也，所謂靈也，陰主受者也；心之精爽，有思輒通，❶魂之爲也，所謂神也，陽主施者也。主施者斷，主受者聽，故孟子曰：『耳目之官不思，心之官則思。』是思者，心之能也。精爽有蔽隔而不能通之時，及其無蔽隔，無弗通，乃以『神明』稱之。凡血氣之屬皆有精爽。其心之精爽，鉅細不同，如火光之照物。光小者，其照也近，所照者不謬也，所不照則疑謬承之。不謬之謂得理。其光大者，其照也遠，得理多而失理少。且不特遠近也，光之及又有明闇，故於物有察有不察，察者盡其實，不察斯疑謬承之。疑謬之謂失理。失理者限於質之昧，所謂愚也；惟學可以增益其不足而進

❶ 「輒」，原作「轍」，今據《孟子字義疏證》改。

於智，益之不已，至於其極，如日月有明，容光必照，則聖人矣。此《中庸》『雖愚必明』，《孟子》『擴而充之之謂聖人』。神明之盛也，其於事靡不得理，斯仁義禮智全矣。故理義非他，所照所察者之不謬也。何以不謬？心之神明也。人之異於禽獸者，雖同有精爽而人能進於神明也。理義豈别若一物，求之所照所察之外？而人之精爽能進於神明，豈求諸氣稟之外哉？」「問：後儒以人之有嗜欲出於氣稟，而理者，别於氣稟者也。今謂心之精爽，學以擴充之，進於神明，則於事靡不得理，是求理於氣稟之外者非矣。孟子專舉理義以明性善，何也？曰：古人言性但以氣稟言，未嘗明言理義爲性，蓋不待言而可知也。至孟子時，異説紛起，以理義爲聖人治天下之具，❶設此一法以强之從，害道之言皆由外理義而生。人徒知耳之於聲、目之於色、鼻之於臭、口之於味之爲性，而不知心之於理義亦猶耳目鼻口之於聲色臭味也。故曰『至於心獨無所同然乎』，蓋就其所知以證明其所不知，舉聲色臭味之欲歸之耳目鼻口，❷舉理義之好歸之心，皆内也，非外也。比而合之以解天下之惑，俾曉然無疑於理義之爲性。害道之言，庶幾可以息矣。孟子明人心之通於理義，與耳目鼻口之通於聲色臭味咸根於性，非由後起。後儒見孟子言性則曰理義，則曰仁義禮智，不得其説，遂於氣稟之外增一理義之性歸之孟子矣。」「問：聲色臭味之欲亦宜根於心，今專以理義之好爲根於心，於『好是懿德』固然矣，抑聲色臭味之欲徒根於耳目鼻口與？心，君乎百體者也。百體之能皆心之能也，豈

❶ 「之」，原脱，今從沈校據《孟子字義疏證》補。
❷ 「鼻口」，原誤倒，今據《孟子字義疏證》乙正。

耳悦聲，目悦色，鼻悦臭，口悦味，非心悦之乎？曰：否。心能使耳目鼻口，不能代耳目鼻口之能。彼其能者各自具也，故不能相爲。人物受形於天地，故恆與之相通。盈天地之間，有聲也，有色也，有臭也，有味也。舉聲色臭味，則盈天地之間者無或遺矣。外内相通，其開竅也，是爲耳目鼻口。五行有生剋，生則相得，剋則相逆，血氣之得其養、失其養繫焉。資於外足以養其内，此皆陰陽五行之所爲，外之盈天地之間，内之備於吾身，外内相得無間而養道備。『民之質矣，日用飲食』，自古及今以爲道之經也。血氣各資以養，而開竅於耳目鼻口以通之。既於是通，故各成其能而分職司之。孔子曰：『少之時，血氣未定，戒之在色；及其壯也，血氣方剛，戒之在鬭；及其老也，血氣既衰，戒之在得。』血氣之所爲不一，舉凡身之嗜欲根於氣血明矣，非根於心也。孟子曰：『理義之悦我心猶芻豢之悦我口。』非喻言也。凡人行一事，有當於理義，其心氣必暢然自得；悖於理義，心氣必沮喪自失。以此見心之於理義，一同乎血氣之於嗜欲，皆性使然耳。耳目鼻口之官，臣道也；心之官，君道也。臣效其能而君正其可否。理義非他，可否之而當，是謂理義。然又非心出一意以可否之也。若心出一意以可否之，何異强制之乎？是故就事物言，非事物之外别有理義也。『有物必有則』，以其則正其物，如是而已矣。就人心言，非别有理以予之而具於心也，心之神明於事物咸足以知其不易之則。譬有光皆能照，而中理者，乃其光盛，其照不謬也。人之血氣心知本乎陰陽五行者，性也。如血氣資飲食以養，其化也，即爲我之血氣，非復所飲食之物矣；心知之資於問學，其自得之也亦然。以血氣言，昔者弱而今者强，是血氣之得其養也；以心知言，昔者狹小而今也廣大，昔者闇昧而今也明察，是心知之得其養也。故曰『雖愚必明』。人之血氣心知，其天定者往往不齊；得養不得養，遂至於大異。苟知問學猶飲食，則貴其化，不貴其不化。記問之學，入而不化者也；自得之，則居之安，資之深，取之左右逢其原，我之心知極而至乎聖人之神明矣。神明者，猶然心也，非心自心而所得者藏於中之謂也。心自心而所得者藏於中，以之言學，尚爲物而不化之學，況以之言性乎？」「問：宋以來之言理也，其説爲『不出於理則出於欲，不出於欲則出於理』，故辨乎理、欲之界，以爲君子小人於此焉分。今以情之不爽失爲理，是理者存乎欲者也。然則無欲亦非與？曰：孟子言『養心莫善於寡欲』，明乎欲不可無也，寡之而已。人之生也，莫病乎無以遂其生。欲遂其生，亦遂人之生，仁也。欲遂其生，至於戕人之生而不顧者，不仁也。不仁，實始於欲遂其生之心。使其無此欲，必無不仁矣。然使其無此欲，則於天下之人生道窮促亦將漠然視之。己不必遂其生而遂人之生，無是情也。然則謂『不出於正則出於邪，不出於邪則出於正』，可也；謂『不出於理則出於欲，不出於欲則出於理』，不可也。欲其物，理其則也。不出於邪而出於正，猶往往有意見之偏，未能得理。而宋以來之言理欲也，徒以爲正邪之辨而已矣。不出於邪而出於正，則謂以理應事矣。理與事分爲二而與意見合爲一，是以害事。夫事至而應者，心也。心有所蔽，則於事情未之能得，又安能得理乎？自老氏貴於『抱一』，貴於『無欲』，莊周書則曰：『聖人之靜也，非曰：「靜也善，故靜也。」萬物無足以撓心者，故靜也。水靜猶明，而況精神。聖人之心靜乎？夫虚靜恬澹、寂寞無爲者，天地之平，而道德之至。』此老莊之説，非《中庸》『雖愚必明』之道也。有生而愚者，雖無欲，亦愚也。凡出於欲，無非以生以養之事。欲之失爲私，不爲蔽。自以爲得理而所執之實謬，乃蔽而不明。天下古今之人，其大患，私與蔽二端而已。私生於欲之失；蔽生於知之失。欲生於血氣，知生於心。因私而咎欲，因欲而咎血氣；因蔽而咎知，因知而咎心，老氏所以言『常使民無知無欲』。彼自外其形骸，貴其真宰。後之釋氏，其論説似異而實同。宋儒出入於老釋，故雜乎老釋之言以爲言。《記》曰：『飲食男女，人之大欲存焉。』聖人治天下，體民之情，遂民之欲而王道備。人知老莊、釋氏異於聖人，聞其無欲之説，猶未之信也；於宋儒，則信以爲同於聖人。理欲之分，人人能言之，故今之治人者，視古聖賢體民之情，遂民之欲，多出於鄙細隱曲，不措諸意，不足爲怪；而及其責以理也，不難舉曠世之高節，著於義而罪之。尊者以理責卑，長者以理責幼，貴者以理責賤，雖失，謂之順；卑者幼者賤者以理争之，雖得，謂之逆。於是下之人不能以天下之同情、天下所同欲達之於上。上以理責其下，而在下之罪人人不勝指數。人死於法，猶有憐之者；死於理，其誰憐之？嗚呼，雜乎老釋之言以爲言，其禍甚於申、韓如是也！六經、孔孟之書豈嘗以理爲如有物焉，外乎人性之發爲情欲者而强制之也哉？孟子告齊、梁之君，曰『與民同樂』，曰『省刑罰，薄税斂』，曰『必使仰足以事父母，俯足以畜妻子』，曰『居者有積倉，行者有裹囊』，曰『内無怨女，外無曠夫』，仁政如是，王道如是而已矣。」「問：《樂記》言滅天理，窮人欲，其言有似於以理欲爲邪正之别，何也？曰：性，譬則水也；欲，譬則水之流也。節而不過，則爲依乎天理，爲相生養之道，譬則水由地中行也；窮人欲而至於有悖逆詐僞之心，有淫佚作亂之事，譬則洪水横流，汎濫於中國也。聖人教之反躬，以己之加於人，設人如是加於己而思躬受之之情，譬則禹之行水，行其所無事，非惡汎濫而塞其流也。惡汎濫而塞其流，其立説之工者，且直絶其原，是遏欲無欲之喻也。『口之於味也，目之於色也，耳之於聲也，鼻之於臭也，四體之於安佚也』，此後儒視爲人欲之私者，而孟子曰『性也』，繼之曰『有命焉』。命者限制之名，如命之東則不得而西，言性之欲之不可無節也。節而不過，則依乎天理，非以天理爲正，人欲爲邪也。天理者，節其欲而不窮人欲也。是故欲不可窮，非不可有。有而節之，使無過情，無不及情，可謂之非天理乎？」「試以人之形體與人之德性比而論之。形體始乎幼小，終於長大；德性始乎蒙昧，終乎聖智。其形體之長大也，資於飲食之養，乃長日加益，非『復其初』；德性資於學問，進而聖智，非『復其初』，明矣。人、物以類區分，而人所稟受，其氣清明，異於禽獸之不可開通。然人與人較，其材質等差凡幾？古聖賢知人之材質有等差，是以重問學，貴擴充；老莊、釋氏謂有生皆同，故主於去情欲以勿害之，不必問學以擴充之。在老莊、釋氏既守己自足矣，因毁訾仁義以伸其說。荀子謂常人之性，學然後知禮義，其說亦足以伸。陸子静、王文成諸人同於老莊、釋氏而改其毁訾仁義者，以爲自然全乎仁義，巧於伸其說者也。程子、朱子尊理而以爲天與我，猶《荀子》尊禮義以爲聖人與我也。謂理爲形氣所汙壞，是聖人而下，形氣皆大不美，即荀子性惡之說也。而其所謂理，别爲湊泊附著之一物，猶老莊、釋氏所謂真宰、真空之湊泊附著於形體也。理既完全自足，難於言學以明理，故不得不分理氣爲二本而咎形氣。蓋其說雜糅傅合而成，令學者眩惑其中，雖六經、孔孟之言具在，咸習非勝是，不復求通。嗚乎！吾何敢默而息乎？」○注「理者得道之理」○正義曰：《易·說卦傳》云：「和順於道德而理於義，窮理盡性以至於命。」孔子言道德性命，指出理字，此孟子所本也。道者，行也。凡路之可通行者爲道，則凡事之可通行者爲道。得乎道爲德，對失道而言也。道有理也，理有義也。理者，分也；義者，宜也。其不可通行者，非道矣；可行矣，乃道之達於四方者，各有分焉，即各有宜焉。趨燕者行乎南，趨齊者行乎西，行焉而弗宜矣。弗宜即爲失道。趨燕者雖行乎北而或達乎趙，趨齊者雖行乎東而或止乎魯，行焉而仍弗宜矣。弗宜則非義，即非理。

故道之分有理，理之得有義。「理於義」者，分而得於義也。惟分，故有宜有不宜。理分於道，即命分於道，故窮理盡性以致於命。孟子以「理義」明性，即孔子以「理於義」明道也。趙氏以「得道之理」明之，「得道之理」即「和順於道德而理於義」也。後儒言理或不得乎孔孟之指，故戴氏詳爲闡説，是也。説者或並理而斥言之，則亦芒乎未聞道矣。○注「草食曰芻穀食曰豢」○正義曰：《禮記·月令》「仲秋案芻豢」，注云：「養牛羊曰芻，犬豕曰豢。」《説文》艸部云：「芻，刈草也。」飼牛羊以草，故即稱牛羊爲芻。《樂記》云「夫豢豕爲酒」，注云：「以穀食犬豕曰豢。」是犬豕穀食者也，故即稱犬豕爲豢。《大戴記·曾子天圓》篇云：「宗廟曰芻豢，山川曰犧牷。」阮氏元《校勘記》云：「宋本食作牲。」

章指：言人稟性，俱有好憎。耳目口心，所悦者同。或爲君子，或爲小人，猶麰麥不齊，雨露使然也。孟子言是，所以勗而進之。【疏】「人稟性俱有好憎」○正義曰：好憎即好惡，孟子以「悦心」「悦口」言性，悦即是好。趙氏兼言好惡，好惡，情也。仍申明情可爲善之義也。凌氏廷堪《好惡説》云：「人之性受於天，目能視則爲色，耳能聽則爲聲，口能食則爲味，而好惡實基於此。《大學》言『好惡』，《中庸》申之以『喜怒哀樂』，蓋好極則生喜，又極則爲樂；惡極則生怒，又極則爲哀。過則佚於情，反則失其性矣。性者，好惡二端而已。《大學》云：『好人之所惡，惡人之所好，是謂拂人之性。』然則人性初不外乎好惡也。受亦好也，故正心之忿懥、恐懼、好樂、憂患，齊家之親愛、賤惡、畏敬、哀矜、敖惰，皆不離乎人情也。《大學》性字祇此一見，即好惡也。《左傳》昭公二十五年太叔對趙簡子曰：『天地之經而民實則之。則天之明，因地之性，生其六氣，用其五行。氣爲五味，發爲五色，章爲五聲。淫則昏亂，民失其性。』此言性，即食味、别聲、被色者也。又云：『是故審行信令，禍福賞罰以制死生。生，好物也；死，惡物也。好物，樂也；惡物，哀也。哀樂不失，乃能協於天地之性，是以長久。』蓋喜怒哀樂，皆由好惡而生，好惡正，則協於天地之性矣。」

孟子正義卷二十三

江都縣鄉貢士焦循譔集

孟子曰：「牛山之木嘗美矣。以其郊於大國也，斧斤伐之，可以爲美乎？是其日夜之所息，雨露之所潤，非無萌蘖之生焉；牛羊又從而牧之，是以若彼濯濯也。人見其濯濯也，以爲未嘗有材焉，此豈山之性也哉？**注**牛山，齊之東南山也。邑外謂之郊。息，長也。濯濯，無草木之貌。牛山木嘗盛美。以在國郊，斧斤牛羊，使之不得有草木耳。非山之性無草木也。**疏**注「牛山」至「之貌」○正義曰：閻氏若璩《釋地續》云：「『牛山，齊之東南山』，是趙氏在複壁中所注，方向少錯，無論。今目驗在臨淄縣南一十里，亦在唐臨淄縣南二十一里，《括地志》所謂『管仲冢與桓公冢連在牛山上』是。酈道元注：『牛山，一名南郊山，天齊淵出焉。齊以此得名。』梁劉昭不知引何人《孟子注》云：『南小山曰牛山。』晉左思《齊都賦》云：『牛嶺鎮其南。』《列子·力命》篇：『齊景公游於牛山，北臨其國城而流涕。』夫臨曰北，正以山實在南。」「邑外謂之郊」，《爾雅·釋地》文。息之義與生同。生亦長也。王氏念孫《廣雅疏證》云：「饱，長也。息與饱通。《剥·彖傳》云『君子尚消息盈虚』，消息即消長也。」《毛詩》言「濯濯」者二，《大雅·

靈臺》篇「麀鹿濯濯」，傳云：「濯濯，娱遊也。」《崧高》篇「鉤膺濯濯」，傳云：「濯濯，光明也。」濯是洗滌溉滌之名，物經滌濯則垢汙悉去，故光明爲濯濯。山有草木則陰翳不齊，草木盡去，不異洗濯者然，故趙氏以「濯濯」爲「無草木之貌」也。

雖存乎人者，豈無仁義之心哉？其所以放其良心者，亦猶斧斤之於木也。旦旦而伐之，可以爲美乎？其日夜之所息，平旦之氣，其好惡與人相近也者幾希；

注存，在也。言雖在人之性，亦猶山之有草木。人豈無仁義之心邪？其日夜之思欲息長仁義，平旦之志氣，其好惡，凡人皆有與賢人相近之心。幾，豈也。豈希，言不遠也。**疏**注「存在」至「遠也」○正義曰：《爾雅・釋言》云：「存存，在也。」是「存」即「在」也。「良」之義爲善，「良心」即善心，善心即「仁義之心」。放者，存之反也。《吕氏春秋・順民》篇云「以與吴王争一旦之死」，高誘注云：「旦，朝也。」「旦旦」猶云朝朝，亦即日日也。旦旦，言非一日也。日日放其良心，猶日日伐其山木。山木由此不美，人心亦由此不良。良亦美也。「其日夜之所息」，趙氏解爲「其日夜之思欲息長仁義」。息之義爲生長，所息指生長此心之仁義。仁義不能無端生長，故趙氏以「思欲」明之。蓋雖放其良心，其始陷溺未深，尚知自悔，雖爲不仁而思欲尚轉而及仁，雖爲不義而思欲尚轉而及義。此思欲之所轉，即仁義之心所生長。「相近」即「性相近」之相近。放失之後，其平旦之氣，好惡尚與人相近，則「性善」可知矣。趙氏以「人」爲「賢人」，謂能存仁義之心，未放失其良者也。其實「與人相近」，正謂與禽獸相遠。謂之爲人性原相近，但日放一日，則日遠於人一日；日遠於人一日，即日近於禽獸一日；而其日夜所息，則仍與人近而不遠。此孟子以放失仁義之人明其性之善也。旦旦伐之，而所習仍相近，則良心不易亡如此。此極言良心不遽亡，非謂良心易去也。故趙氏以「幾希」爲「不遠」也。或以息爲歇息，非是；以幾希爲甚微，亦失之。趙氏佑《温故録》云：「豈希言不遠，與前注『幾希，無幾也』異。蓋亦隨文見義與？」**則其旦晝之所爲，有梏亡之矣。梏之反覆，則其夜氣不足以存。夜氣不足以存，則其違禽獸不遠矣。人見其禽獸也，而以爲未嘗有才焉者，是豈人之情也哉？**注旦晝，晝日也。其所爲萬事有梏亂之，使亡失其日夜之所息也。梏之反覆，利害干其心，其夜氣不能復存也。人見惡人禽獸之行，以爲未嘗有善才性，此非人之情也。疏注「旦晝」至「情也」○正義曰：《説文》日部云：❶「旦，明也。」晝日之出入，與夜爲界。宣公八年《穀梁傳》「祭之旦日之享賓也」，注云：「旦日猶明日也。」《漢書·高帝紀》「旦日合戰」，注云：「旦日，明日也。」趙氏言「晝日也」，是以「日」釋「晝」也。「旦晝」猶云明日，謂今日夜所息平旦之氣才能不遠於人，及明日出見紛華所悦，而所息者乃梏亡矣。《音義》云：「丁云：『梏，古沃切，謂悔吝利害也。』」言利害之亂其性，猶桎梏之刑其身。此梏從木。《書·粊誓》「今惟淫舍牿牛馬」，鄭氏注云：「牿，桎梏之梏。」是「桎梏」之梏通作「牿」，故「梏亡」作「牿亡」也。趙氏云「其所爲萬事，有梏亂之」，則是以「亂」釋「梏」。《毛詩·小雅·何人斯》云「祇攪我心」，傳云：「攪，亂也。」《詩·大雅·抑》篇「有覺德行」，《禮記·緇衣》引作「有梏德行」，是梏與覺古通。《後漢書·馬融傳·廣成頌》云「梏羽群」，注云：「梏，諸家並古酷反。」案，字書捁從手，即古文攪字，謂攪擾也。捁、牿、梏同。趙氏讀梏爲攪，故訓爲亂；丁氏以爲桎梏，非其義也。何氏焯《讀書記》云：「『有牿』之有當讀去聲。」讀去聲則爲

❶「日」，按《説文》旦字屬旦部，參沈校。

又，謂才有所生息，又梏亂而亡失之也。反覆即反復。息而梏，梏而又息，息而又梏。其始，息多於梏，久則梏多於息。息則仁義之心存，梏則利害之見勝。梏之不已，則心但知有利害，不復能思欲息長仁義，是利害之邪干犯仁義之良，故夜氣不足以存也。至梏之反覆，夜氣不足以存，乃違禽獸不遠。然則人之不遠於禽獸，亦非一日所遽至也。《坤・文言傳》云：「非一朝一夕之故，其所由來者漸矣，由辨之不早辨也。」《繫辭傳》云：「小人不恥不仁，不畏不義。不見利不勸，不威不懲。小懲而大誡，此小人之福也。」又云：「善不積，不足以成名；惡不積，不足以滅身。小人以小善爲无益而弗爲也，以小惡爲无傷而弗去也，故惡積而不可掩，罪大而不可解。」旦旦伐之，梏之反覆，即「漸積」之謂也。當其日夜所息，好惡尚與人近，是時早辨，尚不至於梏亡，此聖人設教，所以恥之以仁，畏之以義，勸以利而懲以威也。**故苟得其養，無物不長；苟失其養，無物不消。孔子曰：『操則存，舍則亡。出入無時，莫知其鄉。』惟心之謂與？」**注誠得其養，若雨露於草木，法度於仁義，何有不長也？誠失其養，若斧斤牛羊之消草木，利欲之消仁義，何有不盡也？孔子曰：持之則在，縱之則亡。莫知其鄉。鄉猶里，以喻居也。獨心爲若是也。疏注「誠得」至「是也」○正義曰：《楚辭・離騷》云「苟余情其信姱以練要兮」，注云：「苟，誠也。」故以「誠」釋「苟」。人之自治必以問學，聖人治人則以禮樂，皆以「法度於仁義」也。息仁義必以思欲，養仁義必以法度。趙氏深能發《孟子》之恉。或謂静以任其自然，非其義也。《説文》水部云：「消，盡也。」故以「盡」釋「消」。手部云：「操，把持也。」《禮記・曲禮》「操右契」，注云：「操，持也。」故以「持」釋「操」。「舍」即放，放即「縱」。《論語・雍也》篇「以與爾鄰里鄉黨乎」，《集解》引鄭曰：「五家爲鄰，五鄰爲里。萬二千五百家爲鄉，五百家爲黨也。」《論語・里仁》篇「里仁爲美，擇不處仁」，《集解》引鄭曰：「里者，民之所居也。居於仁者之里，是爲善也。」鄉大於里，而皆爲民之所居，故云：「鄉猶里，以喻居也。」「惟」，猶「獨」也。近讀鄉爲向。《釋名・釋州國》云：「萬二千五百家爲鄉。鄉，向也。衆所向也。」鄉里之鄉本取義於向，則其義通矣。毛氏奇齡《聖門釋非録》云：「『出入無時，莫知其鄉』，直接『惟心之謂』句，分明指心言，蓋存亡即出入也。惟心是一可存可亡、可出可入之物，故操舍惟命；若無出入，則無事操存矣。《大易》『憧憧往來』，往來者，出入也。《大學》心有所，心不在，有所不在，亦出入也。是心原可出入而操舍者，則因其出之入之也。」

章指：言秉心持正，使邪不干，猶止斧斤，不伐牛山。山則木茂，人則稱仁也。

孟子曰：「無或乎王之不智也！注王，齊王也。或，怪也。時人有怪王不智而孟子不輔之，故言此也。疏注「王齊王也或怪也」○正義曰：孟子仕齊久。下云「吾見亦罕，吾退而寒之者至」，則是孟子仕齊乃有是語，故知王爲齊王也。《吕氏春秋・審爲》篇云「世必惑之」，高誘注云：「惑，怪也。」或與惑同。**雖有天下易生之物也，一日暴之，十日寒之，未有能生者也。吾見亦罕矣，吾退而寒之者至矣，吾如有萌焉何哉？**注種易生之草木五穀，一日暴温之，十日陰寒以殺之，物何能生？我亦希見於王，既見而退，寒之者至，謂左右佞諂順意者多。譬諸萬物，何由得有萌牙生也？疏注「種易」至「生也」○正義曰：《小爾雅・廣言》云：「暴，曬也。」《說文》日部云：「曬，暴也。」日光所曬，故温。草木五穀雖有經冬而生者，然其種必得温和之氣乃能萌動。今農人清明後浸稻種，既發牙矣，設遇風霜則必枯萎，是陰寒以殺之也。《爾雅·釋詁》云：「希，罕也。」《毛詩·鄭風·大叔于田》「叔發罕忌」，傳云：「罕，希也。」故「罕見」即「希見」也。《説文》艸部云：「萌，草芽也。」「芽，萌芽也。」牙與芽通，故幼小稱童牙。「萌牙」即萌蘖也。**今夫奕之爲數，小數也。不專心致志，則不得也。**注奕，博也，或曰圍棊。《論語》曰：「不有博奕者乎？」數，技也。雖小技，不專心則不得也。疏注「奕博」至「奕者乎」○正義曰：《方言》云：「簙謂之蔽，或謂之箘。秦晉之間謂之簙，吴楚之間或謂之蔽，或謂之箭裏，或謂之簙毒，或謂之夗專，或謂之匶璇，或謂之棊。所以投簙謂之枰，或謂之廣平。所以行棊謂之局，或謂之曲道。圍棊謂之弈，自關而東，齊魯之間皆謂之奕。」戴氏震《疏證》云：「簙、博古通用。《説文》云：『簙，局戲也。六箸十二棊也。古者烏胄作簙。』『箘，簙棊也。』『局，博所以行棊。』『奕，圍棊也。』《荀子·大略》篇云『六貳之博』，楊倞注云：『即六博也。今之博局亦二六相對也。』《楚辭·招魂》篇『菎蔽象棊，有六簙些』，王逸注云：『菎，玉也。蔽，簙箸以玉飾之也。投六箸，行六棊，故謂六簙也。』《史記·范睢蔡澤列傳》：『君獨不觀夫博者乎？或欲大投，或欲分功。』《春秋》襄二十五年《左傳》：『今甯子視君，不如奕棋。』《廣雅》『簙箸謂之箭』，『夗專，簙也』，『廣平，枰也』，『曲道，梮也』，『圍棋，奕也』，皆本此。」王氏念孫《廣雅疏證》云：「梮通作局。《韓非子·外儲説》云：『秦昭王以松柏之心爲博箭。』《西京雜記》云：『許博昌善陸博法，用六箸，以竹爲之，長六分，或用二箸。』《列子·説符》篇《釋文》引《六博經》云：『博法，二人相對坐向局，局分爲十二道，兩頭當中名爲水。用棊十二枚，法六白六黑，又用魚二枚，置於水中。其擲采以瓊爲之。二人互擲采行棊，棊行到處即竪之，名爲驍棊，即入水食魚，亦名牽魚。每牽一魚，❶獲二籌；翻一魚，獲三籌。若已牽兩魚而不勝者，名曰被翻雙魚。彼家獲六籌，爲大勝也。』廣平爲博局之枰，取義於平也。《説文》云：『枰，平也。』韋昭《博奕論》云：『所志不出一枰之上。』」《小爾雅・廣服》「棊局謂之奕」，宋氏翔鳳《訓纂》云：「《説文》：『弈，圍棊也。』《廣雅・釋言》：『圍棊，弈也。』奕通作亦。《大戴禮・小辨》篇：『夫亦，固十棊之變，由不可既也。』亦即弈字。《文選・博弈論》注引邯鄲淳《藝經》曰：『棊局縱横，各十七道，合二百八十九道，白黑棊子各一百五十枚。』《後漢書・張衡傳》『奕秋以棊局取譽』，注云：『奕，圍局也。棊即所執之子。』按，博奕皆用棊，弈爲圍棊，博爲局戲。《説文》：『簙，局戲也。六箸十二棊也。』法與圍棊異。」按：謂博與奕異是也。博蓋即今之雙陸，弈爲圍棊，今仍此名矣。以其局同用板平承於下，則皆謂之枰；以其同行於枰，皆謂之棊。《史記・日者列傳》：「旋式正棊。」劉徽《九章算術》：「句股冪，用諸色棊别之。」凡用以布列者之通名。而博之棊，上高而鋭，如箭亦如箸，今雙陸棊俗謂之鎚，尚可考見其狀，故有箭、箸之名。今雙陸枰上，亦有水門。其法古今有不同。如奕古用二百八十九道，今則用三百六十一道，亦其例也。班固《奕旨》云：「夫博懸於投，不專在行。優者有不遇，劣者有僥倖。雖有雌雄，不足以爲平也。至於弈則不然。高下相推，人有等級。若孔氏之門，回、賜相服，循名責實，謀以計策；若唐虞之朝，考功黜陟，器用有常，施設無祈，因敵爲資，應時屈伸。」此分别博、奕甚明。蓋奕但行棊，博以擲采而後行棊，後人不行棊而專擲采，遂稱擲采爲博，博與奕益遠矣。趙氏以《論語》博、

❶「牽一」，原誤倒，今據《廣雅疏證》乙正。

奕連言，故以「博」釋「奕」，其實奕爲圍棊之專名，與博同類而異事也。引《論語》在《陽貨》篇第十七。○注「數技」至「得也」○正義曰：《吕氏春秋・察賢》篇「任其數而已矣」，《淮南子・原道訓》「貴其周於數」，高誘注並云：「數，術也。」《禮記・鄉飲酒義》「古之學術道者」，注云：「術，猶藝也。」《坊記》「尚技而賤事」，注云：「技，猶藝也。」技、術皆訓藝。數之爲技，猶數之爲術，即數之爲藝。《禮記・少儀》「游於藝」，注云：「藝，六藝也。一曰五禮，二曰六樂，三曰五射，四曰五御，五曰六書，六曰九數。」九數爲六藝之一，故數可稱藝。其實數之名，《漢書・律曆志》云一十百千萬是也；九數之用，其爲方田、粟米、差分、少廣、商功、均輸、方程、贏不足、旁要，今有重差、夕桀、句股，其用大矣。而一枰之間，方罫之内，勝負視乎多寡，所以商度而計較者，亦數之類也，故云「小數」。「致」之言細密也，用志不細不密，則負矣。故專一其心，以細密其志也。致是細密，細密即是精。趙氏《章句》不解「致志」而《章指》云「不精不能」，「不精」即解「不致志」，「不能」即解「不得」也。趙氏注中所略，每於章指補之。**奕秋，通國之善奕者也。使奕秋誨二人奕。其一人專心致志，惟奕秋之爲聽；一人雖聽之，一心以爲有鴻鵠將至，思援弓繳而射之。雖與之俱學，弗若之矣。爲是其智弗若與？曰：非然也。」**注有人名秋，通一國皆謂之善奕，曰「奕秋」。使教二人奕。其一人惟秋所善而聽之，其一人念欲射鴻鵠，故不如也。爲是謂其智不如也，曰：非也，以不致志也。故齊王之不智亦若是。疏「思援弓繳而射之」○正義曰：《説文》手部云：「援，引也。」《淮南子・説山訓》云「好弋者先具繳與矰」，注云：「繳，大綸。」《説文》糸部云：「繁，生絲縷也。」《文選・文賦》李善注引《説文》云：「謂縷系矰矢而以隿射也。」矢部云：「矰，隿射矢也。」隹部云：「隿者，繁射飛鳥也。」《詩・鄭風・女曰雞鳴》箋、《齊風・盧令》箋皆云：「弋，繳射也。」孔氏正義曰：「以繩繫矢而射鳥謂之繳射。」《說文》糸部又云：「緍，釣魚繁也。」然則繁爲生絲縷之名，可用以繫弓弋鳥，亦可用以繫竿釣魚。○「曰非然也」○正義曰：王氏引之《經傳釋詞》云：「有一人之言而自爲問答者，則加曰字以別之。《孟子》『爲其智弗若與，曰非然也』是也。」「『爲』與『謂』同義，言謂是其智弗若也。趙注云『爲是謂其智弗如也』，分爲與謂爲二，失之。」○注「有人」至「弈秋」○正義曰：古之以技傳者，每稱之爲名，如醫和、卜徒父是也。此名弈秋，弈是技名，故知秋爲其名，因通國皆謂之善弈，故以弈加名稱之也。《文選・齊故安陸昭王碑文》云：「弈思之微，秋儲無以競巧。」注云：「《孟子》曰：『弈秋，通國之善弈者也。』儲謂儲蓄精思也。」儲字承上思字，儲蓄精思，正是專心致志，李善注是也。王應麟以儲亦「善弈之人」，非是。《藝文類聚》引《尸子》云：❶「鴻鵠在上，扞弓鞟弩以待之。若發若否，問二五曰弗知。非二五難計也，欲鴻之心亂也。」此文殘闕，當即《孟子》此文之意。「俱學」者，俱習也。「智」即性之神明也。「弗若」者，習相遠也。「非然」者，非性本相遠也。此章以智明性，與前章以仁義明性互見之。

章指：言弈爲小數，不精不能。一人善之，十人惡之，雖竭其道，何由智哉？《詩》云：「濟濟多士，文王以寧。」此之謂也。疏「詩云」至「謂也」○正義曰：周氏廣業《孟子章指考證》云：「濟濟二句，《左傳》成二年楚子重引之，云：『文王猶用衆，況吾儕乎？』荀卿、梅福、王褒皆以爲文王

❶「藝文類聚」以下非關弈秋，當另立一條。

賴多士以寧。獨《管子》云：『濟濟者，誠莊事斷也；多士者，多長者也。周文王誠莊事斷，故國治；其群臣明理以佐主，故主明。主明而國治，竟內被其澤利，殷民舉首而望文王，願爲文王臣。』以濟濟指文王言。賈誼《新書》又云：『輔翼文王，則身必已安也。』以寧指多士言。二解並異。」按：此詩爲《大雅・文王》篇第三章。傳云：「濟濟，多威儀也。」孔氏正義云：「《釋訓》云：『濟濟，容止也。』孫炎云：『濟濟，多士之容止也。』《少儀》云：『朝廷之儀，濟濟翔翔。』與此同。」濟濟與多士連文，自指多士。趙氏引以與「一人善之」相對。多士則寧，一人則不智也。

孟子曰：「魚，我所欲也；熊掌，亦我所欲也。二者不可得兼，舍魚而取熊掌者也。生，亦我所欲也；義，亦我所欲也。二者不可得兼，舍生而取義者也。 注 熊掌，熊蹯也。以喻義。魚以喻生也。疏 注「熊掌熊蹯也」○正義曰：《周禮・秋官・穴氏》：「掌攻蟄獸，各以其物火之，以時獻其珍異皮革。」注云：「蟄獸，熊羆之屬。」賈氏疏云：「謂熊羆之皮及熊蹯之等。」文公元年《左傳》云：「以宮甲圍成王，王請食熊蹯而死。」注云：「熊掌難熟，冀久將有外救。」宣公二年《左傳》云「宰夫胹熊蹯不熟」，宣公六年《公羊傳》「熊蹯不熟」，注云：「蹯，掌也。」**生亦我所欲，所欲有甚於生者，故不爲苟得也；死亦我所惡，所惡有甚於死者，故患有所不辟也。如使人之所欲莫甚於生，則凡可以得生者，何不用也？使人之所惡莫甚於死者，則凡可以辟患者，何不爲也？** 注 有甚於生者，謂義也。義者，不可苟得。有甚於死者，謂無義也。不苟辟患也。莫甚於生則苟利而求生矣，莫甚於死則可辟患不擇善，何不爲耳？疏 注「莫甚」至「爲耳」○正義曰：趙氏謂人之所欲莫甚於生，是不知好義之人也。不知好義，乃苟求得生。人之所惡莫甚於死者，是不知惡不義之人也。不知惡不義，乃苟於辟患，是指喪失其良心者而言，於下「由是」云云不貫。近時通解，則以此爲反言，以決人性之必善，必有良心，以爲下「人皆有之」張本。欲生惡死，人物所同之性。乃人性則所欲有甚於生，所惡有甚於死，此其性善也，此其良心也。何以見其欲有甚於生？於其不爲苟得見之；何以見其惡有甚於死？於其患有所不辟見之。惟其有此良心，乃能如是；使本無良心，則惟欲生而已，惟惡死而已。所欲無有甚於生，則何以不爲苟得？所惡無有甚於死，則何以患有所不辟？反復以明人必有此良心。或謂此言生死之權度。所欲有甚於生則不苟得此生，所惡有甚於死則不苟於辟患，此舍生而取義之事也。使無義可取，則此時所欲莫甚於生，則又以得生爲是；此時所惡莫甚於死，則又以辟患爲是。生而不義，則不苟生；生而義，則亦不苟死。「不爲苟得」、「患有所不辟」，爲貪生亡義者言也。「可以得生，何不用；可以辟患，何不爲」，爲輕生不知義者言也。義不在生，亦不在死。當死而死，當生而生，聖人之權也。**由是則生，而有不用也；由是則可以辟患，而有不爲也。是故所欲有甚於生者，所惡有甚於死者。非獨賢者有是心也，人皆有之，賢者能勿喪耳。**注 有不用，不用苟生也；有不爲，不爲苟惡而辟患也。有甚於生，義甚於生也；有甚於死，惡甚於死也。凡人皆有是心，賢者能勿喪亡之也。疏「由是」至「喪耳」○正義曰：趙氏以「由是」以下爲一節，蓋以兩「由是」與「是故」二字相呼吸。○注「不爲苟惡」○正義曰：「苟惡」謂不肯苟且爲惡也。**一簞食，一豆羹，得之則生，弗得則死。嘑爾而與之，行道之人弗受；蹴爾而與之，乞人不屑也。**注 人之餓者得此一器食可以生，不得則死。嘑爾猶呼爾，咄啐之貌也。行道之人，道中凡人。以其賤己，故不肯受也。蹴，蹋也。以足踐蹋與之，乞人不絜之，亦由其小，故輕而不受也。疏注「嘑爾」至「貌也」○正義曰：《音義》云：「嘑，呼故切。咄，丁都忽切，叱也。啐，七内切，呼也。」呼與嘑通。文公元年《左傳》「江芈怒曰呼役夫」，注云：「呼，發聲也。役夫，賤者稱。」怒而稱以賤者而先發聲爲呼，則呼是怒聲。《文選·送於陟陽侯詩》注引《倉頡篇》云：「咄，啐也。」曹植《贈白馬王彪詩》注引《説文》云：「咄，叱也。」《説文》口部：「叱，訶也。」「吒，叱怒也。」言部云：「訶，大言而怒也。」嘑之訓爲號，趙氏以與「嘑爾」之義不合，故用《左傳》呼字讀之，又解以「咄啐」，明其爲怒也。或以嘑爲召呼，乃行道之人，招之使食，未見其必不肯受。下云「道中凡人以其賤己」，正用呼役夫之意也。「道中」即路中。○注「蹴蹋」至「絜之」○正義曰：《説文》足部云：「蹴，躡也。」「蹋，踐也。」「躡，蹈也。」「蹈，踐也。」蹴、躡、蹋、踐、蹈五字相轉注。以足踐履之，則汙而不絜。《毛詩·邶風·谷風》「不我屑以」，傳云：「屑，潔也。」潔與絜同。「不屑」是不以爲潔也。**萬鍾則不辯禮義而受之，萬鍾於我何加焉？爲宫室之美，妻妾之奉，所識窮乏者得我與？**注言一簞食則貴禮，至於萬鍾則不復辯别有禮義與不。鍾，量器也。萬鍾於己身何加益哉？己身不能獨食萬鍾也。豈不爲廣美宫室，供奉妻妾，施與所知之人窮乏者。疏注「言一」至「乏者」○正義曰：「嘑爾」「蹴爾」，無禮者也；「不受」「不絜」，貴禮也。萬鍾或以禮或不以禮，以禮則義可受，不以禮則義不可受，此宜辨别者也。不辨，則有非禮而受者矣。《音義》云：「辯，丁本作變，云：『於義當爲辯。辯，别也。』」阮氏元《挍勘記》云：「《周易·坤》《釋文》：『由辯，荀作變。』是辯、變古字通用。」按：今本作變。《五經文字》云：「辯，理也。」

「辨，別也。」經典或通用之。昭公三年《左傳》云：「釜十則鍾。」《考工記・㮚氏》「量之以爲鬴」。鬴即釜，是鍾爲量器也。釜爲六斗四升，鍾爲十釜，是六斛四斗也。《淮南子・修務訓》「螟螟然日加數寸」，注云：「加猶益也。」人日食幾何？故於己身何有加益？昭公六年《左傳》「奉之以仁」，注云：「奉，養也。」《廣雅・釋言》云：「供，養也。」故以「供」釋「奉」。《說文》人部云：「供，設也。一曰供給。」謂蓄妻妾，則給以養之。「奉」即禄食也。《詩・大雅・瞻卬》篇「君子是識」，箋云：「識，知也。」「得」字趙氏無釋而云「施與」。《音義》出「得我與」，云：「張云：『平聲，亦如字。』」以施釋與，則趙氏讀與如字，「得我與」謂得獲我之所施與也。讀與爲平聲，則「得我」不可爲「得獲」之得。哀公二十四年《左傳》云「公如越，得大子適郢」，注云：「適郢，越王大子得相親悦也。」得與德通，《禮記・樂記》云：「德者，得也。」《國策・齊策》云「必德王」，《秦策》云「必不德王」。此「得我」即「德我」，所知之人窮乏，而我施與之，則彼必以我爲恩德而親悦我也。近時通解如是。

鄉爲身死而不受，今爲宮室之美爲之；鄉爲身死而不受，今爲妻妾之奉爲之；鄉爲身死而不受，今爲所識窮乏者得我而爲之。是亦不可以已乎？此之謂失其本心。」 注 鄉者不得簞食而食則身死，尚不受也；今爲此三者爲之，是亦不可以止乎？所謂「失其本心」也。

章指：言舍生取義，義之大者也。簞食萬鍾，用有輕重，縱彼納此，蓋違其本。凡人皆然，君子則否，所以殊也。

孟子曰：「仁，人心也；義，人路也。舍其路而弗由，放其心而不知求，哀哉！ 注 不行仁義者，不由路，不求心者也。可哀憫哉！疏注「可哀憫哉」○正義曰：《説文》口部云：「哀，閔也。」**人有雞犬放則知求之，有放心而不知求。學問之道無他，求其放心而已矣。」**注人知求雞狗，莫知求其心者，惑也。學問所以求之。疏注「學問所以求之」○正義曰：前言「放其良心」「失其本心」「操則存，舍則亡」「賢者能勿喪」，蓋所以放之、失之、舍之、喪之者，由於不能操之，所以不能求之也。何以操之？惟在學問而已。學問即《中庸》所云「博學之，審問之」，《論語》所謂「博學而篤志，切問而近思」，孔子所云「好古敏求」，孟子所云「誦《詩》讀《書》」。聖人教人學以聚之、問以辨之者，無有他意，不過以此求其放心而已。顧氏炎武《日知録》云：「『學問之道無他，求其放心而已矣』，然則但求放心，可不必於學問乎？與孔子之言『吾嘗終日不食，終夜不寢以思，無益，不如學也』者，何其不同邪？他日又曰：『君子以仁存心，以禮存心。』是所存者，非空虛之心也。夫仁與禮，未有不學問而能明者也。孟子之意蓋曰：能求放心，然後可以學問。『使奕秋誨二人奕。其一人專心致志，惟奕秋之爲聽。一人雖聽之，一心以爲有鴻鵠將至，思援弓繳而射之。雖與之俱學，弗若之矣。』此放心而不知求者也。然但知求放心而未嘗窮中罫之方，悉雁行之勢，亦必不能從事於奕。」趙氏佑《温故録》云：「注『學問所以求之』，一語精義。然求放心非學問不爲功，須兼到乃盡耳。求放心即是求仁義而全乎人也。」

章指：言由路求心，爲得其本；追逐雞狗，務其末也。學以求之，詳矣。疏「由路」至「詳矣」○正義曰：求心在於知義，知義在於學問。趙氏深得孟子之指，通儒也。

孟子曰：「今有無名之指屈而不信，非疾痛害事也。如有能信之者，則不遠秦楚之路，爲指之不若人也。注無名之指，手之第四指也，蓋以其餘指皆有名。無名指者，非手之用指也。雖不疾痛妨害於事，猶欲信之，不遠秦楚，爲指不若人故也。疏注「無名」至「故也」○正義曰：無名指，詳見《滕文公》篇下。《楚辭·招魂》云「敬而無妨些」，王逸注云：「妨，害也。」故「害事」爲「妨害於事」。但不信則非疾痛，或雖不疾痛而以不信妨事，尚須慮之；而又爲無名之指，非手之所常用，則不信亦不妨害事，可不慮也。

指不若人則知惡之，心不若人則不知惡，此之謂『不知類』也。」注心不若人，可惡之大者也，而反惡指，故曰不知其類也。類，事也。疏注「類事也」○正義曰：《呂氏春秋·達鬱》篇云「得其細，失其大，不知類耳」，高誘注云：「類，事也。」《禮記·學記》云「九年知類通達」，注云：「知類，知事義之比也。」

章指：言舍大惡小，不知其要；憂指忘心，不嚮於道。是以君子惡之也。

孟子曰：「拱把之桐梓，人苟欲生之，皆知所以養之者；至於身，而不知所以養之者。豈愛身不若桐梓哉？弗思甚也。」注拱，合兩手也；把，以一手把之也。桐、梓，皆木名也。人皆知灌溉而養之，至於養身之道，當以仁義，而不知用。豈於身不若桐梓哉？不思之甚也。疏注「拱合」至「名也」○正義曰：《尚書序》云：「伊陟相大戊，亳有祥桑穀共生於朝。」《史記集解》引鄭氏注云：「兩手搤之曰拱。」王氏鳴盛《尚書後案》云：「共與拱通。僖三十二年《傳》『爾墓之木拱』，杜預曰：『合手曰拱。』《呂覽·季夏紀·制樂》篇載此事，高誘注亦云：『滿兩手曰拱。』是也。」《説文》手部云：「把，握也。」《莊子·人間世》云「宋有荆氏者，宜楸柏桑其拱把而上者」，《釋文》云：「拱，恭勇反。把，百雅反。司馬云：『兩手曰拱，一手曰把。』」《毛詩·鄘風·定之方中》云「樹之榛栗，椅桐梓漆」，箋云：「樹此六木於宫。」謂桐、梓與榛、栗、椅、漆爲六，是桐、梓皆木名。《爾雅·釋木》云「榮桐木」，注云：「即梧桐。」又云「椅梓」，注云：「即楸。」是也。《齊民要術》有種桐梓法。

章指：言莫知養身，而養樹木，失事違務，不得所急。所以戒未達者也。 疏「而養樹木」〇正義曰：孔本樹上有「其」字。阮氏元《挍勘記》云：「孔本、韓本衍其字。」

孟子曰：「人之於身也，兼所愛；兼所愛，則兼所養也。無尺寸之膚不愛焉，則無尺寸之膚不養也。 注人之所愛則養之。於身也，一尺一寸之膚，養相及也。疏注「人之」至「相及也」〇正義曰：趙氏之意，以「身」對「心」而言，心身皆人之體，愛心亦兼愛身，則養心亦兼養身，故先言「人之所愛則養之」，渾括身心而言；次言「於身也，一尺一寸之膚養相及」，明養身由養心而兼及之也。膚爲肌肉，屬身言。**所以考其善不善者，豈有他哉？於己取之而已矣。** 注考知其善否，皆在己之所養也。疏注「考知」至「養也」〇正義曰：考與攷同。《周禮·夏官·大司馬》「以待攷而誅賞」，注云：「考謂考校其功。」《詩·大雅·文王有聲》篇「考卜維王」，箋云：「考猶稽也。」養身爲養心之所兼，則大小顯然可見。善則爲大人，不善則爲小人。欲知其爲大人小人，則不必攷校稽察於他事，即其所養在何體，則知之矣。**體有貴**

賤，有小大。無以小害大，無以賤害貴。養其小者爲小人，養其大者爲大人。注養小則害大，養賤則害貴。小，口腹也；大，心志也。頭頸，貴者也；指拇，賤者也。不可舍貴養賤者也。務口腹者爲小人，治心志者爲大人。疏注「養小」至「大人」○正義曰：趙氏佑《温故録》云：「大貴小賤，無可易也。注以大謂心志，小謂口腹，是已；忽增出貴謂頭頸，賤謂指拇，則支矣。按，『頭頸貴者』以下十八字，於上下文義不貫，恐非趙氏原文。」**今有場師，舍其梧檟，養其樲棘，則爲賤場師焉；**注場師，治場圃者。場以治穀；圃，園也。梧，桐；檟，梓。皆木名。樲棘，小棘，所謂酸棗也。言此以喻人舍大養小，故曰賤場師也。疏注「場師」至「師也」○正義曰：《周禮·地官·載師》「以場圃任園地」，注云：「圃，樹果蓏之屬。季秋於中爲場。」《場人》「每場下士二人」，「掌國之場圃而樹之果蓏珍果之物，以時斂而藏之」，注云：「場，築地爲墠，季秋除圃中爲之。《詩》云：『九月築場圃，十月納禾稼。』」場爲納禾稼而築，故云「場以治穀」。場爲圃中之地，園圃乃樹草木，今言「養其樲棘」，故連「圃」言之。《爾雅·釋言》云：「師，人也。」蓋場師即場人也。場人稱師，猶工師、醫師、漁師之屬。《爾雅·釋木》「櫬梧」與「桐榮木」別，「榗山榎」與「椅梓」別，蓋梧雖與桐異而爲一類，故梧亦稱梧桐；梓雖與榎異，《考工記》注云：「梓，榎屬。」以其屬統言之，則梧亦桐也，榎亦梓也。段氏玉裁《説文解字注》云：「檟，楸也。《釋木》『槐小葉曰榎』，郭云：『槐當爲楸，楸細葉者爲榎。』又『大而皵楸，小而皵榎。』郭云：『老乃皮粗皵爲楸，小而皮粗皵爲榎。』又『榗，山榎』，郭云：『今之山楸。』榎者檟之或字。」阮氏元《挍勘記》云：「樲棘，古書皆作『樲棗』。《爾雅》『遵羊棗』，注引《孟子》『養其樲棗』，古本《爾雅》皆同。唐宋人《本草》注亦作『樲棗』。《毛傳》云：『棘者，棗也。』統言之也。故羊棗雖小而得稱棗。

『樲棘小棘』，此是『樲棗小棗』之誤，不可不正。『小棘』之語尤爲不通。」《説文解字注》云：「《釋木》曰：『樲，酸棗。』《孟子》曰：『舍其梧檟，養其樲棗。』趙曰：『樲棗，小棗，所謂酸棗也。』《孟子》本作『酸棗』，宋刻《爾雅》及《玉篇》《唐本草》又《本草圖經》皆可證。今本改作『樲棘』，非是。樲之言副貳也，爲棗之副貳，故曰『樲棗』。《本草經》曰：『酸棗，味酸平，主心腹寒熱，邪結氣聚，四肢酸疼，温痹煩心不得眠。』諸家皆云：似棗而味酸。』」按：《齊民要術·種棗》第三十三云：「《孟子》嘗曰『樲棗』。」《藝文類聚》引《孟子》作「養其樲棗」。則「樲棘」宜作「樲棗」是也。錢氏大昕《養新録》云：「《爾雅》『樲，酸棗』。不聞樲棘爲小棗。梧、檟二物，則樲、棘必非一物。樲爲酸棗，棘即荆棘之棘也。」**養其一指而失其肩背而不知也，則爲狼疾人也。**

注謂醫養人疾，治其一指而不知其肩背之有疾，以至於害之，此爲狼藉亂不知治疾之人也。

疏注「謂醫」至「人也」○正義曰：尋常養身，即但養一指，不致失其肩背；惟疾病隱於肩背而見於一指，醫但見其指有疾而不能知疾之在肩背，徒治其指，而轉有傷害於肩背。《老子》云「輕則失本」，王弼注云：「失本謂喪身也。」《易》「東北喪朋」，《釋文》引馬注云：「喪，失也。」《國語·晉語》「而先紂喪」，韋注云：「喪，敗也。」《國策·秦策》云「紛彊欲敗之」，高誘注云：「敗，害也。」是失、喪、敗、害四字轉注，「失」即「害」也。趙氏讀「狼疾」爲「狼藉」而以「亂」釋之。《漢書·劉屈氂傳》云「事籍籍如此」，注云：「籍籍猶紛紛也。」《吕氏春秋·慎大》篇高誘注云：「紛紛，淆亂也。」《楚辭·憂苦》篇「心紛錯而不受」，王逸注云：「紛錯，憒亂也。」「狼藉」猶「紛錯」。害而不知，此醫之昏憒瞀亂者矣。《滕文公上》篇「狼戾」，趙氏以爲「猶狼籍」，又云：「饒多狼籍，捐棄於地。」凡饒多則紛錯，故爲亂。而饒多亦爲豐盛，故《史記·陸賈傳》「名聲籍甚」，《漢書》注引孟康云：「言狼籍之甚。」《史記集解》引《漢書音義》云：「言狼籍甚盛。」盛與亂之訓不同，而皆本於饒多則一也。注中「醫養人疾」「不知治疾」兩「疾」字與經文「疾」字無涉。經文「疾」字，趙氏以「籍」字讀之也。**飲食之人，則人賤之矣，爲其養小以失大也。飲食之人無有失也，則口腹豈適爲尺寸之膚哉？」**

注 飲食之人，人所以賤之者，爲其養口腹而失道德耳。如使不失道德，存仁義以往，不嫌於養口腹也，故曰：口腹豈但爲肥長尺寸之膚邪？亦爲懷道德者也。

疏 注「如使」至「德者也」○正義曰：《爾雅・釋詁》云：「適，往也。」《國策・秦策》云「疑臣者不適三人」，高誘注云：「適音翅，翅與啻同。不啻猶云不但也。」然則「適」如字，則爲之往之義；讀如翅，則爲啻但之詞。趙氏既云「存仁義以往」，是以往釋適字；又云「口腹豈但爲肥長尺寸之膚邪」，直以但字代適字。然則趙氏兼存兩義也。飲食之人不以嗟來爲恥，故其往食也，人賤之。「存仁義而往」，如大烹以養聖賢，則「不家食吉，利有攸往」矣。謂其往因行仁義，非因貪口腹，故不爲尺寸之膚，爲仁義而飲食，則亦豈但爲口腹？兩讀皆可通，此所以兼存與？王氏引之《經傳釋詞》云：「家大人曰：《説文》『適，從辵啻聲』。適、啻聲相近，故古字或以適爲啻。」

章指：言養其行，治其正，俱用智力。善惡相厲。是以君子居處思義，飲食思禮也。

疏「是以君子」至「禮也」○正義曰：《國語・楚語》藍尹亹謂子西曰：「君子臨政思義，飲食思禮，同晏思樂，在樂思善。」昭公三十二年《左傳》云：❶「君子動則思禮，行則思義，不爲利回，不爲義疚。」

---

❶「二」，按引文出三十一年，參沈校。

公都子問曰：「鈞是人也，或爲大人，或爲小人，何也？」注鈞，同也。言有大有小，何也？

疏注「鈞同也」○正義曰：僖公五年《左傳》「均服振振」，賈注、服注皆云：「均，同也。」《説文》金部云：「鈞，三十斤也。」土部云：「均，平徧也。」同爲平徧之義，鈞爲均之通借字，故訓同也。**孟子曰：「從其大體爲大人，從其小體爲小人。」**注大體，心思禮義；小體，縱恣情慾。**曰：「鈞是人也，或從其大體，或從其小體，何也？」**注公都子言人何獨有從小體也？**曰：「耳目之官不思而蔽於物。物交物，則引之而已矣。心之官則思。思則得之，不思則不得也。此天之所與我者，先立乎其大者，則其小者弗能奪也。此爲大人而已矣。」**注孟子曰：人有耳目之官，不思，故爲物所蔽。官，精神所在也。謂人有五官六府。物，事也。利慾之事來交，引其精神。心官不思善，故失其道而陷爲小人也。比方天所與人情性，先立乎其大者，謂生而有善性也。小者，情慾也。善勝惡，則惡不能奪。疏注「人有」至「不能奪」○正義曰：《荀子·正名》篇云：「緣天官，形體色理以目異，聲音清濁調竽奇聲以耳異，甘苦、鹹淡、辛酸奇味以口異，香臭、芬鬱、腥臊、洒酸、奇臭以鼻異，❶疾養滄熱滑鈹輕重以形體異，説故喜怒哀樂愛惡欲以心異。心有徵知，徵知則緣耳而知聲可也，緣目而知形可也。然而徵知必將待天官之當簿其類然後

❶「洒」，原作「酒」，今從沈校據《荀子》改。

可也。五官簿之而不知，心徵之而無説，則人莫不然，謂之不知，此所緣而以同異也。」又《天論》篇云：「耳目鼻口形，能各有接而不相能也，夫是之謂天官；心居中虚，以治五官，夫是之謂天君。」《呂氏春秋·貴生》篇云：「耳雖欲聲，目雖欲色，鼻雖欲芬香，口雖欲滋味，害於生則止。在四官者，不欲利於生者則弗爲。由此觀之，耳目鼻口不得擅行，必有所制。譬之若官職不得擅爲，必有所制。」高誘注云：「四官，耳目鼻口也。制，制於心也，制於君也。」呂氏以耳目鼻口爲四官，心爲君，官制於君。《説文》宀部云：❶「官，吏事君也。」此心不在官之列也。《荀子·天論》以耳目鼻口形爲天官，以心爲天君，此義與呂氏同。其《正名》篇之天官即此天官，五官即此耳目鼻口形，不連心言，故「五官簿之不知」與「心徵之無説」對言，是不列五官也。楊倞以耳目鼻口心爲五官，失荀子意矣。孟子稱耳目爲官，亦稱心爲官，蓋心雖能統耳目而各有所司，心不能代耳司聽，代目司視，猶耳目能聽能視而不能思。耳目不能思，須受治於心之思；心不能司聽司視，而非心之思則視聽不能不蔽於物。《廣雅·釋詁》云：「官，君也。」以其能治耳目之所司則爲君，以其各有所司則君亦是官。《禮記·聘義》云「精神見於山川」，注云：「精神，亦謂精氣也。」《大戴記·曾子天員》云：「陽之精氣爲神。」精氣在心爲思，在耳爲聽，在目爲視，以其各有所主爲官，以其各有所施爲事，《洪範》「敬用五事」是也。「物」之義爲事。耳目之視聽，事也；外來之利慾，亦事也。「物交物」謂以外來之利慾交於耳目之視聽。斯時若不以心之思治之，則視聽之事蔽於利慾之事。視聽之事所以蔽於利慾之事者，緣利慾之事交接

---

❶ 「宀」，按引文出㠯部，參沈校。

於視聽之事，因而引誘此視聽也。《甲乙經》云：「鼻者，肺之官；目者，肝之官；口者，脾之官；舌者，心之官；耳者，腎之官。肺合大腸，爲傳道之府；心合小腸，爲受盛之府；肝合膽，爲清净之府；脾合胃，爲五穀之府；腎合膀胱，爲津液之府。少陰屬腎，上連肺，故將兩藏三焦爲中瀆之府。水道出焉，屬膀胱，是孤之府。此六府之所合也。」心屬五藏，耳目屬五官，而耳目與五藏相表裏，心與六府相表裏。孟子以心與耳目同爲官，故趙氏舉「五官」，連「六府」以明之。《周禮・春官・大師》注鄭司農云：「比者，比方於物也。」故以「比」爲「比方」。阮氏元《校勘記》云：「『此天之所以與我者』，廖本、閩、監、毛三本同。岳本、孔本、韓本此作比。按，朱子《文集》云：『舊官本皆作比字，注中此乃亦作比方。』又集注云：『舊本多作比，而趙注亦以比方釋之；今本既多作此，而注亦作此乃，未詳孰是。』趙注既云『比方』，安可因近本之譌而疑之？上文官有二，故比方之而先立乎其大者，文意甚明。《漢書・賈誼傳》『比物此志也』，如淳曰：『比謂比方也。』今多譌爲『此物』。《公羊傳》注『父老比三老孝弟官屬』，今本比亦譌此。『此乃天所與人情性』，廖本、閩、監、毛三本同。岳本、孔本、韓本『此乃』作『比方』。按，比方是。」倪氏思寬《二初齋讀書記》云：「『此天之所以與我者』，此字舊本作比。依舊本，比方之中，即含下大小分列之義，孟子此節詳辨耳目之官、心之官，原取比方之意，舊本自不可易。」王氏引之《經傳釋詞》云：「《説文》曰：『皆，俱詞也。從比從白。』徐鍇曰：『比，皆也。』《孟子》：『比天之所以與我者，先立乎其大者，則其小者弗能奪也。』家大人曰：言耳目心思皆天之所與我者，而心爲大。趙注以比爲比方，謂比方天所與人性情，失之。或改比爲此，改趙注比方爲此乃，尤非。」

謹按：孟子之意自以大者指心，小者指耳目。「小者不能奪」，是「思則得」也。趙氏以大者指性善，小者指情慾，情慾即耳目之蔽於物。緣性善，故心能思。立其大者，則心之思有以治耳目之聽視；不立其大者，則耳目之聽視有以奪心之思。趙氏以性情言之，蓋小固屬耳目，大亦不離耳目。以心治耳目則能全其善性，即爲養其大體；以耳目奪心則蔽於情慾，即爲養其小體。趙氏恐人舍耳目之聽視而空守其心思，故不以心與耳目分大小，而以善性、情慾分大小。此趙氏深知孟子之恉，有以發明之也。「善勝惡」即解「立」字，非謂天以善性與人即是立，不待操存，自能使小者不奪也。戴氏震《孟子字義疏證》云：「人之才，得天地之全能，通天地之全德，其見於思乎？思誠，則立乎其大矣；耳目之官不思，物之未交，沖虚自然，斯已矣。心之官異是，人皆有天德之知根於心，自誠明也；思中正而達天德則不蔽，不蔽則莫能引之以入於邪，自明誠也。耳之能聽也，目之能視也，鼻之能臭也，口之知味也，物至而迎而受之者也；心之精爽，馴而至於神明也，所以主乎耳目百體者也。聲之得於耳也，色之得於目也，臭之得於鼻也，味之得於口也，耳目百體之欲不得則失其養，所謂養其小者也；理義之得於心也，耳目百體之欲之所受裁也不得則失其養，所謂養其大者也。『人之所以異於禽獸也者幾希。』雖犬之性、牛之性，當其氣無乖亂，莫不沖虚自然也，動則蔽而罔罔以行。人不求其心不蔽，於是惡外物之惑己而强禦之，可謂之『所以異』乎？是以老聃、莊周之言尚無欲，君子尚無蔽。尚無欲者，主静以爲至；君子達天德，秉中正，欲勿失之盈以奪之。荀焉以求静，而欲之翦抑竄絶，君子不取也。」程氏瑶田《通藝録・論學小記》云：「孟子謂『心之官則思，先立乎其大者』，謂心能主乎耳目，非離乎耳目之官而專致力於思。然則所謂『先立乎其大者』，舍視聽言動，無下手處也。不知循物，寂守其心，此異學之所以岐也。吾學則不然，吾於物之不當爲者而斷乎其不爲，此吾志之定於其先而立乎其大者。而至於耳目交物之時，而果能造不爲之意，此之謂『無惡於志』，此之謂『慎獨』。」

章指：言天與人性，先立其大。心官思之，邪不乖越。故謂之大人也。

孟子曰：「有天爵者，有人爵者。仁義忠信，樂善不倦，此天爵也；公卿大夫，此人爵也。注天爵以德，人爵以禄。古之人脩其天爵而人爵從之，今之人脩其天爵以要人爵。既得人爵，而棄其天爵。則惑之甚者也。注人爵從之，人爵自至也。以要人爵，要，求也。得人爵，棄天爵，惑之甚也。疏注「要求也」〇正義曰：《吕氏春秋·勸學》篇「以要不可必」，又《直諫》篇「將以要利矣」，高誘注並云：「要，求也。」終亦必亡而已矣。」注棄善忘德，終必亡之。

章指：言古脩天爵，自樂之也；今求人爵，以誘時也。得人棄天，道之忌也；惑以招亡，小人事也。

孟子曰：「欲貴者，人之同心也。人人有貴於己者，弗思耳。人之所貴者，非良貴也。趙孟之所貴，趙孟能賤之。注人皆同欲貴之心。人人自有貴者在己身，不思之耳。在己者謂仁義廣譽也。凡人之所貴富貴，故曰非良貴也。趙孟，晉卿之貴者。能貴人，能賤人。人之所自有者，他人不能賤之也。疏注「凡人」至「賤之也」〇正義曰：「良」之訓爲善，毛、韓之傳《詩》，鄭氏之注《禮記》《周禮》、箋《詩》，何氏注《公羊傳》，韋氏注《國語》，高氏注《吕氏春秋》，許氏《説文解字》，張氏《廣雅》，司馬氏注《莊子》，某氏傳《尚書》，孟康、如淳注《漢書》，孔晁注《周書》無不然，故「良心」即指仁義之心，謂善心也。此「良貴」，趙氏明指「仁義廣譽」，則亦當訓爲善，謂貴之善者也。人所貴者富貴，富貴之貴不如仁義之貴良也。《易·文言傳》云：「元者，善之長也。」元有善義，亦有首義，故《爾雅·釋詁》云：「元、良，首也。」良訓善，因亦爲元首。此善於彼，則此居彼上，故《左傳》所云「良醫」即《周禮》所云「上醫」，若曰此醫之善者，亦即醫之首也。《山海經·西山經》「瑾瑜之玉爲良」，注云：「良言最善也。」最善，善之最，即善之長，善之長即善之甚，故趙氏解「良知」「良能」爲「甚知」「甚能」，皆由善之義引申者也。「人人所自有」，此是解「人人有貴於己者」，言仁義不待外求，富貴則趙孟能貴能賤。此仁義之貴比校富貴之貴所以爲良，非良字有「自有」之訓也。「良貴」猶云最貴，「非良貴」猶云非最貴也。自儒者誤以「良」爲「自有」之訓，遂造爲「致良知」之説。六書訓詁之學不明，其害如此。周氏柄中《辨正》云：「孫奕《示兒編》：『晉有三趙孟，趙朔之子曰武，謚文子，稱趙孟。趙武之子曰成，趙成之子曰鞅，又名封父，謚簡子，亦稱趙孟。趙鞅之子曰無恤，謚襄子，亦稱趙孟。』按，吴斗南云：『趙盾字孟，故其子孫皆稱趙孟。』」《詩》云：**『既醉以酒，既飽以德。』言飽乎仁義也，所以不願人之膏粱之味也；令聞廣譽施於身，所以不願人之文繡也。」**注《詩》，《大雅·既醉》之篇。言飽德者，飽仁義於身，身之貴者也，不願人之膏粱矣。膏粱，細粱如膏者也；文繡，繡衣服也。疏注「詩大至「服也」○正義曰：引《詩》在《大雅·既醉》篇第一章。《素問·生氣通天論》云「高粱之變」，王冰注云：「高，膏也。梁，粱也。」又《腹中論》云：「夫子致言熱中消中，不可服高粱。夫熱中消中者，皆富貴人也。今禁高粱，是不合其心。」注云：「高，膏；粱，米也。」《國語·晉語》「欒伯請公族大夫，公曰夫膏粱之性難正也」，韋昭注云：「膏，肉之肥者；粱，食之精者。言食肥美者率多驕放。」此與《素問》義合。富貴之人，不徒食精米，必兼以肥，故《左傳》曹劌云「肉食者鄙」，肉即膏，食即粱也。《禮記·喪大記》云「不辟粱肉」，肉即指膏也。《説文》肉部云：「膏，肥也。」米部云：「粱，米名也。」明分爲二。趙氏言「細粱如膏」，則專指粱米而言。周氏柄中《辨正》云：「趙注：『膏粱，細粱如膏者。』此猶《山海經》之『膏菽』『膏稻』『膏黍』『膏稷』，郭注謂『味滑如膏者』也。按『膏粱』對下『文繡』，文是衣，繡是裳，則膏、粱亦當是二物。」謹按：《禮記·月令》仲秋「文繡有恆」，注云：「文謂畫也。祭服之制，畫衣而繡裳。」孔氏正義云：「《尚書·咎繇謨》云『予欲觀古人之象，日月、星辰、山龍、華蟲，作會』，是衣畫也；『宗彝、藻火、粉米、黼黻、絺繡』，是裳繡也。畫色輕，故在衣以法天；繡色重，故在裳以法地也。」此周氏所本也。乃趙氏云「文繡，繡衣服也」，亦不分爲二。劉熙《釋名·釋言語》云：「文者，會集衆采以成錦繡，會集衆文以成詞誼，如文繡然也。」又《釋采帛》云：「繡，修也。文修修然也。」是文、繡不分也。《説文》糸部云：「繪，會五采繡也。《虞書》曰：『山龍華蟲作繪。』」段氏玉裁《説文解字注》云：「繪、會疊韻。今人分《皋陶謨》『繪繡』爲二事，古者二事不分，統謂之設色之工而已。繢訓畫，❶繪訓繡。」「絲，繡文如聚細米也。繡，謂畫也。今《皋陶謨》作『粉米』，許見壁中古文作『黺絲』。黹部云：『黺，畫粉也。』此云：『絲，繡文如聚細米也。』皆古文《尚書》説也。」孫氏星衍《五服五章今文論》云：

❶「訓」，原作「謂」，今從沈校據《説文解字注》改。下一「訓」字同。

「《大傳》曰：『山龍，青也。華蟲，黃也。作繪，黑也。宗彝，白也。璪火，赤也。』《說文》：『䵳，沃黑色。』『嬒，女黑色。』義皆爲黑。會繡此四色於玄衣，合爲五色，故於黑色獨云『作繪』也。《大傳》又云：『天子衣服，其文華蟲、作繪、宗彝、璪火、山龍，諸侯作繪、宗彝、璪火、山龍，子男宗彝、璪火、山龍，大夫璪火、山龍，士山龍。』自天子至士皆服山龍。《周禮·節服氏》：『掌祭祀朝覲，衮冕六人，維王之大常。』是下士亦服衮龍之證，周時沿古制也。士山龍亦在玄衣，故《禮器》云『士玄衣纁裳』也。《爾雅》云：『衮，黻也。』《廣雅》云：『山龍，彰也。』《說文》黺字解云：『以山龍華蟲爲衮衣。』衮爲畫龍之衣，山龍爲五等共有之章服，故《爾雅》《廣雅》單舉之以該華蟲等五章服色。天子備五色，得服華蟲，《大戴禮·五帝德》稱『帝嚳服黃黼黻衣』，言天子有華蟲，獨得服黃。《說文》黺、黼、黻三字皆從黹，黹即刺繡。黼爲白與黑相次文，黻爲黑與青相次文，黺爲畫粉，絲爲繡文如聚米，又繡爲五采備也，是黺、黼、絲、黻皆繡文。《說文》云『繪，會五采繡也』，言玄衣黑衣，會山龍青、華蟲黃、宗彝白、璪火赤而成五采。云『彝，從糸，糸，綦也』者，言繡文如彝器之博綦文而艾白色。云『璪，玉飾，如水藻文』者，言繡文如冠玉之文。謂之藻火，即色赤而文似藻。《史記·夏本紀》以『文繡』二字釋『山龍』至『絺繡』經文。『文』亦畫也。《大戴禮》稱『黃帝黼黻衣大帶黼裳』，《孟子》稱『舜被袗衣』，趙氏注：『袗，畫也。』被畫衣黼黻絺繡也。』《史記·五帝本紀》云：『賜舜絺衣與琴。』以袗衣爲絺衣者，刺繡於絺。《說文》以袗爲玄服，可證。玄衣加繪繡，故亦謂之玄衮。《五帝本紀》稱『堯黃收純衣』，純衣即黃黼黻衣。言其玄質則曰純，言其畫采有華蟲則曰黃。刺繡之事，以紈葛之精細者爲質布，畫山龍等五章於上而繡之。所謂畫衣，蓋畫而繡之。經云『以五采彰施於五色』，五色，畫也；五采，繡也。故《月令》云：

『命婦官染采。』以黼黻之文刺於山龍等五章空隙之處，復分畫其界緎，俾五色不能相亂，故謂之爲黺，視其文如聚米也。《荀子·正論》篇論天子則『服五采，雜間色，重文繡』。云五采，如今文説山龍等五色也；間色，如黼黻各有二色相間也；重文繡謂衣裳俱用之重襲也。經文『山龍、華蟲、作繪、宗彝、藻火』在上者，因刺繡必先布畫五章，而後刺粉米黼黻之文。衣則以黼黻加山龍以下五等，裳則黄質而有赤色，稱爲纁裳，僅用粉米黼黻而已。《王制》正義引鄭注《易·下繫》云：『南方色赤，黄而兼赤，故爲纁也。』合之《考工記》及《説文》，黼爲白黑相次，黻爲黑青相次，纁裳不必有五章而五色已備。詩人謂之繡裳，繡是備五采之名也。」江氏聲《尚書集注音疏》云：「《説文》黹部：『黺，畫粉也。衛宏説。』糸部：『𥿋，繡文如聚細米也。』蓋繡必先畫，以粉畫爲聚米之形，乃後依其畫粉而刺之，故謂之黺𥿋。但黺𥿋實爲一章，若用畫粉爲解，似分黺𥿋爲二，故不别解黺義而合爲黺𥿋也。然則繡皆先用粉畫之，獨於𥿋言黺者，舉一以見例也。」

章指：言所貴在身，人不知求；膏粱文繡，己之所優。趙孟所貴，何能比之？是以君子貧而樂也。

孟子曰：「仁之勝不仁也，猶水勝火。今之爲仁者，猶以一杯水救一車薪之火也。不熄則謂之水不勝火，此又與於不仁之甚者也，亦終必亡而已矣。」注水勝火，取水足以制火。一杯水何能勝一車薪之火也？以此謂水不勝火，爲仁者亦若是，則與作不仁之甚者也。亡猶無也。亦終必無仁矣。疏注「爲仁」至「仁矣」〇正義曰：「亦若是」者，因杯水之仁不能救輿薪之不仁，則謂之不仁勝仁也。

《儀禮·士昏禮記》云「我與在」，注云：「與猶兼也。」《廣雅·釋詁》云：「兼，同也。」「此又與於不仁之甚者也」，即「此又同於不仁之甚者也」，「則與作不仁之甚者也」，即則同作不仁之甚者也。此讀爲預。近解作助，則讀如字。《國策·秦策》云「不如與魏以勁之」，高誘注云：「與猶助也。」惟其信不仁而屈仁，則足以助不仁。惟其助不仁，則雖有杯水之仁亦同於不仁之甚，而此所有杯水之仁且終亦歸於不仁，則不特同之而已。《說文》亡部云：「無，亡也。」亡、無二字相通。惟其喪亡，所以無也。趙氏讀「亡」爲無，以爲「終必無仁」，蓋既自以爲仁不勝不仁，則爲仁之心沮而爲不仁之意萌，久而並此杯水之仁而亦喪之，則終於無仁而已矣。然則當不能勝之時，須自知仁之本微，發憤而充之擴之，則不勝進而爲勝，何至於亡乎？

章指：言爲仁不至，不反諸己，謂水勝火，熄而後已。不仁之甚，終必亡矣。爲道不卒，無益於賢也。疏「無益於賢也」○正義曰：《荀子·正論》篇云：「今宋子不能解人之惡侮而務說人以勿辱也，豈不過甚矣哉？金舌弊口，猶將無益也。不知其無益則不知，知其無益也，直以欺人則不仁。不仁不知，辱莫大焉。將以爲有益於人，則與無益於人也。」趙氏以孟子言「與於不仁之甚」猶荀子言「與無益於人」，故用此語以明「與」字之義。宋子言見侮之不辱，將以爲有益於人，不知同於無益於人；此言仁不勝不仁者自以爲有仁，不知同於不仁之甚也。趙氏每以注中未詳者於《章指》補明，若此尤甚奧矣。

孟子曰：「五穀者，種之美者也，苟爲不熟，不如荑稗。夫仁，亦在乎熟之而已矣。」注熟，成也。五穀雖美，種之不成，不如荑稗之草，其實可食。爲仁不成猶是也。**疏**注「熟成」至「是也」○正義曰：《吕氏春秋·明理》篇「五穀萎敗不成」，又《貴信》篇「則五種不成」，高誘注並云：「成，熟也。」是「熟」即「成」也。《齊民要術·種穀》篇引《孟子》「不如稊稗」，古從夷從弟之字多通。《爾雅·釋草》云「蕛苵」，注云：「蕛似稗，布地生穢草。」邵氏晉涵《正義》云：「蕛一名苵，《孟子》云『不如荑稗』，荑即蕛也。《莊子·知北遊》云『道在蕛稗』，李頤以爲二草名。❶蕛有米而細，故别於秕。《秋水》篇云『似蕛米之在太倉』，司馬彪云：『稊米，小米也。』《一切經音義》引《爾雅注》云：『荑似稗，布地穢草也。』今之稗子是也。❷按，蕛似稗耳，非即稗也。蕛與稗俱堪水旱，種無不熟，北方農家種之以備凶年。」程氏瑶田《通藝録·九穀考》云：「《説文》：『稗，禾别也。』稗似禾而别於禾之穀。余見京東州縣農家種之，莖勁采不下垂，略似粟，但穀色近黑耳。宋靖康之亂，没爲奴婢者使供作務，人月支稗子五斗，舂得米斗八升。❸由是言之，稗斗才得米三升六合耳。而農人種之者，所以備凶年。氾勝之云『稗堪水旱，種無不熟』是也。又《説文》：『䅭，黍屬。』䅭音卑，今穀名中無卑音者，余以意斷之曰『禾别曰稗』『黍别曰䅭』而未敢信也。丙申歲，居京師，庭中芒種後生一本數十莖，貼地横出，至生節處乃屈而上聳，節如鶴膝，莖淡紫色，葉色深緑，每一莖又節節抽莖成數穗，穗疏散，至大暑後而穀熟，光澤如黍，余以爲此必䅭也。見農人問之，則曰『稗也』。余曰：『農家所種稗似

❶「頤」，原作「氏」，今從沈校據《爾雅正義》改。
❷「之」，原作「子」，今據《爾雅正義》及經解本改。
❸「斗」，原脱，今從沈校據《通藝録》補。

粟，與此殊不類。』則對曰：『此野稗也，亦曰水稗。』余乃檢《玉篇》《廣韻》中䵗皆有稗音，䵗爲黍別無疑也。稗、䵗並宜卑溼地，又視禾黍爲卑賤，故字皆從卑。梁太清三年，鄱陽王範屯濡須，糧乏，采菰稗菱藕以自給。其所謂稗即野稗也。曹植《七啓》云『芳菰精稗』，亦指野稗。謂之精者，修辭家之美稱，與《召旻》詩毛氏傳所云『彼宜食疏，今反食精稗』者異義。」謹按：「不如蕛稗」猶孔子言「博弈猶賢」。孔子非教人學博奕，孟子非教人種蕛稗也。解者謂是理消物長之喻，「不如荑稗」是天理之槁枯，不勝人欲之長旺。非孟子義也。

章指：言功毀幾成，人在慎終。五穀不熟，荑稗是勝。是以爲仁必其成也。

孟子曰：「羿之教人射，必志於彀。學者亦必志於彀。」 注 羿，古之工射者。彀，張也。張弩向的者，用思專時也。學者志道，猶射者之張也。疏「必志於彀」○正義曰：阮氏元《校勘記》云：「『必志於彀』，孔本、韓本、《考文》古本、足利本同。閩、監、毛三本志作至，下同。浦鏜云：『志誤至。』」翟氏灝《考異》云：「注疏本志俱作至。宋刻《九經》下一志字作至，《南軒孟子説》上一志字作至。按，《章句》曰：『張弩向的，用思專時也。學者志道，猶射者之張也。』則原本宜皆『志』字。南軒注『羿教人使志於彀』，則其上一正文亦不應作至。」○注「羿古」至「張也」○正義曰：《説文》弓部云：「𢎈，帝嚳射官，夏少康滅之。《論語》曰：『𢎈善射。』」段氏玉裁《説文解字注》云：「邑部窮下云：『夏后時諸侯，夷羿國也。』羽部羿下云：『亦古諸侯也。』皆即此。𢎈，帝嚳射官，爲諸侯，自鉏遷於窮石，所謂『有窮后羿』也。𢎈與羿古蓋同字。而堯時射師彈十日者，高誘云：『此堯時羿，非有窮后羿。』」按：《說文》弓部又云：「彀，張弩也。」「弩，弓有臂者。」《周禮》四弩：夾弩、庾弩、唐弩、大弩。《毛詩·小雅·賓之初筵》篇「發彼有的」，傳云：「的，質也。」《禮記·射義》引此《詩》，注云：「的謂所射之識也。」弓弩既張則心用於中的，故志專向於的。趙氏謂用思專於張弩之時，非謂用志於張弩也。《商書·盤庚》上云「若射之有志」，鄭氏注云：「夫射者張弓屬矢，而志在所射必中，然後發之。」此經云「必志於彀」，與《書》義同。趙氏注亦與鄭同也。阮氏元《挍勘記》云：「張弩向的，所謂『若虞機張，往省括于度則釋』也。」**大匠誨人，必以規矩。學者亦必以規矩。」**注大匠，攻木之工。規，所以爲圓也；矩，所以爲方也。誨，教也。教人必以規矩。學者以仁義爲法式，亦猶大匠以規矩者也。疏注「規所以爲圓也」○正義曰：孔本無也字。○注「誨教也」○正義曰：《說文》言部云：「誨，曉教也。」

章指：言事各有本，道有所隆。彀張、規矩，以喻爲仁。學不爲仁，猶是二教，失其法而行之也。

孟子正義卷二十四

江都縣鄉貢士焦循譔集

孟子卷第十二

告子章句下凡十六章。

任人有問屋廬子曰：「禮與食孰重？」注任國之人問孟子弟子屋廬連。問二者何爲重？疏注「任國」至「爲重」○正義曰：閻氏若璩《釋地》云：「任，國名，太皞之後，風姓。漢爲任城縣，後漢爲任城國，今濟寧州東任城廢縣是。去古鄒城僅百二三十里，宜屋廬子明日即可往問。《禮》稱宰我無宿問，連不誠有予之風哉？」翟氏灝《考異》云：「《廣韻》盧字下注云：『《孟子》有屋盧著書。』❶鄭樵《通志·氏族略》云：『晉賢人屋廬子著書，言彭、聃之法。』按，屋廬子未聞著書，即在當時有之，孟子之徒豈應言彭、聃之法？或爲別一人與？」**曰：「禮重。」**注答曰：禮重。**「色與禮孰重？」曰：「禮重。」**注重如上也。**曰：「以**

❶「盧」，原作「廬」，今據《四書考異》及《廣韻》改。

禮食則飢而死，不以禮食則得食，必以禮乎？親迎則不得妻，不親迎則得妻，必親迎乎？」

注 任人難屋廬子，云：若是，則必待禮乎？ 疏「以禮食」○正義曰：閻氏若璩《釋地三續》云：「所謂禮食者，《坊記》云：『故食禮，主人親饋則客祭，主人不親饋則客不祭。故君子苟無禮，雖美不食焉。』」按：襄公三年《左傳》云：「晉侯以魏絳爲能以刑佐民矣，反役，與之禮食，使佐新軍。」《國語·晉語》亦有此文，韋昭注云：「禮食，公食大夫之禮。」孔氏《左傳正義》云：「與之禮食者，若公食大夫禮，以大夫爲賓，公親爲之特設禮食。」《儀禮·公食大夫禮》：「宰夫自東房授醯醬，公設之。公立于序内，西鄉。」注云：「不立阼階上，示親饌。」又：「大羹湆不和，實于鐙。宰右執鐙，左執蓋，由門入，升自阼階，盡階不升堂，授公。公設之于醬西。」又：「宰夫授公飯粱，公設之于湆西。」此即親饋之禮也。又「賓升席坐，取韭菹以辯擩于醢，上豆之間祭」云云。又：「賓坐席末取粱即稻，祭于醬湆間。」此即主人親饋則客祭之禮也。○「親迎」○正義曰：周氏柄中《辨正》云：「親迎之禮，自諸侯至士庶皆行之。天子之親迎則禮無明文。《左氏》謂『天子不親迎』，《公羊》謂『天子亦親迎』，後儒或從《左氏》或從《公羊》，愚獨取唐陸淳『尊無二上不當親迎』之説以爲定論。或言無禮文可徵，不知禮固有即此可以通彼者。《士昏禮》父醮子而命之迎，若宗子父母皆没則不親迎，以無命之者也。由此推之，則天子之不親迎可知矣。或問：然則諸侯即位而娶，無命之者，亦不親迎乎？曰：是不然。諸侯雖無父命，有王命。古者諸侯之娶，告於天子，天子命之，故《雜記》云：『夫人之不命於天子，自魯昭始也。』夫有天子之命，則親迎焉，宜也；若天子，則真無命之者也。」**屋廬子不能對。明日，之鄒，以告孟子。孟子曰：「於，答是也，何有？**注 於，音烏，歎辭也。何有爲不可答也？ 疏 注「於音」至「答也」〇正義曰：《説文》云：「烏，孝鳥也。孔子曰：『烏，盱呼也。』取其助气，故以爲烏呼。於象古文烏省。」於即於字。然則烏、於本一字，後人以於通于，故趙氏音烏。「音烏」猶「讀爲烏」也。以爲「歎辭」，即烏呼之辭也。《論語·里仁》篇「能以禮讓爲國乎，何有」，何氏注云：「何有，言不難也。」《雍也》篇「於從政乎，何有」，皇氏疏引衛瓘云：「何有者，有餘力也。」若以《雍也》篇「於從政乎，何有」，則「於」如字，不讀烏。若曰：「於答此任人之説，何難之有？」趙氏言「何有爲不可答也」，則謂任人設難爲不可答，正與何氏解「何有」爲「不難」者相反。《後漢書·曹世叔妻傳》引《論語》曰「能以禮讓爲國，於從政乎何有」，注云：「何有，言若無有。」此似與趙氏之意相近。蓋趙氏謂揣本齊末，「知其大小輕重乃可言」，可言即可答；此歎其不可答，謂未能揣本齊末，知其大小輕重也。以「何有」爲「不可答」，故斷「於」字爲句而以爲歎辭也。**不揣其本而齊其末，方寸之木可使高於岑樓。金重於羽者，豈謂一鉤金與一輿羽之謂哉？取食之重者與禮之輕者而比之，奚翅食重？取色之重者與禮之輕者而比之，奚翅色重？**

注孟子言夫物，當揣量其本以齊等其末，知其大小輕重乃可言也。不節其數，累積方寸之木，可使高於岑樓。岑樓，山之鋭嶺者。寧可謂寸木高於山邪？金重於羽，謂多少同而金重耳，一帶鉤之金豈重一車羽邪？如取食色之重者比禮之輕者，何翅食色重哉？翅，辭也。若言何其不重也？疏注「夫物」至「山邪」〇正義曰：《方言》云：「度高爲揣。」昭公三十二年《左傳》云「揣高卑」，杜預用《方言》解之。度與量義同，「揣量」即揣度也。《説文》立部云：「竱，等也。從立，專聲。《春秋傳》曰：『竱本肇末。』」段氏玉裁《説文解字注》云：❶「等者，齊簡也，故凡齊皆曰等。《齊語》『竱本肇末』，韋昭注云：『竱，等也。肇，正也。謂先等其本以正其末。』孟子曰『不揣其本而齊其末』，揣蓋竱之假借字。趙注『揣量』，似失之。木部檣下云：『一曰度也。』《孟子》正當從木作檣。韻書謂稱量曰『敁敠』，丁兼、丁括反，即竱語之轉也。」王氏念孫《廣雅疏證》云：「《方言》：『岑，高也。』《爾雅》：『山小而高，岑。』《孟子·告子》篇『可使高於岑樓』，趙岐注云：『岑樓，山之鋭嶺者。』《釋名》：『岑，嶃也。嶃嶃然也。』岑、嶃聲相近，故《吕氏春秋·審忌》篇『齊攻魯求岑鼎』，《韓非子·説林》篇作『讒鼎』。讒與岑皆言其高也。《説文》：『厰，崟也。』又云：『嵒，山巖也。讀若吟。』僖三十三年《穀梁傳》云『必於殽之巖唫之下』，《楚辭·招隱士》『嶔岑碕礒兮』，上音欽，下音吟。又云『狀貌崟崟兮峨峨』，張衡《思玄賦》云『冠嵒其映蓋兮』。合言之則曰岑崟，《説文》『山之岑崟也』。《漢書·司馬相如傳》『岑崟參差』，《史記》作『岑巖』，《揚雄傳》『玉石嶜崟』，蕭該《音義》引《字詁》云：『嶜，古文岑字。』張衡《南都賦》『幽谷嶜岑』，上音岑，下音吟。嵇康《琴賦》『崔嵬岑嵒』。並字異而義同。」「《釋丘》：培、塿，冢也。《方言》云：『冢，秦晉之間謂之墳，或謂之培，或謂之堬，或謂之采，或謂之埌，或謂之壟，自關而東謂之丘，小者謂之塿，大者謂之丘。』培亦高貌也。《風俗通義》云：『部者，阜之類也。今齊魯之間，田中少高卬者名之爲部。』義並與培同。塿亦高貌也，趙注『岑樓，山之鋭嶺者』，義與塿同。《方言》注云：『培塿，亦堆高之貌。』因名之也。培、塿、堬，聲之轉也。冢謂之堬，亦謂之培塿；瞿謂之甂，亦謂之瓿甊。北陵謂之西隃，小山謂

❶「段氏」至「注云」，原無，今從沈校據《説文解字注》及全書文例補。

之部婁，義並相近也。」趙氏謂「不節其數，累積方寸之木」，「節其數」謂但以一木爲節；「累積」，譬如岑樓高一丈，則累積此木百餘，即高過於一丈矣。方寸之木本不能高於岑樓，今累積之，故可使高也；猶食色本不能重於禮，今變通之，故可使之重也。周氏柄中《辨正》云：「寸木高於岑樓，猶《韓非子》所謂立尺材於高山之上。」按：近時通解如是，與趙氏義異。○注「一帶鉤之金」○正義曰：孔氏廣森《經學卮言》云：「《晏子春秋》曰：『大帶重半鈞，舄履倍重。』鄭君說，東萊稱以大半兩爲鈞。然則帶鉤金半鈞，才重三分兩之一。」○注「翅辭也」至「重也」○正義曰：阮氏元《校勘記》云：「翅辭也者，翅是語辭，即不啻也。《說文》口部云：『啻，語時不啻也。』奚翅、不啻，猶《史》《漢》之言『夥頤』。或析翅字訓但，誤矣。注云『若言何其重也』，正謂食色之重者。後人添不字，遂不可解矣。」段氏玉裁《說文解字注》云：「疧，病不翅也。翅同啻，口部啻下云：『語時不啻也。』《倉頡篇》曰：『不啻，多也。』《世說新語》云：『王文度弟阿，至惡乃不翅。』晉宋間人尚作此語。古書或言不啻，或言奚啻，啻皆或作翅。《國語》云『奚翅其聞之也』，韋注云：『奚，何也。』何啻，言所聞非一也。」《孟子》『奚翅色重』，趙注：『翅，辭也。若言何其重也。』今刻本作『何其不重也』，誤。」**往應之曰：『紾兄之臂而奪之食則得食，不紾則不得食，則將紾之乎？踰東家牆而摟其處子則得妻，不摟則不得妻，則將摟之乎？』」**【注】教屋廬子往應任人如是。紾，戾也；摟，牽也。處子，處女也。則是禮重食色輕者也。【疏】注「紾戾」至「輕者也」○正義曰：王氏念孫《廣雅疏證》云：「抮，盭也。抮，《玉篇》音火典切，『引戾也』。《方言》『軫，戾也』，郭璞注云：『相了戾也。江東音善。』《說文》：『紾，轉也。』《考工記·弓人》『老牛之角紾而昔』，鄭衆注云：『紾，讀如抮轉之抮。』《釋文》：『紾，劉徒展反，許慎尚展反，角絞縛之意也。』《孟子・告子》篇『紾兄之臂而奪之食』，趙岐注云：『紾，戾也。』《音義》：『紾，張音軫，又徒展反。』《淮南子・原道訓》『扶摇抮抱，羊角而上』，高誘注云：『抮抱，了戾也。抮讀與《左傳》感而能眕者同。』《釋訓》云：『軫軳，轉戾也。』並聲近而義同。《説文》：『戾，曲也。』『盭，弼戾也。』盭與戾通。」《音義》云：「摟，音婁。」《文選・琴賦》注引劉熙注云：「摟，牽也。」趙氏與劉同。《説文》牛部云：「牽，引前也。」《毛詩・魏風・山有樞》「弗曳弗婁」，❶傳云：「婁，亦曳也。」《釋文》引馬云：「牽也。」《楚辭・怨思》篇「曳慧星之皓旰兮」，注云：「曳，引也。」摟之爲牽，即婁之爲曳也。《爾雅・釋詁》云：「摟，聚也。」郭璞注云：「摟猶今言拘摟，聚也。」《説文》手部云：「摟，曳聚也。」許之言「曳聚」猶郭言「拘摟聚」。曳聚者，牽引使聚合也。摟必兼曳、聚二義，而《爾雅》言聚以見曳，《毛傳》言曳以見聚，《説文》備其義耳。《文選・射雉賦》云「來若處子」，徐爰注云：「處子，處女也。莊周云：『藐姑射之山有神人居，綽約若處子。』」善曰：「《司馬兵法》曰：『始如處女。』」莊周見《逍遥遊》，彼《釋文》云：「處子，在室女也。」《易・咸》九三傳云「咸其股，亦不處也」，虞翻注云：「巽爲處女。」凡士與女未用，皆稱處矣。

章指：言臨事量宜，權其輕重。以禮爲先，食色爲後；若有偏殊，從其大者。屋廬子未達，故譬摟、紾也。

❶「魏」，按，《山有樞》在《唐風》，參沈校。

曹交問曰：「人皆可以爲堯舜，有諸？」孟子曰：「然。」注曹交，曹君之弟。交，名也。答曰然者，言人皆有仁義之心，堯舜行仁義而已。疏注「曹交」至「名也」○正義曰：王應麟《困學紀聞》云：「《左傳》哀公八年宋滅曹，至孟子時曹亡久矣，曹交蓋以國爲氏者。」惠氏士奇《春秋説》云：「曹滅於哀之八年，復見於哀之十四年『宋向魋入於曹以叛』，杜注『曹宋邑』，非也。曹伯爵而當甸服，故曰『曹爲伯甸』。其國雖小，豈徒一邑哉？蓋宋雖滅曹，仍爲附庸於宋，故至戰國而尚有曹君。趙岐注《孟子》曰：『曹交，曹君之弟。』然則曹與滑皆滅而仍存者也，故《春秋》言入不言滅者，以此。」閻氏若璩《釋地續》云：「楚簡王十四年越滅郯，後八十四年楚滅越。郯實爲楚所有，乃頃襄王十八年有鄒、費、郯、邳四國，則郯係重封者。薛任姓，雖未知爲誰所滅，而齊湣王三年以封田嬰，故《紀年》稱『薛子嬰來朝』。其子文，《戰國策》《史記》並稱『薛公後』，中立爲諸侯，無所屬，非滅薛之後復有薛乎？又中山本鮮虞國，一滅於魏文侯十七年癸酉，再滅於趙惠文三年乙丑，相距百一十三年，中雖未詳知何年復國及何以復國，要中山之後有中山，載世家、列傳者班班也。安知曹滅於宋在春秋哀八年，下到孟子居鄒時已一百七十餘年，不更有國於曹者？交爲其介弟，觀其言願因鄒君假館舍，備門徒，儼然滕更挾貴之風，孟子則麾而去之，故趙岐以爲曹君之弟，非無謂也。」按：二説一以爲曹雖滅而仍爲附庸，一以爲曹滅後有國於曹者，皆以爲實有曹君，交實爲曹君之弟，與趙氏注相引申，而辨王氏「曹亡久矣」之説。毛氏奇齡《經問》云：「盛唐問：《孟子》曹交，趙岐注『曹君之弟』，按，《春秋》哀八年『宋人入曹』，《左傳》竟云『滅曹，執曹伯以歸』，如此則孟子時已無曹矣。其曰『曹君之弟』何居？得非經祇書『入』，原未嘗滅乎？曰：經有書滅而並未滅者，定六年『鄭帥師滅許』是也；有書入而即是滅者，此『宋人入曹』是也。《史記・曹世家》載『曹伯陽十五年宋滅曹，執曹伯陽及公孫彊以歸而殺之，曹遂絶其祀』，則曹此時信亡矣。趙岐之注不知何所本，當是誤耳。然則孟子之曹交何如？曰：此張南士曾辨之，當是曹姓而交名者。何以言之？其曰：交得見於鄒君可以假館。鄒者魯縣，鄒即邾，《春秋》注『邾本曹姓，爲顓頊之後』，則曹交者，與鄒君同姓，故得見鄒君而假館焉。或即鄒君之弟。戰國禮衰，不分宗，不別氏，弟得以其戚戚君，故兄弟同姓，未可知也。」江氏永《群經補義》云：「春秋之末，曹已爲宋所滅。曹交非曹君之弟，或是曹國之後以國爲姓，或是鄒君之族人。鄒本邾國，邾本姓曹，故曰『交得見於鄒君，可以假館』。蓋欲於其同宗之爲君者假館也，便有挾貴之意。」此二説，則仍王氏之説而又爲曹、鄒同姓之説。按：以曹君之弟假館於鄒君，不必定爲同宗；至以交爲鄒君之弟，則交明云「得見鄒君」，此豈親弟口吻？則趙氏之説未可非也。趙氏佑《温故録》云：「曹之復，事在春秋後，趙氏蓋當有所案據。惟是曹交已知問堯舜，憂食粟，請受業，不可謂非有志，而孟子告之甚直且詳。即其言鄒君言假館，亦情事所有，未足遂爲深怪，而孟子復詔以『歸而求之，有餘師』。蓋學在身體力行，不在口説。古人從師非必朝夕一堂始爲受業也，非棄之也。故注無譏辭。自僞疏好逞臆於注外，遂以曹交挾貴而問，孟子辭之。然謂不屑教誨，則既明明教誨之矣，而何與滕更之不答同哉？」

「交聞文王十尺，湯九尺。今交九尺四寸以長，食粟而已，如何則可？」注 交聞文王與湯皆長而聖。今交亦長，獨但食粟而已，當如何？ 疏「交聞」至「則可」○正義曰：《春秋繁露・三代改制質文》篇云：「天將授舜，主天法商而王，祖錫姓爲姚氏，至舜形體大上而員首，而明有二童子。天將授禹，主地法夏而王，祖錫姓爲姒氏，至禹生，發於背，形體長，長足肵疾。天將授湯，主天法質而王，祖錫姓爲子氏，至湯體長專小足。天將授文王，主地法文而王，祖錫姓姬氏，至文王形體博長，有四乳而大足。」然則湯九尺，所云長專也；文王十尺，所云博長也。皆天授，故曹交舉而言之。《史記正義》引《帝王世紀》云：「文王龍顔虎眉，身長十尺，有四乳。」**曰：「奚有於是？亦爲之而已矣。有人於此，力不能勝一匹雛，則爲無力人矣；今曰舉百鈞，則爲有力人矣；然則舉烏獲之任，是亦爲烏獲而已矣。夫人豈以不勝爲患哉？弗爲耳。**注孟子曰：何有於是言乎？仁義之道，亦當爲之乃爲賢耳。人言我力不能勝一小雛，則謂之無力之人；言我能舉百鈞，百鈞，三千斤也，則謂之有力之人矣。烏獲，古之有力人也，能移舉千鈞。人能舉其所任，是爲烏獲才也。夫一匹雛不舉，豈患不能勝哉？但不爲之耳。疏注「何有於是言乎」○正義曰：《小爾雅·廣言》云：「奚，何也。」是「奚有」即「何有」，趙氏解「答是也，何有」爲不可答，則是以何有爲無有；此「何有於是」亦是無有於是，蓋謂其不必如是説也。按：「何有」亦宜解作不難，「是」字指文王、湯之能爲堯舜，謂不難於湯文之爲堯舜也。○注「人言我力不能勝一小雛」○正義曰：《音義》出「匹雛」，云：「匹，張如字。丁作疋，云：『注云：「疋雛，小雛也。」匹不訓小，而訓詁及諸書疋訓耦，訓小無文。』今按，《方言》：『尐，小也。』音節，蓋與疋字相似，後人傳寫誤耳。」王氏念孫《廣雅疏證》云：「《説文》：『尐，少也。』物多則大，少則小，故《方言》云：『尐，小也。』《廣韻》『𡾰尐，小也』，《方言》注作『懱截』。《孟子·告子》篇『力不能勝一匹雛』，趙岐注云：『言我力不能勝一小雛。』孫奭《音義》謂『尐與疋字相似，後人傳寫誤耳』。按，孫説是也。《玉篇》：『鷚，小雞也。』鷚與尐通，小雞謂之鷚，猶小蟬謂之蠽。《爾雅》『蠽，茅蜩』，注云：『江東呼爲茅蠽，似蟬而小。』《説文》：『鬣，束髮少小也。』

張衡《西京賦》云：『朱鬉鬣髽。』尐、鷁、蠽、鬣，並音姊列反，其義同也。《方言》謂小雞爲鸐子，鸐、鷁一聲之轉。《廣韻》：『吣，姊列切。鳴吣吣也。』吣吣猶啾啾，亦一聲之轉也。」按：《禮記·曲禮》云「庶人之摯匹」，注云：「説者以匹爲鶩。」《釋文》云：「匹依注作鶩，音木。」《玉篇》《集韻》有鴄字。以此通之，《孟子》似匹雛即鶩雛。乃鄭云「説者謂匹爲鶩」者，《白虎通·瑞贄》篇引《曲禮》而解之云：「匹謂鶩也。」鄭所云「説者」指此。《周禮·春官·大宗伯》「以禽作六贄，庶人執鶩」。用以相準，故《白虎通》以匹爲鶩。匹之訓爲偶爲雙，不知何物而擬之云。此所云「匹者謂鶩」，謂兩鶩也，非匹有鶩訓。鄭云「説者以匹爲鶩」，即與「匹謂鶩」同義。訓詁之體，凡「謂之」云者，皆非定稱。《釋文》音匹爲木，孔氏正義直云：「匹，鶩也。」皆非是。至造爲鴄字，尤非矣。張氏讀匹雛如字，亦義爲偶爲雙。力不能勝一雙雛，則是兩雛。《説文》隹部云：「雛，雞子也。」《禮記·月令》：「仲夏之月，天子以雛嘗黍。」《淮南·時則訓》注云：「雛，新雞也。」然則雛爲雞之名。讀匹爲尐，則尐雛即是小雞；讀匹如字，則匹雛是即雙雞。《曲禮》單云「匹」，故擬之爲鶩；此已連稱「匹雛」，不得又援《禮》注以匹爲鶩也。學者以匹爲鶩，轉忘乎雛爲雞矣。○注「烏獲」至「爲之耳」○正義曰：《史記·秦本紀》云：「武王有力好戲，力士任鄙、烏獲、孟説皆至大官。」是烏獲爲古之有力人。《韓非子·觀行》篇云：「烏獲輕千鈞而重其身，非其身重於千鈞也，勢不便也。」是烏獲能舉千鈞也。《國語·魯語》云「不能任重」，韋昭注云：「任，勝也。」《論衡·效力》篇云：「世稱力者，常褒烏獲。然則董仲舒、揚子雲，文之烏獲也。秦武王與孟説舉鼎不任，絶脈而死。少文之人與董仲舒等涌胸中之思，必將不任，有絶脉之變。」又云：「夫一石之重，一人挈之；十石以上，二人不能舉也。世多挈一石之任，寡有舉十石之力。」此所云任，皆勝也。烏獲能移舉千鈞，此烏獲之任也；人亦能移舉千鈞，則是舉烏獲之任；能舉烏獲之任，即爲烏獲。此「亦爲」之爲與上「爲無力人」「爲有力人」二爲字同。上兩爲字，趙氏俱以「謂」解之，是人稱謂之；此「爲烏獲」亦是人見其能舉烏獲之任即稱謂之爲烏獲而已。烏獲之力不能强學，故必視能舉其任而乃可謂之烏獲；若一匹雛，則斷無不能舉之人。今曰不能勝，此豈足患？由不肯爲耳。「弗爲耳」之「爲」解作行爲，與上三爲字不同。趙氏之意，以孟子勝一匹雛比人之爲堯舜，謂人之爲堯舜非如爲烏獲必能舉烏獲之任，人之爲堯舜第如舉一匹雛，人人不患其不勝，特患其不爲。自解者以爲烏獲比爲堯舜，則移舉千鈞，詎容漫致？閻氏若璩《釋地三續》引陳幾亭之言，謂「人皆可以爲堯舜」，不聞「人皆可以爲烏獲」，以此譏孟子言辭小失，由未知孟子之指，亦未審趙氏之注也。「不勝」原即「不能勝」，故「以不勝爲患」即是以不能勝匹雛爲患，以不能舉烏獲之任爲患，則「挾山超海，語人曰我不能」也；以不能勝匹雛爲患，則「爲長者折枝，語人曰我不能」也。爲堯舜非舉烏獲之任也，乃舉一匹雛之力也。何也？堯舜之道不過孝弟，人之於孝弟未有不能勝者也。故儒生能説百萬章句，連句結章，篇至百十，作《春秋》，删五經，秘書微文無所不定，此烏獲之任也，非人人所能爲也；孝弟之道，人人能爲，一匹雛之勝也。此趙氏之義也。又按：《鹽鐵論·能言》篇大夫曰：「夫坐言不行，則牧童兼烏獲之力。」竊謂此即本《孟子》。牧童即力不能勝匹雛之人，若不行而徒言，則自言能舉百鈞即可謂之烏獲矣。然則必能舉烏獲之任，乃可爲烏獲。力不能勝一匹雛之人而徒空言自詡其舉百鈞，豈得真爲烏獲乎？此於《孟子》「今曰」二字體會而出。烏獲不可以空言冒，堯舜不可以形體求。不能舉堯舜之任，但形體似堯舜，不可爲堯舜；猶不能舉烏獲之任，但口稱能舉百鈞，不可爲烏獲。此又一義也。姚氏文田《求是齋自訂稿》云：「或疑不勝匹雛，如何可以至烏獲？因遂譏孟子爲妄説。不知不勝匹雛與舉百鈞皆必無之事，皆代其人摹寫之辭，並非正論。有人於此，於衆方角力之時而彼獨逡巡退縮曰：吾之力，雖一匹雛不能勝也。力雖薄，亦何至不勝匹雛？然由其頹靡之習，則必終爲無力之人矣。今或不然。於衆皆畏憚之事而彼獨毅然不顧曰：吾之舉，不至於百鈞不止也。力雖果，亦豈能遂舉百鈞？然竭其邁往之材，久之，固亦得爲有力之人矣。天下之稱有力者莫如烏獲，其所任皆舉之而莫能勝也。然試思，彼亦人耳，安在烏獲之遂絶於天下也者？設使若人者馴而致之，而一旦遂至於烏獲，則亦一烏獲而已矣。人於堯舜何獨不然？吾故曰：奚有於是？亦爲之而已矣。然而人且曰『吾弗勝』者，何也？凡事必歷乎其途，然後可以知其難易。今之人直未一身歷焉而遽以不能勝自諉也，此何異於不勝匹雛之説也？惡知夫堯舜之可爲更非若烏獲之不可强而至哉？本文意甚縣密，學者粗心讀之，未免以辭害意。」**徐行後長者謂之弟，疾行先長者謂之不弟。夫徐行者，豈人所不能哉？所不爲也。**注長者，老者也。弟，順也。人誰不能徐行者？患不肯爲也。疏注「長者」至「爲也」○正義曰：《國語・晉語》云「齊侯長矣」，注云：「長，老也。」《廣雅・釋詁》同。是「長者」即「老者」也。《荀子・修身》篇云：「端慤順弟。」《漢書・蕭望之傳》云「前單于慕化鄉善稱弟」，蘇林云：「弟，順也。」顔師古云：「弟爲悌。」阮氏元《校勘記》云：「『孝悌而已矣』，閩、監、毛三本同。宋九經本、岳本、咸淳衢州本、孔本、韓本悌作弟。按，悌者俗字。」徐行，舉一匹雛也；疾行，不能勝一匹雛也。故云「人誰不能徐行者」。**堯舜之道，孝弟而已矣。子服堯之服，誦堯之言，行堯之行，是堯而已矣；子服桀之服，誦桀之言，行桀之行，是桀而已矣。」**注孝弟而已，人所能也。堯服，衣服不踰禮也；堯言，仁義之言；堯行，孝弟之行。桀服，譎詭非常之服；桀言，不行仁義之言；桀行，淫虐之行也。爲堯似堯，爲桀似桀。**曰：「交得見於鄒君，可以假館，願留而受業於門。」**注交欲學於孟子，願因鄒君假館舍，備門徒也。**曰：「夫道，若大路然，豈難知哉？人病不求耳。子歸而求之，有餘師。」**注孟子言堯舜之道，較然若大路，豈有難知？人苦不肯求耳。子歸曹而求行其道，有餘師，師不少也。不必留此學也。疏注「孟子」至「學也」〇正義曰：《史記・平津侯主父傳》云「較然著明」，又《伯夷傳》云「此其尤大彰明較著者也」，《漢書・谷永傳》云「白氣較然起乎東方」，《張安世傳》云「賢不肖較然」，「較然」皆言其明白易見也。《呂氏春秋・權勳》篇云「觸子苦之」，《貴卒》篇云「皆甚苦之」，高誘注並云：「苦，病也。」是「病」即「苦」也。《呂氏春秋・辨土》篇云「無使不足，亦無使有餘」，高誘注云：「餘猶多也。」多即不少也。《論語・子張》篇云：「夫子焉不學？而亦何嘗師之有？」《述而》篇云：「三人行，必有我師焉。」皆「有餘師」之謂也。

章指：言天下大道，人並由之，病於不爲，不患不能。是以曹交請學，孟子辭焉。蓋「《詩》三百，一言以蔽之」。疏「蓋詩」至「蔽之」〇正義曰：周氏廣業《孟子章指考證》云：「言在思無邪而已。蓋歇後語，東漢已有之。韓退之《論語筆解》云：『蔽猶斷也。』李翺云：『《詩》三百斷在一言，終於頌而已。』或趙氏亦取『一言斷』之義，以爲道在於爲而已。」

公孫丑問曰：「高子曰：《小弁》，小人之詩也。」孟子曰：「何以言之？」曰：「怨。」注高子，齊人也。《小弁》，《小雅》之篇，伯奇之詩也。怨者，怨親之過。故謂之小人。疏注「高子」至「小人」○正義曰：《公孫丑》篇「高子以告」，注云：「高子，亦齊人，孟子弟子。」《盡心》篇「孟子謂高子」，注云：「高子，齊人。嘗學於孟子，鄉道而未明，去而學於他術。」❶此注則但稱「齊人」。《毛詩序》云：「《絲衣》，繹賓尸也。高子曰：靈星之尸也。」孔氏正義云：「高子者，不知何人。孟軻弟子有公孫丑者稱高子之言以問孟子，則高子與孟子同時。趙岐以爲齊人。此言高子，蓋彼是也。」翟氏灝《考異》云：「《韓詩外傳》又稱高子與孟子論衛女之詩。此人似長於孟子，以『叟』稱之。與『尹士』『追蠡』二章之高子蓋有別。」趙氏佑《温故録》云：「前已有『高子以告』，注：『高子，齊人，孟子弟子。』此又論《詩》，後論聲樂，《毛詩序》亦有高子曰之文，疑即《釋文》所述吴人徐整言子夏授高行子，是亦一傳《詩》者。蓋本學於子夏而後又從孟子，則其齒宿矣，故得間稱叟。而曰固，曰茅塞，是後注所謂『鄉道未明』者。然《毛詩》以《小弁》爲平王事，故得言親之過大，以所關在天下國家之大，故較之《凱風》失在一身者則爲小矣。足明孟子所主《詩》説與毛同。高子亦未嘗不同，特其見理未精，得孟子析言之而後明，遂爲《毛詩》授受所從出。注則以爲伯奇之詩，是見《琴操》尹吉甫愛後妻子而棄其適子伯奇者，或以爲《韓詩》説。蓋趙注言《詩》往往從韓。如引《摽有梅》之摽作莩，解『以御于家邦』之御爲享，與毛異趣。以《鴟鴞》詩爲刺邠君，並違《尚書》。孫氏《音義》間有證明，而此獨闕。第觀注云『父虐之』，其辭甚輕，則亦與母不安其室者均爲人子所遭之不幸，不足深較大小，適足以見所傳之不確。此

❶「他」，原作「地」，今據《盡心》篇趙注改。

《毛詩》所以單行至今而三家多放失也。」按：《琴操》云：「《履霜操》者，尹吉甫之子伯奇所作也。吉甫，周上卿也，有子伯奇。伯奇母死，吉甫更娶後妻，生子曰伯邦，乃譖伯奇於吉甫曰：『伯奇見妾有美色，然有欲心。』吉甫曰：『伯奇爲人慈仁，豈有此也？』妻曰：『試置妾空房中，君登樓而察之。』後妻知伯奇仁孝，乃取毒蜂綴衣領，伯奇前持之。於是吉甫大怒，放伯奇於野。伯奇編衣荷而衣之，采楟花而食之，清朝履霜，自傷無罪見逐，乃援琴而鼓之。」《太平御覽》引《韓詩》云：「《黍離》伯封作也。」曹植《令禽惡鳥論》云：「昔尹吉甫信後妻之讒而殺孝子伯奇，其弟伯封求而不得，作《黍離》之詩。」此伯奇之事，而不言其爲《小弁》之詩。《漢書·中山靖王勝傳》云：「斯伯奇之所流離，比干所以横分也。《詩》云：『我心憂傷，惄焉如擣。假寐永歎，唯憂用老。心之憂矣，疢如疾首。』臣之謂也。」此上言伯奇，下引《小弁》之詩，乃中間以比干，則未必以《小弁》爲伯奇所作。惟《論衡·書虚》篇云：「伯奇放流，首髮早白。《詩》云：『惟憂用老。』」則或者當時有伯奇作《小弁》之説也。《毛詩序》云：「《小弁》刺幽王也。太子之傅作焉。」孔氏正義云：「以此述太子之言，太子不可作詩以刺父，自傅意述而刺之。」其首章「民莫不穀，我獨于罹」，傳云：「幽王取申女，生太子宜臼，又説褒姒，生子伯服，立以爲后，而放宜臼，將殺之。」末章「我躬不閲，遑恤我後」，傳云：「念父孝也。」引《孟子》此文。

曰：「固哉，高叟之爲詩也！有人於此，越人關弓而射之，則已談笑而道之。無他，疏之也。其兄關弓而射之，則已垂涕泣而道之。無他，戚之也。《小弁》之怨，親親也；親親，仁也。固矣夫，高叟之爲詩也！」【注】固，陋也。高子年長。孟子曰：陋哉，高父之爲詩也！疏越人，故談笑。戚，親也。親其兄，故號泣而道之，怪怨之意也。伯奇仁人而父虐之，故作《小弁》之詩曰「何辜于天」，親親而悲怨之辭也。重言「固陋」，傷高叟不達詩人之意甚也。**疏**注「固陋」至「甚也」○正義曰：《論語·述而》篇「儉則固」，《集解》引孔氏云：「固，陋也。」《荀子·修身》篇云「少見曰陋」，所見寡少，不能通達，故又云「不達詩人之意」，「不達」正是「固」。《禮記·曲禮》云「君子謂之固」，注云：「固謂不達於禮也。」堅守一説而不能通，是爲固也。《廣雅·釋親》云：「叟，父也。」故以「高叟」爲「高父」。《音義》出「爲詩」，云：「丁云：『爲猶解説也。』」按：《論語·陽貨》篇云「女爲《周南》《召南》矣乎」，皇氏疏云：「爲猶學也。」爲本訓治，學之即是治之，治之則必解説之矣。《音義》出「關弓」，云：「丁、張並音彎。」《文選·三都賦》劉逵注引《孟子》此文作彎。王氏念孫《廣雅疏證》云：「抓之言弙也，《説文》：『弙，滿弓有所鄉也。』字亦作扜。《吕氏春秋·壅塞》篇『扜弓而射之』，高誘注云：『扜，引也。』古聲並與抓同。彎亦抓也，語之轉耳。《説文》：『彎，持弓關矢也。』昭二十一年《左傳》『豹則關矣』，杜預注云：『關，引弓也。』《史記·陳涉世家》『士不敢貫弓而報怨』，《漢書》作彎。彎、關、貫並通。」道，言也。《大戴記·曾子制言》中云：「君子雖言不受必忠曰道。」「道之」謂戒其不可射也。然疏則言之和，故談笑；親則言之迫，故號泣。號泣則欲其言之必受也。《廣雅·釋詁》云：「親、傶，近也。」《説文》戚爲斧鉞之名，與傶通，故爲親也。「何辜于天，我罪伊何」，《小弁》首章之文。毛氏傳云：「舜之怨慕曰：號泣于旻天于父母。」孔氏正義云：「毛意嫌子不當怨父以訴天，故引舜事以明之。言大舜尚怨，故太子亦可然也。」趙氏特引此句，以明《小弁》之怨同於舜之號泣。而特不以爲宜臼之詩而言「伯奇仁人而父虐之」，蓋以宜臼非仁人，不得比於舜之怨，故取他説也。曹氏之升《摭餘説》云：「此章只是論《詩》，不是論平王。詩原非平王作也。平王既立，遣師戍申，是但知有母，不知有父。但知申侯立己爲有德，而不知申侯弑父爲可誅。忘親逆理如此，則謂宜臼爲小人，并其詩而斥爲『小人之詩』，何不可者？故孟子曰『何以言之』而不虞其以怨爲小人也。蓋宜臼之不仁，全是不怨而愈疏。宜臼不怨而其傅道之以怨，明示以親親之道而竦動其固有之仁，奈何反以其怨爲小人哉？」劉氏始興《詩益》云：「《孟子》『親之過大』，據此一語，可斷其爲幽王太子宜臼之詩。蓋太子者，國之根本。國本動摇，則社稷隨之而亡，故曰親之過大。若在尋常放子，則己之被讒見逐，禍止一身，其父之過與《凱風》七子之母不安其室等耳，何得云親之過大哉？又詩二章曰『踧踧周道，鞫爲茂草，我心憂傷，惄焉如擣』。此有傷周室衰亂之意。若尋常放子，其於國家事何有焉？」

曰：「《凱風》何以不怨？」注《詩》，《邶風·凱風》之篇也。公孫丑曰：《凱風》亦孝子之詩，何以獨不怨？疏注「詩邶」至「不怨」○正義曰：《毛詩序》云：「《凱風》，美孝子也。衛之淫風流行，雖有七子之母，猶不能安其室，故美孝子能盡其孝道以慰其母心而成其志爾。」箋云：「不安其室，欲去嫁也。成其志者，成其孝子自責之意。」是《凱風》亦孝子之詩也。**曰：「《凱風》，親之過小者也；《小弁》，親之過大者也。親之過大而不怨，是愈疏也；親之過小而怨，是不可磯也。愈疏，不孝也；不可磯，亦不孝也。孔子曰：『舜，其至孝矣！五十而慕。』」**注孟子曰：《凱風》言「莫慰母心」，母心不悦也，知親之過小也；《小弁》曰「行有死人，尚或墐之」而曾不閔己，知親之過大也。愈，益也。過已大矣而孝子不怨，思其親之意何爲如是，是益疏之道也，故曰「不孝」。磯，激也。過小耳而孝子感激，輒怨其親，是亦不孝也。孔子以舜年五十而思慕其親不怠，稱曰孝之至矣。孝之不可以已也，知高叟譏《小弁》爲不得矣。疏注「凱風」至「不孝也」○正義曰：趙氏説《小弁》既不用《詩序》而以爲父虐伯奇。虐謂放之於野。以此爲過大，故以《凱風》之母但心不悦，母心不悦視虐放於野爲小，故引《詩》語以明大小之義，蓋亦不用《凱風》詩序「不安其室」之事也。毛氏奇齡《四書賸言》云：「先仲氏曰：齊、魯、韓三家以《凱風》爲母責子詩，予向取其説以説《國風》。既讀《孟子》，則尤與『不可磯』，并幽王逐子，尹吉甫殺子義合。彼皆戕害其子，故過大；此但責子過情，故過小。若不安室，則過不小矣。」此即趙氏義也。閻氏若璩《釋地又續》云：「宋晁説之以道《詩序》之論曰：『《孟子》：「《凱風》，親之過小者也。」而序《詩》者曰：「衛之淫風流行，雖有七子之母，猶不能安其室。」是七子之母者於先君無妻道，於七子無母道，過孰大焉？孟子之言妄與？孟子之言不妄則序《詩》非也。』黄太冲亟取其説，載《孟子師説》。余按，《序》又曰：『故美七子能盡其孝道，以慰其母心而成其志爾。』成志，成母守節之志，非如鄭箋指孝子自責言。因檢孔疏，亦言『母遂不嫁』，爲之快絶。復憶東漢姜肱性篤孝，事繼母恪勤，母既年少，又嚴厲，肱感《凱風》之孝，兄弟同被而寢，不入房室，以慰母心焉。歎作《詩》者能安母於千載之上，感《詩》者亦能安母於千載之下，《詩》之有益人倫如此。當日採風者親覩其事，序《詩》者申美其事，遂不爲聖人所删，序曷可非也？蓋七子之母徒有欲嫁之志云爾，若果嫁矣，則真於先君無妻道，於七子無母道，是之謂惡，豈僅僅過而已哉。」周氏柄中《辨正》云：「從一而終者，婦人之大節，而孟子以《凱風》爲親之過小，豈小其失節哉？嘗即『不可磯』之義求之，蓋曰一念雖差，過而未遂，斯爲小矣。人子當此，惟有負罪引慝，積誠婉諭，可以挽回，若遂呼天怨懟，則己心未盡，奚以悟親之心？或反至激怒而成之。故曰：『不可磯亦不孝也。』」謹按：周氏解大小二字是也。蓋小大猶云微著，母不安室，與父亂德政，其過同。但母志未著，則微而可以感消；父亂已成，則著而不容膜視。趙氏以激釋磯，蓋即讀「磯」爲「激」，「不可磯」即「不可激」也。《楚辭·招魂》云「激楚之結」，王逸注云：「激，感也。」趙氏讀「磯」爲「激」而釋之爲「感」，故云「孝子感激，輒怨其親」，謂母以不悦激發其子，子因其激而遂怨，是不可耐此激發也。阮氏元《校勘記》云：「『不可磯』，按，段玉裁曰：『注中訓「磯，激也」，但於雙聲求之。磯與杚、概字古音同，謂摩也。故《毛詩音義》云：「磯，居依反，又古愛反。」古假借字耳。近人以石激水解之，殊誤。《説文》固無磯字。』」按：《説文》木部云：「概，所以杚斗斛也。」「杚，平也。」《易》「月幾望」，荀爽作「月既望」。《周禮·犬人》「幾珥」，注云：「幾讀爲刉。」從既、從气與從幾原可相通。《廣雅·釋詁》云：「杚，摩也。」摩之即所以平之，然則「不可磯」即不可杚，亦即不可平。因母不安其室，心不能平，因而怨懟，與「不可激」之義亦相近。或磯即「事父母幾諫」之幾，顯露其親之過，是不可幾也。《廣雅·釋水》云：「磯，磧也。」磧石在水中。《晉書音義》云：「磯，大石激水也。」此因磯之讀激而附合於磯之爲磧，故有此解，趙氏則無之也。《爾雅·釋詁》云：「俞，益也。」俞即古愈字。《詩·小雅·小明》篇「政事愈蹙」，箋云：「愈猶益也。」益疏謂疏之甚也。蓋温柔敦厚，《詩》教也。凡臣之於君，子之於親，朋友相規，兄弟相戒，均宜纏綿愷惻，相感以情而不可相持以理，宜相化以誠而不可相矜以氣。是以《詩》可以興觀群怨，邇之事父，遠之事君，如《凱風》之孝子以至誠之情自責以感動其母，此《詩》教之常也。高子既授子夏之《詩》，習知其義，而《小弁》之詩，情辭憤激，迥非《凱風》可比，實與《詩》教相背，故以爲小人之詩。不知豔妻已煽，讒口已成，周室將亡，殊非小故，爲臣子者竟惟以低聲緩步，談笑處之，則視君父不啻路人，不亦疏已甚乎！高子但守其常，不通其變，故孟子以「固」

執勗之。然臣子事君父之道，究以《凱風》爲正。事猶未著，失亦無多，不難平心婉議。誠有未便，惟宜載睨睆之音，樂棘心之養，消之於未形。乃直指其非，自沽其直以激其君父之怒，害及其身，禍於家國，是則不可磯之爲不孝也。故孟子雖譏高子爲固而仍以不可磯切言之，則高子者蓋不失爲經師者也。舜之五十而慕，正與《凱風》七子同。母不安室，七子自責以慰安之，而母即不嫁；父頑母嚚，舜自責以乂養之，而瞽瞍即厎豫。然則天下無不可事之君父，故諫有五，而知患禍未萌，深睹其事未彰而諷告焉，是爲諷諫，孔子獨從之。孟子引舜之「五十而慕」以證《凱風》之「不怨」，非引以證《小弁》之「怨」也。

章指：言生之膝下，一體而分。喘息呼吸，氣通於親。當親而疏，怨慕號天，是以《小弁》之怨，未足爲愆也。 疏「生之」至「於親」○正義曰：《儀禮·喪服傳》「世父母叔父母」，傳云：「世父叔父何以期也？與尊者一體也。父子一體也，夫妻一體也，昆弟一體也。故父子，首足也；夫妻，牉合也；昆弟，四體也。」《白虎通·諫諍》篇云：「子諫父，父不從，不得去者，父子一體而分，無相離之法。」《呂氏春秋·精通》篇云：「周有申喜者，亡其母。聞乞人歌於門下而悲之，動於顏色，謂門者内乞人之歌者。自覺而問焉，曰：『何故？』而乞與之語，蓋其母也。故父母之於子也，子之於父母也，一體而兩分，同氣而異息，若草莽之有華實也，若樹木之有根心也，雖異處而相通，隱志相及，痛疾相救，憂思相感，生則相歡，死則相哀，此之謂骨肉之親。」

宋牼將之楚。孟子遇於石丘，曰：「先生將何之？」 注宋牼，宋人，名牼。學士年長者，故謂之

「先生」。石丘，地名也。道遇，問欲何之？疏注「宋牼」至「名也」○正義曰：《莊子・天下》篇云：「墨子真天下之好，宋鈃、尹文子聞其風而悦之，作爲華山之冠以自表。見侮不辱，救民之鬭，禁攻寢兵，救世之戰：以此周行天下，上説下教，雖天下不取，强聒而不舍者也。」《荀子・非十二子》篇云：「不知壹天下、建國家之權稱，上功用，大儉約而僈差等，曾不足以容辨異，縣君臣，然而其持之有故，其言之成理，足以欺惑愚衆，是墨翟、宋鈃也。」楊倞注云：「宋鈃，宋人，與孟子、尹文子、彭蒙、愼到同時。《孟子》作『宋牼』。牼與鈃同。」音口莖反。又《天論》篇云：「宋子有見於少，無見於多。」注云：「宋子名鈃，宋人也。與孟子同時。下篇云：『宋子以人之情爲欲寡，而皆以己之情爲欲多，爲過也。』據此説，則是少而不見多也。鈃音形，又胡泠反。《漢書・藝文志》有《宋子》十八篇，班固曰：『荀卿道宋子，其言黄老意。』」又《藝文志》名家者流有《尹文子》一篇，顔師古引劉向云：「與宋鈃俱遊稷下。」《禮記・曲禮》云「從於先生」，注云：「先生，老人教學者。」《國策・衛策》云「乃見梧下先生」，注云：「先生，長者有德者稱。」《齊策》云「孟嘗君讌坐謂三先生」，注云：「先生，長老先己以生者也。」牼蓋年長於孟子，故孟子以「先生」稱之而自稱名。閻氏若璩《釋地續》云：「齊宣王喜文學游説之士，自如騶衍、淳于髡、田駢、接子、愼到、環淵之徒七十六人，皆賜列第爲上大夫，不治而議論，是以齊稷下學士復盛。孟子固嘗與宋牼有雅故，於齊别去，久之忽邂逅石丘，呼以先生，請其所之，殆非未同而言者比也。」石丘，趙氏但云「地名」，或以爲宋地，蓋以牼爲宋人也。張氏宗泰《孟子諸國年表説》云：「當孟子時，齊秦所共争者惟魏。若楚雖近秦，時方强盛，秦尚未敢與争。惟梁襄王元年癸卯，有楚與五國共擊秦不勝之事，而獨與秦戰則在懷王十七年。先是十六年秦欲伐齊，而楚與齊從親，惠王患之，乃使張儀南見楚王，王爲儀絶齊而不得秦所許，故分楚商於之地。懷王大怒，發兵西攻秦，秦亦發兵擊之。十七年春，與秦戰丹陽，大敗，虜大將軍屈丐等，遂取漢中。王復怒，悉國兵襲秦，戰於藍田，又大敗。韓魏聞之，襲楚至鄧，楚乃引兵歸。此事恰當孟子時。孟子是年因燕人畔去齊，疑孟子或有事於宋，而自宋至薛，因與宋牼遇於石丘。」**曰：「吾聞秦楚搆兵，我將見楚王説而罷之；楚王不悦，我將見秦王説而罷之。二王，我將有所遇焉。」**注 牼自謂往説二王，必有所遇，得從其志。疏「搆兵」○正義曰：《國策·秦策》云：「秦楚之兵，構而不離。」又《齊策》「秦楚構難」，高誘注云：「構，連也。」《吕氏春秋·審爲》篇云「民相連而從之」，高誘注云：「連，結也。」又《勿躬》篇云「車不結軌」，高誘注云：「結，交也。」搆與構通。交、結、連、構四字義同，「構兵」即交兵也。《説文》冓部云：「冓，交積材也。」木部云：「構，蓋也。杜林以爲椽桷字。」椽桷亦以交於楣棟得名，由冓之交取義也。**曰：「軻也請無問其詳，願聞其指。説之將何如？」**注 孟子敬宋牼，自稱其名曰軻。不敢詳問，願聞其指。欲如何説之？疏「願聞其指」○正義曰：指與旨同。《禮記·王制》云「有旨無簡不聽」，注云：「有旨，有其意。」《漢書·河間獻王德傳》云「文約指明」，注云：「指謂意之所趨，若人以手指物也。」**曰：「我將言其不利也。」**注 牼曰：我將爲二王言興兵之不利也。**曰：「先生之志則大矣，先生之號則不可。先生以利説秦楚之王，秦楚之王悦於利以罷三軍之師，是三軍之士樂罷而悦於利也。爲人臣者懷利以事其君，爲人子者懷利以事其父，爲人弟者懷利以事其兄，是君臣父子兄弟終去仁義，懷利以相接。然而不亡者，未之有**

也。注孟子曰：先生志誠大矣，所稱名號不可用也。二王悦利罷三軍，三軍士樂之而悦利，則舉國尚利以相接待而忘仁義，則其國亡矣。疏注「則舉國」至「仁義」〇正義曰：《大戴記·保傅》篇云「接給而善對」，注云：「接給謂應所問而給也。」又《文王官人》篇云「取接給而廣中者」，注云：「接給謂應所問而對。」《周禮·天官·太府》「以待王之膳服」，《外府》「而待邦之用」，注並云：「待猶給也。」「接待」即接給也。劉熙《釋名·釋喪制》云：「終，盡也。」《吕氏春秋·音律》篇「數將幾終」，高誘注亦云：「終，盡也。」「終去仁義」是盡去仁義，故云「舉國尚利忘仁義」。舉國皆忘，是盡去也。亡與忘通，《禮記·少儀》云「有亡而無疾」，注云：「亡，去也。」故以「去仁義」爲「忘仁義」也。先生以仁義説秦楚之王，秦楚之王悦於仁義而罷三軍之師，是三軍之士樂罷而悦於仁義也。爲人臣者懷仁義以事其君，爲人子者懷仁義以事其父，爲人弟者懷仁義以事其兄，是君臣父子兄弟去利，懷仁義以相接也。然而不王者，未之有也。何必曰利？」注以仁義之道不忍興兵，三軍之士悦，國人化之，咸以仁義相接，可以致王。何必以利爲名也？

章指：言上之所欲，下以爲俗。俗化於善，久而致平；俗化於惡，失而致傾。是以君子創業，慎其所以爲名也。疏「俗化」至「名也」〇正義曰：《文子·精誠》篇云：「見其俗而知其化。」《荀子·正名》篇云：「王者之制名，名定而實辨，道行而志通，則慎率民而一焉。」昭公三十一年《左傳》云：「君子曰：名之不可不慎也如此。」

孟子居鄒，季任爲任處守，以幣交，受之而不報；處於平陸，儲子爲相，以幣交，受之而不報。注任，薛之同姓小國也。季任，任君季弟也。任君朝會於鄰國，季任爲之居守其國也，致幣帛之禮以交孟子，受之而未報也。平陸，齊下邑也。儲子，齊相也。亦致禮以交孟子，受之而未答也。疏注「任薛」至「國也」○正義曰：《漢書·藝文志》：❶「東平國任城，故任國，太昊後，風姓。」隱公十一年「滕侯薛侯來朝」，《左傳》云：「寡人若朝於薛，不敢與諸任齒。」孔氏正義引《世本·氏姓》篇云：「任姓：謝、章、薛、舒、吕、祝、終、泉、畢、過。言此十國皆任姓也。」又引《譜》云：「薛，任姓，黄帝之苗裔奚仲，封爲薛侯，今魯國薛縣是也。」任，風姓；薛，任姓。非同姓之國，趙氏蓋誤以任爲任姓與？錢氏大昕《養新録》云：「國君之弟以國氏，字當在國下。《春秋》桓十七年蔡季自陳歸於蔡，蔡侯弟也。莊二年紀季以酅入於齊，紀侯弟也。依《春秋》例，季任當爲『任季』，傳寫顛倒耳。」閻氏若璩《釋地續》云：「平陸爲今汶上縣，去齊都臨淄凡六百里，而儲子既相，必朝夕左右爲王辦政事，非奉王命，似亦未易出郊外，何以孟子望其身親至六百里外之下邑方爲禮稱其幣？既思《范雎列傳》云：『秦相穰侯東行縣邑，東騎至湖關。』湖今閿鄉縣，去秦都咸陽亦幾六百里，是當日國相皆得周行其境之内，非令所禁，故曰『儲子得之平陸』。」**他日，由鄒之任見季子，由平陸之齊不見儲子。屋廬子喜曰：「連得間矣。」問曰：「夫子之任見季子，之齊不見儲子，爲其爲相與？」**注連，屋廬子名也。見孟子答此二人有異，故喜曰：連今日乃得一見夫子與之間隙也。俱答

❶ 「藝文」，按引文出《地理志》，參沈校。

二人，獨見季子不見儲子者，以季子當君國子民之處，儲子爲相，故輕之邪？疏注「倶答二人」○正義曰：趙氏以「之任」「之齊」即是答其幣交之禮。但答季子則見之，答儲子則不見，所異在見不見而答則同是也。若謂不見儲子即是不答，詎有遠以幣交，既受其禮，而至其地不答者乎？

曰：「非也。《書》曰：『享多儀。儀不及物曰不享，惟不役志于享。』爲其不成享也。」注孟子曰：非也，非以儲子爲相，故不見。《尚書·洛誥》篇曰「享多儀」，言享見之禮多儀法也。物，事也。儀不及事，謂有闕也。故曰不成享禮。儲子本禮不足，故我不見也。疏注「尚書」至「享禮」○正義曰：《書序》云：「召公既相宅，周公往營成周，使來告卜，作《洛誥》。」此文云：「公曰：已，汝惟沖子，惟終。汝其敬識百辟享，亦識其有不享。享多儀。儀不及物，惟曰不享。惟不役志于享，凡民惟曰不享。」鄭氏注云：「朝聘之禮至大。其禮之儀不及物，謂所貢篚者多而威儀簡也。威儀既簡，亦是不享也。」江氏聲《尚書集注音疏》云：「享，獻也。言當識别諸侯之享與不享。《孟子·告子》篇引此經，趙岐訓物爲事，不若鄭注義長。據《孟子》所引，無惟字。惟不役志于享，故謂之不享，凡民亦惟謂是不享也。」趙氏以孟子自以「不成享」解經文，故以「不及事」爲「有闕」。有闕即是「不成享」。《淮南子·精神訓》云「可以爲天下儀」，高誘注云：「儀，法也。」趙氏以「法」訓「儀」，謂享獻之禮宜多儀法，今儀法有闕，即是不成享獻。「儀不及物」謂享獻所當具之儀法、儀法所當行之事，今不足也。趙氏以「不足」解「不及」。《素問·天玄紀大論》云「各有太過不及也」，王冰注云：「不及，不足也。」鄭氏以儀爲威儀，物即指所享之物，謂享獻宜多威儀。今儀不及物，是儀少而物多。意雖與趙亦略同，然儲子以幣交，幣即物也；得之平陸而不自往，是威儀不及幣物也。鄭氏之義尤與孟子引經之指爲切矣。周氏用錫《尚書證義》云：「多如《漢書·袁盎傳》『皆多盎』之多。『享多儀』，享以儀爲多也。」**屋廬子悦。或問之，屋廬子曰：「季子不得之鄒，儲子得之平陸。」** 注 屋廬子已曉其意，聞義而服，故悦也。人問之曰何爲若是，屋廬子曰：季子守國，不得越境至鄒。不身造孟子，可也。儲子爲相，得循行國中。但遥交禮，爲其不尊賢，故答而不見。疏 注「聞義而服」〇正義曰：阮氏元《挍勘記》云：「閩本作『聞義服』，監本服上剜增而字，毛本、孔本、韓本、《考文》古本同監本。按，當作『聞義則服』，用《弟子職》語。」

章指：言君子交接，動不違禮。享見之儀，亢答不差。是以孟子或見或否，各以其宜也。 疏「亢答不差」〇正義曰：周氏廣業《孟子章指考證》云：「古本亢作允，似誤。亢謂不見儲子，答謂見季子。」按：周説非也。趙氏明言「答而不見」，則不見非不答也。《漢書·高帝紀》云「沛公還軍亢父」，注引鄭氏云：「亢音人相抗答。」亢猶當也，當即應也。「亢答」猶云應答耳。

淳于髡曰：「先名實者，爲人也；後名實者，自爲也。夫子在三卿之中，名實未加於上下而去之。仁者固如此乎？」 注 淳于，姓；髡，名。齊之辨士。名者，有道德之名也；實者，治國惠民之功實也。齊，大國，有三卿。謂孟子嘗處此三卿之中矣，未聞名實下濟於民，上匡其君，而速去之。仁者之道固當然邪？疏 注「齊大」至「中矣」〇正義曰：《禮記·王制》云：「大國三卿，皆命於天子。」孔氏正義云：「大國謂公與侯也。崔氏云：『三卿者，依周制而言，謂立司徒兼冢宰之事，立司馬兼宗伯之事，立司空兼司寇之事。故《春秋左傳》云季孫爲司徒，叔孫爲司馬，孟孫爲司空。此是三卿也。』以此推之，知諸侯不立冢宰、宗伯、司寇之官也。」全氏祖望《經史問答》云：「孟子之世，七國官制尤草草，《國策》中惟魏曾有司徒之官一見，亦不足信。大抵三卿者指上卿、亞卿、下卿而言，但未嘗有司徒等名。樂毅初入燕乃亞卿，是其證也。或曰：一卿是相，一卿是將，其一爲客卿，而上下本無定員。亦通。」周氏柄中《辨正》云：「《國策》『魏王使司徒執范痤』，鮑注云：『本周卿，此主徒穎者。』然芒卯爲魏司徒，居中用事，此魏有司徒之證。楚襄王立昭常爲大司馬，使守東地，此楚有司馬之證。《史記・趙世家》惠文王四年，公子成爲相，李兑爲司寇，此趙有司寇之證。又楚有司馬名翦，周有司寇名布，皆見《國策》。豈可謂七國時無此官？但三官並設者甚少，則以上卿亞卿下卿爲三卿，其説自不可易。」**孟子曰：「居下位，不以賢事不肖者，伯夷也；五就湯，五就桀者，伊尹也；不惡汙君，不辭小官者，柳下惠也。三子者不同道，其趨一也。」**

注伊尹爲湯見貢於桀，桀不用而歸湯，湯復貢之，如此者五，思濟民，冀得施行其道也。此三人雖異道，所履者一也。**疏**注「伊尹」至「一也」○正義曰：翟氏灝《考異》云：「胡應麟《少室山房筆叢》曰：『孟子稱伊尹五就桀，蓋屢言之以明聖人去就不常，非定以爲五也。』胡氏謂無五就之事，而古凡頻屢之辭云三者多，云五未別見也。《鬼谷子・忤合》篇：『伊尹五就湯，五就桀，然後合於湯。』鬼谷與孟子並時，其言合符，則孟子所得於傳聞者，當實云五。」《禮記・曲禮》云「帷簿之外不趨」，注云：「步而張足曰趨。」劉熙《釋名・釋姿容》云：「疾行曰趨。趨，赴也。赴所期也。」《禮記・表記》云「處其位而不履其事」，注云：「履猶行也。」《國語・晉語》云「下貳代履」，韋昭注云：「履，步也。」趨與履義相近，故以「其趨」爲「所履」也。**「一者，何也？」****注**

髡問一者何也？曰：「仁也。君子亦仁而已矣，何必同？」注孟子言君子進退行止未必同也，趨於履仁而已。髡譏其速去，故引三子以喻意也。

曰：「魯繆公之時，公儀子爲政，子柳、子思爲臣，魯之削也滋甚。若是乎，賢者之無益於國也？」注髡曰：魯繆公時，公儀休爲執政之卿。子柳，泄柳也；子思，孔伋也。二人爲師傅之臣，不能救魯之見削奪，亡其土地者多。若是，賢者無所益於國家，何用賢爲？疏注「公儀休爲執政之卿」○正義曰：《史記・循吏列傳》云：「公儀休者，魯博士也。以高弟爲魯相，奉法循理，無所變更，百官自正。食禄者不得與下民争利，受大者不得取小。」《鹽鐵論》「相刺」章：「大夫曰：昔魯穆公之時，公儀爲相，子柳、子原爲之卿，然北削於齊，以泗爲境，南畏楚人，西賓秦國。」此即因《孟子》而演焉者也。盧氏文弨《群書拾補》云：「子原，《説苑・雜言》篇作子庚，乃泄柳字。」《吕氏春秋・觀表》篇云「魏國從此削矣」，高誘注云：「削，弱也。」此之削弱由於彼之奪取，故云「削奪」，又申之云「亡其土地」。《説文》水部云：「滋，益也。」《公孫丑上》「則弟子之惑滋甚」，趙氏以益甚釋之。此訓爲「多」，土地之亡日見其多，斯所存乃見其削弱也。

曰：「虞不用百里奚而亡，秦繆公用之而霸。不用賢則亡，削何可得與？」注孟子云：百里奚所去國亡，所在國霸。無賢國亡，何但得削？豈可不用賢也？

曰：「昔者王豹處於淇而河西善謳，綿駒處於高唐而齊右善歌，華周、杞梁之妻善哭其夫而變國俗。有諸内必形諸外。爲其事而無其功者，髡未嘗覩之也。是故無賢者也，有則髡必識之。」注王豹，衛之善謳者。淇，水名。《衛詩・竹竿》之篇曰：「泉源在左，淇水在右。」《碩人》之篇曰：「河水洋洋，北流活活。」衛地濱於淇水，在北流河之西，故曰「處淇水而河西善謳」，所謂鄭衛之聲也。緜駒，善歌者也。高唐，齊西邑，緜駒處之，故曰「齊右善歌」。華周，華旋也；杞梁，杞殖也。二人，齊大夫，死於戎事者。其妻哭之哀，城爲之崩。國俗化之，則效其哭。髡曰：如是歌哭者尚能變俗，有中則見外。爲之而無功者，髡不聞也；有功，乃爲賢者，不見其功，故謂之「無賢者」也。如有之，則髡必識知之。**疏**注「王豹」至「善歌」○正義曰：《周禮·春官·小師》：「掌教鼓鼗柷敔塤簫管弦歌。」《毛詩·魏風·園有桃》「我歌且謠」，傳云：「曲合樂曰歌。」《楚辭·大招》云「謳和揚阿」，王逸注云：「徒歌曰謳。」然則謳、歌同一長言，而歌依於樂，謳不依於樂，此所以分也。《說文》欠部云：「歌，詠也。」言部云：「謳，齊歌也。」齊歌之說有二：《漢書·高帝紀》「皆歌謳思東歸」，注云：「謳，齊歌也。」謂齊聲而歌。或曰：齊地之歌。」段氏玉裁《說文解字注》云：「假令齊聲而歌，則當曰衆歌，不曰齊歌。李善注《吴都賦》引曹植《妾薄相行》曰：『齊謳楚舞紛紛。』《太平御覽》引《古樂志》曰：『齊歌曰謳，吴歌曰歈，楚歌曰豔，淫歌曰哇。』若《楚辭》『吴歈蔡謳』，《孟子》『河西善謳』，則不限於齊也。」謹按：區有衆義，《說文》：「區，从品在匸中。品，衆也。」《爾雅·釋器》云「玉十謂之區」，《考工記·㮚氏》「四豆爲區」，皆取積衆之名。劉熙《釋名·釋形體》云：「軀，區也。是衆名之大總若區域也。」聚衆聲而爲謳，故云「謳和揚阿」，謂齊聲相和也。《漢書·地理志》：「河内郡共，北山，淇水所出，東至黎陽入河。」「魏郡鄴，故大河在東北入海。」《史記·河渠書》云：「道河自積石，歷龍門，南到華陰，東下底柱，及孟津雒汭，至于大邳。於是禹以爲河所從來者高，水湍悍，難以行平地，數爲敗，乃廝二渠以引其河，北載之高地，過降水，至於大陸，播爲九河，同爲逆河，入於渤海。」載之高地，即鄴東也。《溝洫志》：「王横曰：『禹之行河水，本隨西山下東北去。《周譜》定王五年河徙，則今所行非禹所穿也。又秦攻魏，決河灌其都，決處遂大，不可復補，宜却從完平處更開空，使緣西山足乘高地而東北入海。』賈讓云：『今行上策，徙冀州之民當水衝者，決黎陽遮害亭，放河使北入海。』」横言「緣西山足乘高地」即太史公言「載之高地」，讓言「西薄大山」即横所謂「隨西山下」。此即鄴東大河故道，由黎陽北行，故淇水至黎陽入河。若黎陽之河既竭，不北行入海，則淇水已合於清河矣。惟河水至黎陽北流，故《衛風·碩人》云：「河水洋洋，北流活活。」《左傳》稱「齊先君所履，西至於河」，是齊在河東，衛在河西，故衛稱河西也。河水北流，淇水全在衛地，故云「衛地濱於淇水，在北流河之西」。蓋趙氏當東漢時，鄴河久渴，河徙東行，衛地不在河西而淇水不濱衛地，故兩引《詩》以明古河與淇之所在，此趙氏地學之精也。胡氏渭《禹貢錐指》云：「《詩·衛風》：『河水洋洋，北流活活。』河至大伾山西南，折而北逕朝歌之東，故謂之『北流』。《史記·衛世家》：『封康叔爲衛君，居河淇間故商墟。』商墟即古朝歌城，淇水逕其西，河水逕其東，是爲河淇之間。故淳于髡曰『王豹處於淇而河西善謳』是也。」《漢書·地理志》平原郡有高唐，地在齊國之西，西在右，故其地爲「齊右」也。《韓詩外傳》云：「淳于髡曰：昔者揖封生高商，齊人好歌。」高商蓋即高唐，揖封蓋即緜駒。臧氏琳《經義雜記》云：「《文選》陸士衡《樂府·吴趨行》：『楚妃且勿歎，齊娥且莫謳。』唐劉良注：『齊娥，齊后也。善爲謳歌，人皆採以爲曲。』李善注：『齊娥，齊后也。《孟子》淳于髡曰：昔緜駒處高唐而齊后善謳。』今《孟子》作『齊右善歌』，趙注：『高唐，齊西邑，緜駒處之，故曰齊右善歌。』則趙注本不作后字，而李、劉注《文選》皆以齊娥爲齊后，李注又引《孟子》證之，蓋有別本作后字者。」按：作后字非也。河西齊右，言其相化者衆，若善歌僅一齊后，非髡之指也。○注「華周」至「其哭」○正義曰：襄公二十三年《左傳》云：「齊襲莒，杞殖、華還載甲，夜入且于之隧，宿於莒郊。明日，先遇莒子於蒲侯氏。莒子重賂之，使無死。華周對曰：『貪貨棄命，亦君所惡也。昏而受命，日中而棄之，何以事君？』莒子親鼓之，從而伐之，獲杞梁。齊侯歸，遇杞梁之妻於郊，使弔之。辭曰：『殖之有罪，何用命焉？若免於罪，猶有先人之敝廬在，下妾不得與郊弔。』齊侯弔諸其室。」《禮記・檀弓》亦載此事，言「杞梁妻迎其柩於路而哭之哀」。是華周即華旋，杞梁即杞殖。旋與還同。乃皆言杞梁死，杞梁之妻哭。按：《左傳》載華周之言，則周志在死決矣。古人之文，每用互見。蓋周之言，梁亦同之；梁之死，周亦同之。梁妻以有對君之言而傳，不必周之妻不哭也。《列女傳・貞順》篇云：「杞梁之妻無子，内外皆無五屬之親，既無所歸，乃枕其夫之屍於城下而哭。内誠動人，道路過者莫不爲之揮涕，十日而城爲之崩。」此亦專言杞梁。乃《説苑・善説》篇孟嘗君曰：「昔華舟、杞梁戰而死，其妻悲之，向城而哭，隅爲之崩，城爲之阤。」又《立節》篇云：「杞梁、華舟至莒城下，莒人以炭置地，二人立有間，不能入。隰侯重爲右，曰：『吾聞古之士犯患涉難者，其去遂於物也。來，吾踰子。』隰侯重伏楯伏炭，二子乘而入，顧而哭之。華舟後息，杞梁曰：『汝無勇乎？何哭之久也？』華舟曰：『吾豈無勇哉？是其勇與我同也而先吾死，是以哀之。』莒人曰：『子毋死，與子同莒國。』杞梁、華周曰：『去國歸敵，非忠臣也；去長受賜，非正行也。且雞鳴而期，日中而忘之，非信也。深入多殺者，臣之事也。莒國之利，非吾所知也。』遂進鬭，殺二十七人而死。其妻聞之而哭，城爲之阤而隅爲之崩。」此與《孟子》合，且足以發明《左傳》。舟、周古字通。趙氏言城爲之崩，本《列女傳》《説苑》所記也。《論衡・感虚》篇云：「傳書言杞梁氏之妻嚮城而哭，城爲之崩。此言杞梁從軍不還，其妻痛之，嚮城而哭，至誠悲痛，精氣動城，故城爲之崩也。夫言嚮城而哭者，實也；城爲之崩者，虚也。或時城適自崩，杞梁妻適哭於下，世好虚不原其實，故崩城之名至今不滅。」然則城崩之説由來久矣。《詩・大雅・皇矣》「不識不知」，「識」亦「知」也。**曰：「孔子爲魯司寇，不用。從而祭，燔肉不至，不税冕而行。不知者以爲爲肉也，其知者以爲爲無禮也。乃孔子則欲以微罪行，不欲爲苟去。君子之所爲，衆人固不識也。」**注孟子言孔子爲魯賢臣，不用，不能用其道也。從魯君而祭於宗廟，當賜大夫以胙。燔肉不至，膊炙者爲燔，《詩》云：「燔炙芬芬。」反歸其舍，未及税解祭之冕而行，出適他國。不知者以爲不得燔肉而愠也，知者以爲爲君無禮。乃欲以微罪行，燔肉不至，我黨從祭之禮不備，有微罪乎，乃聖人之妙旨。不欲爲，誠欲急去也。衆人固不能知君子之所爲，謂髡不能知賢者之志。疏「孔子爲魯司寇」○正義曰：閻氏若璩《釋地續》云：「司寇，魯官名，在司徒司馬司空三桓世爲之三卿之下。侯國本無『大』稱，《史記・世家》作大司寇，非也。然司寇，魯有以初命之大夫爲者，孔子是。《韓詩外傳》猶載孔子爲魯司寇命辭曰：『宋公之子、弗甫何孫魯孔丘，命爾爲司寇。』無大字。有以再命之卿爲之者，臧孫紇是。襄二十一年季孫謂武仲曰：『子爲司寇。』及後二年，出奔邾也，書於經以爲卿。故若孔子雖與聞國政，實止大夫而非卿，故經没而不見。不然，齊來歸鄆、讙、龜陰田，聖人未嘗以己功而諱之，豈有孔子出奔，載諸策書，修《春秋》時竟削之哉？」毛氏奇齡《經問》云：「陳佑問：司空、司寇，皆卿名也。魯之三卿，則三家並爲之，何有於夫子？此豈三家之外夫子別爲一卿乎？抑亦即此三卿而夫子代爲其一乎？且三卿之名止司徒、司馬、司空也，若增司寇一名，即六卿矣,侯國焉得有六卿也? 且司寇,卿名也。近淮南閻氏謂孔子初命爲大夫而非卿,不知何據? 又謂侯國無大小卿,魯國焉得有大司寇,則是夫子爲司寇或有之,曰大則未也。曰:魯國三卿,季氏爲司徒,叔孫爲司馬,孟孫爲司空,此是《左傳》文,無可疑者。特夫子由司空爲司寇,則或代孟孫爲之,或別設一官,皆不可考。惟《禮》注崔氏説禮云:『三卿,周制。立司徒兼冢宰之事,立司馬兼宗伯之事,立司空兼司寇之事。』則似冢宰、宗伯、司寇皆司徒、司馬、司空兼官,不必別設。孟孫既爲司寇,則不當又有司空。夫子既爲司空,不當又進爲司寇。而予謂不然者,據《春秋傳》臧孫紇爲司寇,夏父弗忌爲宗伯,皆非孟孫、叔孫兼官。且隱十一年羽父請殺桓以求太宰,是時羽父已掌兵柄,見爲司馬而尚求太宰,且不求司徒而求太宰,則太宰非兼官,且非司徒之兼官,抑可知矣。嘗讀《書大傳》,謂天子三公,皆六卿爲之,而分爲三等:一冢宰司徒,二宗伯司馬,三司寇司空。而三等之中又取每等之下者以爲名,故曰司徒公、司馬公、司空公,而其餘不然。世但知三公爲三官,而不知六卿皆公也。由此推之,則侯國三卿必仿其制,雖六卿皆備,而祇以三官爲名。抑或設冢宰時闕司徒,設司寇時闕司空,皆未可知。是六卿雖具而仍不礙爲三卿。天子之公與諸侯之卿,其制一也。若謂孔子祇初命大夫而非卿,則六官者,卿名也。六官在朝名官卿,在鄉名鄉卿,在軍即名軍卿。卿可名大夫,大夫不得名卿也。或者大國三卿,皆命於天子;次國三卿,二卿命於天子,一卿命於其君。魯本次國而夫子又異姓之卿,不必爲天子所命而命於魯君,則容有之。然魯君所命,歷有明據。《韓詩外傳》云:『孔子爲魯司寇,其命辭曰:宋公之子、弗甫何孫魯孔丘,命爾爲司寇。』此是命卿之辭,非命大夫之辭也。至謂侯國無大小卿,魯但有司寇,不當有大司寇,則又不然。《王制》侯國三卿俱有下大夫五人,其所云下大夫者即小卿也，所謂五人則《公羊》謂司徒二人，司空二人，司馬止一人，統爲五人。其以此爲舍中軍之解或未可信，然其爲小卿，則説同也。故崔氏《禮》注謂司徒以下有小宰、小司徒二人，司空以下有小司空、小司寇二人，惟司馬下衹小司馬一人，爲五人。是有小即有大，小者大夫，則大者卿矣。夫子爲司空或是小卿，故其進爲司寇則加大以别之。此正由大夫而進爲卿之明證。若謂夫子自稱從大夫後，則季氏何嘗非魯大夫乎？」周氏柄中《辨正》云：「《春秋》之例，大夫名見於經者，皆卿也。魯臧宣叔爲司寇，而經書『臧孫許及晉侯盟』，又書『臧孫許帥師』；其卒也，書『臧孫許卒』，則儼然卿矣。臧武仲爲司寇，而經書『臧孫紇出奔』，又儼然卿矣。卿則非小司寇，謂之大焉可矣。至於相，則當國執政之稱，執政必上卿而孔子以司寇當國，故謂之『攝』。如齊有命卿國、高而管仲以下卿執政，鄭有上卿子皮而子産以介卿聽政，是也。成十五年《公羊傳》云『臧宣叔者，相也』。宣叔爲司寇謂之爲相，此孔子攝行相事之證。或以爲攝夾谷之相者，非也。」○注「從魯」至「去也」○正義曰：《周禮・春官・大宗伯》「以脤膰之禮親兄弟之國」，注云：「脤膰，社稷宗廟之肉以賜同姓之國，同福禄也。」《説文》肉部云：「胙，祭福肉也。」僖公九年《左傳》云：「王使宰孔賜齊侯胙曰：天子有事於文武，使孔賜伯舅胙。」此「賜胙」之事也。燔與膰同，《説文》作「⿰炙番」，云：「宗廟火孰肉。《春秋傳》曰：『天子有事，⿰炙番焉以饋同姓諸侯。』」《詩・小雅・楚茨》正義云：「燔者，火燒之名；炙者，遠火之稱。以難熟者近火，易熟者遠之，故肝炙而肉燔。《生民》傳曰『傅火曰燔』，《瓠葉》傳曰『加火曰燔』，對遥炙者爲近火，故云『傅火』『加火』。❶燔其實亦炙，非炮燒之也。」傅火即膊炙，劉熙《釋名・釋飲食》云：「膊，

❶ 下「火」字，原作「之」，今從沈校據《毛詩注疏》阮校改。

迫也。薄椓肉迫著物使燥也。」迫著即近意。膊炙謂近而炙之，即傅火也。《考工記·廬人》「重欲傅人」，注云：「傅，近也。」傅、膊聲同義同也。引《詩》在《大雅·鳧鷖》第五章，毛傳皆以祭宗廟之明日，設禮以燕尸，故引以明宗廟之祭有燔肉。鄭氏以燔炙爲褻味，乃祀門户小神之用，趙氏所不取也。《史記·孔子世家》云：「齊陳女樂，季桓子微服往觀，怠於政事。子路曰：『夫子可以行矣。』孔子曰：『魯今且郊，如致膰乎大夫，則吾猶可以止。』桓子卒受齊女樂，三日不聽政，郊又不致膰俎於大夫，孔子遂行。宿乎屯，而師己送曰：『夫子則非罪。』」江氏永《鄉黨圖考》云：「《孔子世家》誅少正卯，三月大治，歸女樂，去魯適衛，皆敘於定公十四年，非也。考《十二諸侯表》及《魯世家》皆於定十二年書女樂去魯事，《年表》及《衛世家》皆於靈公三十八年書孔子來，禄之如魯。衛靈三十八年當魯定公十三年，蓋女樂事在十二、十三冬春之間，去魯實在十三年春。魯郊嘗在春，故經不書。」趙氏不用《史記》而言從魯君祭於宗廟，蓋以《春秋》書郊在定公十五年夏五月辛亥，時孔子已去魯也。趙氏佑《温故録》云：「郊本魯之僭，不當在常事得禮不書之例。魯蓋有時舉有時不舉，故經有書有不書。膰者，祭肉之名，不必獨以郊。」是也。賜大夫胙，禮也；不得燔肉，是君失賜胙之禮。知者與不知者所見略同，特一以肉一以禮，而皆歸過於君。乃孔子以不欲歸罪於君而自以微罪行，何也？燔肉不至於大夫，固君之疏，亦從祭者之不備也。我，亦從祭者，使君失賜胙之禮，凡從祭者均不能無過，則我黨皆有微罪，我亦不免於微罪，故以此罪行，爲聖人之妙旨也。趙氏此解從《史記》「夫子則非罪」一言悟入，蓋孔子當時臨行必自稱此罪，故師己曰「夫子則非罪」也。知與不知皆莫測夫子妙旨，故云「衆人不識」。閻氏若璩《釋地續》云：「去魯曰『遲遲吾行也』，正道路低回欲絶語。何故前此助祭反舍，未及税所著之冕輒行，以適他國，不幾悖悖乎？與『接淅』曷異乎？蓋孔子爲魯司寇，既不用其道，宜去一；燔俎又不至，宜去二。其去之之故，天下自知之。但孔子不欲其失純在君相，❶己亦帶有罪焉。其所爲有罪，即在『不税冕而行』一句。蓋冕原祭服，《禮》『大夫冕而祭於公』是。今也戴於道路間，尚非罪乎？故當時不知者以孔子爲爲肉，縱在知者亦以孔子爲爲無禮。乃孔子之意則欲以己不税冕之罪行，不欲爲苟去。『苟去』猶言徒去。空空而去，無己一點不是處，是爲徒去。樂毅《報燕王》尚云『忠臣去國，不潔其名』，況孔子乎？又《禮》『大夫士去國，不説人以無罪』，注云：『己雖遭放逐，不自以無罪解説於人，過則稱己也。』《史記·世家》師己送曰：『夫子則非罪。』觀此，似孔子當日自認一罪名而行，師己則送而解之。千載而下，猶可以情測云。」或云：以膰肉不至遂行，無乃太甚？此之謂「以微罪行」。魯人爲肉、爲無禮之議，正愜孔子微罪之心。

章指：言見幾而作，不俟終日。孔子將行，冕不及税；庸人不識，課以功實。淳于雖辨，終亦屈服，正者勝也。

---

❶「相」，原作「桓」，今據《四書釋地》及經解本改。

孟子正義卷二十五

江都縣鄉貢士焦循譔集

孟子曰：「五霸者，三王之罪人也；注五霸者，大國秉直道以率諸侯，齊桓、晉文、秦繆、宋襄、楚莊是也；三王，夏禹、商湯、周文王是也。疏注「五霸」至「楚莊是也」○正義曰：《白虎通·號》篇云：「五霸者，何謂也？昆吾氏、大彭氏、豕韋氏、齊桓公、晉文公也。昔三王之道衰而五霸存其政，率諸侯朝天子，正天下之化，❶興復中國，攘除夷狄，故謂之霸也。昔昆吾氏，霸於夏者也；大彭氏、豕韋氏，霸於殷者也；齊桓、晉文，霸於周者也。或曰：五霸謂齊桓公、晉文公、秦穆公、楚莊王、吴王闔閭也。霸者，伯也。行方伯之職，會諸侯，朝天子，不失人臣之義，故聖人與之，非明王之法不張。霸猶迫也，把也。迫脅諸侯，把持其政。《論語》曰：『管仲相桓公霸諸侯。』《春秋》曰：『公朝于王所。』於是知晉文之霸也。《尚書》曰：『邦之榮懷，亦尚一人之慶。』知秦穆之霸也。楚勝鄭而不告，從而攻之，又令還師而佚晉寇，圍宋，宋因而與之平，引師而去。知楚莊之霸也。蔡侯無罪而拘於楚，吴有憂中國心，興師伐楚，諸侯莫敢不至。知吴之霸也。或

❶「正」，原脱，今從沈校據《白虎通》補。

曰：五霸謂齊桓公、晉文公、秦穆公、宋襄公、楚莊王也。宋襄伐齊，不擒二毛，不鼓不成列，《春秋傳》曰：『雖文王之戰，不是過。』知其霸也。」毛氏奇齡《四書賸言》云：「《孟子》稱五霸，趙岐注齊桓、晉文、秦穆、宋襄、楚莊，此是漢儒之言。按，《荀子・王霸》篇齊桓、晉文、楚莊、吳闔閭、越勾踐謂之五霸。此戰國時所定，與後漢不同。故明盧東元謂『秦穆公用之而霸，此據《春秋傳》秦用孟明，遂霸西戎語，未霸中國』，此言良然。若丁公著以夏昆吾，商大彭、豕韋，合齊桓、晉文爲五霸，則於『桓公爲盛』，就當時盟會，較量優劣爲未合矣。」閻氏若璩《釋地三續》云：「崑山顧亭林炎武謂五伯有二：有三代之五伯，杜元凱注《左傳》成二年者是；有春秋之五伯，趙臺卿注《孟子》『五霸』章是。孟子止就東周後言之而以桓爲盛，如嚴安所謂周之衰三百餘歲而五伯更起者也。然亭林欲去宋襄而進句踐，亦未允。襄雖未成霸，然當時以其有志承桓，故並數爲五，有是稱謂云爾。豈惟趙氏？即董仲舒亦云然矣。仲舒云：『仲尼之門，五尺之童皆羞稱五伯。』夫惟宋襄輩在仲尼之前，故言『羞稱』。不然，句踐也霸且不出仲尼後哉？」按：趙氏以齊桓、晉文、秦穆、宋襄、楚莊爲五伯，本《春秋》說。○注「三王」至「是也」○正義曰：《白虎通・號》篇云：「三王者，何謂也？夏、殷、周也。《詩》云：『命此文王，于周于京。』此改號爲周，易邑爲京也。」《風俗通・皇霸》篇云：「《禮號謚記》說：『夏禹、殷湯、周武王，是三王也。』《尚書》說：『文王作罰，刑兹無赦。』《詩》說：『有命自天，命此文王。文王受命，有此武功。儀刑文王，萬國作孚。』《春秋》說：『王者孰謂？謂文王也。』按，《易》稱『湯武革命』。《尚書》：『武王戎車三百兩，虎賁八百人，擒紂於牧之野。惟十有三祀，王訪於箕子。』《詩》云：『亮彼武王，襲伐大商，勝殷遏劉，耆定爾功。』由是言之，武王審矣。《論語》：『文王率殷之叛國，以服事殷。』時尚臣屬，何緣便得列三王哉？」謹按：三王或列周武王或列周文王，故應氏並列二説而辨其宜列武王也。《白虎通》不言禹湯而專詳文王，正以禹湯稱王不待詳説。惟三王列文王不列武王，故引《詩》明文王即政立號也。趙氏列文王不列武王，蓋即本《尚書》説、《詩》説、《春秋》説，與《白虎通》同。閩、監、毛三本趙注作「周文武」，非是。**今之諸侯，五霸之罪人也；今之大夫，今之諸侯之罪人也。** 注 謂當孟子之時諸侯及大夫也。諸侯臣總謂之大夫。罪人之事，下別言之。**天子適諸侯曰巡狩，諸侯朝於天子曰述職。春省耕而補不足，秋省斂而助不給。入其疆，土地辟，田野治，養老尊賢，俊傑在位，則有慶，慶以地；入其疆，土地荒蕪，遺老失賢，掊克在位，則有讓。一不朝則貶其爵，再不朝則削其地，三不朝則六師移之。是故天子討而不伐，諸侯伐而不討。五霸者，摟諸侯以伐諸侯者也，故曰：五霸者，三王之罪人也。** 注 巡狩、述職皆以助人民。慶，賞也。養老尊賢，能者在位，賞之以地，益其地也。掊克不良之人在位則責讓之。不朝至三，討之以六師。移之，就之也。討者，上討下也；伐者，敵國相征伐也。五霸强，摟牽諸侯以伐諸侯，不以王命也，於三王之法乃罪人也。疏 注「慶賞」至「地也」〇正義曰：《爾雅·釋言》云：「慶，賀也。」《説文》貝部云：「賀，以禮相奉慶也。」「賞，賜有功也。」《詩·小雅·楚楚者茨》「孝孫有慶」，箋云：「慶，賜也。」《淮南子·時則訓》云「行慶賞」，高誘注云：「賞，賜予。」賞、慶皆訓賜，則「慶」即「賞」。《儀禮·士喪禮》注云：「賀，加也。」加亦益也，故趙氏以「賞」釋「慶」，又以「益」釋「賞」也。《禮記·王制》云：「有功德於民者，加地進律。」加地即賀以地，賀以地即慶以地也。閻氏若璩《釋地又續》云：「《王制》：『方千里者封方百里之國三十云云，名山大澤不以封，其餘以爲附庸閒田。』

『諸侯之有功者取於閒田以禄之，其有削地者歸之閒田。』則孟子所謂『慶以地』即於此一州之内也。故當其屢有所慶，天子不見其不足；或屢有所削，天子亦不見其有餘。蓋原在王畿千里外而天子初無所與焉。」○注「掊克」至「讓之」○正義曰：《毛詩·大雅·蕩》篇「曾是掊克」，傳云：「掊克，自伐而好勝人也。」孔氏正義云：「自伐解掊，好勝解克。定本掊作倍，倍即掊也。倍者，不自量度，謂己兼倍於人而自矜伐。《論語》云『願無伐善』是也。克者，勝也。己實不能，恥於受屈，意在陵物，必勝而已。如此者謂之克也。」箋云：「女曾任用是惡人，使之處位執職事。」「惡人」即「不良之人」。《音義》云：「掊，丁薄侯切，深也，聚斂也。」蓋謂深克朘民之人，與毛傳不同。段氏玉裁《説文解字注》云：「掊，❶杷也。《史》《漢》皆言『掊視得鼎』，師古曰：『掊，手杷土也。』《大雅》『曾是掊克』，定本掊作倍。《孟子》書亦作『掊克』，趙注但云『不良也』。毛意謂掊爲倍之假借字，掊有聚意，與捊音義近；有深取意，則不同捊。《毛詩釋文》云：『掊克，聚斂也。』此謂同捊也。《方言》曰：『掊，深也。』郭注云：『掊尅，深能。』以深釋掊，以能釋尅，此亦必古説，但皆非毛義。《方言》掊訓深，與許説合。」《國語·周語》云「刑不祭，伐不祀，征不享，讓不貢」，注云：「讓，譴責也。」○注「移之」至「命也」○正義曰：《吕氏春秋·義賞》篇云「賞重則民移之」，高誘注云：「移猶歸也。」《廣雅·釋詁》云：「就，歸也。」《荀子·大略》篇云「移而從所仕」，楊倞注云：「移，就也。」是「移之」即「就之」也。六師本在王畿，移而就此，是爲移之，即爲就之。李太青云：「不朝者三，則非方伯連帥能制其命，亦非折簡可致，故須

❶「掊」，原作「棓」，今據《説文解字注》改。

以天子六師移之。見先王武備之豫，紀律之臧，兵出於國都而此無徵發之勞，威行於侯服而彼無震驚之患，如以物加移之而已。作移易者，恐非。」《說文》言部云：「誅，討也。」「討，治也。」段氏玉裁《說文解字注》云：「發其紛糾而治之曰討，《秦風》傳云：『蒙，討羽也。』箋云：『蒙，尨也。討，雜也。畫雜羽之文於伐，故曰尨伐。』據鄭所言，則討者亂也。治討曰討，猶治亂曰亂也。《論語》『世叔討論之』，馬曰：『討，治也。』《學記》『古之學者，比物醜類』，醜或作討。凡言討論、探討，皆謂理其不齊者而齊之也。」侯國亂，天子治之，故討爲「上討下」之辭。上討下即上治下，《禮記·王制》云「畔者君討」是也。隱公四年「衛人殺州吁于濮」，《公羊傳》云：「其稱人何？討賊之辭也。」《白虎通·誅伐》篇云：「討猶除也。欲言臣當掃除弒君之賊也。」何氏本之。《曲禮》「馳道不除」，注云：「除，治也。」除賊亦治賊也。莊公二十九年《左傳》云「凡師有鐘鼓曰伐」，杜預《春秋釋例》云：「鳴鐘鼓以聲其過曰伐。」蓋諸侯奉王命以聲諸侯之罪，既伐之，當必告於王以治之；五霸不奉王命而牽摟諸侯以伐諸侯，所以爲三王之罪人。摟之爲牽，詳見前。五霸不上稟天子之命而以其命牽引諸侯，蓋伐之即專治之矣。

「五霸，桓公爲盛。葵丘之會諸侯，束牲載書而不歃血。初命曰：『誅不孝，無易樹子，無以妾爲妻。』再命曰：『尊賢育才，以彰有德。』三命曰：『敬老慈幼，無忘賓旅。』四命曰：『士無世官，官事無攝。取士必得。無專殺大夫。』五命曰：『無曲防，無遏糴，無有封而不告。』曰：『凡我同盟之人，既盟之後，言歸于好。』今之諸侯皆犯此五禁，故曰：今之諸侯，五霸之罪人也。**注**齊桓公，五霸之盛者也。與諸侯會于葵丘，束縛其牲，但加載書，不復歃血，言畏桓公，不敢負也。不得專誅不孝；樹，立也，已立世子，不得擅易也。不得立愛妾爲嫡也。尊賢養才，所以彰明有德之人。敬老愛小，恤矜孤寡，賓客羈旅勿忘忽也。仕爲大臣，不得世官，賢臣乃得世禄也；官事無攝，「無曠庶僚」也；取士必得賢，立之無方也；無專殺大夫，不得以私怒行誅戮也。無敢違王法而以己曲意設防禁也，無遏止穀糴，不通鄰國也，無以私恩擅有所封賞而不告盟主也。言歸于好，無搆怨也。桓公施此五命，而今諸侯皆犯之，故曰「罪人」也。疏「葵丘之會諸侯」○正義曰：閻氏若璩《釋地續》云：「春秋有二葵丘：一齊地，近在臨淄縣西，連稱、管至父所戍者；一宋地，司馬彪云：『陳留郡外黄縣東，有葵丘聚，齊桓公會此城中。』遠在齊之西南，故宰孔稱『齊侯西爲此會』也。」全氏祖望《經史問答》云：「葵丘有三：其一在齊，其一在陳留之外黄，其一在晉，見於《水經注》。然宰孔論桓公之盟以爲西略，則似非陳留之外黄也。答云：杜預以爲外黄。亦有以爲汾陰之葵丘者，而杜非之，以爲若是汾陰，則晉乃地主，夏會秋盟豈有不預之理？杜言亦近是。然愚則竊以爲宰孔明言西略，而以爲陳留，是仍東略也，則宜在汾陰。蓋當時之不服桓公者楚，而晉實次之，周惠王之言可驗也。故桓公特爲會於晉地以致之，亦霸者之用心也。」翟氏灝《考異》云：「《春秋》僖公九年九月戊辰，諸侯盟於葵丘。《左傳》：『齊侯盟諸侯於葵丘，曰：凡我同盟之人，既盟之後，言歸於好。』《穀梁傳》：『葵丘之盟，陳牲而不殺，讀書加於牲上，壹明天子之禁，曰：毋雍泉，毋訖糴，毋易樹子，毋以妾爲妻，毋使婦人與國事。』❶《管子·大匡》篇：『桓公問管仲何行？對曰：公内修政而勸民，可以信於諸侯矣。公許諾，乃弛關市之征，爲賦禄之制。既已，管仲請曰：問病臣，願賞而無罰，五年諸侯可令

❶「婦」，原作「國」，今從沈校據《四書考異》及《穀梁傳》改。

傳。公曰諾。既行之，又請曰：諸侯之君有行事善者，以重幣賀之；諸侯之臣有諫其君而善者，以璽問之，以信其言。公既行之，問管仲曰：將何行？對曰：君教諸侯爲民聚食，諸侯之兵不足者君助之發，如此則始可加之政矣。公既行之，又問管仲曰：何行？對曰：君會其君臣父子。公曰：會之道柰何？曰：諸侯毋專立妾以爲妻，毋專殺大臣，無國勞，無專予禄，士庶人毋專弃妻，毋曲隄，毋貯粟，毋禁材。行此卒歲，則始可以罰矣。君乃布之於諸侯，諸侯許諾，受而行之。管仲曰：可以加政矣。曰：從今以往二年，適子不聞孝，不聞愛其弟，不聞敬老國良，三者無一焉，可誅也；諸侯之臣及國事，三年不聞善，可罰也；君有過，大夫不諫，士庶人有善，而大夫不進，可罰也。桓公受而行之，近侯莫不請事，兵車之會六，乘車之會三，饗國四十有二年。』又《霸形》篇：『與楚王遇於召陵之上而令之曰：毋貯粟，毋曲隄，毋擅廢適子，毋置妾以爲妻。』按，《春秋》三傳無如《孟子》之詳。《管子·大匡》雖其文極參錯，而事語實相當。其云適子不聞孝者誅，即誅不孝也；云君有善者以幣賀之，臣有善者以璽問之，即尊賢育才，以彰有德也；云愛其弟、敬老國良，即敬老慈幼也；云弛關市之征及問病臣，即無忘賓旅也；云爲賦禄之制，即士無世官，官事無攝也；云士庶人有善不進者罰，即取士必得也；云無國勞，毋專予禄，即無有封而不告也；餘如無易樹子，無以妾爲妻，無專殺大夫，無曲防，無遏糴，更較然著同文矣。其曰既行之又請云云，又問云云，亦與《孟子》初命至五命相值。」謹按：《孟子》五命，乃葵丘之會所命次弟如此，與《管子》不同。○注「束縛」至「負也」○正義曰：毛氏奇齡《經問》云：「問：《孟子》『葵丘之會諸侯，束牲載書而不歃血』，載書謂載其盟書於牲上也。趙岐注有曰：『但加載書，不復歃血。』則既載而又加，不其複與？曰：載非加也。載書者，盟載書也。《周禮·司盟》『掌盟載之法』，謂盟有載事，因而爲書，其法則殺牲取血，坎其牲而加書於上以埋之。故《左傳》襄十六年伊戾誣太子痤與客盟，❶謂『坎用牲加書』是也。《穀梁傳》云：『葵丘之會，陳牲而不殺，讀書加於牲上，壹盟天子之禁。』此加字並不訓載字。然猶恐相混不分別，故趙氏云『但加載書』，則瞭然矣。蓋載書有用牲者，有不用牲者。襄九年『鄭與晉盟，晉士莊子爲載書，荀偃曰：改載書』。此用牲者也。若襄十年『鄭子孔當國，爲載書，以位序聽政辟』，則但作書以示諸侯受職聽訟之法，此時未嘗用牲也。又襄二十三年『臧武仲據防出奔，季孫召外史掌惡者而問載書之首章』，則逐臣示戒，當用牲乎？然則用牲曰載，不用牲亦曰載。牲且無有，加於何所？故曰載者，事也，非加也。此明著者也。」閻氏若璩《釋地又續》云：「襄九年『晉士莊子爲載書』，杜注：『載書，盟書也。』《周禮·司盟》『掌盟載之法』，注云：『載盟辭也。盟者書其辭於策，殺牲取血，坎其牲，加書於上而埋之，謂之載書。』可見載書二字是實字，非如今人解以載爲加。趙氏注『束縛其牲，但加載書，不復歃血』，得之矣。」毛氏、閻氏二説略同，蓋以趙氏「但加載書」解爲但加盟書也。按：趙氏解經之例，每以疊字爲訓。《説文》車部云：「載，乘也。」《淮南子·氾論訓》云「彊弱相乘」，高誘注云：「乘，加也。」是載之訓爲加。趙氏疊「加載」二字，即以加釋載；猶疊「束縛」二字，即以縛釋束。「但加載書」謂但加載此書，非謂但加此載書也。若載不訓加，第是盟書，則經稱「束牲盟書」爲不辭，趙氏加字爲無涉於經文矣。《秋官·司盟》「掌盟載之法」，注云：「載盟辭也。」四字爲句，謂經言盟載，是載此盟辭也，非是以盟辭

❶「十六」，按事在二十六年，參沈校。

解載字。下云「盟者書其辭於策」，此解盟字。則盟字即《孟子》此文之「書」字。下云「殺牲取血，坎其牲，加書於上而埋之，謂之載書」，此解載字。書辭於策爲「盟」，即爲「書」；加載於牲上爲「載書」，即爲「盟載」。鄭注甚明。賈氏疏云：「載者，正謂以牲載此盟書於上，故謂之載也。」趙氏此注與《穀梁傳》同，與鄭氏注亦同。毛氏、閻氏未識趙氏疊字爲訓之例，亦未識鄭氏注《司盟》之義，而謂趙氏不以載爲加，失之甚矣。莊公二十七年《穀梁傳》云：「衣裳之會十有一，未嘗有歃血之盟也，信厚也。」注云：「十三年會北杏，十四年會鄄，十五年又會鄄，十六年會幽，二十七年又會幽，僖元年會檉，二年會貫，三年會陽穀，五年會首戴，七年會甯毋，九年會葵丘。」僖公九年《傳》云「葵丘之盟，陳牲而不殺」，注云：「所謂無歃血之盟。鄭君曰：『盟牲，諸侯用牛，大夫用豭。』」楊氏疏云：「衣裳之會皆不歃血，而此會獨言之者，以此會桓德極盛，故詳其事實，餘盟亦不歃血耳。八年洮會云『洮血與鄭伯』者，彼兵車之會故也。徐邈云：『陳牲者，不殺埋之，陳示諸侯而已。加於牲上者，亦謂活牲，非死牲。』」此「不歃血」之事也。○注「不得專誅」至「易也」○正義曰：孔本作「得專誅不孝」，毛氏汲古閣本作「不得專誅不孝」。依毛本則與經文「誅不孝」似相戾，宜孔本是也。乃既云「得專誅不孝」，又云「已立世子，不得擅易」，如當時晉殺其世子申生，固以歸胙於公而寘毒也，以歸胙寘毒殺，即以不孝誅矣。夫已立之世子將廢立之，必以不孝爲之罪，然則「誅不孝」「無易樹子」二事，殊相牴牾。蓋趙氏以「誅不孝無易樹子」七字作一句，謂子之不孝者當誅，但已立爲世子，不得以其不孝而專誅而擅易之，須公論而後誅之。《方言》云：「樹，植立也。燕之外郊，朝鮮、洌水之間，凡言置立者謂之樹植。」僖公三年《公羊傳》云「無易樹子」，注云：「樹，立也。」趙氏與之同。「不得擅易」，然則世子誠不孝，亦當白之天下公論誅之。「無易樹子」是無「擅易」樹子，則誅不孝亦是公誅不孝，公誅不孝即是「不得專誅不孝」也。桓公命諸侯不可云「毋專誅不孝」，亦不可云「毋易不孝之樹子」，故爲互辭。趙氏探其指，一云「不得專誅」，一云「不得擅易」，實能斡旋經文而彌縫其闕隙也。且實能禁當時假不孝之名以擅易樹子也。○注「尊賢」至「之人」○正義曰：《爾雅·釋詁》云：「育，養也。」彰與章同。《書·堯典》云「平章百姓」，鄭氏注云：「章，明也。」○注「敬老」至「忽也」○正義曰：《賈子·道術》篇云：「親愛利子謂之慈。」《周禮·地官·大司徒》「以保息六養萬民，一曰慈幼」，注云：「慈幼，謂愛幼少也。」其「二曰養老，三曰振窮」，注云：「窮者有四：曰矜，曰寡，曰孤，曰獨。」此命言敬老慈幼，故趙氏連類言「恤矜孤寡」也。《説文》心部云：「忽，忘也。」○注「仕爲」至「僚也」○正義曰：《大戴禮·千乘》篇云：「凡事尚賢進能，使知事爵不世，能官之不愆。」孔氏廣森《補注》云：「古者有世禄無世位，故《春秋》譏尹氏也。大夫不世。苟有能者，必官之，無失人。」《書·臯陶謨》云：「無曠庶官。」僚亦官也。王肅注云：「不可不得其人也。」曠之言空，不得其人則空虚其職。《論語·八佾》篇「管氏官事不攝」，包氏注云：「禮，國君事大，官各有人，大夫并兼事。」大而兼攝之則必空曠其事，故引《書》文以明之也。○注「無敢」至「禁也」○正義曰：《管子》兩言「無曲隄」，然則防即隄也。謂曲設隄防以障遏水泉，使鄰國受水旱之害。趙氏言「曲意設防禁」，則虚指王法而言，謂王法所不禁而曲意以禁之，是爲違王法。《周禮·秋官·序官》「使帥其屬而掌邦禁」，注云：「禁，所以防姦者也。」故以「防」爲「禁」也。然隄爲防之正訓，僖公三年《公羊傳》云：「桓公曰：『無障谷，無貯粟，無易樹子，無以妾爲妻。』」障谷即曲防也。何氏注云：「無障斷川谷，專水利也。」蓋所以障之者，防也。僖公九年《穀梁傳》則云「毋雍泉」，注云：

「專水利以障谷。」此以《公羊傳》之障谷解壅泉。所以壅之者，防也。閻氏若璩《釋地續》云：「漢賈讓奏言：『蓋隄防之作，近起戰國，雍防百川，各以自利。齊與趙魏以河爲竟，趙魏瀕山，齊地卑下，作隄去河二十五里，河水東抵齊隄，則西泛趙魏。趙魏亦爲隄去河二十五里，則是河水西抵趙魏隄，亦東泛齊矣。』夫曰近起戰國，豈非葵丘既會，申明天子之禁，諸侯猶有所憚而不敢爲；至七雄地大勢專，人人得自爲鯀而不難以鄰國爲壑也。」○注「無以私」至「主也」○正義曰：僖公二年「城楚丘」，《左傳》云：「諸侯城楚丘而封衛焉。」《公羊傳》云：「曷爲不言桓公城之？不與諸侯專封也。諸侯之義不得專封。」此言「不得專封」，謂不待天子之命而桓公自封之。此五命之告若指告天子，則桓公封衛轉是自犯其禁矣。故趙氏以爲不告盟主。此五霸之盛，亦即五霸所以爲三王之罪人也。其後十四年城緣陵以遷杞，宣公十一年楚莊王封陳，皆自以爲盟主得專封也。衛、杞、陳皆亡滅而復封，存亡繼絶，即示私恩。其成公十八年「伐宋彭城」，《公羊傳》云：「魚石走之楚，楚爲之伐宋，取彭城，以封魚石。楚已取之矣，曷爲繫之宋？不與諸侯專封也。」昭公四年《公羊傳》云：「慶封走之吴，吴封之於防。然則曷爲不言伐防？不與諸侯專封也。」襄公二十八年《左傳》云：「慶封奔吴，吴句餘予之朱方。」昭公四年《左傳》云「使屈申圍朱方」，注云：「朱方，吴邑，齊慶封所封也。」然則「防」即朱方。徐氏《公羊傳》疏云：「慶封往前已封於防爲小國，楚取宋邑封魚石，吴以己邑封慶封，與齊桓封衛、楚莊封陳異，而同爲以私恩擅封，故《公羊傳》於楚丘、緣陵、彭城、防皆以『專封』言之也。」閻氏若璩《釋地續》云：「郝京山解『無曲防』三句，以《周禮·大宗伯》『以凶禮哀邦國之憂』分配之。曰：『以喪禮哀死亡，即有封必告也。封必告，死葬相助也。』又曰：『封與窆同。窆，悲驗切，葬下棺也。《禮記》縣棺而封是。』

凡諸侯告薨則同盟皆弔，五月而葬則同盟皆會。此獨言葬者，葬則有賵有賻有贈有襚。《春秋》天王葬且不會，如武氏子來求賻之類，友邦可知矣。「無不告」者，告則會也。封建，大事，豈贅之末簡？「無不」者，甚多之辭。命與恤災同，其爲死葬甚明也。』余謂《左傳》『諸侯城楚丘而封衛焉』，《國語》『翟人攻邢，桓公築夷儀以封之』，何嘗無封國？第少耳。『無不者，甚多之辭』，妙。蓋三者皆屬交鄰國之事，無尊王在內，解自勝。」**長君之惡，其罪小；逢君之惡，其罪大。今之大夫皆逢君之惡，故曰：今之大夫，今之諸侯之罪人也。」**注君有惡命，臣長大而宣之，其罪在不能距逆君命，故曰小也。逢，迎也。君之惡心未發，臣以諂媚逢迎而導君爲非，故曰罪大。今諸侯之大夫皆逢君之惡，故曰「罪人」也。疏注「君有」至「小也」○正義曰：「君有惡命」即上云「犯此五禁」者也。《音義》云：「長，張丈切。丁又如字。」兩讀皆有大義。《呂氏春秋·本味》篇云「長澤之卵」，高誘注云：「長澤，大澤。」此長如字也。《諭大》篇云「萬夫之長」，高誘注云：「長，大也。」此長張丈切也。長通張，《詩·大雅·韓奕》「孔修且張」，傳云：「張，大也。」《禮記·樂記》云「長言之也」，注云「長言之，引其聲也」。《國語·周語》云：「宣，所以施教也。」謂張施其命而徧布之。故以「大」釋「長」，又以「宣」申明之。「距逆」此惡命，則不敢施行於外。趙氏蓋讀長如字而爲張大之義也。○注「逢迎」至「罪大」○正義曰：《方言》云：「逢、逆，迎也。自關而東曰逆，自關而西或曰迎或曰逢。」趙氏所本也。《荀子·修身》篇云：「以不善先人者謂之諂。」《莊子·漁父》篇云：「希意道言謂之讇。」《鬼谷子·權》篇云：「諂，先意承欲者也。」讇，古諂字。君心之惡未發而臣先其意導之，所謂「以不善先人」也，❶所謂「希意道言」也。襄公三年《左傳》云「稱其讎，不爲諂」，注云：「諂，媚也。」君先有意而臣張布之，是順從也；君未有意而臣先導之，是迎合也。故以「迎」訓「逢」，又以「諂媚」申明之，又以「導」字申明之。

章指：言王道寖衰，轉爲罪人。孟子傷之，是以博思古法，匡時君也。

魯欲使慎子爲將軍。孟子曰：「不教民而用之，謂之『殃民』。殃民者，不容於堯舜之世。一戰勝齊，遂有南陽，然且不可。」注慎子，善用兵者。不教民以仁義而用之戰鬬，是使民有殃禍也。堯舜之世皆行仁義，故好戰殃民者不能自容也。就使慎子能爲魯一戰取齊南陽之地，且猶不可。山南曰陽。岱山之南，謂之南陽也。疏注「慎子善用兵者」○正義曰：《荀子·解蔽》篇云：「慎子蔽於法而不知賢。」《天論》篇云：「慎子有見於後，無見於先。」《非十二子》篇云：「尚法而無法，下修而好作。上則取聽於上，下則取從於俗。終日言成文典，及紃察之，則倜然無所歸宿，不可以經國定分。然而其持之有故，其言之成理，足以欺惑愚蒙，是慎到、田駢也。」《莊子·天下》篇云：「不顧於慮，不謀於知。於物無擇，與之俱往。古之道術有在於是者，彭蒙、田駢、慎到聞其風而悅之。」又云：「慎到棄知去己，而緣不得已，泠汰於物，以爲道理。」《史記·孟子列傳》云：「白騶衍與齊之稷下先生，如淳于髡、慎到、環淵、接子、田駢、騶奭之

❶「謂」，原作「爲」，今據文義改。

徒，各著書言治亂之事，以干世主。慎到，趙人。學黃老道德之術，因發明序其指意，故慎到著《十二論》。」徐廣云：「今《慎子》。」張守節《正義》云：「《慎子》十卷在法家，則戰國時處士。」《漢書・藝文志》法家者流有「《慎子》四十二篇，名到。先申韓，申韓稱之」。到與孟子同時，此慎子宜即是到。乃《史》但言其學黃老，爲法家者流，不當使爲將軍，故趙氏不以爲到，而以其使爲將軍，則以爲「善用兵者」耳。○注「是使民有殃禍也」○正義曰：《說苑・君道》篇云：「殃者，禍之先者也。」○注「就使」至「陽也」○正義曰：「山南曰陽」，僖公二十八年《穀梁傳》文。閻氏若璩《釋地》云：「《左傳》『晉於是始啓南陽』，杜注：『在晉山南河北，故曰南陽。』余謂即今太行山之南，河内、濟源、修武、温縣地。《孟子》『遂有南陽』，趙注：『山南曰陽，岱山之南謂之南陽也。』余謂史稱泰山之陽則魯，其陰則齊。南陽屬齊，必齊之地深插入魯界中者。魯故欲一戰有之。二南陽所指各不同。」全氏祖望《經史問答》云：「問『遂有南陽』。按，晉之南陽易曉，而齊之南陽僅一見於《公羊傳》所云『高子將南陽之甲以城魯』，一見於《國策》所云『楚攻南陽』。閻百詩以爲泰山之陽本是魯地，特久爲齊奪者，似得之。而先生以爲南陽即汶陽，其説果何所據？答云：此以《漢・地志》及《水經》合之《左傳》，便自了然。蓋山南曰陽，是南陽所以得名也；水北曰陽，是汶陽所以得名也。春秋之世，齊魯所爭莫如南陽。隱桓之世，以許田易泰山之祊，是南陽尚屬魯。及莊公之末，則已似失之，故高子將南陽之甲以城魯。然僖公猶以汶陽之田賜季友，則尚未盡失。而《魯頌》之祝之以『居嘗與許』，嘗亦南陽之境，蓋大半入齊矣。自成公以後則盡失之。蓋汶水出泰山郡之萊蕪縣，西南過嬴縣，桓三年公會齊侯於嬴者也。又西南過牟縣，牟，故魯之附庸也。又東南流逕泰山，又東南流逕龜陰之田，即《左氏》定十年齊所歸也。又東南流逕明堂，又西南流逕徂徠山，又南流逕陽關，即《左氏》襄十七年逆臧孫之地。又南逕博縣，即《左氏》哀十一年會吴伐博者也。又南逕龍鄉，即《左氏》成二年齊侯圍龍者也。又南逕梁父縣之菟裘城，《左氏》隱十一年所營也。又西南過剛縣，漢之剛乃春秋之闡，其西南則汶陽之田。又西南則棘，《左氏》成三年所圍也。又西南爲遂，《左氏》莊十三年齊所滅也。又西南爲下讙，《左氏》桓三年齊侯送姜氏之地。又西南爲郈，則叔孫氏邑。又西南爲平陸。按，《左氏》鄆、讙、龜陰、陽關，皆齊魯接境地，通而言之，皆汶陽之田，而皆在泰山之西南，汶水之北，則汶陽非即南陽乎？故慎子欲争南陽，亦志在復故土，孟子則責其不教民而用之耳。」**慎子勃然不悦，曰：「此則滑釐所不識也。」**注 滑釐，慎子名。不悦，故曰：我所不知此言何謂也？疏 注「滑釐慎子名」○正義曰：趙氏以慎子自稱「滑釐不識」，則滑釐是慎子之名。慎子名滑釐，故不以爲到也。按：釐與來通，《詩・周頌・思文》「貽我來牟」，《漢書・劉向傳》作「飴我釐麰」是也。《爾雅・釋詁》云：「到，至也。」《禮記・樂記》云「物至知知」，注云：「至，來也。」到與來爲義同。然則慎子名滑釐，其字爲到與？與墨子之徒禽滑釐同名。或以慎子即禽滑釐，或以慎子師事禽滑釐，稱其師滑釐不識，皆非是。**曰：「吾明告子。天子之地方千里，不千里不足以待諸侯；諸侯之地方百里，不百里不足以守宗廟之典籍。周公之封於魯爲方百里也，地非不足，而儉於百里；太公之封於齊也亦爲方百里也，地非不足也，而儉於百里。今魯方百里者五。子以爲有王者作，則魯在所損乎？在所益乎？徒取諸彼以與此，然且仁者不爲，況於殺人以求之乎？**注 孟子見慎子不悦，故曰「明告子」。天子諸侯地制如是。諸侯當來朝聘，故言「守宗廟典籍」，謂先祖常籍，法度之文也。

周公、太公地尚不能滿百里，儉而不足也。後世兼侵小國，今魯乃五百里矣。有王者作，若文王、武王者，子以爲魯在所損之中邪，在所益之中也？言其必見損也。但取彼與此爲無傷害，仁者尚不肯爲，況戰鬬殺人以求廣土地乎？

疏 注「諸侯」至「文也」○正義曰：上言「不足以待諸侯」謂朝覲聘問，備其燕享賜予之禮，故此「宗廟典籍」趙氏即舉「諸侯朝聘」言也。其實天子諸侯所用多矣，不止是也。《爾雅·釋詁》云：「典，常也。」故以「典籍」爲「常籍」。《説文》竹部云：「籍，簿書也。」《周禮·秋官·小行人》「掌邦國賓客之禮籍」，注云：「禮籍，名位尊卑之書。」孫炎注《爾雅》云：「典，禮之常也。」《國語·周語》云「省其典圖形法」，注云：「典，禮也。」《儀禮·士昏禮》云「吾子順先典」，注云：「典，法也。」然則「典籍」即禮籍，禮籍爲名位尊卑之書，即是「法度之文」。典籍受之天子，傳自先祖，藏諸宗廟。「宗廟之典籍」即先祖之典籍也。以先祖爲「宗廟」，猶後世稱先君爲「某廟」也。《説文》丌部云：「莊都説：典，大册也。」則典籍猶言册籍。○注「周公」至「損也」○正義曰：《説文》人部云：「儉，約也。」《淮南子·主術訓》「所守甚約」，高誘注云：「約，少也。」趙氏以「儉」爲少，故以爲「不能滿」。毛氏奇齡《四書賸言》云：「《孟子》『天子之地方千里，諸侯皆方百里』，其地字《王制》改作田字，田即地也。但地有山林、川澤、城郭、宮室、陂池、涂巷種種，而田則無有，故田較之地則每里減三分之一，是地有千里者，田未必有千里矣。既云班禄，禄出於田，當紀實數，焉得以三分減一之地而强名千里？漢後儒者所以不能無紛紛也。不知孟子所云『地』字亦只是『田』字。『魯欲使慎子爲將軍』章『周公之封於魯也爲方百里也，地非不足也，而儉於百里』，又曰『不百里，不足以守宗廟之典籍』，則較量千百，惟恐不足，當必是實數可知。而按其上文，仍是地字，固知地即田耳。」顧氏棟高《春秋大事表》云：

「伯禽初封曲阜，《漢書·地理志》云：『成王以少皞之墟曲阜封周公子伯禽爲魯侯。』今爲山東兖州府曲阜縣。後益封奄。隱二年入極，十年敗宋師于菅，辛未取郜，辛巳取防，僖十七年滅項，三十三年伐邾取訾婁，文十年伐邾取須句，宣四年伐莒取向，宣九年取根牟，十年伐邾取繹，成六年取鄟，襄十三年取邿，二十一年邾庶其以漆、閭丘來奔，昭元年伐莒取鄆，四年取鄫，五年莒牟夷以牟婁及防兹來奔，十年伐莒取郠，三十一年邾黑肱以濫來奔，哀二年伐邾取漷東田及沂西田，三年城啓陽，哀十七年越使后庸來言邾田，二月盟於平陽。平陽在兖州府鄒縣西南，本邾邑，爲魯所取。魯在春秋，實兼九國之地。極、項、鄟、邿、根牟，魯所取也。向、須句、鄫、鄅，則邾、莒滅之而魯從而有之者也。余讀隱五年『公矢魚于棠』《傳》曰：『非禮也，且言遠地也。』哀十四年『西狩獲麟』，歐陽子曰：『西狩言遠也。』余往來京師，親至兖州魚臺縣，訪隱公觀魚處，詢之土人，云『距曲阜不二百里』。又北至汶上，爲齊魯接界，俱計日可到，其西南則宋、鄭、衛及邾、莒、杞、鄫諸國地，犬牙相錯。時吞滅弱小，以自附益。祊益之鄭，防取之宋，須句取之邾，向、鄫取之莒，而邾則空其國都，致邾衆退保嶧山，與莒爭鄆無休日。逮晉文分曹地，則有東昌府濮州西南。而越既滅吴，與魯泗東方百里，地界稍稍擴矣。」**君子之事君也，務引其君以當道，志於仁而已。」**注言君子事君之法，牽引其君以當正道者，仁也。志仁而已，欲使慎子輔君以仁。疏注「牽引其君」○正義曰：《説文》牛部云：「牽，引前也。」是「引」即「牽」也。

章指：言招攜懷遠，貴以德禮；及其用兵，廟勝爲上，戰勝爲下。明賤戰也。疏「招攜」至「戰也」○正義曰：僖公七年《左傳》云：「招攜以禮，懷遠以德。德禮不易，無人不懷。」注云：「攜，離也。」周氏廣業《孟子章指考證》作「義勝爲上」，云：「古本義作廟，孔、韓同。」按：《管子・霸形》篇：「霸王之形，德義勝之，智謀勝之，兵戰勝之。」《孫子》云：「夫未戰而廟勝者，得算之多者也。」二字俱有所本，從義爲長。《漢書》趙充國奏「留田便宜」曰：「帝王之兵，以全取勝，是以貴謀而賤戰。」

孟子曰：「今之事君者皆曰：『我能爲君辟土地，充府庫。』今之所謂良臣，古之所謂民賊也。 注辟土地，侵鄰國也；充府庫，重賦斂也。今之所謂良臣者，於古之法爲民賊。傷民，故謂之賊也。疏注「傷民故謂之賊也」○正義曰：《荀子・脩身》篇云：「害良曰賊。」《楚辭・沈江》云「覽私微之所傷」，注云：「傷，害也。」傷民即害良也。**君不鄉道，不志於仁，而求富之，是富桀也。** 注爲惡君聚斂以富之，爲富桀也。謂若夏桀也。**『我能爲君約與國，戰必克。』今之所謂良臣，古之所謂民賊也。** 注連諸侯以戰，求必勝也。**君不鄉道，不志於仁，而求爲之强戰，是輔桀也。** 注説與上同。**由今之道，無變今之俗，雖與之天下，不能一朝居也。」** 注今之道非善道。今之世俗漸惡久矣，若不變更，雖得天下之政而治之，不能自安一朝之間居其位也。疏注「今之」至「位也」○正義曰：道爲「道德」之道，上云「君不鄉道」是也。道之訓亦爲行，今之道猶云今之行。《國語・周語》云「由是第之」，韋昭注云：「由，從也。」一人行之，人人從之，則爲俗。《廣雅・釋詁》云：「漸，漬也。」謂漬染而成惡俗也。《太玄・玄衝》云「更變而共笑」，是變爲更改，謂更改其害良而志於仁也。《禮記・樂記》云「居吾語汝」，注云：「居猶安坐也。」「不能一朝居」即是不能一朝安，謂其危亡之速也。陳氏説書云：「與之天下，不能一朝居，何也？其國雖富强而民心先已失。孟子之言，至於秦而驗矣。」

章指：言善爲國者，以藏於民；賊民以往，其餘何觀？變俗移風，非樂不化；以亂濟民，不知其善也。疏「變俗移風非樂不化」○正義曰：《孝經》「廣要道」章第十一云：❶「移風易俗，莫善於樂。」

白圭曰：「吾欲二十而取一，何如？」注白圭，周人也。節以貨殖，欲省賦利民，使二十而税一。

疏注「白圭」至「税一」○正義曰：《史記·貨殖列傳》云：「白圭，周人也。當魏文侯時，李克務盡地力而白圭樂觀時變，故人棄我取，人取我與。能薄飲食，忍嗜欲，節衣服，與用事僮僕同苦樂，趨時若猛獸摯鳥之發。故曰：『吾治生產猶伊尹呂尚之謀，孫吴用兵，商鞅行法是也。』蓋天下言治生祖白圭。」趙氏以《孟子》白圭即此人也。閻氏若璩《釋地續》云：「《史記·貨殖傳》，此一白圭也，圭其名；《孟子》白圭，此一白圭也，其名丹，圭則字爾。先後殊不同時，趙氏傅會爲一人，吾嘗斷之曰此兩人也。《韓非》書『白圭相魏』，鄒陽書『白圭戰亡六城，爲魏取中山』，又『白圭顯於中山，中山人惡之魏文侯，文侯投以夜光之璧』。魏拔中山在文侯十七年癸酉，下逮孟子乙酉至梁，凡七十三年。縱存，尚能爲國築隄防、治水害乎？」毛氏奇齡説與閻氏

❶「章」，原無，今據全書文例補。

同。全氏祖望《經史問答》云：「宋人鮑彪已嘗言之。但魏人當昭王時，是孟子之後輩，見《國策》。不知潛丘何以不引及？鮑彪謂當是孟子所稱者。」周氏廣業《孟子時地出處考》云：「閻百詩、毛初晴並言有兩白圭，今考《韓非子》有云：『白圭之行隄也，塞其穴，故無水難。』《吕氏春秋》載白圭與惠施析辯二條，《新序》有孟嘗君問白圭之文，則其爲别一人，似無可疑。乃《史》又稱白圭自言『吾治生產，猶商鞅行法』，則正與孟子同時。《戰國策》昭王時白圭始見，而拔中山者言樂羊不言白圭，《史》及鄒陽之説又恐誤以武侯爲文侯。」

孟子曰：「子之道，貉道也。萬室之國一人陶，則可乎？」注 貉，夷貉之人，在荒服者也。貉之稅，二十而取一。萬家之國使一人陶瓦器，則可乎？以此喻白圭所言也。疏 注「貉夷」至「服者也」○正義曰：《説文》豸部云：「貉，北方貉豸種也。」《周禮・夏官・職方氏》「辨其邦國都鄙、四夷、八蠻、七閩、九貉、五戎、六狄之人民」，鄭司農云：「北方曰貉、狄。」《書・禹貢》云：「五百里荒服，三百里蠻，二百里流。」胡氏渭《禹貢錐指》云：「單言蠻則爲四裔之通稱。蠻在荒服，知貉即在荒服也。」○注「使一人陶瓦器則可乎」○正義曰：《考工記》云「摶埴之工二陶旊」，注云：「摶之言拍也。埴，黏土也。」《吕氏春秋・慎人》篇云「陶於河濱」，高誘注云：「陶，作瓦器。」**曰：「不可，器不足用也。」**注 白圭曰：一人陶則瓦器不足以供萬室之用也。**曰：「夫貉，五穀不生，惟黍生之。無城郭宫室宗廟祭祀之禮，無諸侯幣帛饔飧，無百官有司，故二十取一而足也。**注 貉在北方，其氣寒，不生五穀。黍早熟，故獨生之也。無中國之禮，如此之用，故可二十取一而足也。疏 注「貉在」至「之也」○正義曰：程氏瑶田《通藝録・九穀考》云：「黍之不黏者，其熟最疾。播在黏者之後，穫在黏者之前。孟子曰：『夫貉，五穀不生，惟黍生之。』以貉地生物之氣，時日最短，故必中土熟之最疾者，播乃有秋。然則孟子之所謂黍，蓋黍之不黏者乃謂穄也。❶《後漢書・烏桓列傳》：『其土地宜穄。』《三國志・烏丸傳》注引王沈《魏書》：『烏丸地宜青穄。』《唐書・北狄傳》：『奚稼多穄。』奚即烏桓也。烏桓地東連鮮卑，其西爲匈奴，又西爲烏孫。匈奴、烏孫當中土之正北，地極寒。《漢書・匈奴傳》云：『居於北邊，逐水草遷徙，無城郭常居耕田之業。』雖於屠貳師之年云『年稼不熟』，顔師古以爲『亦種黍穄』，❷實則以畜牧爲事，故自君王以下咸食畜肉耳。又按，《匈奴傳》孝文帝時以匈奴處北，殺氣早降，詔遺單于秫糵金帛綿絮。武帝時，單于遺書，欲取稷米五千斛。亦可見其不事農業，即黍穄亦未必能生矣。烏桓諸國在匈奴東，地氣稍暖，故能生穄。吾疑其地殆即孟子所謂貉與？且貉亦非盡不生五穀者也。貉之地甚廣也。《周官・職方氏》所掌有九貉，《鄭志》答趙商問云『在東方』。《漢書・高帝紀》有北貉，而《戰國策》蘇秦説秦惠王曰：『大王之地，北有胡、貉、代馬之用。』又可見貉地亘秦之北皆是矣。謂可致其物以爲用，其非以貉爲界又可知。《後漢書》『句驪』亦名『貊耳』，是貉之一國，亦必非不生五穀之貉也。又載諸國在鮮卑東者皆言其宜五穀。然則五穀不生之貉，居貊耳、鮮卑之西北，所謂『烏桓宜穄』，『奚稼多穄』之地無疑矣。」《説文》：『黍，禾屬而黏者也。以大暑而種，故謂之黍。孔子曰：「黍可爲酒，禾入水也。」』『穈，穄也。』『穄，穈也。』按，《説文》以禾況黍，謂黍爲禾屬而黏者，非謂禾爲黍屬而不黏者也。是故禾

---

❶ 「乃」，原作「所」，今從沈校據《九穀考》改。

❷ 「古」下，原衍「曰」字，今從沈校據《九穀考》删。

屬之黏者黍，則禾屬而不黏者穈。對文異，散文則通稱。經傳中見黑穈、白穈、黄穈、赤穈，不見黑穈、白穈、黄穈、赤穈，以是知散文通稱黍也。飯用米之不黏者，黏者釀酒及爲餌餈酏粥之屬，故簠簋實穈爲之以供祭祀，故又異其名曰穄。黍之不黏者獨有異名，祭尚黍也。」**今居中國，去人倫，無君子，如之何其可也？陶以寡且不可以爲國，況無君子乎？欲輕之於堯舜之道者，大貉小貉也；欲重之於堯舜之道者，大桀小桀也。」**注今之居中國，當行禮義，而欲效夷貉無人倫之敍，無君子之道，豈可哉？陶器者少，尚不可以爲國，況無君子之道乎？堯舜以來什一而税，足以行禮，故以此爲道。今欲輕之，二十税一者，夷貉爲大貉，子爲小貉也；欲重之，過什一，則夏桀爲大桀，子爲小桀也。疏注「無君子之道」○正義曰：趙氏以「去人倫」「無君子」爲一事。去人倫則舉國不知禮義，皆小人而無君子矣。故言「無君子之道」，謂「無君子」者，「無君子之道」也。近時通解以「君子」即指百官有司。○注「堯舜」至「桀也」○正義曰：宣公十五年《公羊傳》云：「古者什一而籍。古者曷爲什一而籍？什一者，天下之中正也。多乎什一，大桀小桀；寡乎什一，大貉小貉。」注云：「蠻貉無社稷宗廟、百官制度之費，税薄。」何氏本《孟子》注《公羊傳》，趙氏即本《公羊傳》注《孟子》。徐氏疏云：「夏桀無道，重賦於人。今過什一，與之相似。若十取四五，則爲桀之大貪；若取二三，則爲桀之小貪。若十四五乃取其一，則爲大貉行；若十二十三乃取一，則爲小貉行。」徐氏解「大」「小」不取趙氏。《尚書大傳》説《多方》云：「古者十税一。多於十税一，謂之之大桀小桀；少於十税一，謂之大貊小貊。王者十一而税，而頌聲作矣。故《書》曰：『越惟有胥賦，小大多政。』」貊與貉字通。伏氏以小桀大桀、小貊大貊明《多方》「小大」二字。政者，正也。《尚書》今作正。江氏聲《尚書集注音疏》云：「胥謂繇役。繇役亦賦也，故曰胥賦。」蓋胥賦即稅，正即謂什一中正，謂胥賦之輕重一本於中正。小之不致爲小桀小貉，大之不致爲大桀大貉。徐氏解《公羊傳》，義與此同。

章指：言先王典禮，萬世可遵。什一供貢，下富上尊。裔土簡惰，二十而稅，貉道有然，不足爲貴。圭欲法之，孟子斥之以王制也。疏「什一供貢下富上尊」〇正義曰：二句見《漢書敍傳》述《食貨志》。

白圭曰：「丹之治水也愈於禹。」注丹，名；圭，字也。當諸侯時，有小水，白圭爲治除之，因自謂過禹也。疏注「丹名」至「除之」〇正義曰：❶《説文》丹部云：「丹，巴越之赤石也。」《説苑・修文》篇云：「圭者，玉也。」《考工記・匠人》注云：「圭之言珪，絜也。」絜者，絜白也。玉之白者爲圭，石之赤者爲丹，赤熾盛而以絜白消之，此名字所以取與？《韓非子・喻老》篇云：「千丈之隄以螻蟻之穴潰，故曰白圭之行隄也，塞其穴，是以白圭無水難。」此白圭治除小水之證也。孟子曰：「子過矣。禹之治水，水之道也，是故禹以四海爲壑。今吾子以鄰國爲壑。水逆行謂之洚水。洚水者，洪水也，仁人之所惡也。吾子過矣。」注子之所言，過矣。禹除中國之害，以四海爲溝壑以受其害水，故後世賴之。今子除

❶「義」，原作「正」，今據經解本改。

水，近注之鄰國，觸於洚水之名，仁人惡爲之。自以爲愈於禹，子亦過甚矣。疏注「禹除」至「甚矣」○正義曰：「水之道」猶云「水之路」，謂水所行之路而禹順導之耳。《説文》谷部云：❶「㕡，溝也。讀若郝。壑，㕡或從土。」是「壑」即「溝」也。「害水」猶云「災水」。觸即「觸類」之觸。不使水歸四海，而歸鄰國，則非水之道；非水之道，則水不順行而逆行矣。逆之爲洚猶逆之爲逢。見其逆行，觸類而長之，即是禹時之洪水。禹治洪水，使不爲後世害；圭放洪水，使爲鄰國害。圭且爲仁人所惡矣，悖乎禹，豈愈於禹與？

章指：言君子除害，普爲人也；白圭壑鄰，亦以狹矣。是故賢者志其大者遠者也。

疏「是故賢者志其大者遠者也」○正義曰：本襄公三十一年《左傳》子皮語。

孟子曰：「君子不亮，惡乎執？」注亮，信也。《易》曰：「君子履信思順。」若爲君子之道，舍信，將安執之？疏注「亮信」至「執之」○正義曰：「亮，信也」，《爾雅·釋詁》文。與諒同。《説文》言部云：「諒，信也。」諒即亮也。引《易》者，《繫辭上傳》云：「《易》曰：『自天祐之，吉无不利。』子曰：祐者，助也。天之所助者，順也；人之所助者，信也。履信，思乎順，又以尚賢也，是以自天祐之，吉无不利也。」引此以見君子之道不外乎信，故爲君子之道舍此烏執乎？趙氏以「安」訓「惡」，《音義》云「惡音烏」是也。何異孫《十一經問對》云：「問此惡字作平聲，還作去聲？對曰：亮與諒同。孔子曰：『豈若匹夫匹婦之爲諒哉？』又曰：『君

---

❶ 案，《説文解字》中㕡屬𣦼部。

子貞而不諒。』諒者，信而不通之謂。君子所以不亮者，非惡乎信，惡乎執也。故孟子又曰：『所惡執一者，爲其賊道也。』」

章指：言《論語》曰：「自古皆有死，民無信不立。」重信之至也。疏「論語」至「至也」〇正義曰：所引在《論語·顏淵》第十二。《集解》引孔氏曰：「死者，古今常道也，人皆有之。治邦不可失信也。」乃《論語》又云「好信不好學，其蔽也賊」。蓋好信不好學，則執一而不知變通，遂至於賊道。君子貞而不諒，正恐其執一而蔽於賊也。友諒兼友多聞。多聞，由於好學，則不至於賊。又云：「言必信，硜硜然，小人哉！」《孟子》此章正發明孔子「不諒」之恉也。

魯欲使樂正子爲政。注樂正子克也。魯君欲使之執政於國。疏注「樂正子克也」〇正義曰：《文選·褚淵碑文》云「孟軻致欣於樂正」，注引劉熙曰：「樂正，姓也；子，通稱也；名克。」**孟子曰：「吾聞之，喜而不寐。」**注喜其人道德得行，爲之喜而不寐。**公孫丑曰：「樂正子强乎？」曰：「否。」「有知慮乎？」曰：「否。」「多聞識乎？」曰：「否。」**注丑問樂正子有此三問之所能乎？孟子皆曰否，不能有此也。疏注「丑問」至「能乎」〇正義曰：强猶果，有知慮猶達，多聞識猶藝。孔子稱此三者「於從政乎何有」。從政宜才，執政宜德。此章亦與《論語》互相發。**「然則奚爲喜而不寐？」**注丑問無此三者，何爲喜而不寐？**曰：「其爲人也好善。」**注孟子言樂正子之爲人也能好善，故爲之喜。**「好善足乎？」**注丑問人但好善，足以治國乎？ 曰：「好善優於天下，而況魯國乎？ 夫苟好善，則四海之内皆將輕千里而來告之以善；夫苟不好善，則人將曰訑訑，『予既已知之矣』。訑訑之聲音顔色，距人於千里之外。**注**孟子曰：好善，樂聞善言，是采用之也。以此治天下，可以優之，虞舜是也。何況於魯，不能治乎？ 人誠好善，四海之士皆輕行千里以善來告之；誠不好善，則其人將曰訑訑賤他人之言。訑訑者，自足其智、不嗜善言之貌。訑訑之人發聲音、見顔色，人皆知其不欲受善言也。道術之士聞之，止於千里之外而不來也。**疏**注「好善」至「治乎」○正義曰：「優」即足也。乃足則僅足而已，優則饒裕有餘矣。《禮記·中庸》篇云：「舜好問而好察邇言，隱惡而揚善，執其兩端，用其中於民。」《孟子》亦云：「舍己從人，樂取於人以爲善。」是舜「樂聞善言」而「采用之」也。舜以此治天下而有餘，克以此治魯國，豈不足乎？《章指》言「好善從人，聖人一概」，與此相發明。○注「誠不好善」至「來也」○正義曰：《音義》出「訑訑」，云：「張吐禾切，云：『蓋言辭不正、欺罔於人、自誇大之貌。』丁云：『此字音他，又達可切。』《説文》云『欺也』。字作訑者，音怡。訑訑，自足其智，不耆善言之貌。今諸本皆作訑，即不合注意，當借讀爲訑，音怡。」阮氏元《校勘記》云：「『訑訑』，字作訑者，今諸本皆作訑。按，《説文》作詑，《方言》作訑，皆訓欺。《孟子》是此字，注『自足其智，不耆善言』，義之引伸。丁、張音義皆確。自訑譌訑，乃别爲音，而孫氏又爲曲説，不可從。」謹按：《説文》言部云：「詑，沇州謂欺曰詑。从言，它聲。」《一切經音義》引《纂文》云：「兖州人以相欺爲訑人。音湯和反。」「訑，避也。」訑即訑，詑即訑，訑爲詑之俗，訑爲詑之通也。《戰國策·燕策》：「燕王謂蘇代曰：『寡人甚不喜訑者言也。』蘇代對曰：『周地賤媒，爲其兩譽也。之男家曰女美，之女家曰男美。』」又云：「事非權不立，非勢不成。夫使人坐受成事者，惟訑者耳。」觀代之言，訑爲欺謾不實，明矣。男女未必誠美而媒者謾以爲美，此訑也，欺也；己本無所知而以爲予既已知之，亦訑也，欺也。訑訑既爲自足其智、不耆善言之貌，則曰訑訑者不得爲不好善者之言。上云「夫苟好善，則四海之内」云云，此云「夫苟不好善，則人將曰訑訑」。「將曰」之將與「將輕」之將同。人見此不好善之人而狀其貌曰訑訑，又述其言曰「予既已知之矣」。既猶盡也。予盡知之，謂人之言不足以益之，是賤人之言也。趙氏云「其人」，謂與相親近之人。惟與相親近，故見其聲音笑貌如此。「賤他人之言」解「予既已知之」也。「訑訑」是見顔色，「予既已知之」是發聲音，人狀其貌，述其言如是，是人皆知其不欲受善言也。人皆知其不欲受善言，是不獨道術之士，而道術之士聞人言如此，豈肯至乎？是其訑訑之聲音顔色有以拒止之也。**士止於千里之外，則讒諂面諛之人至矣。與讒諂面諛之人居，國欲治，可得乎？」**注懷善言之士止於千里之外，不肯就之，則邪惡順意之人至矣。與邪惡居，欲使國治，豈可得乎？疏注「則邪惡順意之人至矣」○正義曰：《莊子·漁父》篇云：「希意道言謂之諂，不擇是非而言謂之諛，好言人惡謂之讒。」《吕氏春秋·貴因》篇云「讒慝勝良」，高誘注云：「讒，邪也。」此趙氏以「邪」釋「讒」也。《荀子·修身》篇云「以不善先人者謂之諂」，不善即惡也。此趙氏以「惡」釋「諂」也。《説苑·臣術》篇云「從命病君謂之諛」，此趙氏以「順意」釋「面諛」也。《説文》言部云：「諛，讇也。」「讇，諛也。諂，讇或從臽。」段氏玉裁《説文解字注》云：「諛者所以爲諂，諂者未有不諛。」按：諛但順意而已，長君之惡也；諂則道之爲不善，逢君之惡也；讒則因道之爲不善而除去不便己意之人。讒因於諂，諂因於諛，諛因於訑訑不好善也。

章指：言好善從人，聖人一概，禹聞讜言，答之而拜。訑訑吐之，善人亦逝。善去惡來，道若合符。《詩》曰：「雨雪瀌瀌，見晛聿消。」此之謂也。疏「詩曰」至「謂也」○正義曰：引《詩》，《小雅·角弓》之篇。序云：「刺幽王也。不親九族而好讒佞。」《漢書》劉向上封事云：「讒邪進則衆賢退，群枉盛則正士消。《詩》云：『雨雪麃麃，見晛曰消。』」趙氏本諸此也。

陳子曰：「古之君子何如則仕？」注陳臻問古之君子得何禮可以仕也？孟子曰：「所就三，所去三。迎之致敬以有禮，言將行其言也，則就之；禮貌未衰，言弗行也，則去之。其次，雖未行其言也，迎之致敬以有禮，則就之；禮貌衰，則去之。其下，朝不食，夕不食，飢餓不能出門户，君聞之，曰：『吾大者不能行其道，又不能從其言也，使飢餓於我土地，吾恥之。』周之，亦可受也，免死而已矣。」注所去就，謂下事也。禮者，接之以禮也；貌者，顔色和順，有樂賢之容。禮衰，不敬也；貌衰，不悦也。其下者，困而不能與之禄，則當去；矜其困而周之，苟免死而已。此三就三去之道。窮餓而去不疑也，故不言去。免死而留，爲死故也。權時之宜，嫌其疑也，故載之也。疏「周之」至「已矣」○正義曰：《音義》云：「周與賙同，救贍也。」翟氏灝《考異》云：「《柳柳州集·上李中丞啓》曰：『《孟子》書言諸侯之士曰：使之窮於吾地則賙之，賙之亦可受也。』用賙字。」按：大之既不能行道，又不能從其言，所以不去者，飢餓不能去也。受其所周，即是就。云可受，亦就之可者也，但免死而已。既不死，可以出門户，則仍去，故云「權時之宜」。顧氏炎武《日知録》云：「『免死而已矣』，則亦不久而去矣。故曰所去三。」

章指：言仕雖正道，亦有量宜。聽言爲上，禮貌次之；困而免死，斯爲下矣。備此三科，亦無疑也。

孟子曰：「舜發於畎畝之中，傅説舉於版築之間，膠鬲舉於魚鹽之中。管夷吾舉於士，孫叔敖舉於海，百里奚舉於市。故天將降大任於是人也，必先苦其心志，勞其筋骨，餓其體膚，空乏其身，行拂亂其所爲。所以動心忍性，曾益其所不能。注舜耕歷山，三十徵庸；傅説築傅巖，武丁舉以爲相；膠鬲，殷之賢臣，遭紂之亂，隱遁爲商，文王於鬻販魚鹽之中得其人，舉之以爲臣也。士，獄官也。管仲自魯囚執於士官，桓公舉以爲相國；孫叔敖隱處，耕於海濱，楚莊王舉之以爲令尹；百里奚亡虞適秦，隱於都市，繆公舉之於市而以爲相也。言天將降下大事以任聖賢，必先勤勞其身，餓其體而瘠其膚，使其身乏資絶糧，所行不從，拂戾而亂之者，所以動驚其心，堅忍其性，使不違仁，困而知勤，曾益其素所不能行。疏注「舜耕」至「徵庸」○正義曰：見《書·堯典》及《史記·五帝本紀》。○注「傅説」至「爲相」○正義曰：《書序》云：「高宗夢得説，使百工營求諸野，得諸傅巖，作《説命》三篇。」馬融注云：「高宗始命爲傅氏。」鄭氏注云：「得諸傅巖，高宗因以傅命説爲氏。」《史記·殷本紀》云：「武丁夜夢得聖人，名曰説。以夢所見，視群臣百吏，皆非也。於是乃使百工營求之野，得説於傅險中。是時説爲胥靡築於傅險，見於武丁，武丁曰是也。得而與之語，果聖人。舉以爲相，殷國大治，故遂以傅險姓之，號曰傅説。」徐廣曰：「《尸子》

云：傅巖在北海之洲。」張守節《正義》云：「《地理志》云：傅險即傅説版築之處。所隱之處，窟名聖人窟，在今陝州河北七里，即虞國虢國之界。」按：《墨子・尚賢》篇云：「昔者傅説居北海之州，圜土之上，衣褐帶索，庸築於傅巖之城。武丁得而舉之，立爲三公。」墨子、尸子皆周時人，其言傅巖在北海，當有所據。閻氏若璩《釋地》云：「傅氏之巖在虞虢之間，今平陸縣東三十五里是。俗名聖人窟，爲説所傭隱止息處，非於此築也。巖東北十餘里，即《左傳》之顛軨阪，有東西絶澗，左右幽空，窮深地壑，中則築以成道，指南北之路，謂之爲軨橋也。説身負版築，爲人所執役，正於此地，至今澗猶呼沙澗水，去傅巖一十五里。《墨子》《尸子》並以傅巖在北海洲者，大非。」閻氏本張守節之説，其云顛軨阪云云，則《水經注》文也。然後世之地附會古人之迹甚多，《墨子》以爲築城，稱其「庸築」，則但傭工爲人版築。《史記》言「胥靡」，晉灼《漢書注》云：「胥，相也；靡，隨也。古者相隨坐輕刑之名。」《漢書・賈誼傳・服賦》云：「傅説胥靡，迺相武丁。」張晏曰：「胥靡，刑名也。傅説被刑，築於傅巖，武丁以爲己相。」然則説之版築由於被刑矣。王氏鳴盛《尚書後案》云：「《荀子・非相》篇云『傅説之狀，身如植鰭』，楊倞注云：『植，立也。如魚之立。』然則説形本自有異，故可以形求也。」○注「膠鬲」至「臣也」○正義曰：膠鬲事詳見《公孫丑上》篇。魚鹽則別無可證。趙氏佑《温故録》云：「古者諸侯歲貢士於天子，文王之舉膠鬲，乃進之於紂，與伊尹五就桀爲湯進之桀、不復進用至五者同，故得與微、箕並稱紂輔相。而注言文王舉之以爲臣，背矣。紂猶知用膠鬲而仍與不用同，此紂之終於亡也。然久而後失之，則鬲之功亦不細。故雖不得如傅説諸人發名成業之盛，而同謂之『天降大任』。迨後殷命再黜，鬲之去從顯晦迄無可見，亦足慨矣。」○注「士獄」至「相國」○正義曰：《書・堯典》云「汝作士」，《史記集解》引馬氏注云：「士，獄官之長。」《周禮·地官·大司徒》云「其附於刑者歸於士」，注云：「士謂主斷刑之官。」莊公九年《左傳》云：「鮑叔帥師來言曰：『子糾，親也，請君討之；管、召，讎也，請受而甘心焉。』乃殺子糾於生竇，召忽死之。管仲請囚，鮑叔受之，及堂阜而稅之。歸而以告曰：『管夷吾治於高傒，使相可也。』公從之。」此「舉於士」之事也。○注「孫叔」至「令尹」○正義曰：閻氏若璩《釋地》云：「趙氏注：『孫叔敖隱處，耕於海濱，楚莊王舉之以爲令尹。』此亦是隨文解之，事實無所徵。莊王時楚南境東境去海尚遠，而《史記》稱『孫叔敖，楚之處士』，《荀子》《吕氏春秋》並以爲『期思之鄙人』，期思故城在今固始縣西北七十里。固始本寢丘，即莊王感優孟之言以封其子者，傳十世不絶。其得爲令尹也，《史記》《説苑》《列女傳》謂進自虞丘子，《吕氏春秋》謂沈尹莖力，《新序》謂楚有善相人者招聘之，皆無起家海濱説。蓋孟子所據之書籍，今不可考矣。又考孫叔敖即宣十一年令尹蔿艾獵，乃蔿賈之子。賈字伯嬴，宣四年官司馬，爲子越椒所惡，囚而殺之。意者子遂式微，竄處海濱，不七八年，莊知其賢，擢爲令尹與？但蔿賈乃薳吕臣之子，吕臣繼子玉官令尹，出自公族，自應爲楚郢人，何得遠在期思之鄙？意者叔敖子實不才，徒世守封土，莫顯於朝，後人遂以其子孫之占籍上繫諸先人與？」毛氏奇齡《經問》云：「張燧問：孫叔敖舉於海，淮安閻氏謂孫叔敖即宣十一年楚令尹蔿艾獵，此可信與？曰：孫叔敖自是處士，凡《荀子》《吕覽》《史記》以及劉向之《説苑》《新序》《列女傳》皆明載其人。趙岐舊注原是有據。以愚考之，則實楚之蓼國人，及楚莊滅蓼而後薦而舉用之。《史記·孫叔敖傳》謂叔敖楚之處士，虞丘相薦於王而代爲楚相，未審爲何所人也。惟《荀子》《吕覽》皆有孫叔敖爲期思之鄙人語。考期思本蓼國地，即春秋之寢丘也。漢名寢縣，東漢名固始。楚子於宣八年滅蓼，而宣十二年即有孫叔敖之名見於《策書》。則以蔞名期思，必蔞滅而後期思之鄙人始得用虞丘之薦而舉爲令尹，此固按之《春秋》，互證之他書，而顯有然者。况《史記·滑稽傳》又云：『叔敖死，其子窮困負薪，莊王聽優孟之言，封其子於寢丘。』其封寢丘者，亦正以寢丘即期思，本叔敖故居，因封之。則是所居所封皆蔞國，其爲蔞人無疑也。若云楚公族，則公族世爵未有身爲令尹而其子負薪者，又未有止封以地而不即予以爵者。此其誤始於服虔、杜預之注《左傳》，而孔氏正義不能辨正。《左傳》宣十一年有令尹蔿艾獵城沂事，其明年晉楚戰於邲，又有令尹孫叔敖不欲戰而楚王命之戰事，以爲兩年相距不甚遠，而止此令尹，必屬一人。而不知隔歲易官，在列國多有之。况《左氏》行文必名字兼稱，既曰『令尹孫叔敖不欲』，又曰『若事得捷則孫叔爲無謀矣』，則一稱敖名，一稱叔字，是必氏孫字叔而敖其名，與蔿賈之子明屬兩人。其所大誤者，則以戰邲時隨武子稱有蔿敖，而杜氏以爲即兼稱也。武子以爲楚雖與戰，其平時討鄭入鄭，軍政秩然，且以爲蔿敖爲宰，擇楚國之令典云云，此言平時也，其時蔿敖不在軍也。杜氏既疑令尹屬一人，而蔿敖一名，則又氏本蔿獵而名近孫叔，是必一人而兼稱者，遂公然以叔敖當之。殊不知一軍之中，叔敖既帥師，又使叔敖典軍制，勢必不能。此蔿敖是宰。楚制有令尹、大宰二官，令尹極尊，太宰極卑，《策》書太宰伯州犁是也。孫叔令尹，豈得與蔿敖太宰合作一人？侍人賈舉非死者賈舉，名雖連稱，人實有兩也。襄十五年蔿子馮爲司馬，此蔿艾獵之子也。《世本》亦不識叔敖出處，然不敢謂叔敖、艾獵是一人。但蔿艾獵者，叔敖之兄，故其注蔿子馮則曰『叔敖從子』。今杜氏謂艾獵與叔敖一人，則蔿子馮爲艾獵子，即叔敖子矣。乃其注是傳亦曰『叔敖從子』，則何説焉？閻氏謂蔿賈官司馬時爲子越椒所殺，故其子叔敖竄處海濱，則又不然矣。宣四年蔿賈爲工正，與鬬椒共譖殺令尹鬬般，而椒爲令尹，賈爲司馬。既而椒復惡賈，因賈而殺之，因之攻王，王遂滅鬬氏。是賈以怨殺，並非國法，且王滅鬬氏，隨取殺賈者而盡滅之，有何讎患而竄處遠地至於式微？然則其曰舉於海何居？曰：此正所謂期思之鄙人者也。蓼本楚外國，而期思又當淮西之地，淮水經期思之北而東注於海。《禹貢》『淮』與『海』並稱，《地志》『淮康』與『海康』並稱，居淮之濱即居海之濱，以淮通於海也。是以從來稱淮地多稱海疆，如《魯詩》『來淮夷』則曰『遂荒大東，至於海邦』，《江漢》『伐淮夷』則曰『于疆于理，至于南海』。蓋海不必在波濤間矣。況《國語》於吴曰『奄有東海』，於越曰『濱於東海之陂』，而蓼介楚外，原屬吴越，《春秋》楚子滅蓼時有云『及滑汭盟吴越而還』，則正以期思以東皆在吴越屬國中也。吴越名海，則期思亦海矣。要之，《孟子》當不謬耳。」周氏柄中《辨正》云：「叔敖避仇遠竄，此情事所或有，閻説近之。僖二十四年《傳》『凡、蔣、邢、毛、胙、祭』，杜注：『蔣在弋陽期思縣。』《水經注》：『期思縣，故蔣國，周公之後，楚滅之。』然則非蓼國也。文五年《傳》『楚滅蓼』，杜注：『蓼，今安豐蓼縣。』然則非期思也。判然二地，毛説非是。」按：毛氏《四書改錯》云：「孫叔，蔣之期思人。其地與蓼近。」又云：「蔣、蓼，楚外國。」期思之爲蔣地，毛氏固已自知，自改正矣。盧氏文弨《鍾山札記》云：「毛檢討作《經問》及《四書索解》，力辨叔敖非楚公族，並非蔿氏，乃蓼國期思之處士。余按，宣十一年『楚令尹蔿艾獵城沂』，杜注云：『孫叔敖也。』十二年邲之戰，隨武子云『蔿敖爲宰，擇楚國之令典，軍行右轅』云云，又云：『令尹孫叔敖弗欲戰，南轅反旆。』又云：『王告令尹改乘轅而北之。』軍事以車爲重，而令尹實主之，則士會所稱蔿敖非即叔敖乎？則其爲一人，爲蔿氏，實無可疑。高誘注《吕氏春秋·情欲》篇、《知分》篇，皆云：『叔敖，薳賈之子。』薳即蔿也。服虔注《左傳》云：『艾獵，蔿賈之子孫叔敖也。』杜氏從之。總之，《左氏》『蔿敖』一言，可爲蔿氏之確證。與其信諸子也，不如信傳。」孫氏星衍《孫叔敖名字考》云：「蔿敖，字孫叔。古人名與字配，孫當讀爲遜，與敖相輔也。《左傳》宣十二年晉隨武子曰：『蔿敖爲宰，擇楚國之令典。』下云『嬖人伍參欲戰，令尹孫叔敖弗欲』，加字於名上，猶稱孔父嘉之例。下文參曰『孫叔爲無謀矣』，下文又云『孫叔曰進之』，可證孫叔爲敖之字。孔穎達引《世本》，艾獵爲叔敖之兄。高誘注《吕氏春秋》云『孫叔敖，楚大夫蔿賈之子』是也。蔿賈蓋有二子：一蔿艾獵，一蔿敖，字孫叔。敖既稱叔，宜尚有兄矣。服虔、杜預以蔿敖蔿艾獵爲一人，與《世本》異。敖字孫叔，既兩見《傳》文，何得又名艾獵？以此知《世本》之説最古，可從矣。漢碑以爲名饒，饒與敖音相近，當據古書有作孫叔饒者而言。碑云字叔敖則誤。」謹按：古人事迹非可臆斷。右諸説各有所是，故備録之。乃孟子言「舉於海」，則與「期思之鄙人」近，毛氏之説未可非也。○注「百里」至「相也」○正義曰：奚事詳見《萬章上》篇。周氏柄中《辨正》云：「毛大可云：『食牛養牲在田宅而不在市，以市宜販畜，不宜牧畜也。舉市與《史記》贖奚正相合。按，字書，市訓買，贖亦訓買，故市貨稱贖貨。「舉於市」猶言舉於贖買間也。』按，毛氏信《秦本紀》贖奚之説，不信《商君傳》舉之牛口之下之説，故以市爲贖買。大抵養牲販賣，初非二事。《説苑》：『秦穆公使賈人載鹽，賈人以五羊皮買奚，使將鹽車往。穆公視鹽，見牛肥，曰：「任重道遠而牛肥，何也？」奚對曰：「食之以時，使之不暴。有險，先之以身。」穆公知其賢，以爲上卿。』然則百里奚爲人養牲，即爲人販賣。以養牲言則曰舉之牛口之下，以販賣言則曰舉於市，非有二也。」謹按：毛氏訓市爲買，與閻氏説同，是也。周氏以爲販牲於市，固爲臆説，《説苑》言賈人以五羊皮買奚，因以説秦穆公，此正好事者所造自鬻於秦以干秦穆公事也，孟子所斥之矣。閻氏説已見前。○注「言天」至「能行」○正義曰：《爾雅・釋言》云：「降，下也。」《釋詁》云：「勞，勤也。」《文選・東京賦》「輿徒不勞」，薛綜注云：「勞，苦也。」趙氏以苦即是勞，以「勤」釋「勞」，即釋「苦」。内而心志，外而筋骨，皆統之以身，故以「勤勞其身」解「苦其心志」二句也。餓則羸瘠，餓其身體則瘠形於肌膚矣。《吕氏春秋・季春紀》云「振乏絶」，高誘注云：「行而無資曰乏。」《周禮・地官・遺人》疏引《書傳》云：「行而無資謂之乏，居而無食謂之困。」《後漢書・賈逵傳》云「屢空則從孤竹之子於首陽山矣」，注云：「空，乏也。」空即是乏。空乏是無資，故以「絶糧」解之。空乏猶乏絶也。《淮南子・主術訓》云「豈能拂道理之數」，高注云：「拂，戾也。」《漢書・杜欽傳》云「言之則拂心逆指」，注云：「拂謂違戾也。」拂戾則逆，逆即不順，從之言順也，故以「戾」釋「拂」而解之以「所行不從」也。「所爲」即「所行」，所行拂戾，於是「亂其所爲」矣。《易・説卦傳》云：「震，動也。」《彖傳》云：「震驚百里，驚遠而懼邇也。」故以「驚」釋「動」。《文選・高唐賦》「使人心動」，注亦云：「動，驚也。」《廣雅・釋言》云：「忍，耐也。」《説文》心部云：「忍，能也。」能與耐同。《廣雅・釋詁》云：「能，任也。」孟子道性善，仁義禮智生於心，即本於性，「任其性」即「仁以爲己任」也。故云「堅忍其性，使不違仁」。若不能任其性，則將戕賊其性，滅亡其性，而違仁矣。堅者，彊也。《毛詩・鄭風・將仲子兮》「無折我樹檀」，傳云：「檀，彊韌之木。」孔氏正義云：「檀材可以爲車，故云彊韌之木。」「彊韌」即「彊忍」，謂其材性能勝任，不易損壞也。以性之仁自任，不使爲外物所誘，喪其仁以失其性，是爲「忍性」。《荀子・儒效》篇云：「志忍私，然後能公；行忍性情，然後能修。」《非十二子》篇云：「忍性情，綦谿利跂。」《荀子》以性爲惡，故楊倞注云：「忍謂違矯其性也。」孟荀同言「忍性」而義不可混。違其性而後能修，是荀之恉也，楊氏得之；任其性而後能仁，是孟之恉也，趙氏得之。性殊善惡，則忍判從違。蓋忍原有兩義，段氏玉裁《説文解字注》云：「忍之義，堅行止，敢於殺人謂之忍，敢於不殺人亦謂之忍。」荀子忍性，敢於違其性也；孟子忍性，敢於任其性也。或以荀之忍性爲孟之忍性，以性爲嗜欲血氣而持之禁之，非孟子之義，亦失趙氏「堅忍」之義。趙氏以「堅忍其性」解「忍性」而申以「使不違仁」，趙氏洵通儒也。《音義》云：「張云：『曾與增同。』丁云：『依注曾讀當作增，依字訓義亦通。』」按：趙氏謂「素所不能行」者即仁也，因己之勞苦空乏推之於人，則有以動其不忍之心而任其安天下之性，故向有所不能者皆增益而能矣。**人恒過，然後能改。困於心，衡於慮而後作；徵於色，發於聲，而後喻。**

注人常以有繆思過行，不得福，然後乃更其所爲，以不能爲能也。困瘁於心。衡，横也。横塞其慮於胷臆之中，而後作爲奇計異策，憤激之説也。徵驗見於顏色，若屈原憔悴，漁父見而怪之；發於聲而後喻，若甯戚商歌，桓公異之。疏注「人常」至「能也」〇正義曰：《爾雅·釋詁》云：「恒，常也。」《禮記·樂記》云「過制則亂，過作則暴」，注云：「過猶誤也。」《仲尼燕居》云「不能《詩》，於禮繆」，注云：「繆，誤也。」是「繆」即「過」也。思誤則行誤，因致愆咎，故「不得福」。「更」即「改」也。始以繆而不得福，一更改即能得福，是以不能爲能也。《吕氏春秋·不廣》篇云：「以其所能托其所不能，若舟之與車。」高誘注云：「舟不能陸，車不能浮，然更相載。」〇注「困瘁」至「説也」〇正義曰：《廣雅·釋言》云：「困，悴也。」悴與瘁古字通。《荀子·大略》篇云：「患至而後慮者謂之困。」《毛詩·陳風》「衡門之下」，傳云：「衡門，横木爲門。」《考工記·弓人》注云：「衡，古文横，假借字也。」《大戴記·曾子大孝》篇云：「夫孝，置之則塞於天地，衡之而衡於四海。」注云：「衡猶横也。」是「横」與「塞」義相近。《禮記·樂記》云「號以立横」,注云:「横,充也。」充亦塞也。故讀「衡」爲「横」而又以「塞」釋之。《史記·齊太公世家》云:「周西伯昌之脱羑里,歸與吕尚陰謀修德以傾商政,其事多兵權與奇計。」《陳丞相世家》云:「封平以户牖鄉,用其奇計策,卒滅楚。」趙氏謂「作爲奇計異策」指此類與?云「憤激之説」,似指蘇秦去秦而歸事,夜發書伏誦,引錐自刺其股,可謂「困心横慮」矣。朞年,揣摩成用,説當世之君。當時天下之大,萬民之衆,王侯之威,謀臣之權,皆欲決於蘇秦之策,則所謂「奇謀異策」也。《太史公自序》云:「屈原放逐,著《離騷》,韓非囚秦,《説難》《孤憤》。《詩》三百篇,大抵聖賢發憤之所爲作也。此人皆意有所鬱結,不得通其道也,❶故述往事,思來者。」是則趙氏所云「憤激之説」邪?然儀、秦事孟子羞稱。近時通解「作」爲「興起」,謂心之謀慮阻窒不通,然後乃奮興而爲善也,此過之窮蹙於己者;「徵色」謂爲人所忿嫉,「發聲」謂爲人所誚讓,然後乃儆悟通曉也,此則過之暴著於人者。○注「徵驗」至「怪之」○正義曰:《書·洪範》云「念用庶徵」,鄭氏注云:「徵,驗也。」《楚辭·漁父》第七云:「屈原既放,遊於江潭,行吟澤畔。顔色憔悴,形容枯槁,漁父見而問之。」王逸注云:「怪屈原也。」○注「發於」至「異之」○正義曰:《吕氏春秋·舉難》篇云:「甯戚欲干齊桓公,窮困無以自進,於是爲商旅,將任車以至齊,暮宿於郭門之外。桓公郊迎客,夜開門,辟任車,爝火甚盛,從者甚衆。甯戚飯牛居車下,望桓公而悲,擊牛角疾歌。桓公聞之,撫其僕之手曰:『異哉!之歌者,非常人也。』命後車載之。」高誘注以爲歌《碩鼠》。《列女

❶「道」,原作「通」,今從沈校據《史記》改。

傳·辯通》篇云：「甯戚欲見桓公，道無從，乃爲人僕，將車宿齊東門之外。桓公因出，甯戚擊牛角而商歌甚悲，桓公異之。」趙氏所本也。「商歌」蓋謂其音悲楚，即此《碩鼠》三章，疾歌而爲商音也。《藝文類聚》引《琴操》，則別有「商歌」，云「南山矸，白石爛」云云，則後人所僞造。**入則無法家拂士，出則無敵國外患者，國恆亡。然後知生於憂患而死於安樂也。」**注入謂國内也，無法度大臣之家，輔拂之士；出謂國外也，無敵國可難，無外患可憂。則凡庸之君驕慢荒怠，國常以此亡也。故知能生於憂患，死於安樂也。死，亡也。安樂怠惰使人亡其知能也。疏注「輔拂之士」〇正義曰：《音義》云：「拂音弼。」《荀子·臣道》篇云：「有能抗君之命，竊君之重，反君之事，以安國之危，除君之辱，功伐足以成國之大利，謂之拂。」《説苑·臣術》篇引此文，拂作弼。《賈子·保傅》篇云：「潔廉而切直，匡過而諫邪者，謂之拂。拂者，拂天子之過者也。」《大戴記·保傅》篇載此文，上二拂字作弼。《説文》弜部云：「弼，輔也。」重文作㢸。手部云：「拂，過擊也。」然則弼爲本字，以㢸从弗聲，同拂，故假借拂也。〇注「故知」至「能也」〇正義曰：《音義》出「知生」字，云：「丁依注音智，注同。陸如字，云：『言憂患者以生全，安樂者得死亡也。』」趙氏讀「知」爲智，故以「知能」明之，即「德慧術智恆存乎疢疾」之義。乃知能可言生不可言死，故以「死」爲「亡」，謂「死於安樂」即是「安樂怠惰，亡其知能」。然揆經文之意，「然後」二字終不可達，以「死」爲「亡」究爲曲説。陸氏讀如字是。《春秋繁露·竹林》篇云：「深本頃公之所以大辱，身幾亡國，爲天下笑，其端乃從懾魯勝衛起。伐魯，魯不敢出；擊衛，大敗之。因得氣而無敵國以興患也。故曰：『得志有喜，不可不戒。』此其效也。自是後頃公恐懼，不聽聲樂，不飲酒食肉，内愛百姓，問疾弔喪，外敬諸侯，從會與盟，卒終其身，家國安康。是福之本生於憂，而禍起於喜也。」此正發明《孟子》此文之義。

章指：言聖賢困窮，天堅其志，次賢感激，乃奮其慮。凡人佚樂，以喪知能。賢愚之敘也。

孟子曰：「教亦多術矣。予不屑之教誨也者，是亦教誨之而已矣。」注教人之道多術。予，我也。屑，絜也。我不絜其人之行，故不教誨之。其人感此，退自修學而爲仁義，是亦我教誨之一道也。疏注「予我也屑絜也」○正義曰：「予，我也」，《爾雅·釋詁》文。「屑，潔」，詳見《公孫丑上》篇。《方言》云：「屑，潔也。」

章指：言學而見賤，恥之大者，激而厲之，能者以改。教誨之方，或折或引，同歸殊塗，成之而已。疏「或折或引」○正義曰：《戰國策·西周策》云「則周必折而入於韓」，注云：「折，屈也。」「引」謂引而信之也。「或折或引」即「或屈或信」。折一本作抑。

孟子正義卷二十六

江都縣鄉貢士焦循譔集

孟子卷第十三

盡心章句上凡四十七章。

注盡心者，人之有心，爲精氣主，思慮可否，然後行之。猶人法天。天之執持維綱以正二十八舍者，北辰也。《論語》曰：「北辰居其所而衆星共之。」心者，人之北辰也。苟存其心，養其性，所以事天也。故以「盡心」題篇。疏注「人之」至「法天」○正義曰：《荀子·解蔽》篇云：「心者，形之君而神明之主也。出令而無所受令。」《春秋繁露·循天之道》篇云：「凡氣從心，心，氣之君也。」《淮南子·原道訓》云：「夫心者，五藏之主也。所以制使四支，流行血氣，馳騁於是非之境而出入於百事之門户者也。」《精神訓》云：「是故血氣者，人之華也；而五藏者，人之精也。夫血氣能專於五藏而不外越，則胷腹充而嗜欲省矣；胷腹充而嗜欲省，則耳目清、聽視遠矣。耳目清、聽視遠謂之明。五藏能屬於心而無乖，則教志勝而行不僻矣；教志勝而行之不僻，則精神盛而氣不散矣。」此「心爲精氣主」之説也。「馳騁於是非之境而行之不僻」

即「思慮可否，然後行之」之謂也。猶與由通。所以然者，由人之性善，故其心能變通，以天爲法則也。❶《莊子·天運》篇云：「天其運乎？地其處乎？日月其争於所乎？孰主張是？孰維綱是？孰居無事推而行是？意者其有機緘而不得已邪？意者其運轉而不能自止邪？」《楚辭·天問》篇云「斡維焉繫」，王逸注云：「維，綱也。」《文選·長笛賦》注引《字林》云：「維，持也。」《詩·周頌》「執競武王」，箋云：「執，持也。」《儀禮·鄉射禮》云「下綱不及地武」，注云：「綱，持舌繩也。」執、持、維、綱四字同義。趙氏取《莊子》此文而以「執持」釋「維綱」。《莊子》以天之運轉，孰維綱而使之推行；趙氏以天之運，其所以維綱者北辰，而引《論語》以證之。《周禮·春官·馮相氏》「掌二十有八星之位」。《秋官·硩蔟氏》「掌二十有八星之號」，注云：「星謂從角至軫。」《爾雅·釋天》云：「壽星，角、氐也。天根，氐也。天駟，房也。大辰，房、心、尾也。❷析木之津，箕、斗之間，漢津也。星紀，斗、牽牛也。玄枵，虚也。顓頊之虚，虚也；北陸，虚也。營室謂之定。娵觜之口，營室、東壁也。降婁，奎、婁也。大梁，昴也；西陸，昴也。濁謂之畢。咮謂之柳。柳，鶉火也。」此二十八舍之星。角、亢、氐、房、心、尾、箕，爲東方蒼龍之宿；斗、牛、女、虚、危、營室、東壁，爲北方玄武之宿；奎、婁、胃、昴、畢、觜觿、參，爲西方白虎之宿；東井、輿鬼、

❶「也」下，據疏例當有「○注天之至天也○」六字。

❷「房」，原無，今從沈校據《爾雅》補。

柳、七星、張、翼、軫，爲南方朱鳥之宿。《爾雅》於北缺危，於西缺胃、觜、參，於南止有柳，蓋舉其宜釋者，餘從略也。而承之云「北極謂之北辰」，孫炎注云：「北極，天之中，以正四時。」趙氏本於此，故謂「正二十八舍者，北辰也」。二十八舍，東西南北分主四時，正四時即正二十八舍矣。邵氏晉涵《爾雅正義》云：「《爾雅》約舉二十二舍十二次，而繼以北辰者，以其爲衆星所拱也。」屈原賦《天問》：「斡維焉繫？天極焉加？」戴氏震注云：「天極，《論語》所謂北辰，❶《周髀》所謂正北極，步算家所謂不動處，亦曰赤道極，是爲左旋之樞。賈逵、張衡、蔡邕、王蕃、陸績皆以紐星爲不動處。梁祖暅測紐星離不動處一度奇，元郭守敬測離三度奇矣。」趙氏以心比北辰，以四體五官等比二十八舍。二十八舍聽令於北辰，則正而不忒；四體五官聽令於心，則善而不惡。法天即所以事天也。引《論語》，在《爲政》第二。

孟子曰：「盡其心者，知其性也。知其性，則知天矣。注性有仁義禮智之端，心以制之，惟心爲正。人能盡極其心以思行善，則可謂知其性矣。知其性，則知天道之貴善者也。疏注「性有」至「善者也」○正義曰：《禮記·表記》云「義者，天下之制也」，注云：「制謂裁制。」人之心能裁度，得事之宜，所以性善，故仁義禮智之端原於性而見於心。「心以制之」即所謂「思慮可否，然後行之」也。「惟心爲正」謂心能裁度

❶「辰」，原作「極」，今據《屈原賦戴氏注》及《論語》改。

以正四體五官也，即天之北辰「執持維綱以正二十八舍」也。《吕氏春秋·明理》篇云「五帝三王之於樂盡之矣」，高誘注云：「盡，極也。」《禮記·大學》篇云「是故君子無所不用其極」，注云：「極猶盡也。」故「盡其心」即「極其心」。性之善在心之能「思行善」，故「極其心以思行善，則可謂知其性矣」。「知其性」謂知其性之善也。「天道貴善」，特鍾其靈於人，使之能思行善。惟不知己性之善，遂不能盡極其心，是「能盡極其心以思行善者」，知其性之善也；知其性之善，則知天道之好善矣。趙氏之義如此。戴氏震《原善》云：「孟子曰：『盡其心者，知其性也。知其性，則知天矣。』耳目百體之所欲，血氣資之以養，所謂性之欲也，原於天地之化者也。是故在天爲天道，在人，咸根於性而見於日用事爲，爲人道。仁義之心原於天地之德者也，是故在人爲性之德。斯二者，一也。由天道而語於無憾，是謂天德；由性之欲而語於無失，是謂性之德。性之欲，其自然之符也；性之德，其歸於必然也。歸於必然，適全其自然，此其爲自然之極致。《詩》曰：『天生蒸民，有物有則。民之秉彝，好是懿德。』凡動作威儀之則，自然之極致也，民所秉也。自然者，散之普爲日用事爲；必然者，秉之以協於中，達於天下。知其自然，斯通乎天地之化；知其必然，斯通乎天地之德。故曰：『知其性，則知天矣。』天人道德靡不豁然於心，故曰『盡其心』。」**存其心，養其性，所以事天也；**注能存其心，養育其正性，可謂仁人。天道好生，仁人亦好生。天道無親，惟仁是與。行與天合，故曰「所以事天」。**殀壽不貳，修身以俟之，所以立命也。」**注貳，二也。仁人之行，一度而已。雖見前人或殀或壽，終無二心，改易其道。殀若顔淵，壽若邵公，皆歸之命。修正其身以待天命，此所以立命之本也。疏注「貳二」至「本也」○正義曰：《禮記·王制》云「喪事不貳」，注云：「貳之言二也。」《國語·周語》云「百姓攜貳」，韋昭注云：「貳，二心也。」昭公二十八年《左傳》云「心能制義曰度」。「一度而已」，不改易也。《史記·仲尼弟子列傳》云：「回年二十九，髮盡白，蚤死。孔子哭之慟。」此「殀若顔淵」之説也。《論衡·氣壽》篇云：「周公居攝七年，復政退老，出入百歲矣。邵公，周公之兄也。至康王之時尚爲大保，出入百有餘歲矣。」又云：「《傳》稱邵公百八十。」此「壽若邵公」之説也。程氏瑶田《論學小記》云：「心者，身之主也。萬物皆備於吾之身，物則即具於吾之心。而以爲吾之性如是，而心可不盡乎？曷爲而可謂之盡其心也？由盡己之性而充極之，至於盡人之性，盡物之性，而心盡矣。是非先有以知其性不能也。曷知乎爾？格物以致其知，斯能窮盡物則以知其心所具之性，而因以盡其心。然則盡其心者，知其性也。夫是性也，天之分與我者也。性不異乎天，而天豈異乎性？知性、知天非二事，亦無二時也。知其性則知天矣。夫然而心可不存乎？不存則放。夫然而性可不養乎？不養則戕。父母生我以身而不毁傷其身者，能事親者也；天分我以心與性而能不放之不戕之，非所以事天乎？故苟能存其心而養其性，則必其明物察倫以致其知者，既詳且盡，而見之於行，必能居仁由義以盡其道。而其功之盛，必將有以馴致夫參天地、贊化育之能。任則至重也，道則至遠也，死而後已者也。夫然後天之所以與我以爲性而具於心者，是我所受之命；而殀壽不貳，修身以俟之矣，豈非所以立命乎！」按：程氏説是也。「盡其心」即伏羲之「通德類情」，黄帝堯舜之「通變神化」。惟知人性之善，故盡其心以教之。知性即是知天，知天而盡其心以教之，即所以事天。所以盡其心者，不過「存其心，養其性」也。盡其性以盡人之性，盡物之性。贊天地之化育，所以成天之能，猶人臣贊君之治以成君之功。聖人事天猶人臣事君也。天之命有殀壽窮達智愚賢不肖，而聖人盡其心以存之養之。存之養之即所以脩身，使天下皆歸於善。天之命雖有不齊，至是而皆齊之，故爲立命知性，知天窮理也。盡其心以存之養之脩之，盡性也。立命至於命也。《孟子》此章，發明易道也。

章指：言盡心竭性，所以承天。殀壽禍福，秉心不違，立命之道，惟是爲珍。

孟子曰：「莫非命也，順受其正。注 莫，無也。人之終，無非命也。命有三名：行善得善曰受命，行善得惡曰遭命，行惡得惡曰隨命。惟順受命爲受其正也。疏 注「莫無也」至「正也」○正義曰：《詩·周頌·時邁》「莫不震疊」，《韓詩》云：「莫，無也。」莫、無聲相近，趙氏以「無」釋「莫」是也。「非」「命」二字相連，即下「非正命」。《韓詩外傳》云：「孔子曰：人有三死而非命也者，自取之也。」非命二字與此同。莫非命，禁戒之辭，謂不可非命而死也。順受其正，乃爲知命。不知命，或死於巖牆之下，或桎梏而死，是即死於非命；死於非命，即不能順受其正，即是不知命。如是則通章一氣貫注。趙氏謂人之終無非命，蓋以命有三名，人之終不出乎受命、遭命、隨命。三命中惟「行善得善」乃爲順受正。揆諸孟子之恉，固不如是。三命之説，《音義》云：「丁云：『三命事出《孝經援神契》。』」按：《禮記·祭法》注云：「司命主督察三命。」孔氏正義引《孝經援神契》云：「命有三科，有受命以任慶，有遭命以謫暴，有隨命以督行。受命謂年壽也，遭命謂行善而遇凶也，隨命謂隨其善惡報之。」《白虎通·壽命》篇云：「命有三科以記驗：有壽命以保度，有遭命以遇暴，有隨命以應行。壽命者，上命也。若言文王受命惟中身，享國五十年。隨命者，隨行爲命，若言怠棄三正，天用勦絶其命矣。又欲使民務仁立義，無滔天，滔天則司命舉過，言則用以弊之。遭命者，逢世殘賊，若上逢亂君，下必災變暴至，天絶人命，沙鹿崩於受邑是也。冉伯牛危言正行而遭惡疾，孔子曰：『命矣夫，斯人也而有斯疾也！』」《論衡·命義》篇云：「傳曰：『説命有三，一曰正命，二曰隨命，三曰遭命。』正命謂本稟己自得吉也。性然骨善，故不假操行以求福而吉自至，故曰正命。隨命者，戮力操行而吉福至，縱情施欲而凶禍到，故曰隨命。遭命者，行善得惡，非所冀望，逢遭於外而得凶禍，故曰遭命。」《白虎通》《論衡》小有異同，趙氏與《白虎通》合。乃下節注云：「知命者欲趨於正，故不立巖牆之下，恐厭覆也。盡修身之道以壽終者，得正命也。」此以壽終爲正命而本之以修身，則仍行善得善之義。蓋分隨命中之善報，合諸受命之年壽，而以惡報獨爲隨命。《論衡》全本《孝經緯》以年壽得諸自然，不由善報，與趙氏爲異也。**是故知命者不立乎巖牆之下。盡其道而死者，正命也；**注 知命者欲趨於正，故不立巖牆之下，恐壓覆也。盡脩身之道以壽終者，爲得正命也。**桎梏死者，非正命也。」**注 畏壓溺死，禮所不弔。故曰「非正命」也。

疏 注「畏壓」至「命也」○正義曰：《禮記·檀弓》云：「死而不弔者三，畏、厭、溺。」注云：「謂輕身忘孝也。」注畏云：「人或時以非罪攻己，不能有以説之死之者。孔子畏於匡。」注厭云：「行止危險之下。」注溺云：「不乘橋船。」厭即壓覆也。《吕氏春秋·孟夏紀·勸學》篇云：「曾點使曾參過期而不至，人皆見曾點曰：『無乃畏邪？』曾點曰：『彼雖畏，我存，夫安敢畏？』孔子畏於匡，顔淵後，孔子曰：『吾以汝爲死矣。』顔淵曰：『子在，回何敢死？』」兩事相比，「回何敢死」正是「回何敢畏」。高誘注畏爲死，謂由畏而死，即《檀弓》「死而不弔」之畏矣。以畏而死，則子必不死，故知子在以畏而死則不可死，故顔子不敢死，即曾子安敢畏。立巖牆之下恐其壓，壓而死猶畏而死，俱爲非命。《孟子》此文與「子在回何敢死」相發明。子在者，聖人知命，不死於非命也；回何敢死者，大賢知命，不死於非命也。孟子言不立巖牆之下，不桎梏而死，示人知命之學，不可死於非命也。故「莫非命」之莫讀如《易》「莫夜有戎」「莫擊之」之莫。莫即無，無即毋。《説文》女部云：「毋，止之也。」「非命」二字相連，「莫」字不與「非」字連也。《論語》言「五十而知天命」「不知命無以爲君子也」，又云「死生有命」，又云「道之將行也與？命也。道之將廢也與？命也」。孟子既云「殀壽不貳，脩身以俟之，所以立命」，此章又詳言之。又云：「口之於味也，目之於色也，耳之於聲也，鼻之於臭也，四體之於安佚也，性也，有命焉，君子不謂性也；仁之於父子也，義之於君臣也，禮之於賓主也，知之於賢者也，聖人之於天道也，命也，有性焉，君子不謂命也。」皆發明孔子「知命」之説也。死生窮達皆本於天。命當死而營謀以得生，命當窮而營謀以得達，非知命也；命可以不死而自致於死，命可以不窮而自致於窮，亦非知命也。故子畏於匡，回不敢死。死於畏、死於桎梏、死於巖牆之下，皆非命也，皆非順受其正也。知命者不立巖牆之下，然則立巖牆之下與死於畏、死於桎梏，皆爲不知命。味色聲臭安佚聽之於命，不可營求，是知命也；仁義禮智天道必得志乃可施諸天下，所謂「道之將行，命也」，不得位則不施諸天下，所謂「道之將廢，命也」。君子以行道安天下爲心，天下之命立於君子。百姓之飢寒囿於命，君子立命則盡其心，使之不飢不寒；百姓之愚不肖囿於命，君子立命則盡其心，使之不愚不不肖。口體耳目之命，「己溺己飢」者操之也；仁義禮智之命，「勞來匡直」者主之也。皆盡其心也。故己之命聽諸天，所謂「脩身以俟之」；而天下之命任諸己，所謂「盡心」，所謂「立命」也。於己則俟命，於天下則立命。於正命則順受，於非命則不受。聖賢知命之學如是。俗以任運之自然爲知命，將視天下之飢寒愚不肖而不必盡其心，且自死於畏、自死於桎梏、自死於巖牆之下而莫知避也。阮氏元《挍勘記》云：「『畏壓溺死』，閩、監、毛三本同。廖本、孔本、韓本、《攷文》古本無死字。按，無者非。」

章指：言人必趨命，貴受其正。巖牆之疑，君子遠之。

孟子曰：「『求則得之，舍則失之』，是求有益於得也，求在我者也；注謂修仁行義，事在於我，我求則得，我舍則失。故求有益於得也。**『求之有道，得之有命』，是求無益於得也，求在外者也。」**注謂賢者脩其天爵而人爵從之，故曰「求之有道」也；脩天爵者，或得或否，故言「得之有命」也。禄爵須知己。知己者在外，非身所專，是以云「求無益於得也，求在外也」。疏注「禄爵須知己」○正義曰：《史記·管晏列傳》云：「吾聞君子詘於不知己而信於知己者，故須知己而後禄爵可得也。」翟氏灝《攷異》云：「兩『是求』字皆作一讀。其上二語皆古語常言。《荀子·不苟》篇云：『操之則得之，舍之則失之。』《文子·符言》篇云：『求之有道，得之有命。』」

章指：言爲仁由己，富貴在天。故孔子曰：「如不可求，從吾所好。」

孟子曰：「萬物皆備於我矣。反身而誠，樂莫大焉；注物，事也。我，身也，普謂人爲成人已往。皆備知天下萬物，常有所行矣。誠者，實也。反自思其身所施行能皆實而無虛，則樂莫大焉。疏注「物事」至「大焉」〇正義曰：《周禮·地官·大司徒》「以鄉三物」，《禮記·月令》「兼用六物」，注皆云：「物猶事也。」《爾雅·釋詁》云：「身，我也。」《説文》戈部云：❶「我，施身自謂也。」《禮記·祭義》云「成人之道也」，注云：「成人，既冠者。」「成人已往」，男子年二十已上也。是時知識已開，故「備知天下萬事」。我本自稱之名，此我既指人之身，即指天下人人之身，故云「普謂人」。人有一身即人有一我。未冠或童昏不知，既冠則萬事皆知矣。既知則有所行，故云「常有所行矣」。《淮南子·説林訓》云「其鄉之誠也」，高注云：「誠，實也。」《禮記·禮運》云「此順之實也」，注云：「實猶誠也。」**强恕而行，求仁莫近焉。」** **注** 當自强勉以忠恕之道，求仁之術，此最爲近。**疏** 注「當自」至「爲近」〇正義曰：《淮南子·脩務訓》「功可彊成」，高誘注云：「彊，勉也。」「反身而誠」即忠恕之道也，宜勉行之。戴氏震《孟子字義疏證》云：「《中庸》曰：『忠恕違道不遠。』孟子曰：『强恕而行，求仁莫近焉。』蓋人能出於己者必忠，施於人者以恕，行事如此，雖有差失，亦少矣。凡未至乎聖人，未可語於仁，未能無憾於禮義，如其才質所及，心知所明，謂之忠恕可也；聖人仁且智，其見之行事無非仁，無非禮義，忠恕不足以名之。然而非有他也，忠恕至斯而極也。故曾子曰：『夫子之道，忠恕而已矣！』」段氏玉裁《説文解字注》云：「恕，仁也。從心，如聲。孔子曰：『能近取譬，可謂仁之方也矣。』孟子曰：『强恕而行，求仁莫近焉。』是則爲仁不外於恕。析言之則有别，渾言之則不别也。」謹按：此章申明「知性」之義也。知其性而乃盡其心，然則何以知其性？以我推之也。我亦人也，我能覺於善則

---

❶ 案，《説文解字》中我字屬我部，非戈部。

人之性亦能覺於善，人之情即同乎我之情，人之欲即同乎我之欲，故曰：「萬物皆備於我矣。」「己欲立而立人，己欲達而達人」「己所不欲，勿施於人」，即「反身而誠」也，即「强恕而行」也。聖人通神明之德，類萬物之情，亦近取諸身而已矣。

章指：言每必以誠，恕己而行。樂在其中，仁之至也。

孟子曰：「行之而不著焉，習矣而不察焉，終身由之而不知其道者，衆也。」注人皆有仁義之心，日自行之於其所愛，而不能著明其道以施於大事；仁妻愛子，亦以習矣，而不能察知可推以爲善也。由，用也。終身用之以爲自然，不究其道可成君子，此衆庶之人也。疏注「人皆」至「人也」〇正義曰：《小爾雅・廣詁》云：「著，明也。」《楚辭・懷沙》篇云「孰察其撥正」，《吕氏春秋・功名》篇云「不可不察」，王逸、高誘注並云：「察，知也。」其實察與著義同，《禮記・中庸》「言其上下察也」，注云：「察猶著也。」《毛詩・王風・君子陽陽》「右招我由房」，傳云：「由，用也。」著、察、知三字義同。趙氏以「不知其道」爲「不究其道」者，究之義爲窮，爲極，蓋以「察」深於「著」，而「知」則察之極也。《説苑・脩文》篇云：「安故重遷謂之衆庶。」《文選・幽通賦》云「斯衆兆之所惑」，曹大家注云：「衆，庶也。」「衆庶」謂凡夫也。趙氏謂凡夫但能以仁義施於所愛之妻子而不能擴充推之於大事，所以不能爲君子，但爲衆庶也。按：《孟子》此章亦所以發明《易》道也。「行」「習」即「由之」也。「著」「察」即「知之」也。聖人知人性之善而盡其心以教之，豈不欲天下之人皆知道乎？所以「可使由之，不可使知之」者，則以行而能著、習而能察者，君子也；行而不著、習而不察者，衆庶也。則以能知道者，君子也；終身由之而不知其道者，衆庶也。衆庶但可使由，不可使知，故必盡其心，「通其變，使之不倦，神而化之，使民宜之」也。自首章以下，章雖分而義實相承，玩之可見。《易・上繫傳》云：「一陰一陽之謂道。繼之者，善也；成之者，性也。仁者見之謂之仁，知者見之謂之知。百姓日用而不知，故君子之道鮮矣。」「日用而不知」即所謂「終身由之而不知其道」也，「百姓」即「衆庶」也，「道」即「君子之道」，「一陰一陽」者也。惟其性善，所以能由；惟其能由，所以盡其心。以先覺覺之，其不可知者，通變神化而使由之。盡其心，顯諸仁也；不能使知之，藏諸用也。聖人定人道，雖凡夫無不各以夫妻父子爲日用之常，日由於道之中而不知其爲道也，此聖人知天立命之學也。聖人知民不可使知，則但使之行、習而不必責以著、察。説者乃必以著、察、知道責之天下之凡夫，失孟子之意矣。

章指：言人有仁端，達之爲道。凡夫用之，不知其爲寶也。

孟子曰：「人不可以無恥。注人不可以無所羞恥也。《論語》曰：「行己有恥。」疏注「人不」至「有恥」○正義曰：《國語・周語》云「姦禮爲羞」，注云：「羞，恥也。」《説文》心部云：「恥，辱也。」《禮記・緇衣》云「惟口啓羞」「或承之羞」，注並云：「羞猶辱也。」故下注以「辱」釋「恥」，此以「羞」釋「恥」也。引《論語》在《子路》篇第十三。《集解》引孔氏云：「有恥，有所不爲也。」**無恥之恥，無恥矣。」**注人能恥己之無所恥，是爲改行從善之人，終身無復有恥辱之累也。疏注「人能」至「累也」○正義曰：「無恥」二字承上「無恥」，則「無恥」即謂無所羞恥也。無所羞恥而「之」於「恥」，是改無恥爲恥。惠氏棟《後漢書補注》云：「《光武紀》注

『秀之字曰茂』，洪邁曰：『漢高祖諱邦，荀悦曰：之字曰國。惠帝諱盈，之字曰滿。謂臣下所避以相代也。蓋「之」字之義訓變，《左傳》周史以《周易》見陳侯者，陳侯使筮之，遇《觀》之《否》。謂《觀》六四變爲《否》也。』棟謂：之猶適也，適則變矣。《繫辭傳》云『惟變所適』，京房論卦有通變是也。避諱改文與卦變同，故云『之』。」按：此「無恥之恥」謂由無恥改變而適於恥。趙氏以「改行」解之，正以之爲「之字」「之卦」之之也。

章指：言恥，身無分。獨無所恥，斯必遠辱，不爲憂矣。

孟子曰：「恥之於人，大矣！爲機變之巧者，無所用恥焉。」 注 恥者，爲不正之道，正人之所恥爲也。今造機變穽陷之巧以攻戰者，非古之正道也，取爲一切可勝敵也，宜無以錯於廉恥之心。疏 注「恥者」至「之心」○正義曰：《易・象傳》每以「正大」連言，大之義爲長，正之義亦爲長。趙氏以「大」之義近於「正」，「恥之於人大矣」猶云「恥之於人正矣」，故云「正人之所恥爲」。《章指》云：「不慕大人，何能有恥？」固以「正人」爲「大人」矣。正人之所恥必是不正，故云「爲不正之道，正人之所恥爲」也。《墨子・公輸》篇云「公輸盤九設攻城之機變」，故以「機變之巧」指「攻戰」言。九設攻城之機變，篇中止言爲雲梯一事；尚有其八。《備城門》篇云：「禽滑釐曰：今之世常所以攻者，臨、鉤、衝、梯、堙、水、穴、突、空洞、蟻附、轒轀、軒車，凡十二。」又云：「問穴土之守邪，若彭有水濁非常者此穴土也。急壍城内，穴直之，穿井城，五步一井，傅城足高地丈五尺，地得泉三尺而止，令陶者爲罌，容四十斗以上，固順之以薄鞈革，置井中，使聰耳者伏罌聽之，審知穴之所在，鑿内迎之。」又有《備穴》篇，穴即穽陷也。此皆攻城之機變，趙氏略舉「穽陷」以概其餘耳。《書・柴誓》云：「敜乃穽。」然則王者攻戰之正道不用穽陷，故此「機變穽陷之巧」非古之正道也。《漢書・翟方進傳》云「奏請一切增賦」，張晏云：「一切，權時也。」《路温舒傳》云：「是以獄吏專爲深刻，殘賊而亡極，媮爲一切，不顧國患。」如淳云：「媮，苟且也。一切，權時也。」《後漢書・王霸傳》云：「蘇茂客兵遠來，糧食不足，故數挑戰以徼一切之勝。」李賢注云：「一切猶權時也。」此云「一切可勝敵」，謂權時取勝敵而已，不計正不正也。正人既以不正爲恥，此非古之正道而苟且爲之，是不以不正爲恥，非正人矣，故云「宜無錯於廉恥之心」。《音義》云：「錯，音措。」《説文》手部云：「措，置也。」近時通解，「機變」謂機械變詐。按：《淮南子・原道訓》云「故機械之心藏於胸中」，高誘注云：「機械，巧詐也。」是不必指攻戰言之。**不恥不若人，何若人有？」**注不恥不如古之聖人，何有如賢人之名也？疏注「不恥」至「名也」○正義曰：阮氏元《校勘記》云：「注意謂取法乎上乃得乎中也。閩、監、毛三本『聖人』『賢人』並作『聖賢』。」

章指：言不慕大人，何能有恥？是以隰朋愧不及黄帝，佐齊桓以有勳；顔淵慕虞舜，仲尼嘆「庶幾」之云。疏「隰朋」至「之云」○正義曰：周氏廣業《孟子章指攷證》云：「《左傳》昭十三年叔向曰：『齊桓，衛姬之子也。有鮑叔牙、隰朋以爲佐。』《列子・力命》篇：『管夷吾有病，小白問惡乎屬國而可？對曰：隰朋可。其爲人也，上忘而下不叛，愧其不若黄帝而哀不己若者。』又見《莊子・徐無鬼》篇，文與《列子》同。《文選》張華《勵志詩》『隰朋仰慕，予亦何人』，李善注引作《莊子》是也。又《吕氏春秋・貴公》篇云：『隰朋之爲人也，上志而下求，醜不若黄帝而哀不己若者。』高誘注：『醜其德不若黄帝。』又《管子・小匡》篇『於諸侯使隰朋爲行』，尹知章注：『行，行人也。』賈誼《新書》所謂『中主者齊桓公」是也。得管仲、隰朋，則九合諸侯。《説苑》：『管仲治内，隰朋治外。』數書皆出周秦西漢，故趙氏據以爲説。《易·繫辭傳》『顔氏之子其殆庶幾乎』，虞翻注云：『幾者，神妙也。顔子知微，故殆庶幾。』『孔子曰回也其庶幾乎』，孔穎達亦云：顔子『庶於幾』。王充《論衡》：『顔淵曰：「舜何人也？予何人也？」五帝三王皆聖，顔淵獨慕舜者，知己步驟有同也。』亦可爲慕舜之證。」

孟子曰：「古之賢王好善而忘勢，注樂善自卑，若高宗得傅説而稟命。疏注「樂善」至「稟命」○正義曰：傅説詳見《告子下》篇。云「稟命」者，蓋謂《傅説》三篇也。但此三篇伏氏、孔氏皆無，惟《禮記·文王世子》《學記》《緇衣》等篇引《兑命》曰，鄭氏注云：「兑，當作説，謂殷高宗之臣傅説也，作書以命高宗。」《國語·楚語》云：「白公子張曰：昔殷武丁能聳其德，至於神明，以入於河，自河徂亳，於是乎三年，默以思道。卿士患之曰：王言以出令也，若不言，是無所稟令也。武丁於是作書曰：『以余正四方，余恐德之不類，兹故不言。』如是而又使以象夢求四方之賢聖，得傅説以來，升爲三公，而使朝夕規諫。」「稟命」即「稟令」，趙氏本此也。**古之賢士何獨不然？樂其道而忘人之勢。**注何獨不然，何獨不有所樂有所忘也。樂道守志，若許由洗耳，可謂忘人之勢矣。疏注「若許由洗耳」○正義曰：《史記·伯夷列傳》云：「説者云：堯讓天下於許由，許由不受，恥之，逃隱。」《正義》引皇甫謐《高士傳》云：「許由，字武仲。堯聞，致天下而讓焉。乃退而遁於中嶽，潁水之陽、箕山之下隱。堯又召爲九州長，由不欲聞之，洗耳於潁水濱。時有巢父牽犢欲飲之，見由洗耳，問其故，對曰：『堯欲召我爲九州長，惡聞其聲，是故洗耳。』巢父曰：『子若處高岸深谷，人道不通，誰能見子？子故浮游，欲求其名譽，汙吾犢口。』牽犢上流飲之。」**故王公不致敬盡禮，則不得亟見之。見且由不得亟，而況得而臣之乎？」** 注 亟，數也。若伯夷非其君不事，伊尹樂堯舜之道，不致敬盡禮，可數見之乎？作者七人，隱各有方，豈可得而臣之？ 疏 注「亟數也」○正義曰：《音義》云：「亟，去吏切。數，音朔。」《說文》二部云：「亟，敏疾也。」《爾雅·釋詁》云：「數，疾也。疾，速也。」段氏玉裁《說文解字注》云：「今人亟分入聲去聲，入之訓『急也』，去之訓『數也』，古無是分別。數亦急也，非有二義。」○注「作者七人隱各有方」○正義曰：《論語·憲問》篇云「作者七人矣」，《集解》引包氏曰：「作，爲也。爲之者凡七人，謂長沮、桀溺、丈人、晨門、荷蕢、儀封人、楚狂接輿也。」《義疏》引鄭氏注云：「伯夷、叔齊、虞仲，辟世者；荷蓧、長沮、桀溺，辟地者；柳下惠、少連，辟色者；荷蕢、楚狂接輿，辟言者。七當爲十之誤。」此云「隱各有方」，謂辟世辟地辟色辟言之不同，而晨門、儀封人隱於吏，丈人、沮溺隱於耕，接輿隱於狂，是亦各有方矣。

章指：言王公尊賢，以貴下賤之義也；樂道忘勢，不以富貴動心之分也。各崇所尚，則義不虧矣。 疏「以貴下賤」○正義曰：《易·屯》初九傳文。

孟子謂宋句踐曰：「子好遊乎？吾語子遊。人知之，亦囂囂；人不知，亦囂囂。」 注 宋，姓也；句踐，名也。好以道德遊，欲行其道者。囂囂，自得無欲之貌。 疏 注「宋姓」至「之貌」○正義曰：宋句踐姓名未見他書。趙氏佑《温故録》云：「注『好以道德遊，欲行其道者』，按，道德非遊具，蓋觀孟子進而數之，其亦有異於縱横捭闔者流與？」囂囂，見《萬章上》篇。按：「囂囂」見於經籍者義多不一，大抵皆由假借也。《詩·大雅·板》篇「聽我囂囂」，傳云：「囂囂猶警警也。」箋云：「女反聽我言，警警然不肯受。」此囂囂爲警警之假借。《小雅·十月之交》「讒口囂囂」，《釋文》引《韓詩》作「嚻嚻」。嚻嚻即警警。《楚辭·九思·怨上》篇云「令尹兮警警」，王逸注云：「警警，不聽話言而妄語也。」是也。《法言·君子》篇云：「或曰人有齊死生，同貧富，等貴賤，何如？曰：信死生齊、貧富同、貴賤等，則吾以聖人爲囂囂。」吴秘注云：「若信是言，則吾以聖人六經之旨爲囂囂之虚語耳。」又云：「或曰：世無仙則焉得斯語？曰：語乎者，非囂囂也與？」吴秘注云：「囂囂然方士之虚語耳。」此以囂囂爲虚，故《廣雅·釋訓》云：「囂囂，虚也。」《文選·養生論》云「終朝未餐則囂然思食」，注云：「囂然，飢意也。」此囂乃枵之假借。《爾雅·釋天》云：「玄枵，虚也。」孫炎注云：「枵之言耗。耗虚之意也。」是也。《莊子·駢拇》篇云：「自三代以下者，天下何其囂囂也？」郭象注云：「横其囂囂，棄情逐迹，如將不及，不亦多憂乎？」《釋文》云：「囂囂，許橋反，又五羔反。崔云：『憂世之貌。』」《漢書·王莽傳贊》云「囂然喪其樂生之心」，顔師古注云：「囂然，衆口愁貌也。」《説文》口部云：「嗷，衆口愁。《詩》曰：『哀鳴嗷嗷。』」然則此囂囂乃亦嗷嗷之假借也。《説文》㗊部云：「囂，聲也。氣出頭上。」《周禮·秋官·司虣》「禁其鬭囂者」，注云：「囂，讙也。」成公十六年《左傳》云「在陳而囂」，杜預注云：「囂，喧譁也。」《詩·小雅·車攻》篇云「之子于苗，選徒囂囂」，傳云：「囂囂，聲也。」然則惟此囂囂爲囂之本義。《爾雅·釋言》以閑釋囂，此囂爲閑之假借，囂囂即閑閑也。《楚辭·湘君》篇「告余以不閒」，王逸注云：「閒，暇也。」《招魂》篇「待君之閒些」，注云：「閒，静也。」暇則「自得」，静則「無欲」。《章指》云「内定常滿」，《禮記・大學》云「定而後能静」，《周書・謚法解》云「大慮静民曰定」，定亦清静也。「自得無欲」則廣博而盛，《莊子・齊物論》云「大知閑閑」，《釋文》引簡文云：「廣博之貌。」《廣雅・釋訓》云：「閑閑，盛也。」是也。段氏玉裁《説文解字注》云：「《孟子》『人知之亦囂囂，人不知亦囂囂』，言人自得無欲，如氣上出悠閒也。」此以囂字氣出頭上爲閒，乃趙氏自讀囂囂爲閒閒，非取囂字本義爲自得無欲也。**曰：「何如斯可以囂囂矣？」**注句踐問何執守可囂囂也？**曰：「尊德樂義，則可以囂囂矣。**注尊，貴也。孟子曰：能貴德而履之，樂義而行之，則可以囂囂無欲矣。疏注「尊貴也」○正義曰：《大戴記・本命》篇云：「貴貴尊尊，義之大者也。」尊、貴義近，故以「貴」釋「尊」。《易・上繫傳》云「天尊地卑」，虞翻注云：「天貴故尊。」**故士窮不失義，達不離道。窮不失義，故士得己焉；達不離道，故民不失望焉。**注窮不失義，不爲不義而苟得，故得己之本性也；達不離道，思利民之道，故民不失其望也。**古之人，得志，澤加於民；不得志，修身見於世。窮則獨善其身，達則兼善天下。」**注古之人得志君國，則德澤加於民人。不得志，謂賢者不遭遇也。見，立也。獨治其身以立於世間，不失其操也，是故獨善其身。達謂得行其道，故能兼善天下也。疏注「見立」至「操也」○正義曰：《吕氏春秋・適威》篇云「湯武通於此論，故功名立」，高誘注云：「立猶見也。」《淮南子・主術訓》云「德無所立」，高誘注云：「立，見也。」趙氏注《孟子》，訓詁多與高氏同。蓋見之義爲顯，不得志不可云顯，故解爲立也。按：《説文》云：「見，視也。」視即示，修身以示於世，亦所以教也。伯夷、柳下惠爲百世師，非示於世乎？

章指：言内定常滿，囂囂無憂。可出可處，故云以「遊」。脩身立世，賤不失道；達善天下，乃用其寶。句踐好遊，未得其要，孟子言之，然後乃喻。❶

孟子曰：「待文王而後興者，凡民也。若夫豪傑之士，雖無文王，猶興。」注凡民，無自知者也，故須文王之大化，乃能自興起以趨善道。若夫豪傑，才知千萬於凡人者，雖不遭文王，猶能自起，以善守身正行，不陷溺也。疏注「凡民」至「溺也」○正義曰：宋本、孔本作「無異知者也」，閩、監、毛三本作「自知」。按：「自知」是也。不能自知，故必待文王之化而興起也。王氏念孫《廣雅疏證》云：「伿，輕也。伿之言汎也。《方言》：『伿，傈輕也。楚凡相輕薄謂之相伿或謂之傈也。』《孟子》『待文王而後興者，凡民也』，凡亦與伿通。」按：《説文》云：「凡，最括也。」《吕氏春秋·任地》篇云「凡草生藏」，高誘注云：「凡草，庶草也。」以此準之，則「凡民」猶云「庶民」。趙氏前以「庶」解「衆」，又以「凡夫」解之，此不解釋凡字，蓋以爲庶民也。「最括」亦衆數之稱，故凡又訓皆。鄭氏注《儀禮》以爲「非一」，注《周禮》以爲「無常數」。凡通於汎，汎亦有衆義。因汎之本訓爲浮，浮則輕，故伿傈猶汎漂也。還以伿汎之輕浮通凡之義，亦爲輕浮，則緣其爲衆庶而輕微之，又引申之義耳。惟「凡民」是衆民無常數之稱，而才過千人爲豪，萬人爲傑，則有常數，故趙氏云「豪傑

❶ 「後」，原作「得」，今從沈校據廖本改。

才知千萬於凡人」。豪傑千萬於凡人，是凡即此千人萬人之總稱矣。趙氏訓釋字義每於互見之，可謂精矣。《吕氏春秋·孟秋紀》高誘注云：「才過萬人曰桀。」《鶡冠子·能天》篇云：「德千人者謂之豪。」故云千萬於凡民。《爾雅·釋言》云：「興，起也。」興於善爲興，興於不善亦爲興。《吕氏春秋·義賞》篇云：「姦僞雜亂貪戾之道興。」是也。故趙氏以「起」釋「興」。一則云「趨善道」，再則云「以善守身正行，不陷溺」，蓋有所作而行爲興，有所守而不行亦爲興也。

章指：言小人待化，乃不辟邪；君子特立，不爲俗移。故稱「豪傑自興」也。 疏「乃不辟邪」○正義曰：周氏廣業《孟子章指考證》云：「孔、韓本作『邪辟』。《左傳》子産曰：『辟邪之人而皆及執政。』」

孟子曰：「附之以韓魏之家，如其自視欿然，則過人遠矣。」 注 附，益也。韓魏，晉六卿之富者也。言人既自有家，復益韓魏百乘之家，其富貴已美矣。而其人欿然不以足，自知仁義之道不足也，此則過人甚遠矣。疏 注「附益」至「遠矣」○正義曰：《漢書·諸侯王表》云「設附益之法」，張晏注引《律》鄭氏説云：「封諸侯過限曰附益。」故趙氏以「益」釋「附」也。以益釋附，益爲增益，故云「人自有家，復益以韓魏百乘之家」也。百乘之家，益之自外，仁義之道，根之於心。但視外所附，則見其富貴；自視其中之所有，故欿然知不足也。自知由於「自視」，自視仁義之心，不移於富貴，益於外不能益於中也。段氏玉裁《説文解字注》云：「欿，欲得也。從欠，臽聲。聲若貪。《孟子》：『附之以韓魏之家，如其自視欿然。』張鎰曰：『欿，音坎，内顧不足而有所欲也。』玉裁按，《孟子》假欿爲坎，謂視盈若虚也。《大玄》『雷推欿窜』，即坎窞也。今本

《大玄》欿字譌不可識。」《晏子春秋・問下》云「鍖然不滿」，孫氏星衍《音義》云：「《玉篇》『鍖，丑甚切』。此當爲欿然之假音。」

章指：言人情富盛，莫不驕矜。若能欿然，謂不如人，非但免過，卓絶乎凡也。疏「人情富盛莫不驕矜」○正義曰：《老子》云：「富貴而驕，自遺其咎。」定公十三年《左傳》史鰌云：「富而不驕者鮮。」《晏子春秋・雜下》云：「富而不驕者，未嘗聞之。」

孟子曰：「以佚道使民，雖勞不怨；注謂教民趨農，役有常時，不使失業。當時雖勞，後獲其利，則佚矣，若「亟其乘屋」之類也，故曰「不怨」。疏注「若亟其乘屋之類」○正義曰：詳見《滕文公上》篇。趙氏彼注云：「言農民之事無休已。」故引爲勞之證。**以生道殺民，雖死不怨殺者。」**注謂殺大辟之罪者，以坐殺人故也。殺此罪人者，其意欲生民也。故雖伏罪而死，不怨殺者。疏注「謂殺」至「故也」○正義曰：《禮記・文王世子》云：「其死罪，則曰某之罪在大辟。」《書・吕刑》云：「大辟疑赦，其罰千鍰，閱實其罪。」徐氏文靖《管城碩記》云：「犯法者事有可疑則赦之，而又不徑赦之也，罰之以示懲。若乃簡閱其情，實無可疑者，其罪之。實與疑對，罪與赦對。實則不疑，罪則不赦也。大辟之法亦然。疑則赦之使贖，實則罪之不赦也。豈謂贖之以金，雖大辟亦許其贖免哉？是大辟之罪，閱實則殺之也。」《周禮・秋官・司刑》「掌五刑之法，殺罪五百」，注云：「殺，死刑也。」《書傳》曰：「降畔寇賊，刧略奪攘，撟虔者其刑死。」然則大辟之罪不止坐殺人，趙氏略舉之耳。《荀子・正論》篇云：「殺人者不死，傷人者不刑，是謂惠暴而寬賊也。」又云：「殺人者死，傷人者刑，百王之所同也。」

章指：言勞人欲以佚之，殺人欲以生之，則民無怨讟也。疏「則民無怨讟也」○正義曰：《方言》云：「讟，謗也。」宣公十二年《左傳》云：「君無怨讟。」昭公元年《左傳》云：「民無謗讟。」《説文》言部云：「讟，痛怨也。」

孟子曰：「霸者之民，驩虞如也；王者之民，皞皞如也。殺之而不怨，利之而不庸，民日遷善而不知爲之者。注霸者行善恤民，恩澤暴見易知，故民驩虞樂之也；王者道大法天，浩浩而德難見也。殺非不教，故殺之人不怨也。庸，功也。利之使趨時而農，六畜繁息，無凍餒之老，而民不知猶是王者之功。脩其庠序之教，使日遷善，亦不能覺知誰爲之者。言化大也。疏注「霸者」至「之也」○正義曰：《音義》云：「驩虞，丁云：『義當作歡娛，古字通用耳。』」翟氏灝《攷異》云：「《文選》張景陽《詠史詩》『朝野多歡娛』，注引《孟子》『霸者之民，驩虞如也』，云娛與虞古字通用。又蘇子卿詩『歡娛在今夕』，注云：『《孟子》：「霸者之民，歡娛如也。」』按，《漢書·魏相傳》『君安虞而民和睦』，《匡衡傳》『未有游虞弋射之宴』，虞悉通娛。」按：《説文》女部云：「娛，樂也。」虞爲假借字，故《白虎通·號》篇云：「虞者，樂也。」《説文》欠部云：「歡，喜樂也。」馬部云：「驩，馬名。」驩亦假借字。《荀子·大略》篇云「夫婦不得不驩」，《一切經音義》引《三蒼》云：「驩，古歡字。」驩虞即歡娛，故趙氏云「樂之」也。○注「王者」至「見也」○正義曰：《音義》云：「張云：『皞與昊同。』《説文》胡老切，義與浩同，古字通用。」趙氏讀皞皞爲浩浩，《説文》日部云：「皞，皓旰也。」

夰部云：「昊，春爲昊天，元氣昊昊。」皓旰即浩浩瀚瀚，《淮南子・俶真訓》高誘注云：「浩浩瀚瀚，廣大貌也。」《詩・王風・黍離》傳云：「元氣廣大，則稱昊天。」浩、昊、皓、皞古字皆通。蓋水之廣大爲浩浩，天之廣大則爲皞皞，故趙氏以「道大法天」解之，則仍以「皞皞」爲元氣廣大，以「浩浩」明之耳。天氣廣大，故難見；王者道大法天，其廣大故亦難見。所以廣大難見，則下申言之。○注「庸功也」○正義曰：《周禮・夏官・司勳》云：「民功曰庸。」**夫君子所過者化，所存者神，上下與天地同流，豈曰小補之哉？」**注君子通於聖人。聖人如天，過此世能化之，存在此國，其化如神，故言與天地同流也。天地化物，歲成其功，豈曰使成人知其小補益也？疏注「君子」至「益也」○正義曰：君子爲聖賢之通稱，故云「通於聖人」。《法言・道術》篇云：「樂道者謂之君子。」《禮記・哀公問》云：「君子者，人之成名也。」《易・上繫傳》云「是故君子所居而安者」，虞翻注云：「君子謂文王。」是也。隱公六年《公羊傳》云「首時過則書」，何休注云：「過，歷也。」「過此世」謂生於此世也；「存在此國」，以「在」釋「存」也。過以世，言別生死也；存以國，言判彼此也。如堯舜生唐虞，則唐虞之民皆化；孔子在魯國，則魯國三月大治。「成人」詳見前，閩、監、毛三本無成字。《音義》云：「陸云：『言君子所過人者在於政化，存其身者在於神明。』」此與趙氏義異。按：《易・序卦傳》云：「不養則不可動，故受之以大過；有其信者必行之，故受之以小過。」過之義爲動爲行，「所過者化」猶云所行者化也，所動者化也。行動著於外，存者運於中。所行動者，民即變化，由於所存者神也。民日遷善爲化，不知爲之者，則神也。《易・下繫傳》云：「黄帝堯舜氏作，通其變，使民不倦；神而化之，使民宜之。」所過者化，所存者神，神而化之也。能通其變爲權，霸者亦知乘時運用以得人心，而遠乎聖人之道者，未能神而化也。「大而化之之謂聖，聖而不可知之之謂神」。神化者，通其變而民不知也。殺之，威刑也；利之，善政也。惟聖人有所裁成輔相於威刑善政之中，即有所盈虚消息於威刑善政之外，此全繫乎一心之運用。所謂「脩己以敬」，所謂「篤恭而天下平」，所謂「爲政以德」，所謂「無爲而治，恭己正南面」，所謂「執其兩端，用其中於民」，所謂「惟天爲大，惟堯則之，蕩蕩乎民無能名焉」，皆以言乎「所存者神」也。威刑善政，則所行所動也；民日遷善，化也。「不怨」「不庸」，由所存者神而不知爲之也。所過有定而所存無定。夫行而無定者，水流也，故云「與天地同流」。天地變化，人不可知；聖人成天地之能，人亦不可知。不可知，故不可使知之；民日遷善，則可使由之也。《説文》衣部云：「補，完衣也。」「完，全也。」衣有不全，補全之則必有所增益，故「補」之義爲「益」。《荀子·臣道》篇云「事暴君者有補，削無撟拂」，楊倞注云：「補謂彌縫其闕。」僖公二十六年《左傳》展喜對齊侯曰：「桓公是以糾合諸侯而謀其不協，彌縫其闕而匡救其災。」然則「小補」謂霸者之民所由驩虞也。有闕則望補者切，有災則思救者殷，而彌縫之匡救之，恩澤暴見，民所以樂也。王者裁成輔相，則不待其闕而先默運之，不使有闕；不待其災而豫防禦之，不使有災：此所以「神」，所以「不知」。且補闕者，益於此或損乎彼，支於左或詘於右，一利興而一害即由此起，故爲「小補」；王者之治，德施於普，變化於微，天下受其福而無能名，誠如天之元氣，皞皞而無已也。《荀子·議兵》篇云：「仁人之兵，所存者神，所過者化。」楊倞注云：「所存止之處，畏之如神；所過往之國，無不從化。」此别一義，與《孟子》語同而恉異。

章指：言王政皞皞，與天地同道；霸者德小，民人速覩。是以賢者志其大者也。

孟子曰：「仁言不如仁聲之入人深也，注仁言，政教法度之言也；仁聲，樂聲雅頌也。仁言之政雖明，不如雅頌感人心之深也。疏注「仁言政教法度之言也」○正義曰：《詩・小雅・彤弓》「受言藏之」，箋云：「言者謂王策命也。」《禮記・曲禮》「士載言」，注云：「言謂會同盟要之辭。」是國家命令謂之言，故以「仁言」爲「政教法度之言」。《章指》云：「明法審令，民趨君命。」以「令」「命」申釋「言」字。法即法度，謂以法度載之於言以示民，使民趨於善，是爲仁也。○注「仁聲」至「深也」○正義曰：《説文》耳部云：「聲，音也。」《禮記・月令》「去聲色」，注云：「聲謂樂也。」《吕氏春秋》高誘注此語云：「聲，五聲也。宫商角徵羽爲五聲。」故以「聲」爲「樂聲」。《樂記》云：「樂也者，聖人之所樂也，而可以善民心。其感人深，其移風易俗，故先王著其教焉。」又云：「先王恥其亂，故制雅頌之聲以道之，使其聲足樂而不流，使其文足論而不息，使其曲直繁瘠，廉肉節奏，足以感動人之善心而已矣。」雅頌之聲能深感人心，是「仁聲」也。**善政不如善教之得民也。**注善政使民不違上，善教使民尚仁義。心易得也。疏注「善政」至「得也」○正義曰：趙氏以「仁言」爲「政教法度之言」，然則此又於「仁言」中分別其政不如教也。下申言所以不如。**善政，民畏之；善教，民愛之。善政得民財，善教得民心。」**注畏之，不逋怠，故賦役舉而財聚於一家也；愛之，樂風化而上下親，故歡心可得也。

章指：言明法審令，民趨君命；崇寬務化，民愛君德。故曰：移風易俗，莫善於樂。

孟子曰：「人之所不學而能者，其良能也；所不慮而知者，其良知也。注不學而能，性所自能。良，甚也。是人之所能甚也。知亦猶是能也。疏注「不學」至「能也」○正義曰：「良甚」之義詳見《告子上》篇，「良能」猶言「甚能」，「良知」猶言「甚知」。甚能、甚知即最能、最知，最能、最知即知之最、能之最也。**孩提之童無不知愛其親者，及其長也，無不知敬其兄也。**注孩提，二三歲之間，在繦褓知孩笑可提抱者也。少知愛親，長知敬兄，此所謂「良能」「良知」也。疏注「孩提」至「抱者也」○正義曰：《說文》口部云：「咳，小兒笑也。孩，古文咳。」是孩爲笑也。《說文》手部云：「提，挈也。」「挈，縣持也。」《淮南子·俶真訓》云「提挈天地」，高誘注云：「一手曰提。」劉熙《釋名·釋姿容》云：「提，地也。臂垂所持近地也。」《禮記·曲禮》「長者與之提攜」，注云：「提攜將行。」趙氏以二三歲之童未可羣行而提挈，故以「抱」解之。《說文》抱作褱，在衣部，云：「褱，裹也。」《論語·陽貨》篇「然後免於父母之懷」，《集解》引馬氏注云：「子生未三歲，爲父母所懷抱也。」是一二歲之兒宜抱也。《國策·秦策》云「是抱空質也」，高誘注云：「抱，持也。」然則持可通稱爲抱，則「抱」亦可通稱爲「提」。《音義》云：「繦褓，《說文》：『負兒衣也。』《博物志》曰：『織縷爲之，廣八寸，長一尺二寸，以負小兒於背上。』《聲類》曰：『繦者，小兒被子也。』」按：《論語·子路》篇云「繦負其子而至矣」，《集解》引包氏云：「負者以器曰繦。」《說文》糸部别有繦字，云：「觕纇也。」「緥，小兒衣也。」段氏玉裁《說文解字注》云：「《吕覽·明理》篇『道多緥繦』，高注：『緥，小兒被也。繦，褸格上繩也。』又《直諫》篇『繦緥』，注云：『繦，褸格繩。緥，小兒褯也。』褸即縷，格即絡，織縷爲絡以負之於背，其繩謂之繦。高說最分明。《博物志》云：『織縷爲之，廣八寸，長二尺。』乃謂其絡，未及其繩也。凡繩韌者謂之繦。」又衣部云：「褅，緥也。《詩》曰：『載衣之褅。』」段氏玉裁注云：「《小雅·斯干》曰『載衣之裼』，傳曰：『裼，緥也。』此謂裼即褅之假借也。」又以衣部褅字爲後人所增，若許氏本有此字，當與褅字相屬。謹按：今《毛詩》傳作褓，箋云：「褓，夜衣也。」《釋文》云：「《韓詩》作褅，齊人名小兒被爲褅。」孔氏正義云：「《書傳》説成王之幼，云『在襁褓』，褓，縛兒被也。故箋以爲『夜衣』。」《史記·魯世家》云「成王少在强葆之中」，《索隱》云：「强葆即襁褓。古字少，假借用之。」正義云：「强，闊八寸，長八尺，用約小兒於背而負行。葆，小兒被也。」《漢書·宣帝紀》「曾孫雖在襁緥」，李奇云：「襁，絡也。以繒布爲之，絡負小兒。緥，小兒大藉也。」孟康曰：「緥，小兒被也。」顏師古《匡謬正俗》云：「藏繦謂繩貫錢，故總謂之繦耳。孔子云：『四方之人繦負其子而至。』謂以繩絡而負之，故謂繦褓耳。」然則褓爲小兒被名，襁爲繩名。褓不必負，《趙世家》云「衣以文葆」是也。襁不必褓，❶《論語》「襁負其子」是也。襁可用繩，亦可用繒布；褓可藉於下，亦可覆於上。藉則李奇云「大藉」是也，覆則《禮記·月令》正義云「保即襁保。保謂小被，所以衣覆小兒」是也。《文選》嵇康《幽憤詩》注引韋昭云：「緥若今時小兒腹衣。」腹衣蓋今俗「兜子」是也，亦被之類而稍别焉者也。被爲夜間所藉覆，故亦云「夜衣」。《説文》以緥爲「小兒衣」，以襁爲「負兒衣」，與繦字爲「觕纇」者别。古者衣被通稱織縷，廣八寸長二尺亦被形，其旁有繩以便負，故云負兒衣，與繦字專爲「觕纇」者不同。段氏謂襁字非許氏原有，恐未然矣。段氏謂《博物志》但言織縷，未及其繩，余謂段氏直以繩爲繦而未及其縷絡。繦從糸，專爲繩名；襁從衣，則合

❶「襁」，原作「繦」，今據文義改。下句「襁可」字同。

纖縷與繩而爲負兒衣之名也。**親親，仁也；敬長，義也。無他，達之天下也。」**注人仁義之心，少而皆有之。欲爲善者無他，達，通也，但通此親親、敬長之心，推之天下人而已。疏注「人仁」至「人而已」○正義曰：《呂氏春秋·重己》篇云「理塞則氣不達」，高誘注云：「達，通也。」孟子前言衆庶終身由之而不知其道，民日遷善而不知爲之，此則言所知也。所不知者道，所無不知者愛親、敬長，聖人因其有此知，故以仁義之道達之天下。所以以仁義之道達之天下者，以「親親仁也，敬長義也」。孩提之童無不知愛其親，則仁可達矣；及其長也，無不知敬其兄，則義可達矣。有此親親敬長之心者，性善也。通此親親敬長之心，推之天下人者，聖人之盡心也。自聖人盡其心，爲天下立命，其智者益知之，其衆庶雖不能知之而亦可由之矣。此一章仍申明「知性知天」之恉也。孫氏星衍《原性篇》云：「何以言『性待教而爲善』？《易》言天道陰陽，地道柔剛，人道仁義。后以裁成輔相左右民。《禮記》言盡人物之性，與天地參。《書》言剛克柔克正直。剛屬性，柔屬情，平康之者教也。《禮記》謂天命謂性，率性謂道，脩道謂教。教者何？性有善而教之以止於至善，故《禮記》之言『明德』也，曰『新民』，曰『止至善』。止者，如文王止於仁敬孝慈信，即性中之五常，必教而能之，學而知之也。孟子以孩提之童愛其親、敬其長是也。然童而愛其親非能愛親，慈母乳之而愛移；敬其長非能敬長，嚴師扑之而敬移。然則良知良能不足恃，必教學成而後真知愛親敬長也。故董仲舒之言『性待教爲善』是也。」謹按：孟子言良能爲不學而能，良知爲不慮而知。其言孩提之童無不「知」愛其親，則不言無不「能」愛其親也；其言及其長也無不「知」敬其兄，則不言無不「能」敬其兄也。蓋不慮而知，性之善也，人人所然也；不學而能，惟生知安行者有之，不可概之人人。知愛其親，性之仁也，而不可謂能仁也；知敬其兄，性之義也，而不可謂能義也。曰親親，則能愛其親矣，仁矣，故曰親親仁也；曰敬長，則能敬其兄矣，義矣，故曰敬長義也。何以由知而能也？何以由無不知而無不能也？無他，有達之者也。聖人通神明之德，類萬物之情，而達之天下也。

章指：言本性良能，仁義是也。達之天下，恕乎已也。

孟子曰：「舜之居深山之中，與木石居，與鹿豕遊，其所以異於深山之野人者幾希。注舜耕歷山之時，居木石之間。鹿豕近人，若與人遊也。希，遠也。當此之時，舜與野人相去豈遠哉？**及其聞一善言，見一善行，若決江河，沛然莫之能禦也。」**注舜雖外與野人同其居處，聞一善言則從之，見一善行則識之，沛然不疑，辟若江河之流，無能禦止其所欲行。疏注「沛然」至「欲行」○正義曰：《孟子》三言「沛然」：《梁惠王上》篇「沛然下雨」，此言大雨潤物，故趙氏以「潤」釋之。《離婁上》篇「沛然德教溢乎四海」，此言德教滿溢，故趙氏以「大」釋之。此言「沛然莫之能禦」，謂舜舍己從人，取人爲善，有所聞見即取而行之，故趙氏以「行」釋之。《楚辭·湘君》篇「沛吾乘兮桂舟」，王逸注云：「沛，行貌。」《文選·吴都賦》「常沛沛以悠悠」，劉逵注云：「沛沛，行貌。」《廣雅·釋訓》云：「沛沛，流也。」《一切經音義》引《三蒼》云：「沛，水波流也。」流之義亦同於行。此「沛然」上承「若決江河」，是爲水流，即爲水行。以水之行狀舜之行而云「沛然不疑」者，不疑，能決也。承上「若決」之決，江河決則莫能禦止其行，舜決亦莫能禦止其行。趙氏解經精密如此。

章指：言聖人潛隱，辟若神龍。亦能飛天，亦能小同。舜之謂也。疏「聖人」至「小同」

○正義曰：周氏廣業《孟子章指攷證》云：「揚子《法言》：『或曰：龍必欲飛天乎？曰：時飛則飛，時潛則潛。』班固《賓戲》：『泥蟠而天飛者，應龍之神也。』又《關尹子》云：『若龍，若蛟，若龜，若魚，若蛤，龍皆能爲之。』所謂小同也。」

孟子曰：「無爲其所不爲，無欲其所不欲，如此而已矣。」注無使人爲己所不欲爲者，無使人欲己之所不欲者。每以身況之如此，則人道足也。疏注「無使」至「足也」○正義曰：《詩·王風·揚之水》「彼其之子」，箋云：「其或作記，或作己，讀聲相似。」《鄭風·羔裘》「彼其之子」，《韓詩外傳》作「彼己之子」。《曹風·候人》「彼其之子」，《國語·晉語》作「彼己之子」。是其與己字通，故趙氏以「其所不欲」爲「己所不欲」也。《荀子·儒效》篇云：「貴名不可以比周争也，不可以夸誕有也，不可以執重有也，必將誠此然後就也。故君子務積德於身而處之以遵道。」「積德於身」即是「誠此」，故楊氏注云：「此，身也。」趙氏云「每以身況之如此」，亦以「身」字釋「此」字。如此即是如身，如身即是如己，故云「無使人爲己所不欲爲者，無使人欲己之所不欲者」也。

章指：言「己所不欲，勿施於人」，仲尼之道也。

孟子曰：「人之有德慧術知者，恒存乎疢疾。」注人所以有德行智慧道術才智者，在於有疢疾之人。疢疾之人又力學，故能成德。疏注「人所」至「成德」○正義曰：《周禮·地官·師氏》「以三德教國子」，注云：「德行，内外之稱。在心爲德，施之爲行。」《論衡・書説》篇云「實行爲德」。德行並舉義有別，單舉德亦是行，故以「行」釋「德」也。《方言》云：「知或謂之慧。」《禮記・樂記》「不接心術」，注云：「術猶道也。」《賈子・道術》篇云：「道者，所從接物也。其末者謂之術。」又云：「術也者，所從制物也，動静之數也。」《墨子・經上》篇云：「知，材也。」《老子》云「絶聖棄知」，王弼注云：「聖智，才之善也。」《淮南子・主術訓》云「任人之才，難以至治」，高誘注云：「才，智也。」蓋「德慧」緼於内，「術智」見於外，故以「智」釋「慧」，又以「才」釋「智」。慧爲心之明，才則用之當矣。慧、術、知皆本於德，故以「成德」包之。《詩・小雅・小弁》「心之憂矣，疢如疾首」，箋云：「疢猶病也。」《釋文》云：「疢本作疹。」下言「孤臣孽子」，此云「疢疾」，蓋即本於《小弁》之稱「疢疾」也。**獨孤臣孽子，其操心也危，其慮患也深，故達。」**注此即人之疢疾也。自以孤微，懼於危殆之患而深慮之，勉爲仁義，故至於達也。疏注「自以」至「達也」○正義曰：襄公二十七年《公羊傳》云「是則臣僕庶孽之事也」，何休注云：「庶孽，衆賤子，猶樹之有孽生。」此以「衆」釋「庶」，以「賤」釋「孽」。《華嚴經音義》引王肅《尚書注》云：「微，賤也。」趙氏言「自以孤微」，孤謂「孤臣」，微謂「孽子」也。《説文》歺部云：「殆，危也。」危部云：「危，在高而懼也。」《淮南子・説林訓》云「而殆於蝍蛆」，高誘注云：「殆猶畏也。」《國策・西周策》云「竊爲君危之」，高誘注云：「危，不安也。」有所畏懼，故心不能安。趙氏以「殆」釋「危」，又以「懼」釋之，其義備矣。在高而懼者，畏其傾敗也。《吕氏春秋・壹行》篇云「强大行之危」，高誘注云：「危，傾隕也。」《驕恣》篇云「不知化者舉自危」，高誘注云：「危，敗也。」《廣雅・釋詁》云：「殆，壞也。」傾隕敗壞，所以可患，因而慮之，且「深慮之」，求所以避此患而免此危者，惟有「勉爲仁義」而已矣。《書・堯典》云：「明四目，達四聰。」通達則明顯，故《章指》以「顯」釋「達」，謂以忠孝之名顯於天下後世也。

章指：言孤孽自危，故能顯達；膏粱難正，多用沈溺。是故在上不驕，以戒諸侯也。

孟子曰：「有事君人者，事是君則爲容悅者也；注事君，求君之意，爲苟容以悅君而已。疏注「事君」至「君而已」○正義曰：《呂氏春秋・似順》篇云「夫順令而取容者，衆能之」，高誘注云：「容，悅也。」容、悅二字同義相疊爲雙聲。《毛詩・曹風》「蜉蝣掘閱」，傳云：「掘閱，容閱也。」《邶風・谷風》「我躬不閱」，傳云：「閱，容也。」容閱即容悅。《後漢書・陳蕃傳》上疏云：「臣聞有事社稷者，社稷是爲；有事人君者，容悅是爲。」亦「容悅」二字連綴。趙氏分言之，以「悅君」明「苟容」，亦以「悅」釋「容」。**有安社稷臣者，以安社稷爲悅者也；**注忠臣志在安社稷而後悅也。**有天民者，達可行於天下而後行之者也；**注天民，知道者也。可行而行，可止而止。疏注「天民」至「而止」○正義曰：孟子引伊尹自稱「我，天民之先覺者也」，則天民指伊尹、太公一流矣。《莊子・庚桑楚》云：「人之所舍，謂之天民；天之所助，謂之天子。」郭象注云：「出則天子，處則天民，此二者皆以泰然而自得之，非爲而得之也。」《列子・楊朱》篇稱舜禹周公爲天人，稱孔子爲天民之遑遽者，稱桀爲天民之逸蕩者，紂爲天民之放縱者。當時稱「天民」者別有異説，故孟子明之。**有大人者，正己而物正者也。」**注大人，大丈夫，不爲利害動移者也。正己物正，象天不言而萬物化成也。❶疏注

❶「言」上，原衍「可」字，今據廖本及疏文所引刪。

「大人」至「成也」○正義曰：大人之稱有二，《論語·季氏》篇云「畏大人」，《儀禮·士相見》疏引鄭氏云：「大人爲天子諸侯爲政教者。」何晏《論語注》云：「即『聖人與天地合其德』者也。」昭公十八年《左傳》：「葬曹平公。往者見周原伯魯焉，與之語，不説學。歸以語閔子馬。閔子馬曰：『夫必多有是説，而後及其大人。大人患失而惑，又曰：「可以無學，無學不害。」』」此大人指原伯魯，故注云：「大人，在位者。」《管子·幼官》篇云：「民之所利立之，所害除之，則民人從；立爲六千里之侯，則大人從。」尹知章注云：「大人謂天子三公四輔。」此鄭氏之義也。《易》稱「利見大人」，「大人虎變」，虞翻謂「乾稱大人」，此何氏之義也。《孟子·離婁下》篇兩云「大人」。其一，「言不必信，行不必果，惟義所在」，趙氏云「大人杖義」，是以德言也；其一，「不失其赤子之心」，趙氏云「大人謂君」，是以位言也。此注以「大丈夫」解之，大丈夫得志與民由之，不得志獨行其道，亦不以位言。乃下云「象天不言而萬物化成」，此則非不得志者。《史記索隱》引向秀注《易·乾》卦云：「聖人在位，謂之大人。」此解《易》之言大人是也，而孟子之言「大人」蓋即謂此。孟子深於《易》，此「大人」即舉《易》之「大人」而解之也。「正己物正」，「篤恭而天下平」也。惟黄帝堯舜通變神化乃足以當之，故又進於天民一等也。

章指：言容悦凡臣，社稷股肱，天民行道，大人正身。凡此四科，優劣之差。 疏「凡此四科」○正義曰：《説文》禾部云：「科，程也。從禾，從斗。斗者，量也。」「程，品也。十髮爲程，十程爲分，十分爲寸。」有優劣之差，則有品次，故謂之科。周氏廣業《孟子章指攷證》云：「《公羊傳疏》『《春秋》設三科，科者，段也』。」

孟子曰：「君子有三樂，而王天下不與存焉。父母俱存，兄弟無故，一樂也；仰不愧於天，俯不怍於人，二樂也；得天下英才而教育之，三樂也。 注 天下之樂，不得與此三樂之中。兄弟無故，無他故。不愧天又不怍人，心正無邪也。育，養也。教養英才，成之以道。皆樂也。疏 注「兄弟無故無他故」○正義曰：《儀禮・士昏禮記》云「某以非他故，不足以辱命」，注云：「非他故，彌親之辭。」《覲禮》云「天子曰：非他，伯父實來，予一人嘉之」，注云：「言非他者，親之辭。」《詩・小雅・頍弁》云「豈伊異人，兄弟匪他」，箋云：「此言王當所與宴者，豈有異人疏遠者乎？皆兄弟，與王無他，言至親。」趙氏以「無他故」解「無故」，謂兄弟相親好也。○注「育養」至「以道」○正義曰：《說文》𠫓部云：「育，養子使作善也。《虞書》曰：『教育子。』」是育爲養也。閻氏若璩《釋地三續》云：「天下英才，極言之，非廣言之。猶施伯謂管子曰『天下才』，司馬懿謂諸葛武侯曰『天下奇才也』云爾。」**君子有三樂，而王天下不與存焉。」** 注 孟子重言是，美之也。

章指：言保親之養，兄弟無他，誠不愧天，育養英才。賢人能之，樂過萬乘；孟子重焉，一章再云也。 疏「一章再云也」○正義曰：周氏廣業云：「董子《繁露》孔子曰：『書之重，辭之復，不可不察也，其中必有美者焉。』此即『一章再云』之義也。《左傳》范獻子曰『天子實云』，❶襄二十三年

❶「天」，原作「夫」，今據《左傳》昭公三十二年改。

《傳》『季孫再三云』。」

孟子曰：「廣土衆民，君子欲之，所樂不存焉；中天下而立，定四海之民，君子樂之，所性不存焉。注廣土衆民，大國諸侯也。所樂不存，樂行禮也。中天下而立謂王者。所性不存，謂性仁義也。疏注「樂行禮也」〇正義曰：《禮記·樂記》云：「揖讓而治天下者，禮樂之謂也。暴民不作，諸侯賓服，兵革不試，五刑不用，百姓無患，天子不怒，如此則樂達矣；合父子之親，明長幼之序，以敬四海之内，天子如此，則禮行矣。」又云：「王者功成作樂，治定制禮。」《中庸》云：「非天子不議，禮不制度，不考文。」是行禮者天子之事。君子不以大國諸侯爲樂，而樂於中天下而立；中天下而立是王者，故知所樂爲「行禮」也。《禮運》云：「禮行於郊而百神受職焉，禮行於社，而百貨可極焉，禮行於祖廟而孝慈服焉，禮行於五祀而正法則焉。」亦王者行禮之謂也。**君子所性，雖大行不加焉，雖窮居不損焉，分定故也。**注大行，行政於天下。窮居不失性也。分定，故不變。疏注「大行」至「不變」〇正義曰：「大行」即所謂「武王、周公繼之，然後大行」也。《易·序卦傳》云：「緩必有所失，故受之以損。」故以「不失」解「不損」。《音義》云：「分，扶問切。」《禮記·禮運》云：「故禮達而分定。」《荀子·王制》篇云：「分均則不偏。」分者，蓋所受分於道之命也。既分得人之性，自有人所當爲之職分，自有人所不易之分，主是爲分也，故謂之「分定」。**君子所性，仁義禮智根於心，其生色也睟然見於面，盎於背，施於四體，四體不言而喻。」**注四者根生於心，色見於面。睟然，潤澤之貌也。盎，視其背而可知其背盎盎然盛。流於四體，四體有匡國之綱。口不言，人以曉喻而知之也。疏注「四者」至「知之也」○正義曰：毛氏奇齡《四書賸言補》云：「《孟子》『仁義禮智根於心』，亦謂根之於心，猶言『本諸身』，非謂作心之根也。『根於心』猶下云『盎於背』。若云仁義禮智作背之盎，則亦無是理。」按：趙氏言「根生於心」，是以「生於心」解「根於心」。《廣雅·釋詁》云：「根，始也。」《荀子·禮論》篇云：「生者人之始也。」趙氏注《離婁下》篇「舜生於諸馮」亦云：「生，始也。」生與根同有始義，故以「生」釋「根」。段氏玉裁《説文解字注》云：「色，顔氣也。顔者，兩眉之間也。心達於氣，氣達於眉間，是之謂色。顔氣與心若合符節，故其字從人卪。《記》曰：『孝子之有深愛者必有和氣，有和氣者必有愉色，有愉色者必有婉容。』又曰『戎容，盛氣顛實揚休，玉色』。孟子曰：『仁義禮智根於心，其生色也睟然見於面。』生色而後見於面，所謂『陽氣浸淫，幾滿大宅』，許曰『面，顔前也』是也。《魯頌》『載色載笑』，傳曰：『色，色温潤也。』《大雅》『令儀令色』，箋云：『善威儀善顔色也。』《内則》云『柔色以温之』，《玉藻》云『色容莊』『色容顛顛』『色容厲肅』，《論語》曰『色難』『色思温』『色勃如也』『正顔色』。引申之，爲凡有形可見之稱。」《音義》云：「睟，音粹。」《華嚴經音義》引《孟子注》云：「睟，面色潤也。」未知何人注，與趙氏略同。睟字，《孟子》外，《法言》《大玄經》有之。《法言·君子》篇云：「牛玄騂白，睟而角，其升諸廟乎？是以君子全德。」注云：「色純曰睟。宋咸曰：『宗廟之牛貴純毛，如黑赤白三色各純粹而角握中禮，則可升諸廟矣。所以君子亦貴純全其德。』」然則睟即粹。《淮南·時則訓》云「視肥臞全粹」，高誘注云：「粹，毛色之純也。」《法言》之睟即《時則》之粹矣。其《君子》篇又云：「或問君子似玉，曰純淪温潤。」吴秘注云：「淪猶澤也。」「純淪温潤」四字連言。趙氏蓋本此以「睟」爲「純」，又以「純淪」即「温潤」，故以「睟然」爲「潤澤之貌」。《大玄經》以睟準《乾》，故《玄衝》

云：「睟，君道也。」即取《文言傳》「純粹精」之義。《論語·八佾》篇云「從之純如也」，鄭氏注云：「純如，感人之貌。」何氏注云：「純如，和諧也。」《荀子·禮論》篇云「故説豫娩澤，發於顔色者也」，楊倞注云：「説讀爲悦。豫，樂也。娩，媚也。澤，顔色潤澤也。」豫樂猶和諧，娩澤即潤澤。凡憂戚則憔悴，豫樂則光澤，是和諧與潤澤義亦可通矣。《玉篇》目部云：「睟，思季切，視也。又潤澤貌，孟子曰：『其色睟然。』」周氏廣業《孟子逸文攷》云：「此『睟然』當連上讀。」按：趙氏云「色見於面」，固以「睟然」屬「色」。讀「其生色也睟然」句可也。《音義》云：「盎，張鳥㲒切，又烏浪切。陸云：『盎於背，如負之於背。』」按：《爾雅·釋器》云：「盎謂之缶。」《説文》皿部云：「盎，盆也。」此陸氏所以言「如負之於背」。然如盆缶之器負之於背，何以見仁義禮智之盛？《莊子·德充符》言甕㼜大癭説齊桓公，陸其謂是乎？㼜即盎字。《周禮·天官·酒正》「辨五齊之名，三曰盎齊」，注云：「盎猶翁也。成而翁翁然蔥白色。」劉熙《釋名·釋飲食》云：「盎齊，盎，滃也。滃滃然濁色也。」《説文》水部云：「泱，滃也。」襄公二十九年《左傳》：「吴季札來聘，爲之歌《齊》，曰：『美哉，泱泱乎大風也哉！』」注云：「泱泱，宏大之聲。」《史記·吴世家》載此，裴駰《集解》引服虔云：「泱泱，舒緩深遠，有大和之意。」《索隱》云：「泱泱猶汪汪洋洋，美盛貌也。」《吕氏春秋·古樂》篇云「其音英」，高誘注云：「英，和盛貌。」《詩·小雅·白華》篇「英英白雲」，《釋文》云：「《韓詩》作『泱泱』。」盎通於泱，即通於英。《爾雅·釋草》云：「榮而不實者謂之英。」《吕氏春秋·務大》篇云「其名無不榮者」，高誘注云：「榮，顯也。」然則「盎於背」即英於背，英於背即榮於背，榮於背即顯於背。趙氏言「盎盎然盛」，正是泱泱然盛；「視其背而可知」則顯之謂也。此但言其仁義禮智之生於心者，在前則見於面，在後則顯於背。陸氏不明聲音假借之學而以爲

「如負」，望文生意，失之甚矣。《韓詩外傳》云：「姑布子卿相，孔子曰：『從前視之，盎盎乎似有王者；從後視之，高肩弱脊，此惟不及四聖者也。』」此盎盎謂前不謂後，則盎豈負於背之名乎？《論語·爲政》篇「施於有政」，《集解》包氏云：「施，行也。」《書》古《太誓》「流之爲鵰」，馬氏注云：「流，行也。」《禮記·中庸》篇「君子和而不流」，注云：「流猶移也。」《史記·萬石張叔傳》云「劊人之所施易」，如淳云：「施讀曰移。」是施與流義同，故「施於四體」即「流於四體」。《易·文言傳》云：「君子黄中通理，正位居體，美在其中，而暢於四支，發於事業，美之至也。」虞翻云：「體謂四支，四支謂股肱。」「美在中」即「仁義禮智根於心」。先暢四支而乃發於事業。事業者，匡國之謂也。故四體爲匡國之綱。《詩·大雅·假樂》篇云：「抑抑威儀，德音秩秩，無怨無惡，率由群匹。受福無疆，四方之綱。」又《抑》篇云：「敬慎威儀，維民之則。」威儀者，足容重、手容恭，趨以《采齊》、行以《肆夏》，進則揖之、退則揚之，無非見於四體。即此爲四方之綱，維民之則，亦所爲「匡國之綱」。《曹風·鳲鳩》篇云：❶「其儀不忒，正是四國。」「正是四國」即「匡國」也。疊言「四體」者，謂即此四體，人見之已喻其仁義禮智之所施，不俟教令清明而天下皆樂仰之。趙氏恐人仞「不言」謂四體不能言，特標明云「口不言」，蓋不必俟仁義禮智之形於口而人已喻也。形於口則訏謨定命、遠猶辰告之謂，其喻益可知矣。孟子立言之妙，趙氏能闡明之。《廣雅·釋言》云：「喻，曉也。」阮氏元《挍勘記》云：「『人自曉喻而知也』，閩、監、毛三本同。宋本、岳本、孔本、韓本、《攷文》古本自作以。按，以即已字，《禮記·檀弓》注云『以

❶「鳲」，原作「尸」，今據《詩經》及經解本改。

與已字本同』是也。『不言已喻』正言其形於言也。自字非是。」

章指：言臨莅天下，君國子民，君子之樂，尚不與存。仁義內充，身體履方，四支不言，蟠辟用張。心邪意溺，進退無容。於是之際，知其不同也。

疏「仁義」至「無容」○正義曰：此申言「施於四體」之義也。《淮南子・本經訓》「戴圓履方」，方謂地。趙氏此云「履方」，蓋以方爲《禮記・經解》「由禮，謂之有方之士」之方，方亦正也。《荀子・脩身》篇云：「禮者，所以正身也。」此「身體履方」之謂也。《音義》云：「蟠，音盤。辟，音闢。」《禮記・投壺》篇云：「主人般還曰辟，賓般還曰辟。」《釋文》云：「般，步干反。還，音旋。辟，音避。」孔氏正義云：「主人見賓之拜，乃般曲折還謂賓曰：今辟而不敢受。」般、盤、蟠古字通。然則辟當音避，不音闢也。《漢書・儒林傳》云「魯徐生善爲頌」，蘇林云：「《漢舊儀》有二郎爲頌貌威儀事，❶有徐氏，徐氏後有張氏，不知經，但能盤辟爲禮容。天下郡國有容史，皆詣魯學之。」顔師古云：「頌讀與容同。」《何武傳》云「召見，槃辟雅拜」，服虔云：「行禮容拜也。蟠辟則進退有容。」趙氏以「施於四體」爲威儀致密無所失，前云「匡國之綱」，此直以「蟠辟」明之，義互見矣。又反言「心邪意溺則無容」，明仁義內充、施布於四體爲有容也。《吕氏春秋・先己》篇云「琴瑟不張」，高誘注云：「張，施也。」趙氏又以「用張」互釋「施」字也。《論語・鄉黨》篇云「足躩如也」，《集解》包氏云：「盤辟貌也。」《先進》篇云「師也辟」，《子張》篇云「堂堂乎張也」，又云「吾友張也爲難能也」，包氏云：「言子張容儀之難及。」《廣雅・釋訓》云：「堂堂，容也。」此聖賢施於四體之事。

❶「郎」，原作「即」，今據《漢書》注改。

孟子正義卷二十七

江都縣鄉貢士焦循譔集

孟子曰：「伯夷辟紂，居北海之濱，聞文王作興，曰：『盍歸乎來？吾聞西伯善養老者。』大公辟紂，居東海之濱，聞文王作興，曰：『盍歸乎來？吾聞西伯善養老者。』注已說於上篇。天下有善養老，則仁人以爲己歸矣。注天下有若文王者，仁人將復歸之矣。五畝之宅，樹牆下以桑，匹婦蠶之，則老者足以衣帛矣；五母雞，❶二母彘，無失其時，老者足以無失肉矣；百畝之田，匹夫耕之，八口之家足以無飢矣。注五雞二彘，八口之家畜之，足以爲畜產之本也。

疏「足以無飢矣」○正義曰：阮氏元《挍勘記》云：「宋九經本、宋本、岳本、咸淳衢州本、孔本、韓本、《攷文》古本、足利本同。閩、監、毛三本足誤可。」所謂『西伯善養老』者，制其田里，教之樹畜，導其妻子，使養其老。五十非帛不煖，七十非肉不飽。不煖不飽，謂之凍餒。『文王之民無凍餒之老』

❶「母」，原作「畝」，今據經解本改。

者，此之謂也。」注所謂無凍餒者，教導之使可以養老者耳，非家賜而人益之也。疏「不煖不飽謂之凍餒」○正義曰：趙氏佑《温故録》云：「無帛肉之不煖飽與無衣食之不煖飽稍差。纔不煖不飽，尚未即凍餒，而已謂之凍餒矣。謂之者，文王謂之也。」

章指：言王政普大，教其常業，各養其老，使不凍餒。二老聞之，歸身自託。衆鳥不羅，翔鳳來集，亦斯類也。疏「衆鳥不羅翔鳳來集」○正義曰：周氏廣業《孟子章指攷證》云：「《漢書》路温舒上言曰：『臣聞鳥鳶之卵不毁，而後鳳皇集。』即此意。《楚辭》宋玉《九辨》：『衆鳥皆有所登棲兮，鳳獨遑遑而無所集。』」

孟子曰：「易其田疇，薄其税斂，民可使富也；食之以時，用之以禮，財不可勝用也。注易，治也。疇，一井也。教民治其田疇，薄其税斂，不踰什一，則民富矣；食取其征賦以時，用之以常禮，不踰禮以費財也，故畜積有餘，財不可勝用也。疏注「易治也」○正義曰：《音義》云：「易，以豉切。」《毛詩·小雅·甫田》篇「禾易長畝」，傳云：「易，治也。」《吕氏春秋·辯土》篇云「農夫知其田之易也」，高誘注云：「易，治也。易讀如『易綱』之易。」○注「疇一井也」○正義曰：《一切經音義》引《國語》賈氏注云：「一井爲疇。九夫爲一井。」趙氏所本也。《説苑·辨物》篇云：「疇也者，何也？所以爲麻也。」《史記·天官書》「視封疆田疇之正治」，如淳引蔡邕云：「麻田曰疇。」韋昭注《國語·周語》《齊語》皆云：「麻地曰疇。」《説文》田部則云：「疇，耕治之田也。」按：《易》否九四「疇離祉」，九家注云：「疇者，類也。」《荀子·勸學》篇言「草木疇生」，《書・洪範》言「洪範九疇」，《國語・齊語》云「人與人相疇，家與家相疇」，皆以「儔類」言。一井八家所共，相與爲疇，故名爲疇。《吕氏春秋・慎大》篇云「農不去疇」，即農不去井也。麻田之説，趙氏所不取。

民非水火不生活。昏暮叩人之門户求水火，無弗與者，至足矣。聖人治天下，使有菽粟如水火。菽粟如水火，而民焉有不仁者乎？」注水火能生人。有不愛者，至饒足故也。菽粟饒多若是，民皆輕施於人，何有不仁者也？疏注「至饒」至「若是」○正義曰：足爲「手足」之足而或訓爲止，此云「至足」與《論語》「百姓足」之足同。劉熙《釋名・釋形體》云：「足，續也。言續脛也。」足有繼續之義，故得爲饒。《小爾雅・廣詁》云：「饒，多也。」賈子《新書・憂民》篇云：「國無九年之蓄，謂之不足。」然則有九年之蓄謂之足矣，有九年之蓄則饒多矣，故以「饒」釋之，又以「多」申之。

章指：言教民之道，富而節用。蓄積有餘，焉有不仁？故曰「倉廩實，知禮節」也。

疏「倉廩實知禮節」○正義曰：語出《管子・牧民》篇。

孟子曰：「孔子登東山而小魯，登泰山而小天下。故觀於海者難爲水，遊於聖人之門者難爲言。注所覽大者意大，觀小者志小也。疏「孔子登東山而小魯」○正義曰：《弘明集》宗炳《明佛論》云：「登蒙山而小魯，❶登泰山而小天下。」周氏廣業《孟子逸文攷》云：「《論》又有云：『昔仲尼佈五經於魯

❶「蒙」，原作「東」，今據《孟子四考》及《弘明集》改。

以化天下，及其眇邈太蒙之顛，而天下與魯俱小。』此並用《孟》文也。今作『孔子登東山』，攷魯無東山之名。《論語》『顓臾爲東蒙主』注，孔云：『使主祭蒙山也。』皇侃、邢昺二疏並云『蒙山在東，故云東蒙主』。《魯頌》『奄有龜、蒙』，毛傳：『龜山、蒙山也。』正義亦云《論語》疏云：『顓臾主蒙山。』《水經注》：『琅邪郡臨沂縣有洛水，出太山南武陽縣之冠石山，一名武水，東流過蒙山下，有蒙祠。又東南逕顓臾城，即孔子稱顓臾爲東蒙主也。』《史記》『蒙羽其乂』，《索隱》云：『蒙山在泰山蒙陰縣西南。』然則《孟子》之東山當作蒙山，宗少文必非無據也。即令云『東山』，其爲蒙山固無可疑。」按：閻氏若璩《釋地》云：「或曰：費縣西北蒙山，正居魯四境之東，一名東山。孟子云『孔子登東山而小魯』指此。疑近是。」然則蒙山一名東山，宗炳蓋以蒙山代東山。古人引經，原有此例。依宗《論》以東山爲蒙山可也，以爲《孟子》本作「蒙山」則失之矣。**觀水有術，必觀其瀾。** 注 瀾，水中大波也。疏 注「瀾水中大波」○正義曰：《爾雅·釋水》云：「河水清且瀾猗，大波爲瀾。」《説文》水部云：「漣，瀾或從連。」瀾、漣一字也。劉熙《釋名·釋水》云：「風行水波成文曰瀾。瀾，連也。波體轉流相及連也。」**日月有明，容光必照焉。** 注 容光，小郤也。言大明照幽微。疏 注「容光」至「幽微」○正義曰：《音義》云：「郄，丁去逆切，義與隙同。」《説文》𨸏部云：「隙，壁際也。」《禮記·三年問》《釋文》云：「隙本作郤。」段氏玉裁《説文解字注》云：「《左傳》曰：『牆之隙壞，誰之咎也？』」際，自分而合言之；隙，自合而分言之。引申之，凡坼裂皆曰隙，假音以郤爲之。」按：隙之假借爲邑部郤，其卩部卻乃「卻之卻之爲不恭」之卻，或寫從卩，非也。《音義》作郄，《廣韻》十九鐸云：「郤，俗從𠫓。」張有《復古編》云：「郤，別作郄，非。」隙爲坼裂之名，故《一切經音義》引《國語》賈氏注云：「隙，舋也。」舋則隙之小者，惟遮隔其光則已。苟有絲髮之隙可以容納，則光必入而照焉。「容光」非小隙之名，至於小隙，極言其容之微者以見其照之大也，故以「小郤」明「容光」。**流水之爲物也，不盈科不行；君子之志於道也，不成章不達。」**

注盈，滿也；科，坎也。流水滿坎乃行，以喻君子學必成章乃仕進也。疏注「盈滿」至「進也」○正義曰：「盈科」，詳見《離婁上》篇。《禮記·儒行》篇云「上通而不困」，注云：「上通謂仕道達於君也。」達與通義同，故《文選》顏延年《拜陵廟詩》云「晚達生戒輕」，李善注云：「達，宦達也。」故以「達」爲「仕進」。廷琥云：「坎，孔本作欿。」

章指：言閎大明者無不照，包聖道者成其仁。是故賢者志大，宜爲君子。

孟子曰：「雞鳴而起，孳孳爲善者，舜之徒也；雞鳴而起，孳孳爲利者，蹠之徒也。欲知舜與蹠之分，無他，利與善之間也。」注蹠，盜蹠也。蹠、舜之分，以此別之。疏注「蹠盜蹠也」○正義曰：《音義》云：「張云：『蹠與跖同，之石切。』」《莊子》有《盜跖》篇，云：「孔子與柳下季爲友。柳下季之弟名曰盜跖。盜跖從卒九千人，橫行天下，侵暴諸侯，穴室樞戶，驅人牛馬，取人婦女。貪得忘親，不顧父母兄弟，不祭先祖。所過之邑，大國守城，小國入保，萬民苦之。」《釋文》云：「按，《左傳》展禽是魯僖公時人，至孔子生八十餘年，若至子路之死百五六十歲，不得爲友。是寄言也。」李奇注《漢書》云：「跖，秦之大盜也。」

章指：言好善從舜，好利從蹠。明明求之，常若不足。君子小人，各一趣也。

孟子曰：「楊子取爲我，拔一毛而利天下，不爲也；注楊子，楊朱也；爲我，爲己也。拔己一毛以利天下之民，不肯爲也。疏注「楊子」至「爲也」○正義曰：《列子》有《楊朱》篇，張湛注云：「或云字子居，戰國時人，後於墨子。」楊子與禽滑釐辨論，其説在愛己，不拔一毛以利天下，與墨子相反。是篇載楊朱之言云：「伯成子高不以一豪利物，舍國而隱耕；大禹不以一身自利，一體偏枯。古之人損一豪利天下，不與也；悉天下奉一身，不取也。人人不損一豪，人人不利天下，天下治矣。禽子問楊朱曰：『去子體之一毛以濟一世，汝爲之乎？』楊子曰：『世固非一毛之所濟。』禽子曰：『假濟，爲之乎？』楊子弗應。禽子出語孟孫陽，孟孫陽曰：『子不達夫子之心。吾請言之。有侵若肌膚獲萬金者，若爲之乎？』曰：『爲之。』孟孫陽曰：『有斷若一節得一國，子爲之乎？』禽子默然有間。孟孫陽曰：『一毛微於肌膚，肌膚微於一節，省矣。然則積一毛以成肌膚，積肌膚以成一節，一毛固一體萬分中之一物，奈何輕之乎？』禽子曰：『吾不能所以答子。然則以子之言問老聃、關尹，則子言當矣；以吾言問大禹、墨翟，則吾言當矣。』」《吕氏春秋・不二》篇云「陽生貴己」，高注云：「輕天下而貴己。孟子曰：『楊子拔體一毛以利天下，弗爲也。』」貴己即爲己。

墨子兼愛，摩頂放踵利天下，爲之。注墨子，墨翟也。兼愛他人，摩突其頂，下至於踵，以利天下，己樂爲之也。疏注「墨子」至「之也」○正義曰：《史記・孟子荀卿列傳》後附云：「墨翟，宋之大夫，善守禦，爲節用。或曰並孔子時，或曰在其後。」武氏億《授堂文鈔・跋墨子》云：「《漢書・藝文志》『《墨子》七十一篇』，注云：『墨翟爲宋大夫，在孔子後。』而不著其地。惟《吕氏春秋・慎大覽》高誘注：『墨子，名翟，魯人也。』魯即魯陽，春秋時屬楚，古人於地名兩字或單舉一字，是其例也。蓋墨子居於魯陽，疑當爲文子之臣。

觀《魯問》一篇言『吾願主君之上者尊天事鬼，下者愛利百姓』，翟之尊文子爲主君，意其屬於文子也。《外傳·楚語》『惠王以梁與魯陽文子』，注：『文子，平王之孫，司馬子期子魯陽公也。』惠王十年爲魯哀公十六年，孔子方卒，則翟實當楚惠王時，上接孔子未卒，故太史公一云並孔子時。自班《志》專謂在孔子後，後人益爲推衍，至如畢氏據本書稱中山諸國亡於燕、代、胡、貊之國，以中山之滅在趙惠文王四年，當周赧王二十年，則翟實六國時人，至周末猶存。竊以翟既與楚惠王接時，後必不能歷一百九十餘年尚未即化，此固不然也。中山諸國之亡，蓋墨子之徒續記而竄入其師之説以貽此謬，何可依也？」《音義》云：「突，丁徒忽切，穿突也。」襄公二十五年《左傳》「宵突陳城」，注云：「突，穿也。」此丁公著所本。乃城可言穿，頂不可言穿。《莊子·説劍》篇云「吾王所見劍士皆蓬頭突鬢」，《荀子·非相》篇「孫叔敖突秃」，楊倞注云：「突謂短髮可淩突人者，故莊子説趙劍士蓬頭突鬢。」突秃聲轉，突即秃，楊氏解爲「短髮」是也。趙氏以突明摩，謂摩迫其頂，髮爲之秃。丁氏以突爲穿，失趙義矣。《文選》江淹《上建平王書》注引《孟子》「墨子兼愛，❶摩頂致於踵利天下，爲之」，劉熙曰：「致，至也。」又任昉《奏彈曹景宗》注引《孟子》「墨子兼愛，摩頂致於踵」，趙岐曰：「致，至也。」周氏廣業《孟子古注攷》云：「據此，則趙、劉所有之本、注並同矣。《困學紀聞》言《選》注引趙岐作『致於踵』，今本作『放踵』，注無『致至也』三字。孫宣公《音義》『放踵』下，據丁氏云方往切，至也。是唐宋本已皆作放。今攷《文選》劉峻《廣絶交論》『皆願摩頂至踵』，注引《孟子》『摩頂放踵』，趙岐曰：『放，至也。』

❶「愛」，原作「受」，今據《文選》注改。

同在一書，所引互異，可見趙氏注本唐世已有其二，非至宋始作『放踵』也。又《文選・洞簫賦》注引毛氏《詩傳》『顏叔子納鄰之釐婦，使執燭，放乎平旦』事，下引趙岐《孟子章句》曰『放，至也。方往切』。今惟『放乎琅邪』注有『放至也』三字，無『方往切』『摩頂放踵』注直云『摩突其頂，下至於踵』。爲致爲放，莫可究詳矣。」翟氏灝《攷異》云：「《風俗通・十反》篇『墨翟摩頂以放踵，楊朱一毛而不爲』，放字與今《孟子》同。江《書》、任《彈》兩注所引『致於踵』者，疑當時劉注本獨如是。任《彈》下趙岐二字當亦爲劉熙，傳寫者遷譌然爾。」謹按：《墨子》有《兼愛》三篇，無「摩頂放踵」語。《莊子・天下》篇云：「墨子稱道曰：『禹親自操槀耜，❶而九雜天下之川腓而胈，脛無毛，沐甚風，櫛疾雨，置萬國。禹，大聖也，而形勞天下如此。使後世之墨者多以裘褐爲衣，跂蹻爲服，日夜不休，以自苦爲極。曰不能如此，❷非禹之道也，不足爲墨。』」墨翟、禽滑釐之意則是，其行則非也。將使後世之墨者必自苦以腓無胈，脛無毛，相進而已矣，亂之上也，治之下也。」孟子推其氾愛兼利，生勤死薄之道而擬之爲「摩頂放踵」，即「自苦以腓無胈、脛無毛」之意耳。

子莫執中，注子莫，魯之賢人也。其性中和專一者也。疏注「子莫」至「一者也」○正義曰：子莫未詳。或謂《莊子》有云「儒、墨、楊、秉四」，秉別無所聞，恐即當時子莫執中一家之說。《音義》云：「陸云：『言子等無執中。』」此異於趙氏，非也。孔子稱堯咨舜執中，孟子稱湯執中，此句下云「執中爲近之」，何遽戒人莫執中也？陸氏穿鑿，不

❶「槀」，原作「稾」，今據《莊子》改。
❷「曰」上，原衍「以」字，今從沈校據《莊子》刪。

足以易趙也。**執中爲近之。執中無權，猶執一也。**注執中和，近聖人之道，然不權聖人之重權。執中而不知權，猶執一介之人，不得時變也。疏注「執中」至「變也」○正義曰：《白虎通・五行》篇云：「中央者，中和也。」《説文》丨部云：「中，和也。」寒往則暑來，暑往則寒來，是爲時。執中者但取不寒不暑也，聖人之道以時爲中，趨時則能變通，知變通則權也。文公十二年《公羊傳》云「惟一介斷斷焉無他技」，❶注云：「一介猶一概。」此云「執一介」即「執一概」也。不知權宜，一概如此，所以猶執一也。戴氏震《孟子字義疏證》云：「權，所以別輕重也。凡此重彼輕、千古不易者，常也。常則顯然共見其千古不易之重輕。而重者於是乎輕，輕者於是乎重，變也。變則非智之盡，能辨察事情而準，不可以知之。孟子之闢楊墨也，曰：『楊墨之道不息，孔子之道不著。是邪説誣民，充塞仁義也。仁義充塞則率獸食人，人將相食。』今人讀其書，孰知所謂『率獸食人，人將相食』者安在哉？孟子又曰：『楊子取爲我，拔一毛而利天下，不爲也；墨子兼愛，摩頂放踵利天下，爲之。子莫執中，執中爲近之。執中無權，猶執一也。所惡執一者，爲其賊道也，舉一而廢百也。』今人讀其書，孰知『無權』之故，『舉一而廢百』之爲害至鉅哉？孟子道性善，於告子言『以人性爲仁義』，則曰『率天下之人而禍仁義』。今人讀其書，又孰知性之不可不明，『戕賊人以爲仁義』之禍何如哉？老聃、莊周無欲之説及後之釋氏所謂空寂能脱然不以形體之養與有形之生死累其心，而獨私其所謂長生久

❶「焉」，原誤從《經籍纂詁》卷六十九作「兮」，今從沈校據《公羊傳》改。「他」，原脱，今從沈校據《公羊傳》補。

視，所謂不生不滅者，於人物一視而同用其慈，蓋合楊墨之説以爲説。由其自私，雖拔一毛可以利天下，不爲；由其外形骸，溥慈愛，雖摩頂放踵以利天下，爲之。宋儒易老莊、釋氏之所私者而貴理，易彼之外形體者而咎氣質，其所謂理，依然如有物焉宅於心，於是辨乎理欲之分，謂『不出於理即出於欲；不出於欲則出於理』。雖視人之飢寒號呼、男女哀怨以至垂死冀生，無非人欲；空指一絶情欲之感者爲天理之本然，存之於心。及其應事，幸而偶中，非曲體事情，求如此以安之也；不幸而事情未明，執其意見，方自信天理非人欲。而小之一人受其禍，大之天下國家受其禍，徒以不出於欲，遂莫之或寤也。凡以爲理宅於心，不出於欲則出於理者，未有不以意見爲理而禍天下者也。人之患，有私有蔽。私出於情欲，蔽出於心知。無私，仁也；不蔽，智也。非絶情欲以爲仁，去心知以爲智也。是故聖賢之道無私而非無欲，老、莊、釋氏無欲而非無私。彼以無欲成其自私者也，此以無私通天下之情，遂天下之欲者也。凡異説皆主於無欲，不求無蔽，重行不先重知。人見其篤行也，無欲也，故莫不尊信之。聖賢之學，由博學、審問、慎思、明辨而後篤行，則行者，行其人倫日用之不蔽者也，非如彼之舍人倫日用、以無欲爲能篤行也。人倫日用，聖人以通天下之情，❶遂天下之欲，權之而分理不爽，是謂理。古今不乏嚴氣正性、疾惡如讎之人，是其所是，非其所非，執顯然共見之重輕，實不知有時權之而重者於是乎輕，輕者於是乎重。其是非輕重一誤，天下受其禍而不可救。豈人欲蔽之也哉？自信之理非理也。然則孟子言『執中無權』，至後儒又增一『執理無權』者矣。」所

❶「以」，原脱，今從沈校據《孟子字義疏證》補。

惡執一者，爲其賊道也，舉一而廢百也。」注所以惡執一者，爲其不知權，以一知而廢百道也。疏注「所以」至「道也」○正義曰：《易·繫傳》云：「天下何思何慮，天下同歸而殊途，一致而百慮。」途既殊則慮不可不百，慮百則不執一也。執一則不百慮，不百慮，故廢百矣。楊子爲我，執一於爲我也；墨子兼愛，執一於兼愛也。孟子所以距楊墨，距其執一也，故舉一執中之子莫。然則凡執一者皆能賊道，不必楊墨也。楊子惟知爲我而不復慮及兼愛，墨子惟知兼愛而不復慮及爲我，子莫但知執中而不復慮及有當爲我、當兼愛之事。楊則冬夏皆葛也，墨則冬夏皆裘也，子莫則參乎裘、葛之中而冬夏皆袷也。不知趨時者裘、葛、袷皆藏之於篋，各依時而用之，即聖人一貫之道也。聖人之道，善與人同，執兩端以用其中，故執中而非執一。曾子居武城，寇至則去，寇退則反，薪木亦戒其毀傷，顏子居陋巷不改其樂，而不同於楊子之爲我者，不執一也。禹治水，勞身焦思，至於偏枯胝胼，藏竅不通，而不同於墨子之兼愛者，不執一也。故曰「禹稷、顏回同道」，又曰「禹稷、顏子易地則皆然」。惟易地皆然，則不執一。同道者，一致也；易地皆然者，百慮也。執一則爲楊墨，不執一則爲禹稷顏曾。孟子學堯舜孔子之道，知道在變通神化，故楊墨之執一，不知變通，則距之。距之者，距其悖乎堯舜孔子之道也。不然，楊朱屏氣虛名，齊生死，固高曠絶俗之士。至墨翟以救世爲心，其言曰：「國家昏亂則語之尚賢尚同，國家貧則語之節用節葬，國家喜音沉湎則語之非樂非命，國家淫僻則語之尊天事鬼，國家務奪侵陵則語之兼愛非攻。」讀其書，豈不謂之仁人君子？非孟子深明乎變通神化之道，確有以見其異乎堯舜孔子之權，安能反復申明以距之哉？學者尚有申墨子之説者，不知道者也。

章指：言楊墨放蕩，子莫執一。聖人量時，不取此術。孔子行止，惟義所在。

孟子曰：「飢者甘食，渴者甘飲。是未得飲食之正也，飢渴害之也。**注**飢渴害其本所以知味之性，令人强甘之。**疏**注「令人强甘之」○正義曰：飢渴者急欲得飲食，以不甘爲甘，故爲「强甘」。豈惟口腹有飢渴之害？人心亦皆有害。**注**爲利欲所害亦猶飢渴得之。人能無以飢渴之害爲心害，則不及人不爲憂矣。」**注**人能守正不爲邪利所害，雖謂富貴之事不及逮人，猶爲君子，不爲善人所憂患也。**疏**注「人能」至「患也」○正義曰：《説文》又部云：「及，逮也。」《淮南子·脩務訓》云「堯舜之聖不能及」，高誘注云：「及猶如也。」「不及人」即不如人。趙氏謂人之貧賤者所爲之事不能及富貴之人，爲利所動，不能守正，必爲强奪詐取之事以傷害善人，則善人憂患之；使不爲利欲所害，雖不及富貴之人，亦不肯爲禍於善人，故善人不爲所憂患。强奪詐取猶飲食之不甘者也。以飢渴而甘其所不甘，則因富貴不如人亦將爲其所不可爲，此何必貧賤富貴之懸殊者也？同一貧賤，而彼稍遜，則己妬而傷之；同一富貴，而彼稍加一等，己百計排毁而傾軋之：皆心害也。受其害者必善人也，害善人者必小人，非君子也。故云「猶爲君子，不爲善人所憂患」。近時通解，「不爲憂」謂己不憂不及人。

章指：言飢不妄食，忍情抑欲；賤不失道，不爲苟求。能無心害，夫將何憂？

孟子曰：「柳下惠不以三公易其介。」**注**介，大也。柳下惠執宏大之志，不耻汙君，不以三公榮位易其大量也。疏注「介大」至「量也」○正義曰：「介，大也」，《爾雅・釋詁》文。《毛詩・大雅・生民》「攸介攸止」、《小明》「介爾景福」，❶介傳皆訓大。趙氏以惠「不羞汙君，不辭小官」爲「大量」是也。承上「不及人」而言之，士師之賤不及三公之榮，若少存豔羨之心，則辭小官而不居矣，是其心之淺隘也。《音義》云：「陸云：『介謂特立之行。』」《文選》注引劉熙注云：「介，操也。」陸氏蓋本此。

章指：言柳下惠不恭，用志大也。無可無否，以賤爲貴也。疏「無可無否」○正義曰：《法言・淵騫》篇云：「不夷不惠，可否之間。」

孟子曰：「有爲者辟若掘井。掘井九軔而不及泉，猶爲棄井也。」注有爲，爲仁義也。軔，八尺也。雖深而不及泉，喻有爲者中道而盡棄前行也。疏注「軔八尺也」○正義曰：《音義》云：「軔，丁音刃，云：『義與仞同，借用耳。』」先儒以七尺爲仞，注云八尺曰軔。程氏瑶田《通藝録・七尺曰仞説》云：「仞之數，《小爾雅》云『四尺』，《漢書・食貨志》注引應劭云『五尺六寸』，此其謬易見也。《説文》云：『仞，人伸臂一尋八尺。』王肅《聖證論》、趙岐《孟子》注、曹操李筌《孫子》注、郭璞《山海經》注、顏師古《司馬相如傳》注、房玄齡《管子》注、鮑彪《楚國語》注，並曰『八尺』；而鄭康成《周官》《儀禮》注、包咸《論語》注、高誘注《吕氏春秋》、王逸注《大招・招魂》、李謐《明堂制度論》郭璞注、司馬相如賦見司馬彪説，則皆以爲『七尺』。《莊

---

❶「止」，原作「上」，今據《詩經》改。

子》『步仞之丘』，陸德明《釋文》亦曰『七尺』。《淮南子·原道訓》注『八尺曰仞』，而《覽冥訓》注則云『七尺曰仞』，其注『百仞』亦曰『七百尺也』。是書有高誘、許慎二人之説，證以《説文》，則八尺者當爲許氏所記雜高誘注中者，證以《吕氏春秋》注，則七尺者誘之説也。近世方密之、顧亭林皆篤信八尺之説，瑶田以爲仞七尺者是也。揚雄《方言》云：『度廣以尋。』杜預《左傳》『仞溝洫』注云：『度深曰仞。』二書皆言人伸兩手以度物之名，而尋爲八尺，仞必七尺，何也？同一伸手度物，而廣深用之，其勢自不得不異。人長八尺，伸兩手亦廣八尺，用以度廣，其勢全伸而不屈，故尋爲八尺；而用之以度深，則必上下其左右手而側其身焉，身側則胸與所度之物不能相摩，於是兩手不能全伸而成弧之形，弧而求其弦以爲仞，必不能八尺，故七尺曰仞，亦其勢然也。《玉篇》云：『度深曰測。』《説文》解測字曰：『深所至也。』測之爲言側也，余之説仞字，以爲伸手度深必側其身焉，義與此合矣。」段氏玉裁《説文解字法》云：「程氏甚精，仞説可定矣。《攷工記》：『廣二尋，深二仞，謂之澮。』倘其度同八尺，何不皆曰二尋，如上文『廣二尺，深二尺』之例也？」謹按：仞爲七尺，程氏、段氏之言定矣。《管子·地員》篇云：「夫管仲之匡天下也，其施七尺。瀆田悉徙，命之曰五施，五七三十五尺而至於泉。赤壚歷彊肥，命之曰四施，四七二十八尺而至於泉。黄唐，命之曰三施，三七二十一尺而至於泉。斥埴，命之曰再施，二七十四尺而至於泉。黑埴，命之曰一施，七尺而至於泉。墳延者六施，六七四十二尺而至於泉。陝之芳七施，七七四十九尺而至於泉。祀陝八施，七八五十六尺而至於泉。杜陵九施，七九六十三尺而至於泉。延陵十施，七十尺而至於泉。環陵十一施，七十七尺而至於泉。蔓山十二施，八十四尺而至於泉。付山十三施，九十一尺而至於泉。付山白徒十四施，九十八尺而至於泉。中陵十五施，百五尺而至於泉。青山十六施，百一十二尺而至於泉。青龍之所居，庚泥不可得泉。赤壤𫙰山十七施，百一十九尺而至於泉。其下清商，不可得泉。陛山白壤十八施，百二十六尺而至於泉。其下騂石，不可得泉。徙山十九施，百三十三尺而至於泉。其下有灰壤，不可得泉。高陵之山二十施，百四十尺而至於泉。山之上命之曰縣泉，鑿之二尺乃至於泉。❶山之上命曰復吕，鑿之三尺而至於泉。山之上命曰泉英，鑿之五尺而至於泉。山之材，鑿之二七十四尺而至於泉。山之側，鑿之三七二十一尺而至於泉。」然則鑿地之度以七尺爲準，仞與施，其數同也。自二尺至八仞言之，原不必九仞而已可得泉，但水土深淺不齊，必極之以二十施，則九仞僅有其半，故趙氏以「中道」言之。「九仞而不及泉」，明及泉者有不待九仞也。「猶爲棄井」，明九仞功方得半也。不攷《管子》，未知其指。

章指：言爲仁由己，必在究之。九軔而輟，無益成功。《論》之「一簣」，義與此同。 疏 「論之一簣」○正義曰：《音義》云：「論謂《論語》也。」

孟子曰：「堯舜，性之也；湯武，身之也；五霸，假之也。 注 性之，性好仁，自然也；身之，體之行仁，視之若身也；假之，假仁以正諸侯也。疏 注「性之」至「侯也」○正義曰：《荀子·正名》篇云：「性之和所生，精合感應，不事而自然，謂之性。」《春秋繁露·察名號》篇云：「如其生生自然之資，謂之性。」《周髀

❶「尺」，原脱，今從沈校據《管子》補。

算經》云：「此天地陰陽之性，自然也。」故以性爲「自然好仁」也。《廣雅·釋親》云：「體，身也。」《大戴禮·曾子大孝》篇云：「身者，親之遺體也。」《淮南子·繆稱訓》云「身君子之言，信也」，高誘注云：「身君子之言，體行君子之言也。」以體行解身字，與趙氏此注同，是「身之」即「體之」也。「行仁」謂以德澤及人。「視之若身」謂不異身受之也。《説文》人部云：「假，非真也。」《儀禮·少牢饋食禮》「假爾大筮有常」，注云：「假，借也。」行仁視之若身，則實行之矣；五霸假借行仁之名以正諸侯，非其實能行仁也。《大戴記·曾子立事》云：「太上樂樂善，其次安之，其下亦能自彊。」盧辯注云：「自彊謂其身不爲。太上謂五帝，其次謂三王，其下謂五霸。孟子曰：『堯舜性之，湯武身之，五霸假之。』」**久假而不歸，惡知其非有也？」**注五霸若能久假仁義，譬如假物，久而不歸，安知其不真有也？疏注「五霸」至「有也」○正義曰：五霸假借仁義之名，旋復不仁不義，不能久也。假而能久，仁亦及人，究殊乎不能假而甘爲不仁者也。

章指：言仁在性體，其次假借。用而不已，實何以易？在其勉之也。疏「用而不已實何以易」○正義曰：《吕氏春秋·順説》篇云「以之所歸」，高誘注云：「歸，終也。」僖公二十四年《左傳》「婦怨無終」，注云：「終猶已也。」此云「用而不已」，即是「假而不歸」，以「已」釋「歸」也。「實」即指「湯武身之」，謂與身之何以易？《曹風·下泉》所以思明王賢伯矣。《考文》古本無已字，落之也。

公孫丑曰：「伊尹曰：『予不狎于不順。』放大甲於桐，民大悦；大甲賢，又反之，民大悦。賢者之爲人臣也，其君不賢，則固可放與？」注公孫丑怪伊尹賢者而放其君，何也？疏「伊尹曰予不狎于不順」○正義曰：江氏聲《尚書集注音疏》云：「自是《尚書》文，而不稱《書》曰。」**孟子曰：「有伊尹之志則可，無伊尹之志則篡也。」**注人臣秉忠志。志若伊尹，欲寧殷國，則可放惡而不即立君，宿留冀改而復之；如無伊尹之忠，見間乘利，篡心乃生，何可放也？

章指：言憂國忘家，意在出身，志在寧君。放惡攝政，伊周有焉；凡人志異，則生篡心也。

公孫丑曰：「《詩》曰：『不素餐兮。』君子之不耕而食，何也？」注《詩》，《魏國・伐檀》之篇也。無功而食，謂之素餐。世之君子有不耕而食，何也？疏注「詩魏」至「素餐」○正義曰：《詩序》云：「《伐檀》，刺貪也。在位貪鄙，無功而受祿，君子不得進仕爾。」《毛傳》云：「素，空也。」空之言虛也。無功受祿，是虛得此餐也。**孟子曰：「君子居是國也，其君用之則安富尊榮，其子弟從之則孝悌忠信。不素餐兮，孰大於是？」**注君子能使人化其道德，移其習俗，君安國富而保其尊榮，子弟孝悌而樂忠信。不素餐之功，誰大於是？何爲不可以食祿？

章指：言君子正己，以立於世。世美其道，君臣是貴。所過者化，❶何「素餐」之

❶「過」，原作「遇」，今據廖本改。

謂？

王子墊問曰：「士何事？」注齊王子，名墊也。問士當何事爲事也？疏注「齊王」至「事也」○正義曰：孟子仕齊久，此稱「王子」，故知爲齊王之子也。顧氏炎武《日知録》云：「士農工商，謂之四民，其説始於《管子》。《穀梁》成公元年《傳》亦云：『三代之時，民之秀者，乃收之鄉序，升之司徒，而謂之士。』固千百之中不得一焉。《大宰》『以九職任萬民，五曰百工，化飭八材』。計亦無多人爾。武王作《酒誥》之書曰：『妹土，嗣爾股肱，純其藝黍稷，奔走事厥考厥長。』此謂農也。『肇牽車牛，遠服賈，用孝養厥父母。』此謂商也。又曰『庶士有正，越庶伯君子，其爾聽朕教』，則謂之士者，大抵皆有職之人矣。惡有所謂『群萃而州處，四民各自爲鄉』之法哉？春秋以後，游士日多，《齊語》言『桓公爲游士八十人，奉以車馬衣裘，多其資幣，使周游四方，以號召天下之賢士』。而戰國之君遂以士爲輕重，文者爲儒，武者爲俠。嗚乎！游士興而先王之法壞矣。彭更之言，王子墊之問，其猶近古之意與？」**孟子曰：「尚志。」**注尚，上也。士當貴上於用志也。疏注「尚上」至「志也」○正義曰：《儀禮·覲禮》云「尚左」，注云：「古文尚作上。」《釋文·序録》引《書贊》云：「孔子撰書，尊而命之曰《尚書》，尚者，上也。」尊之猶貴之，故以「上」釋「尚」，又以「貴」釋「上」。程氏瑶田《通藝録·論學小記》云：「隱居以求其志，求其所達之道也。當其求時猶未及行，故謂之志。行義以達其道，行其所求之志也。及其行時不止於求，故謂之道。志與道通一無二，故曰：『士何事？曰：尚志。』」**曰：「何謂尚志？」曰：「仁義而已矣。殺一無罪，非仁也；非其有而取之，非義也。居**

惡在？仁是也；路惡在？義是也。居仁由義，大人之事備矣。」注孟子言志之所尚，仁義而已矣。不殺無罪、不取非有者爲仁義。欲知其所當居者，仁爲上；所由者，義爲貴。大人之事備也。疏「大人之事備也」❶〇正義曰：程氏瑶田《論學小記》云：「『萬物皆備於我』，我者，己也。『尚志』者，『居仁由義』之謂也。不殺無罪曰居仁，不取非其有曰由義。尚志之時，雖曰士也，然豈待爲大人而後謂之大人哉？蓋大人之事，天生已時已備之矣。」

章指：言人當尚志，志於善也；善之所由，仁與義也。欲使王子無過差也。

孟子曰：「仲子，不義與之齊國而弗受，人皆信之。是舍『簞食豆羹』之義也。注仲子，陳仲子，處於陵者。人以爲廉，謂以不義而與之齊國，必不受之。孟子以爲仲子之義若上章所道簞食豆羹無禮則不受，萬鍾則不辨禮義而受之也。疏注「仲子」至「受之也」〇正義曰：仲子不義其兄之禄而處於陵，此實事也；不義而與之齊國而不受，無此事，人虛擬之也。不義與之齊國而不受猶萬鍾之不受也，處於陵猶簞食豆羹之不受也。亡親戚君臣上下，是不知禮義之大者。若能不義與之齊國而不受，則宜知親戚君臣上下矣；仲子既不知有親戚君臣上下，又何能不義與之齊國而不受也？此趙氏義也。周氏柄中《辨正》云：「《史記·鄒陽上梁王書》，稱於陵子仲辭三公，爲人灌園。皇甫謐《高士傳》載其事。愚謂果有此事，自是廉

---

❶「也」，原作「矣」，合於宋十行、閩、監、毛等本，今據本書及阮校所述廖、孔、韓等本注文改。

之實蹟，匡章何以不稱於孟子之前，孟子又何以設言與之齊國而弗受而反不及其辭楚相邪？嘗攷《韓詩外傳》：『楚莊王使使賫金百斤聘北郭先生，先生曰：「臣有箕帚之使，願入計之。」即謂婦人曰：「楚欲以我爲相。今日相，即結駟列騎，食方丈於前。如何？」婦人曰：「夫子以織屨爲食，食粥毚履，無怵惕之憂者，何哉？與物無治也。今如結駟列騎，所安不過容膝，食方丈於前，所甘不過一肉。以容膝之安、一肉之味而徇楚國之憂，其可乎？」於是遂不應聘，與婦去之。』此北郭先生之事，而《高士傳》以爲陳仲子。夫鄒陽所云辭三公者，特言其不願爲三公耳，固不必實有一卻聘之事。而士安附會其説，遂以北郭事移而屬之仲子，豈可信乎？且於陵齊地，顧野王《輿地志》：『齊城有長白山，陳仲子夫妻所隱處。』《高士傳》稱：『陳仲子適楚，居於陵，楚王聞其賢而聘之。』以齊地爲楚地，傅會改易，灼然可知。而左袒仲子者猶以辭三公爲美談，夫亦未之考耳。」**人莫大焉亡親戚君臣上下。以其小者信其大者，奚可哉？」**注人當以禮義爲正。陳仲子避兄離母，不知仁義親戚上下之敍，何可以其小廉，信以爲大哉？疏注「人當」至「大哉」○正義曰：經言「亡親戚君臣上下」，趙氏言「不知仁義親戚上下之敍」，不言「君臣」者，以上下即君臣也。避兄離母，是不知親戚；不義蓋禄，是不知君臣；親戚屬仁，君臣屬義，故不知仁義。《書》「惇敍九族」，是親戚有敍也。《周禮·春官·小宰》「以官府之六敍正群吏」，注云：「謂先尊後卑。」是上下有敍也。賈子《新書·六術》篇云：「人之戚屬，以六爲法。人有六親，六親始曰父，父有二子，二子爲昆弟；昆弟又有子，子從父而昆弟，故爲從父昆弟；從父昆弟又有子，子從祖而昆弟，故爲從祖昆弟；從祖昆弟又有子，子從曾祖而昆弟，故爲從曾祖昆弟；曾祖昆弟又有子，子爲族兄弟。備此六者之謂六親。親之始於一人，世世別離，分爲六親。親戚非六，則失本末之度。六親有次，不可相踰。相踰則宗族擾亂，不能相親。」然則「親戚」專指同姓。《吕氏春秋·論人》篇云：「論人者又必有六戚四隱。何謂六戚？父母兄弟妻子。」高誘注云：「六戚，六親也。」有父則有母，有子則有妻，與賈子之説，互相備也。莊公三十二年《公羊傳》云「君親無將」，注云：「親，父母也。」父母，六親所由始也，故專得其稱。《禮記·祭義》「立愛自親始，立敬自長始」，注云：「親、長，父、兄也。」此親專屬父。《儀禮·喪服記》「親則月算如邦人」，注云：「謂在五屬之内。」《周禮·秋官·掌戮》「凡殺其親者，焚之」，注云：「緦服以内也。」《天官·大宰》「一曰親親」，注云：「親親，若堯親九族也。」《書·堯典》「以親九族」，馬氏、鄭氏注皆云：「上自高祖，下至玄孫爲九族。」凡稱親皆謂父族。《喪服小記》「婦祔於祖姑，祖姑有三人則祔於親者」，注云：「親者，謂舅所生。」此以舅之生母爲親，仍六親中之母也。《毛詩·大雅·行葦》「戚戚兄弟」，傳云：「戚戚，内相親也。」箋云：「王與族人燕，兄弟之親，無遠無近，俱揖而進之。」孔氏正義云：「戚戚猶親親。」《禮記·大傳》云：「四世而緦，服之窮也。五世袒免，殺同姓也。六世親屬竭矣。其庶姓别於上而戚單於下。」正義云：「戚，親也。」是戚亦與親同，指同族而言。《爾雅·釋親》先釋宗族，六親之正也；次因母而及母黨，因妻而及妻黨，因子而及昏媾，是連類而推及之。《秋官·大司寇》「一曰議親之辟」，❶鄭司農云：「若今時宗室有罪先請是也。」而賈氏疏兼以外親有服者言之，非其義也。乃《曲禮》「兄弟親戚，稱其慈也」，孔氏正義謂「親言族内，戚言族外」。《國語·鄭語》云：「是非王之支子母弟

❶「大」，按引文出《小司寇》。

甥舅也，則皆荆蠻戎翟之人也，非親則頑。」韋昭注云：「親謂支子甥舅。」昭公二十五年《左傳》云：「爲父子兄弟，姑姊甥舅，昏媾姻亞，以象天明。」杜預注云：「六親相睦。」蓋自漢以來，有《尚書》歐陽、夏侯説云：「九族乃異姓有親屬者，父族四，母族三，妻黨二。夫同姓稱宗族，母妻稱黨。」自混黨於族，遂亦稱黨爲親。漢儒説經尚無以親戚指異姓，而韋昭、杜預生於漢末，其時外戚之盛踰於宗族，預又爲司馬懿之女壻，其以姻亞爲親宜矣。然《左傳》言「父子，兄弟，姑姊，甥舅，昏媾，姻亞」，數雖有六，原無親名，故孔氏正義辨之云：「《老子》云：『六親不和，焉有孝慈？』六親謂父子兄弟夫婦。」則以杜氏所云六親爲不然也。《鄭語》「非親」二字承上文「支子母弟甥舅」，故韋昭注云，其實親字衹屬「支子母弟」，如《小雅·頍弁》序云：「暴戾無親，不能宴樂同姓，親睦九族。」而末章連言「兄弟甥舅」，不得謂甥舅亦同姓九族也。趙氏以親戚指母與兄是矣。仲子辟兄離母而親其妻，是親戚之敘失矣。翟氏灝《攷異》云：「王氏《翼注》云：『此作一句讀，言人之罪莫有大於無親戚君臣上下者。』《荀卿·不苟》篇云：『盜名不如盜貨，田仲不如盜也。』又《非十二子》篇云：『仲橥刻利跂苟，以分異人爲高，不足以合大衆，明大分。』《韓非子·外儲説》載宋屈穀謂：『田仲不恃仰人而食，亦無益於人之國，蓋堅瓠之類也。』《戰國策》趙威后問齊使，則言其『率民而出於無用，何爲至今不殺乎』？仲子磏廉矯義，不惟人不信之，且多厭惡之矣。倘特因孟子之大聲一呼，而仲遂敗其僞與？」王氏引之《經傳釋詞》云：「焉猶於也。『人莫大焉無親戚君臣上下』，言莫大於無親戚君臣上下也。」

章指：言事有輕重，行有小大。以大包小，可也；以小信大，未之聞也。

桃應問曰：「舜爲天子，皋陶爲士。瞽瞍殺人，則如之何？」注桃應，孟子弟子。皋陶爲士官，主執罪人。瞽瞍惡暴而殺人，則皋陶如何？疏注「皋陶爲士官主執罪人」〇正義曰：《書·堯典》云：「帝曰：『皋陶，蠻夷猾夏，寇賊姦宄。汝作士，五刑有服，五服三就；五流有宅，五宅三居。惟明克允。』」馬氏注云：「士，獄官之長。」鄭氏注云：「士，察也。主察獄訟之事。」《禮記·月令》「孟秋，命理瞻傷」，注云：「理，治獄官也。有虞氏曰士，夏曰大理，周曰大司寇。」士爲刑官之長，故主執有罪之人。**孟子曰：「執之而已矣。」**注孟子曰：皋陶執之耳。疏注「皋陶執之耳」〇正義曰：皋陶既主執罪人，故執殺人者。**「然則舜不禁與？」**注桃應以爲舜爲天子，使有司執其父，不禁止之邪？**曰：「夫舜惡得而禁之？夫有所受之也。」**注夫，辭也。孟子曰：「夫舜惡得禁之？夫天下乃受之於堯，當爲天理民。王法不曲，豈得禁之也？」疏注「夫辭」至「禁之也」〇正義曰：《周禮·秋官·司烜》「掌以夫遂取明火於日」，鄭司農注云：「夫，發聲。」是夫爲語辭也。趙氏以舜之天下受之於堯，故不得禁皋陶執殺人之罪人。惠氏士奇《春秋説》云：「『夫有所受之也』，惡乎受之？曰：受之舜。殺人者死，天之道也。皋陶既受之舜矣而舜復禁之，是自壞其法也。自壞其法不可以治一家，況天下乎？且受之舜猶受之天，受之天者，非諄諄然命之也，謂其法當乎天理，合乎人心而已。」**「然則舜如之何？」**注應問舜爲之將如何。**曰：「舜視棄天下猶棄敝蹝也。竊負而逃，遵海濱而處，終身訢然樂而忘天下。」**注孟子曰：舜視棄天下如捐棄敝蹝。蹝，草履可蹝者也。敝喻不惜。舜必負父而遠逃，終身訢然忽忘天下之爲貴也。疏注「舜視」至「不惜」〇正義曰：《説文》芈部云：❶「棄，捐也。」手部云：「捐，棄也。」捐、棄二字轉注，故以「捐」釋「棄」也。《文選・北山移文》注引劉熙注云：「蹝，草屨可履。」趙氏云「草履可蹝」，「可蹝」猶「可履」也。《説文》履部云：「屨，履也。」「履，足所依也。」故可稱草履，亦可稱草屨。《毛詩・大雅・生民》「履帝武敏歆」，傳云：「履，踐也。」以其可踐，故名履。《吕氏春秋・長見》篇云「視釋天下若釋躧」，高誘注云：「釋，棄也。」《觀表》篇云「視舍天下若舍屣」，高誘注云：「屣，弊履也。」《莊子・讓王》篇云「原憲華冠縰履杖藜而應門」，又云「曾子曳縰而歌《商頌》，聲滿天地」，《釋文》云：「縰，《三蒼解詁》作躧，云：『躡也。』《聲類》或作屣。《通俗文》云『履不著跟曰屣』，李云：『縰履謂履無跟也。』王云：『體之能躡舉而曳之也。』」然則躧、屣、蹝三字同。《説文》足部云：「躧，舞履也。」革部云：「𩌦，鞮屬。」「鞮，革履也。」《周禮・春官・鞮鞻氏》注云：「鞻讀如屨。鞮屨，四夷舞者所扉也。今時倡蹋鼓沓行者自有扉。」《史記・貨殖傳》云「躡利屣」，徐廣云：「舞屣也。」段氏玉裁《説文解字注》云：「躡，一作跕。跕，吐協反。《地理志》『跕躧』，臣瓚曰：『躡跟爲跕。』按，舞不納履，故凡不著跟，曳之而行曰躧履，如《雋不疑傳》《長門賦》皆是也。《西京賦》説舞曰『振朱屣於盤樽』，辥曰：『朱屣，赤絲履也。』」謹按：《説文》躧、𩌦雖分兩字，而𩌦爲「鞮屬」，鞮爲「舞者所扉」，躧爲「舞履」，則躧與𩌦原爲一物，故《吕氏春秋》同載僕謂吴起之言，一云躧，一云屣。屣即是𩌦，爲舞者無跟之履。蓋舞履名𩌦以其無跟，履之敝壞者不可以納，但爲躡舉而曳之，如原憲之「縰履」，曾子之「曳縰」，不必爲舞履，以其無跟而亦稱縰。此

❶「芈」，原作「廾」，今從沈校據《説文》改。

高誘所以訓屣爲「敝履也」，而皆非草履之名。乃劉、趙並以草履釋之者，劉熙《釋名·釋衣服》云：「齊人謂草屨曰屝。」於是杜預注僖公四年《左傳》「屝屨」云：「屝，草屨。」因《鞮鞻氏》注言「舞者所屝」，屝既爲草履之稱，鞮既是蹝，故以屣爲草履耳。閻氏若璩《釋地又續》云：「縱其實止解履也，與《史記》虞卿『躡蹻』之蹻別。徐廣曰：『蹻，草履也。』又屝亦草履。」按：屝爲齊人稱草履之名，而屣實無此稱。《釋名》又云：「屩，草履也。」「屩，蹻也。出行著之，蹻蹻輕便，因以爲名也。」然則草履名屩，舞履名屣，閻氏謂其有別是也。趙氏云「敝喻不惜」者，《釋名》於「齊人謂草履曰屝」之下又云：「不借，言賤易有宜各自蓄之，不假借人也。齊人云搏腊，搏腊猶把作麤貌也。荊州人曰麤絲麻韋草皆同名也。」《古今注》云：「不借者，草履也。」《説文》糸部云：「絣，❶一曰不借絣。」《儀禮·喪服傳》：「繩屨者，繩菲也。」注云：「繩菲，今時不借也。」《齊民要術·雜説》第三十引崔寔《四民月令》云：「十月可拆麻緝績布縷作白履不惜。」注云：「草履之賤者曰不惜。」然則不惜即不借，不借即屝。趙氏既以「蹝」爲「草履」，故以其稱敝者爲「喻不惜」也。〇注「舜必」至「貴也」〇正義曰：閻氏若璩《釋地》云：「濱，水涯也。古者海之濱便爲政令所不及，故舜竊父處於此，伯夷太公辟紂居於此，因悟『執之而已矣』即《尚書》『盡執拘以歸於周』之執，非指法言。」《音義》云：「訢，音忻。」《爾雅·釋詁》云：「欣，樂也。」《史記·趙世家》荀欣，《漢書·古今人表》作荀訢。《説文》欠部云：「欣，笑喜也。」言部云：「訢，喜也。」段氏玉裁《説文解字注》云：「《萬石君傳》『僮僕訢訢如也』，晉灼引許慎曰：『訢，古欣字。』

---

❶「絣」，原作「綼」，今據下文及《説文》改。

蓋灼所據《説文》訢在欠部欣字下，似與今本不同。」

章指：言奉法承天，政不可枉；大孝榮父，遺棄天下。虞舜之道，趨將如此；孟子之言，揆聖意也。

孟子自范之齊，望見齊王之子，喟然嘆曰：「居移氣，養移體。大哉，居乎！夫非盡人之子與？」【注】范，齊邑，王庶子所封食也。孟子之范，見王子之儀聲氣高涼，不與人同。還至齊，謂諸弟子喟然嘆曰：居尊則氣高，居卑則氣下。居之移人氣志使之高涼，若供養之移人形身使充盛也。「大哉居乎」者，言當慎所居。人必居仁也。凡人與王子豈非皆是人之子也？王子居尊勢，故儀聲如是也。【疏】注「范齊」至「食也」○正義曰：閻氏若璩《釋地》云：「今東昌府濮州范縣，本春秋晉大夫士會邑，《國語》『是以受隨范』是。又半屬魯，❶《後漢志》東郡范縣有秦亭，即莊三十一年『築臺於秦』，《地道志》『在縣西北』是也。孟子時則屬齊。趙注云：『范齊邑，王庶子所封食也。』蓋齊王之子生長深宮，賜第於康衢貴仕於朝内，豈容遠在七八百里之下邑，而爲孟子所見？其在范者，殆猶靖郭君、孟嘗君之於辥乎？」○注「孟子」至「是也」○正義曰：以經言「自范之齊」，則是在范望見王子，至齊乃言，故云「之范，見王子之儀；還至齊，謂諸弟子」。《説文》人部云：「儀，度也。」賈子《新書·容經》云：「容貌可觀，聲氣可樂。」又云：「夫有威而可畏謂之威，

❶「半」，原作「卒」，今從沈校據《四書釋地》改。

有儀而可象謂之文。」此儀即謂容儀、威儀。經言「望見」，遥而望之，故見其儀。「儀」字從「望」字推之。《梁惠王上》篇「望之不似人君」，注云「望之無儼然之威儀」是也。劉熙《釋名・釋天》云：「氣，愾也。愾然有聲而無形也。」下云「居移氣」，故云「聲氣」，亦即本《容經》「聲氣可樂」之語也。阮氏元《挍勘記》云：「『高涼』，按，涼字與亮同，古字通用。」按：亮者，明也。乃聲之高明由於志之高明，志之高明由於居之尊貴，故既言「聲氣」又云「氣志」。趙氏以「養移體」爲比喻之辭，故云「若供養之移人形身使充盛」也。《説文》食部云：「養，供養也。」蓋下專言「居」，故以「養」爲喻也。夫居尊爲居，居仁亦爲居，以居仁與居尊較則居仁爲大矣，故云「大哉居乎」。「當慎所居」，猶云「術不可不慎」。同是居，宜擇而居其大者，必以居仁爲大也。即以居勢言之，則居尊者高，居下者卑，居下者之氣不如居尊者之高，而居勢者之小又不如居仁者之大矣。同是子，而王子異於凡人；亦同是人，而君子異於小人，可相觀而喻矣。孟子之言含蓄不盡，趙氏注與《章指》互發明之。「凡人」即凡民，謂衆庶。詳見前。

章指：言人性皆同，居使之異。君子居仁，小人處利。譬猶王子，殊於衆品也。

孟子曰：「王子宫室車馬衣服多與人同，而王子若彼者，其居使之然也。況居天下之廣居者乎？注 言王子宫室乘服皆人之所用之耳，然而王子若彼高涼者，居勢位故也。況居廣居？謂行仁義。仁義在身，不言而喻也。疏 注「仁義在身不言而喻」○正義曰：詳見前。謂仁義根於心其施於四體者，威儀容度，益有可觀。**魯君之宋，呼於垤澤之門。守者曰：『此非吾君也，何其聲之似我君**

也？』此無他，居相似也。」注垤澤，宋城門名也。人君之聲相似者，以其俱居尊勢，故音氣同也。以城門不自肯夜開，故君自發聲。疏注「垤澤」至「發聲」○正義曰：《音義》云：「呼，丁火故切。」閻氏若璩《釋地》云：「垤澤即襄十七年築者謳曰之澤門，杜氏注『宋東城南門』是也。或曰：得無《禹貢》盟諸澤名其門乎？按，盟諸澤在故宋國微子所封之東北，此自爲南門耳。」又云：「三衢毛氏曰：呼，喚也。凡歎息招呼則平聲，《小爾雅》『嗚呼吁嗟』，醫書『一呼一吸爲一息』之類也；叫號而呼則去聲，《詩》『式號式呼』，《左傳》『倉葛呼』之類也。果爾，魯君於垤澤之門，自應如趙注云『以城門不自肯夜開，故君自發聲』之呼爲平聲，不應音去聲爲叫號之呼明矣。近講又云有作魯君自呼之聲者，陋甚。試看『呼於門』，於字是呵護傳呼來於垤澤之門，尤非人之聲音關乎貴賤，呵護傳呼乃賤者之役聲，可習之而能，若魯君與宋君聲爲居高養優所移，豈他人能似？仍屬倉卒自呼，故爲監門者所疑。」按：字義古不以音分，呼喚、號呼雖有不同，而皆爲聲。趙氏以「發聲」解之者，文公元年《左傳》云「江芈怒曰呼」，❶注云：「呼，發聲也。」《禮記·月令》云「雷乃發聲」，《樂記》云「其聲發以散」，注云：「發猶揚也。」《國語·周語》云：「士氣震發。」《鬼谷子·摩》篇云「怒者動也」，《國語·周語》云「怨而不怒」，韋昭注云：「怒，作氣也。」蓋「發聲」者，奮作其氣而揚厲其聲之謂也。魯君夜至宋城，監門者不肯開納，故魯君怒而發聲，呼於門外。魯君之呼，即猶江芈之呼，其聲震動，故守者聞之。「發聲」二字解怒之呼，與杜氏同，杜氏當亦有所受也。因其不肯，所以發怒，注義甚明，正見威之可

❶「芈」，原作「芊」，今據《左傳》改。下一「芈」字同。

畏，與王子儀之可象，同一居尊勢所移。若謂慮其夜不開城門，因而君預自請開。顧魯君之來，守者豈不知，所以不肯開者，正以乘夜而來，詎非襲我？豈魯君自呼以表其非他人而門即啓乎？郅惲守上東城門，帝至，見面於門且不受詔，豈異國之君自請於門，遂可信而納之乎？且召評《説文》在言部作「評」，號嘑在口部作「嘑」。此呼字，《説文》口部云：「外息也。」呼、評、嘑三字不同。外息謂出其氣，出其氣正是震發其氣。凡人氣息和則呼吸相均，忿而爲怒則呼長而吸小，故象其發怒之聲而以爲呼也。此呼正呼吸之呼，與召評、號嘑自别，無煩以平去分也。趙氏注「嘑爾而與之」讀嘑爲呼而訓爲「咄啐」。此以嘑爲呼之假借，咄啐爲呼，正與此相發明矣。

章指：言輿服器用，人用不殊；尊貴居之，志氣以舒。是以居仁由義，盎然内優；胷中正者，眸子不瞀也。疏「眸子不瞀」〇正義曰：《音義》云：「瞀，丁云：『案，《開元文字》音茂，目不明也。』張亡角反。」《玉篇》目部云：「瞀，莫遘、亡角二切，目不明貌。」《荀子·非十二子》云「世俗之溝猶瞀儒」，楊倞注云：「瞀，闇也。」闇亦不明也，瞀與眊一音之轉。趙氏以瞀與優韻，則讀若茂。

孟子曰：「食而弗愛，豕交之也；愛而不敬，獸畜之也。恭敬者，幣之未將者也。恭敬而無實，君子不可虚拘。」注人之交接，但食之而不愛，若養豕也；愛而不敬，若人畜禽獸，但愛而不能敬也。且恭敬者如有幣帛，當以行禮，而未以命將行之也。恭敬貴實。如其無實，何可虚拘致君子之心也？疏注「且恭」至「心也」〇正義曰：《爾雅·釋言》云：「將，送也。」孫炎注：「云行之送也。」《周禮·春官·大史》「及將幣之日」，注云：「將，送也。」賈氏疏云：「幣謂璧帛之等。」《禮記·少儀》云「聞始見君子者，辭曰某固願聞名於將命者」，注云：「將猶奉也。」孔氏正義云：「將命謂傳辭出入、通主客之言語者也。」將之義爲送，爲奉，而將幣、將命皆是行禮，故「將」爲「行」。趙氏之義蓋謂以幣行禮，必以命行之乃爲實；若但以幣將，未以命將，則爲無實，不可以虛致君子。《説文》手部云：「拘，止也。」《毛詩·大雅·抑》篇「淑愼爾止」，《魯頌·泮水》篇「魯侯戾止」，傳並云：「止，至也。」至即致，故以「致」釋「拘」。近時通解謂幣帛未將時已有此恭敬之心，乃是其實；若幣行時方恭敬，即是虛文。君子不可以虛文拘留之。

章指：言取人之道，必以恭敬。恭敬貴實，虛則不應。實者謂愛敬也。

孟子曰：「形色，天性也。注形謂君子體貌嚴尊也。《尚書·洪範》：「一曰貌。」色謂婦人妖麗之容。《詩》曰：「顏如舜華。」此皆天假施於人也。疏注「形謂」至「人也」〇正義曰：《禮記·樂記》「在地成形」，注云：「形，體貌也。」《書·無逸》「嚴恭寅畏」，鄭氏注云：「恭在貌。」《禮記·大傳》「收族故宗廟嚴」，注云：「嚴猶尊也。」《洪範》，《商書》篇名。云「二五事，一曰貌，貌曰恭，恭作肅」，「恭肅」即「尊嚴」也。《説文》色部云：「色，顏氣也。」《一切經音義》引《三蒼》云：「妖，妍也。」妖麗謂女子容色妍美。引《詩》，《鄭風·有女同車》篇。毛傳云：「舜，木槿也。」《太平御覽》引《傅子》云：「蕣華，麗木也。謂之日洽，或謂之洽容，或謂之愛老沖。」舜爲麗木，故以比顏色之美好。趙氏謂「體貌尊嚴」與顏色「妖麗」皆天之所生，故爲「天性」。阮氏元《挍勘記》云：「十行本舜字模糊，閩、監、毛三本如此。廖本、孔本、韓本、《攷文》古本作蕣。按，《音義》

出蕣字，依《說文》則舜古字，蕣俗字也。」**惟聖人然後可以踐形。」** **注** 踐，履居之也。《易》曰：「黄中通理。」聖人内外文明，然後能以正道履居此美形。不言「居色」主名，尊陽抑陰之義也。 **疏** 注「踐履」至「義也」

○正義曰：《說文》足部云：「踐，履也。」形而言踐履，故以「居之」明之。《禮記·明堂位》言「周公踐天子之位」，即居天子之位也。引《易》者，《坤》六五《文言傳》文，云：「君子黄中通理，正位居體，美在其中而暢於四支。」蓋以「踐形」爲「居體」也。《春秋繁露》有《陽尊陰卑》篇，云：「三王之正，隨陽而更起。以此見之，貴陽而賤陰也。故數日者據晝而不據夜，數歲者，據陽而不據陰。是故《春秋》之於昏禮也，達宋公而不達紀侯之母。丈夫雖賤皆爲陽，婦人雖貴皆爲陰。」趙氏以男子生有美形，宜以正道居之；女子生有美色，亦宜以正道居之。乃上並稱「形色」，下單言「踐形」，不言「踐色」，是尊陽抑陰，猶數晝不數夜，達宋公不達紀侯之母也。「主名」者，「聖人」爲男子踐形者之稱。然則居色者之主名，其「聖女」與？《禮記·大傳》云：「異姓主名治際會，名著而男女有别。」注云：「異姓謂來嫁者也。立於母與婦之名耳。」趙氏以居色者爲婦女，故假借此二字也。按：此章乃孟子言人性之善異乎禽獸也。形色即是天性。禽獸之形色不同乎人，故禽獸之性不同乎人。惟其爲人之形、人之色，所以爲人之性。聖人盡人之性，正所以踐人之形；苟拂乎人性之善，則以人之形而入於禽獸矣，不踐形矣。《孟子》此章言性至精至明。戴氏震《孟子字義疏證》云：「人、物成性不同，故形色各殊。人之形，官器利用大遠於物，而於人之道不能無失，是不踐此形也；猶言之而行不逮，是不踐此言也。」又《原善》云：「孟子曰：『形色，天性也。惟聖人然後可以踐形。』血氣心知之得於天，形色其表也。由天道以有人物，五行陰陽，生殺異用，情變殊致。是以人物生生，本五行陰陽，徵爲形色。

其偏全厚薄，勝負雜糅，能否精觕，清濁昏明，煩煩員員，氣衍類滋，廣博襲僻，閎鉅瑣微，形以是形，色以是色，咸分於道。以順則煦以治，以逆則毒。性至不同，各呈乎才。人之才得天地之全能，通天地之全德。從生而官器利用以馭，橫生去其畏不暴其使。智足知飛走蠉動之性，以馴以豢，知卉木之性，良農以蒔刈，良醫任以處方。聖人神明其德，是故治天下之民。民莫不育於仁，莫不條貫於禮與義。」

章指：言體德正容，大人所履；有表無裏，謂之柚榟。是以聖人乃堪踐形也。疏「有表無裏謂之柚榟」○正義曰：《音義》云：「柚榟，丁云：『上以究切，似橙而醋。下音臻，從木莘。』字亦作榛。榛，似栗而小。」引此二物者，皆謂內不稱外。周氏廣業《孟子章指攷證》云：「案，榟字，宋本及《韻會》榛字注引此文並同。攷《說文》：『亲，果實如栗。』『榛，木也。』其字從亲從木。❶《廣雅》作『辛栗』，脫木字。陸璣《詩疏》、《本草圖經》作莘，謂是栗之一種，則改從莘。今此作榟，木與草兩岐，恐亦譌體。古本作梓，尤非。」柚皮厚味甘，實酢不中啖；榛肉作胡桃味，而實肥者少，故江南諺云：「十榛九空。」趙氏以喻有表無裏，殆以此邪？

齊宣王欲短喪。公孫丑曰：「爲朞之喪，猶愈於已乎？」注齊宣王以三年之喪爲太長久，欲減而短之，因公孫丑使自以其意問孟子。既不能三年喪，以朞年，差愈於止而不行喪者。**孟子曰：「是猶**

❶「亲」，據文義疑當作「辛」。

或紾其兄之臂，子謂之姑徐徐云爾。亦教之孝悌而已矣。」【注】紾，戾也。孟子言有人戾其兄之臂爲不順也，而子謂之曰：且徐徐云爾。是豈以徐之爲差者乎？不若教之以孝悌，勿復戾其兄之臂也。今欲行其朞喪，亦猶曰徐徐之類也。【疏】注「且徐徐云爾」〇正義曰：《毛詩·周南·卷耳》「我姑酌彼金罍」，傳云：「姑，且也。」趙氏佑《温故録》云：「齊宣王欲短喪，意在變今非變古。蓋當時久不行三年之喪，直已而已矣。齊王殆聞孟子之教，知已之不可，而又以三年爲過，故欲酌易而從朞。不知天下無得半之理。既知其非，不求其是，而小變之以爲安，終身無望於是矣。故孟子於戴盈之請輕税則喻之攘雞，而公孫丑問短喪則喻之紾兄。」**王子有其母死者，其傅爲之請數月之喪。公孫丑曰：「若此者，何如也？」**【注】丑曰：王之庶夫人死，迫於適夫人，不得行其喪親之數。其傅爲請之於君，欲使得行數月喪，如之何？【疏】注「王之庶」至「之何」〇正義曰：閻氏若璩《釋地又續》云：「以經解經，莫合於《喪服記》『公子爲其母』章以解『王子爲其母』。❶此厭於父在，本無服，權爲制練冠麻、麻衣縓緣，既葬而除之服。鄭康成曰：『不奪其恩也。』無厭於嫡母之説。厭嫡母，誤自趙岐，沿於孔疏。明初，《大明令》載『庶子爲其所生母齊衰期』，注曰：『謂嫡母在室者。』後《孝慈録》成，益定制，讀自製序文，真有冠履倒置之歎。」錢氏大昕《潛研堂答問》云：「問：『王子有其母死者，其傅爲之請數月之喪。』陳氏暘謂『王子所生之母死，厭於嫡母而不敢終喪』。古人之於嫡庶若是其嚴乎？曰：陳氏之説本於趙邠卿，謂『王之庶夫人死，迫於嫡夫人，不得行喪親之數』。其

---

❶「爲」，據文義疑當隨《孟》文作「有」。

實不然也。禮，家無二尊，故有厭降之義。父卒爲母齊衰三年，而父在則期，厭於父也。禮，尊君而卑臣，亦有厭降之義。天子諸侯絶旁期，大夫降，故士之庶子父在爲其母期，大夫之庶子父在爲其母大功，公子父在爲其母無服，厭於尊也。《儀禮・喪服記》：『公子爲其母練冠麻、麻衣縓緣，既葬除之。』傳曰：『何以不在五服之中也？君之所不服，子亦不敢服也。』『大功』章『公之庶昆弟爲其母』，傳謂『先君餘尊之所厭，不得過大功』。蓋公之庶子雖父已先卒，猶厭於父之餘尊，不得伸母之服，不言厭於嫡母也。《公羊傳》『母以子貴』，故《春秋》於成風、敬嬴、定姒、齊歸之薨葬，曰夫人，曰小君，成其爲君母也。惟嫡母在則不得伸其母，然則天子諸侯爲其生母，謂厭於嫡母，可也；公子爲其母，謂厭於嫡母，不可也。」**曰：「是欲終之而不可得也。雖加一日，愈於已。謂夫『莫之禁而不爲』者也。」**注孟子曰：如是王子，欲終服其子禮而不能者也。加益一日，則愈於止，況數月乎？所謂不當者，謂無禁，自欲短之，故譏之。疏注「王子」至「譏之」

○正義曰：《喪服傳》云：「疏衰裳齊、牡麻絰、冠布纓、削杖、布帶、疏屨、期者，父在爲母。」此子之禮也。今公子厭於父，爲其母練冠麻、麻衣縓緣、既葬除之，注云：「諸侯之妾貴者視卿，賤者視大夫，皆三月而葬。」然則僅喪三月，視期少九月，是不能「終子禮」也。其傳請數月之喪，蓋即此三月既葬而除之喪。數月者，三月也。公子厭於父，君之所不服，子亦不敢服，則君於庶夫人無一日之喪者也。則公子亦宜不敢有一日之喪。然制禮者權情度義，不奪其母子之恩，故爲制此三月之服。乃雖有此制，必請之於君，俾恩由君出，此傳所以爲之請也。請之，蓋舊例如此；若本無數月之喪之制，安容妄請乎？若依君所不服子不敢服之例，則當已，而得有此推恩三月之禮？是加於已，故云「雖加一日，愈於已」。若無此制，孟子豈如是言乎？夫以當已之喪而尚加三月以伸母子之恩；而三年之喪降而爲期，何以伸孝子之志？同一愈，於此爲有所禁而加，彼爲無所禁而短。或得或失，不待智者知之矣。

章指：言禮斷三年，孝者欲益；富貴怠厭，思減其日。君子正言，不可阿情。丑欲朞之，故譬以「紾兄徐徐」也。 疏「禮斷三年」〇正義曰：《禮記・三年問》云：「三年之喪，二十五月而畢。哀痛未盡，思慕未忘，然而服以是斷者，豈不送死有已，復生有節也哉？」

孟子曰：「君子之所以教者五： 注教民之道有五品。**有如時雨化之者，** 注教之漸漬而沾洽也。**有成德者，有達財者，有答問者，有私淑艾者。** 注私，獨；淑，善；艾，治也。君子獨善其身，人法其仁，此亦與教法之道無差也。疏注「私獨」至「差也」〇正義曰：《吕氏春秋・孝行》篇「身者非其私有也」，高誘注云：「私猶獨也。」《書・堯典》「烝烝乂」，《史記・五帝本紀》作「烝蒸治」，是乂即治也。《洪範》「恭作肅，從作乂」，《詩・小雅・小旻》篇云「或肅或艾」，是艾即乂也。君子獨善其身，原未施教於人，但人以其仁爲法，即不異親受其教。趙氏以「獨善」解「私淑」，則「私淑」指「獨善其身」之人，艾字指人之「法其仁」以自治。按：《離婁下》篇云：「予未得爲孔子徒也，予私淑諸人也。」趙氏以爲「我私善之於賢人」，則「私淑」屬法其仁之人，與此注義異。然「私淑艾」三字殊不易達。《國策・秦策》「賞不私親近」，注云：「私猶曲也。」《楚辭・離騷》「皇天無阿私兮」，王逸注云：「竊愛爲私。」曲、竊皆不直之義也。《説文》又部云：「叔，拾也。從又，尗聲。汝南人名收芌爲叔。」「又，手也。」叔从又，故爲拾取之正訓，《毛詩・豳風・七月》「九月叔苴」，傳云：「叔，拾也。」是也。淑與叔通，《詩·陳風》「彼美叔姬」，《釋文》云：「本亦作淑。」《詩·周南·葛覃》「是刈是濩」，《釋文》云：「刈，本又作艾。」《韓詩》云：「刈，取也。」《禮記·祭統》「草艾則墨」，注云：「草艾謂艾取草也。」是艾之義爲取，與叔之義爲拾同。蓋「私淑諸人」即私拾諸人也。淑、艾二字義相疊，「私淑艾」者即私拾取也。親爲門徒，面相授受，直也；未得爲孔子之徒，而拾取於相傳之人，故爲私。「私淑」猶云「竊取」也。彼言私淑諸人，不必又疊艾字，其義自足；此疊艾字以足其句，其實「私淑艾」猶「私淑」也。德恐其惑而不定，故成之。財即才也。才恐其滯而不通，故達之。義易明，故趙氏不注。《音義》云：「陸云：『達財，周恤之。』一本作才，❶説云：『以有善才，就開其性理也。』」開其善才，此正義也，轉附諸後而取陸之説。陸直以財爲貨財，全不知古人六書通借之學，鄙不足議，況淑之爲叔拾乎！**此五者，君子之所以教也。」**注申言之，孟子貴重此教之道。

章指：言教人之術，莫善五者。養育英才，君子所珍。聖所不倦，其惟誨人乎？

公孫丑曰：「道則高矣美矣，宜若登天然，似不可及也。何不使彼爲可幾及而日孳孳也？」注丑以爲聖人之道大高遠，將若登天，人不能及也。何不少近人情，令彼凡人可庶幾，使日孳孳自勉

❶「作才」，原脱，今從沈校據《孟子音義》補。

也？疏注「可庶幾使日孳孳自勉也」○正義曰：《説文》子部云：「孳，汲汲生也。」❶又攴部云：「孜孜，汲汲也。《周書》曰：『孜孜無怠。』」孜、孳二字古多通用。前「孳孳爲善者」，《音義》引張云：「與孜同，古字通用，下文同。」下文即指此章也。「自勉」與「無怠」義亦相近。僞孔《尚書》傳云：「孳孳，勸勉不怠。」戴氏震《孟子字義疏證》云：「問：顔子喟然歎曰：『仰之彌高，鑽之彌堅。瞻之在前，忽焉在後。』❷公孫丑曰：『道則高矣美矣，宜若登天然，似不可及也。何不使彼爲可幾及而日孳孳也？』今謂人倫日用舉凡出於身者謂之道，但就此求之，得其不易之則可矣，何以茫然無據又若是哉？曰：若孟子言『夫道若大路然，豈難知哉』，謂人人由之。如爲君而行君之事，爲臣而行臣之事，爲父爲子而行父之事行子之事，皆所謂道也。君不止於仁，則君道失；臣不止於敬，則臣道失；父不止於慈，則父道失；子不止於孝，則子道失。然則盡君道、臣道、父道、子道，非智仁勇不能也。質言之，曰達道曰達德；精言之，則全乎智仁勇者，其盡君道、臣道、父道、子道，舉其事而亦不過謂之道。故《中庸》曰：『大哉，聖人之道！洋洋乎發育萬物，峻極於天。優優大哉！禮儀三百，威儀三千，待其人而後行。』極言乎道之大如是，豈出人倫日用之外哉？以至道歸之至德之人，豈下學所易窺測哉？今以學於聖人者，視聖人之語言行事猶學弈於弈秋者，莫能測弈秋之巧也，莫能遽幾及之也。顔子之言又曰：『夫子循循然善誘人，博我以文，約我以禮。』《中庸》詳舉其目，曰博學、審

❶「孳汲汲」，原作「孳孳伋伋」，今據《説文》改。
❷「焉」，原作「然」，今從沈校據《孟子字義疏證》改。

問、慎思、明辨、篤行，而終之曰：『果能此道矣，雖愚必明，雖柔必强。』蓋循此道以至乎聖人之道，實循此道以日增其智，日增其仁，日增其勇也，將使智仁勇齊乎聖人。其日增也有難有易，譬之學一技一能，其始日異而月不同；久之，人不見其進矣；又久之，己亦覺不復能進矣，人雖以國工許之，而自知未至也。顏子所以言『欲罷不能，既竭吾才，如有所立，卓爾，雖欲從之，末由也已』。此顏子之所至也。」李氏光地《榕村藏稿》云：「丑非欲孟子貶其高美，欲孟子使己幾及其高美耳；又非以其立教之高而謂如天不可幾及，正謂其立教之循循有序而苦於高美者，速至之無期如天之不可幾及耳。故孟子告之云云。」**孟子曰：「大匠不爲拙工改廢繩墨，羿不爲拙射變其彀率。君子引而不發，躍如也。中道而立，能者從之。」**

注大匠不爲新學拙工故，爲之改鑿廢繩墨之正也；羿不爲新學拙射者，變其彀率之法也。彀，弩張，嚮表率之正體，望之，極思用巧之時。不可變也。君子謂於射則引弓彀弩而不發，以待彀偶也；於道則中道德之中，不以學者不能，故卑下其道，將以須於能者往取之也。**疏**注「彀弩」至「取之也」○正義曰：《告子上》篇「必志於彀」，注云：「彀，張也。張弩向的者，用思專時也。」此云「弩張向表率之正體」，以「張弩向的」準之，則「表率之正體」即指的而言。正體謂正鵠之體，表即標也。《周禮·夏官·射人》注云：「《考工·梓人》職曰：『張五采之侯，則遠國屬。』五采之侯即五正之侯。正之言正也，射者內志正則能中焉。畫五正之侯，中朱，次白，次蒼，次黃，玄居外。三正損玄黃，二正去白蒼而畫以朱緑。」畫此五采以爲標識，即以爲「法率」，故趙氏以「表」釋「率」而以爲「正體」也。《小雅·賓之初筵》「發彼有的」，毛傳以「質」釋的，《禮記·射義》注以「所射之識」釋的。「所射之識」猶云「標」也。「望之極思用巧之時」即所謂「用思專時」也。按：《禮記·

緇衣》引太甲曰：「若虞機張，往省括於厥度，則釋。」注云：「機，弩牙也。度謂所擬射也。虞人之射禽，弩已張於機間，視括與所射參相得，乃後釋弦發矢。」「機張」即《孟子》所謂「彀」也。《淮南子・覽冥訓》云「以治日月之行律」，高誘注云：「律，度也。」律與率同。「行度」可云「行率」，則《孟子》所云「率」正即「省括於度」之度也。繩墨兩事，彀率亦是兩事。彀謂張弩，率謂省括於度。趙氏言「極思用巧」即是省，而「率」則不必專指正之體耳。《音義》云：「丁云：『率，循也。謂彀張其弩，又當循其射道，令必中於表。』陸云：『率，法也。躍如，心願中也。能者從之，當勤求也。』則讀爲律。」丁訓率爲循，非其義；陸讀爲律訓法，近是矣。《説文》弓部云：「引，開弓也。」《淮南子・説林訓》「引弓而射」，高誘注云：「引，張弓也。」引爲張弓，故趙氏即以「彀弩」釋「引弓」。引弓不發即猶張弩不發，故云「引弓彀弩而不發」。《音義》云：「丁云：『躍如猶如卓爾。』陸云：『躍如，心願中。』」陸是也。心願中，故「不發以待彀之偶」。《爾雅・釋詁》云：「偶，合也。」謂所張之彀合乎所擬之率，則釋之乃必中也。待其合而後發，故不遽發者，必願中也。躍如猶云躍躍，《爾雅・釋訓》「躍躍，迅也」。《釋詁》云：「迅，疾也。」言手雖不發，心則躍躍疾去也。《論語・子罕》篇「卓爾，雖欲從之，末由也已」，鄭氏注云：「卓爾，絶望之辭。」《詩・周頌》「天作高山」，箋云：「卓爾與天合其德。」丁氏之説擬不於倫。趙氏以「君子於射」喻「君子於道」，引而不發以待其偶，中道而立以待其從。雖以「彀弩」釋「引弓」，與上「變彀率」意不同也。

章指：言曲高和寡，道大難追。然而履正者不枉，執德者不回，故曰「人能宏道」。丑欲下之，非也。疏「曲高和寡」○正義曰：《新序》宋玉對楚威王曰：「其曲彌高者，其和彌寡。」

孟子曰：「天下有道，以道殉身；天下無道，以身殉道。未聞以道殉乎人者也。」注殉，從也。天下有道，得行王政，道從身施功實也；天下無道，道不得行，以身從道，守道而隱。不聞以正道從俗人者也。疏注「殉從也」○正義曰：《文選・幽通賦》「豈余身之足殉兮」，❶注引項岱云：「殉，從也。」《史記・屈原賈生傳》「貪夫殉財」，《索隱》引臣瓚云：「亡身從物謂之殉。」《莊子・駢拇》云「小人則以身殉利」，《釋文》引崔注云：「殺身從之曰殉。」

章指：言窮達卷舒，屈伸異變。變流從顧，守者所慎。故曰「金石獨止」，不殉人也。

疏「金石獨止」○正義曰：《説苑・談叢》篇云：❷「水浮萬物，玉石留止。」

公都子曰：「滕更之在門也，若在所禮，而不答，何也？」注滕更，滕君之弟，來學於孟子者也。言國君之弟而樂在門人中，宜答見禮，而夫子不答，何也？**孟子曰：「挾貴而問，挾賢而問，挾長而問，挾有勳勞而問，挾故而問，皆所不答也。滕更有二焉。」**注挾，接也。接己之貴勢，接己之有賢才，接己長老，接己嘗有功勞之恩，接己與師有故舊之好，凡恃此五者，而以學問望師之待以異意而教之，

❶「幽通」，原倒，今據《文選》乙正。

❷「談」，原作「説」，今從沈校據《説苑》改。

皆所不當答。滕更有二焉，接貴、接賢，故不答矣。疏注「挾接也」○正義曰：《説文》手部云：「挾，俾持也。」《楚辭·天問》「何馮弓挾矢」，王逸注云：「挾，持也。」《廣雅·釋詁》云：「接，持也。」是挾與接義同也。《儀禮·鄉射禮》「兼挾乘矢」，《大射儀》「挾乘矢」，注並云：「方持弦矢曰挾。古文挾皆作接。」是挾與接字通也。挾爲俾持，接爲方持，義有不同，而爲持則同，故云：「挾，接也。」昭公十九年《左傳》「以持其世而已」，《釋文》云：「持，本作恃。」《莊子·徐無鬼》「恃源而往者也」，《釋文》云：「恃，本亦作持。」持恃同聲義通，挾之爲持，即爲恃，故趙氏既以「接」釋「挾」，又云「恃此五者」。挾貴、挾賢、挾長、挾有勳勞、挾故，即持貴、持賢、持長、持有勳勞、持故，亦即恃貴、恃賢、恃長、恃有勳勞、恃故也。

章指：言學尚虚己，師誨貴平。是以滕更恃二，孟子弗應。

孟子曰：「於不可已而已者，無所不已；於所厚者薄，無所不薄也。其進鋭者，其退速。」注已，棄也。於義所不當棄而棄之則不可。所以不可而棄之，使無罪者咸恐懼也。於義當厚而反薄之，何不薄也？不憂見薄者亦皆不自安矣。不審察人而過進不肖越其倫，悔而退之必速矣。當「翔而後集」，慎如之何？疏注「已棄」至「懼也」❶○正義曰：《論語·公冶長》篇「三已之」，對上「三仕」，則已爲罷黜。昭公二十九年《左傳》「水官棄矣」，杜預注云：「棄，廢也。」是已即棄也。趙氏以無罪而黜則凡仕者皆

❶「懼」，原作「慎」，今據注文及下一條疏始自「於義當厚」改。

自危，故云「使無罪者咸恐懼」也。○注「於義當厚」至「安矣」○正義曰：「何不薄」猶云何人不爲所薄。素與親厚者本不憂其薄，今見其自薄於所當厚，則人人不安，而親厚不可恃也。○注「不審」至「之何」○正義曰：《莊子·天下》篇云「鋭則挫矣」，郭象注云：「進躁無崖爲鋭。」進之太過，故以「過進」解「其進鋭」也。「越其倫」即「卑踰尊，疏踰戚」，故引「翔而後集」，與《梁惠王下》篇「故國」章《章指》同。《論衡·狀留》篇云：「吕望之徒，白首乃顯；百里奚之知，明於黄髮。深爲國謀，因爲王輔，皆夫沉重難進之人也。輕躁早成，禍害暴疾，故曰：其進鋭者退速。」《後漢書·李固傳》陽嘉二年固對策云：「先帝寵遇閻氏，位號太疾，故其受禍曾不旋時。老子曰：『其進鋭，其退速也。』」李賢注云：「案，《孟子》有此文。」謝承書亦云《孟子》，而《續漢書》復云《老子》。按：李固自是引《孟子》，宜以謝承書爲是，范蔚宗本司馬彪之誤爲《老子》耳，《老子》無此文也。趙氏注義與王充、李固同。然則漢時解《孟子》此文皆以刑賞用人言，趙氏蓋有所自也。

章指：言賞僭及淫，刑濫傷善。「不僭不濫」，詩人所紀。是以季文三思，何後之有？

疏「賞僭」至「所紀」○正義曰：襄公二十六年蔡聲子謂楚子木曰：「善爲國者，賞不僭而刑不濫。賞僭則懼及淫人，刑濫則懼及善人。若不幸而過，寧僭無濫。與其失善，寧其利淫。無善人則國從之。《商頌》有之曰：『不僭不濫。』」《説苑·善説》篇云「晉誅羊舌虎，叔向爲之奴，祁奚見范宣子曰，『善爲國者』」云云，文與此同。《荀子·君臣》篇作「賞僭則利及淫人，刑濫則害及君子」。

孟子曰：「君子之於物也，愛之而弗仁；注物謂凡物可以養人者也。當愛育之而不如人仁，若犧牲不得不殺也。疏注「物謂」至「殺也」○正義曰：《周禮·天官·宰夫》「凡失財用物辟名者」，❶注云：「物，畜獸也。」《説文》牛部云：「物，萬物也。牛爲大物，故從牛，勿聲。」下言「犧牲」，則「物可以養人」，謂六畜牛羊之類也。《禮記·樂記》云：「仁以愛之。」《荀子·大略》篇云：「仁，愛也，故親。」《韓詩外傳》云：「愛由情出謂之仁。」《説苑·談叢》云：❷「愛施者，仁之端也。」是愛與仁義亦通，故《廣雅·釋詁》云：「愛，仁也。」此云「愛之而弗仁」，是仁與愛别。蓋有愛物之愛，有愛人之愛，愛人之愛則謂之仁。《春秋繁露·仁義法》云：「愛在人謂之仁。」愛在人乃謂之仁，然則愛在物不謂之仁矣。愛物者第養育之，不同於愛人之爲仁，故云「當愛育之，不如人仁」。《禮記·祭義》云：「古者天子諸侯必有養獸之官，犧牷祭牲必於是取之。」《天官·庖人》「辨六畜之名物」，注云：「六畜，六牲也。始養之曰畜，將用之曰牲。」是犧牲先養育之而後殺也。**於民也，仁之而弗親。**注臨民以非己族類，故不得與親同也。疏注「臨民」至「同也」○正義曰：《説文》人部云：「仁，親也。」親即是仁，而仁不盡於親。仁之在族類者爲親，其普施於民者通謂之仁而已。仁之言人也，稱仁以别於物；親之言親也，稱親以别於疏。**親親而仁民，仁民而愛物。」**注先親其親戚然後仁民，仁民然後愛物，用恩之次也。疏「親親」至「愛物」○正義曰：程氏瑶田《通藝録·論學小記》云：「人有恆言，輒曰『一公無私』，此非過公之言，不及公之言也。此一視同仁，愛無差等之教也。其端生於意

❶「者」，原作「也」，今從沈校據《周禮》改。
❷「談」，原作「説」，今從沈校據《説苑》改。

必固我，而其弊必極於父攘子證，其心則陷於欲博大公之名，天下之人皆枉己以行其私矣。而此一人也獨能一公而無私，果且無私乎？聖人之所難，若人之所易，果且易人之所難乎？果且得謂之公乎？公也者，親親而仁民，仁民而愛物。有自然之施爲，自然之等級，自然之界限。行乎不得不行，止乎不得不止。時而子私其父，時而弟私其兄，自人視之，若無不行其私者。事事生分別也，人人生分別也，無他，愛之必不能無差等，而仁之必不能一視也。此之謂公也，非一公無私之謂也。《儀禮·喪服傳》之言昆弟也，曰：『昆弟之義無分，❶然而有分者，則辟子之私也。子不私其父則不成爲子。』❷孔子之言直躬也，曰：『父爲子隱，子爲父隱，直在其中。』皆言以私行其公，是天理人情之至，自然之施爲等級界限，無意、必、固、我於其中者也。如其不私，則所謂公者必不出於其心之誠然，不誠則私焉而已矣。或問第五倫曰：『公有私乎？』曰：『吾兄子嘗病，一夜十往，退而安寢；吾子有疾，雖不省視而竟夜不眠。豈可謂無私乎？』嗚乎！是乃所謂公也，是父子相隱者之爲吾黨直躬也。不博大公之名，安有營私之舉？天不容僞，故愚人千慮必有得焉，誠而已矣。」

章指：言君子布德，各有所施。事得其宜，故謂之義也。

---

❶「義」，原作「道」，今從沈校據《儀禮》改。

❷「爲」，原作「其」，今據《儀禮》改。

孟子曰：「知者無不知也，當務之爲急；仁者無不愛也，急親賢之爲務。注知者，知所務善也；仁者，務愛賢也。疏注「知者」至「賢也」○正義曰：《説文》力部云：「務，趣也。」知所務，知所當趣向也。「務愛賢」，以「愛」釋「親」，宜急趣於愛賢也。**堯舜之知而不偏物，急先務也；堯舜之仁不偏愛人，急親賢也。**注物，事也。堯舜不偏知百工之事，不偏愛衆人，先愛賢，使治民，不二三自往親加恩惠。疏注「物事」至「恩惠」○正義曰：「物」之爲「事」，詳見前。百工，百官也。急親賢爲務，則知所當務，即知急親賢也。知急親賢，因即以親賢爲務，所以不必「偏知百官之事」，不必「自往加惠」於民。閩、監、毛三本「二三自往」作「一一自往」。按：「二三」猶云「再三」，《儀禮·鄉射禮》「主人西南面三拜衆賓」，注云：「三拜示偏也。」《少牢饋食禮》「主人西面三拜餕者」，注云：「三拜，旅之示偏也。」「二三自往」即偏義也。**不能三年之喪而緦少功之察，放飯流歠而問無齒決，是之謂『不知務』。」**注尚不能行三年之喪而復察緦麻小功之禮。放飯，大飯也；流歠，長歠也；齒決，斷肉置其餘也。於尊者前賜飯，大飯、長歠，不敬之大者；齒決，小過耳。言「世之先務，舍大譏小」，若此之類也。疏注「放飯」至「過耳」○正義曰：《禮記·曲禮》：「毋放飯，毋流歠。」又云：「濡肉齒決，乾肉不齒決。」注云：「去手餘飯於器中，人所穢。大歠嫌欲疾。」「決猶斷也。乾肉堅，宜用手。」孔氏正義云：「放飯者，手就器中取飯，飯若黏著手，不得拂放本器中者。去手餘飯於器中，人所穢也。當棄餘於篚，無篚，棄餘於會，會謂簋蓋也。毋流歠者，謂開口大歠，汁入口如水流，則欲多而速，是傷廉也。」「濡肉齒決者，濡，溼也。溼軟不可用手擘，故用齒斷決而食之。乾肉，脯屬也，堅朒不可齒決斷之，故須用手擘而食之。」按：趙氏以「流歠」爲「長歠」，與鄭同；而以「放飯」爲「大飯」，與鄭異。大飯猶長歠也。《吕氏春秋·審分》篇「無使放悖」，高誘注云：「放，縱也。」又《適威》篇「故流於毚」，注云：「流，放也。」是「放飯」猶「流歠」也。《文選·上林賦》「流離輕禽」，注引張揖云：「流離，放散也。」蓋歠，歠之也；則飯，飯之也。流歠謂流離而歠之，放飯謂放縱而飯之。以《孟子》證《曲禮》，則飯讀「飯黍」「飯飧」「飯疏食」之飯。段氏玉裁《説文解字注》云：「飯，食也。食也者，謂食之也。此飯之本義也。引申之所食爲飯。今人於本義讀上聲，於引申之義讀去聲，古無是分別也。」然則鄭云「去手餘飯」，則以飯爲所食之飯，即指饙餾之粒，與歠爲不類；而訓放爲去，去手之餘飯，何以見其必爲反本器？設去之反於篚，反於會，亦可云「放飯」也。放不得專爲反本器之稱，則不如趙氏之義爲的矣。「問無齒決」者，蓋食濡肉而以手決之，責問其何以不齒決也。

章指：言振裘持領，正羅維綱；君子百行，先務其崇。是以堯舜親賢，大化以隆道爲要也。疏「振裘持領正羅維綱」〇正義曰：周氏廣業《孟子章指考證》云：「《意林》載桓譚《新論》云：『舉綱以綱，千目皆張，振裘持領，萬毛自整。』」趙氏正用其語。

孟子正義卷二十八

江都縣鄉貢士焦循譔集

孟子卷第十四

盡心章句下凡三十八章。

孟子曰：「不仁哉，梁惠王也！仁者以其所愛及其所不愛，不仁者以其所不愛及其所愛。」注梁，魏都也。以，用也。仁者用恩於所愛之臣民。王政不偏，普施德教，所不親愛者并蒙其恩澤也。用不仁之政加於所不親愛則有災傷，加所愛之臣民，亦并被其害。惠王好戰殺人，故孟子曰「不仁哉」。疏注「梁魏都也以用也」○正義曰：《漢書・地理志》：「陳留郡浚儀，故大梁，魏惠王自安邑徙此。」應劭曰：「魏惠王自安邑徙此，號曰梁。」按：大梁爲魏都，自惠王三十一年始，自是惠王遂稱梁王焉。《説文》巳部云：「已，用也。」已即以字。❶**公孫丑問曰：「何謂也？」**注丑問「及所愛」之狀，何謂也？**「梁惠王以**

❶「已」，原作「㠯」，今據上文統一作「已」。

土地之故，糜爛其民而戰之。大敗，將復之，恐不能勝，故驅其所愛子弟以殉之。是之謂以其所不愛及其所愛也。」注孟子言惠王貪利鄰國之土地而戰，其民死亡於野，骨肉糜爛而不收。兵大敗而欲復戰，恐士卒少不能用勝，故復驅其所愛近臣及子弟而以殉之。殉，從也。所愛從其所不愛而往趨死亡，故曰「及其所愛」也。東敗於齊，長子死焉。疏「糜爛其民」○正義曰：王氏念孫《廣雅疏證》云：「《説文》：『爢，爛也。』《孟子·盡心》篇：『糜爛其民而戰之。』《越語》『靡王躬身』，韋昭注云：『靡，損也。』爢、糜、靡並通。《楚辭·招魂》『爢散而不可止些』，王逸注云：『爢，碎也。』《九歎》『名靡散而不彰』，注云：『靡散猶消滅也。』並與爢散同。」段氏玉裁《説文解字注》云：「石部云：『碎，䊳也。』米部曰：『䊳，碎也。』二篆爲轉注。䊳，各書假靡爲之，《孟子》假糜爲之。碎者，破也。䊳者，破之甚也。王逸注《離騷》『瓊爢』云：『爢，屑也。』爢即䊳字。《廣雅》糜字二見：曰『糜，饘也』，與《説文》同；曰『糜，糏也』，即《説文》之『䊳，碎也』。凡言粉碎之義當作䊳。」又云：「爢，爛也。古多假糜爲之。糜訓糝，爢訓爛，義各有當矣。《孟子》『糜爛其民而戰之』、《文選·答客難》『至别糜耳』，皆用假借字耳。」按：《淮南子·説山訓》「爛灰生蠅」，高誘注云：「爛，腐也。」劉熙《釋名·釋飲食》云：「糜，煮米使糜爛也。」糜即粥，比飯爲爛，故糜即爛，義與爢通也。

章指：言發政施仁，一國被恩；好戰輕民，災及所親。著此魏王，以戒人君也。

孟子曰：「《春秋》無義戰。彼善於此，則有之矣。征者，上伐下也。敵國不相征也。」注《春秋》所載戰伐之事，無應王義者也，彼此相覺有善惡耳。孔子舉豪毛之善，貶纖介之惡，故皆録之於《春秋》也。上伐下謂之征。諸侯敵國，不得相征。五霸之世，諸侯相征，於三王之法不得其正者也。疏「春秋」至「有之矣」○正義曰：《春秋繁露·竹林》篇云：「《春秋》之法，凶年不脩舊，意在無苦民爾。苦民尚惡之，況傷民乎？傷民尚痛之，況殺民乎？凶年脩舊則譏，造邑則諱。是害民之小者，惡之小也；害民之大者，惡之大也。今戰伐之於民，其爲害幾何？考意而觀指，則《春秋》之所惡者，不任德而任力，驅民而殘賊之，其所好者設而勿用仁義以服之也。《詩》云：『弛其文德，洽此四國。』此《春秋》之所善也。夫德不足以親近而文不足以來遠，而斷斷以戰伐爲之者，此固《春秋》之所甚疾已，皆非義也。」又云：「《春秋》愛人而戰者殺人，君子奚説善殺其所愛哉？故《春秋》之於偏戰也，比之詐戰則謂之義，比之不戰則謂之不義。不義之中有義，義之中有不義，辭不能及，皆在於指。非精心達思者，其孰能知之？」此即發明《孟子》「無義戰」之義也。萬氏斯大《學春秋隨筆》云：「禮樂征伐自天子出，皆御世之權。其足以取威制勝，使人慴服而屈從之，尤莫如征伐。故欲知《春秋》大勢者，當於諸國之侵伐觀之。據《公羊傳》例，將尊師衆稱某帥師，將尊師少稱將，將卑師衆稱師，將卑師少稱人。君將不言帥師，書其重者。以是按之經傳，終《春秋》惟魯君將稱公，諱之或稱師稱及，大夫將稱氏名，微者不言將。列國之師，自隱至文，君將恆稱爵，略之或稱師稱人，大夫將悉稱師稱人，無有書氏名者。大夫將書氏名，自文三年晉陽處父伐楚救江始。竊疑《公羊》例未合。王氏沿曰：『處父書氏名者，政在諸侯則大夫皆稱人，政在大夫，故稱氏名以罪之也。處父盟魯侯，改蒐於董，易軍班，今救江而伐楚，專之甚者也。故始之也。』陳君舉亦曰：『大夫帥師於是始，大夫始強也。』趙子常因二説而通之曰：『《公羊》之例，當時史法也。夫子脩《春秋》，征伐自諸侯出，則君將稱君，大夫將稱人，治在諸侯也；征伐在大夫，則大夫將稱大夫，治在大夫也。惟内大夫悉從其恆稱以見實也。』於乎，可謂盡發不傳之秘矣！蓋史官有一定之法，夫子有筆削之權；史法以徵事實，筆削則顯世變。執事以讀《春秋》，二百四十二年天下大勢，瞭然於心目間矣。内大夫何以悉稱氏名？《春秋》魯史也。『《春秋》無義戰，敵國不相征。』凡書侵伐，皆罪也。滅入遷取，罪之尤者也。」惠氏士奇《春秋説》云：「古者王巡守，大司馬起師合軍以從，於是救無辜，伐有辠，所以威天下而行其禁令焉。環人掌四方之故，揚軍旅，降圍邑，而九伐之法，賊賢害民則伐之，負固不服則侵之。是故伐也，侵也，圍也，救也，皆王者之師。不虐五穀，不伐樹木，不焚室屋，不取六畜。兵之來也，除民之讐，順天之道而已。《公羊》曰：『精者曰伐，觕者曰侵。』《左氏》曰：『有鐘鼓曰伐，無者曰侵，輕者襲。』鐘鼓言其器也，精觕言其情也。獨《穀梁》曰：『苞人民、毆牛馬曰侵，斬樹木、壞宮室曰伐，不義孰甚焉？』此《春秋》之侵伐，豈王者之師哉？要而論之，大曰伐，小曰侵，侵之輕且密者曰襲；遲曰圍，急曰救。故伐者伐其君，侵者侵其地；襲則揜之，圍則合之，救則分之：行師之道備矣。周室既卑，征伐不出乎天子，皆出自諸侯及其大夫，故《春秋》無義戰，莫如莊六年王人救衛爲尤甚。先是，宋公不王，諸侯以王命討之，故公會齊侯於防而謀伐宋，其不會王命者，蔡人、衛人、郕人而已。及鄭伯不朝，蔡人、衛人、陳人從王伐鄭，則諸侯猶知有王命也。陳、蔡鄰於楚，楚之屬國，是時楚方平漢陽，未暇謀中夏，故陳、蔡猶得從王，君子以爲近正。及桓十六年衛侯朔出奔齊，《公羊》以爲得罪於天子，故稱名以絶之，則似未得其實。蓋宣公殺急子、壽子，皆朔搆而殺之，故國人怨朔而悲二子，遂出朔而立公子黔牟，似請命於天王而立之。説者以爲出朔而立黔牟者，衛之左右二公子也，未聞有天王之命。如其然，則五國共伐衛而納朔，王人何爲獨救黔牟？明黔牟乃王命立之，五國逆王命而伐衞。吾聞狄伐邢而齊人救邢，義也；諸侯伐衞而王人救衞，則王人夷於齊人而中國皆戎翟矣。君子傷諸夏之無君，故一出一入皆稱名，一伐一救皆稱人。人諸侯者皋之，人子突者微之，此天子之使也，曷爲微之？以天王之使而不能救黔牟，爲尊者諱恥，故微之。然則何以知王命立黔牟？以《左傳》知之。《傳》曰：『衞侯入，放公子黔牟於周。』不殺之而放之，且放之於周，則王命立黔牟明矣。立之者，周也，故放之於周，若曰『以黔牟付王人』云爾。黔牟立於桓十六年，放於莊六年，前後八年在位，《春秋》曷爲闕而不書？且衞之叔武及公孫剽，皆嘗在位而不終者也，《春秋》皆書於册，曷爲獨闕黔牟？諱之也。諱有三：一曰爲天王諱，二曰爲魯諱，三曰爲中國諱。曷爲爲中國諱？王人救衞，未聞中國有一人從王者，君子恥之，故《春秋》不得不褒二霸之功。齊之霸始於莊終於僖，晉之霸始於僖終於定，故曰『其事則齊桓晉文』。推戴維持，皆齊桓、晉文之力，《春秋》實以二霸爲始終焉。隱、桓之時，互相侵伐者惟東諸侯而已，西則晉爲大，南則楚爲雄。桓二年蔡、鄭會於鄧，始懼楚，楚熊通自立爲武王。桓六年合諸侯於沈鹿，黄、隨不會，使人讓黄而伐隨，始開百濮之地，由是南諸侯皆服於楚。其子熊貲，是爲文王，當魯莊之十年，始敗蔡師於莘。蔡本東諸侯，至是始屬楚，而楚遂有虎視中原之志。十五年齊始霸，十六年同盟於幽，始與鄭成，而荆伐鄭，蓋楚與中原争鄭自此始。楚成王時，令尹子文當國，楚益盛。僖元年荆始改號爲楚。自元年至四年，楚人再伐鄭，一侵鄭。鄭伯欲成，孔叔不可曰：『齊方勤我，棄德不祥。』則齊桓實能以德綏之也。自荆敗蔡師於莘，惟十三年蔡人與於北杏之會，自是會盟征伐，蔡皆不與焉。蓋役屬於楚，負楚之固而不服於齊，故僖四年齊桓會七國之師侵蔡，所謂負固不服則侵之也。説者謂潛師掠境曰侵，失之矣。會而侵，則非潛師矣；侵而潰，則非掠境也。欲伐乃侵，先潰蔡；既侵遂伐，卒帖荆。自此至十五年，楚人一滅弦，一圍許，一伐黄，一伐徐，一敗徐，其氛未息，烏在其能帖荆哉？帖荆者，以其不復能争鄭也。且齊桓之於楚，以文服，不以力服。❶召陵之役雖以兵車而不傷一卒，不折一矢，無異衣裳之會，故《春秋》善之。莊三十年齊人伐山戎，是時戎翟並興，中國不絶若綫，齊方救邢戍衛，奔命不遑，山戎病燕，猶邢、衛也。邢、衛近而燕遠，豈以其遠而棄之？桓公内無因國，外無從諸侯，越千里之險，北伐山戎，危之乎？抑貶之乎？曰：否，善之也。善之則曷爲稱人？稱人者，以桓公能急人之急，病人之病，故輕千里而不愛一身。齊侯來獻戎捷，禮與？曰：禮也。《左氏》曷爲謂之非禮？《左氏》言當獻於王，不當獻於魯。獻於王不書，獻於魯則書曰來獻，尊宗國也。穀梁子曰『軍得曰捷』，戎捷者，戎菽也。《周書·王會》有『山戎菽』，《管子》亦云：『北伐山戎，出冬蔥與戎菽，布之天下。』桓公以此遺魯而尊之曰獻，猶《曲禮》獻粟、獻米云爾。齊桓殁而楚氛益熾，敗宋伐陳而魯、衛亦靡然從之。僖二十七年遂合陳、蔡、鄭、許以圍宋，而晉文勃興，釋宋圍而敗楚師於城濮，由是楚氛息矣。君子謂晉文之功大於齊桓。然齊桓以德，諸侯愛之；晉文以力，諸侯畏之。自是楚不敢復争鄭者十有五年。秦晉搆兵始於殽之戰，其後兵連不息，報復無常，而秦遂合於楚，卒爲晉患，故《春秋》於殽之戰，狄秦而微晉，交譏之。與晉争中原者，楚也。秦、晉，甥舅之國。城濮之戰，秦有功焉。合秦以敵楚，文公之善謀也。且晉不敗秦，何害於霸？而汲汲焉背殯而要秦

❶「不」，原脱，今從沈校據《春秋説》補。

於險，君子是以貶晉襄公。《春秋》諸儒以《秦誓》編於《書》，故盛稱穆公之德；而《春秋》獨於秦穆無善辭，學者疑之。秦用孟明，所謂仡仡勇夫也。既喪師於殽，匹馬隻輪無反，仍不悔過，甫及三年，復以憤兵而敗於彭衙。秦穆誠能詢茲黄髮，焉用此仡仡勇夫而大辱國哉？故君子有取於《秦誓》，所謂不以人廢言；而《春秋》以其言行不相顧，故無善辭。文三年秦伯伐晉稱人，四年晉侯伐秦稱爵，安見其尊秦也？令狐之役曲在晉，兩稱人。及十年秦伐晉，康公自將，《春秋》不書爵，不稱人，直以秦爲狄矣。蓋自殽之戰，秦穆之毒晉尤深，思天下可以敵晉者惟楚，於是遣楚囚鬭克歸楚求成，共謀伐晉，始作《秦誓》，旋遣楚囚，誠所謂『今之謀人，姑將以爲親』者，其心忌克，惟圖報復而已。秦楚合而晉霸少衰矣。及晉厲公立，合諸侯伐秦，且先使吕相絶秦。是時，秦桓與晉厲既爲令狐之盟，而又召狄與楚，欲道以伐晉，故聲其辠以討之。於是諸侯朝王，仍自京師從劉康公、成肅公伐秦。君子謂是師也，名之正，辭之順，《春秋》書之特詳，明與厲公以復霸也。故吾謂厲公非無道之主，以此。其後悼公三駕伐鄭而楚不能復救鄭，鄭遂屬晉。襄十四年晉悼伐秦，棫林之役，遷延而退，爲諸侯笑，遠不如晉厲麻隧之師，諸侯皆睦於晉，《春秋》諸儒褒悼而貶厲，非公論也。」

○注「孔子」至「秋也」○正義曰：《春秋繁露·王道》篇云：「《春秋》紀纖芥之失，反之王道。」《説苑·至公》篇云：「夫子行説七十諸侯，無定處，意欲使天下之民各得其所，而道不行，退而脩《春秋》，采豪毛之善，貶纖介之惡，人事浹，王道備，精和聖制，上通於天而麟至。」

章指：言《春秋》撥亂，時多争戰。事實違禮，以文反正。征伐誅討，不自王命，故曰「無義戰」也。疏「春秋」至「反正」○正義曰：哀公十四年《公羊傳》云：「君子曷爲爲《春秋》？撥亂世，反諸正，莫近諸《春秋》。」《史記·太史公自序》引此，又云：「夫不通禮義之旨，至於君不君，臣不臣，父不父，子不子。此四行者，天下之大過也。以天下之大過予之，則受而弗敢辭，故《春秋》者，禮義之大宗也。夫禮禁未然之前，法施已然之後。法之所爲用者易見，而禮之所爲禁者難知。壺遂曰：『孔子之時，上無明君，下不得任用，故作《春秋》，垂空文以斷禮義，當一王之法。』」

孟子曰：「盡信《書》則不如無《書》。吾於《武成》，取二三策而已矣。仁人無敵於天下，以至仁伐至不仁，而何其血之流杵也？」注《書》，《尚書》。經有所美，言事或過，若《康誥》曰「冒聞於上帝」，《甫刑》曰「帝清問下民」，《梓材》曰「欲至于萬年」，又曰「子子孫孫永保民」。人不能聞天，天不能問民，萬年永保，皆不可得爲書，豈可案文而皆信之哉？《武成》，逸《書》之篇名。言武王誅紂，戰鬬殺人，血流舂杵。孟子言武王以至仁伐至不仁，殷人簞食壺漿而迎其師，何乃至於血流漂杵乎？故吾取《武成》兩三簡策可用者耳，其過辭則不取也。疏注「書尚」至「信之哉」○正義曰：書者，文字之名。《説文解字序》云：「著於竹帛者謂之書。書者，如也。」《周禮·地官·大司徒》：「六藝：禮、樂、射、御、書、數。」此書即《保氏》六書。於是凡典籍統謂之書，《論衡·正説》篇云「五經總名爲書」是也。《禮記·經解》以《詩》教、《書》教、《樂》教、《易》教、《禮》教、《春秋》教並稱，此「書」專指《尚書》。趙氏以上言「《書》」，下言《武成》，故知「書，《尚書》」也。《尚書》在孟子時有百篇，舉《武成》以爲例，所言「盡信《書》則不如無《書》」非專指《武成》而言，故趙氏廣而推之《康誥》《甫刑》《梓材》諸篇也。《康誥》云「惟時怙冒聞於上帝」，王氏鳴盛《尚書後案》

云：「冒聞於上帝爲句，古讀也。趙氏注《孟子》吾於《武成》節引此。《君奭》篇亦有此句，則知古有此語矣。」冒有上進意，故云「冒聞」也。《春官·大宗伯》「以禋祀祀昊天上帝」，鄭司農云：「上帝，玄天也。」「聞於上帝」即是聞於天，故云「人不能聞天」。《甫刑》即《吕刑》。吕之稱甫，猶唐之稱晉也。《吕刑》云「皇帝清問下民」，鄭氏注云：「『皇帝清問』以下，乃説堯事。」惠氏棟《九經古義》云：「王伯厚曰：『皇帝始見於《吕刑》，趙岐注《孟》引《甫刑》曰：帝清問下民。』棟按，孔傳云：『君帝，帝堯也。』是孔氏本作『君帝』。」謹按：孔傳以君帝釋皇帝，而亦以爲堯，不以爲天也。趙氏所見《吕刑》無皇字固矣。蓋趙氏讀「帝清」二字相連，帝爲王天下之名，而古亦稱天爲帝。《文選·吴都賦》「迴曜靈於太清」，劉逵注云：「太清謂天也。」《嘯賦》亦云「飄遊雲於太清」，蓋趙氏以「帝清」猶「太清」，單稱帝不必是天，稱帝清則必非天子，故以帝清問下民爲「天問民」也。閩、監、毛三本依《吕刑》增作「皇帝清問下民」，阮氏元《挍勘記》云：「宋本、廖本、孔本、韓本、《考文》古本、足利本無皇字。按，無者是。《困學紀聞》所引正同。」按：閩、監、毛三本增皇字，因又增云「天子不能問於民」，而諸本亦無子字。且天子問民，何不能也？《梓材》云：「欲至於萬年，惟王子子孫孫永保民。」○注「武成」至「取也」○正義曰：《書序》云：「武王伐殷，往伐歸獸，識其政事，作《武成》。」鄭氏注云：「著武道至此而成。《武成》，逸《書》，建武之際亡。」王氏鳴盛《尚書後案》云：「孔壁所得真古文本有《武成》，因其不列學官，藏在秘府，故謂之『逸《書》』。建武是光武帝紀年，《武成》至此時又亡。其逸文殘缺者僅存八十二字，見《漢書·律曆志》。」又《後辨》云：「梅鷟謂：『趙岐《孟子》「盡信《書》」一章注云云，平正無碍，甚得孟子口氣。而晚出《武成》則言前徒倒戈，攻於後以北，血流漂杵，是紂衆自殺之血，非武王殺之之血，其言可謂巧矣。然孟子非不通文義之人，何至讀《書》誤認紂衆自殺以爲武王虐殺哉？』驁説善矣而未盡也。紂衆倒戈，自相攻殺，事見《荀子·儒效》篇、《成相》篇、《史記·殷本紀》、《淮南子·泰族訓》、劉向《列女傳·孽嬖傳》、常璩《華陽國志·巴志》篇，非盡出妄造。《孟子》在魏晉間不甚重，不過諸子中之一耳，縱錯會經文，亦何損？而武王之爲仁人，爲王者師甚著，豈不可力爲回護，去其虐殺，以全吾經？此則作僞者之微意耳。但孟子親見百篇《尚書》，必不誤認。王充《論衡·語增》篇云：『察《武成》之篇，牧野之戰，血流浮杵。』《武成》亡於建武之際，仲任猶及見之。詳其意，彼真本《武成》必不以倒戈事與流杵事爲一。蓋此語自是兩敵相争，描摹至此，若徒黨自相翦屠，何必加以此語？故晚出《武成》雖敢與孟子違，而猶陰爲孟子地。孔傳云『血流漂舂杵，甚之言』，非含不可盡信之意乎？賈誼《過秦論》云『秦追亡逐北，流血漂鹵』，《戰國策》言『武安君與韓魏戰伊闕，流血漂鹵』，此等爲殺人多之恆辭，故孟子特爲武王辨。」按：《論衡·藝增》篇云：「夫《武成》之篇言武王伐紂，血流浮杵。助戰者多，故至血流如此，皆欲紂之亡也。土崩瓦解，安肯戰乎？《武成》言血流浮杵，亦太過焉。死者血流安能浮杵？」按：武王伐紂於牧之野，河北地高，壤靡不乾燥，兵頓血流，輒燥入土，安得杵浮？且周殷士卒皆賫盛糧，或作乾糧，無杵臼之事，安得杵而浮之？言「血流杵」，欲言誅紂惟兵頓士傷，故至浮杵，是杵爲杵臼之杵，故趙氏言「血流舂杵」。《説文》木部云：「杵，舂杵也。」

章指：言文之有美過實，聖人不改，録其意也。非獨《書》云，《詩》亦有言「嵩高極天」，「則百斯男」，亦已過矣。疏「嵩高極天則百斯男」○正義曰：莊公四年《公羊傳》云：「九世猶可以復讎乎？雖百世可也。」何休注云：「百世，大言之耳。猶《詩》云：『嵩高維嶽，峻極于天。』君子萬年。』」《毛詩·大雅·思齊》篇「太姒嗣徽音則百斯男」，傳云：「太姒十子，衆妾則宜百子也。」然則文王宜有百子，故《周南·螽斯》亦美后妃不妬忌而子孫衆多，此與「百世」不同。李樗《詩經講義》云：「《詩》中言多則曰『則百斯男』，言少則曰『靡有孑遺』，言廣則曰『日辟國百里』，言狹則曰『一葦杭之』，皆甚辭也。」是又因趙氏《章指》推言之耳。

孟子曰：「有人曰『我善爲陳，我善爲戰』，大罪也。國君好仁，天下無敵焉。南面而征北夷怨，東面而征西夷怨，曰：『奚爲後我？』注此人欲勸諸侯以攻戰也，故謂之有罪。好仁無敵。四夷怨望遲，願見征，何爲後我？已説於上篇。疏「北夷」〇正義曰：阮氏元《挍勘記》云：❶「宋本、孔本、韓本同。閩、監、毛三本夷作狄，石經此字漫漶。案僞疏引作『北夷』，作夷是也。」**武王之伐殷也，革車三百兩，虎賁三千人。王曰：『無畏，寧爾也，非敵百姓也。』若崩，厥角、稽首。『征』之爲言『正』也。各欲正己也，焉用戰？」**注革車，兵車也；虎賁，武士爲小臣者也。《書》云：「虎賁贅衣，趣馬小尹。」三百兩，三百乘也。武王令殷人曰：無驚畏，我來安止爾也。百姓歸周，若崩，厥角，頟角犀厥地；

❶「阮氏」至「記云」，原無，今據阮校及全書文例補。

稽首，拜命，亦以首至地也。各欲令武王來征己之國，安用善戰陳者？疏注「革車」至「乘也」○正義曰：《禮記·明堂位》「革車千乘」，注云：「革車，兵車也。」《周禮·春官·巾車》云「革路以即戎」是也。《夏官》有「虎賁氏，下大夫二人，中士十有二人，虎士八百人」，注云：「虎士，徒之選有勇力者。」趙氏謂「武士」爲「小臣」，引《書·立政》證之。蓋《立政》言「亦越文王，武王」，則此虎賁爲文武時官，於武王伐殷時較切，《周禮》則爲天子後所制矣。周氏用錫《尚書證義》云：「《顧命》『狄設綴衣』，正義云：『綴衣是黼扆之類。』以《周禮》考之即幕人也。幕人掌帷幄，虎賁司宿衛皆左右親近者也。」以勇力爲左右近臣，故云「武士爲小臣者」也。「贅衣」《立政》作「綴衣」，綴、贅古字通也。《毛詩·召南·鵲巢》「百兩御之」，傳云：「百兩，百乘也。」孔氏正義云：「謂之兩者，《風俗通》以爲車有兩輪，馬有四匹，故車稱兩，馬稱匹。」《書序》云：「武王戎車三百兩，虎賁三百人，與受戰於牧野。」江氏聲《尚書集注音疏》云：「虎賁，言猛怒如虎之奔赴也。三百人當爲三千人，《孟子》曰：『武王之伐殷也，革車三百兩，虎賁三千人。』《司馬法》曰：『革車一乘，士十人，徒二十人。』《樂記》曰：『虎賁之士説劍。』然則虎賁，士也，一乘十人，三百兩則三千人矣。」翟氏灝《考異》云：「《書·牧誓》序：『武王戎車三百兩，虎賁三百人。』《風俗通義·皇霸》篇引《書》『武王戎車三百兩，虎賁八百人』。《墨子·明鬼》篇『武王以擇車百兩，虎賁之卒四百人』。《周書·克殷解》：『周車三百五十乘，陳於牧野，既以虎賁戎車馳商師，商師大敗。』孔晁注云：『戎車三百五十乘，則有虎賁三千五百人。』按，每車一兩，當有虎賁十人，孟子言自無誤，諸書未可信也。《戰國策》蘇秦説魏曰：『武王卒三千人，革車三百乘，斬紂於牧。』又説趙曰：『武王之卒不過三千人，車不過三百乘，而爲天子。』《呂氏春秋·仲秋紀》：『武王虎賁三千人，簡車三百乘，以要甲子之戰。』言皆與《孟子》合。」周氏柄中《辨正》云：「有兩《司馬法》，一云『一車甲士三人，步卒七十二人』，一云『成出一乘，甲士十人，步卒二十人』。孔仲達成元年『丘甲』正義云：『一士二徒者，鄉遂之兵；一士二十四徒者，都鄙之兵。古者天子用兵先用六鄉，六鄉不足取六遂，六遂不足取都鄙及諸侯。若諸侯出兵，先盡三鄉三遂，鄉遂不足然後總徵境内。』由此推之，武王所用正是鄉遂之兵。《吕氏春秋》云：『武王革車三百，甲卒三千，征敵破衆。』《韓非子》云：『武王將素甲三千，領與紂戰。』虎賁安知不指戰士言？或謂據《周禮》虎賁非甲士，必以虎賁配一車，則《書序》是，《孟子》非矣。愚謂《周禮》虎賁不離王之先後，又豈以一人配一車而戰者邪？」○注「武王」至「地也」○正義曰：武王之言必由傳命宣喻之，故云「令」也。《廣雅·釋詁》云：「畏，懼也。畏，恐也。」《易·震》《彖傳》云：「震驚百里，驚遠而懼邇也。」驚即恐懼也，故以「無畏」爲「無驚」也。《毛詩·周南·葛覃》「歸寧父母」，傳云：「寧，安也。」《爾雅·釋詁》云：「安，止也。」故以「寧爾」爲「安止爾」也。《漢書·諸侯王表》「漢諸侯王厥角稽首」，應劭曰：「厥者，頓也；角者，額角也。稽首，首至地也。」丘遲《與陳伯之書》云：「朝鮮昌海，蹶角受化。」李善注引《孟子》此文趙岐注云：「厥角，叩頭，以額角犀厥地也。」於此注增「以」「也」二字，義尤明暢。《文選·羽獵賦》「蹶浮麋」，應劭亦云：「蹶，頓也。」是厥、蹶古字通，故李善直以「厥角」注「蹶角」，然則「厥角」猶「頓首」，故云「厥地」也。《釋名·釋形體》云：「角者，生於額角也。」《國語·鄭語》云「惡角犀豐盈」，韋昭注云：「角犀謂顔角有伏犀。」趙氏以「額」釋「角」，又以「犀」申言之。「額」「犀」二字皆釋「角」字也。「厥角」是以角蹶地，「若崩」者，狀其厥之多而迅也。《白虎通》云：「崩之言㒂然僵伏。」《説文》山部云：「𡾘，山壞也。」山壞則自高僵伏於地。《毛詩・小雅・無羊》云「不騫不崩」，傳云：「崩，群疾也。」蓋一群之羊全病，僵伏不起，詩人以山之壞狀之。此殷民歸周，以額角犀蹶地，其狀若僵伏，而加「若崩」二字，極狀其人之衆多，如山之下墜，如羊之群疾而僵伏。方聞「寧爾」之令，猝然厥地，其聲其狀，可於「若崩」二字見之。厥本又作屈，屈其額角犀於地，猝然下伏也。既伏地，又稽首拜命，故云「亦以首至地」也。《音義》云：「丁云：『額即額字。屖，音西。義與棲遲同，息也，久也。字從尸下辛。或作犀牛字，誤也。』」阮氏元《挍勘記》云：「宋本、孔本、韓本犀作屖。段玉裁云：『丁説殊誤，字當作犀，從牛。《國語》云角犀豐盈，《國策》曰眉目準額犀角，權衡偃月，今人謂之天庭，古謂之犀角，相書云伏犀貫頂。』即其理也。」按：《説文》尸部：「屖，屖遲也。從尸，辛聲。」《爾雅・釋詁》云：「棲遲，息也。」此丁氏所本。然棲遲義爲遊息，於此不切。丁氏蓋不知厥即蹶而以厥地爲其地，故改犀爲屖而以爲止息其地也。不知上云「若崩」，下云「稽首」，則一時衆聲之轟然而首之上下不已，何止息之有？丁氏之誤，誠誤也。段氏玉裁《説文解字注》云：「厥，發石也。引申之，凡有撅發皆曰厥。《山海經》曰『相柳之所抵厥』，郭云：『抵，觸；厥，掘也。』《孟子》：「若崩厥角稽首。」』晉灼注《漢書》曰：『厥猶豎也。叩頭則額角豎。』」按，厥角者謂額角如有所發。角部觷字下云『角有所觸發』是也。」錢氏大昕《潛研堂答問》云：「應劭云『厥者，頓也』。晉灼云『厥猶豎也』。二義小有不同，應説近之。」〇注「各欲」至「之國」〇正義曰：廷琥云：「毛本無各字。」

章指：言民思明君，若旱望雨。以仁伐暴，誰不欣喜？是以殷民厥角，周師歌舞，焉用善戰？故云罪也。疏「周師歌舞」〇正義曰：周氏廣業《孟子章指考證》云：「《樂稽耀嘉》曰：『武王興師誅商，萬國咸喜，軍渡孟津，前歌後舞。克商之後，民乃大安，家給人足，酌酒欝摇。』見《藝文類聚》。又《蜀志》先主謂龐德曰：『武王伐紂，前歌後舞，非仁者邪？』」

孟子曰：「梓匠、輪輿能與人規矩，不能使人巧。」注梓匠、輪輿之功，能以規矩與人。人之巧在心。拙者雖得規矩，不以成器也。

章指：言規矩之法，喻若典禮。人不志仁，雖誦憲籍，不能以善。善人脩道，公輸守繩，政成器美，惟度是應，得其理也。疏「雖誦」至「守繩」○正義曰：周氏廣業《孟子章指攷證》云：「《文子·道德》篇云：『守其法籍，行其憲令。』《荀子》：『公輸不能加於繩。』王褒《聖主得賢臣頌》云：『離婁督繩，公輸削墨。』」

孟子曰：「舜之飯糗茹草也，若將終身焉；及其爲天子也，被袗衣，鼓琴，二女果，若固有之。」注糗飯，乾糒也。袗，畫也。果，侍也。舜耕陶之時飯糗茹草，若將終身如是。及爲天子，被畫衣，黼黻絺繡也，鼓琴以協音律也，以堯二女自侍，亦不佚豫，如固自當有之也。疏「飯糗」○正義曰：段氏玉裁《説文解字注》云：「米部云：『糗，熬米麥也。』《周禮》『羞籩之實，糗餌粉餈』，鄭司農云：『糗，熬大豆與米也。粉，豆屑也。』『玄謂：糗者，擣粉熬大豆爲餌餈之黏著以坋之耳。』按，先鄭云『熬大豆及米』，後鄭但云

『𤋎大豆』，注《内則》又云『擣𤋎穀』，不同者，黍粱赤麥皆可爲糗，故或言大豆以包米，或言穀以包米豆，而許云『𤋎米麥』，又非不可𤋎大豆也。𤋎者，乾煎也；乾煎者，鬻也。鬻米豆舂爲粉，以坋餌餈之上，故曰糗餌粉餈。鄭云擣粉之，許但云𤋎不云擣粉者，鄭釋經，故釋粉字之義；許解字，則糗但爲𤋎米麥，必待臯之而後成粉也。《粊誓》『峙乃糗糧』，某氏云：『糗糒之糧。』《孟子》曰『舜之飯糗茹草』，趙云：『糗飯，乾糒也。』《左傳》『爲稻醴粱糗』。《廣韻》曰：『糗，乾飯屑也。』此皆謂𤋎穀米粉者也。糒，乾飯也。《釋名》曰：『干飯，飯而暴乾之也。』《周禮・廩人》注曰：『行道曰糧，謂糒也；止居曰食，謂米也。』干飯，今多爲之者。」謹按：《説文》鬲部云：「鬻，𤋎也。」鬻尺沼切。《一切經音義》云：「炒，古文鬻、𤈦、焣、𤎅四形，崔寔《四民月令》作炒。」然則𤋎米麥即是炒米麥。今農家米麥豆皆炒食，米即謂之炒米，豆即謂之炒豆。炒米可以沸水漬之當飯，大麥小麥炒之，又必磨之爲屑，用沸水和食，謂之焦麪，所謂「糗」也。「糒」乃今之飯乾，與此不同，而皆可爲行糧。惟農食樸儉，省蒸煮之費，往往炒米麥爲飯，是則舜之「飯糗」耳。○「茹草」○正義曰：王氏念孫《廣雅疏證》云：「《方言》：『茹，食也。吴越之間，凡貪飲食者謂之茹。』郭璞注云：『今俗呼能麤食者爲茹。』按，《大雅・烝民》篇云『柔則茹之，剛則吐之』，是食謂之茹也。《禮運》云『飲其血，茹其毛』，《孟子・盡心》篇云『飯糗茹草』，是食麤食者謂之茹也。麤與疏義相近，食麤食者謂之茹，故食菜亦謂之茹。食菜謂之茹，故所食之菜亦謂之茹。《莊子・人間世》篇『不茹葷』，《漢書・董仲舒傳》云『食於舍而茹葵』，是食菜謂之茹也。《食貨志》云『菜茹有畦』，《七發》云『秋黄之蘇，白露之茹』，是所食之菜亦謂之茹也。」「茹草」二字趙氏皆無訓。草者，《史記・陳丞相世家》云「更以惡草具進楚使」，《漢書音義》云：「草，粗也。」《索隱》云：「《戰國策》

云『食馮諼以草具』，如淳云：『藁草麤惡之具也。』」《范睢列傳》云「使舍食草具」，《索隱》云：「謂亦舍之而食以下客之具。草具謂麤食草菜之饌具也。」然則「茹草」猶云茹麤矣。○「被袗衣鼓琴」○正義曰：任氏大椿《深衣釋例》云：「《孟子》『被袗衣，鼓琴』，趙岐注：『袗，畫也。黼黻絺繡也。』夫鼓琴，宴居時也。舜於養老朝燕僅服白布深衣，而燕居則服黼黻絺繡，非所以明質。故袗衣當非畫衣也。《史記》『堯乃賜舜絺衣與琴』，與舜被袗衣鼓琴事適相會。然則袗衣或即絺衣與？賜予止用絺葛布衣，可知當時之質。」孔氏廣森《經學卮言》云：「袗非畫也。義如『袗絺綌』之袗。《史記》本紀『堯賜舜絺衣與琴』是也。」孔氏、任氏引《史記》説之，是也。絺綌爲袗，故孟子謂之「袗衣」。得被袗衣者，以堯賜絺也；得鼓琴者，以堯賜琴也；二女所以侍者，「帝釐降二女」也。以耕夫一旦膺天子之知，賜賞若此，明其榮顯也。若徒袗絺綌而鼓琴，則不過習爲山人耳。趙氏以袗衣黼黻絺繡，本《尚書·皋陶謨》。乃鄭氏讀絺爲黹，此以「絺繡」爲「袗絺綌」之絺，與鄭氏異。以袗訓畫，則以繪與繡互見，非袗有畫義也。段氏玉裁《説文解字注》云：「衣部：『袗，襌衣也。』一曰盛服。裖，袗或從辰。』今本訓『稠髮』。凡㐱聲字多爲濃重，《上林賦》『磐石裖崖』，孟康曰：『裖，袗致也。以石致川之廉也。』是裖與㐱，稹字義同。《孟子》『被袗衣』，袗衣亦當謂盛服，趙云『畫衣』者，不得其説，姑依《皋陶謨》『作繪』言之耳。」錢氏大昕《養新録》云：「錢塘梁侍講同書嘗告予云『古書袗訓單，又訓同，皆無盛服之意』。《三國志·魏文帝紀》注有云：『舜承堯禪，被珍裘，妻二女若固有之。』此必用《孟子》之文，袗衣當是珍裘也。」○「二女果」○正義曰：臧氏琳《經義雜記》云：「《説文》女部：『婐，婉也。一曰女侍曰婐。讀若騧，一曰若委。從女，果聲。孟軻曰：舜爲天子，二女婐。』據此，知《孟子》本作『二女婐』，今作果者，是婐之省。趙氏訓爲侍，與《説文》合。」

章指：言阸窮不憫，貴而思降。凡人所難，虞舜所隆。聖德所以殊也。

孟子曰：「吾今而後知殺人親之重也。殺人之父，人亦殺其父；殺人之兄，人亦殺其兄。然則非自殺之也，一間耳。」注父仇不同天，兄仇不同國。以惡加人，人必加之，知其重也。一間者，我往彼來，間一人耳，與自殺其親何異哉？疏注「父仇不同天兄仇不同國」○正義曰：《大戴記·曾子制言上》云：「父母之讎，不與同生；兄弟之讎，不與聚國。」《禮記·檀弓》云：「子夏問於孔子曰：『居父母之仇，如之何？』夫子曰：『寢苫枕干，不仕，弗與共天下也。遇諸市朝，不反兵而鬬。』曰：『請問居昆弟之仇，如之何？』曰：『仕弗與共國。銜君命而使，雖遇之，不鬬。』」阮氏元《曾子注釋》云：「居仇之説，《檀弓》《曲禮》《周官·地官·調人》及此曾子所言，互有異同。然《周禮》、孔子、曾子之言，三者同義，惟《曲禮》錯出，不可從。《周禮·調人》云：『凡過而殺傷人，以民成之。凡和難，父之仇辟諸海外，兄弟之仇辟諸千里之外。』此專言過殺，非本意殺，故《調人》得以使之遠避平成之。與孔、曾所言有意辱殺之讎不同。又《調人》曰『凡殺人有反殺者，使邦國交仇之』者，此言謀殺一人，恐此人子弟報仇，因復殺其子弟也。又《調人》曰『凡殺人而義者，不同國，令勿仇，仇之則死』者，此謂殺其謀殺君父之人爲義，其殺人君父之人之父兄子弟不得再以此人爲仇，仇之則罪當死也。故《周禮》與孔、曾合，以爲不合者誤解之耳。若《曲禮》言『兄弟之仇不反兵，交遊之仇不同國』，及《公羊》『復百世之仇』，則太過，不合聖賢之道矣。」趙氏言此者，「不同天」

「不同國」，可知其必報，故云「以惡加人，人必加之」，其情重大，非可平成之者也。《列子·天瑞》篇《釋文》云：「間，隔也。」「間一人」猶云「隔一人」也。翟氏灝《考異》云：「《墨子·兼愛》篇：『我先從事乎惡人之親，人能報我以愛利吾親乎？必先從事乎愛利人之親，然後人報我以愛利吾親也。』此言略與孟子言似。然孟子特戒人惡害人父兄已耳，不必定愛利之也。故儒墨之言，大要在有無差等之別。」

章指：言恕以行仁，遠禍之端；暴以殘民，招咎之患。是以君子好生惡殺，反諸身也。

孟子曰：「古之爲關也，將以禦暴；今之爲關也，將以爲暴。」注古之爲關將以禦暴亂，譏閉非常也；今之爲關反以征税出入之人，將以爲暴虐之道也。疏注「譏閉非常也」○正義曰：《周禮·地官·司關》：「國凶札則無關門之征，猶幾。」注云：「謂無租税，猶苛察，不得令姦人出入。」幾即譏也。《易·復》《象傳》云：「先王以至日閉關，商旅不行。」

章指：言脩理關梁，譏而不征。如以税斂，非其式程。懼將爲暴，故載之也。疏「脩理關梁」○正義曰：《禮記·月令》：「季冬之月，謹關梁。」《玉藻》云：「年不順成，關梁不租。」注云：「此周禮也。殷則關但譏而不征，雖不賦，猶爲之禁，不得非時取也。」

孟子曰：「身不行道，不行於妻子；使人不以道，不能行於妻子。」注身不自履行道德而欲使人行道德，雖妻子不肯行之，言無所則效也。使人不順其道理，不能使妻子順之，而況他人乎？

章指：言率人之道，躬行爲首。《論語》曰：「其身不正，雖令不從。」疏「論語」至「不從」○正義曰：引《論語》在《子路》第十三。

孟子曰：「周于利者，凶年不能殺；周于德者，邪世不能亂。」注周達於利，營苟得之利而趨生，雖凶年不能殺之；周達於德，身欲行之，雖遭邪世，不能亂其志也。疏注「周達」○正義曰：「周」有「達」義者，劉熙《釋名·釋船》云：「舟言周流也。」《易·繫辭傳》云：「舟楫之利，以濟不通。」舟取義於周，是周有達義也。趙氏謂達於取利則凡苟得之利皆營求之，故雖凶荒之年，有心計足以趨生，故不死；不達於德則不能行，達而行之則志定，不爲邪世所亂。近時通解周爲徧帀，謂積蓄無少匱也。積於利，故不困於凶年；積於德，故不染於邪世。

章指：言務利蹈姦，務德蹈仁。舍生取義，其道不均也。

孟子曰：「好名之人能讓千乘之國。苟非其人，簞食豆羹見於色。」注好不朽之名者輕讓千乘，子臧、季札之儔是也。誠非好名者，爭簞食豆羹變色，訟之致禍，鄭子公染指黿羹之類是也。疏注「好不」至「儔是也」○正義曰：襄公二十四年《左傳》云：「范宣子曰：『古人有言死有不朽，何謂也？』」叔孫穆叔曰：『太上有立德，其次有立功，其次有立言。雖久不廢，此之謂不朽。』」陸賈《新語・輔政》篇云：「功垂於無窮，名傳於不朽。」故以「好名」爲「好不朽之名」。諸本作「伯夷季札之儔」，宋本作「子臧季札之儔」，周氏廣業《孟子古注攷》云：「伯夷，聖之清者，豈好名之人？晉孫盛《泰伯三讓論》云：『三以天下讓，言非常讓，若臧、札之倫者也。』潘岳《西征賦》云：『臧、札飄其高厲，委曹、吴而成節。』蓋季札自言願附子臧，故後人每並稱之。」今依宋本。《史記・吴世家》云：「壽夢有子四人，長曰諸樊，次曰餘祭，次曰餘眛，次曰季札。季札賢而壽夢欲立之，季札讓不可，於是乃立長子諸樊，攝行事當國。王諸樊元年，諸樊已除喪，讓位季札。季札謝曰：『曹宣公之卒也，諸侯與曹人不義曹君，將立子臧。子臧去之以成曹君。君子曰：能守節矣。君義嗣，誰敢干君？有國，非吾節也。札雖不材，願附於子臧之義。』吴人固立季札，季札棄其室而耕，乃舍之。」此「子臧、季札輕讓千乘」之事也。宣公四年《左傳》云：「楚人獻黿於鄭靈公。公子宋與子家將見，子公之食指動，以示子家曰：『他日我如此，必嘗異味。』及入，宰夫將解黿，相視而笑。公問之，子家以告。及食大夫黿，召子公而弗與也。子公怒，染指於鼎，嘗之而出。公怒，欲殺子公。子公與子家謀先。子家曰：『畜老牛猶憚殺之，而況君乎？』反譖子家，子家懼而從之。夏，弑靈公。」是因飲食「致禍」也。阮氏元《校勘記》云：「『染指黿羹之類』，閩、監、毛三本同。宋本、孔本、韓本、《攷文》古本黿作魭。《音義》出『魭羹』，云：『《左傳》作黿。』此則注文本用魭字。改爲黿，非也。」錢氏大昕《養新録》云：「孔子疾没世而名不稱，孟子亦惡人之不好名，名謂不朽之名也。不好名，亦尊於好利，雖簞食豆羹且不能讓，況千乘乎？」按：明人陳子龍已云：「三代以下惟恐不好名。」「非其人」者，謂非好名之人也，如此解爲當。

章指：言廉貪相殊，名亦卓異。故聞伯夷之風，懦夫有立志也。

孟子曰：「不信仁賢，則國空虛；無禮義，則上下亂；無政事，則財用不足。」注不親信仁賢，仁賢去之，國無賢人則空虛也；無禮義以正尊卑，則上下之敘泯亂；無善政以教人農時，貢賦則不入，故財用不足。疏注「不親信仁賢」○正義曰：不信則疑之，不親則疏之。疑由於疏，疏亦由於疑。故以「親信」連言之。○注「則上下之敘泯亂」○正義曰：《書・呂刑》云：「民興胥漸，泯泯棼棼。」《周書・祭公解》云「汝無泯泯棼棼」，孔晁注云：「泯，芬亂也。」泯亦訓滅，《毛詩・大雅・桑柔》篇「靡國不泯」，傳云：「泯，滅也。」是也。「泯亂」亦滅亂也。《爾雅・釋詁》云：「滅，絶也。」《釋水》云：「正絶流曰亂。」是亂有絶義，與滅同。泯爲滅，亦爲亂矣。○注「無善」至「不入」○正義曰：賦出於農。不「教入農時」則田野荒蕪，水旱無備，故「貢賦不入」也。

章指：言親賢、正禮，明其五教，爲政之源。聖人以三者爲急也。

孟子曰：「不仁而得國者，有之矣；不仁而得天下，未之有也。」注不仁得國者，若象封有痺，叔鮮、叔度封於管、蔡，以親親之恩而得國也。雖有誅亡，其世有土。丹朱、商均，天子元子，以其不仁，天下不與，故不得有天下也。

章指：言王者當天，然後處之；桀紂幽厲，雖得猶失。不以善終，不能世祀，不爲得

也。 疏「王者當天」〇正義曰：賈誼《新書・數寧》篇云：「臣聞之，自禹已下五百歲而湯起，自湯已下五百餘年而武王起。自武王已下，過五百歲矣，聖王不起，何怪矣？及秦始皇帝，似是而卒非也，終於無狀。及今天下集於陛下，臣觀寬大知通，竊曰是以摻亂業，握危勢，若今之賢也，明通以足天紀，又當天。」按：趙氏於「不仁得天下」，前舉丹朱、商均，此舉桀、紂、幽、厲，皆非得天下之人，似乎所引未切矣。觀此云「雖得猶失，不以善終」云云，雖承桀、紂、幽、厲，實指后羿、新莽一流。蓋是時曹操儼然無人臣之節，趙氏屬意荆州，此數語實指操而言。於「不仁得國」取象及管、蔡，皆宗室同姓之得國者。蓋當時如袁紹、公孫瓚，皆不仁得國者也，故有所忌諱，不言異姓也。玩其取賈子「當天」二字，固以此似是而非者終於無狀，而謬托丹朱、商均、桀、紂、幽、厲，實以秦皇斥操耳。而亦有所忌諱，不明言之也。知人論世，表而出之。

孟子曰：「民爲貴，社稷次之，君爲輕。是故得乎丘民而爲天子， 注君輕於社稷，社稷輕於民。丘，十六井也。天下丘民皆樂其政則爲天子，殷湯、周文是也。疏注「丘十六井也」〇正義曰：《周禮・地官・小司徒》「九夫爲井，四井爲邑，四邑爲丘」。一邑四井，四邑故爲十六井。然則「丘民」猶言邑民、鄉民、國民也。王氏念孫《廣雅疏證》云：「丘，衆也。《孟子・盡心》篇：『得乎丘民而爲天子。』《莊子・則陽》篇云：『丘里者，合十姓百名以爲風俗也。』《釋名》云：『四邑爲丘。丘，聚也。』皆衆之義也。」**得乎天子爲諸侯，** 注得天子之心，封以爲諸侯。**得乎諸侯爲大夫。** 注得諸侯之心，諸侯封以爲大夫。**諸侯危社稷，則變置；** 注諸侯爲危社稷之行，則變更立賢諸侯也。疏注「諸侯」至「侯也」〇正義曰：《孝經》「諸侯」

章云：「在上不驕，高而不危；制節謹度，滿而不溢。高而不危，所以長守貴也；滿而不溢，所以長守富也。富貴不離其身，然後能保其社稷。」反是，則爲危社稷之行矣。《説文》攴部云：「變，更也。」《吕氏春秋·當務》篇云「而不可置妾之子」，高誘注云：「置，立也。」則「變置」即「更立」也。**犧牲既成，粢盛既絜，祭祀以時，然而旱乾水溢，則變置社稷。」**注 犧牲已成肥腯，稻粱已成絜精，祭祀社稷常以春秋之時，然而其國有旱乾水溢之災，則毁社稷而更置也。疏 注「犧牲」至「置也」○正義曰：犧牲貴肥腯，故以「肥腯」爲「成」。《國語·周語》「祓除其心精也」，韋昭注云：「精，潔也。」又《楚語》「玉帛爲二精」，注云：「明潔爲精。」故以「絜」釋「精」。❶《禮記·月令》：「季冬之月，命太史次諸侯之列，賦之犧牲，以共皇天上帝社稷寢廟之祀。」此社稷用犧牲也。《郊特牲》云：「唯社丘乘共粢盛，所以報本反始也。」此社稷用粢盛也。《白虎通·社稷》篇云：「祭社稷用三牲何？重功故也。《尚書》曰：『乃社于新邑，牛一，羊一，豕一。』《王制》曰『天子社稷皆太牢，諸侯社稷皆少牢』，❷何？宗廟太牢，所以廣孝道也。社稷爲報功，諸侯一國，所報者少故也。」又云：「歲再祭之，何？春求秋報之義也。故《月令》：『仲春之月，擇元日，命民社。』『仲秋之月，擇元日，命民社。』」盧氏文弨校云：「今《月令》無『仲秋之月，擇元日，命民社』之文，而《御覽》五百三十二引《禮記·月令》仲春、仲秋皆有之，並注云：『賽秋成也。元日，秋分前後戊日。』」陳祥道《禮書》云：「先王之祭社

❶「絜釋精」，據文義當作「精釋絜」。
❷「少牢」下，沈校謂當依《白虎通》補「宗廟俱太牢社稷獨少牢」十字。

稷，春有祈，秋有報，孟冬大割祠。春祈而歌《載芟》，秋報而歌《良耜》，此祭之常者也。」上「變置」爲「更立賢諸侯」，此「變置社稷」亦是更立社稷。以諸侯例之，自是更立社稷之主。故舊疏云：「自顓頊以來，用句龍爲社，柱爲稷，及湯之旱，以棄易柱。」毛氏奇齡《四書賸言》云：「自顓頊至周，水旱不一，而易祀者止一柱，似亦未可爲據者。」全氏祖望《經史問答》云：「當以疏説爲是。蓋古人之加罰於社稷者有三等。年不順成，八蜡不通，乃暫停其祭，是罰之輕者；又甚，則遷其壇壝之地，罰稍重矣；又甚則更其配食之神，罰最重。然亦未嘗輕舉此禮，蓋變置至神示，所關重大，故自湯而後罕有行者。嘗謂國家之有水旱，原恃乎我之所以格天者而未嘗以人聽於神。陰陽不和，五行失序，於是有恆雨恆暘之咎，不應於社稷之神是咎。且亦安知社稷之神不將大有所懲創於國君而震動之，使有以知命之不常，天之難諶？而吾乃茫然於其警戒之所在，反以人跋扈之氣責報於天，文過於己，是取滅亡之道也。乃若聖王則有之。聖王之於天地，其德相參，其道相配，而其自反者已極盡而無憾，故湯之易稷是也。夫天人，一氣也。在我非尸位，則在神爲溺職，雖黜之，非過矣。但是可爲賢主道，而不可爲慢神之主道也。魯穆公暴巫焚尫，縣子尚以爲不可，况其進於此者？疏説變置是也，而未可輕言之也。《北夢瑣言》載潭州馬希聲以旱閉南嶽廟事，可爲慢神之戒。李陽冰令縉雲，大旱，告於城隍之神，五日不雨焚其廟，此乃行古禮也。及期，雨合霑足，陽冰乃與耆老吏民自西谷遷廟於山巔以答神休。此蓋因前此焚廟之禱嫌其得罪於神而更新之，不爲罰而爲報，是亦變通古禮而得之者。《左氏》昭公十有七年：❶『鄭大旱，使屠擊等有事於桑山，斬其木，不雨，子産曰：有事於山，蓺山林也，而斬

❶「七」，按引文在十六年，參沈校。

其木，其罪大矣。奪之官邑。』夫斬木是古禮，亦變置之意也。子産以爲非者，即未可輕言之意也。《雲漢》之詩曰『靡神不舉』，正與八蜡不通之説並行不悖，未有毅然以蔑絶明神自任者。」周氏柄中《辨正》云：「趙氏謂『毁其社稷而更置之』，不言如何更置。陳無已謂『遷社稷壇壝於他處，如句容有盗，改置社稷而盗止，下邳多盗，遷社稷於南山之上，盗亦衰息』。萬充宗則謂『水旱之方，就此方之社稷，變其常祭，以示減殺。如《郊特牲》所云年不順成，八蜡不通；《穀梁》所謂大祲之歲，鬼神有禱無祀之意』。如陳説，則古者立社必在庫門内，夏左殷右，周復左，此一朝定制，未聞有遷之他處者；如萬説，則與『變置』之字義又不合。此『變置』與上節『變置』同義，則當爲更立之意，不但殺其祭禮而已也。任釣臺曰：『變置必是毁其壇壝以致責罰之意，明春復立耳。』此説得之。」

章指：言得民爲君，得君爲臣，民爲貴也；先黜諸侯，後毁社稷，君爲輕也。重民敬祀，治之所先，故列其次而言之。

孟子曰：「聖人，百世之師也，伯夷、柳下惠是也。注伯夷之清、柳下惠之和，聖人之一概也。

疏注「聖人之一概也」○正義曰：《毛詩·衛風·載馳》傳云：「是乃衆幼穉且狂，進取一概之義。」孔氏正義云：「一概者，一端，不曉變通。」然則「聖人之一概」猶云「聖人之一端」也。

故聞伯夷之風者，頑夫廉，懦夫有立志；聞柳下惠之風者，薄夫敦，鄙夫寬。奮乎百世之上，百世之下聞者莫不興起也。非聖人，而能若是乎？而况於親炙之者乎？」注頑，貪；懦，弱；鄙，狹也。百世，言其遠也。

興起，志意興起也。非聖人之行，何能感人若是？論聞尚然，況於親見勳炙者也？❶ 疏「奮乎」至「起也」○正義曰：毛氏奇齡《四書賸言》云：「《孟子》『奮乎百世之上百世之下』一氣不斷，古文排句，辭例如此，言興乎前以及乎後也。若以『百世之下』連下讀，則失辭例矣。」《漢・王吉傳》云：「《孟子》云：奮乎百世之上，行乎百世之下，莫不興起。」按：《論衡・知實》篇引云：「百世之下，聞之者莫不興起，非聖而若是乎？而況親炙之乎？」「百世之下」固屬下讀，與「親炙」相對。親炙則百世之上，與夷、惠同時之人矣。毛説非也。○注「論聞」至「炙者也」○正義曰：《説文》耳部云：「聞，知聞也。」《廣雅・釋言》云：「論，曉也。」曉聞猶知聞也。《毛詩・大雅・雲漢》「憂心如熏」，傳云：「熏，灼也。」孔氏正義云：「熏、灼俱焚炙之義。」阮氏元《校勘記》云：「毛本作熏，孔本作薰，韓本作勳。按，《音義》出『勳炙』，云『字與熏同』，則作薰、熏並非古本。」

章指：❷言伯夷、柳下，變貪厲薄。千載聞之，猶有感激。謂之聖人，美其德也。

孟子曰：「仁也者，人也。合而言之，道也。」注能行仁恩者，人也。人與仁合而言之，可以謂之有道也。疏「仁也」至「道也」○正義曰：段氏玉裁《説文解字注》云：「仁，親也。從人二。《中庸》曰：『仁者，人也。』注：『人也，讀如相人偶之人，以人意相存問之言。』《大射儀》『揖以耦』，注：『言以者，耦之事成於

❶「也」，原作「乎」，合於岳、宋十行、閩、監、毛等本，今據疏之出文及阮校所述廖、孔、韓等本改。

❷「指」，原作「皆」，今據廖本及他章改。

此意相人耦也。』《聘禮》『每曲揖』，注：『以相人耦爲敬也。』《公食大夫禮》『賓入三揖』，注：『相人耦。』《詩·匪風》箋云：『人偶能烹魚者，人偶能輔周道治民者。』正義曰：『人偶者，謂以人意尊偶之也。《論語注》：「人偶，同位人偶之辭。」《禮注》云：「人偶，相與爲禮儀。」皆同也。』按，人耦猶言爾我，親密之詞。獨則無耦，耦則相親，故其字從人二。孟子曰『仁也者人也』，謂能行仁恩者，人也。又曰『人心也』，謂仁乃是人之所以爲心也。與《中庸》語意皆不同。」

章指：言仁恩須人，「人能宏道」也。

孟子曰：「孔子之去魯，曰：『遲遲，吾行也。』去父母國之道也。去齊，接淅而行。去他國之道也。」注遲遲、接淅，注義見《萬章下》首章。疏「去他國之道也」○正義曰：《萬章下》篇無此句。

章指：言孔子周流不遇，則之他國遠逝。惟魯斯戀，篤父母國之義也。

孟子曰：「君子之戹於陳蔡之間，無上下之交也。」注君子，孔子也。《論語》曰：「君子之道三，我無能焉。」孔子乃尚謙，不敢當君子之道，故可謂孔子爲君子也。孔子所以戹於陳蔡之間者，其國君臣皆惡，上下無所交接，故戹也。疏注「孔子」至「戹也」○正義曰：《音義》云：「戹，或作厄，同。」《一切經音義》引《蒼頡篇》云：「厄，困也。」《吕氏春秋·知士》篇云「静郭君之交」，高誘注云：「交，接也。」《廣雅·釋詁》云：「接，持也。」《淮南子·修務訓》云「援豐條」，高誘注云：「援，持也。」趙氏以「上」指君，「下」指臣，上無賢君，下無賢臣，皆不與孔子合，故無援以至於困戹，故既以「接」釋「交」，《章指》又以「援」釋「交」也。《史記·孔子世家》云：「孔子在陳蔡之間，楚使人聘孔子，孔子將往拜禮。陳蔡大夫謀相與發徒役圍孔子於野，不得行，絶糧。」此孔子厄於陳、蔡之事也。《説文》食部云：「戹，飢也。從食，戹聲。」「厄於陳蔡之間」，謂絶糧。厄當讀戹，謂飢於陳、蔡之間也。《荀子·宥坐》篇云：「孔子南適楚，厄於陳、蔡之間，七日不火食，藜羹不糂，弟子皆有飢色。」下數句正申解厄字。「上下無交」即指大夫相謀。

章指：言君子固窮，窮不變道。上下無交，無賢援也。

貉稽曰：「稽大不理於口。」 注 貉，姓；稽，名。仕者也，爲衆口所訕。理，賴也。謂孟子曰：稽大不賴人之口，如之何？ 疏 注「貉姓」至「賴也」〇正義曰：《音義》云：「丁云：『貊、鶴二音。既是人姓，當音鶴。』《纂文》曰：『俗人姓也。』張亡百切。《説文》云『北方人豸種也』。」按：下自稱稽，則稽自是名，貉當是姓矣。《御覽》引《風俗通·氏姓篇》序云：「姓有九，或氏於號，或氏於謚，或氏於爵，或氏於國，或氏於官，或氏於字，或氏於居，或氏於事，或氏於職。」此貉非號謚官爵，故以爲俗人姓也。張以爲貉人名稽，則不以爲姓，與趙氏異。以爲衆所訕，知是「仕者」。《説文》人部云：「俚，聊也。」《國策·秦策》云「百姓不聊生」，注云：「聊，賴也。」《廣雅·釋言》云：「俚，聊也。俚，賴也。」理、俚聲同字通。《國語·晉語》「君得其賴」，韋昭注云：「賴，利也。」「不理於口」猶云不利於人口也。隱公四年《公羊傳》云：「吾爲子口隱矣。」言出於口，故以人言爲人口。**孟子曰：「無傷也。士，憎兹多口。**注審己之德，口無傷也。離於凡人而爲士者，益多口。疏注「離於」至「多口」○正義曰：趙氏以「憎」爲「增」之假借，故以「益」釋之。《爾雅·釋言》云：「增，益也。」是也。《荀子·大略》篇云「君子聽律習容而後士」，賈子《新書·道術》篇云「守道者謂之士」，是士「離於凡人」。觀《章指》「凡人」即「凡品」，士即指孔子、文王也。憎，《方言》訓憚，《説文》訓惡，《廣雅》訓苦。《潛夫論·交際》篇云：「孔子恂恂，似不能言者。又稱『誾誾言惟謹』也。士貴有辭，亦憎多口。」此爲憎惡，與趙氏義不同。翟氏灝《攷異》云：「理兼條分脩治之義，《離騷》『令蹇脩以爲理』，五臣注云：『令之以通辭理。』稽曰不理，蓋自病其言之無文，故《纂文》有俗人之稱，《潛夫論》有『士貴有辭』之説也。孟子云憎多口，即《論語》『禦人口給，屢憎於人』之意，謂徒理於口，亦爲士君子所憎惡。惟能以文王、孔子之道理其身心，即有憎其口之不理者，特群小輩耳，於己之聲聞無隕越也。引《詩》斷章取兩愠字，申達憎義。」趙氏佑《温故録》云：「憎如字讀自明。上理字乃分辨之意，不必依舊訓賴。求理於口，徒兹多口，有道之士所不取也。此讀兹爲滋，謂士憎惡以辨謗，故益滋多口也。」**《詩》云『憂心悄悄，愠于群小』，孔子也；『肆不殄厥愠，亦不殞厥問』，文王也。」**注《詩》，《邶風·柏舟》之篇。曰「憂心悄悄」，憂在心也；「愠于群小」，怨小人聚而非議賢者也。孔子論此詩。孔子亦有武叔之口，故曰孔子之所苦也。《大雅·緜》之篇曰「肆不殄厥愠」，殄，絶；愠，怒也。「亦不殞厥問」，殞，失也。言文王不殄絶畎夷之愠怒，亦不能殞失文王之善聲問也。疏注「詩」至「苦也」○正義曰：序云：「《柏舟》，言仁而不遇也。衛頃公之時，仁人不遇，小人在側。」毛氏傳云：「慍，怒也。悄悄，憂貌。」箋云：「群小，衆小人在君側者。」孔氏正義云：「言仁人憂心悄悄然而怨此群小人在於君側者也。」詩非爲孔子作，孟子引以況孔子，謂孔子當日爲群小非議，有如此詩。「論」與「倫」通，《禮記・中庸》「毛猶有倫」，注云：「倫，比也。」「孔子倫此詩」謂孔子比擬此詩，則如叔孫武叔之毁，見《論語・子張》篇。是群小之口，亦「孔子之所苦」也。○注「大雅」至「問也」○正義曰：《毛詩・大雅・緜》傳云：「肆，故今也。慍，恚；隕，墜也。」箋云：「小聘曰問。文王見太王立冢土，有用大衆之義，故不絶去其恚惡惡人之心，亦不廢其聘問鄰國之禮。」恚猶怒也。箋以絶釋殄，廢、墜與失義亦相近，惟鄭氏以問爲聘問，趙氏讀問爲令聞之聞，以爲「善聲聞」，則不合。趙氏説《詩》每殊於鄭。毛氏但訓隕爲墜，鄭箋原不必同毛，趙氏未詳所受耳。下云「混夷駾矣」，混夷即畎夷，故云「不殄絶畎夷之慍怒」。箋以不殄慍，慍在文王，趙以慍在畎夷。孟子引此以證「多口」，則畎夷之慍、畎夷之多口也，而文王不必殄絶之，亦不因其慍而失令聞，在孟子義宜如是也。因念「慍于群小」亦當是爲群小所慍，即群小之多口也。顧氏鎮《虞東學詩》云：「惟是憂心之悄悄，常懼禍至之無日，而群小之申申者方慍怒之不殄，詩意宜如是也。」

章指：言正己信心，不患衆口。衆口諠譁，大聖所有，況於凡品之所能禦？故答貉稽曰「無傷」也。

孟子曰：「賢者以其昭昭使人昭昭，今以其昏昏使人昭昭。」**注**賢者治國，法度昭昭，明於道德，是躬化之道可也。今之治國，法度昏昏，亂潰之政也。身不能治而欲使他人昭明，不可得也。**疏**注「賢者」至「得也」○正義曰：《楚辭・雲中君》「爛昭昭兮未央」，王逸注云：「昭昭，明也。」故云「明於道德」。《廣雅・釋訓》云：「惛惛，亂也。」《毛詩・大雅・召旻》篇「無不潰止」，傳云：「潰，亂也。」故以「惛惛」爲「潰亂之政」。《吕氏春秋・有度》篇云「不惛乎其所已知」，高誘注云：「惛，闇也。」又《誣徒》篇云「惛於小利」，高誘注云：「惛，迷也。」故《章指》以「闇」「迷」釋「惛惛」。

章指：言以明招闇，闇者以開；以闇責明，闇者愈迷。賢者可遵，譏今之非也。

孟子謂高子曰：「山徑之蹊間介然，用之而成路；爲間不用，則茅塞之矣。今茅塞子之心矣。」注 高子，齊人也。嘗學於孟子，鄉道而未明，去而學於他術。孟子謂之曰：山徑，山之領。有微蹊介然，人遂用之不止，則蹊成爲路。爲間，有間也。謂廢而不用，則茅草生而塞之，不復爲路。以喻高子學於仁義之道，當遂行之而反中止，比若山路，故曰「茅塞子之心」也。疏 注「山徑」至「心也」○正義曰：王氏念孫《廣雅疏證》云：「《釋丘》：『嶺、陘，阪也。』陘之言徑也，《孟子・盡心》篇『山徑之蹊間介然』，趙岐注云：『山徑，山之領。』《法言・吾子》篇云：『山峌之蹊，不可勝由矣。』馬融《長笛賦》云：『膺陗阤腹陘阻。』並字異而義同。嶺之言領也，嶺通作領，《列子・湯問》篇云：『終北國中，有山名曰壺領。』」程氏瑶田《通藝録・溝洫疆理小記》云：「《孟子》『山徑之蹊間』，蹊字之義，一見於《月令》『孟冬塞蹊徑』，鄭氏注：『傒徑，鳥獸之道也。』《吕氏春秋》《淮南子》並作『蹊徑』。一見於鄭氏注《周易》『徑路，爲山間鹿兔之蹊』。又《左傳》『牽牛以蹊人之田』，《漢書・貨殖傳》『鷹隼未擊，矰弋不施於蹊隧』。然則蹊者，獸蹄之所經，無垠堮，非有一定之跡可睹指者也。今乃介然用之而成路，是路之成成於蹊間也。」孔氏廣森《經學卮言》云：「趙注以『介然』屬上句，愚讀《長笛賦》『間介無蹊』，似古讀有以『間介』絶句者。『間介』蓋隔絶之意。徑，路也。蹊，足跡也。言雖有足跡隔絶之處，然人苟由之，皆可以成路云爾。」趙氏佑《温故録》云：「介亦分別意，如字讀。舊惟以『介然』屬上句，非耳。『山徑之蹊間』謂小道叢雜處，『介然用之』謂人力闢除之。」謹按：《荀子·脩身》篇云「善在身，介然必以自好也」，楊倞注云：「介然，堅固貌。《易》曰：『介如石焉。』」《漢書·律曆志上》云「介然有常」，注云：「介然，特異之意。」《説文》八部云：「介，畫也。」蹊無一定之跡，則不可以成路。蓋山領廣闊，原可散亂而行，縱横旁午，不相沿踐，今介然專行一路，特而不散，自畫而不亂，此蹊間所以能成路。蹊間之成路，全在特行而不旁踰，此「介然」二字定屬下「用之」，即《荀子》《律曆志》之「介然」。專行一路，所以有常而堅固也。《方言》云：「用，行也。」「介然用之」即是介然行之，「爲間不用」即是爲間不行。下云「當遂行之」，趙氏以「行」釋「用」也。趙氏注《滕文公上》篇「夷子憮然爲間」云：「爲間，有頃之間也。」此云：「爲間，有間也。」按：有間之義數端，各不同。《吕氏春秋·去私》篇「居有間」，高誘注云：「間，頃也。」此言須臾之時，所謂有頃之間也，以時言也。昭公七年《左傳》「晉侯有間」，杜預注云：「間，差也。」此有間謂病愈，《方言》云：「南楚病愈者，或謂之間。」是也。《淮南子·俶真訓》云「則醜美有間矣」，高誘注云：「間，遠也。」謂醜與美相隔之遠也。《國語·晉語》「使無有間隙」，韋昭注云：「間隙，瑕釁也。」昭公十三年《左傳》云「諸侯有間者」，注云：「間，隙也。」大抵間爲隔别之義，所隔者少則爲頃，所隔者多則爲遠。無病與有病别，則間爲愈，相怨與相好别，則間爲隙。故《史記·黥布傳》以行他道爲「間道」，此「爲間不用」謂别行他路，遂與此路隔别而不行。趙氏謂高子「去而學於他道」，正此「爲間」之喻也。若有頃之間，何遽遂爲茅塞？蓋廢此不行，以别有行處，爲他歧之惑也。

章指：言聖人之道，學而時習。仁義在身，常常被服。舍而不脩，猶茅是塞。明爲善之不可倦也。 疏「常常被服」○正義曰：阮氏元《校勘記》云：「宋本、孔本、韓本、足利本作當常。」

高子曰：「禹之聲尚文王之聲。」孟子曰：「何以言之？」 注 高子以爲禹之尚貴聲樂，過於文王。孟子難之曰：何以言之？ 疏 注「禹之尚貴聲樂過於文王」○正義曰：以「貴」釋「尚」，以「樂」釋「聲」，俱詳見前。倪氏思寬《二初齋讀書記》云：「『禹之聲尚文王之聲』，此聲字即『梟氏爲聲』之聲也。《攷工記》前言『梟氏爲聲』，後言『梟氏爲鍾』，可知聲即是鍾。蓋聲以鍾爲主，故即以鍾爲聲，鄭注『聲鍾錞于之屬』是也。」姚氏文田《求是齋自訂稿》云：「此解尚字與《禮記》『殷人尚聲』義同。」**曰：「以追蠡。」** 注 高子曰：禹時鍾在者，追蠡也。追，鍾鈕也。鈕擘齧處深矣。蠡蠡，欲絶之貌也。文王之鍾不然。以禹爲尚樂也。 疏 注「追鍾」至「貌也」○正義曰：《説文》金部云：「鈕，印鼻也。」此以「追」爲「鍾鈕」，即爲鍾鼻矣。《淮南子·要略訓》「擘畫人事之終始者也」，高誘注云：「擘，分也。」《文選·西京賦》「擘肌分理」，注引《周禮》鄭注云：「擘，破裂也。」《周禮》鄭注，謂《攷工記·旊人》「髻墾薜暴不入市」，注云：「薜，破裂也。」薜、擘古字通也。《淮南子·人間訓》「劍之折，必有齧」，高誘注云：「齧，缺也。」趙氏以「擘齧」二字解「蠡」字，謂破裂缺齾也。緣其破缺之深，故欲絶。《説文》䖵部云：「蠡，蟲齧木中也。」段氏玉裁《説文解字注》云：「蠡之言剺也，如刀之勞物。《楚辭》『覽芷圃之蠡蠡』，又借爲『禾黍離離』字。《孟子》『以追蠡』，趙注曰：『追，鍾鈕也。鈕擘齧處深矣。蠡蠡，欲絶之貌。』此又以蠡同離同劙。《方言》曰：『劙，解也。』又曰：『蠡，分也。』皆其義也。不知假借之恉，乃云鐘鈕如蟲齧而欲絶，是株守許書之辭而未能通許書之意矣。」「蠡蠡」既通於禾黍之「離離」，《楚辭·思古》云「曾哀悽欷心離離兮」，注云：「離離，剥裂貌。」此「蠡蠡欲絶之貌」正本諸離離之剥裂也。抑黍實下垂，其蔕之系微細欲絶，亦有如鐘之下垂，其鈕欲絶，所以稱離離矣。程氏瑶田《通藝録·攷工創物小記》云：「鐘縣謂之旋。所以縣鐘者設於甬上。參分其甬長，二在上，一在下，其設旋處也。《孟子》謂之『追蠡』，言追出於甬上者乃蠡也。蠡與螺通。螺小者謂之蜁蝸，郭璞《江賦》所謂『鸚螺蜁蝸』是也。曰旋曰蠡，其義不殊，蓋爲金柄於甬上以貫於縣之者之鑿中，形如螺然，如此則宛轉流動，不爲聲病，此古鐘所以側縣也。旋轉不已，日久則刓敝滋甚，故孟子以『城門之軌』譬之。」姚氏文田《求是齋自訂稿》云：「以追爲鐘鈕，既無他證，語又迂曲。一説追與搥同，擊也。《説文》『旝』字注：『建大木，置石其上，發以機以追敵。』亦謂擊敵也。則此説似爲近是。追者，言所擊之處，蠡則其如木之齧也。三代之樂不殊而禹之鐘獨形其殘缺，苟非當日之數數用之，而何以有是也？」**曰：「是奚足哉？城門之軌，兩馬之力與？」**注孟子曰：是何足以爲禹尚樂乎？先代之樂器，後王皆用之。禹在文王之前千有餘歲，用鐘日久，故追欲絶耳。譬若城門之軌齧，其限切深者，用之多耳，豈兩馬之力使之然與？兩馬者，《春秋外傳》曰：「國馬足以行關，公馬足以稱賦。」疏注「是何」至「稱賦」〇正義曰：《禮記·明堂位》云：「拊搏、玉磬、揩擊、大琴、大瑟、中琴、七瑟，四代之樂器也。」又云：「垂之和鐘，叔之離磬，女媧之笙簧。」又云：「凡四代之服、器、官，魯兼用之。」是先代之樂器，後王皆用之也。禹之鐘既爲後王所用，則追之蠡不得獨由禹所用矣。姚氏文田《求是齋自訂稿》云：「高子以禹尚樂，故其器用至殘缺，今其鐘在者猶可證，乃謂禹自常用也。故孟子以後王皆用曉之。」《攷工記》：「匠人營國，國中九經九緯，經涂九軌。」注云：「軌謂轍廣。乘車六尺六寸，旁加七寸，凡八尺，是謂轍廣。」高誘注《吕氏春秋·勿躬》篇、《淮南子·冥覽訓》，皆云：「車兩輪間曰軌。」《禮記·中庸》云：「今天下車同軌。」隱公元年《左傳》云：「同軌畢至。」周之車軌，制以八尺，其車之制同，則兩輪行地之迹自無不同，故在地之迹亦名爲軌。《史記·司馬相如傳》「結軌還轅」，《索隱》引張揖云：「軌，車迹也。」《東京賦》「憲先靈而齊軌」，薛綜注云：「軌，迹也。」軌同迹同，故前後相沿，在城門限切必深而成缺齧，故趙氏以「齧」釋「軌」，明此軌屬城門受車輪之缺也。毛氏奇齡《四書賸言》云：「與兄孫講『禹之聲』章，追何以蠡？曰：用之者多也。城門之軌何以非兩馬之力？曰：用之者久也。然則經涂九軌，而每門三涂，衹各一軌，則凡一用而門必三之。此正用之多，而謂『久』，可乎？車之涉軌也，門與涂同時，無久暫也。匠人既造門，亦即造涂，未嘗前年有門，今年始有涂，何謂久也？試亦於『是奚足哉』一語復誦之乎？兒子遠宗恍然曰：得之矣。《孟子》文多微辭，於此則微辭中又急拄其口，使之自解，只『是奚足哉』四字盡之。蓋此語專闢禹之追蠡，不關攷擊，並不及文樂；猶之門軌之齧，不關馬力，並不及涂軌。蓋一比較則多寡生，而衹論此追，亦衹論此軌，則久暫之意自見言外，故曰『是』是追蠡也，追蠡爲攷擊所致，得毋門軌之齧是馬力與？即此一語而年世久遠，非一朝用力所能到，意隱隱可驗。所謂急破其惑，不煩證明。乘車多四馬，謂兩服兩驂也。去四言兩，已不可曉。況詰問之意正欲張馬力之多而反從減，此是何意？及觀趙岐注，謂兩馬是公馬、國馬，引《春秋外傳》爲證。然國馬、公馬亦多無解者。古關隘郵驛皆有都鄙所賦馬供往來之用，謂之『國馬』，以此爲民間所出馬也。至公家乘車及鄉遂賦兵、牽載任器，則馬皆官給，謂之『公馬』，以爲總之公牧者也。故《周禮·牧人》所掌皆稱國馬，而馭夫、趣馬又分公馬而駕治之。雖無大分别，要之行城之馬則祇此兩等。然則兩馬謂兩等馬耳。」謹按：《春秋外傳》者，《國語·楚語》鬬且與其弟論令尹子常之言也。韋昭本作「國馬足以行軍」，云：「國馬，民馬也。十六井爲丘，有戎馬一匹，牛三頭，足以行軍。公馬，公之戎馬。稱，舉也。賦，兵也。」趙氏所見本蓋與韋異。姚氏文田《求是齋自訂稿》云：「趙氏以『兩馬』爲國馬、公馬，不如豐氏『一車所駕』之説爲長。但當云城中車可散行，城門則車皆由之，兩馬之力乃以車多反言，則文義自明。如泥『兩馬』二字，即國中之軌亦豈兩馬所能成？故不可以辭害意也。《左氏》哀公二十七年《傳》『陳成子屬孤子，三日朝，設乘車兩馬』，注：『乘車兩馬，大夫服。』《史記·孔子世家》『魯君與之一乘車，兩馬』，又《左》哀公十七年《傳》『乘衷甸，兩牡』，注『衷甸一轅，卿車』。疏：『兵車一轅而二馬夾之，其外更有二驂，是爲四馬。今止乘兩牡，謂之衷乘者，衷，中也。蓋以四馬爲上乘，兩馬爲中乘，大事駕四，小事駕二，爲等差故也。《異義》：古《毛詩》説，天子之大夫皆駕四，故《詩》云「四牡騑騑，周道倭遲」是也。其諸侯大夫，士唯駕二，❶無四。二十七年陳成子以乘車兩馬賜顔涿聚之子。《士喪禮》云賻以兩馬。是惟得駕兩，無上乘也。』皆可爲一車所駕之證。」曹氏之升《摭餘説》云：「古駕車之法，夏駕二馬謂之麗，殷駕三馬

❶「士」，原脱，今從沈校據《左傳正義》補。

謂之驂，周自天子至大夫皆駕四馬謂之駟。孟子若曰：不知禹聲，盍觀禹迹？彼城門之軌，道止一達，車從中央，禹以來，閲千八百年於兹，殷之驂於此門也，周之駟亦於此門也，而謂門限切深猶是夏先王兩馬之力與？」謹按：夏駕二馬，見《毛詩·衛風·干旄》，正義引王肅云：「夏后氏駕兩謂之麗，殷益以一騑謂之驂，周人又益一騑謂之駟。」此説於先王之樂器後王皆用之説尤切，録之以備參攷。「限切」者，阮氏元《挍勘記》云：「段玉裁云：『門限亦名門切。丁氏云「限迹切深」，由不解切字也。』」

章指：言前聖後聖，所尚者同。三王一體，何得相踰？欲以追蠡，未達一隅。孟子言之，將啓其蒙。

齊饑。陳臻曰：「國人皆以夫子將復爲發棠，殆不可復。」注棠，齊邑也。孟子嘗勸王發棠邑之倉以振貧窮，時人賴之。今齊人復饑，陳臻言一國之人皆以爲夫子復若發棠時勸王也，殆不可復言之也。

疏注「棠齊邑也」〇正義曰：襄公六年「齊侯滅萊」，《左傳》云：「王湫帥師及正輿子棠人軍齊師，齊師大敗之。丁未入萊，萊共公浮柔奔棠。晏弱圍棠，十一月丙辰而滅之。」注云：「棠，萊邑也。北海即墨縣有棠鄉。」十八年「齊侯駕，將走郵棠」，注云：「郵棠，齊邑。」二十五年《左傳》「齊棠公之妻」，注云：「棠公，齊棠邑大夫。」閻氏若璩《釋地》云：「齊滅萊邑，故爲齊有。後孟子爲發棠，即此是也。今即墨縣甘棠鄉。」顧氏棟高《春秋大事表》云：「郵棠，故萊邑也。山東登州即墨縣有棠鄉，爲萊之棠邑。東昌府堂邑縣爲齊棠邑，棠公爲棠邑大夫。孟子勸齊王發棠，即此。後譌棠爲堂。」周氏柄中《辨正》云：「顧亭林《山東攷古録》云：『當時即墨爲齊之大都，倉廩在焉，故云發棠。』則棠爲萊邑，非今之堂邑縣也。《大事表》疑誤。」**孟子曰：「是爲馮婦也。晉人有馮婦者，善搏虎，卒爲善士。則之野，有衆逐虎，虎負嵎，莫之敢攖。望見，馮婦趨而迎之。馮婦攘臂下車，衆皆悦之，其爲士者笑之。」**注馮，姓；婦，名也。勇而有力，能搏虎。卒，後也。善士者，以善搏虎有勇名也，故進之以爲士。之於野外，復見逐虎者。攖，迫也。虎依陬而怒，無敢迫近者也。馮婦恥不如前，見虎，走而迎之，攘臂下車，❶欲復搏之。衆人悦其勇猛，其士之黨笑其不知止也。故孟子謂陳臻，今欲復使我如發棠時言之於君，是則我爲馮婦也，必爲知者所笑也。疏注「馮姓」至「虎者」○正義曰：《儀禮·燕禮》「卒受者」，注云：「卒猶後也。」卒之義爲終，終亦後也。「卒爲善」，足見前此恃力無賴爲不善也。不善改而爲善，何以有士稱？故趙氏申明之。《毛詩正義》云：「士者，男子成名之大號。」故「有勇名而進以爲士」，如稱「勇士」是也。本稱勇士，改而爲善，乃爲善士也。申此者，趙氏以「士」字連「善」字，恐章句不明也。劉昌詩《蘆浦筆記》云：「余味此段之言，恐合以『卒爲善』爲一句，『士則之』爲一句，『野有衆逐虎』爲一句。蓋有搏虎之勇而卒能爲善，故士以爲則；及其不知止，則士以爲笑也。」周密《志雅堂雜抄》云：「一本以善字、之字點句，前云『士則之』，後云『其爲士者笑之』，文義相屬，於《章旨》亦合。」閻氏若璩《釋地又續》云：「古人文字敘事未有無根者。惟馮婦之野，然後衆得望見馮婦。若如宋周密斷『士則之』爲句，野字遂屬下，野但有衆耳，何由有馮婦來？此爲無根。或曰：固已，恐從未見

---

❶「臂」，原作「背」，今據經文及經解本改。

『則之野』此句法。余曰：《周書》『則至于豐』。」○注「攖迫」至「止也」○正義曰：《淮南子·俶真訓》云「攖人心也」，高誘注云：「攖，迫也。」《說文》辵部云：「迫，近也。」故趙氏以「迫」釋「攖」，又以「近」釋「迫」。《音義》云：「丁於盈切。《埤蒼》云：『攖，梏也。』」梏之猶云繫之，蓋讀攖爲纓，繫之以纓即謂之纓也。《莊子·大宗師》「其名爲攖寧」，《釋文》引崔氏注云：「攖，有所繫著也。」此亦以攖爲纓也。《莊子·在宥》云「汝慎無攖人心」，司馬彪注云：「攖，引也。」引亦牽繫之義。然是時衆方與虎相持，何得遽言梏繫？迫之義長矣。《音義》云：「㟂，子于切，又子侯切，隅也。」隅即嵎，《說文》𨸏部云：「隅，㟂也。」「㟂，阪隅也。」《詩·小雅·正月》「瞻彼阪田」，箋云：「崎嶇墝埆之處。」故馬融《廣成頌》云：「負隅依險。」段氏玉裁《說文解字注》云：「負，恃也。《左傳》曰：『昔秦人負恃其衆，貪於土地，逐我諸戎。』《孟子》曰：『虎負嵎，莫之敢攖。』」虎有所恃而張，故云「依㟂而怒」也。謹按：注中「見虎」二字解「望見」二字，明「望見」二字斷句，「馮婦趨而迎之」六字斷句，是時婦猶在車中，令趨車迎之也。將近矣，馮婦又攘臂下車。趙氏以「恥不如前」明所以趨迎、所以下車之故，而以「馮婦」二字貫於「見虎走迎」之上，則「望見」爲馮婦望見明矣。先言「望見」後言「馮婦」者，屬文之法也。自「則之野」貫下，此「望見」者自即是之野者望見。不可云「望見有衆逐虎，虎負嵎，莫之敢攖」，故倒言之也。是時知止，則可以不趨迎、不下車。連用馮婦者，若曰：誰迫之使趨迎？馮婦也。誰迫之使下車？馮婦也。皆形容其不知止之狀也。《說文》走部云：「趨，走也。」故以「走」釋「趨」，謂行之疾也。《說文》手部云：「攘，推也。」「推，排也。」推排其兩手於前作搏勢也。孟子屬文奇奧，趙氏每能曲折達之。卒爲善士，何至又爲士之黨笑之，則因其之野望見如是，趨迎如是，下車如是也。「則」字非虛用也。

章指：言可爲則從，不可則凶。言善見用，得其時也；非時逆指，猶若馮婦。暴虎無已，必有害也。疏「暴虎無已」○正義曰：《爾雅·釋訓》云：「暴虎，徒搏也。」《毛詩·鄭風·大叔于田》「襢裼暴虎，獻于公所」，傳云：「暴虎，空手以搏之。」僖公元年《穀梁傳》：「公子友謂莒挐曰：『吾二人不相説，士卒何罪？』屏左右而相搏，公子友處下，左右曰：『孟勞。』孟勞者，魯之寶刀也。」先搏時無刀，是搏即無兵空手相擊，故江熙云：「佻身獨鬭，潛刃相害。」僖公二十八年《左傳》「晉侯夢與楚子搏」，注云：「搏，手搏。」惟手無兵空搏，故楚子伏而盬其腦。蓋相搏而顛，楚子以身壓，晉文以口嗻，皆不用兵也。搏從手，空手即是搏，非搏有徒不徒之别也。故趙氏以「暴虎」釋經之「搏虎」。暴、搏，一音之轉。《廣雅·釋詁》云：「撲，擊也。」撲同撲，撲亦搏也。

孟子曰：「口之於味也，目之於色也，耳之於聲也，鼻之於臭也，四肢之於安佚也，性也。有命焉，君子不謂性也。注口之甘美味，目之好美色，耳之樂音聲，鼻之喜芬香。臭，香也。《易》曰：「其臭如蘭。」四體謂之四肢。四肢解倦則思安佚不勞苦。此皆人性之所欲也。得居此樂者有命禄，人不能皆如其願也。凡人則觸情從欲而求可樂，君子之道則以仁義爲先，禮節爲制，不以性欲而苟求之也，故君子不謂性也。疏注「臭香」至「如蘭」○正義曰：《禮記·月令》：「春月其味酸，其臭羶；夏月其味苦，其臭焦；中央其味甘，其臭香；秋月其味辛，其臭腥；冬月其味鹹，其臭朽。」孔氏正義云：「通於鼻者謂之臭，在口者謂之味。臭則氣也。」味有五，臭亦有五，《孟子》於口目耳鼻渾言味色聲臭，而於四體言安佚以互見之。則味必嗜甘，色必好美，聲必喜音，臭非謂臭，專屬諸香也。引《易》者，《繫辭上傳》文也。「其臭如蘭」，則臭有不如蘭者矣。虞翻注《易》云：「臭，氣也。」不專以爲香也。《荀子·王霸》篇云：「夫人之情，目欲綦色，耳欲綦聲，口欲綦味，鼻欲綦臭，心欲綦佚。」此與《孟子》義同。楊倞注云：「臭，氣也。凡氣香亦謂之臭。《禮記》曰：『佩容臭。』綦，極也。佚，安樂也。」此注先訓氣，後言香，爲得其意矣。又《正名》篇云：「香臭、芬鬱、腥臊、洒酸、奇臭以鼻異。」注云：「芬，花草之香氣也。鬱，腐臭也。《禮記》：『鳥皫色而沙鳴鬱。』酸，暑浥之酸氣也。奇臭，衆臭之異者。氣之應鼻者爲臭，故香亦謂之臭。《禮記》曰：『皆佩容臭。』」此獨冠以「香臭」者，明其下皆臭也。《禮記·内則》「皆佩容臭」，注云：「容臭，香物也。」庾氏云：「以臭物可以脩飾形容，故謂之容臭。」此亦以臭不專於芬香，惟芬香可飾形容，故别之云容也。《周禮·天官·宫人》：「除其不蠲，去其惡臭。」《禮記·大學》篇云：「如惡惡臭，如好好色。」臭之惡者爲惡臭，猶臭之香者爲香臭。僖公四年《左傳》云：「一薰一蕕，十年尚猶有臭。」注云：「薰，香草；蕕，臭草。十年有臭，言善易消，惡難除。」孔氏正義云：「臭是氣之總名，原非善惡之稱。但既謂善氣爲香，故專以惡氣爲臭。十年香氣盡矣，惡氣尚存。」此臭字乃朽字之假借。《月令》：「其臭朽。」《説文》歺部朽爲㱙之重文，「㱙，腐也」。《列子·周穆王》篇云：「聞歌以爲哭，視白以爲黑，饗香以爲朽，嘗甘以爲苦。」朽與香對，則薰香蕕臭者，乃薰香蕕朽也。《廣雅·釋器》云：「㱙，臭也。」謂臭爲㱙之假借，㱙爲臭之正也。惡臭作㱙，腐穢之氣也。鼻所齅之總名作臭，非臭之名或專於香，或專於惡也。

仁之於父子也，義之於君臣也，禮之於賓主也，知之於賢者也，聖人之於天道也，命也。有性焉，君子不謂命也。」注仁者得以恩愛施於父子，義者得以義理施於君臣，好禮者得以禮敬施於賓主，知者得以明知知賢達善，聖人得以天道王於天下，皆命禄。遭遇乃得居而行之，不遇者不得施行。然亦才性有之，故可用也。凡人則歸之命禄，任天而已，不復治性；以君子之道，則脩仁行義，脩禮學知，庶幾聖人，亹亹不倦，不但坐而聽命，故曰「君子不謂命」也。疏「仁之」至「命也」〇正義曰：戴氏震《孟子字義疏證》云：「人之血氣心知，原於天地之化育者也。有血氣，則所資以養其血氣者，聲色臭味是也。有心知則知有父子，有昆弟，有夫婦而不止於一家之親也。於是又知有君臣，有朋友，五者之倫相親相治，則隨感而應爲喜怒哀樂。合聲色臭味之欲，喜怒哀樂之情，而人道備。欲根於血氣，故曰性也；而有所限而不可踰，則命之謂也。仁義禮智之懿不能盡人如一者，❶限於生初，所謂命也；而皆可以擴而充之，則人之性也。『謂』者，猶云『藉口』於性耳。君子不藉口於性以逞其欲，不藉口於命之限之而不盡其材。後儒未詳審文義，失孟子立言之指。『不謂性』非『不謂之性』，『不謂命』非『不謂之命』。由此言之，孟子之所謂性，即口之於味，目之於色，耳之於聲，鼻之於臭，四體之於安佚之爲性；所謂人無有不善，即能知其限而不踰之爲善，即血氣心知能底於無失之爲善；所謂仁義禮智即以名其血氣心知，所謂原於天地之化者之能協於天地之德也。此荀、楊之所未達，而老莊、告子、釋氏昧焉而妄爲穿鑿者也。」程氏瑶田《通藝録·論學小記》云：「性、命二字必合言之而治性之學始備。五官百骸，五常百行，無物無則。性命相通，合一於則，性乃治矣。孟子曰：『口之於味也，目之於色也，耳之於聲也，鼻之於臭也，四肢之於安佚也，性也。

❶「人」，原作「一」，今從沈校據《孟子字義疏證》改。

有命焉，君子不謂性也。』謂我之口而嗜乎味，我之目而美乎色，我之耳而悦乎聲，我之鼻而知乎臭，我之四肢而樂乎安佚，其必欲遂者，與生俱生之性也；其不能必遂者，命之限於天者也。五者，吾體之小者也。遂己所成之性恆易，而順天所限之命恆難。性易遂，則必過乎其則；命難順，則不能使不過乎其則。治性之道以不過乎則爲斷，節之以命而不畏其難順，斯不過乎其則矣。『仁之於父子也，義之於君臣也，禮之於賓主也，智之於賢者也，聖人之於天道也，命也。有性焉，君子不謂命也。』謂以吾心之仁而施於父子，以吾心之義而施於君臣，以吾心之禮而施於賓主，以吾心之智而施於賢者，以吾心所具聖人之德與天道相貫通，其必欲遂者，與生俱生之性也；其不能必遂者，命之限於天者也。五者，吾體之大者也。遂己所成之性恆難，而順天所限之命恆易。性難遂，則必不及乎則；命易順，則任其不及乎則。治性之道以必及乎則爲斷，勉之以性而不畏其難遂，斯必及乎其則矣。」阮氏元《挍勘記》云：「『知之於賢者也』，閩、監、毛三本知作智。按，《音義》出『知之』，云：『音智，注同。』則作智非也。『有性焉』，各本同。孔本焉作也。」○注「聖人」至「命也」○正義曰：「天道」即元亨利貞之天道。「乾道變化，各正性命，保合太和」，此天道也。「通神明之德」，使天下各遂其口鼻耳目之欲，各安其仁義禮知之常，此聖人之於天道也。乃伏羲、神農、黄帝、堯舜、禹湯、文武得位而天道行，所謂「道之將行也與？命也」；孔子不得位而天道不行，所謂「道之將廢也與？命也」。趙氏謂「遭遇乃得行之，不遇者不得施行」是也。道行則民遂其生，育其德；道不行則民不遂其生，不育其德。故口鼻耳目之欲不遂，屬之命；而仁義禮智之德不育，亦屬之命。然顓愚之民不能自通其神明之德，又不遇勞來匡直者有以輔翼之，固限於命矣。若君子處此，其口鼻耳目之欲則任之於命而不事外求，其仁義禮智之德則率乎吾性之所有而自脩之，不委諸教化之無人而甘同於顓愚之民，所謂「雖無文王，猶興」也。且由是推之。父頑母嚚，命也，而舜則大孝烝烝，瞽瞍底豫，此「仁之於父子，君子不謂命」也；罪人斯得，命也，而周公則勤勞王家，沖人感悟，此「義之於君臣，君子不謂命」也；道大莫容，命也，而孔子則棲棲皇皇，不肯同沮、溺之辟世，荷蓧之潔身，而明道於萬世，此「聖人於天道，君子不謂命」也。《大戴記・千乘》篇云：「以爲無命則民不偷。」「以爲無命」即是「不謂命」。

章指：言尊德樂道，不任佚性；治性勤禮，不專委命。君子所能，小人所病。究言其事，以勸戒也。【疏】「不任佚性」○正義曰：阮氏元《挍勘記》云：「孔本、韓本、《攷文》古本任作追。」○「治性勤禮」❶○正義曰：周氏廣業《孟子章指攷證》云：「《文選》注引作『治身勤禮』。」

浩生不害問曰：「樂正子，何人也？」【注】浩生，姓；不害，名。齊人也。見孟子聞樂正子爲政於魯而喜，故問樂正子何等人也？　**孟子曰：「善人也，信人也。」**【注】樂正子爲人有善有信也。**「何謂善？何謂信？」**【注】不害問善、信之行謂何？　**曰：「可欲之謂善，有諸己之謂信。充實之謂美，充實而有光輝之謂大，大而化之之謂聖，聖而不可知之之謂神。樂正子二之中，四之下**

❶「勤」，原作「行」，今據《章指》改。

也。」注己之所欲，乃使人欲之，是爲善人，「己所不欲，勿施於人」也。有之於己，乃謂人有之，是爲信人，「不意不信」也。充實善信，使之不虚，是爲美人，美德之人也。充實善信而宣揚之，使有光輝，是爲大人。大行其道，使天下化之，是爲聖人。有聖知之明，其道不可得知，是爲神人。人有是六等，樂正子善、信，在二者之中，四者之下也。疏「可欲之謂善」○正義曰：趙氏以「己所不欲，勿施於人」爲「可欲」。按：此忠恕一貫之學，不僅於善也。《吕氏春秋·長攻》篇「所以善代者乃萬故」，高誘注云：「善，好也。」所好於代者非一事。」《中論·夭壽》篇引《孟子》「生我所欲也，義亦我所欲也」，欲作好。好善亦爲善，善可欲，即可好，其人善則可好，猶其人不善則可惡。其人可惡，即爲惡人；其人可好，自爲善人也。○「有諸己之謂信」○正義曰：《説文》人部云：「信，誠也。」誠猶實也。有即「亡而爲有」之有。可好未必其不虚也，實有之矣，是爲信也。趙氏引「不意不信」，語見《論語·憲問》篇，謂不可億度人之不信。引之者，蓋謂宜己有此信，不可億人之不信也。○「充實之謂美」○正義曰：《詩·召南·小星》篇「實命不同」，❶《釋文》引《韓詩》云：「實，有也。」即此有諸己者擴而充之，使全備滿盈，是爲「充實」。《詩·邶風·簡兮》云「彼美人兮」，箋云：「彼美人謂碩人也。」首章「碩人俁俁」，傳云：「碩人，大德也。俁俁，容貌大也。」充滿其所有以茂好於外，故容貌碩大而爲美。美指其容也。○「充實而有光輝之謂大」○正義曰：《説文》火部云：「光，明也。」「煇，光也。」輝與煇同。《毛詩·大雅·皇矣》篇「載錫之光」，傳云：「光，大也。」有光輝故大。充則暢於四體，光則照於四

❶「星」，原作「差」，今從沈校據《詩經》改。

方，故趙氏云「宣揚之」。○「大而化之之謂聖」○正義曰：《説文》耳部云：「聖，通也。」此謂德業照於四方而能變通之也。○「聖而不可知之之謂神」○正義曰：「通其變，使民不倦」，大而化之也；「神而化之，使民宜之」，「聖而不可知之」也。《易·繫辭傳》云「陰陽不測之謂神」，「不測」即「不可知」。《周書·謚法解》云「民無能名曰神」，不可知故無能名。孟子論樂正子，推極於聖、神。至於神，則堯舜之治天下也。孟子所以「言必稱堯舜」。

章指：言神、聖以下，優劣異差。樂正好善，應下二科。是以孟子爲之喜也。

孟子正義卷二十九

江都縣鄉貢士焦循譔集

孟子曰：「逃墨必歸於楊，逃楊必歸於儒。歸，斯受之而已矣。注墨翟之道兼愛，無親疏之別，最爲違禮；楊朱之道爲己愛身，雖違禮，尚得「不敢毁傷」之義。逃者，去也。去邪歸正，故曰歸。去墨歸楊，去楊歸儒，則當受而安之也。疏「逃墨」至「而已矣」○正義曰：趙氏佑《温故録》云：「舊謂墨無親疏之別，最爲違禮，楊尚得不敢毁傷之義。竊謂不然。此亦互見之耳。逃墨之人始既歸楊，及逃楊，勢不可復歸墨而歸儒；假令逃楊之人始而歸墨，及逃墨，亦義不可復歸楊而歸儒可知也。亦有逃楊不必歸墨而即歸儒、逃墨不必歸楊而即歸儒者，非以兩『必』字拘定一例，❶如是逃、如是歸，且以斷兩家之優劣也。楊之言似近儒之爲己愛身，而實止知有己不知有人，視天下皆漠不關情，至成刻薄寡恩之惡；墨之言亦近儒之仁民愛物，而徒一概尚同，不知辨異，視此身皆一無顧惜，至成從井救人之愚。其爲不情則一。天下之不近人情者，鮮不爲大奸慝，故孟子並斷之『無君父』，極之於『禽獸』，非有罪名出入。」○注「逃者」至「曰歸」○正義

❶「拘」，原作「例」，今據《四書温故録》改。

曰：《禮記・曲禮》「三諫而不聽則逃之」，注云：「逃，去也。」《詩・曹風・蜉蝣》篇「於我歸處」，箋云：「歸，依歸。」《廣雅・釋詁》云：「歸，就也。」「歸正」猶云「就正」矣。伏生《書大傳》云「和伯之樂名曰《歸來》」，鄭氏注云：「歸來言反其本也。」《爾雅・釋言》云：「還，返也。」《廣雅・釋詁》云：「還，歸也。」《釋言》云：「還，返也。」下云「追而還之」，又以「還」釋「歸」。

今之與楊墨辯者如追放豚，既入其苙，又從而招之。

注 苙，蘭也；招，罥也。今之與楊墨辯争道者，譬如追放逸之豕豚。追而還之入蘭則可，又復從而罥之，大甚。以言去楊墨歸儒則可，又復從而罪之，亦云大甚。

疏 注「苙蘭也」〇正義曰：《音義》云：「苙，丁音立。欄也，圈也。蘭與欄字同。」戴氏震《方言疏證》云：「《方言》曰：『苙，圂也。』注云：『謂蘭圂也。』《孟子》『既入其苙』，趙岐注云：『苙，蘭也。』蘭、闌古通用。《漢書・王莽傳》『與牛馬同蘭』，顔師古注云：『蘭謂遮蘭之，若牛馬蘭圈也。』」阮氏元《挍勘記》云：「蘭者假借字，欄者俗字，闌者正字也。」〇注「招罥也」〇正義曰：《音義》云：「罥，涓究切。謂羂其足也。」按：《一切經音義》引《三蒼》云：「羂作繯又作罥。」《説文》网部云：「繯，綰也。」糸部云：「綰，絹也。」《周禮・秋官・冥氏》「掌設弧張」，注云：「弧張，罿罦之屬，所以扃絹禽獸。」《翨氏》「掌攻猛鳥，各以其物爲媒而掎之」，注云：「置其所食之物於絹中，鳥來下則掎其腳。」絹即繯，亦即罥也。絹之爲繯，猶《爾雅・釋器》「捐之爲環」。《聲類》云「罥，以繩係取鳥獸也」，《音義》言「羂其足」，皆本此。然趙氏以「罥」釋「招」，未詳所本。趙氏佑《温故録》云：「《音義》不爲招字作音，《字書》引此經注與《詩》『招招舟子』並列音昭之下，明其義有别，音無别，不知今讀何以相仍如翹字？此惟《國語》『齊武子好盡言以招人過』，注『招，舉也』。當讀翹耳。亦猶『招招舟子』本當如字，而今乃與《徵招》《角招》之招同讀韶。然愚又謂招之爲罥爲羂，僅見此注，絶少他證。❶孟子之闢楊墨，方深望『能言距』之人而不可得，蓋未必有追咎太甚之事。此節乃孟子自明我今之所以與楊墨辯者，有如追放豚然，惟恐其不歸也。其來歸者既樂受之，使入其苙，未歸者又從而招之，言望人之棄邪反正，無已時也。苙既處之有常，招又望之無已，如是則不咎其往之意，具見招字非但無取别音，并不煩别義耳。」○注「今之」至「大甚」○正義曰：襄二十九年《左傳》云「辯而不德」，服氏注云：「辯，答鬬辯也。」《吕氏春秋・淫辭》篇云「無與孔穿辯」，高誘注云：「辯，相易奪也。」鬬、奪皆謂争也。《墨子・經上》云：「辯，争彼也。」故趙氏以「争」釋「辯」。《書・柴誓》「馬牛其風」，鄭氏注云：「風，走逸。」《釋名・釋天》云：「風，放也。」《詩・小雅・北山》篇「或出入風議」，傳亦云：「風猶放也。」放、風一音之轉，「放逸」即「風逸」也。《方言》云：「豬，其子謂之豚。」《爾雅・釋獸》云：「豕子，豬。」是豕即豚也。

章指：言驅邪反正，正斯可矣。來者不綏，追其前罪，君子甚之，以爲過也。疏「來者不綏」○正義曰：《論語・子張》篇云「綏之斯來」，孔氏云：「綏，安也。言孔子爲政，安之則遠者來至。」此言「來者不綏」，謂來歸者不受而安之。

孟子曰：「有布縷之征、粟米之征、力役之征。注征，賦也。國有軍旅之事則横興此三賦也。

❶「他」，原作「作」，今據《四書温故録》改。

布，軍卒以爲衣也；縷，紩鎧甲之縷也。粟米，軍糧也。力役，民負荷斯養之役也。疏「有布」至「之征」○正義曰：惠氏士奇《禮説》云：「屋粟、邦布，見《管子·輕重》篇。屋粟者，地税，夫一爲廛，夫三爲屋。荀子所謂『田野之税』，孟子所謂『粟米之征』。管子謂『籍於室屋』，妄矣。蓋計畝以步，計井以屋，故小司徒得據而攷焉而斂之旅師者是也。邦布者，口泉，衆寡有數，長短有度，荀子所謂『刀布之斂』，孟子所謂『布縷之征』。管子謂『籍於萬民六畜』，妄矣。蓋家辨其物，歲入其書，故鄉遂大夫得稽而征焉而入之外府者是也。凡田不耕者出屋粟，有田而不耕，使出三夫之地税。凡民無職者出夫布，無田乃無職，使出一夫之口泉。出之民曰夫布，入之國曰邦布，其實一也。」謹案：《周禮·地官·載師》「凡宅不毛者出里布」，鄭司農云：「里布者，布參印書，廣二寸，長二尺，以爲幣，貿易物。《詩》云『抱布貿絲』，抱此布也。或曰：布，泉也。《春秋傳》曰：『買之百兩一布。』又《廛人職》：『掌斂市之次布、儳布、質布、罰布、廛布。』孟子曰：『廛無夫里之布。』不知言布參印書者何見，舊時説也。」「玄謂宅不毛者罰以一里二十五家之泉。」征賦之稱布，司農有此二義；一爲泉布之布，則布即錢也；一爲布參印書以爲幣，而引《詩》爲證。《毛詩·衛風·氓》「抱布貿絲」，傳云：「布，幣也。」箋云：「幣者，所以貿賣物也。」孔氏正義云：「知此布非泉而言幣者，以言抱之，則宜爲幣。此布幣謂絲麻布帛之布。幣者，布帛之名，故《鹿鳴》云『實幣帛筐篚』是也。」又云：「司農之言，事無所出，故鄭易之。」賈氏《載師》疏云：「此説非，故先鄭自破之。」是征賦之布爲泉布，非布帛。孟子不云「泉布之征」而云「布縷之征」，布與縷連稱，則布爲布帛，此趙氏所以不用夫布、里布等説，而以爲軍行之横征也。且屋粟、里布，國之常賦，不容缺緩，即用二用三，何致民有殍而父子離？則趙氏義爲長。○注「布軍」至「役也」○

正義曰：《詩・秦風・無衣》云「豈曰無衣，與子同袍」，次章云「與子同澤」，三章云「與子同裳」，是軍卒當給以衣也。《説文》糸部云：「縷，綫也。」「紩，縫也。」《書・柴誓》「善敹乃甲胄」，鄭氏注云：「敹謂穿徹之。」王氏鳴盛《尚書後案》云：「甲胄皆以革爲之。《攷工記・函人》『犀甲七屬，兕甲六屬，合甲五屬』，鄭氏注云：『屬謂上旅下旅札續之數。』是甲聯合數革以爲之也。又《鞄人》云『瞀其線，欲其藏也』，杜子春云：『線謂縫革之縷。』是甲胄之革皆必以線縷縫綴，鄭云『穿徹』，即縫綴也。」武氏億《釋甲》云：「以繩謂之縷，繩有飾謂之朱綅。《逸周書》『年不登，甲不纓縢』，孔晁注曰：『縷繩甲不以組。』《書》『敹乃甲胄』，正義引鄭云：『敹謂穿徹之。謂甲繩有斷續，當使敹理穿治之。』《説文》云：『綅，綫也。』《魯頌・閟宮》篇『貝胄朱綅』，傳：『朱綅，以朱綅綴之。』疏謂『以朱綅連綴甲也』。又按，朱綅即胄之綅。《太平御覽》：『《詩》云「貝胄朱綅」，謂以貝齒飾胄，朱縷綴之也。』《少儀》疏謂『以朱繩綴甲』，故鄭云『亦鎧飾也』。是鄭所云『鎧飾』而以亦字言之，明其蒙胄爲義。疏但指連綴甲，於義猶未備也。」按：王氏、武氏所詳，是縷爲紩甲之縷也。葉時《禮經會元》云：「六軍人自爲備，居有積倉，行有裹糧，非公家所給也。是以太宰之職，九賦斂財皆有以待其用，獨不及軍旅；九式均財，皆有以爲之法，而亦不及軍旅。豈非農皆爲兵，兵皆自賦，初無煩於廩給，故亦不煩於均節與？」謹按：《梁惠王下》篇引《晏子》，已云「今也不然，師行而糧食，飢者弗食，勞者弗息」。則春秋時行軍轉食已有粟米之征。布縷、粟米既非常賦，則力役亦非徒役之正額。既轉米粟，必有負荷之人，所謂「勞者弗息」也。《音義》云：「斯義同斷，賤役也。」宣十二年《公羊傳》「廝役扈養，死者數百人」，何休注云：「艾草爲防者曰廝，汲水漿者爲役，養馬者曰扈，炊烹者曰養。」《史記・張耳陳餘傳》云「有廝養卒」，《集解》

引韋昭云：「析薪爲斯，炊烹爲養。」斯之訓爲析，緣其任析薪，故名斯，廝其俗字也。蘇林云：「廝，取薪者也。養，養人者也。」飲食所以養人，故炊烹者名養。**君子用其一，緩其二。用其二而民有殍，用其三而父子離。」**注君子爲政，雖遭軍旅，量其民力，不並此三役，更發異時。急一緩二，民不苦之；若並用二則路有餓殍，若並用三則分崩不振，父子離析，忘禮義矣。疏注「則分」至「義矣」○正義曰：《論語·季氏》篇「邦分崩離析而不能守也」，《集解》引孔氏云：「民有異心曰分，欲去曰崩，不可會聚曰離析。」孟子言「父子離析」，趙氏兼及「分崩」，因有異心，各思逃竄則父不顧子，子不顧父，故忘孝慈之禮義矣。

章指：言原心量力，政之善者；繇役並興，以致離殍。養民輕斂，君子道也。

孟子曰：「諸侯之寶，三：土地、人民、政事。寶珠玉者，殃必及身。」注諸侯正其封疆，不侵鄰國，鄰國不犯，寶土地也；使民以時，民不離散，寶人民也；脩其德教，布其惠政，寶政事也。若寶珠玉，求索和氏之璧、隋侯之珠，與强國争之，强國加害，殃及身也。疏「諸侯之寶三」○正義曰：《禮記·檀弓》云「仁親以爲寶」，注云：「寶謂善道可守者。」寶與保通，謂保守此土地、人民、政事也。○注「求索」至「身也」○正義曰：《荀子·大略》篇云：「和之璧，井里之厥也。玉人琢之，爲天子寶。」《韓非子·和氏》篇云：「楚人和氏得玉璞楚山中，奉而獻之厲王。厲王使玉人相之，玉人曰：『石也。』王以和爲誑而刖其左足。及厲王薨，武王即位，和又奉其璞而獻之。武王使玉人相之，又曰：『石也。』王又以和爲誑而刖其右足。武王薨，文王即位，和乃抱其璞而哭於楚山之下，三日三夜，淚盡而繼之以血。王聞之，使人問其故。和曰：『吾非悲刖也，悲夫寶玉而題之以石，貞士而名之以誑，此吾所以悲也。』王乃使玉人理其璞而得寶焉，遂命曰和氏之璧。」《史記·藺相如傳》云：「趙惠文王時得楚和氏璧，秦昭王聞之，使人遺趙王書，願以十五城請易璧。」秦亦不以城予趙，趙亦終不予秦璧，其後秦伐趙，拔石城，明年復攻趙，殺二萬人。此所謂「與强國争之，强國加害」也。《莊子·讓王》篇云：「隨侯之珠，彈千仞之雀。」《漢書·鄒陽傳》獄中上書云：「故無因而至前，雖出隨珠和璧，祇怨結而不見德。」《文選》作「隨侯之珠，夜光之璧」。《淮南子·覽冥訓》云：「譬如隋侯之珠，和氏之璧，得之者富，失之者貧。」高注云：「隋侯，漢東之國，姬姓諸侯也。隋侯見大蛇傷斷，以藥傅之。後蛇於江中銜大珠以報之，因曰隋侯之珠，蓋明月珠也。」《史記·李斯列傳》有「隨和之寶」，正義引《説苑》云：「昔隨侯行遇大蛇中斷，疑其靈，使人以藥封之，蛇乃能去，因號其處爲斷蛇丘。歲餘，蛇銜明珠，絶白而有光，因號隨珠。」隨侯之珠無求索争國事，趙氏蓋連及之。《新序·雜事》篇云：「秦欲伐楚，使使者觀楚之寶器。楚王聞之，召令尹子西而問焉。曰：『秦欲觀楚之寶器，吾和氏之璧、隨侯之珠，可以示諸？』」求索或指此與？

章指：言寶此三者，以爲國珍；寶於争玩，以殃其身。諸侯如兹，永無患也。

盆成括仕於齊。孟子曰：「死矣，盆成括！」注盆成，姓；括，名也。嘗欲學於孟子，問道未達而去。後仕於齊，孟子聞而嗟歎曰：死矣，盆成括。知其必死。疏注「盆成」至「必死」○正義曰：《説苑·建本》篇有盆成子，是「盆成」二字爲姓。周氏廣業《孟子出處時地攷》云：「『死矣盆成括』正與孔子『由其死矣』語同，何故斥之？又《晏子·外篇》載景公命盆成适以母柩合葬於路寢事，晏子稱之曰：『适者，父之孝子，兄之順弟。』又嘗爲孔子門人，是齊有兩盆成括也。然孔庭從祀無盆成括。」**盆成括見殺。門人問曰：「夫子何以知其將見殺？」**注門人問孟子何以知之？**曰：「其爲人也小有才，未聞君子之大道也，則足以殺其軀而已矣。」**注孟子答門人，言括之爲人小有才慧而未知君子仁義謙順之道，適足以害其身也。疏注「小有」至「身也」○正義曰：《淮南子·主術訓》云「任人之才難以至治」，高誘注云：「才，智也。」《方言》云：「智，或謂之慧。」是「小有才」謂「有小慧」也。《論語·衛靈公》篇「群居終日，好行小慧，難矣哉」，《集解》鄭注云：「小慧謂小小之才智。」《説文》心部云：「慧，儇也。」慧則精明，精明則照察人之隱；慧則捷利，捷利則超越人之先：皆危機也。君子明足以察奸而仁義行之，智足以成事而謙順處之，是爲大道也。夫道大則能包容，小人以有乎而化；道大則無驕亢，異端以相感而通。于食有福，何害之有？

章指：言小知自私，藏怨之府；大雅先人，福之所聚。勞謙終吉，君子道也。疏「小知自私」○正義曰：《史記·賈生傳·服賦》中語。○「大雅先人」○正義曰：《文選·西都賦》云：「又有承明、金馬，著作之庭，大雅宏達，於兹爲群。」李善注云：「大雅謂有大雅之才者。《詩》有《大雅》，故以立稱焉。」又《上林賦》「揜群雅」，注引張揖云：「《詩》小雅之材七十四人，大雅之材三十一人。」《後漢書·文苑傳》孔融數禰衡曰：「正平大雅，固當爾邪？」劉劭《人物志·九徵》篇云：「具體而微，謂之德行。德行也者，大雅之稱也。一至謂之偏材，偏材，小雅之質也。」「先人」與「自私」相對，謂以人爲先，己退讓處後也。《鶡冠子·近迭》篇云：「龐子問鶡冠子曰：『聖人之道何先？』鶡冠子曰：『先人。』」義雖異而指略同。又按：崔篆《慰志賦》云：「庶明哲之末風兮，懼大雅之所譏。」李賢注引《詩·大雅》「既明且哲，以保其身」。大雅或指此，然與上「小知」不類，且「先人」無謂也。

孟子之滕，館於上宫。注館，舍也。上宫，樓也。孟子舍止賓客所館之樓上也。疏注「館舍」至「上也」○正義曰：《儀禮·聘禮》「及館」，《周禮·秋官·司儀》「致館」，注並云：「館，舍也。」《吕氏春秋·必己》篇云「舍故人之家」，高誘注云：「舍，止也。」故以「舍」釋「館」，又以「止」釋「舍」。又《知士》篇「静郭君善劑貌辯，於是舍之上舍」，注云：「上舍，甲第也。」此「上宫」當如「上舍」，謂上等之館舍也。趙氏以爲「樓」者，《説文》木部云：「樓，重屋也。」宫在屋之上，故名「上宫」。女部云：「婁，空也。」广部云：「廔，屋麗廔也。」囧部云：「囧，窗牖麗廔闓明也。」《禮記·月令》「可以居高明」，注云：「高明謂樓觀也。」劉熙《釋名·釋宫室》云：「樓，牖户之間諸射孔樓樓然也。」然則樓之名取於婁，麗廔以闓明釋之，即玲瓏之轉聲。蓋其制窄狹而高，四面開窗牖，以「上」爲稱而下言「牖上」，故以爲樓也。**有業屨於牖上，館人求之弗得。或問之曰：「若是乎，從者之廋也？」**注屨，扉屨也；業，織之有次業而未成也。置之窗牖之上，客到之後，求之不得。有來問孟子者，曰：是客從者之廋。廋，匿也。孟子與門徒相隨，從車數十，故曰侍從者所竊匿也。疏注「屨扉」至「成也」○正義曰：《説文》履部云：「屨，履也。」尸部云：「扉，履屬。」趙氏以「縱」爲扉而以「草屨」釋之，此直以「扉」釋「屨」。扉爲草屨，故云「織之有次業而未成」，謂織草爲扉，已有次弟而尚未成。《爾雅·釋詁》云：「業，敘也。」《國語·晉語》云「則民從事有業」，韋昭注云：「業猶次也。」次與敘義同。云有「次業」者，以「次」釋「業」也。《說文》欠部云：「次，不前，不精也。」故以爲「未成」。《廣雅·釋詁》云：「業，始也。」與創、造、作等字相轉注。然則「業屨」猶云「造屨」「創屨」。屨始作爲業，猶牆始築爲基，衣始裁爲初，皆造而未終之稱也。○注「廋匿」至「匿也」○正義曰：《音義》云：「廋，或作廋，同，音搜。」今諸本作廋，惟廖本作廋。《論語·爲政》篇「人焉廋哉」，《集解》孔氏云：「廋，匿也。」《淮南子·說山訓》「不匿瑕穢」，高誘注云：「匿，藏也。」不直言其竊，而詭云藏匿以爲戲也。趙氏以「匿」釋「廋」，又以「竊」釋「匿」，謂或婉言匿，其實疑其竊也。故孟子直以竊對之。《說文》穴部云：「盜從中出曰竊。」隱公八年《公羊》傳「稱人則從不疑也」，注云：「從者，隨從也。」《儀禮·鄉飲酒禮》「賓及衆賓皆從之」，注云：「從猶隨也。」《華嚴經音義》引《蒼頡》云：「侍，從也。」故「從者」爲「門徒相隨」，又云「侍從者」也。**曰：「子以是爲竊屨來與？」**注孟子謂館人曰：子以是衆人來隨事我，本爲欲竊屨故來邪？**曰：「殆非也。」**注館人曰：殆非爲是來事夫子也。自知問之過。疏注「自知問之過」○正義曰：經云「館人求之弗得，或問之」，注云「有來問孟子者」，而於孟子之答則云「孟子謂館人」，此注云「館人曰」，又云「自知問之過」，然則前來問者即館人也。蓋館中非一人，來問之館人不必即求屨之館人，抑館中人公共求之，而問者止館人中之一人，故別之云「或問之」也。**「夫予之設科也，往者不追，來者不拒。苟以是心至，斯受之而已矣。」**注孟子曰：夫我設教授之科，教人以道德也。其去者亦不追呼，來者亦不逆拒。誠以是學道之心來至，我則斯受之，亦不知其取之與否。君子不保異心也。見館人言殆非爲是來，亦云不能保知，謙以答之。疏注「孟子」至「答之」○正義曰：臧氏琳《經義雜記》云：「以經省曰字，趙注特下『孟子曰』以補之。《章指》云『非己所絕』，己字正釋經予字。」阮氏元《校勘記》云：「『夫子之設科也』，閩、監、毛三本同。宋本、岳本、廖本、孔本、韓本子作予。案，注云『夫我設教授之科』，僞疏亦云『夫我之設科以教人』，則作予是也。予、子蓋字形相涉而譌。」趙氏佑《温故録》云：「此作孟子語而云『夫我』，趙氏從無改字，明是漢人經文不作『夫子』，子乃予字而夫音扶。作孟子言，適足見聖賢之大；作或人語，仍是意含隱諷矣。」《論語·述而》篇「人潔己以進，與其潔也，不保其往也」，《集解》鄭氏云：「往猶去也。」《説文》言部云：「評，召也。」「追呼」謂追逐而召之，呼爲評之假借也。《管子·七臣七主》篇云「馳車充國者，追寇之馬也」，房玄齡注云：「追猶召也。」《論語·子張》篇「其不可者拒之」，漢石經、皇侃義疏本作距。此「不拒」，孔本、韓本及閩、監、毛三本作拒，宋本、岳本、咸淳衢州本、廖本作距。距、拒古通也。《國策·齊策》「故專兵一志以逆秦」，❶韋昭注云：「逆，拒也。」《詩·大雅·皇矣》「敢距大邦」，孔氏正義云：「敢拒逆我大國。」亦以「逆」釋「拒」。逆與順對，不順其來學之情而受，故拒之即逆之也。《廣雅·釋詁》云：「竊，取也。」云「亦不知其取之與否」即竊之與否也。有學道之心，又有竊屨之心，是有「異心」。見其有學道之心而受之，不能保其無竊屨之心，則或即爲從者之廋，不可保也即亦不可知也，故云「不能保知」。《荀子·法行》篇云：「南郭惠子問於子貢曰：『夫子之門，何其雜也！』子貢曰：『君子正身以俟，欲來者不距，去者不止。且夫良醫之門多病人，檃栝之側多枉木，是以雜也。』」孟子録此章，一以見設教者之大，一以見寄托者之多，所以銷門户之見而黜借廕之魄。趙氏生漢末，見當時跋扈之

❶「國策」，原作「國語」，今據《戰國策》《國語》改。下注文出高誘，非韋昭。

家，非不受學於大賢君子之門而黨籍中未嘗無依附虚聲之士，故有慨乎言之？

章指：言教誨之道，受之如海。百川移流，不得有拒。雖獨竊屨，非己所絶。順答小人，小人自咎。所謂「造次必於是」也。疏「受之如海百川移流」○正義曰：揚子《法言·學行》篇云：「百川學海而至於海，丘陵學山而不至於山，是故惡夫畫也。」○「造次必於是」○正義曰：《論語·里仁》篇中語。《釋文》引鄭氏云：「造次，倉卒也。」

孟子曰：「人皆有所不忍，達之於其所忍，仁也；注人皆有所愛，不忍加惡，推之以通於所不愛，皆令被德。此，仁人也。疏「人皆」至「仁也」○正義曰：近時通解，「所不忍」即下「無害人之心」。**人皆有所不爲，達之於其所爲，義也。**注人皆有不喜爲，謂貧賤也；通之於其所喜爲，謂富貴也。抑情止欲，使若所不喜爲此者，義人也。疏「人皆」至「義也」○正義曰：近時通解，「所不爲」即下「無穿踰之心」。○注「此者義人也」○正義曰：者字疑羨。**人能充無欲害人之心，而仁不可勝用也；**注人皆有不害人之心，能充大之以爲仁，仁不可勝用也。疏注「能充大之」○正義曰：《吕氏春秋·必己》篇「禍充天地」，高誘注云：「充猶大也。」**人能充無穿踰之心，而義不可勝用也。**注穿牆踰屋，姦利之心也。人既無此心，能充大之以爲義，義不可勝用也。疏「穿踰」○正義曰：閩、監、毛三本此作「穿窬」，下「穿踰之類」作「穿踰」。宋本、孔本、韓本皆作踰。《説文》穴部云：「窬，穿木户也。」辵部云：「逾，越進也。」逾即踰，窬、踰二字本異。《禮記·儒行》「蓽門圭窬」，注云：「圭窬，門旁窬也。穿牆爲之，如圭矣。」圭窬即《左傳》之「圭竇」，故徐氏音豆，即讀窬爲竇也。其實竇、窬義皆爲空而字不同，窬自音臾耳。趙氏云「穿牆踰屋」，則自爲「踰越」之踰。《論語·陽貨》篇云「其猶穿窬之盜也與」，《集解》引孔氏云：「穿，穿壁也。窬，窬牆也。」《釋文》云：「踰，本又作窬。」然則《釋文》《論語》本作「穿踰」，是《論語》之「穿窬」與《孟子》之「穿踰」一也。或借窬爲踰，故有作「穿窬」者，其實皆「穿踰」也。**人能充無受『爾汝』之實，無所往而不爲義也。** 注 爾汝之實，德行可輕賤，人所「爾汝」者也。既不見輕賤，不爲人所爾汝，能充大而以自行，所至皆可以爲義也。

疏 注「爾汝」至「義也」○正義曰：「爾汝」爲尊於卑、上於下之通稱。卑下者自安而受之，所謂實也；無德行者爲有德行者所輕賤，亦自安而受之，亦所謂實也。蓋假借「爾汝」爲輕賤，「受爾汝之實」即受輕賤之實，故云「德行可輕賤，人所爾汝者」也，非謂德行可輕賤專在稱謂之「爾汝」也。既實有當受之實，自不能不受。經言「無受」者，自勉於德行，不爲人所輕賤也，故云：「既不爲輕賤，❶不爲人所爾汝。」德行已高，自不爲人所輕賤；猶分位已尊，自不爲人所爾汝。非謂有可受之實而强項不受之也，謂恥有此不得不受之實而勉以去之也。但德行無窮，非僅免人輕賤而已，故又須充大之，使不獨不爲人輕賤。凡身所至，無非義之所至，斯爲自强不息之道也。《毛詩·秦風·無衣》篇「與子偕行」，傳云：「行，往也。」《禮記·樂記》云「樂至則無怨，禮至則無争」，注云：「至猶達也，行也。」趙氏以「自行」釋「往」字，以「所至」申上「達」字，「自行」「所至」皆

❶「爲」，據注文當作「見」。

可以爲義，即是「無所往而不達於義」也。《荀子・解蔽》篇云：「偷則自行。」又云：「心者，出令而無所受令，自禁也自使也，自奪也自取也，自行也自止也。」「自行」謂任心所欲行，無有禁止。**士未可以言而言，是以言餂之也；可以言而不言，是以不言餂之也。是皆穿踰之類也。」** 注 餂，取也。人之爲士者，見尊貴者未可與言而强與之言，欲以言取之也，是「失言」也；見可與言者而不與之言，不知賢人可與之言而反欲以不言取之，是「失人」也。是皆趨利入邪無知之人，故曰「穿踰之類」也。疏 注「餂取也」〇正義曰：《音義》云：「丁曰：『注云：「餂，取也。」今案，字書及諸書並無此餂字。郭璞《方言》注云：「音忝，謂挑取物也。」其字從金。今此字從食，與《方言》不同，蓋傳寫誤也。本亦作鉆，奴兼切。』」按：餂、鉆二字《方言》皆有之，一云「餂，取也」，注云：「謂挑取也。」一云「凡陳楚之郊、南楚之外，相謁而餐，或曰飵，或曰鉆」。徐鍇《說文繫傳》云：「相謁相見後，設麥飯以爲常禮，如今人之相見飲茶也。」趙氏以「取」釋「餂」，自本《方言》，丁公著謂「傳寫誤」者是也。姚寬《西溪叢語》云：「《玉篇》食字部有餂字，注『音達兼反，古甜字』。然則字書非無此字，第與孟子『言餂』之義爲不合耳。今以《孟子》之文考餂之義，趙岐以『餂』訓『取』是也。當如郭氏《方言》，其字從金爲銛。《玉篇》《廣韻》銛音他點反，『取也』。《廣韻》上聲銛音忝，而平聲又有銛字，音纖，訓曰『利也』。《說文》以銛爲『臿屬』乃音纖，其義與音忝者不同，各從其義也。」按：銛乃挑之轉音，「以言銛」即「以言挑」也。俗以鎖鑰不能開，用物挑之謂之銛，正是此銛也。臿爲今之鍫。鍫，《方言》作斛，《說文》作銚，正以其挑取土而得名。鍫有二種，一種堅厚，用以上挑，可多得土；一種纖利，用以深入。此纖利者，形正近於舌，蓋銛之遺也。《漢書・賈誼傳・弔屈原賦》云「莫邪爲鈍兮鉛刀爲銛」，晉灼曰：「世俗以利爲餂徹。」惟其利，故能挑取，其義亦相貫矣。《龍龕手鑑》食部平聲有餂字，云：「音甜，甘也。」又舌部云：「䑙、䑚、䑛、餂、甜，五俗。甜，正。徒兼反。甘也。」然則餂乃甜之俗字，漢前無之。又按：《説文》金部銛從金，舌聲。段氏玉裁《説文解字注》云：「舌字非聲，當作『㐁聲』。㐁，舌貌也。他念切，在谷部。木部『炊竈木』之柄，此『㐁屬』之銛，❶皆用爲聲。」依此，則餂宜作䛗。若然，則䛗爲㐁之通借，以言䛗即是以言㐁。魏校《六書精蘊》云：「《説文》㐁字音忝，象舌在口外，露舌端䑛物也。人有持短長術以言鉤人者，孟子斥爲穿踰。」是䛗誤爲銛，又銛誤爲餂矣。附其説於此以俟參攷。○注「人之」至「類也」○正義曰：「失言」、「失人」本之《論語·衛靈公》篇。但彼之咎止於不智，故云「智者不失人，亦不失言」。此「以言餂」「以不言餂」是以儇巧刺取人意，心術隱伏以竊取人情，與竊人物無異，故云「是皆穿踰之類」。一不智，一巧智，兩者正相反。然趨利入邪，亦終是無知而已。穿踰，人所恥而不爲；以言不言餂，人所甘於爲而且自詡以爲得計者，由不知此即穿踰之類，宜充而達之者也。充無穿踰之心而不以言餂，不以不言餂，則庶幾能勉進於義而不爲人所輕賤矣。前節意已結，此又申明充無穿踰之心如是也。

章指：言善恕行義，充大其美。無受爾汝，何施不可？取人不知，失其臧否，比之穿踰，善亦遠矣。

---

❶「此」，原於上句「木部」上，今從沈校據《説文解字注》改。

孟子曰：「言近而指遠者，善言也；守約而施博者，善道也。君子之言也，不下帶而道存焉；【注】言近指遠，近言正心，遠可以事天也；守約施博，約守仁義，大可以施德於天下也。二者可謂善言、善道也。正心守仁皆在胸臆，吐口而言之，四體不與焉，故曰「不下帶」。【疏】「善道也」〇正義曰：《說文》辵部云：「道，所行道也。」《禮記·大學》篇「是故君子有大道」，注云：「道，行所由。」是道即行，「善道」謂「善行」也。戴氏震《孟子字義疏證》云：「約謂脩其身。六經孔孟之言，語行之約，務是脩身而已，語知之約，致其心之明而已。未有空指一而使人知之求之者。致其心之明，自能權度事情，無幾微差失，又焉用求一知一哉？」〇注「言近」至「存焉」❶〇正義曰：「不下帶而道存」，孟子自發明「言近指遠」之義也；「脩其身而天下平」，孟子自發明「守約施博」之義也。趙氏以脩身明指身言，此不下帶暗指心言，故以「近言」爲「正心」。凡人束帶於要限間，心在帶之上。《說文》勹部云：「匈，膺也。」肉部云：「肊，胷肉也。」匈即胷，肊即臆。劉熙《釋名·釋衣服》云：「膺，心衣，鉤肩之間，施一襠以奄心也。」❷「胷臆」當心，亦居帶上，仁守於心而吐於口，故「四體不與」也。守雖明言脩身而未言所以脩身之事，趙氏以「仁義」明之，謂所以脩身者爲守此仁義也。仁者，元也；義者，利也。元亨利貞爲四德，故云「施德於天下」，「施德」即施仁義也。既以「正心」明「言近」，以「守仁」明「脩身」，又並云「正心守仁皆在胷臆」者，謂正心即守此仁義，脩身即是正心，言如是，守

---

❶ 「存焉」，當從注文作「不下帶」。

❷ 「以」，原作「一」，今從沈校據《釋名》改。

即如是，雖分言之，實互言之也。事天之本，不外身心，平天下之功，不外仁義。孟子之指，趙氏得之矣。《春秋繁露・人副天數》篇云：「天地之象，以要爲帶。帶而上者盡爲陽，帶而下者盡爲陰，各其分。陽，天氣也；陰，地氣也。」董子之説以天任陽不任陰，天之太陰不用於物而用於空，此亦「不下帶而道存」之義。

君子之守，脩其身而天下平。 注 身正物正，天下平矣。疏 注「身正」至「平矣」○正義曰：「身正」，成己也；「物正」，成物也。成己，仁也；成物，知也。以知行仁，事皆合於義，孔子所謂「脩己以敬」「脩己以安百姓」也。**人病舍其田而芸人之田，所求於人者重，而所以自任者輕。」** 注 芸，治也。田以喻身。舍身不治而欲責人治，是求人太重，自任太輕。疏 注「芸治也」○正義曰：《説文》耒部云：「䅏，除苗間穢也。」重文「耘，䅏或从芸」。芸爲䅏之假借，亦芸之省文也。除穢即所以治之，故以「治」釋「芸」。《禮記・曲禮》「馳道不除」，注云：「除，治也。」是也。○注「是求」至「太輕」○正義曰：廷琥云：「孔本無是字，汲古閣本輕下有也字。」

章指：言言道之善，以心爲原。當求諸己，而責於人，君子尤之。況以妄芸，言失務也。

孟子曰：「堯舜，性者也；湯武，反之也。 注 堯舜之體性自善者也；殷湯周武反之於身，身安乃以施人，謂加善於民。疏 注「堯舜」至「於民」○正義曰：「體性」猶《荀子・解蔽》篇云「體道」，楊倞注云：

「體謂不離道也。」《管子·君臣上》篇「則君體法而立矣」，房玄齡注云：「體猶依也。」依與不離義同，「依性」即《中庸》所云「率性」。人性本善，堯舜生知，率性而行，自己爲善者也；湯武以善自反其身，己身已安於善，然後加善於人。堯舜率性，固無所爲而爲，湯武反身而後及人，亦非爲以善加人而始爲善。此非尚論堯舜、湯武也，爲托於堯舜、湯武者示之也。**動容周旋中禮者，盛德之至也。**注人動作容儀周旋中禮者，盛德之至也。疏注「人動」至「至也」○正義曰：《爾雅·釋詁》云：「動，作也。」《禮記·少儀》「祭祀之容」，注云：「容即儀也。」冠一「人」字，明此泛言人，不指上堯舜、湯武。堯舜、湯武或性或反，皆無所爲而爲；人之繼堯舜、湯武而或性或反，皆如堯舜、湯武也。德盛於中，發揚於外，言非虛飾以悦人。**哭死而哀，非爲生者也；**注死者有德，哭者哀也。疏注「死者」至「哀也」○正義曰：三年之喪、期功之服，哀出至情，自無僞飾。惟因其人有德，雖非親屬而亦哀之，出於真意，非以此結交其子弟父兄。**經德不回，非以干禄也；言語必信，非以正行也。**注經，行也。體德之人，行其節操自不回邪，非以求禄位也；庸言必信，非必欲以正行爲名也，性不忍欺人也。疏注「經行」至「人也」○正義曰：僖公二十五年《左傳》「趙衰以壺飱從徑」，注云：「徑猶行也。」《釋文》云：「讀徑爲經。」《文選·魏都賦》「延閣允宇以經營」，劉逵注云：「直行爲經。」《素問·欬論》王冰注引《靈樞經》云：「脈之所行爲經。」是「經」爲「行」也。「體德」，不離德也。在心爲德，行而著之則爲節操。《毛詩·小雅·鼓鐘》篇「其德不回」，傳云：「回，邪也。」《國語·周語》「求福不回」、《晉語》「公室之不回」，注皆訓回爲邪。回邪不正之人，國所廢黜不用，而此則自行其德，非由求固禄位，故爲清操介節以結上知也；言不信則招尤謗而來惡名，今以不忍欺人而庸言必信，非謂欲弋致方正之名也。**君子行法以俟命而已矣。」**注君子順性蹈德，行其法度，夭壽在天，待命而已矣。疏注「君子」至「已矣」〇正義曰：「順性」即「率性」，謂堯舜也。《説文》足部云：「蹈，踐也。」踐德謂「湯武反身」也。《毛詩·小雅·楚茨》篇「禮儀卒度」，傳云：「度，法度也。」《説文》又部云：「度，法制也。」人生有不容踰、不容缺之常度，則而行之，是爲「行法」。「周旋中禮」「哭死而哀」「經德不回」「言語必信」是也。其有所爲而爲，不出「干禄」「正行」二端。乃君子於此二端，則俟之於命也。「順性蹈德，行其法度」，盛德所致，自然「周旋中禮」也，「哭死而哀」也，「經德不回」也，「言語必信」也。「爲生者」，爲人也。若爲人則此四者非干禄即正行。干禄固虚僞之小人，孟子特指出「正行」二字。其人嚴氣正性，自命爲君子，與干禄者之形相反，而與干禄者之虚僞則同。孟子指之爲「正行」，趙氏申之云「正行爲名」。後世此類非不托於孔孟而高言堯舜，孟子則已於千古之上有以鑑之。自盆成以下，辨别士品。小慧之殺身，言餂之入邪，舍田之自輕，而此章分真僞於豪芒，則學道之人不能保其竊屨，尤爲切切者矣。

章指：言君子之行，動合禮中。不惑禍福，脩身俟終。堯舜之盛，湯武之隆，不是過也。疏「堯舜之盛湯武之隆」〇正義曰：《史記·太史公自序》云：「伏羲至純厚，作八卦。堯舜之盛，《尚書》載之，禮樂作焉。湯武之隆，《詩》人歌之。」

孟子曰：「説大人則藐之，勿視其魏魏然。注大人謂當時之尊貴者也。孟子言説此大人之法，心當有以輕藐之，勿敢視之魏魏富貴若此而不畏之，則心舒意展，言語得盡。疏注「大人」至「得盡」〇正義曰：此「大人」指當時諸侯而言，故云「尊貴者」。《音義》云：「藐，丁音邈。藐然，輕易之貌。又音眇。」按：《廣雅·釋詁》云：「邈，遠也。」《文選·思玄賦》「允塵邈而難虧」舊注、《幽通賦》「黄神邈而靡質兮」應劭注，皆訓邈爲遠。《莊子·逍遥遊》「藐姑射之山」，《釋文》引簡文注即以藐爲遠。蓋「説大人則藐之」當釋藐爲遠，謂當時之遊説諸侯者以順爲正，是狎近之也。所以狎近之者，視其富貴而畏之也。不知説大人宜遠之。遠之者即下「皆古之制」。我守古先王之法而説以仁義，不曲狥其所好，是遠之也。以爲「心當輕藐」，恐失孟子之恉。阮氏元《挍勘記》云：「『勿視其巍巍然』，閩、監、毛三本同。廖本、孔本、韓本巍作魏。《音義》出『魏魏』，丁云：『當作巍。』是經文本作魏，作巍非也。」按：《説文》嵬部云：「巍，高也。」《論語·泰伯》篇「巍巍乎惟天爲大」，是巍巍爲大，故何晏注云：「巍巍乎，高大之稱也。」《史記·晉世家》「魏大名也」，《集解》引服虔云：「魏喻巍巍，高大也。」《淮南·本經訓》云「魏闕之高」，高誘注云：「門闕高崇嵬嵬然。」又《俶真訓》高誘注云：「巍巍高大，故曰魏闕。」魏魏即巍巍，古或省山作魏。《莊子·知北遊》篇「魏魏乎其終而復始也」，又《天下》篇「魏然而已矣」，亦作魏省山。《易·繫辭傳》云「崇高莫大乎富貴」，故趙氏以「富貴」釋之。經云「勿視其魏魏然」者，猶俗云「不必以其富貴置在目中」也。趙氏云「勿敢視之魏魏富貴若此而不畏之」，「勿敢視」與「勿視」二義相反。「勿敢視」者，心畏其富貴，目不敢視也；「勿視」者，不以其富貴爲重而視之也。勿敢視是畏，勿視是不畏。趙氏謂其富貴可畏若此而不畏之。蓋在他人則勿敢視者，在我則勿視；在他人則畏之，在我則不畏之。曲折以互明其義也。**堂高數仞，榱題數尺，我得志弗爲也；**注仞，八尺也。榱題，屋霤也。堂高數仞，振屋數尺，奢汰之室，使我得志，不居此堂也。大屋無尺丈之限，故言數仞也。**疏**注「仞八」至「仞也」○正義曰：仞，詳見前。《爾雅·釋宫》云：「桷謂之榱，桷直而遂謂之閲，不受檐謂之交。檐謂之樀。」《方言》云「屋梠謂之欞」，郭璞注云：「即屋檐也。亦呼爲連緜。」劉熙《釋名·釋宫室》云：「桷，确也。其形細而疏确也。或謂之椽。椽，傳也。相傳次而布列也。或謂之榱，在檼旁下列衰衰然垂也。梠，旅也。連旅旅也。或謂之櫓。櫓，緜也。緜連榱頭使齊平也。檐，接也。接屋前後也。霤，流也。水從上流下也。」按：屋自中棟至檐，用椽相比，近棟者名交，謂交於楣上也。接交而長，直下達於檐者名閲，以其下垂，故名榱矣。榱之抵檐處爲榱題，其下覆以瓦，雨自此下溜，故爲霤，亦爲樀，樀取於滴也。今尚以瓦頭爲滴水，自瓦言之爲霤，自椽言之爲榱題，近在一所，故趙氏以「屋霤」釋「榱題」也。霤屬瓦，故亦作甋。《廣雅·釋宫》云：「甍謂之甋。」是也。程氏瑶田《通藝録》云：「襄二十八年《左傳》『慶舍援廟桷而動於甍』，則甍爲覆桷之瓦，可知言其多力，引一桷而屋宇爲之動也。若以甍爲屋極，則太公之廟必非容膝之廬，所援之桷必爲當檐之題，題之去極甚遠，安得援而動於極也？」程氏説是也。援桷甍動，亦屋霤與榱題相近在一所之證也。趙氏既以「屋霤」明「榱題」矣，又云：「堂高數仞，振屋數尺，奢太之室。」阮氏元《挍勘記》云：「『榱題數尺』，❶閩、監、毛三本同。廖本、孔本、韓本《攷文》古本『榱題』作『振屋』。」謹按：振字乃旅字之譌。《説文》木部云：「楣，秦名屋櫓聯也。齊謂之檐，楚謂之梠。」「橝，屋梠前也。」《儀禮·特牲饋食禮記》「饎爨在西壁」，注引舊説云：「南北直屋梠。」「屋旅」即「屋梠」，「屋梠」即「屋檐」，正榱頭之所在。趙氏

---

❶「數」，原作「三」，今據阮校改。

蓋云「屋旅數尺」，譌旅爲振，又倒「屋旅」爲「旅屋」，遂不知其説，而竟改注文爲「榱題」矣。今仍「存振」屋二字而證明之，以著趙氏之義，識者察之。經傳稱「堂高」者，皆指堂階而言。《禮記・禮器》云：「天子之堂九尺，諸侯七尺。」《考工記》云：「殷人重屋，堂崇三尺；周人明堂，度九尺之筵，堂崇一筵。」注云：「周堂高九尺，殷三尺，則夏一尺。」皆有尺寸之限矣。故趙氏以此「堂高」爲「大屋」之高。周氏柄中《辨正》云：「堂屋高卑之度，經無明文。惟《攷工記》云：『王宫門阿之制，五雉；宫隅之制，七雉。』鄭注：『雉，長三丈，高一丈。度廣以廣，度高以高。』則門阿高五丈，宫隅高七丈。《尚書大傳》云：『天子之堂廣九雉，三分其廣以二爲内，五分内以一爲高，則三丈六尺。公侯七雉，三分廣以二爲内，五分内以一爲高，則二丈八尺。伯子男五雉，三分廣以二爲内，五分内以一爲高，則二丈。』然則『堂高數仞』並非踰制，而『數仞』之指堂階無疑矣。」謹按：孟子亦渾言其堂之高耳。當時縱僭乎帝制，堂階之高不必更踰九尺，而屋之高或進二丈八尺者爲三丈六尺可也，所以總括之以「數仞」耳。趙氏以爲「大屋」是也。《韓詩外傳》云：「曾子曰：『吾嘗南遊於楚，得尊官焉，堂高九尺，榱題三圍。』」曾子大賢，即爲尊官，何致僭天子九尺之階？若三圍，《莊子・人間世》《釋文》李云：「經尺曰圍。」然則三圍者，三尺也。廷琥云：「趙注『堂高數仞』，孔本作『高堂數仞』。」**食前方丈，侍妾數百人，我得志，弗爲也；**注極五味之饌食，列於前方一丈，侍妾衆多至數百人也。疏注「極五」至「一丈」〇正義曰：《説文》食部云：「籑，具食也。饌，或從巽。」廾部云：「具，共置也。」列前有方丈之多，則極五味無不備置，故以「饌」釋「食」，謂食言具食也。《論語・爲政》篇「有酒食，先生饌」，《集解》引馬曰：「饌，飲食也。」《廣雅・釋詁》云：「饌，食也。」是具食亦單謂之食。《儀禮・士冠禮》「具饌于西塾」，注云：「饌，陳也。」《周禮・秋官・掌客》「皆陳」，注云：「陳，列也。」趙氏既以「饌」釋「食」，又以「列」釋「饌」，是「食前」即具食於前，亦即是「列於前」。《晏子春秋・問下》云：「昔吾先君桓公善飲酒窮樂，食味方丈。」**般樂飲酒，驅騁田獵，後車千乘，我得志，弗爲也。**注般，大也。大作樂而飲酒，驅騁田獵，從車千乘，般於遊田也。疏注「般大也」○正義曰：「般大」，詳見《公孫丑上》篇。《書・無逸》：「文王不敢盤于遊田。」《文選・西京賦》「般于游畋，其樂只且」，薛綜注云：「盤，樂也。」此云「盤于遊田」，般與盤通。《書》「盤庚」，《漢書・古今人表》作「般庚」，《君奭》「時則有若甘盤」，《史記・燕世家》作「甘般」是也。此與「般樂」之「般」訓大者不同。**在彼者，皆我所不爲也；在我者，皆古之制也。吾何畏彼哉？」**注在彼貴者驕佚之事，我所恥爲也；在我所行，皆古聖人所制之法，謂恭儉也。我心何爲當畏彼人乎哉？

章指：言富貴而驕，自遺咎也；茅茨采椽，聖堯表也。以賤説貴，懼有蕩心；心謂彼陋，以寧我神。故以「所不爲」爲之寶玩也。疏「茅茨」至「蕩心」○正義曰：《韓非子》：「堯之有天下也，茅茨不剪，采椽不斲。」亦見《淮南子・主術訓》。《史記・自敘》云：「墨者亦尚堯舜道，言其德行，曰堂高三尺，土階三等，茅茨不翦，采椽不刮。」莊公四年《左傳》：「楚武王曰：『余心蕩。』」

孟子曰：「養心莫善於寡欲。其爲人也寡欲，雖有不存焉者，寡矣；注養，治也。寡，少也。欲，利欲也。雖有少欲而亡者，謂遭橫暴，若單豹卧深山而遇飢虎之類也，然亦寡矣。疏注「養治」至「寡矣」

〇正義曰：《周禮・天官・疾醫》「以五味、五穀、五藥養其病」，注云：「養猶治也。」《說文》宀部云：「寡，少也。」存與亡對，故以「不存」爲「亡」。單豹事，《莊子・達生》篇云：「田開之見周威公曰：『善養生者若牧羊然，視其後者而鞭之。魯有單豹者，巖居而水飲，而與民共利，行年七十而猶有嬰兒之色。不幸遇餓虎，餓虎殺而食之。有張毅者，高門縣薄，無不走也，行年四十而有内熱之疾以死。豹養其内而虎食其外，毅養其外而病攻其内。此二子者，皆不鞭其後者也。』」《吕氏春秋・必己》篇云：「單豹好術，離俗棄塵，不食穀實，不衣芮温，身處山林巖崛，以全其生，不盡其年而虎食之。」高誘注云：「不食穀實，行氣道引也。芮，絮也。《幽通記》曰『單豹治裏而外凋』，此之謂也。」亦見《淮南子・人間訓》。**其爲人也多欲，雖有存焉者，寡矣。」**注謂貪而不亡，蒙先人德業，若晉欒黶之類也，然亦少矣，不存者衆也。疏注「謂貪」至「衆也」〇正義曰：《詩・大雅・桑柔》篇「民之貪亂」，箋云：「貪猶欲也。」《吕氏春秋・慎大》篇云「暴戾貪頑」，高誘注云：「求無厭足爲貪。」是「貪」爲「多欲」也。引晉欒黶者，襄公十四年《左傳》：「秦伯問於士鞅曰：『晉大夫其誰先亡？』對曰：『其欒氏乎！』秦伯曰：『以其汰乎？』對曰：『然。欒黶汰虐已甚，猶可以免。其在盈乎？』秦伯曰：『何故？』對曰：『武子之德在民，如周人之思召公焉愛其甘棠，況其子乎？欒黶死，盈之善未能及人，武子所施没矣，而黶之怨實章，將於是乎在。』」是其事也。黶雖不亡而盈亦必亡，先德之恃，焉可久乎？

章指：言清净寡欲，德之高者；畜聚積實，穢行之下。廉者招福，濁者速禍。雖有不然，蓋非常道。是以正路不可不由也。疏「清净寡欲」〇正義曰：《史記・自敘》云：「李耳無爲自化，清净自正。」《禮記・孔子間居》云「清明在躬」，注云：「清謂清静。」《說文》水部云：「瀞，無垢穢也。」

瀞即净字。

曾晳嗜羊棗，而曾子不忍食羊棗。公孫丑問曰：「膾炙與羊棗孰美？」注羊棗，棗名也。曾子以父嗜羊棗，父没之後惟念其親，不復食羊棗，故身不忍食也。公孫丑怪之，故問羊棗孰與膾炙美也？

疏注「羊棗棗名也」〇正義曰：《爾雅·釋木》云：「遵，羊棗。」郭璞注云：「實小而圓，紫黑色，今俗呼之爲羊矢棗。《孟子》曰：『曾晳嗜羊棗。』」邵氏晉涵《爾雅正義》云：「羊棗一名遵。《説文》：『棗，羊棗也。』是以爲棗之總名也。」趙氏以「棗名」釋之，以棗類衆多，此其中一名耳。何氏焯《讀書記》云：「羊棗非棗也，乃柹之小者，初生色黄，熟則黑，似羊矢。其樹再接則成柹。余乙卯客授臨沂始覩之。沂近魯地，可據也。今俗呼牛奶柹，一名㮕棗，而臨沂人亦呼羊棗曰㮕棗。此尤可證柹之小者通得棗名，不必以《爾雅》『遵，羊棗』之説爲疑。」周氏柄中《辨正》云：「陳禹謨《名物攷》云：『嘗道鄒，登嶧山，或以羊棗噉余。其狀絶類柹，大僅如芡實，蓋名爲棗而去棗遠矣。』」此皆得之親見，益信何氏之説不誣。段氏玉裁《説文解字注》云：「羊棗即木部之梬，《爾雅》諸棗中之一，與常棗絶殊，不當專取以爲訓。棗樹隨地有之，盡人所識，赤心而外刺，非羊棗也。木部云：『梬，梬棗也。似柹而小，一曰㮕。』按，梬即《釋木》之『遵，羊棗』也。凡物必得諸目驗而折衷古籍，乃爲可信。昔在西苑萬善殿庭中曾見其樹，❶葉似柹而不似棗，其實似柹而小如指頭。内監告余，用

❶「西」上，原空缺一字，今據《説文解字注》删去。

此樹接之便成柿。《古今注》云：『梬棗，實似柿而小，味亦甘美。』師古曰：『梬棗，今之楔棗也。』楔與遵音相近，楔即遵字也。《内則》『芝栭』，賀氏曰：『芝，木椹。栭，軟棗。』《釋文》云：『栭，本又作檽。』檽者楔之誤。」

〇注「曾子」至「美也」〇正義曰：《爾雅·釋詁》云：「惟，思也。」「身，我也。」趙氏謂曾子思念其父既殁，不復再食此羊棗，故己身不忍食之。《禮記·少儀》云：「牛羊魚之腥，聶而切之爲膾；麋鹿爲菹，野豕爲軒，皆聶而不切；麕爲辟雞，兔爲宛脾，皆聶而切之，切葱若薤，實之醯以柔之。」注云：「聶之言牒也，先藿葉切之，復報切之，則成膾。」《内則》云：「膾，春用葱，秋用芥。肉腥細者爲膾，大者爲軒。」其餘文與《少儀》略同。注云：「言大切、細切異名也。膾者必先軒之，所謂聶而切之也。此軒、辟雞、宛脾，皆菹類也。釀菜而柔之以醯，殺腥肉及其氣。今益州有鹿𣨙者，近由此爲之矣。軒或爲胖，宛或爲鬱。」《説文》肉部云：「牒，薄切肉也。」「膾，細切肉也。」牒即聶而切之，《周禮·天官·醢人》注引《少儀》「作牒而切之」，然則牒者切之成薄片，如今片肉也。又將所片細切成條謂之「報切」。段氏玉裁《説文解字注》云：「凡細切者必疾速下刀。《少儀》注云：『報讀爲赴疾之赴。』」按：報與躁音近，報之爲疾，即躁之爲疾，報而切之，即今肉躁子也。《南史·恩倖傳》云：「宮中謡云：『趙鬼食鴨鸖，諸鬼盡著調。』」鸖與調韻，正讀如躁。鸖猶濤，濤亦爲疾。蓋漢言報，六朝言鸖，今則爲躁也。劉熙《釋名·釋飲食》云：「膾，會也。細切肉令散，分其赤白異切之，已乃會合和之也。」赤蓋肉之精者，白蓋肉之肥者。先分切而後合之，所以爲會。《醢人》「五齊七菹」，注云：「齊當爲齏。五齏，昌本、脾析、蜃、豚拍、深蒲也。七菹，韭、菁、茆、葵、芹、箈、筍菹。凡醯醬所和，細切爲齏，全物若牒爲菹。」齏、菹之稱菜肉通，此因《少儀》《内則》麋鹿稱菹，脾析爲牛百葉，豚拍爲豚脅，亦爲齏，是齏、菹通稱於肉。以細切爲齏，則齏即膾之通稱。蓋肉之䐑而切者爲軒，又報切之則爲膾；在菜，但牒切而不報、或全物不切是爲菹，細切者爲齏。以其皆爲䐑切，則肉亦名菹；以其皆爲細切，則肉亦名齏。但菹之名可通於肉，而膾之名則不聞通於菜，是膾專爲肉之細切者名也。菹、齏皆用葱薤醯醬和之，今人以生鰕、生蛼蝲用酒酢椒薤拌食之，此古肉食爲菹之遺，用全物而不切者也。《説文》艸部云：「菹，酢菜也。」韭部云：「齏，䪢也。」「䪢，齏也。」《通俗文》云：「淹韭曰齏，淹薤曰䪢。」蓋菹、齏之暫食者可用酢，其久藏者兼以鹽。或用全，或用切，或用細切。其細切者，今尚名齏矣。而肉之䐑切、細切者，皆未有生用醯酢芥薤和食之制。蓋膾之古法今不可詳矣。《内則》諸膳，有牛炙、牛膾，羊炙、豕炙、魚膾，即《儀禮·公食大夫禮》二十豆中物。孔氏正義云：「牛炙，炙牛肉也。」《毛詩·小雅·楚茨》云「或燔或炙」，傳云：「炙，炙肉也。」箋云：「炙，肝炙也。」孔氏正義云：「燔者，火燒之名；炙者，遠火之稱。以難熟者近火，易熟者遠之。故肝炙而肉燔也。《生民》傳曰『傅火曰燔』，《瓠葉》傳曰『加火曰燔』，對遥炙者爲近火，故云傅火加之。燔其實亦炙，非炮燒之也，故《量人》注云『燔從於獻酒之肉』，《特牲》曰『燔，炙肉』，是燔亦炙也。且燔亦炙，爲臠而貫之以炙於火，如今炙肉矣。」《瓠葉》云「有兔斯首，炮之燔之」，次章云「炮之炙之」，傳云：「毛曰炮，加火曰燔，炕火曰炙。」箋云：「柔者炙之，乾者燔之。」孔氏正義云：「凡治兔之所宜，若鮮明而新殺者，合毛炮之；若割截而柔者，則臠貫而炙之，若今炙肉也；乾者謂脯腊，則加之火上，若今之燒乾脯也。」《禮記·禮運》云「以炮以燔，以亨以炙」，注云：「炮，裹燒之也。燔，加於火上。炙，貫之火上。」《内則》獨詳於炮，云：「炮取豚若牂，刲之刳之，實棗於其腹中，編萑以苴之，塗之以謹塗，炮之，塗皆乾，擘之，濯手以摩之，去其皽。」注云：「炮者，以塗燒之爲名也。謹當爲墐。墐塗，塗有穰草也。」此蓋連毛以墐塗塗裹之，置火中燒，其毛隨塗脱去，又用手摩去皮肉上之皽，更入鼎鑊煑之。以其用塗包裹燒之，故名炮。炮者，包也。是爲「毛曰炮」也。去皽之後，入鑊煑之，則炮而烹矣。若不入鼎鑊，近火炙之則爲燔，遠火炙之則爲炙。《攷工記·廬人》「重欲傅人」，注云：「傅，近也。」傅火即近火也。是爲「炮之燔之」也。段氏玉裁《説文解字注》云：「《瓠葉》傳云『炕火曰炙』，正義云：『炕，舉也。』謂以物貫之而舉於火上以炙之。」按：炕，俗字，古當作抗。《方言》曰：「抗，縣也。」是也。縣而炙之，則遠火也。是爲「炮之炙之」也。軟棗爲人君燕食所加之庶羞，視《公食大夫禮》二十豆之用膾炙，禮之隆殺有差，即物之甘嘉或別，故以「孰美」爲問耳。

孟子曰：「膾炙哉！」【注】言膾炙固美也，何比於羊棗？

公孫丑曰：「然則曾子何爲食膾炙而不食羊棗？」曰：「膾炙所同也，羊棗所獨也。諱名不諱姓，姓所同也，名所獨也。」【注】孟子言膾炙雖美，人所同嗜。曾子父嗜羊棗耳，故曾子不忍食也。譬如諱君父之名，不諱其姓，姓與族同之，名所獨也。故諱之也。

【疏】注「譬如」至「故諱之也」〇正義曰：《周禮·春官·小史》「若有事則詔王之忌諱」，注云：「先王死日爲忌，名爲諱。」《禮記·王制》云「大史典禮，執簡記，奉諱惡」，注云：「諱，先王名。惡，忌日，若子卯。」大史所奉之諱惡即小史所詔之忌諱，蓋雖小史掌之而必出大史進之也。《曲禮》云：「卒哭乃諱。禮不諱嫌名，二名不偏諱。逮事父母則諱王父母，不逮事父母則不諱王父母。君所無私諱，大夫之所有公諱。《詩》《書》不諱，臨文不諱，廟中不諱。」《檀弓》云「既卒哭，宰夫執木鐸以命於宮曰：舍故而諱新」，注云：「故謂高祖之父當遷者也。」桓公六年《左傳》申繻云「周人以諱事神」，注云：「自父至高祖皆不敢斥言。」孔氏正義云：「自殷以往，未有諱法。諱始於周。」然則周制以諱事神，天子諸侯諱高祖以下，鄭氏謂適士以上諱祖，推之則大夫三廟，當諱曾祖。庶人不逮事父母者，雖不諱祖，亦仍諱父。是自天子至於庶人，未有不諱父者，君之名則未有敢斥言者。此「諱君父之名」之事也。隱公八年《左傳》：「無駭卒，羽父請謚與族。公問族於衆仲。衆仲對曰：『天子建德，因生以賜姓，胙之土而命之氏。諸侯以字爲謚，因以爲族。官有世功則有官族。邑亦如之。』公命以字爲展氏。」注云：「立有德以爲諸侯。因其所由生以賜姓，謂若舜由嬀汭，故陳爲嬀姓。報之以土而命氏曰陳。諸侯位卑，不得賜姓，故其臣因氏其王父字。或使即先人之謚稱以爲族。『則有官族，邑亦如之』，謂取其舊官舊邑之稱以爲族，皆稟之時君。諸侯之子爲公子，公子之子爲公孫，公孫之子以王父字爲氏。無駭，公子展之孫，故爲展氏。」由此言之，則姓可賜即可改，族由氏立，則姓不與族同矣。《禮記·大傳》云：「其庶姓别於上而戚單於下，昏姻可以通乎？繫之以姓而弗别，綴之以食而弗殊，雖百世而昏姻不通者，周道然也。」注云：「玄孫之子，姓别於高祖，五世而無服，姓世所由生。姓，正姓也。始祖爲正姓，高祖爲庶姓。」孔氏正義云：「正姓者，對氏族爲正姓也。若炎帝姓姜，黄帝姓姬。周姓姬，本於黄帝，齊姓姜，本於炎帝；宋姓子，本於契。是始祖爲正姓也。云高祖爲庶姓者，若魯之三桓慶父、叔牙、季友之後，及鄭之七穆子游、子國之後爲游氏、國氏之等。」然則庶姓者，氏也。同姓爲一族，其以氏爲族者，謂九族之族。蓋一族分爲九族，可各爲氏；而九族總爲一族，其姓仍同也。《白虎通·姓名》篇云：「人所以有姓者何？所以崇恩愛，厚親親，遠禽獸，别昏姻也。故紀世别類，使生相愛、死相哀。同姓不得相娶者，皆爲重人倫也。姓者，生也。人稟天氣所以生者也。所以有氏者何？所以貴功德，賤伎力。或氏其官，或氏其事，聞其氏即可知其德，所以勉人爲善也。或氏王父字者何？所以别諸侯之後，爲興滅國，繼絶世也。」此分别姓、氏甚詳。段氏玉裁《説文解字注》云：「按，人各有所由生之姓，其後氏别既久，而姓幾湮。有德者出，則天子立之，令姓其正姓，若大宗然。如《周語》：『帝胙四岳國，賜姓曰姜，氏曰有吕；陳胡公不淫，故周賜之姓，命氏曰陳；飂叔安裔子董父事帝舜，帝賜之姓曰董，氏曰豢龍。』蓋此三者，本皆姜、嬀、董之子孫，故予之以其姓，又或特賜之姓，前無所承者。如《史記》《白虎通》禹祖昌意以薏苡生，賜姓姒氏；殷契以玄鳥子生，賜姓子氏：斯皆因生以賜姓也。必兼《春秋》傳之説，而姓之義乃完。」「舜既姚姓，則嬀爲舜後之氏可知。姓氏之禮，姓統於上，氏别於下。鄭《駁五經異義》云：『天子賜姓命氏，諸侯命族。族者，氏之别名。姓者，所以統繫百世不别也；氏者，所以别子孫之所出，故《世本》之篇言姓則在上，❶言氏則在下也。』此由姓而氏之説也。既别爲氏，則謂之氏姓，故《風俗通》《潛夫論》皆以『氏姓』名篇，諸書多言『氏姓』。氏姓之見於經者，《春秋》隱九年『天王使南季來聘』，《穀梁傳》曰：『南，氏姓也。季，字也。』『南』爲逗，『氏姓也』三字爲句。此『氏姓』之明文也。《史記·陳杞世家》：『舜爲庶人時，堯妻之二女，居於嬀汭，其後因爲氏姓，姓嬀氏。』《五帝本紀》曰：『自黄帝至舜禹皆同姓，『帝禹爲夏后而别氏姓，姓姒氏』。契爲商姓子氏，棄爲周姓姬氏，此皆『氏姓』之明文也。凡言賜姓者，先儒以爲有德者則復賜之祖姓，使紹其後。故后稷賜姓曰姬，四岳堯賜姓曰姜，董父舜賜姓曰董，秦大費賜姓曰嬴，皆予以祖姓也。其有賜姓本非其祖姓者，如鄭氏《駁異義》云：『炎帝姓姜，大皞

❶「世」，原作「氏」，今據《説文解字注》改。

之所賜也。黄帝姓姬，炎帝之所賜也。』是炎帝、黄帝之先固自有姓，而炎帝、黄帝之姜、姬實爲氏姓之剙始。夏之姓姒，商之姓子，亦同。然則單云姓者，未嘗不爲氏姓；單言氏者，其後以爲姓。古則然矣。至於周，則以三代以上之姓及氏姓爲昏姻不通之姓，而近本諸氏於官，氏於事，氏於王父字者，爲氏不爲姓。古今之不同也。」謹按：伏羲以上，人道未定，有男女而無夫婦，人知有母而不知父，無父子則無族矣；伏羲畫八卦，定人道，使男女有别，男女有别則夫婦有義，夫婦有義則父子有親。鄭氏注《昏義》云：「子受氣性純則孝。」受氣純則一本相生而有族，於是有賜姓之制。蓋遵昏姻之禮以長育子孫，則賜之姓以旌别之，所謂「因生賜姓」者，蓋由此也。故云「遠禽獸，别昏姻」也。其始未必人人皆賜姓，而得姓者爲貴。久之，相慕相習，則賜姓者非一時，此所以神農之姓賜於大皞，黄帝之姓賜於炎帝也。至《國語·晉語》司空季子曰：「黄帝之子二十五人，其同姓者，二人而已。」惟青陽與夷鼓皆爲己姓，其同生而異姓者，四母之子别爲十二姓，凡黄帝之子二十五宗，其得姓者十四人爲十二姓，此所謂「姓」，即氏也。同是子而或得姓或不得姓，即春秋時之公子或賜氏或不賜氏也。季子以懷嬴之故，附會其説，姓氏之分，未足爲據。蓋至黄帝時，天下已無不有姓之人，而族類繁滋，其先因其無族而賜姓以别其爲族，至是因其族多而賜姓以别其族中之族，故一姓而有諸氏焉。久之忘其正姓，遂以氏爲姓，而氏又分氏。《書·禹貢》「錫土姓」，鄭氏注云：「天子建其國，諸侯胙之土，賜之姓，命之氏。」然則此賜姓即是命氏，是古時通謂之姓，周乃分正姓爲姓，庶姓爲氏耳。禹賜姒姓，契賜子姓，稷賜姬姓，皆與舜之姓嬀同，所謂「氏姓」也。蓋自黄帝以後，凡賜姓皆是賜氏。所謂「因生以賜姓」在無族無姓以前，是因其生氣不純而以姓表其同；在族既繁滋之後，是因其生氣滋盛而以姓表其異。其同，德也；其異，亦德也。故皆爲「天子建德，因生以賜姓」也。若論正姓，惟伏羲初定人道時所賜乃爲真姓本族，自黄帝以後，庶姓之中更爲庶姓，惟本其所知者以爲姓，即以爲族，而已矣。

章指：言情禮相扶，以禮制情；人所同然，禮則不禁。曾參至孝，思親異心，羊棗之感，終身不嘗。孟子嘉焉，故上章稱曰「豈有非義而曾子言之者」也。疏「思親異心」○正義曰：《荀子・大略》篇云：「曾子食魚有餘，曰：『泔之。』門人曰：『泔之傷人，不若奥之。』曾子泣涕曰：『有異心乎哉？』傷其聞之晚也。」

萬章問曰：「孔子在陳曰：『盍歸乎來？吾黨之士狂簡，進取，不忘其初。』孔子在陳，何思魯之狂士？」注孔子戹陳，不遇賢人，上下無所交。蓋歎息思歸，欲見其鄉黨之士也。簡，大也。狂者，進取大道而不得其正者也。不忘其初，孔子思故舊也。《周禮》「五黨爲州，五州爲鄉」，故曰「吾黨之士」也。萬章怪孔子何爲思魯之狂士也。疏注「簡大」至「士也」○正義曰：此文見《論語・公冶長》篇，但彼云「斐然成章，不知所以裁之」，與此不同。彼《集解》引孔氏云：「簡，大也。孔子在陳，思歸欲去，故曰吾黨之小子。狂簡者，進趨於大道，穿鑿以成文章，不知所以裁制。」蓋孔氏讀斐爲匪，匪然即非然。包氏注「不知而作」爲「穿鑿」。此孔氏以「斐然成章」爲「穿鑿成文章」，謂以非然者成爲文章也。趙氏本此，以「不得其正」解之。《儀禮・覲禮》云「伯父帥乃初事」，注云：「初猶故也。」《楚辭・招魂》「樂先故些」，注云：「故，舊也。」是「不忘其初」即不忘「故舊」也。「五黨爲州，五州爲鄉」，《周禮・地官・大司徒》文。引此者，所以別乎「阿私曰黨」之黨。蓋趙氏生桓、靈時，目見當時南北部黨人之議，朝廷捕而禁之，謂之「黨錮」，恐學者誤以聖人所稱「吾黨之士」即此三君八俊、希風標榜之徒，故既以「鄉」釋「黨」，又引《周禮》以明之。謂孔子所稱「吾黨之士」即是吾鄉之士也，非此朋黨、部黨之謂也。舊疏不知趙氏之指，妄肆譏評，而説者或謂《孟子》之文本作「五黨之士」，故引五黨釋之，尤失之遠矣。 **孟子曰：「孔子『不得中道而與之，必也狂獧乎？狂者進取，獧者有所不爲也』。孔子豈不欲中道哉？不可必得，故思其次也。」** 注 中道，中正之大道也。狂者能進取，獧者能不爲不善。時無中道之人，以狂獧次善者，故思之也。 疏 「孔子」至「次也」〇正義曰：此亦見《論語·子路》篇，獧作狷。《音義》云：「獧，丁音絹，與狷同。」按：《説文》犬部：「獧，疾跳也。一曰急也。」《國語·晉語》「小心狷介」，韋昭注云：「狷者守分，有所不爲也。」獧之爲狷猶捐之爲環。又心部云：「懁，急也。讀若絹。」段氏玉裁《説文解字注》云：「《論語》狷，《孟子》作獧，其實當作懁。」

「敢問何如斯可謂狂矣？」 注 萬章曰：人行何如斯則可謂之狂也？ **曰：「如琴張、曾皙、牧皮者，孔子之所謂狂矣。」** 注 孟子言人行如此三人者，孔子謂之狂也。琴張，子張也。子張之爲人，踸踔譎詭。《論語》曰「師也辟」，故不能純善而稱狂也。又善鼓琴，號曰琴張。曾皙，曾參父。牧皮，行與二人同。皆事孔子學者也。 疏 注「琴張」至「學者也」〇正義曰：「琴張」之名，一見於昭公二十年《左傳》，云：「琴張聞宗魯死，將往弔之。仲尼曰：『齊豹之盜而孟縶之賊，女何弔焉？』」注云：「琴張，孔子弟子，字子開，名牢。」孔氏正義云：「《家語》云：『孔子弟子琴張，與宗魯友。』《七十子》篇云：『琴牢，衛人，字子開，一字張。』

則以字配姓爲琴張，即『牢曰子云』是也。賈逵、鄭衆皆以爲子張即顓孫師。服虔云：『案，《七十子傳》云子張少孔子四十餘歲。』孔子是時四十，知未有子張。鄭、賈之説不知所出。」一見於《莊子·大宗師》篇，云：「子桑户、孟子反、子琴張三人相與友，曰：『孰能相與於無相與，相爲於無相爲？孰能登天游霧，撓挑無極，相忘以生，無所終窮？』三人相視而笑，莫逆於心，遂相與友。莫然有間，而子桑户死，未葬，孔子聞之，使子貢往侍事焉。或編曲，或鼓琴，相和而歌曰：『嗟來桑户乎！嗟來桑户乎！而已反其真，而我猶爲人猗！』子貢趨而進曰：『敢問臨尸而歌，禮乎？』二人相視而笑曰：『是惡知禮意？』」《左傳》《莊子》皆周人之書，趙氏豈不知之？而以琴張爲子張。觀《左傳正義》所引鄭、賈之説，則當時固以琴張爲子張而趙氏本之也。服虔始疑而《家語》始以琴牢一字張，杜預注《左傳》，所本者此也。然《家語》晚出之書，未足爲據。《論語·子罕》篇「牢曰子云吾不試故藝」，鄭氏注云：「牢，弟子子牢也。」不言即琴張。《史記·仲尼弟子傳》亦無琴牢其人。陳氏鱣《論語古訓》云：「王肅《家語敘》云：『《語》云牢曰子云吾不試故藝，談者不知爲誰，多妄爲之説。《孔子家語》弟子有琴張，一名牢，字子開，亦字張，衛人也。』肅云『談者』即指鄭氏。夫《論語》記弟子不應稱名，《漢白水碑》琴張、琴牢判爲二人，肅臆説不可信。」按：鄭衆、賈逵既以《左傳》之琴張爲子張，則當時説《莊子》亦必以琴張爲子張，孟子反與琴張或編曲或鼓琴，則編曲者反而鼓琴者張也。故謂子張善鼓琴，又正當時以《莊子》之琴張爲顓孫師之證，而趙氏本之也。蓋子張之爲人，短之者甚多。《荀子·非十二子》篇云：「弟佗其冠，神禫其辭，禹行而舜趨，是子張氏之賤儒也。」《吕氏春秋·尊師》篇云：「子張，魯之鄙家也，學於孔子。」鄭氏解《論語》「堂堂乎張」，云：「子張容儀盛而仁道薄。」至馬融注「師也辟」則云：

「子張才過人，失在邪僻文過。」直以「辟」爲「邪僻」，此趙氏本之，謂其「不能純善」也。《漢書·古今人表》以子張與曾皙相次，列於第三，而以琴牢列於第四，似亦以子張即琴張，而琴牢别爲「牢曰子云」之牢，别無琴張之名。趙氏生王肅前，未見有《家語》，自不知琴張即琴牢，以子張釋之，非無本也。王氏念孫《廣雅疏證》云：「《釋訓》：『𧿳踔，無常也。』𧿳或作踸。《楚辭·七諫》『馬蘭踸踔而日加』，王逸注云：『踸踔，暴長貌也。』暴長即無常之意。無常謂之踸踔，非常亦謂之踸踔。趙氏注《孟子》云：『子張之爲人，踸踔譎詭。』是也。」《文選·東京賦》「瑰異譎詭」，薛綜注云：「譎詭，變化也。」《漢書·劉輔傳》云「必有卓詭切至」，顔師古注云：「詭，異於衆也。」異於衆，亦謂其非常矣。《莊子》寓言，恐非其實。**「何以謂之狂也？」**注萬章問何以謂此人爲狂？**曰：「其志嘐嘐然，曰『古之人，古之人』。夷考其行，而不掩焉者也。**注嘐嘐，志大言大者也。重言古之人，欲慕之也。夷，平也。考察其行，不能掩覆其言，是其狂也。疏注「嘐嘐志大言大者也」○正義曰：《音義》云：「嘐嘐，火包切。」《説文》口部云：「嘐，誇語也。」志大言大，是誇語矣。既欲之而又慕之，故重言古之人。《説文》心部云：「慕，習也。」習者，重也。在心欲之不已，則形於口者亦不已。《毛詩·小雅·出車》「玁狁于夷」，《節南山》「式夷式已」，《大雅·桑柔》「亂生不平」，《召旻》「實靖夷我邦」，傳皆訓夷爲平。《爾雅·釋詁》云：「平，成也。」《易·復》《象傳》「中以自攷也」，《釋文》引鄭氏注云：「攷，成也。」向秀云：「攷，察也。」《禮記·禮器》「觀物弗之察矣」，注云：「察猶分辨也。」平與辨義通，則「夷攷」即是攷察。《説文》大部云：「奄，覆也。」掩與奄通。**狂者又不可得，欲得不屑不絜之士而與之，是獧也，是又其次也。**注屑，絜也。不絜，汙穢也。既不能得狂者，欲得有介之人能恥賤汙行不絜者，則可與言矣。是獧人次於狂者也。【疏】注「屑絜」至「狂者也」○正義曰：《毛詩・邶風・谷風》篇「不我屑以」，傳云：「屑，潔也。」古脩潔之字皆作絜。《楚辭・招魂》云「朕幼清以廉潔兮」，王逸注云：「不污曰潔。」不污穢爲絜，是「污穢」爲「不絜」矣。《漢書・楊胡朱梅云傳》贊云「昔仲尼稱不得中行則思狂狷」，顔師古注云：「狷，介也。」故此注以「狷」爲「有介之人」。有所不爲則有所介畫，不妄爲，故不以不絜爲絜也。不絜是污穢之行，能恥之賤之，是不絜此不絜之行也。與之是進而教之，故爲可與言。「是獧也是又其次也」八字一句，故易「獧也」爲「獧人」以明之。**孔子曰：『過我門而不入我室，我不憾焉者，其惟鄉原乎！鄉原，德之賊也。』」**【注】憾，恨也。人過孔子之門不入，則孔子恨之，獨鄉原不入者無恨心耳，以其賊德故也。【疏】注「憾恨也」至「故也」○正義曰：《小爾雅・廣言》云：「憾，恨也。」《楚辭・哀時命》云：「志憾恨而不逞兮。」是也。《荀子・脩身》篇云：「害良曰賊。」有害於德，故云「德之賊」。語見《論語・陽貨》篇。

曰：「何如斯可謂之鄉原矣？」【注】萬章問鄉原之惡云何？**曰：「何以是嘐嘐也？言不顧行，行不顧言，則曰『古之人』。古之人行何爲踽踽涼涼？生斯世也，爲斯世也善，斯可矣。閹然媚於世也者，是鄉原也。」**【注】孟子言鄉原之人，言何以是嘐嘐若有大志也？其言行不顧，則亦稱「古之人」。古之人行何爲踽踽涼涼，有威儀如無所施之貌也。鄉原者外欲慕古之人而其心曰：古之人何爲空自踽踽涼涼，而生於今之世，無所用之乎？以爲生斯世，但當取爲人所善善人，則可矣。其實但爲合衆之行。媚，愛也。故閹然大見愛於世也。若是者謂之鄉原。【疏】注「孟子」至「鄉原」○正義曰：「孟子言」三字解曰字，「何以是嘐嘐」以下皆論鄉原。嘐嘐，鄉原之嘐嘐也。「言何以是嘐嘐若有大志」謂鄉原之言何以嘐嘐若有大志也，非如狂者之真有大志也。「言不顧行，行不顧言」，鄉原之言行不顧也。狂者曰古之人古之人，鄉原則亦曰古之人。但狂者之稱古人是欲之慕之，鄉原之稱古之人則大言以譏斥之，謂古之人行何爲踽踽涼涼，無所用於世？此鄉原之大言，非如狂者之大言也。趙氏以上「古之人」爲句，「古之人行何爲踽踽涼涼」爲句，「生斯世也」句，「爲斯世也善」句，與「斯可矣」一連貫下相呼應，故云「但當取爲人所善善人」也。《毛詩・唐風・杕杜》篇「獨行踽踽」，傳云：「踽踽，無所親也。」《説文》足部云：「踽，疏行也。」疏與親反，無所親，故疏。又水部云：「涼，薄也。從水，京聲。」薄與疏義亦相近，不與人相親，則不以周旋盤辟施之於人，故云「有威儀如無所施之貌」也。《音義》以「古之人行」爲句，「何爲」之爲，張云：「于僞反。」謂古人之行何所爲而如是？生斯世也，但取爲人所善之善人。此爲字讀如字矣。閹爲宦豎之稱。《爾雅・釋天》云「太歲在戌曰閹茂」，李巡注云：「閹，蔽也。」趙氏讀閹爲奄。《毛詩・大雅・皇矣》篇「奄有四方」，傳云：「奄，大也。」故釋爲「大」。又《思齊》篇「思媚周姜」，傳云：「媚，愛也。」

萬子曰：「一鄉皆稱原人焉，無所往而不爲原人，孔子以爲德之賊，何哉？」【注】萬子即萬章也。孟子録之，以其不解於聖人之意，故謂之萬子。子，男子之通稱也。美之者，欲以責之也。萬章言人皆以爲原善，所至亦謂之善人，若是，孔子以爲賊德，何爲也？【疏】注「萬子」至「爲也」○正義曰：臧氏琳《經義雜記》云：「趙注『萬子即萬章也』云云，是趙邠卿注本作『萬子』。趙氏謂『其不解於聖人之意』，『美之者，欲以責之』，此説頗曲。夫公孫丑、萬章、告子之徒，平日反覆辨難，往往數千百言，孟子皆據理告之，未嘗責其不解，何至此忽欲責其不解而反假以美之乎？蓋鄉原之行，孟子雖已告之，其所以稱原者，孟子尚未言也。孟子未言則萬章不知，萬章不問則孟子終不言，後世之人亦終不知賊德、亂德者幾何不接踵於世，而堯舜之道不可得入矣。是非有萬章此問不可，故特稱子以美之。」趙氏佑《温故録》云：「萬章於此獨稱子，明有注文。然『萬子曰』乃記體，不得謂孟子稱之爲子。『不解』之解讀當爲懈，言其問之審也。蓋《孟子》七篇，萬章傳述之功居多，其於究論古帝王聖賢言行，惟萬章獨勤以詳。孟子之功，莫大於尊仲尼、稱堯舜、闢楊墨，而此章又終之辨鄉原以立萬世之防，實萬章相與發明之。此章則其問答終畢之事，故特著『子』稱焉，以結七篇之局。」《論語·泰伯》篇云「侗而不愿」，《釋文》引鄭注云：「愿，善也。」趙氏讀原爲愿，故以「原人」爲「善人」。**曰：「非之無舉也，刺之無刺也。同乎流俗，合乎汙世。居之似忠信，行之似廉潔，衆皆悦之，自以爲是，而不可與入堯舜之道。故曰『德之賊』也。**注孟子言鄉原之人能匿蔽其惡，非之無可舉者，刺之無可刺者。志同於流俗之人，行合於汙亂之世。爲人謀，居其身若似忠信，行其身若似廉絜爲行矣，衆皆悦美之，其人自以所行爲是，而無仁義之實，故不可與入堯舜之道也。無德而人以爲有德，故曰「德之賊」也。疏注「鄉原」至「賊也」○正義曰：無可非、無可刺，則真善矣，故趙氏以「能匿蔽其惡」解之。流俗之人不可同志，則同之而不敢異；汙亂之世不可合行，則合之而不敢離。蓋自托於達士之和光，而曲爲浮沉俯仰之術，似忠信則非忠信，似廉絜則非廉絜。《論語·學而》篇曾子曰：「爲人謀而不忠乎？與朋友交而不信乎？」廉絜亦屬與人交接之事，故趙氏括之以「爲人謀」。惟其志行既同流合汙，而其與此流俗汙世之人共事，又能盡心力以爲之謀而不自私其財利，此人所以皆悦之也。彼見人皆悦之，遂亦自信爲涉世之善法，故「自以爲是」，而要之非仁義之實也。所謂「非之無可舉，刺之無可刺」，亦此流俗汙世之人耳。若孔子則已刺之爲「賊」，孟子則已非之爲「不可入堯舜之道」。**孔子曰：『惡似而非者：惡莠，恐其亂苗也；惡佞，恐其亂義也；惡利口，恐其亂信也；惡鄭聲，恐其亂樂也；惡紫，恐其亂朱也；惡鄉原，恐其亂德也。』**注似真而非真者，孔子之所惡也。莠，莖葉似苗。佞人詐飾，似有義者。利口辯辭，似若有信。鄭聲淫人之聽，似若美樂。紫色似朱。朱，赤也。鄉原惑衆，似有德者。此六似者，皆孔子之所惡也。疏注「莠莖葉似苗」○正義曰：《毛詩·齊風·甫田》「維莠驕驕」，傳不言何物。《小雅·大田》「不稂不莠」，傳云：「稂，童梁也。莠，似苗也。」按：莠之爲物有二。《御覽》引韋昭《問答》云：「《甫田》『維莠』，今何草？答曰：今之狗尾也。」《夏小正》：「四月，秀幽。」《國策》魏西門豹云「幽莠之幼也似禾」。《廣雅·釋草》云：「莠，葽也。」幽、葽、莠一聲之轉。《説文》艸部以「葽」次「莨」，莨即《爾雅·釋草》之「孟狼尾」。《史記·司馬相如傳》《上林賦》「其卑溼則生藏莨」，《集解》引《漢書音義》云：「莨，狼尾草也。」莨爲狼尾，葽爲狗尾，所以相次也。則狗尾之名莠，乃葽之通借字也。此「不稂不莠」，傳既以稂爲童梁，《説文》艸部云：「蓈，禾粟之采生而不成者，謂之童蓈。」重文「稂」。采即穗字，爲禾成秀之名。蓋禾病則秀而不實，實者下垂，不實者直立而獨露於外。童之猶言獨也。稂是生而不成者，於是《説文》即以莠字次之，云「莠，禾粟下揚生莠也」。揚者，簸揚之謂。粟之不堅好者，簸揚之必在下，今農人尚呼之爲「下揚」。《農桑輯要》云：「穀種浮秕，去則無莠。」徐鍇亦謂：「莠出於粟秕。」今狗尾草徧野皆一種自生，不關粟秕所種，則下揚所生之莠别爲似禾之物，與葽之爲狗尾者異也。蓋即禾之秀而不實者，故即以「莠」名之。稂、莠一類，稂成於病，莠生自種，爲有别耳。下揚中有米而不全，俗謂之「半掩」，故能生也。程氏瑶田以「下揚」

爲飛揚，段氏玉裁以「下揚」爲下垂，難乎達矣。○注「佞人」至「惡也」○正義曰：《論語・陽貨》篇云「惡紫之奪朱也，惡鄭聲之亂雅樂也，惡利口之覆邦家者」，《集解》孔氏云：「朱，正色。紫，間色之好者。惡其邪好而奪正色也。」包氏云：「鄭聲，淫聲之哀者，惡其奪雅樂也。」孔氏云：「利口之人，多言少實，苟能説媚時君，傾覆其國家也。」此謂惡似而非，與彼義略别。《爾雅・釋詁》云：「壬，佞也。」《書・皋陶謨》云：「何畏乎巧言令色孔壬？」孔壬即莊公十七年《公羊傳》所云「甚佞」。孔壬指巧言令色，巧言令色即共工之「静言庸違，象恭滔天」。静言、象恭，似乎有義矣，而不知實庸違、滔天，爲甚佞也。《韓非子・八經》篇云：「言之爲物也，以多信不然之物，十人云疑，百人然乎，千人不可解也。呐者言之疑，辯者言之信。姦之食上也，取資乎衆，籍信乎辯。」❶此「辯辭」所以「若有信」也。《禮記・樂記》云：「魏文侯問於子夏曰：『吾端冕而聽古樂，則惟恐卧；聽鄭衛之音，則不知倦。』子貢對曰：『今君之所問者，樂也；所好者，音也。夫樂者，與音相近而不同。夫古者，天地順而四時當，民有德而五穀昌，疾疢不作而無妖祥，然後聖人作爲父子君臣以爲紀綱，紀綱既正，天下大定，然後正六律，和五聲，弦歌詩頌，此之謂「德音」，德音之謂「樂」。今君之所好，其溺音乎？鄭音好濫淫志，宋音燕女溺志，衛音趨數煩志，齊音敖辟喬志。此四者，皆淫於色而害於德，是以祭祀弗用也。』」此「鄭聲」所以「亂樂」。《論語・衛靈公》篇云「放鄭聲，遠佞人。鄭聲淫，佞人殆」，孔氏云：「鄭聲、佞人亦俱能感人心，與雅樂賢人同，而使人淫亂危殆，故當放遠之也。」《説文》木部云：「朱，赤心

❶「籍」，原作「箝」，今從沈校據《韓非子》改。

木。」木之赤心者名朱，朱即赤，故《楚辭・招魂》《大招》「朱顔」，王逸注皆云：「朱，赤也。」《攷工記》「畫繢之事，東方青，南方赤，西方白，北方黑」，故爲正色。劉熙《釋名・釋采帛》云：「紫，疵也。非正色也，五色之疵瑕以惑人者也。」《法言・吾子》篇云：「或問蒼蠅紅紫曰明視，問鄭衛之似曰聰聽。中正則雅，多哇則鄭。」《漢書・王莽傳贊》云「紫色鼃聲」，應劭云：「紫，間色。鼃，邪聲也。」按：鼃與哇同。**君子反經而已矣。經正，則庶民興；庶民興，斯無邪慝矣。」**注經，常也；反，歸也。君子治國家，歸其常經，謂以仁義禮智道化之，則衆民興起而家給人足矣。「倉廩實而知禮節」，安有爲邪惡之行也？疏注「經常」至「行也」○正義曰：《白虎通・五經》篇云：「經，常也。」《說文》辵部云：「返，還也。」《廣雅・釋詁》云：「反，歸也。」反與返同，歸即還也。《呂氏春秋・順民》篇云「湯克夏而正天下」，高誘注云：「正，治也。」《荀子・非相》篇云：「起於上，所以道於下，正令是也。」趙氏以正爲政教，故以「道化」釋之。五常是仁義禮智信，「經正」是「以仁義禮智道化之」，謂經正之也。《說文》舁部云：「興，起也。」《毛詩・小雅・天保》篇「以莫不興」，傳云：「興，盛也。使萬物皆盛，草木暢茂，禽獸碩大。」《周禮・地官・旅師》「掌聚野之耡粟、屋粟、間粟而用之，以質劑致民，平頒其興積」，注云：「興積，所興之積，謂三者之粟也。縣官徵聚物曰興。」賈氏疏云：「興皆是積聚之義。」興爲積聚，又爲茂盛，故以「庶民興」爲「家給人足」。「倉廩實而知禮節」，《管子》文，詳見前。《秋官・大行人》「殷覜以除邦國之慝」，❶注云：「慝，惡也。」故以「邪慝」爲「邪惡」也。莊公十

❶「覜」，原作「頫」，今從沈校據《周禮》改。

一年《公羊傳》云：「權者，反於經然後有善者也。」《論語·子罕》篇云：「可與立，未可與權。唐棣之華，偏其反而。」何晏注云：「賦此詩以言權道，反而後至於大順。」趙氏之義，則孟子言「反經」與《公羊傳》異。

章指：言士行有科，人有等級。中道爲上，狂、獧不合。似是而非，色厲内荏，鄉原之惡，聖人所甚。反經身行，民化於己。「子率而正，孰敢不正」也。 疏「子率而正孰敢不正」○正義曰：《史記·平津侯主父列傳贊》云：「夫三公者，百寮之率，萬民之表也。未有樹直表而得曲影者也。孔子不云乎：『子率而正，孰敢不正？』」趙氏本此，蓋隱以公孫弘脱粟布被爲鄉原也。

孟子曰：「由堯舜至於湯，五百有餘歲。若禹、皋陶，則見而知之；若湯，則聞而知之。

注言五百歲聖人一出，天道之常也。亦有遲速，不能正五百歲，故言「有餘歲」也。見而知之，謂輔佐也，通於大賢次聖者亦得與在其間。親見聖人之道而佐行之，言易也。聞而知之者，聖人相去卓遠，數百歲之間變故衆多，踰聞前聖所行，追而遵之以致其道，言難也。疏「由堯」至「知之」○正義曰：孟子言必稱堯舜，以堯舜治天下之法爲萬世所不能易，故末自堯舜而下，言湯、文、孔子所聞而知之，禹、皋陶、伊尹、萊朱、太公望、散宜生所見而知之，無非堯舜之道。堯舜之道，通變神化之道也。上言鄉原「自以爲是而不足與入堯舜之道」，末言「君子反經而已矣」，然則「反經」者，堯舜之道也。又云「經正則庶民興」，言經正則經有不正者矣。反經而經正，則不反經經有不正者矣。孟子所云「反經」即《公羊傳》所云「反經」，反經爲權，權即通變神化。何爲經？經者，常也。常者，不變之謂也。狂者常於高明，君子則反之以柔克；獧者常於沈潛，君子則反之以剛克。如是則其常而不能變者皆以反而歸於正，此庶民所以皆興起於善而無邪慝也。惟鄉原非之無舉，刺之無刺，其闇然媚世，本無一定之常，爲剛克柔克所不能化。又自以爲是，非勞來匡直所能移，故不可與入堯舜之道，實爲聖世奸民而古今大慝也。此孔子所以惡之而思狂獧之士。狂者反經，則由狂而中正，獧者反經，則由獧而中正。故君子反經而經正也。鄉原而外，皆可與入堯舜之道者也。此堯舜之道爲萬世君子之法，故湯、文王、孔子聞而知之，即知此反經經正之道也；禹、皋陶、伊尹、萊朱、太公望、散宜生見而知之，即知此反經經正之道也。反經爲權，實即堯舜通變神化之道。公羊氏不能闡而明之，孟子則詳言之矣。○注「卓遠」○正義曰：《楚辭·逢尤》篇「世既卓兮遠眇眇」，注云：「卓，遠也。」**由湯至於文王，五百有餘歲。若伊尹、萊朱，則見而知之；若文王，則聞而知之。****注**伊尹，摯也；萊朱，亦湯賢臣也，一曰仲虺是也。《春秋傳》曰「仲虺居辥，爲湯左相」，是則伊尹爲右相，故二人等德也。**疏**注「伊尹」至「德也」○正義曰：《書·君奭》云：「我聞在昔成湯既受命，時則有若伊尹，格于皇天；在太甲，時則有若保衡。」《毛詩正義》引鄭氏注云：「伊尹，名摯，湯以爲阿衡，以尹天下，故曰伊尹。」《孫子·用間》篇云：「昔殷之興也，伊摯在夏。」魏武帝注云：「伊尹也。」《春秋繁露·三代改制質文》篇云：「湯受命，變夏作殷，作官於下洛之陽，名相官曰尹。」尹既是相，則仲虺同時爲左相，知伊尹爲右相矣。引《春秋傳》者，定公元年《左傳》辥宰曰：「辥之皇祖奚仲，居辥以爲夏車正。奚仲遷於邳，仲虺居辥，以爲湯左相。」《書序》云：「湯歸自夏，至於大坰，仲虺作誥。」《史記·殷本紀》作「中𤳹」，《索隱》云：「仲虺二音，𤳹作壘，音如字。《尚書》又作虺。」𤳹、萊一音之轉。**由文王至於孔子，五百有餘歲。若太公望、散宜生，則見而知之；若孔**

子，則聞而知之。注太公望，吕尚也，號曰師尚父。散宜生，文王四臣之一也。吕尚有勇謀而爲將，散宜生有文德而爲相，故以相配而言之也。疏注「太公」至「之也」〇正義曰：《毛詩·大雅·大明》篇：「維師尚父，時維鷹揚，涼彼武王。」傳云：「師，大師也。尚父，可尚可父。鷹揚，如鷹之飛揚也。」箋云：「尚父，吕望也。尊稱焉。佐武王者，爲之上將。」孔氏正義云：「《史記·齊世家》云：『太公望吕尚者，東海上人。西伯出獵得之，曰吾太公望子久矣，故號之曰太公望。載與俱歸，立爲太師。』劉向《别録》曰：『師之尚之父之，故曰師尚父。父亦男子之美稱。』《太誓》注云：『師尚父，文王於磻谿所得聖人吕尚，立以爲太師，號曰尚父，尊之。』如《世家》之文，則尚本是名，號之曰望。而《維師謀》云『吕尚釣厓』，注云：『尚，名也。』又曰『望公七年，尚立變名』，注云：『變名爲望。』蓋因所呼之號遂以爲名，以其道可尊尚，又取本名爲號也。《孫子兵法》曰『周之興也，吕牙在殷』，則牙又是其名字也。」《書·君奭》云：「惟文王尚克脩和我有夏，亦惟有若虢叔，有若閎夭，有若散宜生，有若泰顛，有若南宫括。又曰：無能往來，兹迪彝教，文王蔑德降于國人，亦惟純佑秉德，迪知天威，乃惟時昭文王，迪見冒聞于上帝，惟時受有殷命哉。」鄭氏注云：「《詩傳説》有『疏附、奔走、先後、禦侮之人』，而曰『文王有四臣以受命』，此之謂。」《毛詩正義》曰：「引此四行以證五臣，明非一臣有一行也。」王氏鳴盛《尚書後案》云：「《大雅·緜》詩毛傳云：『率下親上曰疏附，相道前後曰先後，諭德宣譽曰奔奏，武臣折衝曰禦侮。』絶無所謂文王有四臣以受命之説。蓋鄭先受《韓詩》於張恭祖，後又通《魯詩》，最後乃得《毛詩》，此所引《詩傳説》，或《韓詩》《魯詩》説也。」趙氏所謂「四臣之一」，與鄭氏説同。散宜生既在四臣之中，而降蔑德，秉文德，昭明德，故云「有文德而爲相」也。按：「見而知之」謂親見當時所以治天下如此。在堯舜時舉一禹、皋陶,則稷、契、益等二十二人括之矣;在湯時舉一伊尹、萊朱,則當時賢臣如女鳩、女房、義伯、仲伯、咎單等括之矣;在文王時舉一太公望、散宜生,則虢叔、泰顛、閎夭、召公、畢公、榮公等括之矣。非謂見知者僅此一二人也。蓋通變神化之道作於黄帝、堯、舜,而湯、文王聞而知之,知而行之。其始百姓固日用而不知,而賢聖之臣爲之輔佐者,親見此脩己以敬、無爲而治之效,固無不知之也。錢氏大昕《潛研堂答問》云:「《大戴·帝繫》篇:『堯娶於散宜氏之子,謂之女皇。』散宜蓋古諸侯之國,散宜生殆其苗裔也。」**由孔子而來至於今,百有餘歲。去聖人之世,若此其未遠也;近聖人之居,若此其甚也。然而無有乎爾,則亦無有乎爾。」**注至今者,至今之世,當孟子時也。聖人之間必有大賢名世者。百有餘年,適可以出,未爲遠而無有也。鄒、魯相近,《傳》曰「魯擊柝,聞於邾」,近之甚也。言己足以識孔子之道,能奉而行之。既不遭值聖人,若伊尹、吕望之爲輔佐,猶可應備名世,如傅説之中出於殷高宗也。然而世謂之無有,此乃天不欲使我行道也,故重言之,知天意之審也。言「則亦」者,非實無有也。則亦當使爲無有也乎?爾者,歎而不怨之辭也。疏「然而無有乎爾則亦無有乎爾」○正義曰:趙氏以「無有」爲無有「名世之人」。上云「然而無有」,謂當時之人以爲無有;下云「則亦無有」,因人言無有,「則亦當使之無有」。《音義》云:「陸本作『然而無乎爾則亦有乎爾』」,云:『孟子意自以當之。鄒魯相鄰,故曰近聖人之居。無乎爾有乎爾,疑之也。此意以況絶筆於獲麟也。』」趙氏佑《温故録》云:「魏氏作《孟子論》,謂世未遠,居甚近,蓋將自負於顔、曾、思見知之列,而以聞知望天下後世之人。或者曰:顔、曾、思爲孔子見知之人明矣,孟子何不正言而概以無有?曰:顔、曾、思之見知,不待言也。蓋古今道法之所以不墜者,固賴近有見知，遠有聞知，而當見知已往，聞知未來，尤必有人焉以延其絶續之交，然後見以紹見，聞以啓聞，近不絶而遠可續。觀《書》陳伊尹保衡，而後則有太戊、盤庚、武丁之爲君，伊陟、臣扈、巫咸、巫賢、甘盤之爲臣，皆以傳湯與伊萊之道，故文王得以聞而知。子貢稱文武之道未墜於地，賢者識其大，不賢者識其小，皆以存文與散，望之道，故夫子得以聞而知。推之禹、皋至湯，雖《書》缺有間，然而歌稱祖訓，征述政典，《史記》伊尹之於湯，言素王九主之事，其非無人焉相授受、相維持於堯舜之衰可知也。其人類不及聖，而足以爲聖之資，否則各以五百餘歲爲斷，亦云遥闊之甚矣，湯、文、孔子雖甚聖，其不歎文獻無徵者幾希矣。獨至春秋戰國之際，而異學邪説争鳴交煽，班生所謂『仲尼没而微言絶，七十子喪而大義乖』也，其孰是與於知之者？孟子未得爲孔子徒，亦既不親見聖，而猶以其近而未遠爲幸，因益以未遠而無有爲懼。夫未遠而已無有知之者，復何望於遠而知之哉？孟子力肩斯道，實自居於見聞絶續之交之一人，而備述所知，以上紹前之知，下遺後之知，其所紹直自禹以下，有不止於顔、曾、思者，而其所遺於後，爲益無窮期矣。」謹按：此義與趙氏之指小異而相近，然謂顔、曾、思爲見知，非也。堯舜、湯文以此道措諸天下而巍巍皞皞，一時輔佐之人共見之，是爲見而知之。湯、文王之知雖起於聞，而實徵於見；禹、伊尹、周公雖見知，而非不可聞知。惟孔子但聞知而不能措之天下，使當時賢者得見而知；七十子學於孔子，亦皆聞而知之，非見而知之者也。孟子去孔子之生未遠，鄒、魯又相近，言庶幾私淑其人，得聞而知之也。然而堯舜、湯文不復見於世，則此聞而知者無有措於天下。蓋自孔子時已無有見而知之者矣，況生百年後，則亦無有見而知之者矣。「爾」者，辭之終也。「乎爾」者，決絶之中尚有餘望也。此孟子思王者之不作而不欲徒托諸空言，其辭遜，其指婉。或乃以孟子道統自居。夫道，無所爲統也。爲道統之説者，失孟子之教矣。

章指：言天地剖判，開元建始；三皇以來，人倫攸敘。弘析道德，班垂文采，莫貴乎聖人。聖人不出，名世承間。雖有此限，蓋有遇有不遇焉。是以仲尼至「獲麟」而止筆，孟子以「無有乎爾」終其篇章，斯亦一契之趣也。

疏「天地剖判」○正義曰：《史記·孟子荀卿列傳》云「騶衍稱引天地剖判以來」，《韓非子·解老》篇云「唯夫與天地之剖判也俱生」。《廣雅·釋天》云：「太初，氣之始也。生於酉仲，清濁未分也。太始，形之始也。生於戌仲，清者爲精，濁者爲形也。太素，質之始也。生於亥仲，已有朴素而未散也。三氣相接，至於子仲，剖判分離，輕清者上爲天，重濁者下爲地，中和爲萬物。」○「聖人不出名世承間」○正義曰：見《漢書·楚元王傳贊》。○「蓋有」至「止筆」○正義曰：《荀子·宥坐》篇孔子曰：「夫賢不肖者，材也；爲不爲者，人也；遇不遇者，時也。」《論衡·逢遇》篇云：「伊尹、箕子，才俱也。伊尹爲相，箕子爲奴。伊尹遇成湯，箕子遇商紂也。或以賢聖之臣遭欲爲治之君而終有不遇，孔子、孟軻是也。孔子絶糧陳蔡，孟軻困於齊梁，非時君主不用善也，才下知淺，不能用大才也。」《漢書·儒林傳序》云：「因《魯春秋》舉十二公行事，繩之以文武之道，成一王法，至『獲麟』而止。」班固《答賓戲》云：「孔終篇於『西狩』。」

孟子正義卷三十

江都縣鄉貢士焦循譔集

孟子篇敘疏正義曰：《音義》云：「此趙氏述《孟子》七篇所以相次敘之意也。」周氏廣業《孟子章指攷證》云：「《篇敘》亦趙邠卿所作，其意蓋本《序卦》，欲使知篇次相承，不容紊錯也。雖配儷五七，未必盡符作述微旨。存之亦足見聖哲立言，事理畢該，隨所推尋，無非妙緒矣。如《魯論》，群弟所記，宜無倫敘，而説者謂降聖以下，皆由學成，故首《學而》，成學乃可爲政化民，故次《爲政》。以類相求，實皆好學深思之效也。」趙氏

《孟子篇敘》者，言《孟子》七篇所以相次敘之意也。疏正義曰：明名《篇敘》者，爲七篇次序之義，非如《詩序》《書序》之序也。孟子以爲聖王之盛，惟有堯舜，堯舜之道，仁義爲上，故以梁惠王問利國，對以仁義，爲首篇也。疏正義曰：《易·説卦傳》云：「是以立天之道曰陰與陽，立地之道曰柔與剛，立人之道曰仁與義。」仁即元，義即利，仁義之爲道即元亨利貞之爲德，此堯舜所以通變神化者也。孟子言必稱堯舜，堯舜之道即仁義矣。仁義根心，然後可以大行其政，故次之以公孫丑問管

晏之政，答以曾西之所羞也。 疏 正義曰：根心，謂先王以不忍人之心行不忍人之政。**政莫美於反古之道，滕文公樂反古，故次以文公爲世子，始有從善思禮之心也。** 疏 正義曰：思禮謂三年之喪。**奉禮之謂明，明莫甚於離婁，故次之以離婁之明也。** 疏 正義曰：《説文》廾部云：「奉，承也。」承先王之禮而行之，所謂述也。《禮記·樂記》云：「故知禮樂之情者能作，識禮樂之文者能述。作者之謂聖，述者之謂明。」**明者當明其行，行莫大於孝，故次以萬章問舜往于田號泣也。** 疏 正義曰：舜明於庶物，察於人倫，是明其行也。**孝道之本在於情性，故次以告子論情性也。** 疏 正義曰：人性善，所以能孝弟。**情性在內而主於心，故次以盡心也。** 疏 正義曰：「乃若其情，則可以爲善矣」，是情合於性。「盡其心者，知其性也」，是性本於心。**盡己之心，與天道通，道之極者也。是以終於盡心也。** 疏 正義曰：盡心則知性知天，故與天道通也。周氏廣業《孟子出處時地攷》云：「建篇之首《梁惠王》也，趙氏之説韙矣。《題辭》謂『退自齊梁而著作，其篇目各自有名』，則未盡然。古人得志，澤加於民；不得志，脩身見於世。立言不朽，雖聖人不能易，豈必窮愁始著書哉？特壯年志在行道，未遑專意耳。故其成在遊梁之後，其著作斷非始此。大率起《齊宣王》至《滕文公》爲三册，記仕宦出處；《離婁》以下爲四册，記師弟問，答雜事。迨歸自梁而孟子已老，於行文既絶少，又暮年所述，故僅與魯事，分附諸牘末。其後門人論次遺文，分篇列目，以『仁義』兩言爲全書綱領，因割其六章冠首，而以《梁惠王》題篇，於梁齊之下，繼以鄒、滕、魯。蓋孟子生平所注意者祗此五國而已。乃其在梁也，始以去利行仁義期之，終料其嗜殺而去。於齊宣王，始以易牛之仁冀其王，終以伐燕之暴決於歸。鄒於仁政一言行否未可知，而父母之邦，君子重之，且與齊宣皆屬舊君，不容略也。滕文尊禮，孟子遇矣，而國小多故，莫必其成功。魯則周公之後，孔子之鄉，平公乘五百里之地，既知用樂正子，兼有見賢之意，似可與圖功矣，而卒不遇。孟子一生行藏，首篇盡之矣。其曰『天欲平治天下，舍我其誰』，壯而欲行，厚望之辭也；功之成否、身之遇否皆歸之天，老不得志，絕望之辭也。首次二篇以天終，末篇以天始。《梁惠王》以王道始，《盡心》以聖學終。《公孫丑》由王道推本聖學，其爲章二十有三，記齊事者十有五，餘八章皆言仁義，又王道也。而齊之仕止詳見起訖，明是篇爲在齊之日，公孫識之矣。《滕文公》亦兼舉聖學王道，而滕係弱小，故其言井田、學校雖較詳於《齊》《梁》，但可新其國耳，王非所能也。聖王不興於上，聖道將絕於下，於是力闢楊墨以承之，許行、夷之以至陳仲子，皆邪說詖行之害仁義者也，故以『不得已好辯』終焉。《離婁》《萬章》《告子》《盡心》，發端言堯舜心性，與《滕文公》同；其後皆雜說訓言，而《萬章》一篇又知人論世之林。此則七篇大致，可得而略言者。趙氏以爲『包羅天地，揆敘萬類，仁義道德，性命禍福，粲然靡所不載』，信矣。」謹按：周氏所云似較趙氏爲長。然探趙氏《篇敘》之指，蓋恐後人紊亂其篇次，增損其字數，故假其義以示其信耳。如後稱字數，以五七不敢盈之義，則知三萬四千六百有奇非傳寫之譌，三萬五千二百有奇實增多之羨，詎真以孟子取五七不盈之義爲此字數哉？

篇所以七者，天以七紀，璿璣運度，七政分離，聖以布曜，故法之也。疏 正義曰：「天以七紀」，昭公十年《左傳》文也。《尚書・堯典》云：「在璇璣玉衡，以齊七政。」馬氏注云：「璿，美玉也。璣，渾天儀可轉旋，故曰璣。七政者，北斗七星，各有所主：第一曰主日，法天；第二曰主月，法地；第三曰命火，謂熒惑；

第四曰煞土，謂填星；第五曰伐水，謂辰星；第六曰危木，謂歲星；第七曰罰金，謂太白。日月五星各異，故名曰七政。」又云：「日月星皆以璿璣玉衡度知其盈縮。」《尚書大傳》云：「『在琁機玉衡，以齊七政。』琁機者，何也？傳曰：琁者，還也。機者，幾也，微也。其變幾微，而所動者大，謂之旋機。是故旋機謂之北極。」鄭氏注云：「七政謂春秋冬夏天文地理人道，所以爲七政也。人道盡而萬事順成。」馬、鄭之説不同。趙氏此文作「璿璣」不作「琁機」，則用馬氏義也。渾天者，地在其中，天周其外，晝則日在地上，夜則日入地下。漢宣帝時司農中丞耿壽昌鑄銅爲之，象衡横其中，璣轉於外，以知天度，故云璿璣運度也。范甯《穀梁傳序》云「七曜爲之盈縮」，楊氏疏云：「謂之七曜者，日月五星皆照天下，故謂之七曜。」日歲一周天，月月一周天，木星十二歲一周天，火星二歲一周天，土星二十八歲一周天，金水二星附日而行，亦一歲一周天。是「七政分離」，各行其度，而聖人造璿璣，使七政畢陳於目，故云「聖以布曜」。布曜者，即布此七政之曜。言《孟子》一書，分而爲七，如天之有七政，而舜以璿璣布之也。劉陶作《七曜論》以復《孟子》，疑即以七篇爲七曜。趙氏蓋本此。

章所以二百六十有九者，三時之日數也。不敢比《易》，當期之數，故取其三時。三時者，成歲之要時，故法之也。 疏 正義曰：《題辭》稱「二百六十一章」，此言九，當有誤也。《易·繫辭傳》云：「乾之策二百一十有六，坤之策百四十有四，凡三百有六十，當期之日。」此云「不敢比《易》，當期之數」，帀期四時十二月，三時則九个月，當有二百七十日，於數亦不能合。孔本作「常期」，《音義》云：「『當期』，音朞。」則本作當字，今正之。

三萬四千六百八十五字者，可以行五常之道，施七政之紀，故法五七之數而不敢盈也。 疏 正義曰：五七當三萬五千字，今不足，故云不敢盈。據今本，共三萬五千二百二十六字，多趙氏五百四十一字。以趙氏《章句》《章指》核之，其字句較今所傳不應減少，此明云「五七之數不敢盈」，則爲三萬四千有奇而不足五千，斷非趙氏此數爲傳寫有誤。若過三萬五千，則不當云「五七之數不敢盈」也。尋繹其故，趙氏本所不同者當在「孟子曰」等文。蓋問答則有「孟子曰」「孟子對曰」，或單用「曰」字。其自爲法度之言，則不必加「孟子曰」。如《荀子·儒效》篇與秦昭王問答，《議兵》篇與陳囂、李斯等問答，則用「孫卿子曰」，餘皆不加「荀子曰」。惟自言本不加「孟子曰」，此趙氏所以定七篇爲孟子自作。《史記》「太史公曰」，《索隱》云：「楊惲、東方朔所加。」則「孟子曰」三字容爲後人所加，如「齊人有一妻一妾」章，「逢蒙學射於羿」章，章首皆無「孟子曰」，可例其餘。「曾子居武城」章，章首亦無「孟子曰」，而「孟子曰」三字在章末有之。又《公孫丑上》篇「伯夷」章章首有「孟子曰」，章末「伯夷隘」云云，又有「孟子曰」，亦後人增加未畫一之證。凡孟子自言一百數十章，則多「孟子曰」一百數十。又趙氏於單言「曰」字或無「曰」字，必明標「孟子曰」「孟子言」及「丑曰」「克曰」「相曰」「皃曰」「悭曰」云云，其「孟子謂戴不勝曰」，趙氏亦標云「孟子假喻」，疑章首「孟子」亦後人所加，❶趙氏本但云「謂戴不勝曰」，經無「孟子」字，趙氏乃以「孟子」標之也。「孟子曰子能順杞柳之性」「孟子曰水性無分於東西」，趙注皆明標「孟子曰」，蓋趙氏本亦但有「曰」字，無「孟子」字，故標之也。以此推之，雖未能盡得其增加之跡，而趙氏之本轉減少於今本五百四十一字者，約略可於此見之也。**文章多少，擬其大數，不必適等，猶《詩》三百五篇而《論》曰「《詩》三百」也。** **疏**

❶ 「亦」，據文義疑當作「非」。

正義曰：《論》謂《論語》也。謂以二百六十一法三時二百七十，以三萬四千六百八十五字法五七三萬五千，皆爲不必適等。**章有大小，分章賦篇，篇趣五千，以卒其文，無所取法，猶《論》四百八十六章，章次大小，各當其事，亦無所法也。**疏正義曰：大謂字數多，小謂字數少。分章以布於篇，每篇五千字，文即字也。「卒其文」者，七篇每篇以五千文爲卒也。《論語釋文》云：「《學而》凡十六章，《爲政》二十四章，《八佾》二十六章，《里仁》二十六章，《公冶長》二十九章，《雍也》三十章，《述而》舊三十九章，今三十八章，《泰伯》二十一章，《子罕》三十一章，皇三十章，《鄉黨》一章，《先進》二十三章，《顔淵》二十四章，《子路》三十章，《憲問》四十四章，《衛靈公》四十九章，《季氏》十四章，《陽貨》二十四章，《微子》十四章，《子張》二十五章，《堯曰》三章。」共五百六十八章，此依何晏《集解》。趙氏所云未詳所本，疑有譌字。**蓋所以佐明六藝之文義，崇宣先聖之指務，王制拂邪之隱栝，立德立言之程式也。**疏正義曰：文，六書訓詁之文也，義謂義理也。《漢書·劉歆傳》：「歆治《左氏》，引傳文辨經，轉相發明，由是章句、義理備焉。」桓譚《時政疏》云：「今可令通義理。」是也。崇猶尚也。宣，通也，發也。《淮南子·脩務訓》云「名可務立」，高誘注云：「務，事也。」馬總《意林》云：「趙臺卿作《章句》，章句曰指事。」「指務」即「指事」也。《大戴禮記·衛將軍文子》篇云：「外寬而内直自設於隱栝之中，直己而不直於人，蓋蘧伯玉之行也。」《鬼谷子·飛箝》篇云：「其有隱栝，乃可徵，乃可求，乃可用。」陶宏景注云：「隱栝以輔曲直。」《荀子·性惡》篇云：「故檃栝之生，爲枸木也；繩墨之起，謂不直也。直木不待檃栝而直者，其性直也；枸木必將待檃栝烝矯然後直者，以其性不直也。」楊注云：「枸讀如鉤，曲也。檃栝，正曲木之木也。」《大略》篇云：「乘輿之輪，太山之木也，示諸檃栝，三月五月，爲幬菜，敝而不反其常。君子之檃栝，不可不謹也慎之。」注云：「示讀爲寘。檃栝，矯煣木之器也。」《非相》篇云「府然若渠匽檃栝之於己也」。注云：「渠匽所以制水，檃栝所以制木。」《尚書大傳·略説》云：「子貢曰：檃栝之旁多曲木，良醫之門多疾人。」《韓非子·顯學》篇云：「自直之箭，自圜之木，百世無有一，然而世皆乘車射禽者何也？隱栝之道用也。」《難勢》篇云：「夫去隱栝之法，去度量之數，使奚仲爲車，不能成一輪。」《韓詩外傳》云：「磏仁雖下，聖人不廢者，匡民隱括，有在是中者也。」《鹽鐵論·申韓》篇御史曰：「故設明法，除嚴刑，坊非矯邪，若隱栝輔檠之正觚刺也。」《大論》篇大夫曰：「是猶不用隱括斧斤，欲撓曲直枉也。」《書·盤庚下》篇「尚皆隱哉」，某氏傳云：「相隱括以爲善政。」何休《公羊傳序》云：「遂隱栝使就繩墨焉。」《説文》木部云：「檃，栝也。」「栝，檃也。」字從木，故爲矯制枸木之器。隱括，其通借字也。《公羊疏》云：「隱謂隱審，括謂檢括。」《後漢書·鄧訓傳》云「訓考量隱栝」，李賢注引《荀子》而釋之云：「隱審量栝之。」失其義矣。《淮南子·本經訓》「曲拂邅回」，高誘注云：「拂，戾也。」《漢書·王莽傳》云：「拂世矯俗。」此云「拂邪」者，謂矯戾其邪，使之歸於正，猶檃栝矯戾其曲木而歸於直。《荀子》有《王制》篇云：「王者之制，衣服有制，宫室有度，人徒有數，喪祭械用皆有等宜。聲則凡非雅聲者舉廢，色則凡非舊文者舉息，械用則凡非舊器者舉毁，夫是之謂復古，是王者之制也。」制度所以去民之邪，謂王者欲爲拂邪之制，則以《孟子》此書爲檃栝也。《説文》禾部云：「程，品也。十髮爲程，十程爲分，十分爲寸。」《史記·太史公自序》云「張蒼爲章程」，如淳云：「程者，權衡丈尺、斛斗之平法也。」《老子》云「爲天下式」，王弼注云：「式，模則也。」「程式」謂尺寸模範，可用爲準則，故云「立德立言之程式」也。《文選·郭有道碑文》云「隱括足以矯時」，李善注引劉熙《孟子注》云：「隱，度也。栝猶量也。」又崔子玉《座右銘》「隱心而後動」，注引劉熙《孟子注》云：「隱，度也。」《孟子》本文無「隱括」二字，惟趙氏此《篇敘》有之。劉氏所注，未知所屬。**洋洋浩浩，具存乎斯文矣。**【疏】正義曰：《禮記·中庸》篇云：「洋洋乎發育萬物，峻極於天。」《漢書·韋賢傳》云「洋洋仲尼」，顔師古注云：「洋洋，美盛也。」《淮南子·俶真訓》云「浩浩瀚瀚」，高誘注云：「浩浩，廣大貌。」《論語·子罕》篇云：「文王既没，文不在兹乎？天之將喪斯文也，後死者不得與於斯文也；天之未喪斯文也，匡人其如予何？」趙氏以孟子似續孔子，如孔子似續文王。孟子之後能知孟子者，趙氏始焉。

○按：孟子有不可詳者三。其一爲孟子先世。趙氏但云「鄒人。或曰魯公族孟孫之後」。《列女傳》《韓詩外傳》雖詳説孟母之事而不言何氏。《孟氏譜》言「父曰激公宜，母仉氏。一云：孟子父名彦璞」，未知所據。○其二爲孟子始生年月。陳士元《雜記》載《孟氏譜》曰：「孟子以周定王三十七年四月二日生，即今之二月二日。赧王二十六年正月十五日卒，即今之十一月十五日。壽八十四歲。」此譜不知定於何時，陳氏疑定爲安之譌。安王在位二十六年，是年乙巳；至赧王二十六年壬申，凡八十八年。《譜》謂「孟子壽八十四」，自壬申逆推之，當生於烈王己酉。周氏廣業《孟子出處時地攷》駁之，以爲《譜》不足據，而擬爲生於安王十七年丙申，卒於赧王十三年乙未。其爲孟子作《年譜》者，紛紛更訂，或云年七十四，或云年九十七，大抵皆出於臆，全無實證可憑。○其三爲孟子出遊。趙氏以爲先齊後梁，説者又以爲先梁後齊，或以梁惠王有後元，或以爲孟子先事齊宣，後事齊湣。攷之《國策》《史記》諸書，參差錯雜，殊難畫一。今撰《正義》惟主趙氏，而衆説異同亦略存録以備參攷而已，實未易折衷也。至居鄒、葬魯、之滕、過薛、遊宋、往任，其先後歲月，或據七篇虚辭以測實跡，彼此各一是非，多不足采。

○孟子弟子，趙氏注十五人：樂正子、公孫丑、陳臻、公都子、充虞、季孫、子叔、高子、徐辟、咸丘蒙、陳代、彭更、萬章、屋廬子、桃應；學於孟子四人：孟仲子、告子、滕更、盆成括。宋政和五年從祀孟廟，去盆成括，詳《宋史·禮志》。國朝孟廟從祀，仍明制十八人，視宋政和無滕更，有盆成括。乾隆二十一年，禮部覆准，去舊時侯伯封號，改題先賢先儒，以符禮制。内樂正克、公孫丑、萬章、公都子四人皆稱「先賢某子」，陳臻、屋廬連、陳代、高子、孟仲子、充虞、徐辟、彭更、咸丘蒙、桃應、季孫、子叔、浩生不害、盆成括十四人，皆稱「先儒某氏某」。周氏廣業《孟子出處時地攷》云：「張九韶《群言拾唾》，孟子十七弟子，去季孫、子叔、滕更、盆成括，益以孟季子、周霄。朱彝尊《經義攷》亦去季孫、子叔，而謂告子與浩生不害是二人，因去告子而列浩生不害，餘並依趙氏。宫夢仁《讀書紀數略》則易滕更、浩生不害、盆成括爲孟季子、曹交、周霄。三書數同而又互異。竊謂曹、周二人，殊無取焉。」高誘注《吕覽》云：「匡章，孟子弟子。」《藝文類聚》亦然。《吕覽》有匡章與惠王又惠施問答，列從遊於梁者耶？而趙注却止言齊人。夷子逃墨歸儒，憮然受命，當在不距之科，而趙亦無明文。他若高注《淮南》有陳仲子，《史記索隱》有公明高，《廣韻》有離婁，其誤固不待辨。《通志》離氏注引《風俗通》云：「離婁，孟子門人。」則傳譌自漢矣。

○《孟子疏》舊題「孫奭撰」，錢氏大昕《養新録》云：「《孟子正義》，朱文公謂邵武士人所作，卷首載孫奭《序》一篇，全録《音義序》，僅增三四語耳。晁公武《讀書志》有孫奭《音義》而無《正義》，蓋其時僞書未出；至陳振孫《書録解題》始並載之。馬端臨《經籍攷》並兩書爲一條，云『《孟子音義》《正義》共十六卷』。引晁氏曰：『皇朝孫奭等採唐張鎰、丁公著所撰，參附益其闕。古今注《孟子》者，趙氏之外，有陸善經。奭撰《正義》以趙注爲本，其不同者，時時兼取善經，如謂子莫執中爲子等無執中之類。』今按，子等無執中之説初不載於《正義》，惟《音義》有之。馬氏既不能辨《正義》之僞托，乃改竄晁語以實之，不知晁《志》本無《正義》也。」趙氏佑《温故録》云：「《十三經注疏》，孔穎達、賈公彦最爲不可及，邢昺次之，以《孟子疏》爲最下。其書不知何人作而妄嫁名於孫奭，近世儒者咸謂之僞孫奭疏。予讀孫奭《孟子音義序》，體裁有類孔氏而簡潔過之，全非作疏人手筆。其題曰《音義序》而已，未嘗稱『疏』也。曰『惟是音釋，宜在討論』，曰『集成《音義》二卷』，未嘗言作疏也。故曰『雖仰測至言，莫窮其奥妙；而廣傳博識，更俟乎發揮』。則知孫氏正本止就經文及注爲之音釋，且僅二卷，本未有疏。其所釋非第字之本音本義而已，亦時就章句有所證明，存示異同，與陸德明《釋文》仿佛，無取更有疏也。趙氏之爲《孟子題辭》，末曰『章别其指，分爲上下，凡十四卷』，即今各卷題、各章首『正義曰』下所載此章云云以爲提綱者也。語多奥衍，時復用韻，與全疏絶不類。蓋皆趙氏原文即在各章注末，《音義》亦相綴屬。而今概棄本來，勦爲疏首，反割分《音義》之爲《章指》者於疏尾，則爲自作疏而自音之，從古豈嘗有此？疏中背經背注極多，非復孔、賈之遺；甚至不顧注文，竟自憑臆立説，與其《音義》又時相矛盾，豈有一人之作而忽彼忽此者？孫氏用心詳慎，《音義》可採者十五六，而疏不能十二。至其體例之踳駁，徵引之陋略乖舛，文義之冗蔓俚鄙，隨舉比比。朱文公指爲邵武士人作，不解名物制度，其實豈止名物之失哉？則未知孫氏之不及自爲而假手其人與？抑孫之名盛而遂有僞托之者與？」

〇按：爲《孟子》作疏，其難有十：孟子道性善，稱堯舜，實發明羲、文、周、孔之學，其言通於《易》，而與

《論語》《中庸》《大學》相表裏，未可以空悟之言臆之，其難一也；孟子引《書》辭多在未焚以前，未辨今古文而徒執僞孔以相解説，往往鑿枘不入，其難二也；井田、封建，殊於《周禮》，求其畫一，左支右詘，其難三也；齊梁之事，印諸《國策》《太史公書》，往往齟齬，其難四也；水道必通《禹貢》之學，推步必貫《周髀》之精，六律五音，其學亦造於微，未容空疏者約略言之，其難五也；「棄蹝」「招豚」，「折枝」「蹙頞」，一事之微，非博考子史百家，未容虛測，其難六也；古字多，轉注假借多，賴即嬾，姑嘬即咀，嘑爾即呼，私淑即叔，凡此之類，不明六書，則訓故不合，其難七也；趙氏書名「章句」，一章一句，俱詳爲分析，陸九淵謂「古注惟趙岐解《孟子》，文義多略」，真謬説也，其注或倒或順，雅有條理，即或不得本文之義，而趙氏之意，焉可誣也？其難八也；趙氏時所據古書今或不存，而所引舊事，如陳不瞻聞金鼓而死，陳質娶婦而長拜之，苟有可稽，不容失引，其難九也；《孟子》本文見於古書所引者既有異同，而趙氏注各本非一，執誤文謡字，其趣遂舛，其難十也。本朝文治昌明，通儒徧出。性道義理之旨既已闡明，六書九數之微尤爲獨造；推步上超乎一行，水道遠邁於平當；通樂律者判弦管之殊，詳禮制者貫古今之變；訓詁則統括有書，版本則參稽罔漏，或專一經以極其原流，或舉一物以窮其窔奥。前所列之十難，諸君子已得其八九。故處邵武士人時，爲疏實艱；而當今日，集腋成裘，會鯖爲饌，爲事半而爲功倍也。趙氏《章句》既詳爲分析，則爲之疏者不必徒事敷衍文義，順述口吻，效《毛詩正義》之例，以成學究講章之習。趙氏訓詁每疊於句中，故語似蔓衍而辭多佶聱。推發趙氏之意，指明其句中訓詁，自爾文從字順，條鬯明顯矣。於趙氏之説或有所疑，不惜駁破以相規正。至諸家或申趙義，或與趙殊，或專翼《孟》，或雜他經，兼存備録，以待參攷。凡六十餘家，皆稱「某氏」以表異之，著其所撰書名以詳述之。彙敘於右：崑山顧氏炎武，字亭林。蕭山毛氏奇齡，字大可。太原閻氏若璩，字百詩。宣城梅氏文鼎，字定九。安溪李氏光地，字厚菴。鄞縣萬氏斯大，字充宗。鄞縣萬氏斯同，字季野。江都孫氏蘭，字滋九。鄒平馬氏驌，字宛斯。武進臧氏琳，字玉林。德清胡氏渭，字朏明。泰州陳氏厚耀，字泗源。濟陽張氏爾岐，字稷若。錢唐馮氏景，字山公。元和惠氏士奇，字半農。婺源江氏永，字慎脩。無錫顧氏棟高，字震滄。光山胡氏煦，字滄曉。當塗徐氏文靖，字位山。震澤沈氏彤，字冠雲。常熟顧氏震，字虞東。無錫吳氏鼎，字尊彝。長洲何氏焯，字屺瞻。寶應王氏懋竑，字予中。臨川李氏紱，字巨來。元和惠氏棟，字定宇。休寧戴氏震，字東原。鄞縣全氏祖望，字紹扆。嘉定王氏鳴盛，字鳳喈。華亭倪氏思寬，字存未。吳縣江氏聲，字叔澐。歙縣程氏瑤田，字易疇。曲阜孔氏廣森，字撝仲。歙縣金氏榜，字輔之。嘉定錢氏大昕，字曉徵。偃師武氏億，字虛谷。餘姚盧氏文弨，字召弓。餘姚邵氏晉涵，字二雲。興化任氏大椿，字幼植。江都汪氏中，字容甫。寶應劉氏台拱，字端臨。嘉定錢氏塘，字岳原。嘉善謝氏墉，字金圃。鎮洋畢氏沅，字秋帆。仁和趙氏佑，字鹿泉。通州王氏坦，字吉途。金壇段氏玉裁，字若膺。陽湖孫氏星衍，字淵如。歙縣凌氏廷堪，字仲子。海寧周氏廣業，字耕厓。溧陽周氏柄中，字燭齋。績溪胡氏匡衷，字樸齋。錢塘翟氏灝，字晴川。蕭山曹氏之升，字寅谷。長白都四德氏，字文乾。平湖周氏用錫，字晉園。海寧陳氏鱣，字仲魚。甘泉鍾氏懷，字保岐。武進臧氏庸，字在東。歙縣汪氏萊，字孝嬰。高郵王氏念孫，字懷祖。儀徵阮氏元，字伯元。歸安姚氏文田，字秋農。高郵王氏引之，字伯申。甘泉張氏宗泰，字登封。

○先曾祖考諱源，先祖考諱鏡，先考諱蒽，世傳王氏大名先生之學。循傳家教，弱冠即好《孟子》書，立志爲《正義》。以學他經，輟而不爲，兹越三十許年。於丙子冬，與子廷琥纂爲《孟子長編》三十卷，越兩歲乃完。戊寅十二月初七日，立定課程，次弟爲《正義》三十卷，至己卯秋七月草稿粗畢。間有鄙見，用「謹按」字別之。廷琥有所見，亦本范氏《穀梁》之例，録而存之。

《儒藏》精華編選刊即出書目（二〇二三）

白虎通德論
誠齋集
春秋本義
春秋集傳大全
春秋左氏傳賈服注輯述
春秋左氏傳舊注疏證
春秋左傳讀
道南源委
桴亭先生文集
復初齋文集
廣雅疏證
龜山先生語録
郭店楚墓竹簡十二種校釋
國語正義
涇野先生文集
康齋先生文集
孔子家語　曾子注釋
禮書通故
論語全解
毛詩後箋
毛詩稽古編
孟子正義
孟子注疏
閩中理學淵源考
木鐘集
群經平議

三魚堂文集　外集
上海博物館藏楚竹書十九種校釋
尚書集注音疏
詩本義
詩經世本古義
詩毛氏傳疏
詩三家義集疏
書疑　東坡書傳　尚書表注
書傳大全
四書集編
四書蒙引
四書纂疏
宋名臣言行録
孫明復先生小集　春秋尊王發微
文定集

五峰集　胡子知言
小學集註
孝經注解　温公易説　司馬氏書儀　家範
晝經室集
伊川擊壤集
儀禮圖
儀禮章句
易漢學
游定夫先生集
御選明臣奏議
周易口義　洪範口義
周易姚氏學